中國中古政治史論

毛 漢 光 著

謹 以 本 書

紀 念 本 所 前 輩 陳 寅 恪 先 生

百 歲 誕 辰

目次

第一篇　緒論：中古核心區核心集團之轉移
——陳寅恪先生「關隴」理論之拓展

一、前　言

陳寅恪先生著作甚多，其作品涉及的學術領域甚廣，從其作品中可發掘出許多理論與方法，本文僅就其「關隴」理論部分加以發揮。四十餘年來，中外學者對其「關隴」理論，有不同程度的讚揚，有不同角度的批評，亦有不同程度的修正與補充。學術界相互間讚揚、批評、修正、補充對其理論都是有幫助的，但本文的主旨更爲積極，本文的重點是將「關隴」理論中的核心區與核心集團的觀念提煉出來，作爲政治社會的一項重要元素，研究這個元素在歷史上各重要時期的眞正內容，及其轉變之軌跡。爲了嘗試這項「拓展」工作，本人將若干年來撰寫的六篇相關文章整理出來，凡三十六萬言，正足以探討中古核心區與核心集團之轉移。如下：

〈北魏東魏北齊之核心集團與核心區〉[1] 分析五胡亂華局勢之下，拓拔氏如何建立核心集團與核心區。〈西魏府兵史論〉[2] 則通盤檢討「關中本位」與「關隴集團」之初期架構與內容。〈晉隋之際河東地

1 拙文〈北魏東魏北齊之核心集團與核心區〉，《中央研究院歷史語言研究所集刊》第57本第2分（民75年），頁135-201。

2 拙文〈西魏府兵史論〉，《中央研究院歷史語言研究所集刊》第58本第3分（民76年），頁525-631。

區與河東大族〉[3]、〈北朝東西政權之河東爭奪戰〉[4]在分析雲代幷轉移至關中之時，過渡地區之地區研究。而隋及唐都是「府兵制度」壯年期[5]，陳寅恪先生「關隴」理論確有高度的準確性，本人對這段時期以陳先生的理論爲圭臬，但是在陳述其「關隴」理論之時，以陳先生之著作爲骨幹，以萬繩楠《陳寅恪魏晉南北朝史講演錄》[6]爲詮釋。〈唐末五代政治社會之研究——魏博二百年史論〉[7]、〈五代之政治延續與政權轉移〉[8]陳述國家重心的東移與職業軍人之主導地位。但以這六篇文章貫穿陳寅恪「關隴」作品，來解釋中古核心區、核心集團之轉移仍然不夠，例如核心區鄰近地區之個案研究；安史亂後「關隴集團」雖然衰微，但長安仍然是政治中心，在國家重心東移的重疊時期應作平行比較研究；五代時期河北優勢漸漸形成，其於十國、北遼等互動關係如何等；凡此皆可作進一步研究。又本人回顧習作時心得及所遭遇之困難，展望史學拓展之何去何從，在第五節提出淺見，提供學界參考。

二、北魏東魏北齊之核心集團與核心區

永嘉亂後，晉室南遷，北方匈奴、鮮卑、羯、氐、羌諸族人民，

---

[3] 拙文〈晉隋之際河東地區與河東大族〉，《中央研究院第二屆國際漢學會議論文》（民75年宣讀，民78年出版），頁579-612。

[4] 拙文〈北朝東西政權之河東爭奪戰〉，《臺灣大學文史哲學報》第35期（民76年），頁35-70。

[5] 府兵制度在西魏末（550年）體制整個完成，至唐玄宗天寶八載（749年），停止下魚書，在隋及唐初是府兵制度壯年期。

[6] 萬繩楠整理《陳寅恪魏晉南北朝史講演錄》全一册，頁370，黃山書社，1987年。萬繩楠在該書〈前言〉中述：「本稿是一九四七年至一九四八年，我在北京（當時名北平）清華大學歷史研究所，聽陳寅恪老師講述魏晉南北朝史時，所作的筆記。整理時，參考了五十年代高教部代印的、陳老師在中山大學歷史系講述兩晉南北朝史時所編印的引文資料，及一九八〇年上海人民出版社的《金明館叢稿初編》、《二編》等有關的論文，力求符合陳老師的觀點。……」

[7] 拙文〈唐末五代政治社會之研究——魏博二百年史論〉，《中央研究院歷史語言研究集刊》第50本第2分（民68年），頁301-360。

[8] 拙文〈五代之政治延續與政權轉移〉，《中央研究院歷史語言研究所集刊》第51本第2分（民69年），頁233-280。

如水銀瀉地，混雜在廣大地區的漢族之間，先後出現幾近二十個政權，鐵騎穿梭，離合相繼，大者幾乎統一北方，飲馬長江，小者不及一省，在一百餘年之間，沒有一股勢力能夠成爲穩定的重心，在這種複雜的環境之中，鮮卑拓拔氏終於統一了北中國，建立一個穩定的政權，與南方對峙垂百餘年；包括草原地帶在內，拓拔魏是當時最大的帝國。鮮卑拓拔氏在草創時期，繼承了匈奴帝國將塞外東西萬里草原分爲左賢王、右賢王、王庭三大部分的政治社會組織[9]。但拓拔氏自東北向西南行進時[10]，在盛樂至桑乾河一帶漸漸發展爲其核心地區，此即北魏太祖拓拔珪所制定之畿內[11]，其時政治社會的結構，亦漸漸演變成爲以拓拔氏爲核心的制度，環繞著此核心向外依親疏、婚姻、功勳等因素，成爲一圈圈的同心圓，例如初統國三十六，大姓九十九，發展成內圈帝室七族十姓[12]爲核心，其外爲勳著八姓[13]，北魏政權建立以後，如「舊爲部落大人，而自皇始已來，有三世官在給事已上……爲姓。若本非大人，而皇始已來，職官三世尚書已上……，亦爲姓。諸部落大人之後，……有三世爲中散、監已上……爲族。若本非大人，……三世有令已上，……亦爲族」[14]由部落組織按其對拓拔氏之功績，而與國家官僚機構相合，官僚組織之金字塔頂峯則爲皇

9　參見《後漢書》卷九十〈鮮卑傳〉檀石槐所建立的「軍事大聯盟」。

10　參見《魏書》卷一〈序紀〉。又參考宿白〈東北、內蒙古地區的鮮卑遺跡〉，《文物》1977 (5)，頁42-43。

11　《資治通鑑》卷一百一十〈晉紀〉三十二隆安二年（公元398年）八月，魏天興元年：「魏王珪命有司正封畿（《元和郡縣圖志》卷十四，雲州目：『……後魏道武帝又於此建都，東至上谷軍都關，西至河，南至中山隘門塞，北至五原，地方千里，以爲甸服。』）」

12　參見《魏書》卷一百一十三〈官氏志〉：胡氏、周氏、長孫氏、奚氏、伊氏、丘氏、亥氏，以上七族，加上叔孫氏、車氏、以及皇室元氏凡帝室爲十姓。又參考馬長壽《烏桓與鮮卑》（1962年）：「拓拔族的姓氏關係構成一個部落關係網，在網的中央是宗室八姓，八姓之內又以拓拔氏爲核心，其他七姓拱衛在它的周圍，輔佐拓拔氏的子孫對內繁榮世代，對外統治各族各姓，以及各部落之內的牧民。」頁254。

13　參見《魏書》卷一百一十三〈官氏志〉：「其穆、陸、賀、劉、樓、于、嵇、尉八姓，皆太祖已降，勳著當世，位盡王公，灼然可知者，且下司州，吏部勿充猥官，一同四姓。」

14　《魏書》卷一百一十三〈官氏志〉。

帝，至此社會勢力自大至小與政治地位自高而低，相應地結合在一起，元魏又將任官三世以上之姓族依官職高低分爲膏粱、華腴、甲、乙、丙、丁四姓[15]，這是漢人社會結構的名詞，於是乎透過國家官僚組織的階層，將元魏同心圓式的社會金字塔結構，與魏晉以來漢人社會金字塔結構結合在一起。元魏安排之所以成功，是由於元魏與胡漢社會領袖共享政權利益，在政治上按其族望高低而拜授相應官職[16]；在社會上，則以通婚方式將胡漢大族與元魏結合爲一體[17]，所以拓拔氏的組織與檀石槐軍事大聯盟最大的差異，乃是拓拔氏建立一個核心組織。在許多民族聚散無常的狀態之下，拓拔氏將一叢一叢的部落建立在一圈圈的同心圓體系上，同心圓的最內圈是帝族七族十姓，是爲狹義國人；其次是功勳、國戚之族，是爲廣義國人，這是拓拔政權的核心集團。統治集團之建立，將多變性的草原部落由親而疏地置於一個網中，又將核心集團置於核心基地之中，這種核心集團之孕育與核心區之建立，至北魏道武帝拓拔珪時大致完成。這個核心集團之組成，核心區之選定，是拓拔氏能在民族複雜的環境之中，其勢力綿延二百年之主因。

拓拔氏選擇雲代桑乾河一帶爲其核心區，該地區南有恆山山脈，北有長城與蟠羊山，西北卽雲中地區，再北有陰山山脈，中有桑乾河主支流蜿蜒其間，平城約略居其中央，適宜牧畜及部分農耕。

平城向東之塞外交通路線有三[18]，西至河西走廊，亦甚便捷[19]，東南出居庸關可達幽州，出飛狐關可達定州、易州，南出雁門關可達肆州、并州，最重要的是與北方之關係，雲中之北的白道是天然缺

15　《新唐書》卷一百九十九〈柳沖傳〉。

16　參見拙書《中國中古社會史論》（民77年）第二篇〈中古統治階層之社會成分〉，頁44-45，北魏部分。

17　拓拔魏與胡漢大族通婚見逯耀東，〈拓拔氏與中原士族的婚姻關係〉，《新亞學報》七卷一期（1965年）。

18　參見嚴耕望，《唐代交通圖考》（中央研究院歷史語言研究所專刊之83，民75年），第五冊篇伍叁〈北朝隋唐東北塞外東西交通線〉。

19　參見前田正名，〈北魏平城時代のオルドス沙漠南縁路〉，《東洋史研究》31（2），（1972年）。

口，也是征戰最常經過之通道，北魏其後在北方沿邊設有六鎮，武川鎮即在此地，而武川鎮在大青山中分之北缺口處[20]，「白道中溪」即自此缺口南流（同上注）。雲、代、桑乾河一帶是四戰之地，也是天然的大堡壘，拓拔氏的畿甸，也是產良馬之區，國人正居於這個區域，於是乎核心集團利用平城的戰略地位、配合核心區內的名騎，屢屢征戰，光芒四射，成爲北中國以及草原一帶的大帝國。

在平城時代，北以六鎮爲線，南以洛陽爲點所繪成的等邊倒三角形是北魏最有效的控制區，而雲、代加上稍微後延至并州的心臟地區，合政治中心與軍事中心爲一，使拓拔氏力量達到鼎盛時期。又平城地區處農業地帶與遊牧地帶的重疊線上，如以兼顧農業人民與遊牧人民的角度而言，是比較適當的[21]。北魏帝國經百年經營，渡黃近淮，新擁有山東省全部、河南省大部、安徽省、江蘇省之北部，又有效地控制關中，故雲、代、并核心區之經濟條件已不足支持大帝國官僚機構所需，鄴的經濟條件較好，但元魏最後仍然決定遷洛，可能是取其爲文化、社會中心[22]，又與經濟奧區汴鄴不遠。北魏孝文帝似乎更積極地想做全中國的皇帝，他遷都中原之地——洛陽，實施漢化政策，想與農業民族的漢人融合在一起，但是有很多國人仍然喜歡居住在雲代并地區，於是乎帝國出現兩個中心，一個是新都洛陽，它是政治中心；以漢文化而言，也是文化中心；以漢族大族集中地而言，也是社會中心；而雲代并則仍然是臨界草原暨農業龐大帝國的軍事中心，是用武之地。對於不願南遷的國人，我們不可一昧責其頑固或拒絕漢化，因爲涉及生活方式的改變是很痛苦的決定[23]，而草原上的人民爲

---

20 參見張郁，〈內蒙古大青山後東漢北魏古城遺址調查記〉，《考古通訊》1958（3），頁14-22。

21 大帝國首都放在草原與農業的重疊地區，是兼顧兩種不同生活方式的折衷辦法，如平城、北平等，參見勞榦，〈論北朝的都邑〉，《中央研究院歷史語言研究所外篇》第四種《慶祝董作賓先生六十五歲論文集》（民49年），頁3。

22 參見逯耀東，《從平城到洛陽》（聯經公司，民68年），頁158。

23 參見《魏書》卷二十二〈孝文五王列傳・廢太子傳〉：「（太子恂）不好學書，體貌肥大，深忌河、洛暑熱，意每追樂北方。」又參見《北史》卷五十四〈厙狄干傳〉。又參見《魏書》卷四十〈陸俟傳・附叡傳〉。

適應其生態環境而發展出自己的生活方式，祇要居住在那種環境之中，漸漸地會遵循那種方式，例如居住在北鎮的漢人弘農楊氏、隴西李氏，都染有濃厚的胡人作風。所以草原區與農業區的差異是生活方式之差異，並非種族之差異。大帝國包含草原區及農業區，如果忽略這個事實，勢必引起雙方緊張關係。

孝文帝遷都以後，在南方的疆界雖然略有推進，大體而言，並無太大變動，所以統一中國的理想並未達成，但在其控制領土之內，卻出現兩個中心，洛陽地區是政治中心，國人之上層人物在朝居高官，國人之下層人物爲羽林虎賁，戍守京畿，另外派遣將領率部分羽林虎賁在彭城、河北等大鎮作重點鎮守。在雲代并地區是大部分國人居住之地，亦包括上層與下層，仍然是北魏拓拔氏的國本，加以戰馬的畜養地仍在此核心區，即令河西出產的良馬，亦先徙養并州，漸習水土，再撥給洛陽地區使用[24]，該地區在北中國草原地帶是「用武之地」，所以在人力、馬匹、地勢等重要因素上仍具有軍事中心之地位，在此中心之北線布置六鎮以爲屏障，而派遣一些國人到各鎮作重點鎮守。兩個中心將帝國撕裂爲二，歷史之發展在兩個中心的地理距離之外，再加上文化、政治等裂痕。在洛陽之上層國人由於在朝廷中禁胡語、胡服、禁歸葬北土、代人改籍洛陽等大步邁向漢化、在北魏前半期「諸公主皆釐降于賓附之國，朝臣子弟，雖名族美彥，不得尚焉」[25]。此時則大量鼓勵宗室與中原漢大士族子女通婚[26]，洛陽朝貴與洛陽之下層國人、在雲代并區及派遣在六鎮鎮守之國人等，在文化、政治、婚姻關係諸方面之差距，更愈來愈遠矣。張彝父子將武人列爲謫官，而引發羽林虎賁之憤怒[27]，以及其後并州尔朱氏南下洛陽屠殺

---

[24] 參見《魏書》卷一百一十〈食貨志〉：世祖平統萬後，「每歲自河西徙牧於幷州，以漸南轉，……。」

[25] 《魏書》卷二十四〈崔玄伯傳〉。

[26] 參見《魏書》卷二十一上〈獻文六王列傳·咸陽王禧傳〉，高祖詔諸弟娶大族女事。

[27] 參見《魏書》卷六十四〈張彝傳〉。

一二千朝臣[28]，都表現出國人之分裂。而最嚴重的是六鎮動亂，草原一帶的經濟條件原比農業地區爲差，政治中心自平城遷至洛陽，六鎮成爲遙遠的邊地，無論在社會地位[29]、經濟救濟[30]、參與中央之機會[31]等各方面，都非往昔平城時代可比，在遷都後的三十年（孝文帝太和19年（495）至孝明帝正光5年（524）），沃野鎮人破落汗拔陵發難，其勢如火燎原，六鎮的高級長官逃至并州或洛陽，六鎮的中下級官吏在此洪流之中載沈載浮，或戰或降，大部分最後也歸附雲代并區的尒朱氏，在中央政治力失控的情形之下又顯出雲代并軍事中心之特性，及其所擁有的國人，比洛陽中心者更具重要性。六鎮以及各地動亂流竄皆環繞在雲代并的外圍，尒朱氏遂成爲國人繼承者之核心人物。

對於核心區而言，被派遣或留居於北疆的「強宗子弟」、「國之肺腑」等，被「寄以爪牙」之任，當局勢無法控制時，又逃向核心區，這些人或人羣，有的是國人，有的是與國人有密切關係者，在中古時期北方民族混雜得很厲害，若僅從血統單一因素研究，一者資料不可能記載如此詳細，二者亦不合當時實際情形。而除了血統單一因素以外，還有許多很重要因素會影響人羣之組合，如生態環境所孕育的生活方式、心理歸屬感、共同語言等。

六鎮大動亂，雲代首當其衝，盛樂、平城相繼淪陷，雲代地區大部分皆被侵入，尒朱氏集團適時擋住這股洪流，所以六鎮動亂以後，尒朱氏成爲當時國人的領袖。尒朱氏自魏初因功封於肆州秀容川，有三百里地，屬於拓拔氏婚姻圈，積五世滋長，百年給復，生畜谷量，該地盛產良馬，子弟世襲領民酋長，一直維持國人草原英雄的習性，極容易成爲一支勇敢善戰的騎兵軍團。至尒朱榮時開始自秀容擴張勢

28 參見《魏書》卷十〈孝莊紀〉武泰元年夏四月庚子，及《魏書》卷七十四〈尒朱榮傳〉。

29 參見《魏書》卷二十三〈魏蘭根傳〉。

30 北魏中央亦派使救濟北疆荒災，但遠不及洛陽地區常被恩澤，如《魏書》卷一百一十〈食貨志〉載：「神龜、正光之際，府藏盈溢，靈太后曾令公卿以下任力負物而取之，又數賚禁內左右，所費無貲，而不能一丐百姓也。」

31 參見《魏書》卷十八〈太武五王列傳・廣陽王傳附深傳〉。

力，由於大亂之際，許多國人或與國人有密切關係者大量投入尔朱氏集團，尔朱榮遂成爲并、肆、汾、恒、廓、雲六州大都督。河陰之變以後，洛陽亦受其控制，尔朱氏集團承襲了元氏核心集團，大破反叛軍葛榮百萬之衆，而成爲當時霸主。

尔朱氏本身之不團結，授予高歡良機，高歡勢力之建立又迫使魏分東西，高歡所控制的東魏擁有北魏的大部分領土。自尔朱氏至高氏，在并、肆、汾以及桑乾河流域的恒州，僑置十餘個原設在北邊的州鎮，安置鮮卑軍士，他們是北魏末東魏北齊禁旅之所出[32]，很明顯地承襲了北魏以來的核心集團，並擁有核心區。

東魏北齊都鄴，其軍事中心仍在并、肆、汾、恒及十餘僑州，其軍事中心與政治中心分離的形勢，一如北魏遷都洛陽時的形勢，所不同的是北魏都洛陽時期，其溝通兩者的辦法是令北方大臣多來夏回，是爲雁臣[33]；而東魏北齊溝通軍事中心與鄴都的辦法是：統治者高氏本人穿梭在兩者之間。在四十三年之中，穿梭來回凡三十七次，在晉陽的時間約二十九年，在鄴都時間爲十四年，在晉陽時間爲在鄴都時間之倍[34]。

如果以一般人民、少數民族、奴隸等動亂次數計[35]，自北魏皇始元年至北齊亡這一百八十二年間凡得一百八十二個實例，發生在核心區者祇有四例。如果以正光五年破六韓拔陵起至建義元年這五年間出現於《魏書》本紀的大動亂計，凡得十八個，而核心區有二起，且規模最小，立刻遭到尔朱氏撲滅，沒有絲毫影響力。當六鎮亂起，反叛勢力風起雲湧，最大者有三股，其一是北邊六鎮反叛集團，其二是太

---

32 《魏書》卷一百六上〈地形志上〉：「前自恒州以下十州（即：恒州、朔州、雲州、蔚州、顯州、廓州、武州、西夏州、寧州、靈州），（莊帝）永安（528-529）已後，禁旅所出。」

33 《北史》卷五十四〈斛律金傳〉：「……魏除為第二領人酋長，秋朝京師，春還部落，號曰雁臣。仍稍引南出黃瓜堆。」

34 參見拙文〈北魏東魏北齊之核心集團與核心區〉，《中央研究院歷史語言研究所集刊》第57本第2分，頁311。

35 同上注，頁302。統計出自張澤咸、朱大渭，《魏晉南北朝農民戰爭史料彙編》下册，頁445-785。

行山以東的杜洛周、鮮于修禮、葛榮集團(也吸收了很多六鎮之衆)，其三是關隴一帶的莫折父子、胡琛、万俟醜奴集團，這三個集團在最盛的時候也祇能環繞著核心區的外圍推移[36]。這皆表示核心集團對核心區的控制力甚強。核心區的國人也有不滿中央政府之時，那就出現了政潮政變，如穆泰、元丕、陸叡及尔朱榮、元天穆等與朝廷之糾葛，但這是一種內部之爭。

北齊高氏擁有「百保鮮卑」長駐在晉陽，爲使并、肆、汾、恒以及十餘僑州的鮮卑軍士調集方便，將七兵尚書內的外兵曹、騎兵曹，脫離鄴都的尚書省，而與文職的舍人省同樣直隸高齊皇帝，以便發揮效能。北齊之亡，由於連續五個皇帝即位年幼、在位不長，而朝政荒誕，國史中罕有其例，只可謂人謀不臧。

拓拔氏所凝結的核心集團及其建立的核心區，歷經北魏東魏北齊，主宰北中國及草原一帶約二百年。北齊覆亡，核心區轉爲「關中本位」取而代之；核心集團則又衍生出「關隴集團」，成爲隋唐統治階層之主幹。

三、西魏北周隋唐初之關中本位政策與關隴集團

民國三十二年陳寅恪先生出版《唐代政治史述論稿》，在該書上篇〈統治階級之氏族及其升降〉（頁14）中說：

> 李唐皇室者唐代三百年統治之中心也，自高祖太宗創業至高宗統御之前期，其將相文武大臣大抵西魏北周及隋以來之世業，即宇文泰「關中本位政策」下所結集團體之後裔也。

其間包含著兩個重點，其一是統治集團——關隴集團；另一個是核心區——關中；而整合這兩者的具體制度是府兵，府兵制度將關隴集團人物編入其體系，而府兵軍府又將關中的核心地位很顯著地表現出

36　參見拙文〈北魏東魏北齊之核心集團與核心區〉，頁305-306圖。

來。在陳先生著作中常常見到他強調關隴集團與關中核心區，如「宇文泰率領少數西遷之胡人及胡化漢族割據關隴一隅之地」[37]、「融合其所割據關隴區域內之鮮卑六鎮民族，及其他胡漢土著之人爲一不可分離之集團」（同上注）。萬繩楠整理《陳寅恪魏晉南北朝史講演錄》中有一段話最爲具體[38]：

> 宇文泰更改府兵將士的郡望與姓氏，是要使他所帶來的山東人與關內人混而為一，使漢人與鮮卑人混而為一，組成一支籍隸關中、職業為軍人、民族為胡人、組織為部落式的強大的軍隊，以與東魏、梁朝爭奪天下。這就在關中地區形成了一個集團——關隴集團。這個集團是一個統治集團。
>
> 然而，單是改郡望與姓氏，並不能使這個集團鞏固並持續下去。為使這個集團紮根于關中，宇文泰、蘇綽使府兵將領與關中土地發生了關係。府兵將領都有賜田與鄉兵，他們既是府兵將領，又是關中豪族。將領與關隴豪族的混而為一，使這個集團在關中生了根。

陳寅恪先生「關中本位政策」的內容很廣泛，它包括以關隴爲中心的統治集團，以關中爲中心的核心區，結合關隴人物與關中核心區之府兵體系。以上乃關中物質本位政策，此外還包括關中文化本位政策，這種觀念在〈統治階級之氏族及其升降〉文中已有論及[39]：

> 宇文泰率領少數西遷之胡人及胡化漢族割據關隴一隅之地，欲與財富兵強之山東高氏及神州正朔所在之江左蕭氏共成一鼎峙之局，而其物質及精神二者力量之憑藉，俱遠不如其東南二敵，故必別覓一途徑，融合其所割據關隴區域內之鮮卑六鎮民族，及其他胡漢土著之人為一不可分離之集團，匪獨物質上應處同一利害之環境，卽精神上亦必具同出一淵源之

---

37 陳寅恪，《唐代政治史述論稿》上篇〈統治階級之氏族及其升降〉，頁11。

38 萬繩楠整理，《陳寅恪魏晉南北朝史講演錄》，頁311。

39 陳寅恪，《唐代政治史述論稿》上篇〈統治階級之氏族及其升降〉，頁11。

信仰，同受一文化之薰習，始能內安反側，外禦強鄰。而精神文化方面尤為融合複雜民族之要道，……此宇文泰之新塗徑今姑假名之為「關中本位政策」，即凡屬於兵制之府兵制及屬於官制之周官皆是其事，其改易隨賀拔岳等西遷有功漢將之山東郡望為關內郡望，別撰譜牒，紀其所承（見前引《隋書叁叁・經籍志・譜系篇序》），又以諸將功高者繼塞外鮮卑部落之後（見《周書貳・文帝紀下》及《北史玖・周本紀上》西魏恭帝元年條等）亦是施行「關中本位政策」之例證，如欲解決李唐氏族問題當於此中求之也。

《陳寅恪魏晉南北朝史講演錄》中將這些名詞詮釋得更爲清晰[40]：

總之，除推行關隴物質本位政策如府兵制之外，宇文泰還需要一種獨立于東魏及蕭梁之外的關隴文化本位政策，以維繫胡漢各族的人心。關中為姬周的舊土，宇文泰自然想到周官。他採用周官古制，用心只在維繫人心，鞏固關隴集團，而不是像王莽一樣，事事仿古、擬古。就整個關隴本位政策而言，物質是主要的，文化是配合的。

關隴文化本位政策最主要的內容是周官制度，具體例證之一是「以諸將功高者繼塞外鮮卑部落之後」（上篇語），但是這兩者在北周末隋初皆遭修改，《講演錄》云：

宇文泰的關隴文化本位政策，要言之，即陽傅《周禮》經典制度之文，陰適關隴胡漢現狀之實。內容是上擬周官的古制。但終是出于一時的權宜之計，以故創制未久，子孫已不能奉行[41]。

無論是周武帝或隋文帝的改革，都未影響到關隴集團的存在，只是這個集團原來所帶的鮮卑化色彩，經周武及隋文的改革，已經褪色。隋文的改姓，表明這個集團事實上、名義

40　《陳寅恪魏晉南北朝史講演錄》，頁320。

41　《講演錄》，頁317。

上都是關隴地區的漢人的一個集團[42]。

所以關隴文化本位政策僅僅是一朝政制；關隴理論中的關隴集團、關中核心區、及整合此二者之府兵制度則影響較長遠，尤其涵蓋一統南北朝之隋朝，及百餘年盛世的唐初。

谷川道雄教授研究武川集團[43]，加強了陳寅恪先生關隴集團早期人物性格之認識，及府兵制早期鮮卑部落舊制特徵之了解[44]，但關隴集團凝結之時，武川集團雖然是最重要來源，然還有其他集團的加入，陳先生謂：

> 然則府兵之性質其初元是特殊階級。其鮮卑及六鎮之胡漢混合種類及山東漢族武人之從入關者，固應視為貴族，即在關隴所增收編募，亦止限於中等以上豪富之家[45]。

拙文〈西魏府兵史論〉分析宇文泰集團有[46]：

> 宇文泰親信：于謹、賀蘭祥、宇文導、宇文護、王盟、尉遲綱、尉遲迥、叱列伏龜、閻慶、宇文貴等，以宇文泰為中心，包括宇文泰之宗室、姻親及最親信之部將。
>
> 賀拔勝集團：賀拔勝、獨孤信、楊忠、史寧等，由於賀拔勝位高權輕，實際領袖是獨孤信，統領原荊州部隊。
>
> 侯莫陳悦集團餘部：李弼、豆盧寧，領有原侯莫陳悦剩餘之部隊。李弼是其首領。
>
> 魏帝禁衛軍：元欣、元廓、元育、元贊、元子孝等。魏帝追隨部隊之將領：王思政、念賢、侯莫陳順等。前者統領洛陽西遷之禁衛軍；後者統領關東効忠西魏之部隊。魏帝是他們的領袖。

42　《講演錄》，頁324。

43　谷川道雄，〈武川鎮軍閥の形成〉，《名古屋大學東洋史研究報告》8（1982）。

44　《隋唐制度淵源略論稿》六〈兵制〉，頁96：「府兵之制，其初起時實摹擬鮮卑部落舊制。」

45　《隋唐制度淵源略論稿》六〈兵制〉，頁97。

46　〈西魏府兵史論〉，頁618。

> 賀拔岳餘部：趙貴、侯莫陳崇、李虎、達奚武、王雄、寇洛、梁禦、若干惠、怡峯、劉亮、王德等。在賀拔岳生前，事實上宇文泰本人也屬於賀拔岳集團，岳卒後，眾部將擁泰為首領，上述賀拔岳餘部皆是泰之擁護者，其支持程度視人而異，所以賀拔岳卒後之餘部並未產生新的小集團，這些部將漸為宇文泰吸收，編入府兵體系之中。

在以關中爲核心區方面，陳先生《講演錄》云[47]：

> 宇文泰使府兵將領與土地發生聯繫，把府兵將領都變成了關隴地區的豪族。府兵將領豪族化，有土地，有部曲(鄉兵)，是關隴集團變得牢不可去的關鍵所在。

拙文〈西魏府兵史論〉進一步擬測府兵在關中之輻射設計如下[48]：

> 西魏府兵制度之中央輻射設計有兩種內涵，第一種是制度層次方面自中央呈輻射狀向地方伸張，將地方勢力按其大小編入中央軍之中。其等級為：六柱國→十二大將軍→二十四開府儀同三司→四十八儀同三司→九十六大都督，在大都督之下有帥都督、都督等，大都督是軍府之重要單位。第二種是地緣關係之由內而外呈輻射設計，其心臟地區東西自渭水武功以下直至黃河，渭北包括富平堰、白渠、鄭國渠，渭南至秦嶺，府兵軍府在成立時約不滿百府，其中三分之二約在此區內，于謹與李虎二柱國之軍府完全在心臟地區，宇文泰柱國軍府轄區之輻射設計，符合當時交通連絡，李弼柱國軍府自心臟地區外延至洛水流域及涇水北支泥水一帶；侯莫陳崇柱國軍府自心臟地區延至涇水流域；獨孤信柱國軍府自心臟地區延至渭水上流之隴右；趙貴柱國軍府自心臟地區延至秦嶺仇池。這一種內重外輕之設計或許是受到《周禮》皇畿為中心之影響，是隋唐府兵軍府以關中為重心之雛型。柱國、

47　《講演錄》，頁315。

48　〈西魏府兵史論〉，頁620-621。

大將軍等常常內外調動，部分督將在督區負責連繫、訓練、給養等事，而內調則柱國無藩鎮割據之虞。

關隴集團人物以關中爲核心區，整合在府兵體系之下，發揮很大的力量，漸次併合後梁、四川，滅北齊、陳，在其逐步擴張之中，關隴集團人物亦逐步增加，其核心區亦逐步延長，其擴張方向首先是河東地區，自沙苑之戰以後，高歡東撤，自此以後，河東地區成爲宇文泰之堡壘[49]。李淵龍興太原，李世民重視洛陽，隋代的府兵軍府數及其位置，史書記載不詳，唐代的軍府分布爲[50]：

道　名	關內	河東	河南	隴右	合計	軍府總數
軍府數	288	164	74	37	563	657
占軍府%	43.8	25	11.3	5.6	85.7	100

如果以州爲單位，自京兆府至太原府及河南府之軍府數如下：

府州名	京兆	寧	同	鄜	華	邠	鳳翔	河中	絳	晉	汾	太原	陝	河南	涇	隴	秦	渭	虢	汝	共計	占軍府總數
軍府數	131	12	26	13	20	11	15	36	36	19	12	20	15	45	7	6	6	4	4	4	442	67.3%

如果將軍府數看作是其核心區的重要指標，則在唐初時期隴右、關內、河東、河南軍府數占全國軍府總數85.7%，而秦、隴、涇、渭、京兆、寧、同、鄜、華、邠、鳳翔、河中、絳、晉、汾、太原、陝、虢、汝、河南等州府之軍府數占全國總軍府數67.3%。以地區而論，京兆、同、華、鳳翔有192府，河中、絳有72府，太原、晉、汾有51府，河南有45府，而秦隴線、渭涇線23府，府兵是中央軍，軍府之多寡如果能代表中央重心之所在，那麼唐初核心區向河東、太原、洛陽擴散的情勢極爲明顯。

在統治集團方面，拙文〈西魏府兵史論〉結語：

大統九年以前，西魏與東魏有六次大戰役，在宇文泰陣營之

49 拙文〈晉隋之際河東地區與河東大族〉，《中央研究院第二屆國際漢學會議論文集》。
50 引自谷霽光，《府兵制度考釋》（上海：人民出版社），頁154。

> 中，史書記載參與將領凡九十四人，除四人不詳外，其中五十一人系出北鎮人士，三十九人非北鎮人士，非北鎮人士大都是漢人豪族。另外在大統九年以前已加入宇文政權，雖未參加上述六大戰役，但亦涉及軍事者，又得二十六人，其中北鎮人士五人，非北鎮人士二十一人，非北鎮人士亦漢人豪族居多。如果將上述參與者相加，則出於北鎮人士有五十五人，非北鎮人士有六十一人，未詳者四人，總共一百二十人。
>
> 大統九年邙山大敗之後，「廣募關隴豪右以增軍旅」除了擴大吸收上述豪傑之子弟、部曲以外，最重要的是獲得居住在渭水以北、涇洛之間羌族之支持，編入府兵系統，除了兵源擴充以外，有助於穩固雍州至華州之心臟地區。同時又收編汧岐一帶之降氐人，遷入華州一帶以實軍旅。

上文八柱國、十二大將軍大都是北鎮人士，屬於宇文泰統治集團之上層人物，漢人豪族屬於府兵系統之中層人物。漢人豪族在大統九年以前，已經是宇文泰集團中的略多者，大統九年邙山大敗，宇文泰損兵折將，「廣募關隴豪右以增軍旅」，漢人豪族比例更爲增加，而羌、氐則屬府兵系統中之中下層人物。在西魏北周時期，北族人士仍然是宇文政權中之主導者，宇文泰「西魏恭帝元年詔以諸將之有功者繼承鮮卑三十六大部落及九十九小部落之後，凡改胡姓諸將所統之兵卒亦從其主將之胡姓，逕取鮮卑部落之制以治軍」[51]。當然是胡人及胡化漢人在其統治集團中主流地位之指標。北周末楊堅掌權以後，下令恢復府兵之漢姓，也是漢人在統治集團中主流地位之指標，陳先生說[52]：

> 府兵將卒改從胡姓，便變成胡人；恢復漢姓，便仍為漢人。復姓，表明漢化的主流，終究戰勝了鮮卑化的逆流。復姓，

51　《唐代政治史述論稿》上篇〈統治階級之氏族及其升降〉，頁12。

52　《講演錄》，頁323。

表明府兵不再是一支胡人的軍隊，而是一支名實相符的漢人或夏人的軍隊。

同時，河東地區之裴氏、薛氏、柳氏三個大士族及當地豪強，在北朝東西政權敵對之時，一直是關中政權的強烈支持者[53]，故柳芳將裴氏、柳氏、薛氏亦歸入關中郡姓[54]，關隴集團人物在東西政權交戰之時，實已漸漸納入河東人物，此顯示於上述河中府與絳州軍府數在唐初有七十二個，僅次於關中地區之京兆府一百三十一個之現象上。

并州在北魏末是尔朱集團的核心區，宇文泰集團與高歡集團中主要人物皆出自尔朱集團[55]，東西政權分裂時，高歡擁有并州，高氏以鄴為政治、經濟中心，以并為軍事中心[56]，北周末平齊，關隴集團獲得并州地區，李淵以太原起義，擁護者有當時任職并州地區之官吏，如：河東裴寂，時任晉陽宮副監[57]；彭城劉文靜（代居武功），時任晉陽令[58]；并州、晉州豪傑有唐儉[59]、柴紹[60]、武士彠[61]及兄士稜、士逸、劉世龍[62]、趙文恪[63]、許世緒[64]、龐卿惲[65]、溫大雅[66]、弟彥博、大有等；及其他追隨李淵之關隴人物。就并、晉人物而論，其中以太

---

53 拙文〈北朝東西政權之河東爭奪戰〉，《臺大文史哲學報》35，（民76年）。

54 《新唐書》卷一百九十九〈柳沖傳〉，柳芳云：「關中亦號『郡姓』，韋、裴、柳、薛、楊、杜首之。」

55 拙文〈北魏東魏北齊之核心集團與核心區〉，頁291表。

56 參見拙文〈西魏府兵史論〉第九節東魏北齊時期之核心區與鄴都，頁308-313。又谷川道雄教授曾在臺大演講〈霸府與王都〉。

57 《舊唐書》卷五十七本傳。

58 《舊唐書》卷五十七本傳。

59 《舊唐書》卷五十八本傳：「并州晉陽人，北齊尚書左僕射邕之孫也。父鑒，隋戎州刺史。」按唐邕乃北齊重要人物，《北齊書》卷四十本傳載：「齊氏一代，典執兵機，凡是九州軍士，四方勇募，強弱多少，番代往還，及器械精粗、糧儲虛實，精心勤事，莫不諳知。」

60 《舊唐書》卷五十八本傳：「晉州臨汾人。」

61 《舊唐書》卷五十八本傳：「并州文水人也，家富於財，頗好交結。高祖初行軍於汾、晉，休止其家，因蒙顧接……。」即武后之父也。

62 《舊唐書》卷五十七本傳：「并州晉陽人，大業末為晉陽鄉長。」

63 《舊唐書》卷五十七本傳：「并州太原人。」

64 《舊唐書》卷五十七本傳：「并州人。」

65 《舊唐書》卷五十七本傳：「并州太原人。」

66 《舊唐書》卷六十一本傳：「太原祁人。」

原溫氏門第較高，其他皆屬地方豪族、或庶族之類，在《大唐創業起居注》中未見太原高門大士族王氏參加。唐初在太原府晉、汾等地軍府數爲五十一，僅次於京兆府、河東地區，居第三位，至少在唐初開始，關隴集團已擴及并州人物。陳寅恪先生〈記唐代之李武韋楊婚姻集團〉云：

唐代之史可分為前後二期，而以玄宗時安史之亂為其分界線（詳見拙著《唐代政治史述論稿》上篇）。前期之最高統治集團表面上雖為李氏或武氏，然自高宗之初年至玄宗之末世，歷百年有餘，實際上之最高統治者遞嬗輪轉，分歧混合，固有先後成敗之不同，若一詳察其內容，則要可視為一牢固之複合團體，李、武為其核心，韋、楊助之黏合，宰制百年之世局，幾佔唐史前期最大半時間，其政治社會變遷得失，莫不與此集團有重要關係。

唐太宗在創業時已經營河南地區[67]，武后亦偏愛洛陽[68]，李勣又是武后的支持者[69]，因此統治核心區又延至河南地區，唐初期洛陽有軍府四十五個。天授二年（公元691年，天授是大周第一個建元），武則天將府兵擴至鄭州、汴州、許州、汝州、衞州等[70]：

鄭州、汴州、許州可置八府，汝州可置二府，衛州可置五府，別兵皆一千五百人。

這個地區乃是隋唐之際李勣集團勢力的根據地[71]，武則天將其納入中央軍系統之內，但同時這也是府兵軍府擴張的界限。

核心區之擴散，統治集團之增加，在好的方面可以使更多的地區

67　參見李樹桐，《唐史考辨》，〈初唐帝室間相互關係的演變〉，頁150-151。

68　武后改洛陽為神都。

69　《册府元龜》卷三百三十六〈宰輔部·依違門〉：「唐李勣為太尉，高宗欲廢王皇后，立武昭儀，韓瑗、來濟諫，皆不納。勣密奏曰：此是陛下家事，何須問外人。意乃定。」

70　《文苑英華》卷四百六十四〈廢潼關雍洛州置開鄭汴許衛等州府制〉天授二年四月二十九日。

71　參見《舊唐書》卷六十七〈李勣傳〉。

受到重視，使更多的人羣加入統治集團，但是亦因此沖淡核心區之重要性，減少舊統治集團之政治社會利益，最後使核心區內的統治集團之內聚力疏離。

四、安史至五代之國家重心東移與職業軍人

府兵是維繫關隴集團的重要制度，陳寅恪先生說[72]：

> 有唐一代三百年間其統治階級之變遷升降，即是宇文泰「關中本位政策」所鳩合集團之興衰及其分化。

府兵制度之衰微，陳先生認爲「自身本已逐漸衰腐」（同上注），誠爲至論，唯其本身如何逐漸衰腐，後人仍需作更深入之研究。陳先生指出，關隴集團由文武合一演變至文武殊途，「關隴集團本融合胡漢文武爲一體，故文武不殊途而將相可兼任，今既產生一以科舉文詞進用之士大夫階級，則宰相不能不由翰林學士中選出，邊鎭大帥之職舍蕃將莫能勝任……。」文途重視科舉入仕者，武途則由蕃將替代府兵[73]，也是關隴集團衰微之重要原因之一。

唐玄宗時，府兵廢弛，安史亂起，中央控制力衰退，中國各地區依其地理位置、自然資源、人物結合等條件，相互競爭，舊有的政治社會勢力失去駕御政治社會秩序的功能，在權力重心失調之際，各地區的藩鎭與各階層的社會人物，皆惶惶恐恐地覓求新的組合。這便是「關中本位政策」及關隴集團衰微以後之現象。

陳先生謂：「武周統治時期不久，旋復爲唐，然其開始改變『關中本位政策』之趨勢，仍繼續進行，迄至唐玄宗之世，遂完全破壞無遺，而天寶安史亂後又別產生一新世局，與此迥異矣！」[74]陳先生已察知安史之亂前的前後形勢截然不同，而將其聞名的『關中本位政

72　〈統治階級之氏族及其升降〉，頁36。
73　參見陳寅恪〈論唐代之蕃將與府兵〉。
74　〈統治階級之氏族及其升降〉，頁14。

策』設下了下限，甚是。在此變遷的現象之中，陳先生強調新興階級中的士大夫，而對於國家重心部分則僅指出「中央政府與一部分之地方藩鎮，已截然劃爲二不同之區域」（同上注），實則縱觀我國歷史，關東地區自春秋戰國以還，在經濟文化諸方面皆凌駕於關中之上，秦與西漢居關中而臨天下，實含有濃厚的政治人爲力量因素，自孫吳開發南方，南方與關東接近，愈增關東的重要性，西魏北周以地貧人寡而統一中國，證明人物的有效發揮，產生了巨大的力量，隋與唐初承繼關中本位政策，其形勢與秦西漢酷似，但第七世紀關中與關東的比重，實更劣於秦漢之間關中與關東的比重，所以唐初以關中制關東的形勢實更顯然是人爲作法。安史亂後，唐長安中央政府結合東南財賦，尚不能徹底擊潰河北藩鎮，已顯示出關中作爲國家重心的形勢已經改變，黃巢之起，進一步破壞中央與東南的連繫，自此以往，在自然平衡的狀態下，關東成爲中國的重心。又契丹起於晚唐，五代時轉強，成爲中國最具威脅的外患，河北成爲國防重心，魏博地區乃是汴梁洛陽一帶的安全屏障[75]。此與隋唐之際首號外患來自北方，以長安爲政治中心者以關中爲國防重心的形勢，已不復相同。

自安史亂後，藩鎮跋扈，軍府林立，無論是中央所任用的蕃將蕃兵[76]，或藩鎮的軍校牙兵，一個半世紀以來培養出一種職業軍人集團，隨著府兵之衰退，大唐中央軍之羸弱，愈來愈襯托出這批人可能在歷史上扮演重要角色。

無論朱梁時代的河南集團或（後）唐、晉、漢、周、宋初的河東河北集團掌權，都證明關中勢力的消逝。在河東河北集團之中，（後）唐、晉、漢三朝皇室不屬漢族，周朝皇室出於漢族，從正史中看不出有種族歧視存在，這與永嘉亂後北中國的景象大不相同。但在後周之際，大量吸收河北籍軍人，使河北地區的文、武官職皆占百分之四十

---

75 參見拙文〈唐末五代政治社會之研究——魏博二百年史論〉，《中央研究院歷史語言研究所集刊》第50本第2分（民68年）。

76 參見章羣《唐代蕃將研究》（聯經公司，民75年），第六章至第八章。

以上[77]，遙遙超越其他地區，造成後周北宋初葉之河北優勢，斯亦國史上之一大變局也。

史家常論及藩鎮主帥跋扈，不常注意職業軍人的性格，例如：唐魏博牙軍及五代魏博銀槍効節軍常常自擁藩帥，影響政局，其威勢常凌駕藩帥之上[78]。唐末藩鎮間相互戰伐與五代間的併吞，中央軍常是當年一鎮或數鎮之地方軍，故五代中央軍實帶有藩鎮職業軍人之性格。從魏博軍士擁立主帥之例，發展到郭威、趙匡胤黃袍加身，似乎是同一型態之擴大[79]。

河東河北軍人集團圈內權力競爭的結果，王朝與皇位不斷地更替，然在此一連串地演變之中，有一點值得注意，卽河北優勢漸次形成，河北地區之文職官吏在梁時居於平均線上，自後唐開始歷晉、漢、周各朝，河北籍之文臣皆一倍於其他地區[80]。河東軍人集團擴大吸收河北武人。從五代武職官吏地域分佈統計表所示，唐、晉、漢、周四朝河東加河北之武職約占四分之三上下[81]，此卽所謂河北河東軍人集團，然在此軍人集團之中，有一項明顯的趨向卽河北的比重漸漸上升，且超越河東，遂致後唐與周恰成反比例。後唐、晉、漢的統治者係河東非漢人，而周乃河北籍漢人，從史書記載中我們似乎看不出這一轉移在種族上有何矛盾，但在地域上卻有顯著地增減。趙宋開國君臣皆爲生長在五代時的人物，且屬北中國統治集團的主流人物，他們承繼了許多自晚唐五代發展出的政治傳統，同時也矯正了若干他們認爲缺陷之處，無論如何，關中本位已不再出現；在政治中心方面，唐代長安、洛陽的兩都現象，至五代時出現多都，其中洛陽、汴梁爲

77 參見拙文〈五代之政治延續與政權轉移〉，《中央研究院歷史語言研究所集刊》第51本第2分（民69年），頁269表。

78 參見拙文〈唐末五代政治社會之研究——魏博二百年史論〉，頁314-350。

79 同上，頁351-355。

80 參見拙文〈五代之政治延續與政權轉移〉，頁275，注60。

81 參見拙文〈五代之政治延續與政權轉移〉，頁269表。

主要首都[82]，而魏博則成爲洛陽、汴梁之屏障。

五、陳寅恪先生「關隴」理論拓展之商榷

一、陳寅恪先生「關隴」理論實包括核心地區與核心集團兩大主題。

二、陳寅恪先生「關隴」理論實涵蓋政治上統治階層與社會上社會領袖兩大範疇之研究。

三、陳寅恪先生「關隴」理論緊抓住上述兩個領域，超越朝代遞替的限制，以核心問題來貫穿歷史上政治社會主流的演變。這種方法復指示出許多學術領域（如政治史、社會史、經濟史、思想史、科技史、藝術史等），及許許多多重大歷史事件的發展與演變，並不完全按照朝代的興盛衰替爲起承轉合，這種觀念實有助於專史之健全發展。

縱觀中古時期核心區與核心集團之成立與轉移，自拓拔氏以雲代地區爲其核心區，以國人爲其核心集團，至北齊亡，約二百年[83]；宇文氏自西魏起重新凝結胡漢關隴集團，以關中爲其本位，至唐玄宗天寶時，亦約略二百年[84]；自安史亂起，河北河東河南等地之職業軍人成爲北中國各地藩鎮的統治集團，統一而成爲各王朝之核心集團，而魏博汴梁一帶成爲核心區，至北宋建國，亦約略二百年[85]。這三個階段均有重疊之時，且審視「胡漢關隴集團」、「關中本位政策」之理論與現實，在北周至武周期間甚爲正確，本人認爲這段時期中，陳寅

---

82 後梁：東都開封府——汴州（大梁）、西都——洛陽。
後唐：洛京（後改為東都）——洛陽、西京京兆府（後改為西京）——長安、東京與唐府（後改為鄴都）——魏州、北都——太原。
後晉：東京——汴州、西京——洛陽、鄴都（廣晉府）——魏州、北京——太原。
後漢：因晉制，唯廣晉府改為大名府。
後周：北京、太原為北漢所據，僅餘三都；顯德元年又罷鄴都，則僅有東京——汴州、西京——洛陽。

83 從北魏之始登國元年（386年）至北齊之亡承光元年（577年），凡一百九十年，但拓拔氏集團與核心區之孕育，在什翼犍建國時期（338-376年）已有雛型。

84 陳寅恪《隋唐制度淵源略論稿》六〈兵制〉，頁91：「府兵之制起於西魏大統，廢於唐之天寶，前後凡二百年。」

85 自安史亂起（天寶十四載、755年）至北宋建國（建隆元年、960年）約二百餘年。

恪先生的「關隴」理論恰是「中古核心區及核心集團」研究之中段，而在此時期之前後，本人撰寫論文六篇，企圖將中古時期貫穿一氣，解說中古時期核心區與核心集團之轉移情況，這是陳寅恪先生「關隴」理論時間縱度之上溯與下延，此乃對其理論拓展方向之一也。

陳寅恪先生的「關中本位政策」指出地緣因素的重要性，從巨觀而言，此因素已經合於其理論需要，但若能進一步分析核心區內山川物產、內外交通、居民結構、人文及社會條件等，將更可以明瞭核心區之何以成爲重心，故其先決條件心須對於自然地理與人文地理有深刻認識。近年來嚴耕望先生積四十年功力，撰成《唐代交通圖考》，實際上這是一部涵蓋中古的地理書，其對於《水經注》的研讀，使這部重要而又難解的地理書之脈絡可漸漸呈現給學界。另王仲犖先生《北周地理志》對關隴地區行政區作了詳細的編撰。我們可據此二書明瞭當時之交通路線、北族六僑州之所在地、關隴地區之內的最核心地帶，從而可進一步擬測柱國軍府之可能分佈等，又如河東地區聚集三個大士族，其分佈如何，透過小塊區域研究，則更易明瞭關隴集團之凝結情況，此乃其理論拓展方向之二也。

陳寅恪先生「胡漢關隴集團」是討論宇文泰所建立的統治階級在隋唐政權中占有優勢地位；另一方面，至隋唐統一中國，魏、齊及南朝大士族也併入帝國；這些人物皆當時的精英份子，大分而論，是「關隴集團」與「山東士族」之對立，實際上亦是兩股社會勢力[86]。抓住這兩大集團的緊張關係，以及武后以降科舉入仕影響關隴集團等，構成陳寅恪先生理論的精彩性，實際上以現代學術的界說而言，其內容包括二大領域，其一是討論精英分子（Elites）動態，其二是討論政治層面與社會層面間之關係。精英理論在 1939 年 Mosca, Gaetono: *The Ruling Class*; 1942 年 Pareto, Vilfredo: *The Mind and Society*；已經提及，但皆屬草創，定義不明確，精英動態研究

86 汪榮祖《史家陳寅恪傳》（聯經公司，民73年版），頁117，謂「所謂『關隴集團』與『山東士族』的對立，主要二種社會力量的衝擊，而非真正的政治鬥爭。」比較合於陳先生之原意。

1955年張仲禮 *The Chinese Gentry* 用於中國；在1959年 Marsh, Robert M.: *Mardarin and Executive: Elite Mobility in Chinese and American Societies*; 1962年何炳棣 *The Ladder of Success in Imperial China*; 1965年許倬雲 *Ancient China in Transition*，其理論與方法才日臻完整。陳寅恪先生著作出版於1943年，實際上已述及這種歷史現象，其能洞悉先機，實具深厚的史識，四十六年以後的今天，我們要遵循陳先生的研究方向，但要引進社會科學之理論與方法，使史學具備更多的工具，對統治階層盛衰作量化，及對重要角色作重點分析，從而使歷史事實與歷史軌跡更爲正確與合理，此乃其理論拓展方向之三也。

對於政治、社會兩個領域臨界線之研究，由於當今史學分工日細，專史枝椏日繁，而顯得更爲重要。陳寅恪先生所討論的關隴集團及山東大族，都是兼具在政治層面與社會層面的人物，而任官的社會羣體，實際上亦是官僚之一員，這些社會羣體之性質，實影響官僚體系性質，這種交會點之關係，許倬雲先生有進一步發揮，許先生將中國文化（也就是中國歷史現象）分爲四個範疇，即政治、社會、經濟、意念（即思想），其體系分解示意圖如下[87]：

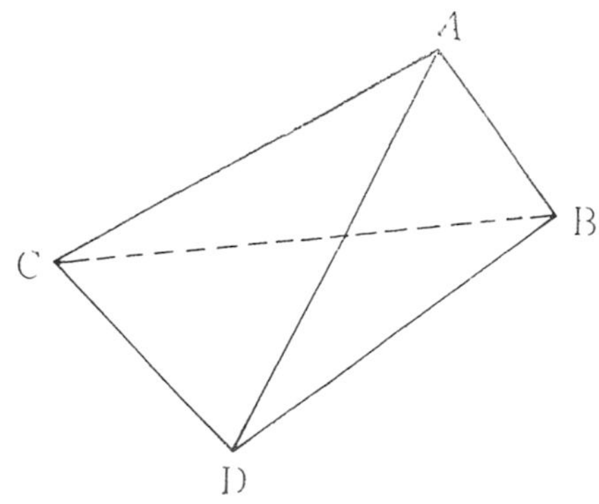

體系分解示意圖

[87] 許倬雲，《求古編》（聯經公司，民71年），〈傳統中國社會經濟史的若干特性〉，頁19-20。

ABC 面：經濟範疇

ACD 面：社會範疇

ABD 面：政治範疇

BCD 面：意念範疇

AB：市場網、城鄉的整合系統

AC：精耕細作的小農經營

AD：官僚制度下君權與士大夫社會勢力的相合或對抗

BC：義利之間

CD：五倫與修齊治平的擴散程序

BD：道統與法統

陳寅恪先生政治、社會層面關係即上圖之 AD 線，而許倬雲先生四個範疇之關係，實際上已拓展了陳寅恪先生這方面之史學，如果四個範疇再增加科技史、藝術史範疇，則三角立方體將成為五角六面立方體，其間關係更為多元，分工不斷出現，最後將成為圓形球體，事實上一件歷史事實所涉及的層面是很多的，渾然一體的相互關係很可能最接近當時事實，此乃其方法拓展之一也。

陳寅恪先生「關中本位政策」是以關中為核心區，軍府之設立亦以關中居多，所以關中是政治中心、軍事中心，在西魏北周時期，關中亦是宇文氏政權的經濟中心及社會中心，但隋唐是一個統一帝國，「關中本位政策」之下，關中仍然是政治與軍事中心，但是經濟中心、社會中心便不一定是關中了，全漢昇先生《唐宋帝國與運河》明顯指出洛陽是經濟中心[88]，拙文〈從士族籍貫遷移看唐代士族之中央化〉[89]亦發現三分之二的大士族的著房著支居住在洛陽附近，因此洛陽亦是當時社會中心。各類中心不在一個焦點上，就可能出現二個或二個以上的都城或重心。這種現象在中國中古屢見，如北魏孝文帝將

88　全漢昇，《唐宋帝國與運河》（中央研究院歷史語言研究所專刊之24，民33年）。

89　拙文〈從士族籍貫遷移看唐代士族之中央化〉，《中央研究院歷史語言研究所集刊》第52本第3分（民70年）。

首都自平城南遷洛陽以後，雲、代、幷仍然是軍事中心，東魏、北齊以鄴爲都，但晉陽是其軍事中心，高氏有三分之二駐晉陽。西魏、北周以長安爲都，宇文氏則常以同州（馮翊）爲軍事中心，隋唐帝國有長安與洛陽兩都，一度又有北都，五代各王朝亦行多都，然大體上皆以汴梁、洛陽爲經濟政治中心，以魏博爲軍事中心。谷川道雄先生也已注意及「霸府與王都」[90]兩個核心區，或一個大核心區內有二個重心，歷史變數將更多姿多彩，此其方法拓展之二也。

陳寅恪先生「關隴」理論的二篇論文，其資料主要以正史、《通鑑》、《通典》、《南北史》、《順宗實錄》、《唐語林》、《國史補》、《全唐詩》、《唐摭言》、《北夢瑣言》、《大唐新語》等，這些典籍千年來皆非祕笈，學者皆極易得之，但陳寅恪先生卻能據此看出歷史上軌跡的重要脈絡，這是他具有高深史識，但是資料仍然是史學重要的基礎，豐富的原始資料將使理論更具體，更有深度。馬長壽先生《碑銘所見前秦至隋初的關中部族》[91]，從碑銘題名探討渭水以北居民結構，有助於進一步了解宇文泰如何結合關中漢、鮮卑、氐羌、胡等族。陳寅恪先生亦知碑誌之重要，他在其他論文中亦使用過碑誌，但如要大量使用碑誌，則必須先大規模整理石刻資料。

嚴耕望先生〈佛藏所見之稽胡地理分佈區〉[92]爬梳佛教書籍中之資料，將稽胡部落精確地界定於「北緯35度40分至40度10分之黃河東西兩岸，南北直線距離五百公里，東西直線距離約二至三百公里。」（同上注）稽胡在北魏至隋唐時期一直是困擾之區，從而也隔離了雲、代、幷核心區與關中地區。陳寅恪先生亦知佛教書籍之重要，他在其他論文中亦常引用佛教資料，但要在大量的佛教書籍中爬梳大量資料，則必須將佛教書籍輸入電腦，才不致於爲了披沙淘金而耗費學者的時間與精力，從而可以加速拓展史學。此其方法拓展之三也。

---

90 谷川道雄教授民77年在臺大講演題目。

91 馬長壽，《碑銘所見前秦至隋初的關中部族》（中華書局，民74年）。

92 嚴耕望，〈佛藏所見之稽胡地理分佈區〉，《大陸雜誌》72（4）（民75年）。

六、結　語

陳寅恪先生的理論與方法，在當時是超越時代的，四十五年以來，史學界累積了許多優良作品，其他相關人文社會學科也發展許多有助於史學的理論與方法，在這些基礎之上，我們遵循著前輩的正確方向，勉力向前拓展。

*　　　*　　　*

本書論文的時間範圍是魏晉南北朝隋唐五代時期，暫以「中古」二字簡稱之。

政治史的範圍很廣，如官僚制度、選舉制度、政治動亂、政治思想等皆是。本書第二篇〈北魏東魏北齊之核心集團與核心區〉、第三篇〈晉隋之際河東地區與河東大族〉、第四篇〈北朝東西政權之河東爭奪戰〉、第五篇〈西魏府兵史論〉、第六篇〈五朝軍權轉移及其對政局之影響〉、第七篇〈魏博二百年史論〉、第八篇〈五代之政治延續與政權轉移〉等，只是政治史之一部分。民國七十八年八月初，國立臺灣大學歷史研究所召開「民國以來國史研究的回顧與展望」大會，其主題之一是：史學方法與理論的檢討，我宣讀的題目爲〈中古核心區核心集團之轉移——陳寅恪先生「關隴」理論之拓展〉一文，乃是將本書第二、三、四、五、七、八諸篇中核心區核心集團部分連串起來，自魏晉至五代這七百年核心區核心集團的演變之中，隋朝及唐初時期我並沒有專篇發表，這是因爲我認爲陳寅恪先生「關隴」理論在這段時期已有精彩論說，雖然陳寅恪先生的理論有人批評、修正，可是我認爲在隋朝唐初時期陳寅恪先生的理論原則上仍然屹立不移，所以在〈中古核心區核心集團之轉移〉一文之中，隋朝及唐初部分採用陳先生理論，並與本書六篇貫穿在一起，使中古七百年之演變渾然一氣。雖然本書第二、三、四、五、七、八等六篇除核心區核心集團主題以外，每單篇還有其他內容，而第六篇因述及東晉宋齊梁陳之政治軍事演變，無法與北朝隋唐政治發展直接相連，本人考慮再三，還是認爲將〈中古核心區核心集團之轉移〉作爲本書的第一篇〈緒論〉，有助於讀者了解本書各篇的最主要脈絡。該篇之副題爲〈陳寅恪先生「關隴」理論之拓展〉，行文中理論拓展之商榷，是我在本書各單篇習作完成後，抽繹出一些史學理論、方法，理論、方法需建立在實證的研究之上，才不會落於空談；而實證研究中的理論、方法得步步回顧與檢討，才能提升其包融性、準確性。學無止境，仰之高山，本書只是起步，但願這是正確的一步。

第二篇　北魏東魏北齊之核心集團與核心區

一、緒　論

三國鼎立，西晉統一宇內只維持短暫時期，又陷入混亂局面。自永嘉亂後，晉室南遷，東晉保有南方半壁江山，垂百有餘年；在同一時期，北方有匈奴、鮮卑、羯、氐、羌諸族人民，如水銀瀉地，混雜在廣大地區的漢族之間，先後出現幾近二十個政權，鐵騎穿梭，離合相繼，大者幾乎統一北方，飲馬長江，小者不及一省，在一百餘年之間，沒有一股勢力能夠成爲穩定的重心。在這種複雜的環境之中，鮮卑拓拔氏終於統一北中國，建立了一個穩定的政權，與南方對峙垂百年之久，包括草原地帶在內，拓拔魏是當時最大的帝國。本文分爲十節，主要的研究內容有三大段落：其核心集團如何孕育而成，核心區如何建立，以及如何利用這些人力、物力、戰略環境等，是本文前段研究的目標。遷都洛陽以後，其政治中心與軍事中心之分離，核心集團中漢化與不漢化之分裂等種種現象，以及核心集團對核心區之獨佔性如何，是本文中段討論的內容。北魏末葉，社會經濟發生嚴重問題，在國內動盪不已的局面之下，核心集團的領導人自元氏而爾朱氏，自尒朱氏而高氏，其間之轉移關係如何，及核心區在北魏末、東魏、北齊政權中的地位等現象，是本文末段研究的主題。

本文討論的時間主要是從北魏之始登國元年（公元 386 年）至北齊亡之承光元年（公元 577 年），凡一百九十年，這段時期的核心集團與核心區有明顯的共同點。但拓拔氏集團與核心區之孕育，在什翼犍建國時期（公元338—376年）已有雛型，所以本文亦上溯拓拔氏的發展時期。

本文資料除正史以外，還利用考古發掘報告、石刻碑誌、《水經注》、《洛陽伽藍記》等原始資料及當時人著作。由於北朝時出現於歷史舞臺的種族甚多，其間又相互混雜，人文地理改變亦多，文化、生態、語言等差異巨大，當時史家對於這些因素並不一定頭等重視，即令重視亦未必能十分了解，所以今日我們認爲重要的重點，當時史家並無專書專志陳述，僅在歷史大事件發生時，在字裏行間提及，因此這一段有異於兩漢魏晉經驗的先民歷史，一直存在著若干啓人疑竇之點，近年來對於北朝研究之專書專論稍多，一篇小文章的考證，或一個事件的闡明，漸漸地使某些疑點有了較清晰的看法，本文對於這些前人成果很謹慎地引用，以增強正史及實物資料之不足。

核心集團與核心區，以及戰爭工具馬匹等是貫穿本文的線索，它不僅是這二百年來歷史發展的關鍵因素，並且也是了解隋唐統治集團的淵流。

二、拓拔氏核心集團之孕育與核心區之建立

拓拔氏的先世居住地，據1980年鮮卑石室的發現，可能在「位於內蒙古自治區呼倫貝爾盟鄂倫春自治旗里河鎭西北十公里。地當大興安嶺北段頂巓之東麓，屬嫩江西岸支流甘河上源」[1]，石室內找到石刻祝文，卽北魏拓拔燾太平眞君四年（公元443年）派遣中書侍郎李敞至此祭祀祖先時所刻，以當地的遺物及生態環境而論，東胡族的鮮卑支在遠祖時期過著狩獵生活，《魏書·序紀》謂，拓拔氏祖先其後「南遷大澤，方千餘里，厥土昏冥沮洳」，由於鮮卑石室之定位，這

1　米文平，〈鮮卑石室的發現與初步研究〉，《文物》1981(2)，頁1。

個大澤，應當是呼倫湖[2]，所以鮮卑人之遷移是從東北而西南，其生態環境之改變促使其生活方式由狩獵而遊牧。

1975年在科左后旗茂道吐公社舍根大隊發現了有圖紋的陶片和陶器，可能是東部鮮卑文化遺存，其時間也可能是北魏上推至漢，「鮮卑是以畜牧、狩獵為主的民族，其畜牧業主要是養馬。而舍根文化的直接繼承者契丹人舊俗也是『其富以馬』。在我們發現的舍根文化的陶器文飾中，除大量的幾何圖案之外，還有一些馬的圖案。鮮卑人以畜馬為主的經濟特點也反映到陶器的裝飾。在我們發現的馬紋裝飾中有六種不同姿態的馬紋圖案，或萬馬奔騰，或漫步草地，或人馴馬，或以馬為主的複合圖案，馬的體態也或肥或瘦」[3]。

在漢朝時，東胡最著的種族有烏丸及鮮卑。烏丸居於漢族與鮮卑族之間，受兩族勢力的壓迫而蒙受不利地位[4]，曹操曾大伐烏丸[5]，其後烏丸部落分離四散，在歷史上不再扮演重要角色。東漢初期東胡的另一支鮮卑族人，由於匈奴內部分裂，匈奴族在中國北疆塞外勢力轉弱，原本居住於東北的鮮卑人乘虛而南下，其間亦結合匈奴餘種。《後漢書》卷九十〈鮮卑傳〉：

> 和帝永元中（公元89—92年），大將軍竇憲遣右校尉耿夔擊破匈奴，北單于逃走，鮮卑因此轉徙，據其地。匈奴餘種留者尚有十餘萬落，皆自號鮮卑，鮮卑由此漸盛[6]。

後漢末葉，塞外出現了一個強大的盟主，取代了西漢以來的匈奴勢力，其領袖屬於鮮卑族，《後漢書》卷九十〈鮮卑傳〉：

> 桓帝時（公元147—167年），鮮卑檀石槐者……勇健有智略……由是部落畏服。乃施法禁，平曲直，無敢犯者，遂推以為大人。檀石槐乃立庭於彈汗山歠仇水上，去高柳北三百餘

2　米文平，〈鮮卑石室所關諸地理問題〉，頁36。

3　張柏忠，〈哲理木盟發現的鮮卑遺存〉，《文物》1981（2），頁14。

4　白鳥庫吉，〈東胡民族考〉，《史學雜誌》22（1），頁36。

5　《三國志》卷三十《魏書》〈烏丸傳〉，建安十一年。

6　王沈《魏書》：「匈奴及北單于遁逃後，餘種十餘萬落，詣遼東雜處，皆自號鮮卑兵。」

> 里，兵馬甚盛，東西部大人皆歸焉。因南抄緣邊，北拒丁零，東卻夫餘，西擊烏孫，盡據匈奴故地，東西萬四千餘里，南北七千餘里，網羅山川水澤鹽池……乃自分其地為三部，從右北平以東至遼東，接夫餘、濊貊二十餘邑為東部；從右北平以西至上谷十餘邑為中部；從上谷以西至敦煌、烏孫二十餘邑為西部；各置大人主領之，皆屬檀石槐。

將塞外廣大草原沙漠地帶分爲三部分統治，原是匈奴舊法，但鮮卑檀石槐分其地爲三部，雖有大人領之，每部之中皆有許多邑，實際上是具有更多獨立性部落的結合，這種情況，馬長壽稱之爲「軍事大聯盟」，這個聯盟包括：

㈠東部——從右北平以東至遼東；接夫餘、濊貊，爲東部，二十餘邑。其大人曰：彌伽、闕機、素利、槐頭。

㈡中部——從右北平以西至上谷，爲中部，十餘邑。其大人曰：柯最、闕居、慕容等，爲大帥。

㈢西部——從上谷以西至敦煌，西接烏孫，爲西部，二十餘邑。其大人曰：置鞬、落羅、日律、推演、宴荔游等，皆爲大帥。（以上摘引歸類於《三國志》卷三十〈魏書三十·鮮卑傳〉注引王沈《魏書》。）

此處的「推演」，可能是北魏聖武皇帝詰汾，《魏書》卷一〈序紀〉：

> 聖武皇帝諱詰汾，獻帝命南移，山谷高深，九難八阻，於是欲止。有神獸，其形似馬，其聲類牛，先行導引，歷年乃出，始居匈奴之故地。其遷徙策略，多出宣、獻二帝，故人並號曰「推寅」，蓋俗云「鑽研」之義。

檀石槐所建立的「軍事大聯盟」在其死後不久便漸次瓦解，可值得注意者有二事，其一：塞外東西雖廣達萬里，但其間生態環境、人民生活方式、便捷的交通等，若與近在咫尺的塞內地帶相比較，他們共同點較多，如有一股勢力突然崛起，塞外向東西的發展或聯盟，並不十分困難，匈奴帝國、檀石槐大聯盟是兩個很好的先例，北魏在平城時代先向東西發展，這是原因之一。其二，匈奴將大帝國分爲左賢王、右賢王、王庭等三大部分，檀石槐則分爲三個較帝國鬆懈的部落聯盟，以部落爲單位分而治之，在草原上自有其歷史及生態理由。

鮮卑拓拔氏在草創時期也承繼了這種政治社會組織，拓拔氏草創時期的重要人物是神元皇帝力微，在力微以前只能稱傳說時期[7]，玆將草創時期的力微至建國時期拓拔珪之間的世系列舉於下，以便行文參考：

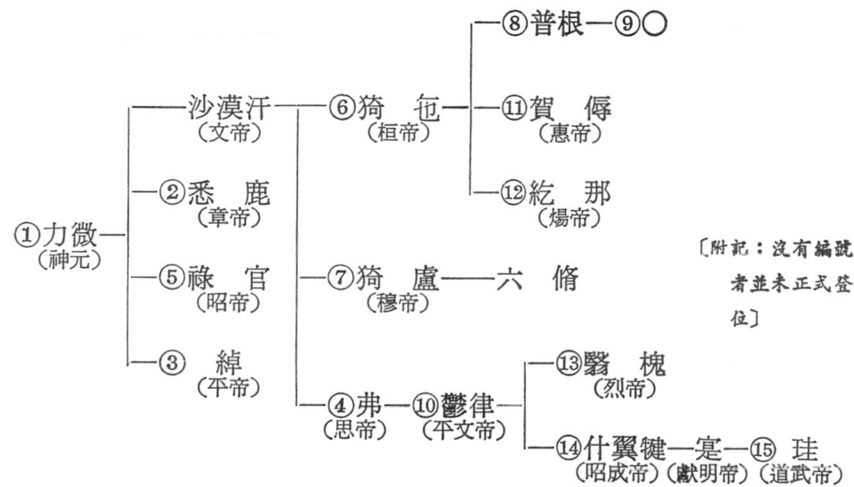

力微之子昭皇帝祿官分國爲三部，《魏書》卷一〈序紀〉：

> 昭皇帝諱祿官立，始祖（力微）之子也。分國為三部：帝自以一部居東，在上谷北，濡源之西，東接宇文部；以文帝之長子桓皇帝諱猗㐌統一部，居代郡之參合陂北；以桓帝之弟穆皇帝諱猗盧統一部，居定襄之盛樂故城。

這種組織甚至反映在北魏帝國初期的大人制度上[8]，但北魏雖然以部落爲單位，其結構卻有所改進，此即北魏建立的拓拔氏核心制度；環繞著此核心向外依親疏、婚姻、功勳等因素，有一圈圈的同心圓，此

7　田村實造，〈北魏開國傳説の背景〉，頁104-113。
8　山崎宏，〈北魏の大人官に就いて〉（上、下）。

核心人物的組成，與核心地區之選定，是拓拔氏能在複雜的民族、環境之中，其勢力綿延將近二百年的主因。塞外東西萬里的地理中心是陰山一帶，乃匈奴帝國的王庭所在地，也是鮮卑拓拔氏發跡之處。

按鮮卑族有許多分支[9]，其中以慕容氏及拓拔氏最著。慕容氏南遷較早，居於遼東河北省北部一帶，拓拔氏遷徙稍遲，且往西南方向，建安二十年（215年）曹操罷省雲中、定襄、五原、朔方等四郡[10]，漢人勢力南退，又予鮮卑族拓拔氏向塞外擴充的良機，《魏書·序紀》謂「歷年乃出，始居匈奴之故地」，按匈奴故地應屬陰山一帶，卽今內蒙古河套東部地區。近年來在內蒙古河套以東的烏蘭察布盟曾發現兩處較大的鮮卑墓羣[11]，也證實了拓拔氏所謂「居匈奴之故地」的位置。

在這「匈奴故地」之中，自盛樂至桑乾河流域一帶漸漸成爲拓拔部落之核心地區，此點在穆帝時已極明顯，穆帝統合三部，遂有城郭觀念，其都城有三，皆設於此核心地區之內，《魏書》卷一〈序紀〉云：

> 城盛樂以為北都，修故平城以為南都，帝登平城西山，觀望地勢，乃更南百里，於㶟水之陽黃瓜堆築新平城，晉人謂之小平城，使長子六脩鎮之，統領南部。

昭帝崩後，穆皇帝猗盧遂總攝三部，以爲一統。

西晉惠帝末，桓帝猗㐌助晉幷州刺史司馬騰解晉陽匈奴之圍，穆帝猗盧時遂向當時幷州刺史劉琨求樓煩等五縣，劉琨有賴於穆帝之援助，乃上書晉室予五縣，《宋書》卷九十五〈索虜傳〉載：

> 索頭虜姓託拔氏……晉初，索頭種有部落數萬家在雲中，惠帝末，幷州刺史東嬴公司馬騰於晉陽為匈奴所圍，索頭單于

---

9 白鳥庫吉〈東胡民族考〉中，鮮卑種族中有慕容氏、宇文氏、吐谷渾氏、乞伏氏、禿髮氏、拓拔氏等，其中宇文氏，周一良認為並非鮮卑族，見氏著〈論宇文周之種族〉，《中央研究院歷史語言研究所集刊》7（4）。

10 《三國志》卷一〈魏書·武帝紀〉建安二十年。

11 宿白，〈東北內蒙古地區的鮮卑遺跡〉，《文物》1977（5）。

猗㐌遣軍助騰。懷帝永嘉三年（公元309年），㐌弟盧率部落自雲中入雁門，就并州刺史劉琨求樓煩等五縣，琨不能制，且欲倚盧為援，乃上言：「盧兄㐌有救騰之功，舊勳宜錄，請移五縣民於新興，以其地處之。」琨又表封盧為代郡公。愍帝初，又進盧為代王，增食常山郡[12]。

《魏書》卷一〈序紀〉云：

（穆皇帝）三年，晉并州刺史劉琨遣使，以子遵為質。帝嘉其意，厚報饋之。白部大人叛入西河，鐵弗劉虎舉眾於雁門以應之，攻琨新興、雁門二郡。琨來乞師，帝使弟子平文皇帝將騎二萬，助琨擊之，大破白部；次攻劉虎，屠其營落。虎收其餘燼，西走度河，竄居朔方，晉懷帝進帝大單于，封代公，帝以封邑去國懸遠，民不相接，乃從琨求句注陘北之地。琨自以託附，聞之大喜，乃徙馬邑、陰館、樓煩、繁畤、崞五縣之民於陘南，更立城邑，盡獻其地，東接代郡，西連西河、朔方，方數百里。帝乃徙十萬家以充之[13]。

拓拔族移民這五縣，表示已實際佔有該地區，作為其後太祖拓拔珪所制定之畿內，而成為北魏之核心地區。

其後鮮卑拓拔氏一度失國，依附他族，至昭成皇帝什翼犍才得復國，什翼犍即位於繁畤之北，稱建國元年，《魏書》卷一〈序紀〉云：

（建國）二年，始置百官，分掌眾職，東自濊貊，西及破洛那，莫不款附。夏五月，朝諸大人於參合陂，議欲定都灅源川，連日不決，乃從太后計而止……三年春，移都於雲中之盛樂宮。四年秋九月，築盛樂城於故城南八里。……

---

12 《晉書》卷五〈孝懷帝紀〉永嘉五年十一月、六年八月，略同。這段內容小節異同見日人志田不動麿，〈代王世系批判〉，《史學雜誌》48 (2)；及內田吟風，〈魏書序紀特に其世系紀事に就て〉，《史林》22 (3)。

13 《資治通鑑》卷八十七〈晉紀九〉懷帝永嘉四年十月《考異》謂三萬餘家散在五縣間：「(猗)盧新并塵官，國甚強盛，從琨求陘北地，並遣三萬餘家散在五縣間。」

太后反對定都的理由載於《魏書》卷十三〈皇后列傳第一·平文皇后王氏傳〉內：

> 昭成初欲定都於灅源川，築城郭，起宮室，議不決。后聞之曰：「國自上世，遷徙為業。今事難之後，基業未固，若城郭而居，一旦寇來，難卒遷動。」乃止。

築城是遊牧走向定居生活發展過程中的現象，定都易授予敵人攻擊目標，當時鮮卑拓拔氏復國未久，沒有把握能避免敵人攻擊首都，定都則遷徙不易，損害較大，但拓拔氏在盛樂、平城一帶仍然多方築城。自東漢以降，鮮卑拓拔族即居住在匈奴故地陰山一帶，魏晉以降，拓拔氏之重心顯然在雲中地區至桑乾河流域一帶。這個核心地區有兩個較大的都市，其一是盛樂，其二是平城。

北魏建國以後的政治組織，初期仍有分部而治的傳統，《魏書》卷一百一十三〈官氏志〉載：

> 建國二年……分為南北部，復置二部大人以統攝之。時帝弟觚監北部，子寔君監南部，分民而治，若古之二伯焉，太祖登國元年，因而不改，南北猶置大人，對治二部。

帝國漸漸成熟時，尚書制度漸漸替代舊制，這屬於政制發展課題，暫不贅述，值得注意的是人羣組合的社會層面，《魏書》卷一百一十三〈官氏志〉後半段載：

> 魏氏本居朔壤，地遠俗殊，賜姓命氏，其事不一，……。初安帝[14]統國，諸部有九十九姓。至獻帝時，七分國人，使諸兄弟各攝領之，乃分其氏，自後兼并他國，各有本部，部中別族，為內姓焉。年世稍久，互以改易，興衰存滅，間有之矣！今舉其可知者：
>
> 獻帝以兄為紇骨氏，後改為胡氏。
>
> 次兄為普氏，後改為周氏。

14　應為成帝，《魏書》卷一〈序紀〉：「成皇帝……統國三十六，大姓九十九……。」

> 次兄為拓拔氏，後改為長孫氏。
>
> 弟為達奚氏，後改為奚氏。
>
> 次弟為伊婁氏，後改為伊氏。
>
> 次弟為丘敦氏，後改為丘氏。
>
> 次弟為侯氏，後改為亥氏。七族之興，自此始也。
>
> 又命叔父之胤曰乙旃氏，後改為叔孫氏。
>
> 又命疏屬曰車焜氏，後改為車氏。
>
> 凡與帝室為十姓，百世不通婚。太和以前，國之喪葬祠禮，非十族不得與也。高祖革之，各以職司從事。

至神元皇帝力微時，時值魏晉之際，鮮卑拓拔氏已遷至定襄之盛樂，國力頗強，據《魏書‧官氏志》記載，餘部諸姓內入者有一百一十個，諸部其渠長皆自統衆，與拓拔氏的關係是「歲相朝貢」，一百一十個部落包含各種種族，居住在塞外四方。姚薇元考北朝胡姓，又得七十五個，合一百一十個，加上帝室八姓，凡一百九十三姓，玆引文如下：

> 爰就《魏書‧官氏志》所載一百十八姓，依據舊史紀傳、姓氏諸書所載，參以文集說部、碑銘石刻、方志圖譜，與夫近世中外學人之論著，校核推求，一一考其原義、種族、居地，以及改姓之人證。抉隱鉤沈，觸類旁通，間有得於〈官氏志〉之外者：上自漢魏之降胡質子，下及隋唐之蕃將胡商，靡不包涉。計所得凡七十五姓，彙為外篇，合內篇一百十八姓，共得一百九十三姓，都二十餘萬言[15]。

「拓拔族的姓氏關係構成一個部落關係網，在網的中央是宗室八姓，八姓之內又以拓拔氏爲核心，其他七姓拱衞在它的周圍，輔佐拓拔氏的子孫對內繁榮世代，對外統治各族各姓，以及各部落之內的牧民」[16]。

---

[15] 姚薇元，《北朝胡姓考‧緒言》（北京：中華書局），頁4-5。

[16] 馬長壽，《烏桓與鮮卑》（上海：人民出版社），頁254。

這些部落對於拓拔氏而言，也有親疏之分，隨著時代推移，這種親疏之分也有變化，力微至拓拔珪之時，諸部與拓拔部親疏已不可考，拓拔珪以降，有八個部落特別被提及，《魏書》卷一百一十三〈官氏志〉末段：

> 其穆、陸、賀、劉、樓、于、嵇、尉八姓，皆太祖已降，勳著當世，位盡王公，灼然可知者，且下司州、吏部勿充猥官，一同四姓。

其他部落大人或部落成員，按照其在北魏政權中的官職定其族姓，也就是按照其對於北魏政權之貢獻而決定關係層次，〈官氏志〉繼載：

> 原出朔土，舊為部落大人，而自皇始已來，有三世官在給事已上，及州刺史、鎮大將，及品登王公者為姓。若本非大人，而皇始已來，職官三世尚書已上，及品登王公而中間不降官緒，亦為姓。諸部落大人之後，而皇始已來官不及前列，而有三世為中散、監已上，外為太守、子都，品登子男者為族。若本非大人，而皇始已來，三世有令已上，外為副將、子都、太守，品登侯已上者，亦為族。……

上述所謂姓族，看不出層次性，若對照《新唐書》卷一百九十九〈柳沖傳〉的膏粱、華腴、甲、乙、丙、丁四姓看，則其高下差異立顯，定姓族在當時是重大事件，因爲在九品官人法之下，這是選舉標準的憑據。

以官位姓族反映各部落人士與拓拔氏之親疏遠近關係，這是拓拔氏正式建立北魏王朝後之事，上述一百一十個部落，「登國初，太祖散諸部落，始同爲編民。」（〈官氏志〉）是將部落打散，依其貢獻吸收成爲政權一分子，同時也成爲社會階層中的一分子，上述引文中除了部落大人以外，「若本非大人」而任官三世者亦可得姓族，便是具體的安排。長期參加拓拔氏集團者漸漸成爲「內入諸姓」，擴大了其統治集團。除了建立科層節制的官僚體系以外，由於「凡與帝室爲十姓，百世不通婚」。這帝室十姓得與其他部落姓族通婚，通婚有婚姻圈，婚姻圈的遠近也代表與拓拔氏統治核心之遠近，「魏舊制，王國舍人皆應娶八族及清修之門」[17]，八族即上述穆、陸、賀、劉、樓、于、嵇、尉八姓。

再者，拓拔氏在政治社會一直採取雙軌制，除了太祖建國以來，漸漸採用魏晉官制而將部落打散納入官僚體系以內，還有許多部落仍未被打散，論者常舉高車為代表，《北史》卷九十八〈高車傳〉載：

道武時分散諸部，唯高車以類粗獷，不任使役，故得別為部落。

據周一良研究，自北魏初至魏齊之際，領民酋長之號甚多，在其二十餘例子之中，「領民酋長皆鮮卑之勅勒，匈奴、契胡族」[18]。所以高車不是唯一不被打散的部落，按柔然與高車[19]是北魏北方最重要的敵人，拓拔氏在長期的戰爭中雖然屢屢打敗這二族，但並不能使其完全臣服，其後安置降附者於陰山一帶，設六鎮以鎮壓之，最後仍然反叛，後文另有討論。舉高車為例，是其「粗獷」反對分散諸部之代表，實際上不被打散的還有許多是拓拔氏的擁護者，如尒朱氏、叱列氏、斛律氏等。本人以為魏初按生態環境及生活方式行雙軌制，能「分土定居」漸趨農業者，則盡量將其部落打散，正如《魏書》卷八十三上〈賀訥傳〉云：

其後離散諸部，分土定居，不聽遷徙，其君長大人皆同編戶。

無法農耕地區，或被賜予畜牧之地，則任其保有部落制度，而有「領民酋長」之號，所以正史上擁有領民酋長者皆在長城內外地區。《魏書・官氏志》對於這一系統官職全然沒有記載，《隋書》卷二十七〈百官志〉中，齊制末段載：

流內比視官十三等。第一領人（即領民）酋長，視從第三

17　《資治通鑑》卷一百四十齊建武三年（公元497年）。

18　周一良，〈領民酋長與六州都督〉，《中央研究院歷史語言研究所集刊》20（上），頁82。

19　志田不動麿，〈南北朝時代に於ける勅勒の活動〉（上、下）。

品。第一不領人酋長，視第四品。第二領人酋長，第一領人庶長，視從第四品。諸州大中正，第二不領人酋長，第一不領人庶長，視第五品。諸州中正，畿郡邑中正，第三領人酋長，第二領人庶長，視從第五品。第三不領人酋長，第二不領人庶長，視第六品。第三領人庶長，視從第六品。第三不領人庶長，視第七品。

按北齊制度承襲北魏。領民酋長之中與拓拔氏關係良好者，即魏遷洛之後所謂「雁臣」是也，如尒朱氏、厙狄氏、斛斯氏等（見後文）。如果領地在北魏之樞紐地帶，則更接近拓拔氏之核心，其間也可能發生婚姻關係。

「內入諸姓」或樞紐地區的領民酋長等，皆表現拓拔氏統治集團由核心向外發展的層次性。

鮮卑族拓拔氏原在東北地區，沿蒙古高原，幾經遷徙至陰山一帶，至拓拔珪時建都於盛樂，盛樂在雲中地區，北與白道甚近，白道是自古塞外民族南下牧馬之重要通路之一，而為中古中國通漠北第一要道[20]；西通五原，可達靈州、涼州；東達平城一帶，盛樂可說是一個重要通道，對於遊牧民族而言，通道上設立首都有其便利，但居於四戰之地，則時時有烽火之警。

自從苻秦瓦解以後，北中國長城以南以慕容燕為最強，長城以北以拓拔氏最強。公元 395 年，這兩大勢力戰於參合陂[21]，魏主拓拔珪大敗慕容燕太子寶[22]，在二年之內，拓拔氏擁有慕容燕之大部分地區，而成為北中國的霸主。

初，慕容燕強於拓拔氏，拓拔珪且曾質弟觚於慕容垂。魏卒能破

20　嚴耕望，《唐代交通圖考》第五冊篇伍參〈北朝隋唐東北塞外東西交通線〉(一)北魏六鎮東西交通線，頁 1773-1780，「武川正當白道嶺，為中古時代中國通漠北之第一主道，北魏北伐亦常以白道為中軍主力路線。」又參見前田正名，《平城の歷史地理學的研究》，頁 145-150，〈白道の重要性〉。

21　嚴耕望，《唐代交通圖考》第五冊附篇八〈北魏參合陂地望辨〉。

22　《魏書》卷二〈太祖紀第二〉登國十年十一月及《資治通鑑》卷一百八〈晉紀三十〉孝武帝太元二十年（公元 395 年）冬十一月。

燕，原因固多，魏擁有大量良馬是重要原因，當公元391年「秋，七月，壬申，燕主垂如范陽，魏主珪遣其弟觚獻見於燕，燕主垂衰老，子弟用事，留觚以求良馬，魏主珪弗與，遂與燕絕」[23]。同年十一月拓拔珪滅衞辰國，十二月「誅衞辰宗黨五千餘人，……獲馬三十餘萬匹，牛羊四百餘萬頭，國用由是遂饒」[24]。參合陂之役次年，魏已擁有并州，將進攻中山，時「中書令眭邃曰：『魏多騎兵，往來剽速，馬人齎糧，不過旬日……』」[25]。由於戰爭之勝利，公元396年珪建天子旌旗，出警入蹕，改元皇始。於是有進取中原之意，上谷張恂勸珪進取中原，珪善之[26]。

公元398年七月，魏王珪遷都平城，始營宮室，建宗廟，立社稷。是年「十二月己丑，魏王珪即皇帝位，大赦，改元天興。……徙六州二十二郡守宰豪傑二千家於代都，東至代郡，西及善無，南極陰館，北盡參合，皆爲畿內，其外四方四維，置八部師以監之」[27]。

馬長壽統計從天興元年（公元398年）至皇興三年（公元469年）的十四次向代京移民，「以部落成分而言之，徙往代都的人口以漢人爲最多，徒何鮮卑次之，匈奴、高麗、濊貊、稽胡、吳蠻居於少數。……移民對代都貢獻最大的是從各地徙來大量漢族和徒何鮮卑的農民和手工業」[28]。《魏書》卷一百一十〈食貨志〉亦證實這個看法：

> 既定中山，分徙吏民及徒何種人，工伎巧十萬餘家以充京都，各給耕牛，計口授田，天興初，制定京邑……勸課農耕，量校收入，以為殿最。又躬耕籍田，率先百姓。自後比

23 《資治通鑑》卷一百七〈晉紀二十九〉孝武帝太元十六年（公元391年）。

24 《魏書》卷二〈太祖紀二〉登國六年（公元391年）十二月及同書卷九十五〈衛辰傳〉。

25 《資治通鑑》卷一百八〈晉紀三十〉孝武帝太元二十一年（公元396年）秋九月。

26 《魏書》卷八十八〈張恂傳〉：「參代王軍事，恂言於太祖曰：『金運失御，劉石紛紜，慕容竊號山東，苻姚盜器秦隴，遂使三靈乏響，九域曠君。大王樹基玄朔，重明積聖，自北而南，化被燕趙。今中土遺民，望雲冀潤。宜因斯會，以建大業。』太祖深器異，厚加禮焉。」

27 《資治通鑑》卷一百一十〈晉紀三十二〉隆安二年（公元398年）。

28 馬長壽，《烏桓與鮮卑》頁47-49。

歲大熟，匹中八十餘斛。是時戎車不息，雖頻有年，猶未足以久贍矣[29]！

1975年七月發現了一座北魏墓，位於盛樂故城北四十里，該墓的時代理應於北魏拓拔珪定都平城的前後：

這座北魏墓規模不大，隨葬品均為陶質，也不算精緻，但隨葬品的組合還是比較齊全的，不僅有一套與庖廚有關的生活用具明器，而且有成羣的牲畜模型，特別是各種陶俑的出土，這在內蒙古地區還是首次。估計墓主人可能是小官吏或地主。陶俑有武士俑、男俑、女俑和女舞樂俑，說明當時這個地區的統治階級亦有出則作戰，入則被役使的部曲，從造型及服裝看，有鮮卑人也有漢人。這座墓出土了倉、井、磨和碓等與農業生產相關的器物，反映了這個時期在呼和浩特地區農業已占主導地位，而出土衆多和駝、馬、羊等牲畜，又反映了畜牧業仍占一定的比重。這都是北魏時期呼和浩特地區經濟狀況的真實寫照[30]。

拓拔氏的組織與檀石槐軍事大聯盟最大的差異，乃是拓拔氏建立一個核心組織，環繞著核心向外有一層層的人員組合，愈接近核心愈與拓拔氏共享禍福，所以不會因爲某一領袖死亡而人亡政息。除了皇室八族十姓以外，其他部落與拓拔氏之親疏隨時有變遷，功勛與婚姻是變遷的重要因素，在這種由親而疏一層層同心圓的組織體系之中，最重要的界線是所謂「國人」。

《魏書》卷一〈序紀〉：

煬皇帝復立，以七年為後元年，烈帝出居於鄴……三年，石虎遣將李穆率騎五千納烈帝於大寧，國人六千餘落叛煬帝，煬帝出居於慕容部。

---

29 《魏書》卷二〈太祖紀二〉天興元年（公元398年）正月，「徙山東六州民吏及徒何、高麗雜夷三十六萬，百工伎巧十萬餘口，以充京師。」

30 郭素新，〈內蒙古呼和浩特北魏墓〉，《文物》1977（5），頁41。

《資治通鑑》卷一百二十六〈宋紀八〉元嘉二十八年（公元451年）正月，魏正平元年：

> 魏主遺（臧）質書曰：「吾今所遣鬥兵，盡非我國人，城東北是丁零與胡，南是氐羌……。」

狹義的國人，似乎是指拓拔氏同族而言，但對這個統治集團而言漸漸地應包括與拓拔氏同一婚姻圈者，以及長期追隨拓拔氏的功勛姓族。《魏書》卷四十〈陸凱傳〉載：

> 初高祖將議革變舊風，大臣並有難色，又每引劉芳、郭祚等密與規謨，共論時政，而國戚謂遂疏己，怏怏有不平之色。乃令凱私喻之曰：「至尊但欲廣知前事，直當問其古式耳，終無親彼而相疏也。」國戚舊人意乃稍解。

《資治通鑑》卷一百一十七〈晉紀三十九〉義熙十一年（公元415年）九月，魏神瑞二年載：

> 乃簡國人尤貧者，詣山東三州就食……(胡三省注：「國人」謂與拓拔氏同出北方之子孫也。又注：拓拔氏起於漠北，統國三十六，大姓九十九。道武既并中原，徙其豪傑於雲代，與北人雜居，以其北來部落為「國人」。)

《隋書》卷三十三〈經籍志・史部譜系篇後序〉云：

> 後魏遷洛，有八氏十姓，咸出帝族；又有三十六族，則諸國之從魏者；九十二姓，世為部落大人者，並為河南洛陽人。

顯然比帝室八國的範圍爲大，是廣義的國人，也就是本文所謂核心集團。

蒙思明認爲「國人是居住在畿甸以內的」[31]，應指上述「東至代郡、西及善無、南極陰館、北盡參合」及「其外四方四維」而言。《資治通鑑》卷一百一十〈晉紀三十二〉隆安二年（公元398年）八月，魏天興元年載：

31　蒙思明，〈元魏的階級制度〉，《史學年報》2 (3)，頁90-92。

魏王珪命有司正封畿（《元和郡縣圖志》卷十四，雲州目：「……後魏道武帝又於此建都，東至上谷軍都關，西至河，南至中山隘門塞，北至五原，地方千里，以為甸服。」）

《魏書》卷一百一十三〈官氏志〉載：

置八部大人……於皇城四方四維，面置一人，以擬八座，謂之八國。

皇城四方四維比擬八座，實際上也比擬拓拔氏之八國，居住在國內的人當然是國人，以平城為首都而言，畿甸的大小如何，胡三省說：「近畿，謂環平城千里之地[32]。」

三、北魏平城時期核心區的軍事優勢與核心集團之成就

北魏帝國以拓拔氏為核心，吸收各種種族、部落、人羣，環繞著核心，構成一個一圈圈由親而疏的同心圓，其中「國人」界線最為重要，它的含義自北魏建國以後應包含帝室、功勛姓族、國戚等，在平城時代，雲代及幷州北部是國人主力所在，成為北魏的核心區，在此核心地區中有顯著的階級制度，國人當然是社會階級之上層人物，然後又從其他征服區移入大批百工伎巧農民等，為其提供人力與生產技術，所以核心區內也有其他種族者，但大多數是工農生產者，並不會構成國人之安全威脅，在另方面這些工農生產者還提供統治者的物質基礎，增強其統治力量，上引1975年7月北魏墓可能是一個國人單位的寫照，墓主可能為一國人。統治者出則作戰，入則役使部曲。由於這個區域位居沙漠南緣的草原地帶[33]，所以適宜於畜牧生活，雲中川

32　《資治通鑑》卷一百二十六〈宋紀七〉元嘉二十八年（公元451年）。

33　《宋書》卷九十五〈索虜傳〉：「陰山去平城六百里，深遠饒樹林。」

一帶畜牧甚盛[34]，而鹽池、桑乾水、灅水[35]流域支流甚多，部分地區亦適宜農耕，所以這個地區是農牧兼宜的複式地帶，在北魏時，畜牧民族居於統治地位，而農耕者居於被統治地位，國人主要的任務是服官和從軍[36]。核心區是國人之根本基地，在核心區之外，國人也被派爲官吏，如果是在草原地帶便成立鎮以統治當地遊牧民族，如果是農業地區則立州郡縣而統之，《魏書》卷一百一十三〈官氏志〉載：

> 又制諸州置三刺史，刺史用品第六者：宗室一人，異姓二人，比古之上中下三大夫也。郡置三太守，用七品者。縣置三令長，八品者。

將首都放在草原與農業的重疊地區，這種適合遊牧民族「春山秋水」式打獵的生活，是超乎中原人士所想像和理解之外[37]，如果大帝國要兼顧這兩種不同生活方式的民族，這是折衷辦法。除此之外，平城還有軍事形勢上的優點。

平城位於恒山山脈以北，北有長城與蟠羊山，西北卽雲中地區，再北有陰山山脈，是四塞地形，中有桑乾水主支流蜿蜒其間，平城約略居其中央。適宜牧畜及部分農耕，當時北魏道武帝南面還擁有現今山西、河北兩省之地，平城出居庸關可達幽州，出飛狐關可達定州、易州；南出雁門關可達代州、幷州。

關於以平城爲首都，作爲軍事中心以控制中古時期所謂山東地區，可在遷都平城後十八年的一次御前會議辯論中得知。這次會議之起因是雲代地區饑荒，缺乏糧食，有人建議遷都南方，當時洛陽地區

---

34 雲中川卽今大黑河流域。《太平寰宇記》卷四十九雲州雲中縣同引《冀州圖》：「……自晉陽以北地勢漸寒，平城、馬邑、凌原二丈，雲中、五原積水四五十尺，唾出口成冰，牛凍角折而畜牧滋繁。」又《魏書》卷二十四〈燕鳳傳〉：「（燕鳳對苻堅曰）：『雲中川自東山至西河二百里，北山至南山百有餘里，每歲孟秋，馬常大集，略爲滿川。』又《通鑑》卷一百九十三貞觀四年春正月，胡注引宋祁曰：「古定襄城，其地南大河，北白道，畜牧廣衍，龍荒之最壤。」宋白曰：「朔州北三百餘里，定襄故城，後魏初之雲中也。」以上諸條皆嚴耕望先生提示。

35 酈道元撰、楊敬之纂疏、熊會貞參疏，《水經注疏》卷十三〈灅水條〉：「守敬按：『灅水之上源為桑乾水，其下流為桑水，非桑乾水與灅水有二也。』」

36 蒙思明，〈元魏的階段制度〉，頁92-97。

37 勞榦，〈論北朝的都邑〉，《大陸雜誌》22 (3)，頁3。

並非北魏穩定控制區，故建議遷都鄴。按平城的戰略價值雖高，其經濟條件如若作爲該地區局部首都尚可，如果帝國領土擴大及山東地區，平城附近要維持中央政府文武官員之物質基礎頓感不足，稍有饑荒，即捉襟見肘[38]，但戰略價值仍然是北魏初期的重要考慮，其議論如下：

《資治通鑑》卷一百十七〈晉紀三十九〉義熙十一年（公元415年）九月，魏神瑞二年載：

> 魏比歲霜旱，雲代之民多飢死。太史令王亮、蘇坦言於魏主嗣曰：「案讖書：魏當都鄴，可得豐樂。」嗣以問羣臣，博士祭酒崔浩、特進京兆周澹曰：「遷都於鄴，可以救今年之饑，非長久之計也。山東之人，以國家居廣漠（《魏書·崔浩傳》作漢）之地，謂其民畜無涯，號曰牛毛之衆，今留兵守舊都，分家南徙，不能滿諸州之地，參居郡縣，情見事露，恐四方皆有輕侮之心。且百姓不便水土，疾疫死傷者必多。又舊都守兵既少，屈丐、柔然將有窺窬之心，舉國而來，雲中、平城必危。朝廷隔恒代千里之險，難以赴救，此則聲實俱損也。今居北方，假令山東有變，我輕騎南下，布濩林薄之間，孰能知其多少？百姓望塵懾服，此國家所以威制諸夏也。來春草生，湩酪將出，兼以菜菓，得及秋熟，則事濟矣。」嗣曰：「今倉廩空竭，既無以待來秋，若來秋又饑，將若之何？」對曰：「宜簡飢貧之戶，使就食山東，若來秋復饑，當更圖之；但方今不可遷都耳。」嗣悅曰：「唯二人與朕意同。」乃簡國人尤貧者，詣山東三州就食，遣左部尚書代人周幾，帥衆鎮魯口，以安集之。嗣躬耕藉田，且命有司勸課農桑，明年，大熟，民遂富安。

---

38 《魏書》卷一百一十〈食貨志〉：「（太和）十一年（公元487年），大旱，京都民飢，加以牛疫，……詔聽民就豐，行者十五六……。」

以平城爲首都，國家軍事中心在此地區，如若北方屈丏柔然南侵，則有捍衞屏障之功；如果亂起山東，則輕騎南下，有高屋建瓴之效；其攻守之戰爭資源除了騎兵外，馬匹肆應尤爲重要，此點後文還會論及。顯然，當時北中國的軍事中心在平城地區。其經濟問題之解決乃遷移饑民就食山東地區，而龐大的中央文武仍居平城首都。倘北方柔然南侵，拓拔魏首都設在平城，重兵亦安置在此地區，立刻可發兵出擊，以攻爲守，此一軍事重心實隔絕北方敵人南侵之大本營，避免中原遭受北方敵人之威脅與破壞，而魏主坐鎭平城首都，是重兵聚集運用的重要條件，例如：

《資治通鑑》卷一百二十〈宋紀二〉元嘉元年（公元424年）、魏始光元年八月載：

> 柔然紇升蓋可汗（即大檀）聞魏太宗殂，將六萬騎入雲中，殺掠吏民，攻拔盛樂宮[39]。魏世祖自將輕騎討之，三日二夜至雲中。紇升蓋引騎圍魏主五十餘重，騎逼馬首相次如堵，將士大懼，魏主顏色自若，衆情乃安。紇升蓋以弟子於陟斤為大將，魏人射殺之，紇升蓋懼，遁去。尚書令劉絜言於魏主曰：「大檀自恃其衆，必將復來，請俟收田畢，大發兵為二道，東西並進以討之。」魏主然之[40]。……十二月，魏主命安集將軍長孫翰、安北將軍尉眷北擊柔然，魏主自將，屯柞山。柔然北遁，諸軍追之，大獲而還。翰，肥之子也。

柔然循白道入雲中，竟攻拔盛樂宮，魏世祖自平城三日二夜至雲中，賴君臣立刻採取軍事行動而擊退敵人，劉潔更建議採取主動追擊。

按自雲中東向有長城等作爲平城之近北屏障，再北有陰山山脈，綿亙甚長，在陰山山脈的北坡，北魏亦設有軍隊戍防，此即稍後所設

39　《北史》卷九十八〈蠕蠕傳〉及《魏書》卷一百三〈蠕蠕傳〉未載「殺掠吏民，攻拔盛樂宮」。

40　《魏書》卷二十八〈劉潔傳〉，《北史》卷二十五〈劉潔傳〉皆作「潔」字，其言詞略同。

六鎮是也[41]　。無論雲中平城線，或六鎮沃野至懷荒鎮線，在這一帶塞外地區，其東西交通路線甚為流暢，嚴耕望先生敍述自平城向東之塞外交通路線如下[42]　：

> 北魏前期都平城，君主屢屢東幸大寧、濡源，且向更東方之庫莫奚與北燕馮氏用兵。跡其行幸與用兵，可略識當時之交通路線：
>
> 其一，由平城東行經參合陂（今陽高東）、皤羊山，又東至大寧，卽廣寧（今張家口），有長川。又東北蓋循黑城川河谷東北行，經去畿陂（今沽源西克勒湖或西南），至濡源（今灤河源），蓋駐禦夷故城，……其後孝文太和中置禦夷鎮……亦以鎮濡源地區也。又折南行至赤城，太武帝時見置鎮。又南至魏上谷郡（今延慶縣）……又循清夷水河谷下行，西至秦漢上谷郡治沮陽故城（今懷來舊縣），又西至涿鹿縣（今縣東南四十里，縣舊名保安），有黃帝廟，又西北還至大寧。
>
> 其二，由濡源北魏前期所置禦夷故城東北經松漠，卽所謂平地松林（今經棚以西、西喇木倫河上源），東至庫莫奚衙帳（今巴林橋），道武帝伐庫莫奚卽取此道。……庫莫奚衙帳，東沿潢水河谷下行至契丹衙帳，地在營州東北約五百里，潢水南約今庫倫旗處（小庫倫……），再東北行，則通室韋、渤海諸部。……
>
> 其三，由濡源禦夷鎮東南行九十（？）里至西密雲戍（約今大閣鎮地區）。又東蓋經安州（今隆化），三藏口（今承德北），安樂縣（今承德、平泉之間），又東經建德郡治白狼城（今凌源南），東至和龍，卽營州柳城也。若不經安州、三藏口，則當東南取唐代墨斗嶺道而東，此並塞外近地之東

41　六鎮之設，有很多學者考證，嚴耕望先生總其成，見《中國地方行政制度史》上編卷中：《魏晉南北朝地方行政制度》，頁692-704。

42　嚴耕望，《唐代交通圖考》第五册篇伍參〈北朝隋唐東北塞外東西交通線〉㈠大寧東北經濡源通奚契丹道，頁1781-1789。

西道也。

自平城向西的發展路線，據日人前田正名研究[43]，主要是沿著陝北毛烏素沙漠之南緣向西至薄骨律鎮（即靈州），當時的統萬城居於這條路線的中間；這條路可達河西走廊、隴右地帶，亦可南下長安。另一條路線自平城出雲中、五原，沿陰山山脈而西達居延海地區。這兩條路線的自然地形對於人類活動並不構成如何困難。

當北魏的初期，北魏北有柔然，南有劉宋，關中有後秦，陝北有夏，隴右有西秦，河西走廊有北涼，青海東部有南涼，幽州遼東一帶有北燕，膠州半島黃河出海口有南燕。以北中國而言，「約可分爲兩個集團，北魏與後秦爲一集團，北燕、夏、柔然爲另一集團」[44]。據司馬光分析，北魏太武帝是一位雄才大略、冒險犯難、不以守成爲已足的君主，其評如下：

> 魏主為人壯建、鷙勇，臨城對陳，親犯矢石，左右死傷相繼，神色自若，由是將士畏服，咸盡死力。性儉率，服御飲膳，取給而已。羣臣請增峻京城修宮室，曰：「《易》云：『王公設險以守其國。』又蕭何云：『天子以四海為家，不壯不麗，無以重威。』」帝曰：「古人有言：『在德不在險』。屈丐蒸土築城，而朕滅之，豈在城也？今天下未平，方須民力，土功之事，朕所未為，蕭何之對，非雅言也！」每以為財者，軍國之本，不可輕費，至於賞賜，皆死事勳績之家，親戚貴寵，未嘗橫有所及；命將出師，指授節度，違之者多致負敗；明於知人，或拔士於卒伍之中，唯其才用所長，不論本末，聽察精敏，下無遁情；賞不違賤，罰不避貴，雖所甚愛之人，終無寬假。常曰：「瀍者，朕與天下共之，何敢輕也？」然性殘忍，果於殺戮，往往已殺而復悔之[45]。

43　前田正名，〈北魏平城時代のオルドス沙漠南緣路〉，《東洋史研究》31（2）。

44　王吉林，〈統一期間北魏與塞外民族的關係〉，《史學彙刊》10，頁70。

45　《資治通鑑》卷一百二十〈宋紀二〉元嘉四年（公元 427 年）、魏始光四年七月。

北魏明元帝是一個守成之君，太武帝拓拔燾卻充分發揮其人力、物力、馬匹等作戰資源向外擴張，他的積極進取政策又與平城的地理條件有密切關係，擴張的優先次序見於一次御前會議的辯論之中。

《北史》卷二十二〈長孫嵩傳〉(《魏書》卷二十五〈長孫嵩傳〉略同）載：

> 詔問公卿：「赫連、蠕蠕，征討何先？」嵩與平陽王長孫翰、司空奚斤等曰：「赫連土居，未能為患，蠕蠕世為邊害，宜先討大檀。及則收其畜產，足以富國，不及則校獵陰山，多殺禽獸，皮肉筋角以充軍實，亦愈於破一小國。」太常崔浩曰：「大檀遷徙鳥逝，疾追則不足經久，大衆則不能及之。赫連屈丐土宇不過千里，其刑政殘害，人神所棄，宜頓討之。」尚書劉潔、武京侯安原請先平馮跋。帝默然，遂西巡狩。

從其後歷史發展而觀之，北魏之擴張順序是：先西征，再北伐，次東討，次南侵。這次御前會議不久，夏世祖去世。

《資治通鑑》卷一百二十〈宋紀二〉元嘉三年（公元 426 年）、魏始光三年載：

> 魏主聞夏世祖殂，諸子相圖，國人不安，欲伐之。長孫嵩等皆曰：「彼若城守，以逸待勞，大檀聞之，乘虛入寇，此危道也。」崔浩曰：「往年以來，熒惑再守羽林，鉤已而行，其占秦亡，今年五星并出東方，利以西伐，天人相應，不可失也。」嵩固爭之，帝大怒，責嵩在官貪污，命武士頓辱之。於是遣司空奚斤帥四萬五千人襲蒲阪，宋兵將軍周幾帥萬人襲陝城，以河東太守薛謹為鄉導。謹，辯之子也[46]。……（十一月），魏主行至君子津，會天暴寒，冰合。戊寅，帥輕騎二萬濟河襲統萬。壬午，冬至，夏主方燕羣臣，魏師奄

46　《魏書》卷二十五〈長孫嵩傳〉略同。

> 至，上下驚擾。……魏軍夜宿城北，癸未，分兵四掠，殺獲數萬，得牛馬十餘萬[47]。
>
> （奚）斤遂克蒲阪。……十二月，斤入長安，秦雍氐羌皆詣斤降[48]。

魏始光四年（公元427年）六月，魏主破統萬城，昌奔上邽，「虜昌羣弟及諸母、姐妹、妻妾、宮人萬數，府庫珍寶車旗器物不可勝計，擒昌尚書王買、薛超等及司馬德宗將毛修之、秦雍人士數千人，獲馬三十餘萬匹、牛羊數千萬」[49]。拓拔氏占領陝北地區，由此可以向關隴、河西發展，同時也屏障雲代并核心地區的西翼，河西地區又是畜牧良地，其後爲北魏良馬的供應地，後文再論。

神䴥元年（公元428年）魏破上邽，擒夏主赫連昌[50]，雖仍有殘餘勢力「夏大將軍領司徒平原王定收其餘衆數萬奔還平涼，即皇帝位」[51]，陝北一帶大致底定。神䴥二年（公元429年）魏主將擊柔然，朝內有激烈辯論，大部分大臣及太后都不贊成北伐之舉，獨崔浩力主此事。當時有人提出南方勢力對北魏之威脅以詰難北伐，《魏書》卷三十五〈崔浩傳〉載：

> 或有尤浩者曰：「今吳賊南寇而舍之北伐。行師千里，其誰不知，若蠕蠕遠遁，前無所獲，後有南賊之患，危之道也。」浩曰：「不然，今年不摧蠕蠕，則無以禦南賊。自國家并西國以來，南人恐懼，揚聲動衆以衛淮北。彼北我南，彼勞我息，其勢然矣。比破蠕蠕，往還之間，故不見其至也。何以言之？劉裕得關中，留其愛子，精兵數萬，良將勁卒，猶不能固守，舉軍盡沒，號哭之聲，至今未已。如何正當國家休

---

47 《魏書》卷九十五〈鐵弗劉虎傳・附昌傳〉略同。

48 《魏書》卷二十九〈奚斤傳〉同。

49 《魏書》卷四下〈世祖紀〉始光四年（公元427年）六月乙巳。

50 《魏書》卷四下〈世祖紀〉神䴥元年（公元428年）二月。

51 《資治通鑑》卷一百二十一〈宋紀三〉元嘉五年（公元428年）魏神䴥元年二月。《魏書》卷九十五〈鐵弗劉虎傳・附定傳〉、《北史》卷九十三〈僭偽附庸・夏赫連氏傳・定傳〉皆載：「昌敗，定奔於平涼，自稱尊號，改年勝光。」

> 明之世，士馬強盛之時，而欲以駒犢齒虎口也？設令國家與之河南，彼必不能守之。自量不能守，是以必不來。若或有衆，備邊之軍耳。……且蠕蠕恃其絕遠，謂國家力不能至，自寬來久，故夏則散衆放畜，秋肥乃聚，背寒向溫，南來寇抄。今出其慮表，攻其不備，大軍卒至，必驚駭星分，望塵奔走。牡馬護羣，牝馬戀駒，驅馳難制，不得水草，未過數日則聚而困敝，可一舉而滅。蹔勞永逸，長久之利，時不可失也[52]。

崔浩在這次辯論中 力主先伐柔然， 崔浩屢屢勸阻拓 拔魏與宋交戰，或許有王猛勸阻苻堅南討之心理[53]，但崔浩秉執先北伐柔然的理由亦非常適宜於當時之形勢，按柔然雄據北方沙漠草原地帶，亦以騎兵爲主，其南下牧馬首先攻擊雲中平城地區，直接影響北魏國本，如先伐柔然，劉宋以步兵爲主，渡淮、渡河，再入山西地區，其補給線無法維持，劉裕克關中而不能守，前桓溫北伐亦僅至枋頭，此皆與補給有密切關係，故北魏北伐柔然，劉宋實無法發揮南方突擊之功效。自建康至北魏核心平城地區之路線不僅遙遠，並且有多重山河之隔，非一朝一夕之事。但若北魏先南討劉宋，并州是其控制地區，騎兵直達黃河並無困難，南渡黃河以後，騎兵功效不顯，而補給線拉長，如要威脅建康地區，其遭遇之困難一如劉宋之北伐，如若北魏與劉宋陷入鏖戰情況，則北方柔然可立刻威脅平城心臟地區。

再者，寒暑季節性變化對遊牧民族集散有密切關係。遊牧民族最脆弱的時刻是夏季，「夏則散衆放畜，秋肥乃聚」。一般中原士大夫

---

52 《資治通鑑》卷一百二十一〈宋紀三〉元嘉六年（公元 429 年）、魏神麚二年四月略同。

53 《魏書》卷三十五〈崔浩傳〉，浩在對太宗話中誇獎王猛，曰：「若王猛之治國，苻堅之管仲也。」崔浩是否心向南朝，在《魏書》中無明確記載，但《宋書》卷七十七〈柳元景傳〉載：「元景從祖弟光世，先留鄉里，索虜以為折衝將軍、河北太守，封西陵男。光世姊夫偽司徒崔浩，虜之相也。元嘉二十七年，虜主拓拔燾南寇汝潁，浩密有異圖，光世要河北義士為浩應，浩謀泄被誅，河東大姓坐連誅夷滅者甚衆，光世南奔得免。」

論及與遊牧民族和戰問題時，無法洞察遊牧民族弱點之所在，認爲採取討伐策略時，遊牧民族飄忽不定，敵來則走，敵走則追，勞師動衆而無法消滅其主力。實際上遊牧民族亦需要生長滋養，當此時也，必須散牧在廣大地區，如果突然攻擊某一點，廣大的牧場上無法防守，其酋長如果逃匿，則大批牛羊等主要資財，將被虜獲。崔浩久居位處草原的平城，宜其有此卓識[54]。然而，要採取主動出擊，自己也必須具有相當的機動力，這一點拓拔魏是有的。平城盛樂核心區附近是產馬之地，新得河西夏國馬匹三十餘萬，而其國人亦是馬上英雄，所以崔浩說：「夫以南人進之，則患其輕疾，於國兵則不然。何者？彼能遠走，我亦能遠逐，與之進退，非難制也」[55]。

果然，魏主於神䴥二年（公元429年）「夏四月，治兵于南郊……庚寅，車駕北伐，以太尉、北平王長孫嵩，衞尉、廣陵公樓伏連留守京師，從東道與長孫翰等期會於賊庭，五月丁未，次于沙漠，舍輜重，輕騎兼馬，至栗水，蠕蠕震怖，焚燒廬舍，絕跡西走」[56]。其結果一如當初崔浩之判斷，「大檀衆西奔。弟匹黎先典東落，將赴大檀，遇翰軍，翰縱騎擊之，殺其大人數百。大檀聞之震怖，將其族黨，焚燒廬舍，絕跡西走，莫知所至。於是國落四散，竄伏山谷，畜產布野，無人收視」[57]。

這次軍事行動勝利之後，魏軍的搜索範圍很廣，在搜索過程中又收納很多降附的高車部落以及馬、牛、羊等。《北史》卷九十八〈蠕蠕傳〉載：

> 太武緣栗水西行，過漢將竇憲故壘。六月，車駕次於菟園水，去平城三千七百餘里。分軍搜討，東至瀚海，西接張掖

54　《魏書》卷三十五〈崔浩傳〉載，這次戰爭之後：「又召新降高車渠帥數百人，賜酒食於前。世祖指浩以示之，曰：『汝曹視此人，尪纖懦弱，手不能彎弓持矛，其胸中所懷，乃踰於甲兵。朕始時雖有征討之意，而慮不自決，前後克捷，皆此人導吾令至此也。』」

55　《魏書》卷三十五〈崔浩傳〉語。

56　《魏書》卷四上〈世祖紀〉神䴥二年（公元429年）夏四月。

57　《北史》卷九十八〈蠕蠕傳〉，《魏書》卷一百三〈蠕蠕傳〉同，《資治通鑑》卷一百二十一〈宋紀三〉元嘉六年（公元429年）、魏神䴥二年略同。

水，北度燕然山，東西五千餘里，南北三千里。高車諸部殺大檀種類前後歸降三十餘萬，俘虜首虜及戎馬百餘萬匹。八月，太武聞東部高車屯巳尼陂，人畜甚衆，去官軍千餘里，遂遣左僕射安原等往討之。暨巳尼陂，高車諸部望軍降者數十萬。大檀部落衰弱，因發疾而死[58]。

降民、牛羊馬匹等，都是草原民族主要資產，於是魏之國力大增，《資治通鑑》卷一百二十一〈宋紀三〉元嘉六年（公元 429 年）、魏神䴥二年冬十月載：

魏主還平城。徙柔然、高車降附之民於漠南，東至濡源，西暨五原、陰山三千里中，使之耕牧，而收其貢賦，命長孫翰、劉絜、安原及侍中代人古弼同鎮撫之。自是魏之民間，馬、牛、羊及氈皮為之價賤。

《北史》卷九十八〈高車傳〉亦載：

高車諸部望軍而降者數十萬落，獲馬牛羊亦百餘萬，皆徙置漠南千里之地。乘高車、逐水草，畜牧蕃息，數年之後，漸知粒食，歲致獻貢。由是國家馬及牛、羊遂至于賤，氈皮委積。

在陰山北坡，魏設立六鎮以鎮撫降俘，嚴耕望先生謂：

有六鎮東西一線排列，自西而東數之，曰沃野，曰懷朔，曰武川，曰撫冥，曰柔玄，曰懷荒。其建置在世祖太武帝時代，蓋以鎮撫邊疆高車降俘也[59]。

按北魏國本在平城雲中地區，統治階層核心部落居住在這一帶。在陰山北坡漠南一帶，「東至濡源，西暨五原」的三千里之中，則安置初附之高車柔然人[60]，設鎮使大將鎮撫之。魏未見將高車、柔然降人混

58　《魏書》卷一百三〈蠕蠕傳〉同，《資治通鑑》卷一百二十一〈宋紀三〉元嘉六年（公元429年）、魏神䴥二年略同。

59　嚴耕望《唐代交通圖考》第五册篇伍參「北朝隋唐東北塞外東西交通線」㈠北魏六鎮東西交通線，頁1773。

60　《魏書》卷四上〈世祖紀〉神䴥二年（公元429年），自五月始以伐蠕蠕為主，「冬十月，振旅凱旋于京師，告於宗廟。列置新民於漠南，東至濡源，西暨五原、陰山，竟三千里。」其中應有蠕蠕降民，蠕蠕即柔然。

入平城雲中地區，顯然甚爲重視其國本地區。同時對待新附之民而言，鮮卑拓拔氏是統治階級，故六鎭地區與平城雲中地區自始便不相同，六鎭是平城對北之屛障，鎭本身就具有軍事統治之意[61]，六鎭內部統治者與被統治者有高度的對立現象，一直有賴於北魏強大軍力鎭壓之，平城雲中地接六鎭，北魏都平城時期其控制六鎭一帶是直接而有效的，有關北魏在六鎭之統治，下舉懷荒鎭爲例：

《資治通鑑》卷一百二十二〈宋紀四〉元嘉十年（公元433年）、魏延和二年載：

> 魏主徵陸俟為散騎常侍，出為懷荒鎮大將，未朞歲，高車諸莫弗訟俟嚴急無恩，復請前鎮將郎孤。魏主徵俟還，以孤代之。俟既至，言於帝曰：「不過期年，郎孤必敗，高車必叛。」……帝大驚，立召俟問之，曰：「卿何以知其然也？」俟曰：「高車不知上下之禮，故臣臨之以威，制之以法，欲以漸訓導，使知分限，而諸莫弗惡臣所為，訟臣無恩，稱孤之美。臣以罪去，孤獲還鎮，悦其稱譽，益收名聲，專用寬恕待之，無禮之人，易生驕慢，不過暮(當作朞)年，無復上下，孤所不堪，必將以濃裁之，如此，則衆心怨懟，必生禍亂矣！」[62]

當神䴥二年（公元429年）北魏大勝柔然高車之後，次年，魏南邊諸將建議伐劉宋，崔浩再度諫止[63]。當時的國際局勢爲「義隆（宋

61　俞大綱，〈北魏六鎮考〉，《禹貢》1 (12)，頁2：「《魏書・廣陽王元琛傳》，載其論北鎮之文曰：『皇始以移防為重，盛簡親賢，擁麾作鎮。』按魏皇始三年移都平城，其所謂『移防』『作鎮』，即所以拱衛平城者也。」

62　《魏書》卷四十〈陸俟傳〉略同。

63　《魏書》卷三十五〈崔浩傳〉云：「俄而南藩諸將表劉義隆大嚴，欲犯河南。請兵三萬，先其未發逆擊之，因誅河北流民在界上者，絶其鄉導，足以挫其鋭氣，使不敢深入。詔公卿議之，咸言宜許。浩曰：『此不可從也。往年國家大破蠕蠕，馬力有餘，南賊震懼，常恐輕兵奄至，臥不安席，故先聲動衆，以備不虞，非敢先發。又南土下濕，夏月蒸暑，水潦方多，草木深邃，疾疫必起，非行師之時，且彼先嚴有備，必堅城固守。屯軍攻之，則糧食不給，分兵肆討，則無以應敵。未見其利，就使能來，待其勞倦，秋涼馬肥，因敵取食，徐往擊之，萬全之計，勝必可克。在朝羣臣及西北守將，從陛下征討，西滅赫連，北破蠕蠕，多獲美女珍寶，馬畜成羣。南鎮諸將聞而生羡，亦欲南抄，以取資財，是以披毛求瑕，妄張賊勢，冀得肆心。既不獲聽，故數稱賊動，以恐朝廷。背公存私，為國生事，非忠臣也。』世祖從浩議。」《資治通鑑》卷一百二十一〈宋紀三〉元嘉七年(公元430年)、魏神䴥三年同。

文帝）與赫連定同惡相招，連結馮跋（北燕），牽引蠕蠕，規肆逆心，虛相唱和」[64]。北燕乃東北一小隅，不足構成威脅。南界則採取守勢，「詔冀、定、相三州造船三千艘，簡幽州以南戍兵集于河上以備之」[65]。「詔大鴻臚卿杜超假節、都督冀定相三州諸軍事、行征南大將軍、太宰，進爵為王，鎮鄴，為諸軍節度」[66]。魏一度損失滑臺、虎牢、洛陽，數月後又收復[67]，實際上當是魏宋之軍事策略，魏雖採守勢，宋亦僅是牽制戰略[68]，雙方並無決戰之意。北魏主力仍向西拓展，在西征之前，預留「壯兵肥馬」令大臣輔助太子戍守平城地區，柔然乘魏太武帝西征之際，發兵南侵，至善無山，於是北魏平城大駭，賴大臣奮力驅之，可見北魏之威脅仍然在北方，而平城地區是雙方交戰必爭之地。

《資治通鑑》卷一百二十三〈宋紀五〉元嘉十六年(公元439年)、魏太延五年載：

> （九月）魏主之西伐也，穆壽送至河上，魏主敕之曰：「吳提與牧犍相結素深，聞朕討牧犍，吳提必犯塞，朕故留壯兵肥馬使卿輔佐太子，收田既畢，卽發兵詣漠南，分伏要害以待虜至，引使深入，然後擊之，無不克矣！……」……不為之備。……柔然敕連可汗聞魏主向姑臧，乘虛入寇……自帥精騎深入，至善無七介山。平城大駭，民爭走中城。穆壽不知所為，欲塞西郭門，請太子避保南山，竇太后不聽而止。

64　《魏書》卷三十五〈崔浩傳〉中崔浩對世祖語。

65　《魏書》卷四上〈世祖紀〉神䴥三年（公元430年）三月。

66　《魏書》卷四上〈世祖紀〉神䴥三年（公元430年）七月。

67　《南史》卷二十五〈到彥之傳〉：「（元嘉）七年，遣彥之制督王仲德、竺靈秀、尹沖、段宏、趙伯符、竺靈真、庾俊之、朱脩之等北侵，自淮入泗。泗水滲，日裁行十里。自四月至七月，始至東平須昌縣。魏滑臺、虎牢、洛陽守兵並走。彥之留朱脩之守滑臺，尹沖守虎牢，杜驥守金墉。十月，魏軍向金墉城，次至虎牢，杜驥奔走，尹沖衆潰而死。魏軍仍進滑臺……初遣彥之，資實甚盛，及還，凡百蕩盡，府藏為空。文帝遣檀道濟北救滑臺，收彥之下獄，免官。……」

68　《魏書》卷三十五〈崔浩傳〉載：「……後冠軍將軍安頡軍還，獻南俘，因說南賊之言云，義隆（宋文帝）敕其諸將，若北國兵動，先其未至，徑前入河，若其不動，住彭城勿進。如浩所量。」

遣司空長孫道生、征北大將軍張黎拒之於吐頹山，會嵇敬、建寧王崇擊破乞列歸於陰山之北，擒之，並其伯父他吾無鹿胡及將帥五百人，斬首萬餘級，敕連聞之，遁去，追至漠南而還[69]。

北魏西征頗為順利，赫連定失鄜城、失安定，神䴥三年（公元430年）「十二月丁卯，定弟社于、度洛孤面縛出降，平涼平，收其珍寶。定長安、臨晉、武功守將皆奔走，關中平」[70]。

北魏自道武帝至太武帝時期，軍事發展頗為順利，以平城為基地，向北、西、東三方面採取攻勢，獲得重大進展，南方則採守勢，故劉宋元嘉期間，雖與北魏在黃河一帶有小規模衝突，卻並非雙方主力戰，此乃劉宋文帝元嘉之治的國際背景。這一段時期北魏最有效的控制區是：北以六鎮為線，南以洛陽地區為點，所繪成的等邊倒三角形內，如圖一[71]：

此三角形之核心即平城地區，這個地區是北魏的軍事中心，也是政治中心，由於平城地區東西線交通之便捷，憑藉著騎兵快速行動，每次北伐西討皆表現出高速的機動，而平城地區之馬匹，以及（陰山以南）掠奪柔然高車而得的牛羊馬等，構成北魏的經濟資財與戰爭所需工具。北魏統治階層亦由平城為核心，除移入工匠及生產者以外，具有威脅性的民族皆安置在平城地區之外圍，尤以陰山以北為最顯著，北魏並派大將設鎮以鎮撫之。

四、北魏洛陽時期政治中心與軍事中心之分離

北魏自世祖太武帝死後，在北、西、東三方面未再有大規模的行動，對於南方卻較以前略為積極，原來劉裕滅南燕以後[72]，領土包括

69 《北史》卷九十八〈蠕蠕傳〉、《魏書》卷一百三〈蠕蠕傳〉略同。
70 《魏書》卷四上〈世祖紀〉神䴥三年（公元430年）十二月。
71 本圖之國界參考郭沫若主編，《中國史稿地圖集》，上冊，頁65–66。
72 《宋書》卷一東晉安帝義熙四年（公元408年）六月。

黃河下游之南岸，經北魏文成帝、獻文帝以及孝文帝初期之蠶食[73]，南朝宋齊損失黃河下游至淮河流域一帶大片土地，屬於黃淮平原的重要部分之一，尤以獻文帝在位六年間南侵最多，所以獻文帝在逝世前一個月曾謂「天安以來，軍國多務，南定徐方，北掃遺虜」[74]。

新形勢的出現使得統治階層對於政治中心作新的考慮，有關北魏孝文帝遷都問題論者多矣！有的認爲是政治因素，有的認爲是文化因素，有的認爲是經濟因素，有的認爲是心理因素，或者是若干因素的組合，本文重點不在於此，不予贅述。本文希望從另一個角度觀察，分析反對遷都者的原因，從而襯托出平城地區在遷都洛陽之際，以及遷都以後的價值何在。下列一段記載是反對遷都之理由：

《資治通鑑》卷一百三十九〈齊紀五〉建武元年（公元 494 年，即魏太和十八年）載：

---

73 《魏書》卷五〈高宗紀〉太安二年（公元 456 年）十一月，「劉駿（宋孝帝）濮陽太守姜龍駒、新平太守楊伯倫，各棄郡率吏民來降。」
《魏書》卷六〈顯祖紀〉和平六年（公元 465 年）九月，「劉子業（宋前廢帝）征北大將軍、義陽王劉旭自彭城來降。」
《魏書》卷六〈顯祖紀〉天安元年（公元 466 年）九月，「劉彧（宋明帝）司州刺史常珍奇以懸瓠內屬。……劉彧徐州刺史薛安都以彭城內屬，彧將張永、沈攸之擊安都。詔北部尚書尉元為鎮南大將軍、都督諸軍事，鎮東大將軍、城陽公孔伯恭為副，出東道救彭城；殿中尚書、鎮西大將軍、西河公元石都督荊、豫、南雍州諸軍事；給事中、京兆侯張窮奇為副，出西道救懸瓠。（冬）十有一月壬子，劉彧兗州刺史畢衆敬遣使內屬。」
《魏書》卷六〈顯祖紀〉皇興元年（公元467年）閏正月，「劉彧青州刺史沈文秀、冀州刺史崔道固並遣史請舉州內屬……三月甲寅，……沈文秀、崔道固復叛歸劉彧，白曜回師討之，拔彧肥城、垣苗、麋溝三戍。夏四月，白曜攻升城，戍主房崇吉遁走。」
《魏書》卷六〈顯祖紀〉皇興二年（公元468年）二月，「崔道固及劉彧梁鄒戍主、平原太守劉休賓舉城降。……三月，白曜進圍東陽。」
《魏書》卷六〈顯祖紀〉皇興三年（公元 469 年）春正月乙丑，「東陽潰，虜沈文秀。」
《魏書》卷七上〈高祖紀〉太和三年（公元479年）十一月癸丑，「進假梁郡公元嘉爵為假王，督二將出淮陰；隴西公元琛三將出廣陵；河東公薛虎子三將出壽春。」
《魏書》卷七上〈高祖紀〉太和四年（公元 480 年）正月，「隴西公元琛等攻克蕭道成（齊高祖）馬頭戍。……蕭道成徐州刺史崔文仲寇淮北，陷茬眉戍。……（七月），蕭道成角城戍主請舉城內屬。……九月，蕭道成汝南太守常元真、龍驤將軍胡青苟率戶內屬。」
《魏書》卷七上〈高祖紀〉太和八年（公元 484 年）冬十月，「蕭賾（齊武帝）雙城戍主王繼宗內屬。」

74 《魏書》卷六〈顯祖紀〉皇興五年（公元471年）春三月乙亥詔。

（三月），（魏主）使羣臣更論遷都利害，各言其志。燕州刺史穆羆曰：「今四方未定，未宜遷都，且征伐無馬，將何以克？」帝曰：「廐牧在代，何患無馬？今代在恒山之北，九州之外，非帝王之都也。」尚書于果曰：「臣非以代地為勝伊洛之美也，但自先帝以來，久居於此，百姓安之，一旦南遷，衆情不樂。」……帝曰：「……王者以四海為家，或南或北，何常之有？朕之遠祖，世居北荒，平文皇帝始都東木根山，昭成皇帝更營盛樂，道武皇帝遷于平城，朕幸屬勝殘之運，而獨不得遷乎？」羣臣不敢復言。

鮮卑族拓拔氏本居東北地區，後遷至陰山以南，都盛樂，又遷都平城，安土重遷的觀念，並沒有農業民族強烈，所以首都固定不遷的說法，雖有人提出，很輕易地被駁回，其他大臣似亦不再以萬世不遷的理由反對遷都。而穆羆所提未宜遷都理由是「征伐無馬，將何以克」，河南地區並非不能養馬，但若要豢養大規模良馬，平城一帶遠勝於河南地區；又當時河南地區已發展成農業生產，大規模養馬將剝奪農民耕地，影響漢人利益，北魏帝國之安穩勢必須與人數衆多的漢人關係良好，在中原大量養馬甚不可能，所以當時大臣說南遷之後「征伐無馬」，這個理由在當時是很重要的，拓拔氏以「馬上得天下」，沒有大騎兵無法四出征戰，恐亦無法守住既有領土，孝文帝的答覆是：「廐牧在代，何患無馬？」這便顯露出，如果首都南遷，軍事資源與政治中心分離。孝文帝對於馬匹之安排，在同年十一月即已著手進行，同書同卷載：

（十一月），魏主敕後軍將軍宇文福行牧地，福表石濟以西，河內以東，距河凡十里。魏主自代徙雜畜置其地，使福掌之，畜無耗失，以為司衛監[75]。

《魏書》一百一十〈食貨志〉載：

---

[75] 《魏書》卷四十四〈宇文福傳〉略同。

> 世祖之平統萬，定秦隴，以河西水草善，乃以為牧地，畜產滋息，馬至二百餘萬匹，槖駝將半之，牛羊則無數。高祖即位之後，復以河陽為牧場，恒置戎馬十萬匹，以擬京師軍警之備，每歲自河西徙牧於幷州，以漸南轉，欲其習水土，而無死傷也，而河西之牧彌滋矣。正光以後，天下喪亂，遂為羣寇所盜掠焉。

對於馬匹的生態環境，學者不甚注意，上文中顯示：生態環境對馬匹影響甚大，河西涼州一帶良馬要先徙幷州，稍後南徙，欲其漸習水土，不致死傷，所以北魏自平城遷都洛陽以後，平城、晉陽地區實際上成爲馬匹供應的重要地區。

人對於生態環境的適應也是反對南遷重大的理由。按鮮卑拓拔氏自東北地區而遷至陰山一帶，都雲中之盛樂，又遷平城，皆在草原地帶上，其生態環境相差不大，但自平城遷都洛陽，進入了農業地區，而氣候亦差異甚大。北魏建都平城，至孝文帝遷都洛陽，其間已有百年，在這一個世紀之中，有一部分上層人士漸漸漢化，但是生態環境畢竟是影響生活方式的重要因素，並沒有因爲時間因素而使大部分人改變。這種生態環境對人畜的健康影響甚大，例如反對遷都的重要人物之一穆泰，「爲定州刺史，辭以疾病，土溫則甚，請恒州自効」[76]。因遷都而引發一場家庭悲劇的主角——太子恂，「不好書學，體貌肥大，深忌河洛暑熱，意每追樂北方」[77]。一個鮮卑人自幼生長在中原，學習漢文化，並非難事；但如這樣一個人同時又是馬上英雄、兼具草原文化，那就難了。另一方面，一個鮮卑人自幼生長在塞外，熟悉草原文化，亦非難事；但如果這樣一個人同時又能適應中原氣候，兼通漢人文化，那就難了。這種兩難情況不是當時科技所能解決，遷都洛陽先使國人居地分開，時間一久，又引發其他方面的裂痕，這點後文再論。

76　《魏書》卷四十〈陸俟傳·附叡傳〉。

77　《魏書》卷二十二〈孝文五王列傳·廢太子傳〉。

北魏孝文帝畢竟於太和十八年(公元494年)將首都遷至洛陽，玆以該年爲準，繪畫北魏疆界及其域內之政治、軍事中心如下(見圖二)：

北魏的有效控制區在正方形框框內，北以六鎮爲界，東以海爲界，南以淮河爲界、襄樊是雙方爭奪區，西則包括關隴靈州。河西走廊時時受柔然騷擾，並不如四方形框框內穩定，在此四方形框框中，出現兩個核心區，一個是雲代幷區，另一個是洛陽地區。雲代幷區是戰爭工具良馬的養畜之地，上文已有論及，同時也是未南遷國人聚集之區。未南遷國人包括朝廷中不願南遷的舊貴，及統領遊牧的酋長。北魏連繫這兩區國人的辦法是：命雲代幷區的國人每年冬則居南，夏使居北。《魏書》卷十五〈昭成子孫列傳·常山王傳·附暉傳〉：

> 初，高祖遷洛，而在位舊貴皆難於移徙，時欲和合衆情，遂許冬則居南，夏便居北。

《魏書》卷七十四〈尒朱榮傳〉：

> 北秀容人也。……高祖羽健，登國初為領民酋長，率契胡武士千七百人從駕平晉陽，定中山。論功拜散騎常侍，以居秀容川，詔割方三百里封之，長為世業。……及遷洛後，特聽冬朝京師，夏歸部落。

《北史》卷五十四〈厙狄干傳〉：

> 善無人也。曾祖越豆眷，魏道武時，以功割善無之西臘汙山地方百里以處之。後率部落北遷，因家朔方。……魏正光初，除掃逆黨，授將軍，宿衛於內。以家在寒鄉，不宜毒暑，冬得入京師，夏歸鄉里[78]。

《北史》卷五十四〈斛律金傳〉：

> 朔州敕勒部人也。高祖倍侯利，魏道武時內附，位大羽真，賜爵孟都公。祖幡地斤，殿中尚書。父那瓌，光祿大夫，贈司空。……詣雲州，魏除為第二領人酋長，秋朝京師，春還

78　《北齊書》卷十五〈厙狄干傳〉同。

部落。號曰雁臣。仍稍引南出黃瓜堆[79]。

尔朱榮、厙狄干、斛律金等三人籍貫皆在雲代并區內，可見內附於道武帝時，帝將其部落安置在核心區內。高歡曾指尔朱氏（契胡人）爲國人[80]，厙狄干、斛律金雖無直接資料明言爲國人；但厙狄干爲宿衞將軍；斛律金之祖幡地斤爲殿中尙書，北魏初期，殿中尙書「典殿內禁衞兵馬，宿衞左右，最爲重要職守」[81]。故厙狄干、斛律金皆極可能是國人。以上三人是率領部落的領民酋長型。

另有舊貴型，最能作爲代表的人物是元丕，《魏書》卷十四〈神元平文諸帝子孫列傳·高涼王傳·附丕傳〉云：

> 丕聲氣高朗，博記國事，饗讌之際，恒居坐端，必抗音大言，敍列既往成敗。帝（孝文帝）后（文明太后）敬納焉。……及車駕發代（南遷），丕留守，詔曰：「中原始構，須朕營視，在代之事，一委太傅。」……丕雅愛本風，不達新式，至於變俗遷洛，改官制服，禁絕舊言，皆所不願。……丕父子大意不樂遷洛……時丕以老居幷州……高祖崩，丕自幷州來赴……尋敕留洛陽……丕仕歷六世，垂七十年，位極公輔……景明四年薨，年八十二。

元丕死於宣武帝景明四年，卒年八十二，應生於明元帝泰常六年，生命過程歷經明元帝、太武帝、（南安王）、文成帝、獻文帝、孝文帝、宣武帝等，是草原文化的守護神。孝文帝遷洛時有意請丕主持代都之事，由於涉及太子恂案，廢居於幷州，他一直居住在雲代幷區，至高祖死後，在其生命的晚期才至洛陽。他是北區國人的核心分子，另一個核心分子陸叡[82]，不欲南遷，被任命爲「使持節、都督恒肆朔

79　《北齊書》卷十七〈斛律金傳〉，無「秋朝京師，春還部落，號為雁臣」字句。又黃瓜堆卽黃花堆，見嚴耕望，〈唐代太原北塞交通諸道〉《唐代交通圖考》册五，頁1378-1379，在桑乾水旁。

80　《北齊書》卷一〈神武紀上〉魏普泰元年四月。

81　嚴耕望，〈北魏尙書制度考〉《中研院史語所集刊》18，頁274-280，引文出於頁279。

82　陸叡祖俟，《魏書》卷四十〈陸俟傳〉：「代人也。曾祖幹，祖引，世領部落。父突，太祖時率部民隨從征伐，數有戰功，拜厲威將軍、離石鎮將。」「叡，其母張氏，字黃龙，本恭宗宮人，以賜麗，生叡，麗之亡也，叡始十餘歲，襲爵撫軍大將軍、平原王。」

三州諸軍事、本將軍（原爲征北將軍）、恒州刺史，行尚書令」，以孝文帝舅太師馮熙薨於代郡，「叡表請車駕還代，親臨太師馮熙之葬，坐削奪都督三州諸軍事，尋除都督恒朔二州諸軍事，進號征北大將軍」[83]。雲代并區一直被北魏當政者視爲核心區之一，宣武帝景明二年，元禧乘帝出獵北邙，謀發動政變，竊據洛陽，爲河南天子，他判斷「天子必北走桑乾」[84]。桑乾川是貫穿舊京畿的主要河流，可見當時人心理上洛陽、平城仍然是兩大中心。

洛陽既成爲首都，當然是政治中心；而以平城爲中心的雲代并區則是軍事中心，孝文帝亦承認「此間（平城）用武之地」[85]。

五、北魏洛陽時期核心集團漢化與不漢化之分裂

北魏遷都洛陽以後，一部分統治階層隨中央政府南下爲官，其國人之下階層人物亦有至洛陽地區者，其中尤以宿衞武士最值得注意。《魏書》卷七下〈高祖紀〉太和十九年（公元 495 年）八月乙巳詔：

> 詔選天下武勇之士十五萬人為羽林、虎賁，以充宿衛。

同書太和二十年（公元 496 年）冬十月戊戌謂：

> 以代遷之士皆為羽林、虎賁[86]。

宿衞的主要職責是防衞政治首都洛陽城，但防衞京師的防衞圈是四中郎將，《魏書》卷十九中〈景穆十二王列傳・任城王傳・附澄傳〉載：

> 時（肅宗）四中郎將兵數寡弱，不足以襟帶京師，澄奏宜以東中帶滎陽郡，南中帶魯陽郡，西中帶恒農郡，北中帶河內

83　《魏書》卷四十〈陸俟傳・附叡傳〉。

84　《資治通鑑》卷一百四十四〈齊紀十〉中興元年（公元 501 年），魏宣武帝景明二年：（五月）……（元）禧益懼，乃與妃兄給事黃門侍郎李伯尚、氐王楊集始、楊靈祐、乞伏馬居等謀反。會帝出獵北邙，禧與其黨會城西小宅，欲發兵襲帝，使長子通竊入河內，舉兵相應。乞伏馬居說禧「還入洛城，勒兵閉門，天子必北走桑乾，殿下可斷河橋，為河南天子」。……

85　《魏書》卷十九中〈景穆十二王列傳・任城王澄傳〉，孝文帝對澄語。

86　《資治通鑑》卷一百四十〈齊紀〉建武三年（公元 496 年）、魏太和二十年稱：「冬，十月戊戌，總詔軍士自代來者皆以為羽林、虎賁。」

> 郡，選二品、三品親賢兼稱者居之，省非急之作，配以強兵，如此則深根固本，強幹弱枝之義也。靈太后初將從之，後議者不同，乃止。

元澄奏請增益四中郎將強兵，未被准許，但四中郎將是設立的[87]，中郎將所領之兵士爲羽林虎賁，《水經注》卷五〈河水五〉首段載：

> 又東過平縣北，湛水從北來注之。……河北側岸有二城相對，置北中郎府，徙諸隸府戶，并羽林虎賁領隊防之。

羽林[88]中由宗子組成者，稱宗子羽林，改稱爲宗士，宗士乃取「肺腑之族有武蔭者」[89]任之，其主要職責當然是宿衞京師，另有高車羽林虎賁[90]，高車騎兵聞名[91]，對於北魏而言，這相當於外籍兵團，可能用於京師以外軍事行動之中[92]。

隨著孝文帝南遷洛陽地區的國人，史稱爲：「代遷戶」[93]、「代遷民」。他們的家產是在洛陽周圍，《魏書》卷八〈世宗紀〉：

> （正始元年），十有二月丙子，以苑牧公田分賜代遷之戶。
>
> （延昌二年），閏二月辛丑，以苑牧之地賜代遷民無田者。

《魏書》對於這些人受田情形並無記載，但東魏、北齊之制度多承襲北魏，其辦法或許可以作爲參考。《隋書》卷二十四〈食貨志〉北齊

---

87 《魏書》卷一百六中〈地形志中〉北豫州條註：「治虎牢，太和十九年罷，置東中府，天平初罷，改復。」按滎陽郡亦屬北豫州。
《魏書》卷五十八〈楊播傳·附津傳〉:「除北中郎將，帶河內太守。」又《北史》卷十五〈高涼王孤傳·附蓑傳〉：「為北中郎將，帶河內太守。」
《魏書》卷四十〈陸俟傳〉：「清都……轉南中郎將，帶魯陽太守。」

88 《魏書》卷二十一上〈獻文六王列傳·高陽王雍傳〉：「武人本挽上格者為羽林，次格者為虎賁，下格者為直從。」

89 《魏書》卷一百十三〈官氏志〉：「永平四年（公元 511 年）七月，詔改宗子羽林為宗士，其本秩付尚書計其資集，敘從七已下、從八已上官。孝昌二年十月，詔宗士、庶子二官各增二百人。置望士隊四百人，取肺腑之族有武藝者。」

90 《魏書》卷一百十三〈官氏志〉太和二十三年前百官部分載有：「高車羽林郎將（從第四品上）、高車虎賁將軍（從第四品下）、高車虎賁司馬、高車虎賁將、高車羽林郎（皆從第五品下）、高車虎賁（從第六品下）。……」

91 《魏書》卷三十五〈崔浩傳〉，浩曰：「高車號為名騎，非不可臣而畜也。」

92 《魏書》卷四十四〈宇文福傳〉：「（太和）二十二年（公元498年），車駕南討，……高祖指麾將士，敕福領高車羽林五百騎出賊南面，奪其橋道，遏絕歸路。」

93 盧開萬首作這方面的研究，見〈「代遷戶」初探〉，《武漢大學學報》1980（4）。

部分、河清三年定令：

京城四面，諸坊之外三十里內為公田。受公田者，三縣代遷戶執事官一品已下，逮于羽林虎賁，各有差。其外畿郡，華人官第一品已下，羽林虎賁已上，各有差。

代遷戶實際受田畝數已不可詳，有一則神話故事或許可反映當時羽林虎賁之家業概況，《洛陽伽藍記》卷三〈城南大統寺〉條：

虎賁駱子淵者，自云洛陽人。昔孝昌年，戍在彭城。其同營人樊元寶得假還京師，子淵附書一封，令達其家，云：「宅在靈臺南，近洛河，卿印是至彼，家人自出相看。」元寶如其言，至靈臺南，了無家人可問，徙倚欲去。忽見一老翁來問：「從何而來，徬徨於此？」元寶具向道之。老翁云：「是吾兒也。」取書，引元寶入。遂見館閣崇寬，屋宇佳麗。坐命婢取酒，須臾，見婢抱一死小兒而過，元寶初甚怪之。俄而酒至，色甚紅，香美異常。兼設珍羞，海陸具備。飲訖辭還，老翁送元寶出，云：「後會難期。」以為悽恨，別甚殷勤，老翁還入，元寶不復見其門巷，但見高崖對水，淥水東傾。唯見一童子可年十四五，新溺死，鼻中出血，方知所飲酒，是其血也。及還彭城，子淵已失矣！元寶子淵同戍三年，不知是洛水之神也。

從上引律令及神話來看，羽林虎賁應該有田，田在京畿附近，羽林虎賁本人是防衛政治中心京師，有的派遣至巨鎮戍守，正如同有許多國人在平城附近有一些人被派至六鎮戍守一樣。所以「遷洛時『代遷之士皆為羽林虎賁』仍是部落兵制的反映」[94]。神話中顯示羽林虎賁的田及其家事似由奴婢擔任。

在孝文帝決定遷都洛陽前二月，曾至陰山一帶六鎮巡視，《魏書》卷七下〈高祖紀〉太和十八年（公元 494 年）載：

（八月）甲辰，行幸陰山，觀雲川。丁未，幸閱武臺，臨觀

[94] 盧開萬，〈「代遷戶」初探〉，《武漢大學學報》1980 (4)，頁50。

> 講武。癸丑，幸懷朔鎮。己未，幸武川鎮。辛酉，幸撫冥鎮。甲子，幸柔玄鎮。乙丑，南還。……冬十月……，戊申，親告太廟，奉遷神主。辛亥，車駕發平城宮。……（十一月）己丑，車駕至洛陽。

自此以後，即未聞魏帝再巡陰山六鎮一帶，而與以前都平城時代魏帝屢至陰山成爲強烈對照。都平城時代六鎮與京師勢如唇齒；而都洛陽時，平城已屬遙遠，更遑論陰山矣！這種形勢的改變，促使北魏對北疆六鎮一帶採取守勢措施。

《資治通鑑》卷一百四十五〈梁紀一〉天監三年（公元504年）、魏正始元年載：

> （九月）柔然侵魏之沃野及懷朔鎮，詔車騎大將軍源懷出行北邊，指授方略，隨須徵發，皆以便宜從事。懷至雲中，柔然遁去。懷以為用夏制夷，莫如城郭，還至恒代，按視諸鎮左右要害之地可以築城置戍之處，欲東西為九城，及儲糧積仗之宜，犬牙相救之勢，凡五十八條，表上之，曰：「今定鼎成周，去北遙遠，代表諸國，頗或外叛，仍遭旱飢，戎馬甲兵，十分闕八，謂宜準舊鎮，東西相望，令形勢相接，築城置戍，分兵要害，勸農積粟，警急之日，隨便翦討。彼遊騎之寇，終不敢攻城，亦不敢越城南出，如此北方無憂矣！」魏主從之[95]。

所謂「用夏制夷，莫如城郭」的戰略思想乃農業民族的守勢觀念，與北魏原先主動出擊有不同，此處與六鎮之設精神有所差異，六鎮主要精神是鎮壓管制降附之柔然、高車族人，隨時以此爲基地向外出擊，而此處「令形勢相接，築城置戍，分兵要害，勸農積粟，警急之日，隨便翦討，彼遊騎之寇，終不敢攻城，亦不敢越城南出，如此北方無憂矣！」等語，純粹是農業民族的守勢觀念。

孝文帝遷都以後二三十年內，適逢北方柔然、高車兩大勢力相互

95　《魏書》卷四十一〈源賀傳·附懷傳〉，行文甚長，含義相同。

攻戰，所以沒有像北魏早期那樣大規模南侵之舉，因此北魏在六鎮一帶自遷都洛陽以後採守勢措施，並無發生因外寇而引起的挫折[96]。六鎮之動亂是由於政治中心之南遷而引起內部問題，下節再予討論。

孝文帝遷都以後，在南方的疆界雖然略有推進，大體而言，並無太大變動。在其領土之內，出現兩個中心，洛陽地區是政治中心，國人之上層人物在朝居高官，國人之下層人物爲羽林虎賁，戍守京畿，另外派遣將領率部分羽林虎賁在彭城、河北等大鎮作重點鎮守。在雲代并地區是大部分國人居住之地，亦包括上層與下層，所以是北魏拓拔氏的國本，加以該地區盛產作戰工具馬匹，以及該地區在北中國、草原地帶是「用兵之地」，所以在人力、馬匹、地理等重要因素上仍具有軍事中心之地位，在此中心之北線布置六鎮以爲屏障，而派遣一些國人到各鎮作重點鎮守。兩個中心將帝國撕裂爲二，歷史之發展在地理距離之中再加上文化、政治等裂痕。在洛陽之上層國人由於在朝廷中禁胡語[97]、胡服[98]，禁歸葬北土、代人改籍洛陽等[99]，大步邁向漢化，在北魏前半期「諸公主皆釐降於賓附之國，朝臣子弟，雖名族美彥，不得尚焉」[100]。並大量鼓勵宗室與中原漢大士族子女通婚[101]，其與洛陽之下層國人，在雲代并區及派遣在六鎮鎮守之國人等，在文化、政治、婚姻關係諸方面之差距，更愈來愈遠矣！這種緊張關係首先爆發在洛陽地區之下層國人身上。《魏書》卷六十四〈張彝傳〉載：

> 第二子仲瑀上封事，求銓別選格，排抑武人，不使預在清品。由是衆口喧喧，謗讟盈路，立榜大巷，剋期會集，屠害

96 《魏書》卷六十九〈袁翻傳〉：「自卜惟洛食，定鼎伊瀍，高車、蠕蠕迭相吞噬。始則蠕蠕衰微，高車強盛，蠕蠕則自救靡暇，高車則僻遠西北。及蠕蠕復振，反破高車，主喪民離，不絕如線。……得使境上無塵數十年中者，抑此之由也。」

97 《魏書》卷七下〈高祖紀〉太和十九年（公元 495 年）六月己亥，「詔不得以北俗之語言於朝廷，若有違者，免所居官」。

98 《魏書》卷七下〈高祖紀〉太和十八年（公元 494 年）十二月壬寅，「革衣服之制。」

99 《魏書》卷七下〈高祖紀〉太和十九年（公元 495 年）六月丙辰，「詔遷洛之民，死葬河南，不得還北，於是代人南遷者，悉為河南洛陽人」。

100 《魏書》卷二十四〈崔玄伯傳〉。

101 參拙文〈中古大族著房婚姻之研究〉第二章宗室與五姓著房婚姻關係。

> 其家，彝殊無畏避之意，父子安然。神龜二年（公元519年）二月，羽林虎賁幾將千人，相率至尚書省詬罵，求其長子尚書郎始均，不獲，以瓦石擊打公門。上下畏懼，莫敢討抑。遂便持火，虜掠道中薪蒿，以杖石為兵器，直造其第，曳彝堂下，捶辱極意，唱呼嗸嗸，焚其屋宇。始均、仲瑀當時踰北垣而走。始均回救其父，拜伏羣小，以請父命。羽林等就加毆擊，生投之於烟火之中。……彝臨終……上啓曰：「……臣第二息仲瑀所上之事，益治實多，既曰有益，寧容默爾。……」……官為收掩羽林凶強者八人斬之，不能窮誅羣豎，即為大赦以安衆心，有識者知國紀之將墜矣！

張彝父子之選格中，官吏有清濁之分，武人被列爲濁官，此乃兩晉南朝漢人政治社會中之通則[102]，並非獨創以排斥拓拔氏國人之羽林虎賁，所以張彝至死不認爲自己此事有何錯誤。但一步一步地採取漢人文物典章，終於影響到下層國人的政治前途了。沒有漢化、或漢化程度較少的拓拔氏國人，包括洛陽地區之下層國人，雲代并區之上下層國人、派遣至六鎮之國人等，大都以武途出身，武人不預清流其影響所及甚廣，這些國人是一致的。《魏書》卷八十一〈山偉傳〉載：

> 時天下無事，進仕路難，代遷之人，多不霑預，及六鎮、隴西二方起逆，領軍元叉欲用代來寒人為傳詔以慰悅之。

另外一個 例子也能證明 洛陽地區下層 國人與雲代并區 國人有同類心理，而與中央政府中胡漢上層人物距離較遠。當尒朱榮揮兵南下進擊首都洛陽時， 朝中大臣有人認爲宿衞仍可制之[103]，並且調兵遣將，實際布防[104]。待尒朱榮逼近，「北中不守」[105]，諸將逃的逃、降的

102　參見周一良，〈南齊書丘靈鞠傳試釋兼論南朝文武官位及清濁〉，《清華學報》4(2)。

103　《資治通鑑》卷一百五十二〈梁紀八〉大通二年（公元528年）、魏武泰元年三月：「徐紇獨曰：『尒朱榮小胡，敢稱兵向闕，文武宿衛，足以制之，但守險要，以逸待勞，彼懸軍千里，士馬疲弊，破之必矣！』太后以為然。」

104　同上註，繼載：「以黃門侍郎李神軌為大都督，帥衆拒之，別將鄭季明、鄭先護將兵守河橋，武衛將軍費穆屯小平津。」

105　《魏書》卷六十六〈李崇傳・附神軌傳〉語。

降[106]。按京畿北面防禦重鎮是設在河內的北中郎府，據上文引《水經注》文，「置北中郎府，徙諸徒隸府戶，并羽林虎賁領隊防之」。顯然是禁衛北中郎府的羽林虎賁不戰而降，諸將不得不崩潰，這些羽林虎賁是居住在洛陽地區的下層國人，與尒朱榮軍士爲同氣連枝，當然不會互相殘殺，所以尒朱榮得輕易地進入洛陽，實際上尒朱榮所領南下部隊不滿萬人[107]，如遭士兵強烈對抗，可能陷入暴師於外的情況。

從尒朱榮屠殺一二千朝中羣臣來看，當時雲代并區的國人對於中央胡漢大臣（包括洛陽地區上層國人）懷恨程度，實不亞於羽林虎賁毆打張彝父子事件。

六鎮動亂之爆發，以及迅速蔓延，經濟問題是最重要因素，陰山一帶是草原地區，「對自然變化——尤其雨量的多寡——極爲敏感。草地對牲畜的包容力隨氣候而增減的幅度之大，實超出我們農耕社會人民想像力之外。換句話說，在一定面積的牧地上，如遇氣候良好水豐草美，幾年之內畜羣便可增殖一倍以上。如雨量減少，牲畜死亡率往往高達百分之五十至八十」[108]。「正光二年（公元 521 年）五月丁未，月蝕。占曰『旱，饑』」三年（公元 522 年）六月「帝以炎旱，減膳撤懸」[109]。又載「正光後，四方多事，加以水旱，國用不足」[110]。上引〈天象志〉、〈食貨志〉文中，北魏境內當已發生災荒，但災荒在何地區，從那一年到那一年，則並無詳載，《魏書》卷九〈肅宗紀〉正光元年（公元 520 年）：

夏四月丙辰，詔尚書長孫稚巡撫北藩，觀察風俗。五月辛

106　《資治通鑑》卷一百五十二〈梁紀八〉大通二年（公元528年）、魏武泰元年四月：「李神軌至河橋，聞北中不守，即遁還。費穆弃衆，先降於榮。徐紇矯詔夜開殿門取驊騮廄御馬十匹，東奔兗州，鄭儼亦走還鄉里。」

107　《魏書》卷四十四〈費于傳・附穆傳〉：「穆潛說榮曰：『公士馬不出萬人……。」

108　蕭啓慶，〈北亞遊牧民族南侵各種原因的檢討〉，《食貨》復刊 1（12），頁609。氏並引證 E. Huntington, *The Rules of Asia* (Boston, 1919), pp. 382-383 在 New South Wales 的牧場報告。

109　《魏書》卷一百五之二〈天象志二〉正光二年（公元521年）五月、三年（公元522年）六月。

110　《魏書》卷一百一十〈食貨志〉。

巳，詔曰：「……炎旱為災……。」癸未，詔曰：「……況今炎旱歷時，萬姓彫弊……。」

災區應該包括六鎮地區，且可能自正光元年（公元 520 年）開始，連續四五年旱災。六鎮一帶在北魏前期也發過災荒之事，由於當時都平城，雖然平城本身要負擔龐大文武官員之食糧，但各方資源不斷地輸向此一地區，使災荒不致於過度惡化，六鎮也可連帶受到中央政府的關懷。例如世祖太武帝太平眞君七年（公元 446 年），刁雍奉詔「高平、安定、統萬及臣所守四鎮（刁雍，薄骨律鎮），出車五千乘，運屯穀五十萬斛付沃野鎮（六鎮最西端之鎮），以供軍糧」[111]。又如高祖太和十一年（公元 487 年），「大旱，京都（平城）民饑，加以牛疫。……時承平日久，府藏盈積，詔盡出御府衣服珍寶，太官雜器、太僕乘具、內庫弓矢刀鉾十分之八，外府衣物繒布絲纊諸所供國用者，以其太半班賚百司，下至工商皂隸，逮于六鎮邊戍，畿內鰥寡孤獨貧癃者，皆有差」[112]。都洛陽時期，六鎮是遙遠的邊區，中央政府雖然也會派人救濟災荒，但這種救濟遠較以前間接，其關懷程度也較輕。例如當「神龜（公元518—519年）、正光（公元520—524年）之際，府藏盈溢，靈太后曾令公卿已下任力負物而取之，又數賚禁內左右，所費無貲，而不能一丐百姓也」[113]。

遷都洛陽以後對六鎮地區另一項重大的影響是官吏素質之下降。鎮府之組織有「都大將、副將、監軍、長史、司馬、錄事參軍、功曹史、省事、戶曹史、獄隊尉、門士、外兵使、函使、統軍、別將、軍主、隊主、軍將、戍將」[114]等。鎮「既統治一廣大地區，則鎮下必尚有分置之機構，此即軍、戍是也」[115]。上述軍主是軍之領兵官，統軍

---

111 《魏書》卷三十八〈刁雍傳〉語。

112 《魏書》卷一百一十〈食貨志〉。

113 《魏書》卷一百一十〈食貨志〉語。

114 嚴耕望，《中國地方行政制度史》上編——卷中《魏晉南北朝地方行政制度史》下册，頁784-793。

115 嚴耕望，《中國地方行政制度史》上編——卷中《魏晉南北朝地方行政制度史》下册，頁772-774。嚴先生之考證。

則是派遣府外領兵者，軍將是鎮下置軍如州之有郡[116]，戍將則爲戍之領主，隊乃軍以下更小的單位。上述引文中其他官職則是鎮府府內之官職。「北邊六鎮，自西而東數之，爲沃野、懷朔、武川、撫冥、柔玄、懷荒，懷荒更東則爲禦夷，沃野更西南則爲薄骨律，……六鎮亦或分爲東西兩區，每區三鎮，而以中間一鎮之都大將督本區之三鎮。又或以沃野鎮將兼督更西南之薄骨律鎮，或以懷荒鎮與禦夷鎮併爲一區而以平城鎮將都督之也」[117]。鎮都大將或鎮將乃一鎮之長，副將輔之，監軍則中央特派從事監察者，這三種官吏顯然是外派而並非內升；長史、司馬則可能外派內升皆有，然已不可詳；自司馬以下，可能內升者爲多。北魏「前期鎮都大將往往以諸王任之，出爲諸鎮大將，入爲三都大官，此見觀〈景穆十二王傳〉可知梗概」[118]。初期鎮的地位原較州爲重[119]，太和以後，去消許多邊鎮，州爲重要單位，鎮將地位也不如前。皇親國戚皆喜在洛陽中央爲朝官，派至「北邊鎮將，選帶彌輕」[120]，因此鎮將水準也愈來愈差，「或用其左右姻親，或受人貨財請屬，皆無防寇禦賊之心，唯有通商聚斂之意」[121]。受納者如沃野鎮將于祚，貪穢狼藉者如懷朔鎮將元尼須[122]，甚至如中央權臣劉騰也「剝削六鎮，交通互市」[123]。最嚴重的是六鎮地區中下層官吏的士氣問題，這些中下層官吏的組成分子是國人及初期派在北邊的中原強宗子弟，北魏遷都洛陽以後，對這些人婚宦前途影響太大了。《魏書》卷十八〈太武五王列傳・廣陽王傳・附深傳〉載：

116　嚴耕望，《中國地方行政制度史》上編——卷中《魏晉南北朝地方行政制度史》下册，頁791，軍將條，又云：「軍將、戍將則統地方如太守縣令，又兼治軍事如統軍軍主也。」

117　嚴耕望，《中國地方行政制度史》上編——卷中《魏晉南北朝地方行政制度史》下册，頁785-786。

118　嚴耕望，《中國地方行政制度史》上編——卷中：《魏晉南北朝地方行政制度史》下册，頁787。

119　《魏書》卷一百十三〈官氏志〉：「舊制，緣邊皆置鎮都大將，統兵備禦，與刺史同。城隍，倉庫皆鎮將主之，但不治，故爲重於刺史。」

120　《魏書》卷十九中〈景穆十二王列傳・任城王傳・附澄傳〉語。

121　《魏書》卷六十九〈袁翻傳〉，袁翻表中之語。

122　《魏書》卷四十一〈源賀傳〉。

123　《魏書》卷九十四〈閹官傳・劉騰傳〉。

> 昔皇始以移防為重，盛簡親賢，擁麾作鎮，配以高門子弟，以死防遏，不但不廢仕官，至乃偏得復除。當時人物，忻慕為之。及太和在歷，僕射李沖當官任事，涼州土人，悉免厮役，豐沛舊門，仍防邊戍。自非得罪當世，莫肯與之為伍。征鎮驅使，但為虞候白直，一生推遷，不過軍主。然其往世房分留居京者得上品通官，在鎮者便為清途所隔，或投彼有北，以御魑魅，多復逃胡鄉。乃峻邊兵之格，鎮人浮遊在外，皆聽流兵捉之。於是少年不得從師，長者不得遊宦，獨為匪人，言者流涕。

《北齊書》卷二十三〈魏蘭根傳〉載：

> 正光末，尚書令李崇為本郡都督，率衆討茹茹，以蘭根為長史。因說崇曰：「緣邊諸鎮，控攝長遠，昔時初置，地廣人稀，或徵發中原強宗子弟，或國之肺腑，寄以爪牙。中年以來，有司乖實，號為「府戶」，役同厮養，官婚班齒，致失清流。而本宗舊類，各各榮顯，顧瞻彼此，理當憤怨。

所謂「國之肺腑」、「豐沛舊門」卽國人之意；所謂「寄以爪牙」卽統治階層之執行者，這些中下層官吏不能內遷，在邊鎭「一生推遷，不過軍主」。其同世房在洛陽下層國人如羽林虎賁之類「多不霑預」，所以邊鎭中下層官吏之國人與洛陽地區下層國人、及雲代并地區之上下層國人，其精神上仍然是一體的，北魏政權是以這些人建立起統治架構，除非北魏徹底改變其政權基礎，否則將面臨重重危機，在六鎭之亂以前十年左右，已有人指出「兵徒懷怨」「爪牙不復爲用」[124]，原本派遣在北鎭鎭守的上層官吏貪墨不法，中下層官吏心中怨恨不平，而被統治的各族各類人民遭受災荒，如此一有事故，其勢一發不可收拾。

---

124 《魏書》卷七十八〈孫紹傳〉，延昌（公元 512-515 年）中，紹表中語。六鎮之亂爆發在正光五年（公元524年）。

六鎮動亂是在正光五年（公元524年）三月[125]，沃野鎮人破六韓拔陵首先發難，如火燎原，徧及所有六鎮，六鎮的高級長官逃至并州[126]或洛陽，六鎮的中下級官吏在此洪流之中載沉載浮，或戰或降，大部分最後也歸附雲代并區的尒朱氏，後文另論。

六鎮地區的軍民，有：元魏國人後裔、徙居邊鎮的少數民族如高車柔然等、遷徙邊鎮的中原豪族後裔、發配邊區的罪人等[127]，分子極爲複雜，原本設鎮並派一些國人鎮守，以作爲防禦柔然高車等族之南侵，不料六鎮內部反叛，掀起北魏晚期北中國大動亂的先聲，當此中央政治力無法有效控制之形勢中，更突出了北魏軍事中心之所在，亦成爲影響北魏末年政治發展的焦點。

六、北魏核心集團對核心區之獨占性

雲代并地區自北魏建國以來，一直被視爲國家的重心所在[128]，這個區域是國人聚集之所在，是北中國戰略要地，也是漢化浪潮中草原文化之保留地，更是鮮卑武士戰馬的供應地[129]。拓拔氏將這地區視爲

125 《魏書》卷九〈肅宗紀第九〉載正光五年（公元524年）三月破落汗拔陵聚衆反。《資治通鑑》謂發生在梁武帝普通四年，卽正光四年（公元523年）四月。朱大渭曾有考證，認爲《魏書》正確，見氏著〈北魏末年人民大起義若干史實的辨析〉，頁9，載於《中國農民戰爭史論叢》第三輯。

126 《魏書》卷四十四〈費于傳・附穆傳〉載雲州刺史費穆逃至秀容。

127 濱口重國綜合出四類，卽以拓拔氏爲主體的貴族子弟、漢人豪族子弟、流罪人、高車柔然等降民，見〈正光四五年の交に於ける後魏の兵制に就いて〉（三）鎮の將兵，頁49-58。谷川道雄亦同意濱口氏之意見，〈北魏末の內亂と城民〉（下），頁68。陳學霖綜合出四類，卽中原強宗和鮮卑貴冑後裔、徙居邊鎮的少數民族、遷徙邊鎮豪族的後代、謫戍邊鎮爲兵以代罪之刑徒，〈北魏六鎮之叛變及其影響〉三、六鎮的軍人，頁29-33。唐長孺、黃惠賢認爲：第一類是拓拔部族的成員，卽畿內民、國人、內民等，第二類是被遷徙的漢族、以及其他各族人，第三類是高宗以後繼續配發的罪犯，〈試論魏末北鎮之民暴動的性質〉，頁97。楊耀坤認爲：⑴鮮卑拓拔部族的成員、⑵被遷徙的漢族和其他少數族人、⑶徙邊的罪犯等，〈北魏末年北鎮暴動分析〉，頁63。萬繩楠認爲：高門弟子、鐵勒等人、配邊罪犯，《魏晉南北朝史論稿》第十三章第一節〈六鎮起兵的性質問題〉，頁289。

128 《魏書》卷十九中〈景穆十二王列傳・任城王傳・附順傳〉：「順謂（元）叉曰：『北鎮紛紜，方爲國梗，桑乾舊都，根本所繫，請假都督，爲國捍屏。』」

129 《太平寰宇記》引《冀州圖》云：「自晉陽以北，地勢漸寒，平城、馬邑、淩源二丈，雲中、五原積水四五十尺，唾出口成冰，牛凍角折而畜牧滋繁。」

國本，凡有侵略性，或反叛性的民族，決不輕易遷移這個地區，除了上節引證世祖太武帝大破柔然，收降高車，徙其民於漠南，設六鎮以鎮守之例以外，如《魏書》卷四下〈世祖紀下〉載：

> （太平真君）五年（公元444年）六月，北部民殺立義將軍、衡陽公莫孤，率五千餘落北走。追擊于漠南，殺其渠帥，餘徙居冀、相、定三州為營戶。

《魏書》卷七上〈高祖紀〉：

> （延興元年）（公元471年）冬十月丁亥，沃野、統萬二鎮敕勒叛，詔太尉、隴西王源賀追擊，至枹罕，滅之，斬首三萬餘級；徙其遺迸於冀、定、相三州為營戶。

《魏書》卷七上〈高祖紀〉：

> （延興二年）（公元472年）三月，連川敕勒謀叛，徙配青、徐、齊、兗四州為營戶。

六鎮叛亂之初期，有二十萬叛兵降附，魏中央政府之處置方式極爲明顯，《魏書》卷十八〈太武五王列傳·廣陽王傳·附深傳〉：

> 及李崇徵還，深專總戎政。（破六韓）拔陵避蠕蠕，南移渡河。先是，別將李叔仁以拔陵來逼，請求迎援，深赴之，前後降附二十萬人。深與行臺元纂表求恒州北別立郡縣，安置降戶，隨宜賑賚，息其亂心。不從，詔遣黃門侍郎楊昱分散之於冀、定、瀛三州就食[130]。

《魏書》卷一百一〈蠻傳〉：

> （宣武帝景明）三年（公元502年），魯陽蠻魯北鸞等聚衆攻逼潁川，詔左衛將軍李崇討平之，徙萬餘家於河北諸州及六鎮。

北魏拓拔氏亦曾遷徙非國人入雲代幷區，唯以遷入生產者爲主，上文曾引《魏書·食貨志》謂太祖時「既定中山，分徙吏民及徒何種人、

130　《魏書》卷五十八〈楊播傳·附昱傳〉載：「孝昌初，除征虜將軍、中書侍郎，遷給事黃門侍郎。時北鎮饑民二十餘萬，詔昱為使，分散冀、定、瀛三州就食。」

工伎巧十萬餘家以充京師，各給耕牛，計口授田」。除此以外，《魏書》卷四下〈世祖紀下〉載：

（太平真君七年）（公元446年）三月，徙長安城工巧二千家於京師。

《魏書》卷七上〈高祖紀〉載：

（太和元年）（公元477年）二月丙寅，漢川民泉會、譚酉等相率內屬，處之幷州。

流民如進入此核心區，必遭屠殺或逐出，《北齊書》卷一〈神武紀上〉載：

葛榮衆流入幷、肆者二十餘萬，為契胡陵暴，皆不聊生，大小二十六反，誅夷者半，猶草竊不止。（尒朱）兆患之，問計於神武（高歡）。神武曰：「六鎮反殘，不可盡殺，宜選王素腹心者私使統焉。若有犯者，直罪其帥，則所罪者寡。」兆曰：「善，誰可行也？」……兆以神武為誠，遂以委焉。神武以兆醉，恐醒後或致疑貳，遂出，宣言受委統州鎮兵，可集汾東受令。乃建牙陽曲川，陳部分。……居無何，又使劉貴請兆，以幷、肆頻歲霜旱，降戶掘黃鼠而食之，皆面無穀色，徒汙人國土，請令就食山東，待溫飽而處分之。兆從其議。

雲代幷區內的國人，保留驍勇善戰的尚武精神，但亦不脫凶殘的手段，高歡即利用山東流民集團懼怕國人之殺戮或虐待，奉高歡爲主，有一段生動的記載描述當時的情形，《北齊書》卷一〈神武紀上〉載：

神武自向山東，養士繕甲，禁侵掠，百姓歸心。乃詐為書，言尒朱兆將以六鎮人配契胡為部曲，衆皆愁怨。又為幷州符，徵兵討步落稽。發萬人，將遣之，孫騰、尉景為請留五日，如此者再。神武親送之郊，雪涕執別，人皆號慟，哭聲動地。神武乃喻之曰：「與爾俱失鄉客，義同一家，不意在

> 上乃爾徵召。直向西已當死，後軍期又當死，配國人又當死，奈何！」衆曰：「唯有反耳。」神武曰：「反是急計，須推一人為主。」衆願奉神武。神武曰：「爾鄉里難制，不見葛榮乎，雖百萬衆，無刑法，終自灰滅，今以吾為主，當與前異，不得欺漢兒，不得犯軍令，生死任吾則可，不爾不能為取笑天下。」衆皆頓顙，死生唯命。神武曰若不得已，明日，椎牛饗士，喻以討尒朱之意。

孝文帝遷都洛陽，其國人之上層人物與漢人之世家大族組成統治階層，達到新的階段，隨行之上層國人是傾向於或不反對漢化者[131]，「從太和十二年（公元 488 年）到遷都洛陽的前一年，孝文帝在平城大興土木，並且在改建的過程中，進行了一連串有關禮儀、祭祀問題的討論與決定。他似乎有意從有形的建築工程的拓建，更進一步促進意識形態的轉變。他最初的希望，只是利用平城現有的基礎，將它轉變爲一座典型的中國文化式的都城，並沒有積極南遷的意念。後來所以匆匆南遷，乃由於北方保守勢力對他所作的改革有一種難以排除的壓力」[132]。不遷至鄴而遷至洛陽，則乃是正統與文化因素[133]。洛陽既成爲首都，上層國人要在政治上謀求高官厚祿，自當以隨從南遷最爲有利，所以留在平城者乃是對鮮卑文化傾向者，如元丕等人；又雲代幷區的部落酋長等則因生態環境而不能南遷，這一類國人具有濃厚的草原英雄氣息。遷洛者成爲洛陽人，未遷者仍爲原籍，至肅宗熙平二年（公元517年）遷與不遷遂成定局[134]。時至六鎭亂起（公元524年）約七年。

---

131 孝文帝南遷途中經比干墓，曾為弔祭文，樹碑而刊之，碑文中列隨從隨祭者官名姓名，是其遷都集團，見《金石萃編》卷二十七〈孝文弔比干墓文〉條。

132 逯耀東，〈北魏孝文帝遷都與其家庭悲劇〉，《新亞學報》8 (2)，頁 128，逯氏並引證太和十二年至十七年間孝文帝對平城之經營。

133 勞榦，〈北魏後期的重要都邑與北魏政治的關係〉，頁237及頁239。

134 《魏書》卷九〈肅宗紀〉熙平二年（公元517年）冬十月乙卯，詔曰：「北京根舊，帝業所基，南遷二紀，猶有留住。懷本樂故，未能自遣，若未遷者，悉可聽其仍停，安堵永業。……」

六鎭本是雲代地區的北疆屏障，六鎭動亂，雲代反而成爲首當其衝，魏先派臨淮王彧「都督北征諸軍事以討之。……敗於五原」[135]。旋又「詔尚書令李崇爲大都督，率廣陽王淵等北討……都督崔暹失利于白道，大都督李崇率衆還平城……免除官爵」[136]。

北魏不再向六鎭大規模主動出擊，雲代地區進入防禦戰階段，不久，雲州亦淪陷[137]。孝昌二年（公元 526 年）七月戊申，恒州陷[138]。自此以後，遭受尒朱氏之抗拒，未能再向南方擴張，流民遂向東、東南大弧度進展，囊括河北地區，後文另論。雲代在二年內淪陷，主要是因爲在此地區國人有一部分南遷洛陽，有一部分北戍六鎭之故，而肆并地區之國人則是數世養精蓄銳，其中以尒朱氏爲力量之核心人物。

七、六鎮動亂時期之尒朱氏集團

《魏書》卷七十四〈尒朱榮傳〉：

尒朱榮，字天寶，北秀容人也。其先居於尒朱川，因為氏焉。常領部落，世為酋帥，高祖羽健，登國初為領民酋長，率契胡武士千七百人從駕平晉陽，定中山，論功拜散騎常侍。以居秀容川，詔割方三百里封之，長為世業。太祖初以南秀容川原沃衍，欲令居之，羽健曰：「臣家世奉國，給侍

135　《魏書》卷九〈肅宗紀〉：「正光五年（公元 524 年）三月，沃野鎮人破落汗拔陵聚衆反，殺鎮將，號真王元年。詔臨淮王彧為鎮軍將軍、假征北將軍，都督北征諸軍事以討之。……五月，臨淮王彧敗於五原。」

136　《魏書》卷九〈肅宗紀〉：「正光五年（公元 524 年）五月壬申詔」秋七月「都督崔暹失利于白道。」

137　《魏書》卷四十四〈費于傳・附穆傳〉：「及六鎮反叛，詔穆為別將，隸都督李崇北伐。都督崔暹失利，崇將班師，會諸將議曰：『朔州是白道之衝，賊之咽喉，若此處不全，則并肆危矣！今欲選諸將一人，留以鎮捍，不知誰堪此任？』僉曰：『無過穆者。』崇乃請為朔州刺史，仍本將軍，尋改除雲州刺史。穆招離聚散，頗得人心。時北境州鎮，悉皆淪沒，唯穆獨據一城，四面抗拒。久之，援軍不至，兼行路阻塞，糧仗俱盡。穆知勢窮，乃棄城南走，投尒朱榮於秀容。」

138　《魏書》卷九〈肅宗紀〉孝昌二年（公元526年）七月條。

> 左右。北秀容旣在剗內，差近京師，豈以沃堉更遷遠地。」太祖許之。……曾祖鬱德，祖代勤，繼為領民酋長。代勤，世祖敬哀皇后之舅。以外親兼數征伐有功，給復百年，除立義將軍。……高宗末，假寧南將軍，除肆州刺史。高祖賜爵梁郡公。……父新興，太和中，繼為酋長。家世豪擅，財貨豐贏。……自是之後，日覺滋盛，牛羊駝馬，色別為羣，谷量而已。朝廷每有征討，輒獻私馬，兼備資糧，助裨軍用。高祖嘉之。除右將軍、光祿大夫。及遷洛後，特聽冬朝京師，夏歸部落。每入朝，諸王公朝貴競以珍玩遺之，新興亦報以名馬。轉散騎常侍、平北將軍、秀容第一領民酋長。新興每春秋二時，恒與妻子閱畜牧於川澤，射獵自娛。肅宗世，以年老啓求傳爵於榮，朝廷許之。

秀容川位於平城之南不遠，屬肆州。世業有三百里，尒朱氏屬於國人，前引《北齊書·神武紀》中已提及。又尒朱氏與拓拔氏是一個婚姻圈，與中央朝臣維持某些來往，但顯然保持畜牧射獵生活方式。第一領民酋長爲「視從三品」，約與四方郎將、中州刺史品位相當。肆州在雲代之南，從未遭受戰禍，尒朱榮高祖羽健與北魏始祖同時，積五世滋長，又獲給復百年，其牛羊駝馬，數量繁殖極多，該地區是良馬產地，國人不改其草原英雄之習，很容易成爲一支勇敢善戰的騎兵軍團。魏末肅宗以來，天下浮動之跡象已明，中央政府控制力日衰[139]。

是時尒朱氏大家長尒朱榮雖然「性好獵，不舍寒暑」[140]，遂放棄數世以來「每春秋二時，恒與妻子閱畜牧於川澤，射獵自娛」的安逸生活，積極步入政治軍事舞臺，其勢力之發展如下：

《魏書》卷七十四〈尒朱榮傳〉：

---

139 《北齊書》卷一〈神武紀上〉：「及自洛陽還，傾產以結客，親故怪問之。答曰：『吾至洛陽，宿衛羽林相率焚領軍張彝宅，朝廷懼其亂而不問，為政若此，事可知也，財物豈可常守邪！』」

140 《魏書》卷七十四〈尒朱榮傳〉中語。

> 榮襲爵後，除直寢、游擊將軍。正光中，四方兵起，遂散畜牧，招合義勇，給其衣馬。蠕蠕主阿那瓌寇掠北鄙，詔假榮節，冠軍將軍、別將，隸都督李崇北征，榮率其新部四千人追擊，度磧，不及而還。
>
> 秀容內附胡民乞扶莫于破郡，殺太守；
>
> 南秀容牧子萬子乞真[141]反叛，殺太僕卿陸延。
>
> 并州牧子素和婆崘嶮作逆。榮並前後討平之。
>
> 內附叛胡乞、步落堅胡劉阿如等作亂瓜[142]肆；……
>
> 敕勒斛律洛陽作逆桑乾西，與費也頭牧子迭相掎角，榮率騎破洛陽於深井，逐牧子於河西……加使持節、安北將軍、都督恒朔討虜諸軍、假撫軍將軍，進封博陵郡公……乃署其從叔羽生為刺史……自是榮兵威漸盛。……
>
> 鮮于脩禮之反也，榮表東討……都督并肆汾廣恒雲六州諸軍事，進為大都督。

并肆汾廣恒雲六州已包含北魏開國以來國人聚集的核心區，尔朱榮兵勢強盛，在洛陽的北魏中央政府亦畏懼之[143]。

尔朱榮除了本身武力以外，當此天下大亂之際，有許多國人、或與國人有密切關係者，投入此核心區，使尔朱氏的陣營更爲壯大。玆從正史列傳中查出投入尔朱氏集團之人物，列爲表一：

從表一分析，投入尔朱氏集團者是：

一、絕大多數其家世屬部落酋長、鎮將、豪族。

二、絕大多數其居住地是北部邊疆地區。

三、絕大多數是胡人或已胡化漢人。

對於核心區而言，被派遣或留居於北疆的「強宗子弟」、「國之

141　據《魏書》卷七十四校勘記（一）「萬子」乃「万于」之誤。

142　據《魏書》卷七十四校勘記（二）「瓜」當是「汾」之訛。

143　《資治通鑑》卷一百五十二〈梁紀八〉大通二年（公元528年）、魏武泰元年：「（二月）是時，車騎將軍、儀同三司、并、肆、汾、廣、恒、雲六州討虜大都督爾朱榮兵勢彊盛，魏朝憚之。」

肺腑」等，被「寄以爪牙」之任，當局勢無法控制時，又逃向核心區。這些人或人羣有的是國人，有的是與國人有密切關係者，在中古時期北方民族混雜得很厲害，僅從血統單一因素研究，一者資料不可能記載如此詳細，二者亦不合當時實際情形。除了血統單一因素以外，還有許多很重要的因素影響人羣之組合，如生態環境所孕育的生活方式、心理歸屬感、共同語言等。北中國沿沙漠邊區是廣大草原地帶，構成草原文化生活方式，上文討論國人時已有述及；心理歸屬感在無法親自調查的情況下，似應在危難時視其聚集方向觀察之；共同語言則由於鮮卑拓拔氏主宰長城內外一二百年，其語言已成爲各部落的共同語言，除了日益漢化的洛陽地區上層分子以外，在當時北邊、以及北中國境內軍中宣達政令，皆用鮮卑語[144]。唐長孺認爲：「在代京及其附近的拓拔部族中留住集團仍然保持著鮮卑風習，而且使那些地區裏出現了這樣一種傾向，即是拓拔留住集團和若干部落鮮卑化的加強」[145]。

表中也顯示出東魏集團與西魏集團中的主要人物，也是由尒朱氏集團中分裂出來。西魏集團在投奔尒朱氏集團以前大都是來自武川地區人物[146]，作者認爲史書上記載侯莫陳崇、若干惠、王德、侯莫陳順、宇文泰、宇文深等人之籍貫爲「代武川人」「代郡武川人」，可能是核心區派遣外鎮之一種表示，西魏集團入關以後還有若干家屬滯留在幷州[147]，出於核心地區之跡象甚明。東魏集團在投奔尒朱氏集團以前或謂來自懷朔地區[148]，按東魏集團之首腦人物高歡係來自懷朔，

144 《北齊書》卷二十一〈高乾傳·附昂傳〉云：「（高歡）每申令三軍，常鮮卑語，昂若在列，則爲華言。」
《北齊書》卷二十四〈孫搴傳〉：「又能通鮮卑語，兼宣傳號令。」
《隋書》卷三十二〈經籍志一〉：有《鮮卑號令》一卷，周武帝撰。《國語號令》四卷。所謂國語一詞，〈經籍志〉謂：「後魏初定中原，軍容號令皆以夷語，後染華俗，多不能通。故錄其本言，相傳教習，謂之『國語』。」

145 唐長孺，〈拓跋族的漢化過程〉，《魏晉南北朝史續編》，頁147。

146 谷川道雄，〈武川鎮軍閥の形成〉，《名古屋大學東洋史研究報告》8，頁46-47。

147 《周書》卷十一〈晉蕩公護傳〉。宇文護乃泰兄之子，其母及姑當東西魏分裂時還留居晉陽。

148 萬繩楠，《魏晉南北朝史論稿》，頁295-297。

然其岳父婁內干乃代郡平城人，「家僮千數，牛馬以谷量」[149]，婁內干另二女，其一妻竇泰[150]、另一妻段榮[151]，竇泰、段榮皆東魏集團內實權人物，亦皆屬懷朔地區出身，所以此懷朔集團與代郡人士關係甚爲密切，《北齊書》卷十九之末史臣曰：「高祖（高歡）世居雲代，以英雄見知。後遇尒朱，武功漸振，鄉邑故人，彌相推重」[152]。證以上表，東魏集團中懷朔與代郡人較多。這一羣國人、或與國人有密切關係者，既與洛陽地區漢化的上層國人不同，也與北疆被統治之各部落下層階級不同，他們聚集在雲代幷核心區，而當時尒朱氏是這個核心區之首領，這種脈絡在表 2-1 中顯示得甚清楚。

六鎮亂起使尒朱氏集團日益壯大，同時尒朱榮又與元宗室青年才俊元天穆結爲兄弟，天穆後爲幷州刺史，尒朱氏集團更如虎添翼，《魏書》卷十四〈神元平文諸帝子孫列傳・高涼王傳・附六世孫上黨王天穆傳〉：

> 天穆，性和厚，美形貌，善射，有能名。年二十，起家員外郎。六鎮之亂，尚書令李崇、廣陽王深北討，天穆奉使慰勞諸軍。路出秀容，尒朱榮見其法令齊整，有將領氣，深相結託，約為兄弟。未幾，榮請天穆為行臺，朝廷不許，改授別將，令赴秀容。是時，北鎮紛亂，所在蜂起，六鎮蕩然，無復蕃捍，惟榮當職路衝，招聚散亡。天穆為榮腹心，除幷州刺史。

元天穆一直與尒朱榮維持親密戰友關係，「及榮赴洛，天穆參其始謀，乃令天穆留後，爲之繼援。」（同上傳）尒朱榮揮兵入洛，沉太后及幼主於河[153]，並殺皇弟、皇兄、王公卿士一千三百餘人於河

149　《北史》卷五十四〈婁昭傳〉。

150　趙萬里，《漢魏南北朝墓誌銘集釋》圖版三二二。

151　《北齊書》卷十六〈段榮傳〉：「榮妻，皇后姊也。」

152　《北齊書》作者唐李百藥，是繼他父親李德林的《齊書》擴充改寫的。李德林在北齊官至中書侍郎。

153　《魏書》卷九〈肅宗紀第九〉武泰元年（公元 528 年）夏四月庚子。《魏書》卷十三〈皇后列傳・宣武靈太后胡氏傳〉傳末。

陰[154]。立莊帝，幾乎「欲遷都晉陽」[155]，因事情過於突然，人情駭震而未成。尔朱榮不久還晉陽，實際上「榮身雖居外，恒遙制朝廷，廣布親戚，列爲左右，伺察動靜，小大必知。或有僥倖求官者，皆詣榮承候，得其啓請，無不遂之」[156]。原本日漸衰微的洛陽政治中心，至此更加軟弱乏力。

自六鎮亂起以後，反抗洛陽政權及雲代并統治階層之人四方雲湧，其人數如滾雪球般地擴充，其領袖輾轉合併，最後在太行山以東的葛榮成爲最大的一股集團，「衆號百萬」[157]。

這兩個集團終於爆發一場決定性之戰。

武泰元年（公元528年）六月辛亥，詔曰：「朕當親御六戎，掃靜燕代，大將軍、太原王尒朱榮率精甲十萬爲左軍，上黨王天穆總衆八萬爲前軍，司徒公楊椿勒兵十萬爲右軍，司空公穆紹統率八萬爲後軍」[158]。實際上參與作戰的是尔朱榮及元天穆，「九月乙丑，詔太尉公、上黨王天穆討葛榮，次於朝歌之南，……壬申，柱國大將軍尒朱榮率騎七萬討葛榮於滏口，破擒之，餘衆悉降」[159]。尔朱榮與元天穆的聯軍，據〈元天穆墓誌銘〉載：「天柱（尔朱榮）駈率熊羆而出釜口，（天穆）勒猩虎北赴漳源，兩軍雲會，三十餘万」[160]。兩人聯軍究竟有多少兵馬，上引六月詔「太原王尒朱榮率精甲十萬爲左軍」，可能是尒朱氏集團之總兵力，討葛榮時，留一小部分兵馬給留守根據地的尔朱天光[161]，故九月詔「尔朱榮率騎七萬討葛榮於滏口」[162]，應屬實際參戰者，五月詔「上黨王天穆總衆八萬爲前軍」，《魏書·元

154 《魏書》卷七十四〈尒朱榮傳〉。《魏書》卷十〈孝莊紀〉載：「二千餘人。」

155 《魏書《卷七十四〈尒朱榮傳〉中語。

156 《魏書》卷七十四〈尒朱榮傳〉中語。

157 《魏書》卷七十四〈尒朱榮傳〉中語。

158 《魏書》卷十〈孝莊紀〉武泰元年（公元528年）六月。

159 《魏書》卷十〈孝莊紀〉武泰元年（公元528年）九月。

160 趙萬里，《漢魏南北朝墓誌銘集釋》圖版四十六之二。

161 《魏書》卷七十五〈尒朱天光傳〉：「（尒朱）榮將討葛榮，留天光在州，鎮其根本。謂之曰：『我身不得至處，非汝無以稱我心。』」

162 《魏書》卷七十四〈尒朱榮傳〉謂：「九月，乃率精騎七千，馬皆有副，倍道兼行，東出滏口。」七千恐七萬之訛。

天穆傳》載：「（尔朱）榮之討葛榮，詔天穆爲前軍都督，率京師之衆以赴之」[163]。元天穆擁有八萬之衆，似亦可信。尔朱榮率領的是雲代并地區之軍力，而天穆則率領京師部隊，兩者約共十五萬兵力[164]，〈元天穆墓誌銘〉誇大一倍。尔朱榮率領「騎七萬」全屬騎兵，「馬皆有副，倍道兼行，東出滏口」[165]。戰鬥力甚強，是這次戰役中之主力。尔朱氏集團戰鬥力在與葛榮之戰中並無詳細描述，但《洛陽伽藍記》中曾載尔朱氏集團軍士善戰[166]。

八、北魏末東魏北齊時期核心區之僑州

六鎮大動亂，雲代首當其衝，盛樂平城相繼淪陷，雲代地區大部分皆被侵入，尔朱氏集團擋住這股洪流，北邊國人、或與國人相關者大量投靠尔朱氏集團，尔朱氏集團將這些人安置在并肆汾境內，據近人王仲犖考證，「北魏東魏先後於并肆汾僑置六州，以居六州鮮卑軍士」[167]，如下：

恒州　寄治秀容郡城，今山西原平縣西南樓板寨。

燕州　寄治今山西壽陽縣西二十五里南燕竹。

雲州　寄治今山西文水縣西南雲周村。

朔州　寄治今山西介休縣界。

蔚州　寄治并州鄔縣界，今山西平遙縣西北二十五里。

顯州　寄治汾州六壁城，今山西孝義縣南十五里。

雲代地區還有一部分仍未淪陷，尔朱氏集團爲時甚短，缺乏這方面記載，高歡承襲這個地區的勢力，北齊在雲代未淪陷地區僑置北邊六

163　《魏書》卷十四〈神元平文諸帝子孫列傳·高涼王傳·附六世孫上黨王天穆傳〉中語。

164　朱大渭估計約二十萬人左右，見〈北魏末年人民大起義若干史實的辨析〉，頁14-16。

165　《魏書》卷七十四〈尒朱榮傳〉中語。

166　《洛陽伽藍記》第一章城內，陳述爾朱那律歸為榮報仇時之戰鬥力。

167　王仲犖，〈東西魏北齊北周僑置六州考略〉，《文史》5，頁24。

州[168]，即：

北朔州　治馬邑城，今山西朔縣城關。

北燕州　治懷戎，今河北涿鹿縣西南七十里。

北蔚州　治靈丘，今山西靈丘縣城關。

北恒州　治平城，今山西大同市。

北顯州　治石城，今山西原平縣北崞陽鎮。

北靈州　治武州城，今山西繁時縣城關。

以上爲北齊分割六州鮮卑更於陘北別立之六州。

似乎北魏末年東魏北齊時期，尚能控制桑乾河流域地區[169]。長城以北是交戰地區。尔朱氏集團核心區之東線是太行山[170]，西邊原以黃河爲界，但汾州西半部是山胡聚集區，並不能完全控制[171]，南邊爲并州，但不能包括上黨郡[172]。尔朱氏集團之核心區參見圖三。（附記：圓圈爲僑州。又西夏州在并州境內，確切位置不考）

這個核心區內的鮮卑國人，或與其關連者，乃是北魏末、東魏、北齊時期禁旅之所出。《魏書》卷一百六上〈地形志上〉卷末謂：

前自恒州以下十州，（莊帝）永安（公元528—529年）以

---

168 同上，頁26-27。

169 《北齊書》卷四〈文宣紀〉天保四年（公元553年）：「十二月己未，突厥復攻茹茹，茹茹舉國南奔。癸亥，帝自晉陽北討突厥，迎納茹茹。乃廢其主庫提，立阿那瓌子菴羅辰為主，置之馬邑川，給其稟餼繒帛。親追突厥於朔州，突厥請降，許之而還。於是貢獻相繼。」
同卷天保五年（公元554年）：「夏四月，茹茹寇肆州。丁巳，帝自晉陽討之。至恒州黃瓜堆，虜騎走。」
同卷天保六年（公元555年）：「秋七月己卯，帝頓白道，留輜重，親率輕騎五千追茹茹。壬午，及於懷朔鎮。帝躬當矢石，頻大破之，遂至沃野，獲其俟利藹焉力婁阿帝、吐頭發郁久閭狀延等，並口二萬騎，牛羊數十萬頭。茹茹俟利郁久閭李家提率部人數百降。」
《北齊書》卷六〈孝昭紀〉皇建元年（公元560年）：「（冬十一月），帝親戎北討庫莫奚，出長城，虜奔遁，分兵致討，大獲牛馬，括總入晉陽宮。」按此處所謂長城當是雲州、代州之間長城。

170 《魏書》卷七十四〈尒朱榮傳〉云「東塞井陘」按井陘乃太行山之重要關隘。

171 《魏書》卷七十四〈尒朱榮傳〉曾云：「回軍之際，因平汾胡。」然陝西省、山西省黃河左右岸山胡問題，一時並未徹底平定，應另文討論之。

172 上黨郡乃丁零族聚集地，參見周偉洲，《敕勒與柔然》，頁55，并州丁零條。又《魏書》卷三十三〈公孫表傳·附軌傳〉記載上黨丁零反叛之事。

後，禁旅所出。

所謂恒州以下十州卽：

恒州　天興中置司州，治代都平城，太和中改。孝昌中陷，天平二年置，寄治肆州秀容郡城。

朔州　本漢五原郡，延和二年置爲鎭，後改爲懷朔，孝昌中改爲州。後陷，今寄治并州界。

雲州　舊置朔州，後陷，永熙中改，寄治并州界。

蔚州　永安中改懷荒、禦夷二鎭置，寄治并州鄔縣界。

顯州　永安中置，治汾州六壁城。

廓州　武定元年置，治肆州敷城界郭城。

武州　武定元年置，治雁門川，武定三年始立州城。

西夏州　寄治并州界。

寧州　興和中置，寄治汾州介休城。

靈州　太延二年置薄骨律鎭，孝昌中改，後陷關西。天平中置，寄治汾州隰城縣界。

根據張澤咸、朱大渭編《魏晉南北朝農民戰爭史料彙編》收集一般人民，少數民族、奴隸等動亂實例，從皇始元年（公元 396 年）至正光五年（公元 524 年）沃野鎭民破六韓拔陵反，共一百二例。自正光五年至北齊承光元年（公元 577 年），共八十例[173]。從北魏建國至六鎭亂起這一百二十八年間的一百二個動亂實例之中，雲代并核心區未見一例。自六鎭亂起，經北魏末、東魏、至北齊亡，五十四年間的八十個動亂實例之中，雲代并核心區共有四例[174]，卽：

173　張澤咸、朱大渭，《魏晉南北朝農民戰爭史料彙編》下册，頁445-785。

174　另有一例并州丁零、六例汾州山胡，前文已提及，在核心區之外，卽：
例 407　并州丁零　太安二年（公元456年）
例 425　汾州胡劉龍駒　永平四年（公元511年）
例 427　汾州山胡　正光五年（公元524年）
例 480　汾州胡王迨觸　天平三年（公元536年）
例 481　汾州山胡　武定二年（公元544年）
例 482　汾州山胡　天保四年（公元553年）

例 430　恒州敕勒劉崙　孝昌初（公元 525 年）

例 437　平城民　獻文帝時（公元465—471年）

例 458　晉州柴覽　天平四年（公元 537 年）

例 463　晉州李小興　天平元象間（公元534—538年）

在北魏建國至北齊亡這一百八十二年間的一百八十二個動亂實例之中，核心區僅有四例，其比例甚低。這個現象所反映出的意義是：其一，核心區是國人聚集地區，其控制力較強，又前文論及北魏遷徙人口時，具有威脅力的少數民族或人羣不遷入核心區，遷入核心區者大都是農民工伎等生產者。其二，核心區的國人也有不滿中央政府之時，那就出現政潮政變，如前述穆泰、元丕、陸叡、尔朱榮、元天穆等與朝廷之糾葛，無論是那一方面勝利，是一種內部之爭，這與其他地區反叛中央政府的性質有極大的差異。

自正光五年破六韓拔陵反叛至建義元年（公元524—528年）這五年間，動亂多起，且規模甚大，是北魏最困難的時期，北魏亦因此一蹶不振，玆從《魏書》本紀中臚列大動亂於下：

一、正光五年（公元 524 年）三月，沃野鎮人破落汗拔陵聚衆反，殺鎮將，號眞王元年[175]。

二、正光五年（公元 524 年）夏四月，高平酋長胡琛反，自稱高平王，攻鎮以應拔陵[176]。

三、正光五年（公元 524 年）六月，秦州城人莫折太提據城反，自稱秦王，殺刺史李彥。……南秦州城人孫掩、張長命、韓祖香據城反，殺刺史崔遊以應太提。太提遣城人卜朝襲克高平，殺鎮將赫連略、行臺高元榮。太提尋死，子念生代立，僭稱天子，號年天建，置立百官[177]。

四、正光五年（公元 524 年）七月，涼州幢帥于菩提、呼延雄執刺史

175　《魏書》卷九〈肅宗紀〉正光五年（公元524年）三月。

176　《魏書》卷九〈肅宗紀〉正光五年（公元524年）夏四月。

177　《魏書》卷九〈肅宗紀〉正光五年（公元524年）六月。

宋穎據州反[178]。

五、正光五年（公元 524 年）八月丁酉，南秀容牧子于乞眞反，殺太僕卿陸延。別將尒朱榮討平之[179]。

六、正光五年（公元 524 年）冬十月，營州城人劉安定、就德興據城反，執刺史李仲遵。……德興東走，自號燕王[180]。

七、孝昌元年（公元 525 年）三月，齊州清河民崔畜殺太守董遵，廣川民傅堆執太守劉莽反[181]。

八、孝昌元年（公元 525 年）八月，柔玄鎭人杜洛周率衆反於上谷，號年眞王，攻沒郡縣，南圍燕州[182]。

九、孝昌元年（公元 525 年）十二月，山胡劉蠡升反，自稱天子，置官僚[183]。

十、孝昌二年（公元 526 年）正月，五原降戶鮮于脩禮反於定州，號魯興元年[184]。

十一、孝昌二年（公元 526 年）三月甲寅，西部敕勒斛律洛陽反於桑乾，西與河西牧子通連，別將尒朱榮擊破之[185]。

十二、孝昌二年（公元 526 年）四月，朔州城人鮮于阿胡、厙狄豐樂據城反[186]。

十三、孝昌二年（公元 526 年）六月，絳蜀陳雙熾聚衆反，自號始建王[187]。

十四、孝昌二年（公元 526 年）九月，（葛）榮自稱天子，號曰齊國，年稱廣安[188]。

---

178 《魏書》卷九〈肅宗紀〉正光五年（公元524年）七月。
179 《魏書》卷九〈肅宗紀〉正光五年（公元524年）八月。
180 《魏書》卷九〈肅宗紀〉正光五年（公元524年）冬十月。
181 《魏書》卷九〈肅宗紀〉孝昌元年（公元525年）三月。
182 《魏書》卷九〈肅宗紀〉孝昌元年（公元525年）八月。
183 《魏書》卷九〈肅宗紀〉孝昌元年（公元525年）十二月。
184 《魏書》卷九〈肅宗紀〉孝昌二年（公元526年）春正月。
185 《魏書》卷九〈肅宗紀〉孝昌二年（公元526年）三月。
186 《魏書》卷九〈肅宗紀〉孝昌二年（公元526年）四月。
187 《魏書》卷九〈肅宗紀〉孝昌二年（公元526年）六月。
188 《魏書》卷九〈肅宗紀〉孝昌二年（公元526年）九月。

十五、孝昌三年（公元 527 年）二月庚申，東郡民趙顯德反，殺太守裴烟，自號都督[189]。

十六、孝昌三年（公元 527 年）三月辛未，齊州廣川民劉鈞執清河太守邵懷，聚衆反，自署大行臺[190]。

十七、孝昌三年（公元 527 年）七月，陳郡民劉獲、鄭辯反於西華，號年天授」[191]。

十八、建義元年（公元 528 年）六月，幽州平北府主簿河閒邢杲，率河北流民十餘萬戶反於青州之北海，自署漢王，號年天統[192]。

以上十八次頗具規模的反叛實例之中，發生在核心區者有二起，即南秀容牧子于乞眞反，及西部敕勒斛律洛陽反於桑乾，這兩次規模其實不大，立刻被尒朱榮撲滅。對於北魏最具威脅的有三大集團，其一是北邊的六鎭反叛集團，其二是太行山以東的杜洛周、鮮于脩禮、葛榮集團，其三是關隴一帶的莫折父子，胡琛、万俟醜奴集團。北邊集團曾陷盛樂、平城，受阻於尒朱氏集團而未能再南下，這個集團其後受到蠕蠕等夾擊[193]，而漸漸分離，但北魏再未能收復雲州地區，恒州亦僅能保留一半。東方的集團最後歸於葛榮，聲勢最大，武泰元年被尒朱榮、元天穆擊潰，上文已有論及。關隴反叛集團亦是尒朱天光所擊潰[194]。當反叛勢力最強盛的時候，亦只能環繞著核心區推移（參見圖四），核心區是北魏國家重心所在地，甚爲明顯。

九、東魏北齊時期之核心區與鄴都

建義三年九月戊戌（公元 530 年），莊帝殺尒朱榮、元天穆於洛

189 《魏書》卷九〈肅宗紀〉孝昌三年（公元527年）二月。

190 《魏書》卷九〈肅宗紀〉孝昌三年（公元527年）三月。

191 《魏書》卷九〈肅宗紀〉孝昌三年（公元527年）七月。

192 《魏書》卷十〈孝莊紀〉建義元年（公元528年）六月。

193 《魏書》卷九〈肅宗紀〉孝昌元年（公元 525 年）六月：「蠕蠕主阿那瓌率衆大破拔陵。」

194 參見《魏書》卷七十五〈尒朱天光傳〉。

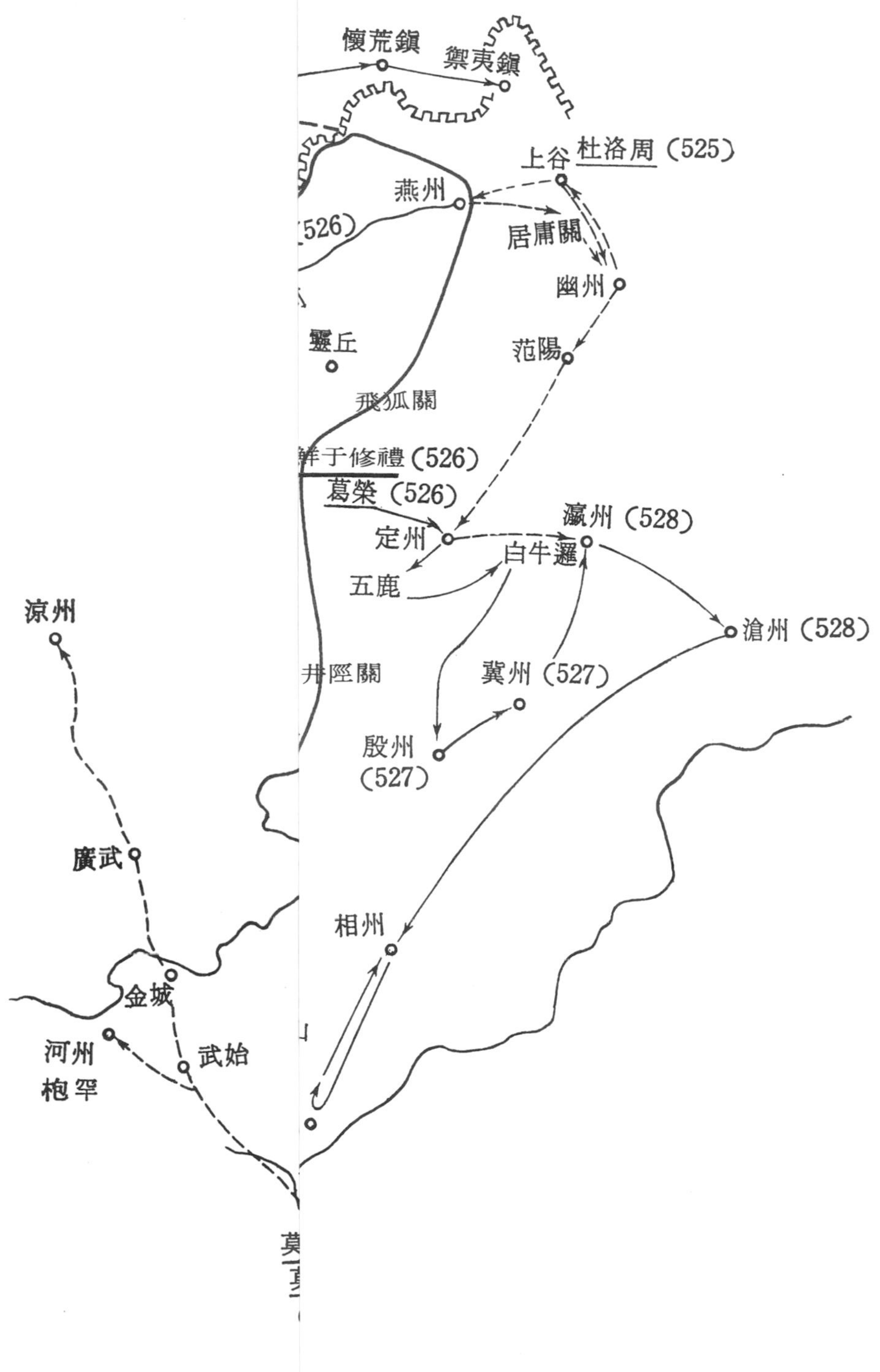
懷荒鎮
禦夷鎮
上谷
杜洛周（525）
燕州
（526）
居庸關
幽州
范陽
靈丘
飛狐關
于修禮（526）
葛榮（526）
定州
瀛州（528）
白牛邏
五鹿
滄州（528）
井陘關
冀州（527）
殷州
（527）
涼州
廣武
金城
河州
枹罕
武始
相州

陽[195]，同年十二月甲辰尔朱度律破洛陽，甲寅尔朱兆遷帝於晉陽並殺之[196]，乃立前廢帝廣陵王恭（公元 530 年 2 月至 531 年 4 月），軍政大權實出於尔朱氏之手，「尒朱兆之在晉陽，天光之據隴右，仲遠鎮捍東南，世隆專秉朝政，于時立君廢主易於弈棊，慶賞威刑咸出於己」[197]。尔朱氏之間並不團結，授與高歡機會，公元 531 年三月，「齊獻武王敗尒朱天光等於韓陵[198]」，元恭被廢，自此軍政大權歸高歡。初，高歡「推勃海太守元朗即皇帝位於信都」[199]，史稱後廢帝（公元 530 年 10 月至 531 年 4 月）；元朗亦被廢，立元脩，是爲出帝[200]，又稱孝武帝[201]。公元 531 年魏帝廢立者有三，所謂「一年三易換」[202]也。同年七月，高歡討平尔朱兆於并州[203]，「神武以晉陽四塞，乃建大丞相府而定居焉」[204]。

高歡的軍事中心仍在晉陽，原擬將政治中心自洛陽遷至鄴，因孝武帝反對而未成，《北齊書》卷二〈神武紀下〉孝靜帝天平元年（實際上是孝武帝永熙三年，公元 534 年）六月：

> 初，神武自京師將北，以為洛陽久經喪亂，王氣衰盡[205]，雖有山河之固，土地褊狹，不如鄴，請遷都。魏帝曰：「高祖定鼎河洛，為永永之基，經營制度，至世宗乃畢。王旣功在社稷，宜遵太和舊事。」神武奉詔，至是復謀焉。

195　《魏書》卷十〈孝莊紀〉建義三年（公元 530 年）九月、《魏書》卷七十四〈尒朱榮傳〉。

196　《魏書》卷十〈孝莊紀〉建義三年（公元 530 年）十二月、《魏書》卷七十四〈尒朱兆傳〉。

197　《魏書》卷七十五〈尒朱氏列傳〉末，史臣曰。

198　《魏書》卷十一〈前廢帝廣陵王紀〉、《北齊書》卷一〈神武紀上〉。

199　《魏書》卷十一〈前廢帝廣陵王紀〉、同卷〈後廢帝安定王紀〉。

200　《魏書》卷十一〈出帝平陽王紀〉。

201　《北齊書》卷一〈神武紀上〉：「旣而神武至洛陽，廢節閔（元恭）及中興主（元朗）而立孝武（元脩）。」《西魏書》卷一〈孝武帝紀〉。

202　《魏書》卷十一〈前廢帝廣陵王紀〉失帝位時賦詩。

203　《魏書》卷十一〈出帝平陽王紀〉。

204　《北齊書》卷一〈神武紀上〉。

205　《洛陽伽藍記・序》記載武定五年（公元 547 年）著者重覽洛陽時之景象，甚為殘破。

是年七月，孝武帝西就關中，遷都遂行。同書同卷是年九月：

> 遂議立清河王世子善見……是為孝靜帝。魏於是始分為二。神武以孝武既西，恐逼崤、陜，洛陽復在河外，接近梁境[206]，如向晉陽，形勢不能相接，乃議遷鄴，護軍祖瑩贊焉。詔下三日，車駕便發，戶四十萬狼狽就道。神武留洛陽部分，事畢，還晉陽，自是軍國政務，皆歸相府。

不論高歡是否是渤海高氏[207]，高歡屬於胡人婚姻圈[208]，「累世北邊，故習其俗，遂同鮮卑」[209]，能鮮卑語，稱漢人爲「漢兒」[210]，在心理已自居鮮卑人。李德林、李百藥父子曰：「高祖（高歡）世居雲代，以英雄見知。後遇尒朱，武功漸振，鄉邑（懷朔）故人，彌相推重」[211]。高歡成爲懷朔集團之領袖。六鎭之衆，最後併入葛榮集團，葛榮爲尒朱榮元天穆所敗，葛榮衆流入并、肆者二十餘萬，爲契胡誅夷者半，這些「六鎭反殘」，尒朱兆皆「遂以委焉（高歡）」[212]，高歡集團進一步擴張。及獲河北大族李元忠、高乾等支持，遂有勇氣公開向尒朱氏挑戰[213]。又破尒朱兆於并州，遂併有其大部分人馬（見上文尒朱氏集團圖表）。魏孝武帝西走長安，魏分東西，東魏遷都鄴，原本洛陽地區的禁衞軍，「是時六坊之衆從武帝而西者不能萬人，餘皆北徙」[214]。高歡顯然獲得六坊之大部分軍士。

---

206 蕭梁支持的元顥曾自考城、滎陽陷洛陽，見《魏書》卷十〈孝莊紀〉武泰二年。

207 《北齊書》卷一〈神武紀上〉稱係渤海高氏。日人濱口重國，〈高齊出自考——高歡の制霸と河北の豪族高乾兄弟の活躍〉（1938），認為高歡不屬渤海高氏，其聯譜的時機當在與高乾兄弟聯手對抗爾朱兆之時。又蕭文青亦作〈高歡家世考證〉（1969），唯其論點未逾濱口氏之文。

208 平城裏內干三女分別妻段榮、竇泰、高歡，參見上文分析及註文。

209 《北齊書》卷一〈神武紀上〉語。

210 《北齊書》卷一〈神武紀上〉有「不得欺漢兒」語。《北齊書》卷二十一〈高乾傳·附昂傳〉亦有：「高祖曰：『高都督純將漢兒……。』」語。

211 《北齊書》卷十九史臣曰。又參照上文尒朱氏集團圖表及其分析文。

212 《北齊書》卷一〈神武紀上〉。

213 《北齊書》卷一〈神武紀上〉：「魏普泰元年（公元531年）六月庚子，建義於信都，尚未顯背尒朱氏。及李元忠與高乾平殷州，斬尒朱羽生首來謁，神武撫膺，曰：『今日反決矣！』乃以元忠為殷州刺史。是時兵威旣振，乃抗表罪狀尒朱氏。』

214 《隋書》卷二十四〈食貨志〉中語。

高歡擁有非常龐雜的軍隊，但其主力仍然是舊鮮卑國人[215]及其相關者，至文宣時更加精簡，謂之「百保鮮卑」[216]。其國家軍事中心仍然是舊北魏的雲代幷地區，《北齊書》卷十三〈趙郡王琛傳〉：

> 及斛斯椿等釁結，高祖將謀內討，以晉陽根本，召琛留掌後事，以為幷、肆、汾大行臺僕射，領六州九酋長大都督，其相府政事，琛悉決之。

此處所謂「六州」即上文引王仲犖考證之僑置幷、肆、汾之內的恒、燕、雲、朔、蔚、顯等六州，「九酋長」應指領民酋長而言。上文又引北齊於北邊僑置，即北朔州、北燕州、北蔚州、北恒州、北顯州、北靈州等六州，此六個僑州雖正式成立於北齊，但在北魏末葉顯然亦屬於北魏、東魏之控制區，大都在桑乾河流域，這六州東魏北齊亦非常重視。《北齊書》卷十二〈文宣四王傳・范陽王紹義傳〉載：

> 此地（北朔州）齊之重鎮，諸勇士多聚焉。

《魏書・地形志上》謂：恒、朔、雲、蔚、顯、廓、武、西夏、寧、靈等十個僑州（僑寄地皆在幷、肆、汾三州內，上文已有陳述），永安（公元529年）以後，禁旅所出。按禁旅即六坊。《魏書》卷十二〈孝靜帝紀〉天平元年（公元534年）十一月：

> 徙鄴舊人西徑百里以居新遷之人，分鄴置臨漳縣，以魏郡、林慮、廣平、陽丘、汲郡、黎陽、東濮陽、清河、廣宗等郡為皇畿。

六坊禁旅羽林虎賁之授田，即在此畿內，《隋書》卷二十四〈食貨志〉云：

> 至河清三年（公元564年）定令……京城四面，諸坊之外三十里內為公田。受公田者，三縣代遷戶執事官一品已下，逮

---

215 《北齊書》卷二十一〈高乾傳・附昂傳〉：「高祖曰：『高都督純將漢兒，恐不濟事，今當割鮮卑兵千餘人共相參雜，於意如何？』」又《魏書》卷十二〈孝靜紀〉天平三年（公元536年）二月丁酉：「詔加齊文襄王（澄，歡之長子）使持節、尚書令、大行臺、大都督，以鮮卑、高車酋庶皆隸之。」

216 《隋書》卷二十四〈食貨志〉：「及文宣受禪，多所創革。六坊之內徙者，更加簡練，每一人必當百人，任其臨陣必死，然後取之，謂之百保鮮卑。」

于羽林武賁，各有差。

東魏北齊遷都於鄴，鄴是政治中心，雲代幷地區仍然是其國家之軍事中心。正如同北魏時洛陽是其政治中心，而雲代幷是其軍事中心一樣。所不同的是北魏溝通此二中心的辦法是令雲代幷地區的重臣夏去冬來，是謂雁臣。而東魏北齊溝通此二中心的辦法是執政者（東魏時為大丞相高氏，北齊時為皇帝高氏）帶著禁旅穿梭於晉陽與鄴都之間。從東魏天平元年（公元 534 年）至北齊承光元年（公元 577 年）的四十三個實足年數之中，高氏執政者共穿梭三十七次，駐在晉陽的時間約二十九年，在鄴都的時間約十四年，在晉陽時間為在鄴都時間之倍，所有的高齊皇帝皆在晉陽即位，如果繼承者原不在晉陽，亦趨赴晉陽登基[217]。

鄴是首都，龐大的政府機構都設在此，是政治中心；軍事中心在雲代幷區，而執政者大部分時間駐在晉陽，遂引起制度上的變化。出納王命的中書舍人必須隨侍在側，又掌管軍士的訓練、調撥者，掌管戰馬之飼養、徵集者亦須侍從左右。按中書舍人由於地居機要，在北魏太和十七年以後已設舍人省[218]，在靈太后當政時，中書舍人奪中書令、中書侍郎草詔之權[219]，東魏北齊時又常以黃門侍郎兼中書舍人（見下文引唐邕傳），是則中書舍人實兼門下、中書兩省的出納王命之權。東魏大丞相高氏當政，丞相府外兵曹、騎兵曹分掌兵馬，最為重要，按「後齊制官，多循後魏。其六尚書，分統列曹。……左外兵（掌河南及潼關已東諸州丁帳，及發召征兵等事）、右外兵（掌河北及潼關已西諸州，所典與左外兵同）」[220]。

《北齊書》卷四十〈唐邕傳〉載：

> 齊朝因高祖作相，丞相府外兵曹、騎兵曹分掌兵馬。及天保受禪，諸司監咸歸尚書，唯此二曹不廢，令唐邕白建主治，

217　以上統計皆出自《北齊書》本紀，高齊統治者穿梭行程極為繁瑣，不予贅列。

218　鄭欽仁，《北魏中書省考》，頁91。

219　鄭欽仁，《北魏中書省考》，頁96。

220　《隋書》卷二十七〈百官志中〉。

謂之外兵省、騎兵省。其後邕、建位望轉隆，各為省主，令中書舍人分判二省事，故世稱唐、白云。

將外兵曹、騎兵曹獨立於尚書省之外，而成爲外兵省、騎兵省；別掌機密[221]，是北齊之新創制度，也適應於高齊皇帝長駐晉陽之形勢。唐邕白建各爲省主，並以中書舍人身分分判二省事，二人在高齊政權中之地位顯得十分重要，故世稱唐、白。如下：《北齊書》卷四十〈唐邕傳〉：

唐邕字道和，太原晉陽人，其先自晉昌徙焉。父靈芝，魏壽陽令。邕少明敏，有治世才具。太昌初，或薦於高祖，命其直外兵曹，典執文帳。

邕善書計，強記默識，以幹濟見知，擢為世宗大將軍府參軍。及世宗崩，事出倉卒，顯祖部分將士，鎮壓四方，夜中召邕支配，造次便了，顯祖甚重之。顯祖頻年出塞，邕必陪從，專掌兵機。識悟閑明，承受敏速，自督將以還，軍吏以上，勞効由緒，無不諳練，每有顧問，占對如響。或於御前簡閱，雖三五千人，邕多不執文簿，暗唱官位姓名，未嘗謬誤。七年，於羊汾堤講武，令邕總為諸軍節度。……顯祖又嘗對邕白太后云：「唐邕分明強記，每有軍機大事，手作文書，口且處分，耳又聽受，實是異人。」……十年，從幸晉陽，除兼給事黃門侍郎，領中書舍人。

肅宗作相，除黃門侍郎。……天統初，除侍中、并州大中正，又拜護軍，餘如故。邕以軍民教習田獵，依令十二月，月別三圍，以為人馬疲敝，奏請每月兩圍。世祖從之。……遷右僕射，又遷尚書令，封晉昌王，錄尚書事。屬周師來寇，丞相高阿那肱率兵赴援，邕配割不甚從允，因此有隙……車駕將幸晉陽，勅（斛律）孝卿總知騎兵度支，事多自

221　《北齊書》卷四〈文宣紀〉：「天保元年（公元 550 年）十月壬辰，罷相國府，留騎兵，外兵曹，各立一省，別掌機密。」

> 決，不相詢稟。邕自恃從霸朝以來常典樞要，歷事六帝，恩遇甚重，一旦為孝卿所輕，負氣鬱怏，形於辭色。帝平陽敗後，狼狽還鄴都……（邕）遂留晉陽……崇樹安德王為帝。信宿城陷，邕遂降周。……
>
> 邕性識明敏，通解時事，齊氏一代，典執兵機。凡是九州軍士、四方勇募，強弱多少，番代往還，及器械精粗，糧儲虛實，精心勤事，莫不諳知。自大寧以來，奢侈糜費，比及武平之末，府藏漸虛。邕度支取捨，大有裨益。

《北齊書》卷四十〈白建傳〉：

> 白建，字彥舉，太原陽邑人也。初入大丞相府騎兵曹，典執文帳，明解書計，為同局所推。天保十年，兼中書舍人。肅宗輔政，除大丞相騎兵參軍。河清三年，突厥入境，代、忻二牧悉是細馬，合數萬匹，在五臺山北栢谷中避賊，賊退後，勅建就彼檢校，續使人詣建間領馬，送定州付民養飼。建以馬久不得食，瘦弱，遠送恐多死損，遂違勅以便宜從事，隨近散付軍人。啓知，勅許焉。戎乘無損，建有力焉。武平末，歷特進、侍中、中書令。
>
> 建雖無他才，勤於在公，屬王業始基，戎寄為重，建與唐邕俱以典執兵馬致位卿相。晉陽，國之下都，每年臨幸，徵詔差科，責成州郡……武平七年卒。

唐邕從霸府以來常典樞要，歷事六帝；所謂「九州軍士」，乃指幷、肆、汾及僑置於此三州內之六州，合而爲九州，是核心區內齊高氏之精英。白建則掌騎兵及馬匹。在武平末年，外兵、騎兵省的職務被斛律孝卿取代[222]，引起唐邕極大不滿，但那已是北齊政權末年了。

在此核心區內有幷、肆、汾及桑乾河流域的舊國人部落，有僑置於此境內的十州居住著北鎮移入之人，有騎兵所需的馬匹，有執政者

222 《北齊書》卷二十〈斛律羌舉傳·附子孝卿傳〉：「孝卿……武平末（公元576年），侍中、開府儀同三司，封義寧王，知內省事，典外兵、騎兵機密。」

親領的禁旅，這些都是戰鬥力極強者，所以東魏北齊在核心區之軍力非常可觀。北齊之亡於北周，是由於北齊自廢帝殷、孝昭帝演、武成帝湛、後主緯、幼主恒等即位時年齡甚小，在位時間短，朝政極爲荒誕，所以北齊之亡，可謂人謀不臧[223]。

北齊後主武平七年（周武帝建德五年，公元 576 年）十二月，周師進攻晉陽，北齊後主出奔，但北齊安德王延宗與周武帝大戰，周師敗，次日，周師發動突擊而取勝[224]。初，「帝（北齊後主）意猶豫，欲向北朔州，乃留安德王延宗、廣寧王孝珩等守晉陽。若晉陽不守，即欲奔突厥」[225]。北齊後主危難時仍力主北走北朔州而不走鄴都，可見北朔州一帶仍有一些強兵；後因大臣諫阻而奔鄴，但鄴都顯然在沒有抗拒力的情況下失陷了，北齊亡。自北魏以降的核心區亦隨之瓦解。

十、結　論

鮮卑拓拔氏可能發源於東北嫩江西岸支流甘河上源，輾轉西南遷移而至陰山之南匈奴故地，生活形態也從狩獵而畜牧，善養馬、工騎射，乃是草原英雄之一。當永嘉亂起，天下失御，各族逐鹿中原，栖栖遑遑百有餘年，而拓拔氏逐步擁有雲中、桑乾河流域，稍後又包括幷州之地，其國人穩固地佔據這個地區而成爲拓拔政權的核心基地。

在多民族聚散無常的狀態之下，拓拔氏將一叢一叢的部落建立在一圈圈的同心圓體系上，同心圓的最內圈是帝族八國十姓，是爲狹義國人；其次是功勛、國戚之族，是爲廣義國人，這是拓拔政權的核心集團。統治集團之建立，將多變性的草原部落由親而疏地置於一個網中，又將核心集團置於核心基地之中，這種核心集團之孕育與核心區之建立，至北魏道武帝拓拔珪時大致完成。

223　北齊朝政之荒誕，國史上罕與匹比，詳見《北齊書》本紀。

224　參見《北齊書》卷十一〈文襄六王傳・安德王延宗傳〉。

225　《北齊書》卷八〈後主紀〉武平七年（公元576年）十二月。

核心區居於東西萬里草原地帶的中間，大戈壁以南，東西方向的交通十分便捷，而平城適在遊牧生產與農業生產的重疊區內，北魏以平城爲首都的時期約有百年，時其政治中心與軍事中心合一。核心集團利用平城的戰略地位，配合核心區內的名騎，屢屢征戰，光芒四射，成爲北中國以及草原一帶的大帝國。

對於黃河流域農業地區而言，核心區內的大騎兵團有高屋建瓴之勢，但核心區亦是四戰之地，最大的威脅來自沙漠地帶的遊牧民族，故在核心區以北的陰山一帶設置六鎮，派遣國人鎮壓，並在此安置歸附的遊牧民族，其中尤以白道附近的武川鎮、懷朔鎮最爲重要，派遣在這兩鎮的「國之肺腑」後來均成爲東西魏的主要領袖。

拓拔魏蠶食黃淮平原，漢人、漢文化、農業生產方式等比重日益增強，北魏建國百年以後，終於自平城遷都於中原地區的洛陽。

北魏都洛陽時期，其政治中心與軍事中心分離，連繫首都洛陽與國人聚集地核心區的方式是令北方重要國人每年冬則居南、夏則居北，是爲雁臣。戰馬的畜養地仍在核心區，卽令河西出產的良馬，亦先徙養幷州，漸習水土，再撥給洛陽地區使用。

政治中心南遷，使洛陽地區之上層國人日漸漢化，而洛陽地區之下層國人、核心區內的上下層國人、以及派遣在六鎮等地之「國之肺腑」等，不但未染漢化，在心理上、生活方式上、實質利益上，均與洛陽地區漢化國人差距愈來愈遠。京師禁衞軍發生毆擊張彝父子之事，北邊六鎮失去已往關懷而使官吏水準大降，核心區內大宗國人維持著原來的生活方式，國人原本與京師人士爲同姓手足，因居住在核心區及六鎮一帶而婚宦失序，此皆顯露出核心集團內部的危機。

六鎮亂起，洛陽派出幾批大軍鎮壓，皆潰敗而歸。洛陽上層國人影響力衰退，而核心區的國人其地位更加提高。自北魏建國以來，核心區一直是國人聚集之所，拓拔氏遷徙歸附之徒的原則是：具有反叛性的民族置於六鎮一帶或幽定地區，遷入核心區者大都是生產者或工伎之人。如有侵略性的民族入侵其核心區，必遭國人逐出或屠殺。在如火如荼的狂風暴雨之中，更顯得核心區存在之特質及其實力。

六鎮動亂以後，尒朱氏成爲當時國人的領袖。尒朱氏自魏初因功封於肆州秀容川，有三百里地，屬於拓拔氏婚姻圈，積五世滋長，百年給復，牲畜谷量，該地盛產良馬，子弟世襲領民酋長，一直維持國人草原英雄的習性，極容易成爲一支勇敢善戰的騎兵軍團。至尒朱榮時開始自秀容擴張勢力。由於大亂之際，許多國人或與國人有密切關係者大量投入尒朱氏集團，尒朱榮遂成爲并、肆、汾、恒、廓、雲六州大都督。河陰之變以後，洛陽亦受其控制，尒朱氏集團承襲了元氏核心集團，大破反叛軍葛榮百萬之衆，而成爲當時霸主。尒朱氏之興起，雲代并仍然是核心地區，但已較重視并州一帶。

尒朱氏本身之不團結，授予高歡良機，高歡勢力之建立又迫使魏分東西，高歡所控制的東魏擁有北魏的大部分領土。自尒朱氏至高氏，在并、肆、汾以及桑乾河流域的恒州，僑置十餘個原設在北邊的州鎮，安置鮮卑軍士，他們是北魏末東魏北齊禁旅之所出，很顯著地承襲了北魏以來核心集團，並擁有核心區。

東魏北齊都鄴，其軍事中心仍在并、肆、汾、恒及十餘僑州，其軍事中心與政治中心分離的形勢，一如北魏遷都洛陽時的形勢，所不同的是北魏都洛陽時期，其溝通兩者的辦法是令北方大臣多來夏回，是爲雁臣；而東魏北齊溝通軍事中心與鄴都的辦法是：統治者高氏本人穿梭在兩者之間。在四十三年之中，穿梭來回凡三十七次，在晉陽的時間約二十九年，在鄴都的時間爲十四年，在晉陽時間爲在鄴都時間之倍。

如果以一般人民、少數民族、奴隸等動亂次數計，自北魏皇始元年至北齊亡這一百八十二年間凡得一百八十二個實例，發生在核心區者只有四例。如果以正光五年破六韓拔陵起至建義元年這五年間出現於《魏書》本紀的大動亂計，凡得十八個，而核心區有二起，且規模最小，立刻遭到尒朱氏撲滅，絲毫不具影響力。當六鎮亂起，反叛勢力風起雲湧，最大者有三股，其一是北邊六鎮反叛集團，其二是太行山以東的杜洛周、鮮于脩禮、葛榮集團（也吸收了很多六鎮之衆），其三是關隴一帶的莫折父子，胡琛、万俟醜奴集團；這三個集團在最盛的時候也只能環繞著核心區推移。這皆表示核心集團在核心區的控制力甚強。核心區的國人也有不滿中央政府之時，那就出現了政潮政變，如穆泰、元丕、陸叡及尒朱榮、元天穆等與朝廷之糾葛，這是一種內部之爭。

北齊高氏擁有「百保鮮卑」長駐在晉陽，爲使并、肆、汾、恒以及十餘僑州的鮮卑軍士調集方便，將七兵尚書內的外兵曹、騎兵曹，脫離鄴都的尚書省，而與文職的舍人省同樣直隸高齊皇帝，以便發揮效能。北齊之亡，由於連續五個皇帝即位年幼、在位不長，而朝政荒誕，國史中罕有其例，可謂人謀不臧。

拓拔氏所凝結 的核心集團 及其建立的核心區 ，歷經北魏東魏北齊，主宰北中國及草原一帶約二百年。北齊覆亡，核心區轉爲「關中本位」取而代之；核心集團則又衍生出「關隴集團」，成爲隋唐統治階層之主幹。

——原刊於《中央研究院歷史語言研究所集刊》第五十七本第二分

第三篇　晉隋之際河東地區與河東大族

一、緒　論

河東[1]並不是一個很大的地區，但由於位置特殊，在中古時期顯得十分重要。以西漢而論，京師設在長安，有京兆、馮翊、扶風，是謂三輔；河東、河內、河南，是謂三河；又有弘農，皆司隸校尉所察。以東漢而論，京師設在洛陽，河東更爲重要，七郡亦屬司隸管轄。如果以全國疆域而論，中古時期的長安地區、洛陽地區與河東地區，似乎構成一個心臟地帶[2]，各州郡則猶如衆星拱月。長安、洛陽是兩漢以來之名都，史書中論及者甚多，而專論河東地區者尚不多見。這個區域遠較其他州郡更能影響到中原政治中樞，但由於本文研究的時期是中古亂世——西晉至隋，尤其是永嘉亂後至隋統一之前，河東地區所呈現的意義是以其地方性、社會性爲主。

---

1 自漢至隋河東郡所轄地區皆不盡相同，見《漢書》卷二十八上〈地理志上〉河東郡；《後漢書》志第十九〈郡國一〉河東郡；《晉書》卷十四上〈地理志上〉河東郡、平陽郡；《魏書》卷一百六上〈地形志上〉，晉州之平陽郡、北絳郡、南絳郡，東雍州之高涼郡、正平郡，南汾州之北鄉郡（領縣龍門、汾陰）及泰（秦）州之河東郡、北鄉郡（領縣北猗氏），陝州之河北郡；《隋書》卷三十〈地理志中〉河東郡、絳郡。

本文所謂河東地區係指：北以龍門山雲邱山馬首山（約北緯35°40′）為界，西及南以黃河為界，東以霍太山脈、白馬山、橫嶺山為界。

2 許倬雲謂：「兩漢的核心區為關中與三河，邊陲區為會稽、南方諸郡國及北方沿邊諸郡國……。」見〈傳統中國社會經濟史的若干特性〉，《食貨月刊》復刊11(5)（民70年），頁202。三輔三河等郡之重要性又見《晉書》卷十四〈地理志上·司州條〉。

自東漢以還，域外胡族一批一批蜂湧進入中國境內，來自北邊與西北方者最爲強勁。史家或注重於一、二十個國家的興亡，或注意幾個大戰役的成敗，或注意種族間之衝突與融合；而以歷史地理爲基礎，觀察區域內的居民結構[3]及其社會勢力[4]動態等，則有待進一步研究。永嘉亂後，中國北方建立許多異族王朝，雖時間皆甚短促，然鐵騎橫行，狂飈而過，唯有研究各區域中的居民結構、社會勢力，才會對分崩離合更迭不已的國家有根本的了解，進而對區域間文化差異有正確分析。河東地區位於兩個名都——長安、洛陽之近北，北邊胡族南移之時，中央政治力已由衰弱而瓦解，河東地區以其本身的社會力量，屹立於各種政權之下，猶如怒海中一塊巨巖，一波一波的大浪從巖頂掠過，但並不能使其摧毀，雖在政治上每受羈縻於當時政權，實際上則是「統而不治」的微妙關係；在社會上當此胡族大量遷移之時，河東大族更保住了漢人居住空間。這個彈丸之地存在著三個大士族，已是非常奇特之事；而在長期紊亂的局勢之中，這三族在地理位置上仍擁有鉅大的影響力，這皆引起作者研究的動機。爲了要明瞭河東地區，先得繪出中古時期河東地區之地理圖，以便分析其人物在此舞臺上的活動情形。地理圖附於正文之末。

本文以正史地理志、《水經注疏》、地方志、《括地志》、《元和郡縣圖志》、《太平寰宇記》、《一統志》、《輿地廣記》等書中資料及有關地圖，繪成西晉至隋時期之河東地區地理圖。從地方志墓葬位置之記載，追尋裴氏、柳氏、薛氏在河東地區之居住情形、及其勢力範圍；其中薛氏徙自蜀地，其遷入之時機、方位以及其影響等，是社會勢力移植罕見的例子。這三大族的勢力穩固了漢人在河東地區的居住基礎，並在河東北境形成一條民族線；凡此種種現象，皆是本文各節之主要內容。由於篇幅字數限制，有關河東大族之政治動向，以及北魏迄隋間各政權對河東人、地之爭奪等，則另文討論。

---

[3] 如前田正名，《平城の歷史地理學的研究》第二章〈住民構造〉，頁27-108。

[4] 如金發根，《永嘉亂後北方的豪族》（民53年）。

二、裴氏之「根」——墓葬地與居住區

在西晉以前，河東地區原住大士族有二，即裴氏與柳氏。裴氏據說在周朝已居於聞喜郌城[5]，較可靠的記載應始於西漢裴蓋，官至水衡都尉、侍中[6]，在東漢之初，蓋「九世孫燉煌太守遵，自雲中從光武平隴、蜀，徙居河東安邑」[7]。裴遵是敦煌太守，卻自雲中從光武平隴、蜀，當指自雲中帶其宗黨部曲隨行征伐之意，裴氏應有一支居住在雲中。〈敦煌太守裴岑紀功碑〉載：「惟漢永和二年八月，敦煌太守雲中裴岑將郡兵三千人誅呼衍王等，斬馘部衆，克敵全師，除西域之災，蠲四郡之周，邊竟艾安，振威到此，立德祠以表萬世。」[8] 裴岑之世系不詳，岑亦任敦煌太守，但稱「雲中裴岑」，似應亦屬裴氏居雲中支派，這一支裴氏可能嫻熟北方、西北方邊事[9]。按雲中是北方重鎮，敦煌則是內保河西走廊、外控西域各國的西北重鎮，熟悉北方、西北方邊事的傳統到了東漢末裴潛仍有[10]，這一支裴氏在東漢具有豪強性格，但已加入全國性官僚圈，擔任邊區行政長官。裴遵自平隴蜀以後，似乎自雲中徙居河東安邑，又回到其家族之大本營，這個大本營即鹽池東區（在圖一之丁C、丁D區），在東漢安、順之際，這一支又向東北擴展到聞喜(在圖一之丙C、丙B、乙C、乙B區)。按安邑裴氏與解縣柳氏似乎平均分鹽池之利，裴氏如要發展，只有向東北方向，如向西南方向則將與柳氏衝突，其理甚明。又涑水流域及

5　《新唐書》卷七十一上〈宰相世系表一上・裴氏〉:「……非子之支孫封郌鄉，因以為氏，今聞喜郌城是也。六世孫陵，當周僖王之時封為解邑君，乃去『邑』從『衣』為裴。裴，衣長貌。一云晉平公封顓頊之孫鍼於周川之裴中，號裴君，疑不可辨。」

6　同上。「陵裔孫蓋，漢水衡都尉、侍中。」

7　同上。

8　《金石萃編》卷七。

9　《後漢書》列傳卷七十八〈西域傳・沙車國〉載，敦煌太守裴遵曾於建武十七年上言西域之事。

10　《三國志》卷二十三《魏書》〈裴潛傳〉。

其支流沙渠水、洮水利於灌溉，適於耕種，因此自安邑（涑水中游）向涑水源頭處擴展，成爲裴氏宗族的主要大本營。

在涑水下游是柳氏的勢力範圍，而黃河以東、汾河下游雖有零星的裴氏，但似非裴氏宗族的主要居住地，這可能與安邑向北、或西北有介山（圖一丙D區）一帶山脈的阻礙有關。上述裴氏在河東居住分佈情況，可以其墓葬地相互印證。

《聞喜縣志》（李遵唐撰本）卷之九〈墳墓〉、頁十二～十三（余寶滋撰本卷二十三〈古蹟〉、頁七～十同）：

段尚書墓在裴村南、涑河岸，岸崩出石，刻大書「段尚書墓」四字，年代名號未詳。漢晉唐以來，裴氏諸塋在城東去祖莊、裴柏村十里，曰鳳凰原，北至紫金山，南至涑水，東至牛嶋，西至鷄鳴山，中倉底、永青、趙村、柳泉、坡底、居臺莊、愛裡諸村，墓多在焉。

（以下墓名、村名及排列次序悉錄自《聞喜縣志》，墓主所屬房支係本文作者從各正史及《新唐書·宰相世系表》裴氏條中查得，列表如下，數字為標點本頁碼）

開國公裴潛墓（2180）

祕書少監裴齊游墓（東眷軒支，2229）

尚書裴輯墓（東眷軒支）

羽林將軍裴承先墓

光祿大夫裴傑墓（西眷徽支，2182）

左僕射裴頠墓

以上倉村

黃門侍郎裴綽墓

散騎常侍裴瓚墓

以上西洋

恒襄太守裴雙碩墓（雙碩支[11]）

衛州刺史裴萬石墓

左丞相裴萬頃墓（洗馬房天恩支，2186）

前將軍裴壽孫墓

以上倉底

鴻臚卿裴子野墓

殿中將軍裴松之墓

中書舍人裴敬彝墓（中眷萬虎支，2209）

駙馬都尉裴詢墓（南來吳苞支，2218）

駙馬都尉裴虛己墓（東眷軿支，2227）

大將軍裴萬彪墓（萬虎）（中眷萬虎支，2209）

翰林學士裴諗墓（東眷道護支，2243）

霍州刺史裴伯仲墓

金吾將軍裴修己墓（南來吳苞支，2222）

懷義公裴行方墓（洗馬房天壽支，2190）

澧州刺史裴懷照墓

工部侍郎裴上賢墓

起居郎中裴世節墓（南來吳苞支，2218）

荊州刺史裴世清墓

同平章事裴世舉墓

工部尚書裴思莊墓

忠公裴仁基墓

京掾裴奉先墓

11　雙碩支，《北史》卷三十八（頁1374）〈裴駿傳〉載其世系為：

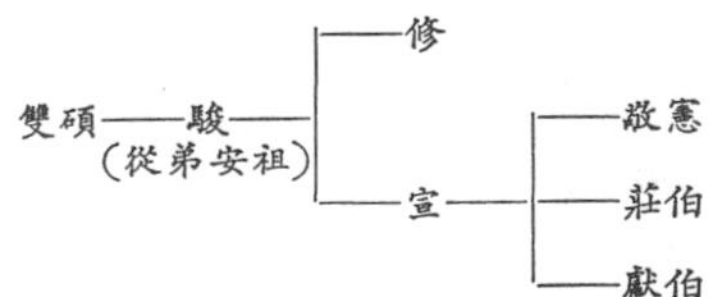

（按雙碩支不見於《新唐書・宰相世系表》，唯駿從弟安祖父天恩，屬洗馬房裴，見《新唐書・宰相世系表》，頁2184。）

司勳員外裴積墓（中眷雙虎支，2213）

大理卿裴令簡墓

駙馬都尉裴令儀墓

太子舍人裴物墓

少卿裴沼墓（南來吳令寶支，2207）

吏部員外裴仲方墓

太子少師裴炫運墓

中書令裴公尹墓

絳郡公裴元質墓（中眷萬虎支，2209）

秦州刺史裴鴻業墓

永清公裴炎墓（洗馬房天恩支，2186）

武都太守裴天恩墓（洗馬房天恩支，2187）

中書博士裴天壽墓（洗馬房天壽支，2187）

以上永青

太常裴開墓（東眷輯支，2223）

商州刺史裴延慶墓（西眷黴支，2183）

同州刺史裴知禮墓（中眷雙虎支，2211）

石州刺史裴大感墓（中眷雙虎支，2212）

忠獻公裴光庭墓（中眷雙虎支，2213）

交州刺史裴鏡民墓（東眷輯支，2223）

大將軍裴鏡人墓

幽州都督裴行儉墓（中眷雙虎支，2213）

冀國公裴居道墓（東眷輯支，2223）

太子舍人裴淨論墓

安南都護裴泰墓（東眷輯支，2223）

杭州刺史裴克念墓

濮陽令裴有鄰墓（東眷道護支，2242）

犢州刺史裴鳳敏墓

道州刺史裴叅鉉墓（中眷雙虎支，2212）

舒州刺史裴瞿曇墓（東眷軿支，2224）

開國公裴貞隱墓（中眷雙虎支，2212）

晉城子裴思義墓（洗馬房天壽支，2193）

以上趙村

雍州刺史裴崧墓（山松）（中眷雙虎支《北史》頁1377，父雙彪，祖㬮）

禮部尚書裴宣機墓（西眷徽支，2183）

大理正裴邦基墓（洗馬房天恩支，2185）

少卿裴之禮墓

勝州都督裴閏墓（東眷軿支，2223）

左衛將軍裴鼎墓（東眷軿支，2230）

幽州都督裴託墓

著作郎裴元進墓

以上上呂

蘭陵武公裴徽墓（西眷徽支，2180）

工部尚書裴季通墓（洗馬房天壽支，2190）

華州刺史裴宣明墓（中眷萬虎支，2210）

中書侍郎裴駿墓（雙碩支）

司隸校尉裴穎墓（南來吳簡之支，2196）

監察御史裴周南墓（中眷三虎支，2216）

河南府尹裴藏耀墓

河南工裴藏明墓

太子少師裴藏□墓

翰林編修裴邵南墓（中眷三虎支，2216）

泰州刺史裴修墓（雙碩支）

以上柳泉

中書侍郎裴嵩墓

河北太守裴夙墓（中眷三虎支，2218）

河州刺史裴善昌墓（西眷徽支，2183）

以上居臺

秘書監裴黎墓

太子中允裴振墓（中眷萬虎支，2210）

吏部尚書裴構墓

以上坡底

河東太守裴仲規墓（《魏書》卷69，頁1532）

翼城公裴佃先墓（洗馬房天恩支，2187）

濟州刺史裴希仁墓（東眷輯支，2228）

陳州刺史裴希莊墓（東眷輯支，2231）

太僕卿裴運墓

以上橫水

梓州刺史裴晉墓（洗馬房天壽支，2192）

以上雷衛

監察御史裴鑑（鑒）墓（中眷三虎支，2218）

以上陰莊

以上共九十三塚，考據詳明。外又大塚六十有奇，碑記六十餘座，石人、虎四十對有奇，享亭一，在永青；守墳寺二，在愛裡、裴家寺內。如裴度墓（東眷、道護支，2242）在管城，今趙村有之。裴寂墓（西眷徽支，2180）在蒲州柔原；裴見素墓在陰莊；裴守貞、裴耀卿墓（南來吳簡之支，2197）在稷山；今本里有之。裴喬（僑）卿（南來吳簡之支，2199）冢在稷山、墓在聞喜，如此類多不可考。

《天下郡國利病書》第十七册山西，《河汾燕聞錄》：

聞喜之裴，自後漢裴輯而下，葬北倉村，數里之間，凡五十二人，皆尚書、侍郎、國公、將相，亦宇內罕有也。

裴氏世墓在涑水上游之北（圖一、圖二乙B區）。墓主房支可查者有：東眷輯支十二人，東眷道護支二人，西眷徽支五人，中眷萬虎支五人，中眷雙虎支九人，中眷三虎支四人，洗馬房天恩支五人，洗馬房天壽支五人，南來吳苞支三人，南來吳令寶支一人，南來吳簡之支一人，雙碩支三人，共五十五人，《新唐書・宰相世系表》裴氏條中各房支皆有在此立墓。裴氏世墓中還有三十八人，亦皆官宦之士，但世系已不可查。所以裴氏雖然在中央、或在其他州郡任官，根據上述資料，自後漢至唐，大都仍以安邑、聞喜一帶爲其「根」，死後則「落葉歸根」。

上述引文末有唐初裴寂墓[12]（西眷徽支），在蒲州柔原，可見涑水下游亦偶有裴氏居住，圖二丁F區有裴坊，繪自後世《山西通志》，未能確定中古時期是否有此村落，僅引作參考。上述引文末又載裴守貞墓、裴耀卿墓[13]在稷山，裴僑卿家在稷山，墓在聞喜，按此三人皆盛唐人，又查皆屬南來吳裴，《新唐書》卷七十一上〈宰相世系表〉云：「邕度江居襄陽，生順宗，順宗三子：叔寶、叔業、令寶。叔業，（南）齊南兗州刺史，初歸北，號南來吳裴，事後魏，豫州刺史、蘭陵郡公。」由此墓地居地推測，這一支北歸後可能居住在汾河下游兩岸稷山（圖二乙D、乙E區）一帶，圖二乙E區有裴莊，繪自後世《山西通志》，未能確定中古時期是否有此莊，僅引作參考。

《新唐書》卷七十一上〈宰相世系表〉云：「洗馬裴出自粹子晅。晅生慬，自河西歸桑梓，居解縣洗馬川，號洗馬裴，仕前秦大鴻臚。」《寰宇記》46〈蒲州虞鄉縣〉：「洗馬泉在縣東二里。」又《山西通志・虞鄉縣》中圖有其確切方位，卽圖一圖二戊E區。《虞鄉縣志新志》（周大儒本）卷二〈溝洫略〉：「洗馬泉在王官谷東，

---

12 《蒲州府志》卷三〈古蹟・唐裴尚書墓〉：在縣北五里聖壽寺側，《臨晉志》云舊有鉅碑，虞世南文、歐陽詢書，因攜取不息，土人瘞之。漢光按：此可能卽裴寂墓。

13 《稷山縣志》（沈鳳翔本）卷七〈陵墓〉，唐侍中謚文獻裴耀卿墓在仁義村，尚書許孟容誌。

洗馬村南，古洗馬川也（按柳崇、邑人、仕魏，爲本邑中正，後以太子洗馬致仕，居此，故名。《臨晉舊志》注：晉太子洗馬於此，不知何據）。西貽溪東石鹿，今號二峪，口下爲洗馬村，西北爲潛龍岡（見張敬儒墓志），唐裴元居洗馬（今洗馬村），因號洗馬裴，水歸新河。」漢光按：洗馬裴之名早在前秦時；洗馬裴之得名，因太子洗馬之職，故應讀「洗」字爲「先」音。洗馬川在王官谷之東。《虞鄉縣志新志》卷二〈溝洫略〉又云：「按（中）條山諸峪水，惟王官瀑布，旱潦不竭，引灌山下田，不煩疏濬，獲自然之利，其次則風伯峪……」又《大清一統志》卷一百四十〈蒲州府〉：「王官谷在虞鄉縣東南十里中條山中……王官谷深十里，巖洞奧邃，泉谷幽奇，有天柱、挂鶴諸峰，左右兩瀑，飛垂巖際，山水之勝，甲於河東。」漢光按：解縣一帶原是柳氏勢力範圍（見後文），然柳氏中央化較速較深（亦見後文），地有空隙，故裴氏遊宦涼州那支撤回河東時，得以安置在此宜於灌溉、風景絕佳之地，以塡補其地，裴氏自外郡遷回本郡，若在聞喜、絳縣故地，史書並不特別記載其小地名，此支遷入柳氏地盤（洗馬川一帶），故此支特稱爲「洗馬裴」。

綜合上文，裴氏大本營在安邑、聞喜至絳縣（即圖一之紫金山、絳山以南，華谷、橫嶺山以西，介山以東，翠岩山以北之河谷平原上），前秦時有一支洗馬裴在解縣洗馬川（即圖一中條山脈西部），隋、唐之交有一支西眷在涑水下游（即圖一蒲州一帶），盛唐時有一支南來吳裴在稷山一帶（即圖一稷山、雲邱山之汾河河谷平原）。當時瑯琊王氏亦屬四海大族，《晉書》卷三十五〈裴秀傳〉末載：

> 初，裴、王二族盛於魏晉之世，時人以為八裴方八王，徽比王祥，楷比王衍，康比王綏，綽比王澄，瓚比王敦，遐比王導，頠比王戎，邈比王玄云。

這僅屬於名士風采的比擬，按漢魏以來清流士族對品學之重視，尤勝於政治地位，士族子弟如被評爲名士，是很高的社會評估。河東裴氏名士輩出，所以這一支已成爲文化大族[14]。因此河東裴氏所交接的是當時上流社會人物，玆以婚姻爲例[15]，如下：

裴秀妻郭配之女，郭氏太原著姓（《三國志》卷二十六〈郭淮傳·裴注〉所引《晉諸公贊》）。

裴楷妻王渾女。王渾太原晉陽人，父昶，魏司空（《晉書》卷三十五〈裴秀傳·附楷傳〉）。

裴頠，賈充卽頠從母夫——西晉之外戚暨權臣（《晉書》卷三十五〈裴秀傳·附頠傳〉）。

裴瓚娶楊駿女。楊駿，西晉之外戚暨權臣（《晉書》卷三十五〈裴秀傳·附楷傳〉）。

裴輿娶汝南王司馬亮女（《晉書》卷三十五〈裴秀傳·附楷傳〉）。

裴楷女適衛瓘子。衛瓘父覬，魏尚書，西晉權臣（《晉書》卷三十五〈裴秀傳·附楷傳〉）。

裴盾妹適東海王司馬越（《晉書》卷三十五〈裴秀傳·附憲傳〉）。

裴盾女適趙固，趙固為劉元海將，家世不詳（《晉書》卷三十五〈裴秀傳〉）。

河東裴氏雖然已成爲四海大族，且在中央具有相當的影響力，子弟多文化名士，婚姻諸權貴大族，但仍有一部分子弟擔任刺史、太守並兼具軍職。在西晉帝國的官僚體系之中，有被任命地方大吏而居住當地者，例如西眷裴裴氏裴黎之子「粹，爲晉武威太守。二子：詵、暅。詵，太常卿，避地涼州，及苻堅克河西，復還解縣。」裴楷之子憲，「初，侍講東宮，歷黃門吏部郎、侍中。東海王越以爲豫州刺史、北中郎將、假節。王浚承制，以憲爲尚書。永嘉末，王浚爲石勒所破，……署從事中郎，出爲長樂太守」。裴憲秉承其父楷、從父

14　裴茂三子：潛、徽、輯，及其子孫之聲名、學問、教養等，參見矢野主稅，〈裴氏研究〉，《長崎大學社會科學論叢》14，第二項「三國、晉代の裴氏」，第一目政治生活、第二目學問と教養，頁17-20。

15　矢野主稅另以賈氏為中心，繪出裴氏已加入上流社會婚姻集團，見〈裴氏研究〉，頁20-21。

秀、從祖潛之家學，擅長於朝中制度，所以「及勒僭號，未遑制度，與王波爲之撰朝儀，於是憲章文物，擬於王者。勒大悅，署太中大夫，遷司徒」[16]。這一支在五胡亂華時期，一直在河北地區發展。東眷裴裴輯生潁，司隸校尉。潁生「武，字文應，晉大將軍、玄菟太守，永嘉末，避地平州」[17]。這一支在五胡亂華時仕慕容氏。以上幾支都超越地方豪族型態，無論在中央居官，或任方面大員，在五胡亂華時期都深受政局之影響。

河東裴氏在魏晉之際人才鼎盛，裴潛的官歷與曹魏王朝相始終，晚期任尚書，太府軍師、大司農、尚書令。潛子秀在魏末任黃門侍郎、尚書、尚書僕射，晉武帝即王位，爲尚書令、司空。潛父茂在後漢亦爲尚書令，所以該房三代皆居此職，唯後漢尚書省仍在發展時期。尚書省在魏晉以後是行政樞紐，潛在尚書令內，「奏正分職，料簡名實，出事使斷官府者百五十餘條」[18]，秀在尚書令內「創制朝儀，廣陳刑政，朝廷多遵用之，以爲故事」，「以尚書三十六曹統事準例不明，宜使諸卿任職」[19]。秀子頠，在晉朝任侍中、尚書、尚書左僕射兼侍中，「賈充即頠從母夫」，倒楊駿有功，與賈后、賈充、張華、賈模爲同一集團，權勢跨尚書、門下二省，是當時有重大影響之人，趙王廢賈后時遂亦誅之。秀從父弟楷在晉朝官侍中，楷子瓚娶楊駿女，然楷素輕駿，與之不平，執政楊駿誅後，幸未波及，其後爲中書令加侍中，與張華、王戎並管機要。裴潛、裴秀、裴頠、裴楷四人在曹魏、西晉之時都是任職中央的重要大臣，尤其裴頠與裴楷，在西晉政壇上居於舉足輕重的地位。

河東裴氏以中央之職官爲主者還有裴濬、裴嵩、裴該、裴黎、裴輿、裴瓚、裴綽、裴純、裴遐等。河東裴氏任職刺史、太守或掌兵權者有：裴徽、裴粹、裴康、裴盾、裴苞、裴潁、裴武、裴邈等。

16　《晉書》卷三十五〈裴秀傳·附憲傳〉。
17　《新唐書》卷七十一上〈宰相世系表一上·裴氏東眷裴條〉。
18　《三國志》卷二十三〈裴潛傳〉中語。
19　《晉書》卷三十五〈裴秀傳〉中語。

以上分析河東主支裴茂三子之後裔，發現有中央化的現象，其任職刺史、太守者皆屬河東以外州郡，這顯然是中央官僚體系之安排。裴茂這一支顯然超越河東地區地方領袖的地位，已成爲魏晉之際的四海大族。

三、柳氏之動態——主支之移動

《虞鄉縣新志》卷之八〈古蹟考〉頁三十四〈唐柳子厚先塋〉條：

> 在縣北五里陽朝村東南有數大塚，今其地猶稱柳家塽。據《平陽府志》、《臨晉舊志》皆以為柳子厚墓。考韓文公〈子厚墓誌〉云：歸葬萬年縣，此應是子厚先塋，非子厚墓。按柳氏自柳安居解，傳數世，分東眷、西眷，散處中條山下（注文：此時虞、解俱非所治）。柳恭仕趙為河東守，後以秦趙亂，率家人南遷，居汝潁間，遂仕江表。柳卓又自本郡遷於襄陽，籍貫解，不忘本也。諸柳南遷，惟元景從祖弟光世留居鄉里，仕魏為河北太守，封西陵男，與崔浩善，浩被誅，光世南奔，明帝時復仕魏，仕左衛將軍、順陽太守；子欣慰。又柳彧（彧）父仲禮，梁敗見囚於周，復家河東，柳楚賢陳亡還鄉里。於是柳氏復為虞鄉人，邑令萬資劉公謂子厚與楚賢同出一脈，俱為虞鄉人，而子厚〈傳〉有與京兆尹書云：城南二十里有先塋。子厚殆柳氏徙居藍田者之後乎！其徙其歸，時不可考，惟子厚表其叔父侍御史府君有邑居於虞鄉語，則諸柳之在河東者，應在虞鄉。再考遺跡，城西至百梯寺有柳道，左右古井皆稱柳家井，又有子厚堡，史失而求諸野，亦安得盡以附會疑之，但此塋荒殘已久，碑碣無存，惜夫！
>
> （據《蒲州全志》卷二頁八，方山在郡東南一百二十里。永濟、虞鄉兩縣間……亦名百梯山。）

《虞鄉縣志新志》指出柳氏墓葬地在陽朝村（即圖二戊F區），其地猶稱柳家墺，這與裴氏世墓類似。又云柳氏散處中條山下，按中條山連亘於河東地區之南部[20]，柳氏東與裴氏相接於鹽池，向西直至蒲州，解縣、虞鄉縣是其主要居住地。按河東鹽池之鹽，乃晉之大寶，自秦取之以自豐，其利二十倍於古，其後中央政權若強大時，公私兼利，若中央政權衰弱時，則富強者專擅其食[21]，河東鹽池在柳氏裴氏勢力範圍之中，似乎這二族是主要的受益者。上節裴氏於前秦時遷入洗馬川，表示裴氏勢力之擴張，圖二所示，地方志標示在中條山脈一帶有薛家嶺、薛家洞、薛家灘，在鹽池之北有薛家營、薛家莊，如若這些地名源自中古時期，則似乎薛氏亦漸漸介入鹽池之利。這些歷史發展應與柳氏主支南移有關。柳氏有東眷、西眷二大支，其人物在中古時期之遷徙，上文雖有論及，但語焉未詳，玆自正史中找尋有關資料分析之。河東柳氏據《新唐書》卷七十三上〈宰相世系表三上〉載：

> 秦幷天下，柳氏遷於河東。秦末，柳下惠裔孫安，始居解縣。安孫隗，漢齊相。六世孫豐，後漢光祿勳。六世孫軌，晉吏部尚書。生景猷，晉侍中。

按河東柳氏在兩漢、晉朝時已有任職中央者，尤其是柳軌爲晉吏部尚

---

20 《山西通志》卷三十一〈山水〉卷一，中條山：中條山，《禹貢》之雷首也。西起永濟之獨頭城，東訖垣曲之橫嶺關，芮城、平陸居其陽，虞鄉、解縣、安邑、夏縣、聞喜居其陰。山形修阻，首枕大河，尾接王屋，綿亙二百餘里，所在異稱，有首山、首陽山、歷山、陑山、薄山、襄山、吳山、甘棗、渠豬諸名，而虞坂、白徑為南出道，尤奇險，皆正幹也，南支限於河近，與底柱相連，北支旁衍、其盤迴於汾涑之間者，為鳴條岡，為絳山，為稷山，為介山。……
《蒲州府志》：兩漢及晉魏〈志〉多言首山、雷首，不及中條，中條之名，蓋起後世（案其名始見《魏書・釋老志》）。漢光按：本文所謂中條山脈，係指南支，又《山西通志》亦引《括地志》、《通典》、《太平寰宇記》等書中載中條山脈之山名，不贅。

21 《天下郡國利病書》第十七册〈山西〉：「秦取之以自豐，其利二十倍於古。漢興，亦以山澤為私奉，……和帝即位，罷塩官，獻帝建安初，置使者監賣塩。後魏宣武時，河東塩池富強者專擅其食，貧弱者不能資益，延興末復立塩司，量其貴賤，節其賦入，公私兼利。孝明即位，御史中尉甄琛表稱：周禮山林川澤有虞衡之官，為之厲禁，故雖置有司，實為民守，令縣官鄣護河東塩池而收其利，是專奉口腹，不及四體也。明帝遂罷其禁，與百姓共。隋開皇三年，塩池亦與民同。」
《文獻通考》卷十五〈征榷考二・鹽鐵〉，頁149-152。

書，乃子景猷爲晉侍中，此二職在中央官職中甚爲重要，唯正史無傳，不知其詳。〈宰相世系表〉繼云：

（景猷）二子：耆、純。耆，太守，號「西眷」。耆二子：恭、璩。恭，後魏河東郡守，南徙汝、潁，遂仕江表。曾孫緝，宋州別駕，宋安郡守。生僧習（《周書》卷二十二〈柳慶傳〉謂魏景明中）與豫州刺史裴叔業據州歸于後魏，為揚州大中正、尚書右丞、方輿公。五子：鷟、慶、虬、檜、鷙。

柳恭於後魏時任河東郡守，記載必然有誤，按世系推演，應在五胡亂華之時，《周書》謂「恭仕後趙，爲河東郡守」[22]，後以秦、趙喪亂，乃率民南徙，居於汝、潁之間。《晉書・載記・姚興上》謂：「慕容永既爲慕容垂所滅，河東太守柳恭等各阻兵自守，興遣姚緒討之。恭等依河距守，緒不得濟。鎮東薛彊先據楊氏壁，引緒從龍門濟河，遂入蒲坂。恭勢屈，請降。徙新平、安定新戶六千于蒲坂（《十六國春秋輯補》，以緒爲并、冀二州牧，鎮蒲坂）」[23]。所以柳恭南徙應該在後燕滅西燕之後；後秦姚興時，河東郡治蒲坂，柳恭乃西燕所署，其防區是北自龍門、南至蒲坂、黃河以東之地，南燕未能克之，姚秦得汾陰薛彊之助，於是北部門戶大開，晉王姚緒遂自龍門渡河，長驅克服蒲坂，薛彊之角色，後文另有討論。柳恭投降以後，姚秦遷入新平、安定新戶六千於蒲坂。按涑水下游乃柳氏勢力範圍，受此打擊而有此支南遷，其理甚合，薛氏勢力也可能因此向南擴大。〈宰相世系表〉繼云：

平陽太守純生卓，晉永嘉中自本郡遷於襄陽，官至汝南太守，四子：輔、恬、傑、奮，號「東眷」。

東眷在永嘉亂起即南遷，比西眷南遷還早。如果東眷是以柳氏勢力區之東部而言，則東眷原居住地可能是洗馬川與鹽池一帶（即圖二「戊

22　《周書》卷二十二〈柳慶傳〉：「慶五世祖恭……」

23　《晉書》卷一百十七〈載記・姚興上〉。《十六國春秋輯補》卷五十一〈後秦〉繫年於皇初三年。

D」、「戊E」、「丁D」、「丁E」區），由於這支南遷而空閒，前秦苻堅克河西，原本避地涼州的裴粹子孫詵、懂被遷至解縣洗馬川，遂號洗馬裴[24]。

東眷、西眷南遷者，其後亦有北歸鄉里者，如：東眷柳彧「七世祖卓，隨晉南遷，寓居襄陽。父仲禮，爲梁將，敗歸周，復家本土」[25]。東眷柳楚賢，卓之後裔，隋黃門侍郎莊之孫[26]，陳亡，還鄉里[27]。西眷柳慶「五世祖恭……乃率民而徙，居於汝、潁之間……父僧習，齊奉朝請。魏景明中，與豫州刺史裴叔業據州歸魏」[28]。

柳氏東眷西眷中有若干重要人物南遷，南遷者又有若干人物在後魏時期及後梁、陳朝亡國之時北返鄉里，在這期間，其鄉里仍有部分人士居住，例如柳光世留居鄉里，仕北魏爲河北太守[29]，按魏河北郡在芮城附近，地居中條山脈之南，與虞鄉甚近，這表示柳氏在鄉里仍有勢力。東眷柳儉「河東解人也。祖元璋，魏司州大中正、相華二州刺史。父裕，周聞喜令。儉有局量，立行清苦，爲州里所敬」[30]。又有柳敏，房支失載，「河東解縣人……父懿，魏車騎大將軍、儀同三司、汾州刺史。……累遷河東郡丞，朝議以敏之本邑，故有此授。敏雖統御鄉里，而處物平允，甚得時譽。及文帝（宇文泰）剋復河東，見而器異之，乃謂之曰：『今日不喜得河東，喜得卿也。』……遷禮部郎中，封武城縣子，加帥都督，領本鄉兵，俄進大都督……賜姓宇文氏……孝閔帝踐阼，進爵爲公，又除河東郡守」[31]。東眷留居鄉里者還有：「柳崇……太子洗馬、本部邑中正……。長子慶和……給事

---

24 參見《新唐書》卷七十一上〈宰相世系表一上·河東裴氏洗馬裴〉。

25 《隋書》卷六十二〈柳彧傳〉。

26 《新唐書》卷七十三上〈宰相世系表·柳氏〉。

27 《舊唐書》卷一百八十九下〈儒學下·柳沖傳〉：「柳沖，蒲州虞鄉人也，隋饒州刺史莊曾孫也。其先仕江左，世居襄陽。陳亡，還鄉里。父楚賢，大業末為河北縣長。」

28 《周書》卷二十二〈柳慶傳〉。前引〈宰相世系表〉略同。

29 《宋書》卷七十七〈柳元景傳〉：「元景從祖弟光世，先留鄉里，索虜以為折衝將軍、河北太守，封西陵男。」

30 《周書》卷七十三〈柳儉傳〉。

31 《周書》卷三十二〈柳敏傳〉。

中、本郡邑中正……。慶和弟楷……通直散騎侍郎、本郡邑中正……。崇從父弟元章……正平太守……。崇族弟敬起……，平陽太守……。長子永……太中大夫、本郡邑中正……。（永弟）範……給事中、本州大中正……」[32] 按正平、平陽皆河東近鄰地區，尤其重要的是柳氏擔任本州大中正、本郡邑中正，當時中正官係由當地朝官帶領，這表示柳氏兼具中央影響力及地方勢力。綜合而論，柳氏雖然仍具有地方勢力，由於其兩大主支東眷、西眷中之若干重要人物南遷，以及自東漢以來柳氏已開始中央化等現象，其在鄉里之勢力遜於裴氏。

四、蜀薛之遷入——社會勢力之移植

河東薛氏本非河東郡土著大族，蜀亡後自蜀徙河東汾陰，故世號蜀薛，《新唐書》卷七十三下〈宰相世系表三下・薛氏〉：

> ……（東海相）衍生兗州別駕蘭，為曹操所殺。子永，字茂長，從蜀先主入蜀，為蜀郡太守。永生齊，字夷甫，巴、蜀二郡太守，蜀亡，率戶五千降魏，拜光祿大夫，徙河東汾陰，世號蜀薛。二子：懿、始。懿字元伯，一名奉，北地太守，襲酈陵侯。三子：恢、雕、興。恢一名開，河東太守，號「北祖」；雕號「南祖」；興，「西祖」。
>
> 雕生徒，徒六子：堂、暉、推、煥、渠、黃。堂生廣，晉上黨太守，生安都。……西祖興，字季達，晉河東太守，安邑莊公。三子：紞、清、濤。濤字伯略，中書監，襲安邑忠惠公，與北祖、南祖分統部衆，世號「三薛都統」。三子：彊遺、清。彊字公偉，秦大司徒、馮翊宣公。三子：辯、邕、寵。辯字元伯，後魏雍州刺史、汾陰武侯。生謹，字法慎，

32 《魏書》卷四十五〈柳崇傳〉。

> 內都坐大官，涪陵元公。五子洪祚、洪隆、瑚、昂、積善，號「五房」，亦為漢上五門薛氏大房。

東漢末葉，羣雄並起，每一個集團皆擁有勢力範圍，而部曲宗族是當時主要的基本力量，部曲原是軍旅單位，宗族則是血緣團體。天下大亂之際，各集團的盛衰變化極大，部曲隨著其將領而流動，宗族有的據堡自固，有的爲避免戰禍而舉家遷移。劉備在漢末活動於黃淮下游之間，薛氏在兩漢居住於淮陽一帶，薛衍在漢末爲東海相，其子蘭爲兗州別駕，及薛蘭爲曹操所殺，其子永隨劉備入蜀。極可能薛氏與劉備在抗曹的立場上是一致的，所以率領宗族跟隨劉備。上引謂薛永在蜀漢爲蜀郡太守，其子齊亦爲巴、蜀二郡太守，按巴郡爲《華陽國志・巴志》中之首郡，蜀郡爲〈蜀志〉中之首郡，在蜀漢地方級之中皆非常重要，因此薛氏宗族入蜀可能人數頗多，也可能是當時薛氏爲主要人物。但《三國志・蜀書》及《華陽國志》之中皆無記載，可能是《蜀書》甚少傳記地方級官吏，而《華陽國志・先賢士女總贊後賢志》記載，又選擇德行高操之人之故。

蜀漢滅亡，薛氏率五千戶之衆降曹魏，將其宗族遷於河東汾陰，查《華陽國志》各郡縣之大姓，唯得《華陽國志》卷三〈蜀志〉犍爲郡僰道縣載：

> 大姓吳，隗，又有楚、石、薛、相者。

劉氏以外來者的身分入主四川，薛永、薛齊亦以外來者爲蜀郡、巴郡之太守，似是協助劉氏統治蜀、巴，故其宗族居住在此二郡的可能性最大。犍爲郡僰道縣與蜀、巴二郡頗有距離，僰道縣大姓薛氏恐與薛永、薛齊無關。除此以外，《華陽國志》郡縣中並無大姓薛氏者，極可能薛永、薛齊子孫遷至河東汾陰時是舉族北遷，以數千戶之衆自黃淮下游入遷於蜀，隔二代又率五千戶之衆自蜀遷至河東汾陰，薛氏可能是一支頗具機動，且頗有組織的宗族團體，從薛氏以後的歷史事蹟中，可以與此印證。

薛齊降曹魏後拜光祿大夫，徙河東汾陰，其子懿爲北地太守，襲鄢陵侯，應在西晉之時，懿長子恢爲河東太守；懿第三子興亦爲晉河東太守；懿第二子雕之孫廣，晉上黨太守。所以薛氏在晉朝的政治地位不亞於蜀漢時代，尤其值得注意的是遷至河東以後，有二人任河東太守，一人任上黨太守，上黨爲河東之東鄰，將薛氏遷至河東而不遷回黃淮下游地區，又不以亡國之衆視之，應是魏晉政權一項有目的的安排。《魏書》卷四十二〈薛辯傳〉：

> 薛辯字允白，其先自蜀徙於河東之汾陰，因家焉。祖陶與薛祖、薛落等分統部衆，故世號三薛；父強，復代領部落，而祖、落子孫微劣，強遂總攝三營，善綏撫，為民所歸。歷石虎、苻堅，常憑河自固。仕姚興為鎮東將軍，入為尚書，強卒，辯復襲統其營……。

《北史》卷三十六〈薛辯傳〉載薛強事蹟：

> 薛強字威明，（河東汾陰人也。祖興，父濤。）……與北海王猛同志友善……及苻堅立，猛見委任，其平陽公融為書，將以車馬聘強，猛以為不可屈，乃止。及堅如河東伐張平，自與數百騎馳至強壘下，求與相見，強使主簿責之，因慷慨宣言曰：「此城終無生降之臣，但有死節之將耳。」堅諸將請攻之。堅曰：「須吾平晉，自當面縛，舍之以勸事君者。」後堅伐晉，軍敗。強遂總宗室強兵，威振河輔，破慕容永於陳川（州），姚興聞而憚之，遣使重加禮命，徵拜右光祿大夫、七兵尚書……。

薛強總攝三薛之後，勢力強大，「常憑河自固」，《大清一統志》卷一百四十〈蒲州志〉頁十八〈武壁寨〉條載（《榮河縣志》卷一〈山川〉頁十略同）：

> 在榮河縣西，舊名薛壁。《縣志》：自縣南至蒲州，北盡絳州、河津縣、黃河岸側，凡八寨，曰汾陰、胡壁、趙村、薛戍、薛壁、連柏、西蒼、禹門，俱元至正末築，以薛壁居中，可制諸營，移中軍其上，更名武壁，周一千二百步，面

> 臨絕澗，北開一門，遺址猶存。

雖云元代新築，但軍事要塞，大都依山川地勢而修，從其名觀之，極可能是修繕中古之要塞。《晉書》卷一百十七〈載記第十七·姚興上〉：

> 慕容永既為慕容垂所滅，河東太守柳恭等各阻兵自守，興遣（晉王）姚緒討之；恭等依河拒守，緒不得濟，鎮東（將軍汾陰）薛彊先據楊氏壁，引緒從龍門濟河，遂入蒲坂，恭勢屈，請降。

薛強後受姚興官職，已見前文，楊氏壁在黃河以西，疑與龍門隔河相對，姚緒得薛強之助，大軍才得渡河，薛強勢力似已過黃河，待姚緒至龍門。按龍門至蒲坂尚有極長之路程，河東太守柳恭立即勢屈，緣因自龍門（與津河縣甚近，圖二乙E區）至蒲坂有若干塞壁是薛強之勢力範圍，這些塞壁至元朝時修繕爲八寨，而薛壁居中。所以《永濟縣志》卷一〈沿革〉（按永濟縣在蒲坂附近）頁二十二云：

> 自永嘉之亂，汾陰薛氏聚族自保，不仕劉、石、苻氏，後秦王興禮聘薛強為鎮東將軍，強引秦兵取蒲坂，以幷、冀二州牧鎮之。

除了黃河東岸以外，薛氏在汾河之南亦有強大勢力，《蒲州府志》卷四〈萬泉縣城·城池〉頁六一七：

> 城在山上，本古薛通城也。晉時汾陰人薛強當慕容之亂，築塢自固，時稱薛強壁，至北魏世，赫連勃勃寇河東，強之宗人薛通因強舊壁更築城以拒勃勃，據託高阜，南依孤山，二澗夾流，其勢峻險，後因名薛通城。

《太平寰宇記》卷四十六〈萬泉縣〉頁十五亦載：

> 薛通城者，後魏道武天賜元年，赫連勃勃僭號夏州，東侵河外，於時有縣人薛通率宗族千餘家，西去汾陰縣城八十里，築城自固，因名。唐武德三年，割稷山安邑猗氏汾陰龍門等五縣於薛通故城，置萬泉縣，屬泰州。以縣東谷中有井泉百餘區，因名萬泉。

從以上所述，晉隋之際，河東薛氏的大本營應在汾河以南、黃河以東之地。薛氏未見集中式之世墓羣，今在地方志中獲得若干墓葬地，如下：

《蒲州府志》卷三〈古蹟〉頁三十一，〈隋薛尚書道實墓〉：

在縣北四十里平宜村北。《臨晉志》云：穹碑高峙，螭首黾趺，八分字體，大書深刻，雖風雨剝落，而名爵宛然可識。

《蒲州府志》卷三〈古蹟〉頁三十二〈唐薛長府墓〉：

在平宜村北，古碑云：名寶積，道實之孫，為揚州長史。

《蒲州府志》卷三〈古蹟〉頁三十五〈唐薛尚書墓〉(《大清一統志》卷一百四十〈蒲州府〉頁二十一〈薛平墓〉略同)：

在萬泉縣烏蘇村，《萬泉志》云：有碑書「大唐故尚書汾陰縣公薛君墓」，餘盡剝。

《山西志輯要》卷七〈萬年縣祠廟陵墓·唐河中絳隰節度使薛平墓〉(《蒲州府志》卷三〈古蹟〉頁三五〈唐韓國公薛平墓〉，及《大清一統志》卷一百四十〈蒲州府薛平墓〉等略同)：

在縣北薛村，有碑記。

在唐初薛氏有居住於汾河以北、龍門稷山一帶者，如：

《山西志輯要》卷十〈絳州河津縣·薛仁貴故里〉：

縣東十五里，一名紅蓼灘，即仁貴射雁處……灘東大黃村，即其故里。又白虎岡有土窖，相傳仁貴與妻柳氏居此，床竈蹟存。

但薛仁貴及其子孫卻葬在夏縣，《解州夏縣志》卷十一〈古蹟·唐僕射薛嵩墓〉：

在縣西四十里……祖大將軍仁貴，考太傅楚玉，並葬此。

《山西志輯要》卷九〈解州夏縣祠廟陵墓·唐節度使薛嵩墓〉：

在縣西四十里。

又《稷山縣志》卷七〈古蹟〉頁三載：

薛萬徹故宅，縣西南二十五里勳重村，今門獅二，乘石一，尚存，土人掘得石碣，上鐫巴陵公孫薛貞筠，上柱國承知左都騎，上柱國德獎德滿……。

顯然隋唐時已有薛氏居住在汾河北岸及鹽池北部之地，但不知晉隋之際是否亦如此，從後世地方志地名觀察（見圖二），河東薛氏仍以汾河之南、黃河以東爲其聚落區，如圖二薛家寨、薛張、薛店、薛稽鎮、薛通城、薛吉鎮、薛村、北薛、南薛等地。但汾河以北有西薛村，鹽池之北有薛家營、薛家莊，甚至中條山脈之南有薛家嶺、薛家洞、薛家灘等名稱，這些地名是否早自中古時期，已不可考，僅作參考。

五、河東北境胡漢之居民結構——汾河南線

東漢光武帝建武二十四年，呼韓邪單于「款五原塞，願永爲蕃蔽，扞禦北虜」。建武二十六年「詔單于徙居西河美稷，因使中郎將段郴及副校尉王郁留西河擁護之，爲設官府、從事、掾史。令西河長史歲將騎二千，弛刑五百人，助中郎將衞護單于，多屯夏罷，自後以爲常，及悉復緣邊八郡。南單于既居西河，亦列置諸部王，助爲扞戍。使韓氏骨都侯屯北地，右賢王屯朔方，當于骨都侯屯五原，呼衍骨都侯屯雲中，郎氏骨都侯屯定襄，左南將軍屯雁門，栗籍骨都侯屯代郡，皆領部衆爲郡縣偵羅耳目」。永元元年及二年，漢與南匈奴聯軍大破北匈奴，「是時南部連剋獲納降，黨衆最盛，領戶三萬四千，口二十三萬七千三百，勝兵五萬一百七十」。自此以後，南匈奴漸不恭順，其內並不一致，有的部衆寇掠漢民，永和五年「秋，句龍吾斯等立句龍王車紐爲單于。東引烏桓、西收羌戎及諸胡等數萬人，攻破京兆虎牙營，殺上郡都尉及軍司馬，遂寇掠并、涼、幽、冀四州，乃徙西河治離石，上郡治夏陽，朔方治五原」。這是南匈奴再度擴張，其族人居住地已至陝西省中部、及山西省西半之中部。中平五年，「會靈帝崩，天下大亂，單于將數千騎與白波賊合兵寇河內諸郡。時

民皆保聚，鈔掠無利，而兵遂挫傷。復欲歸國，國人不受，乃止河東」。唐章懷太子賢注謂：「遂止河東平陽也。」南匈奴寇掠南達陝西省之京兆虎牙營，唐章懷太子賢注謂：「虎牙營即虎牙都尉也。〈西羌傳〉云：置虎牙都尉於長安」。在山西之南達河內諸郡，時中原一帶各地方設有塢堡，政府軍雖然失利，以防禦爲主的地方武力仍有很大作用，飈去飈來的遊牧民族無利可圖，所以漢魏之際，南匈奴族人的居住地南達陝西省夏陽（龍門隔河對岸）、山西省之平陽。平陽自漢末以來是南匈奴的重要之地，「單于呼廚泉……以兄被逐，不得歸國……及（獻帝）車駕還洛陽，又徙遷許，然後歸國」。唐章懷太子賢注謂：「歸河東平陽也。」「（建安）二十一年，單于來朝，曹操因留於鄴，而遣（右賢王）去卑歸監其國焉」[33]。唐章懷太子賢注謂：「留呼廚泉於鄴，而遣去卑歸平陽監其五部國」。西晉末劉氏立國亦以平陽爲首都。

《三國志》無匈奴傳，《晉書》卷九十七〈四夷列傳・匈奴傳〉載：

> 魏武帝始分其衆為五部，部立其中貴者為帥，選漢人為司馬以監督之。魏末，復改帥為都尉。其左部都尉所統可萬餘落，居於太原故茲氏縣；右部都尉可六千餘落，居祁縣；南部都尉可三千餘落，居蒲子縣；北部都尉可四千餘落，居新興縣；中部都尉可六千餘落，居大陵縣。
>
> （晉）武帝踐阼後，塞外匈奴大水，塞泥、黑難等二萬餘落歸化，帝復納之，使居河西故宜陽城下。後復與晉人雜居，由是平陽、西河、太原、新興、上黨、樂平諸城靡不有焉。……太康五年，復有匈奴胡太阿厚率其部落二萬九千三百人歸化。七年，又有匈奴胡都大博及萎莎胡等各率種類大小凡十萬餘口，詣雍州刺史扶風王駿降附。明年，匈奴都督大豆得

33　以上引文均見《後漢書》卷八十九〈南匈奴列傳〉。

一育鞠等復率種落大小萬一千五百口，牛二萬二千頭，羊十萬五千口，車廬什物不可勝紀，來降，幷貢其方物，帝並撫納之。

侍御史西河郭欽看出匈奴人居地南移將構成嚴重的問題，晉武帝太康元年（280）上書曰（《晉書》卷九十七〈北狄匈奴傳〉）：

……胡騎自平陽、上黨，不三日而至孟津，北地、西河、太原、馮翊、安定、上郡盡為狄庭矣！宜及平吳之威，謀臣猛將之略，出北地、西河、安定，復上郡，實馮翊，於平陽已北諸縣募取死罪，徙三河，三魏見士四萬家以充之……。

晉惠帝元康九年（299）江統作〈徙戎論〉，論及國中之羌、氐，謂「關中之人百餘萬口，率其少多，戎狄居半」，而并州之胡，「今五部之衆，戶至數萬，人口之盛，過於西戎。然其天性驍勇，弓馬便利，倍於氐、羌，若有不虞風塵之慮，則并州之域可爲寒心」[34]。事實上，這時已經積重難返[35]，果然，晉惠帝永興元年（304）南匈奴五部大都督劉淵建國號曰「漢」，遷都左國城，晉懷帝永嘉二年（308），漢主淵攻佔平陽，徙都蒲子，晉懷帝永嘉三年（309），漢主劉淵以蒲子崎嶇，難於久安，乃徙都平陽[36]。晉陽至平陽一帶，自曹魏時已有許多胡人居住，下階層胡人爲田客[37]，五部匈奴亦皆家居晉陽汾澗之濱[38]，此時「五部之衆，戶至數萬，人口之盛，過於西戎」[39]，劉淵稱王稱帝，其人咸爲統治階層，匈奴人在這個地區政治力的高潮是劉淵末年，置單于臺於平陽西，使三王（齊王裕、魯王

34 《晉書》卷五十六〈江統傳〉。

35 金發根，〈東漢至西晉時（25-280）中國境內游牧民族的活動〉，《食貨》3（9，10），頁16-17。《晉書·江統傳》史臣曰：「徙戎之論，實乃經國遠圖，然運距中衰，陵替有漸，假其言見用，恐速禍招怨，無救於將顛也。」

36 《晉書》卷一百一〈劉元海載記〉。

37 《晉書》卷九十三〈外戚列傳·王恂傳〉：「……時魏氏給公卿以下租牛客戶，數各有差，自後小人憚役，多樂為之，貴勢之門，動有百數。太原諸部亦以匈奴為田客，多者數千。」

38 《晉書·載記第一》：「魏武分其衆為五部，……劉氏雖分居五部，然皆居于晉陽汾澗之濱。」

39 《晉書》卷五十九〈江統傳·徙戎論〉中語。

隆、北海王乂）總強兵於內，大司馬（楚王聰）擁十萬衆屯於近郊（平陽曲）[40]，其後劉聰、劉曜繼位，發展重點在河北、河南，後趙石勒重心在關東[41]，河東地區所受的政治壓力減低。

在草原民族大量南移的洪流之中，河東漢人所受的壓力主要來自西北方與北方，「北胡南遷，因政治軍事之幻變不常，類多轉徙四方，甚少能定居於一個固定地區，惟步落稽人例外，蓋其居地在黃河由北向南流之東西兩岸山嶽地區，受政局軍事之影響甚少，故能定居數百年之久，此一時代之民族問題是一個極重要的課題」[42]。嚴耕望先生引佛教資料《續高僧傳》二五〈釋法通傳〉謂：「……遊化稽胡，南自龍門，北至勝部，嵐、石、汾州、隰，無不從化。」又《法苑珠林》卷四一〈潛遁篇·感應緣〉「西晉慈州郭下安仁寺西劉薩何師廟條」云：「……稽胡專直，信用其語，……故黃河左右，磁（即慈）、隰、嵐、石、丹、延、綏、銀八州之地，無不奉敬。」稽胡的族屬甚爲複雜，不妨稱爲「雜胡」[43]，從上引資料所示，其聚落區在龍門以北，龍門位於汾河與黃河相會處，（圖一乙E區），汾河下游乃東西流向，更東的澮水源於霍太山脈（圖一甲A區）會合紫谷水、教水（圖一乙A區）於澮交（圖一乙A區），然後亦呈東西流向，中間有絳水自南來會（圖一乙B區），再西流西與汾河相會於正平郡（圖一乙C區），汾河與澮水交會處有絳邑（圖一乙C區），該地已有許多胡人居住[44]，故自汾河下流東西線爲界，此線又可東延澮水（大約北緯35°40′線），是我國中古時期胡漢民族的重要分界線，姑

40　《晉書》卷一百一〈劉元海載記〉。

41　石勒曾徙雍秦華戎十餘萬戶于關東，見《晉書》卷一百四、一百五〈石勒載記〉上下。

42　嚴耕望，〈佛藏所見之稽胡地理分佈區〉，《大陸雜誌》72（4）（民國75年），頁3。

43　林幹，〈稽胡（山胡）略考〉，《社會科學戰線》1984-1，頁148。

44　《晉書》卷一百二〈載記第二·劉聰〉（麟嘉二年）：「趙固郭默攻其（聰）河東，至於絳邑，右司隸部人（民）盜牧馬負妻子奔之者三萬餘騎，騎兵將軍劉勳追討之，殺萬餘人。」按右司隸部乃管胡人部落之行政單位，其部民大都是胡人，該地應有許多胡人居住。《十六國春秋輯補》繫年於麟嘉二年。

名之爲「汾河南線」；線北的居民（尤其是汾河以西，龍門、絳邑以北地區）自東漢末葉至唐初（釋法通是隋唐時人）皆以胡人爲主，線南的居民以漢人爲主。

緣自永嘉亂起，胡人大量南遷，漢人亦有南遷風潮[45]，河東大士族有南來吳裴氏，裴嗣西涼武都太守，子邕度江居襄陽，該支於南齊南兗州刺史叔業時北歸[46]。柳氏東眷之柳卓於晉永嘉中自本郡遷於襄陽[47]，西眷柳恭南徙汝、潁，遂仕江表[48]。比較而論，柳氏有二大著房：東眷、西眷，皆有重要人物南遷；裴氏定著五房：西眷、洗馬裴、南來吳裴、中眷、東眷，其中南來吳裴南遷；故裴氏地方勢力減損不多，柳氏之地方勢力則頗有削弱。薛氏自蜀亡遷居河東以來，其宗族即定居於此，基業並未遷動。

本文上節研究，河東薛氏的大本營應在汾河以南、黃河以東，是與河東西北、北方胡族接觸之線，所以魏晉之際將蜀薛遷至此地，應是中央政府的一項重要決策，緣因胡族大量南遷，魏晉有識之士如郭欽、江統呼籲徙戎，事實上已無力徙戎，將地方豪族蜀薛遷於河東，一則減弱蜀漢之舊勢力，二則塡塞此一地區之地方勢力，引以抗拒南進之胡族。薛氏遷入河東並未引起原來河東大士族裴氏、柳氏的排斥，正因爲薛氏遷入之地區與裴氏、柳氏勢力並不重疊，而面對胡族南移之際，又有屛障作用。

上述引文記載薛強、薛辯事蹟，謂自永嘉之亂，汾陰薛氏聚族自保，不仕劉、石、苻氏，證明薛氏地方豪族之移植，是一成功之例。按河東地區在全國而論僅一丸之地，就以大華北而言，亦無法與關中、河南、河北等區域相比擬，永嘉亂後胡族在北方建立許多國家，河東三族自無法以宗族之力與巨大的政治軍力相抗衡，故此地區之州

---

45 《晉書》卷一百〈王彌傳〉：「河東、平陽、弘農、上黨諸流人之在潁川、襄城、汝南、南陽、河南者數萬家。」

46 《新唐書》卷七十一上〈宰相世系表一上・裴氏南來吳裴條〉。

47 《新唐書》卷七十三上〈宰相世系表三上・柳氏東眷條〉。

48 《新唐書》卷七十三上〈宰相世系表三上・柳氏西眷條〉。

級大城市如蒲坂，勢必爲當時強權所爭奪[49]，又隨政權迭換而迭換主人，其他較小之郡縣級城市，則並非政治力能夠完全控制。日人窪添慶文統計北朝地方官之本籍地任用，計河東薛氏得二十例，河東裴氏得九例，河東柳氏得三例[50]，按中央權力強大之時，官吏有廻避本籍之限制[51]，當中央權力弱時，對於無法完全控制之地區，爲羈縻其地方勢力，常就便任命該地社會領袖出任官吏，永嘉亂後的官吏任命情況記載極不完整，然北朝時其中央權力較五胡亂華時期穩定，薛氏、裴氏、柳氏甚多出任本籍官吏，五胡亂華時期的情況至少與此相當，尤值得注意者，薛氏、裴氏、柳氏三族例子之比例，反映出其地方勢力之強弱。在郡縣級之下的鄉或塢堡，更具有地方色彩，中央控制力更小，上節曾引薛氏堡壁，可作證明。

堡壁是當時地方勢力的重要據點，自保及軍事作用是其主要功能[52]，堡壁並非不可能陷沒，端視堡壁地勢是否險要，守者是否強大，以及攻守雙方之決心等，在河北平原者較爲吃虧，一則騎兵能夠

---

49 《晉書》卷三十七〈宗室·南陽王模傳〉：「洛京傾覆，（晉太尉南陽王司馬）模使牙門趙染戍蒲坂。」

《資治通鑑》卷九十九〈晉紀二十一〉穆帝永和八年：「尹赤奔秦，秦以赤為并州刺史，鎮蒲坂。」

《晉書》卷一百三〈載記第三·劉曜〉：「石勒遣石季龍率衆四萬，自軹關西入伐曜，河東應之者五十餘縣，進攻蒲坂。」

《晉書》卷一百十七〈載記第十七·姚興上〉：「興如河東。時姚緒鎮河東，興待以家人之禮。」

《晉書》卷一百十九〈載記第十九·姚泓〉：「檀道濟、沈林子攻拔襄邑堡，建威薛帛奔河東。道濟自陝北渡，攻蒲坂，……泓遣姚驢救蒲坂……沈林子説道濟曰：『今蒲坂城堅池濬，非可卒克，攻之傷衆，守之引日，不如棄之，先事潼關……』道濟從之，乃棄蒲坂，南向潼關。姚讚率禁兵七千，自渭北而東，進據蒲津。」

《晉書》卷一百三十〈載記三十·赫連勃勃〉：「改元為昌武。遣其將叱奴侯提率步騎二萬攻晉并州刺史毛德祖于蒲坂，德祖奔于洛陽。以侯提為并州刺史，鎮蒲坂。」

《魏書》卷二十九〈奚斤傳〉：「（魏世祖）遣斤率義兵將軍封禮等督四萬五千人襲蒲坂……（守將赫連）乙升懼，棄蒲坂西走……斤入蒲坂，收其資器，百姓安業。」

50 窪添慶文，〈魏晉南北朝における地方官の本籍地任用について〉，頁34。

51 嚴耕望，〈漢代地方官吏之籍貫限制〉，《史語所集刊》22（1950），頁233-242。嚴耕望，《中國地方行政制度史》上編（三），第八章〈任用雜考〉，頁379-403。

52 金發根，《永嘉亂後北方的豪族》，頁76-110。

橫行，二則冀州是財富之區，習於掠奪的胡騎較感興趣，如石勒即以冀州爲目標，「陷冀州郡堡壁百餘，衆至十餘萬」[53]。汾河之南的薛通城、及黄河以東的薛壁，地勢極爲險要，易守難攻。薛通城原爲薛強壁，乃晉時汾陰人薛強當慕容之亂，築塢自固，城在山上，去汾陰縣城八十里，苻氏陽平公融曾爲書聘強，未成，苻堅經河東，至其壁下，強亦不與見，苻堅諸將請攻之，苻堅顯然不欲師老於此而作罷[54]。

河東三大族與當時各政權並非僵硬地敵對，在得以自保的情形下，亦與各政權有關係，例如裴憲仕後趙爲司徒[55]、裴開仕前燕爲太常卿[56]、裴慬仕前秦爲大鴻臚[57]、裴徽子孫多仕西涼政權[58]、柳恭仕後趙爲河東太守[59]、薛強仕後秦姚興爲鎮東將軍、并、冀二州牧（見上節）、薛帛任後秦姚泓建威將軍、河北太守[60]，從上述各人列傳中觀察，其任職河東地區地方行政長官者，如柳恭、薛強、薛帛等，大都是羈縻關係。

五胡時期各政權在河東地區顯然祇能控制州府、羈縻縣治，而堡壁鄉村則屬於地方豪強的勢力範圍。

河東三大族之中，柳氏、裴氏中央化之程度較高，故在各政權中任職的情況亦多，已見於上文各節之分析，唯該二族並未放棄其河東之地方勢力，似乎是屬城鄉雙家的型態[61]；其中柳氏由於主支重要人物遷移較劇，故其地方勢力較弱，有許多柳氏以朝官兼本郡邑中正，其重心似乎傾向於官僚體系。裴氏家族雖有人任職四方且已升爲四海大族的層次，除南來吳裴這一支以外，其他各支仍以河東爲主。薛氏

---

53 《晉書》卷一百四〈石勒載記上〉。

54 《北史》卷三十六〈薛辯傳〉載薛強事蹟。

55 《十六國春秋輯補》卷二十一〈後趙錄・裴憲傳〉。

56 《新唐書》卷七十一上〈宰相世系表一上・河東裴氏東眷〉。

57 《新唐書》卷七十一上〈宰相世系表一上・河東裴氏洗馬裴〉。

58 《新唐書》卷七十一上〈宰相世系表一上・裴氏西眷條〉。

59 《周書》卷二十二〉柳慶傳〉：「慶五世祖恭仕後趙，爲河東郡守。」

60 《十六國春秋・後秦錄七》姚泓永和三年載：「……泓建威將軍河北太守薛帛……」

61 Wolfram Eberhard, *Conquerors and Rulers-Social Forces in Medieval China*（1965年修訂版），pp.44-46。

在當時是三族之中最具地方豪強性格的一族。這三族在永嘉紛亂的政局及胡騎的壓迫下，除親慕容氏之柳氏與親姚興之薛彊有過一次衝突外，並不見其他不和的記載，這可能是共患的心理所促成，其中，薛氏與裴氏擔負著最大的外來壓力，這二族也未聞有衝突發生。

如從北方進入河東地區，則有兩條重要的交通路線：一是沿汾河下游至稷山、龍門，再南下蒲坂；另一條是自正平郡南下經聞喜、安邑、解、虞鄉而至蒲坂[62]。在中條山脈以南有風陵津關、洹津、大陽津等，蒲坂渡黃河之蒲津關，西去長安三百餘里。龍門西渡黃河龍門關，亦可入關中。東方自絳郡亦可經軹關陘而至河內。稷山、龍門、蒲坂線是薛氏的勢力範圍，正平、聞喜、安邑、解、虞鄉、蒲坂縣之中聞喜、安邑是裴氏的勢力範圍，解、虞鄉是柳氏的勢力範圍；蒲坂則是各政權常爭奪控制之地。所以薛氏與裴氏是抗拒胡族南移的主要力量。據嚴耕望先生之研究，自北入經稷山，是入關中的主要道路[63]。薛氏除時刻面臨狂飈而過的胡騎，還面臨西方關中地區的氐羌，故薛氏的困境更有倍於裴氏。

薛氏保持其地方豪強的性格，在北魏時還甚爲顯著，例如在河東地區之南部中條山脈一帶有河北郡[64]，薛胤於太和時爲「河北太守，郡帶山河，路多盜賊，有韓馬兩姓各二千餘家，恃強憑險，最爲狡害，劫掠道路，侵暴鄉閭。胤至郡之日，卽收其姦魁二十餘人，一時戮之，於是羣盜懾氣，郡中淸肅」[65]。裴夙亦在高祖時爲「河北太守，以忠恕接下，百姓感之」[66]。又西魏大統時裴俠爲「河北郡守，

62　嚴耕望，《唐代交通圖考》第五册，圖十九。

63　嚴耕望，《唐代交通圖考》第五册，頁1415：「崔祐甫記稷山汾橋，謂上黨之縣卒商賈取途此橋至關中，則烏嶺道及其南道為河東道東南境西通關中之要道可知也。」文引崔祐甫〈汾河義橋記〉（《全唐文》四〇九）云：「絳人有成橋於稷山縣南汾河水上……自太原、西河、上黨、平陽至於絳達於雍，縣卒廹程，賈人射利，濟舟為捷，渡口如肆。」

64　《魏書》卷一百六下〈河北郡〉條，領縣四：北安邑、南安邑（有中條山）、河北（有芮城、立城、嬀水、首陽山、伯夷叔齊墓）、太陽（有虞城、夏陽城）。

65　《魏書》卷四十二〈薛辯傳・附胤傳〉。

66　《魏書》卷六十九〈裴延儁傳・附夙傳〉。

躬履儉素，愛民如子……河北郡前功曹張回及吏民等感俠遺愛，乃作頌記其清德焉」[67]。北魏高祖時柳崇爲「尙書右外兵郎中，于時河東河北二郡爭境，其間有鹽池之饒，虞坂之便，守宰及民皆恐外割，公私朋競，紛囂臺府，高祖乃遣崇檢斷，民官息訟」[68]。北魏河北郡雖然包括南北安邑，但其主要部分是中條山脈與黃河之間的芮城、太陽、虞城以及郡治河北，此地有韓馬兩姓各二千餘家，恃強憑險，顯然是更具地方性的土豪，這些土豪覬覦中條山脈以北鹽池之利、虞坂之便。按虞坂爲陜州北踰中條山脈通汾、澮、絳、晉之主線[69]，亂世土豪劫掠道路，自有利益。裴夙、裴俠治河北郡以忠恕仁愛，柳崇檢斷糾紛而民官息訟，其治民及解決糾紛的方法不詳，但似乎皆不是用強力手段，而薛胤對付土豪之方式則是「一時戮之」，乃是以高壓手段。薛胤之高祖薛強、曾祖薛辯，上文已有論及，祖謹「結土抗敵，甚有威惠」，父初古拔（本名洪祚），當蓋吳薛承宗入侵，「拔糾合宗鄉，壁於河際，斷二寇往來之路」，胤，「少有父風」[70]。薛氏主支顯然保持濃厚的豪強性格，這種性格是其屹立於險惡局勢的重要條件。

六、結　論

「汾涑流域與渭水盆地、伊洛平原爲中國古代政治、經濟、文化之核心區域」[71]，自永嘉亂後至隋統一之前，河東地區及其三大士族之社會勢力，在動盪的局勢中有特殊的重要意義。

一、從地方志裴氏世墓墓誌主之記載，裴氏著房著支皆以河東爲其「根」，裴氏的居住地及其勢力以鹽池東部安邑、聞喜、絳縣一帶

67　《北史》卷三十八〈裴俠傳〉。
68　《魏書》卷四十五〈柳崇傳〉。
69　嚴耕望，《唐代交通圖考》第一册，頁166。
70　以上諸薛事蹟見《魏書》卷四十二〈薛辯傳〉。
71　嚴耕望，《唐代交通圖考》第一册，頁163。

爲大本營。前秦時有一支洗馬裴在解縣洗馬川；同一時期有一支西眷在涑水下游；北魏時北歸的南來吳裴有一支住在稷山一帶。裴氏除了保持其河東地區之地方勢力外，自魏晉時已加入中央官僚體系，而成爲四海大族。

二、柳氏墓葬地在虞鄉陽朝。柳氏散處於中條山脈下，東與裴氏相接於鹽池，向西直至蒲州。解縣、虞鄉是其主要居住地。柳氏有東眷、西眷二大著房，在中古時期該二房中有若干重要人物南遷，稍後雖有遷回原籍，但這段空間已減弱其地方勢力，又柳氏中央化始於東漢初而早於裴氏，這兩個原因使柳氏的在鄉勢力遜於裴氏。

三、薛氏在東漢末原住淮陽一帶，舉宗隨劉備入蜀，蜀亡後又舉宗五千戶自蜀徙河東汾陰，故有蜀薛之稱。薛氏是一個強大的血緣團體。晉隋之際，薛氏的大本營在汾河以南、黃河以東之地，亦可能有一部分發展至涑水下游，或中條山脈西部一帶。

四、東漢一朝，南匈奴人已移居陝西之北、中部及山西汾河以西之地，平陽且成爲前趙劉氏之首都。在草原民族大量南移的大洪流之中，河東漢人所受的壓力主要來自西北方與北方。汾河下游乃東西流向，稍東的澮水亦以東西流向，會汾河於正平郡，這條線是中古時期胡漢民族居民的重要分界線，姑名之爲「汾河南線」。魏晉政權既無力徙戎，遷蜀薛於汾河下游應是中央政府有意安排。自薛強、薛辯以還，建立壁堡，憑河以自固，不仕劉、石、苻氏。在五胡時各政權對於河東地區，顯然只能控制州府，羈縻縣治，而壁堡鄉村則屬於地方豪強的勢力範圍。薛氏與裴氏是抗拒胡族南移河東的重要力量，薛氏尤其面臨最大的壓力，故薛氏主支一直保持著其豪強性格，這是地方勢力移植成功的例子。

五、本文以正史地理志、《水經注疏》、《括地志》、《元和郡縣圖志》、《太平寰宇記》、《輿地廣記》、《一統志》等書中之資料，參照《歷代輿地沿革險要圖》、地方志及其地圖，繪成河東地區地理圖。

本文是結合歷史地理與社會勢力之區域研究，如果這個嘗試可行，可進一步擴大至其他重要地區，作更大區域的研究，甚或貫穿前後幾個朝代，觀察若干區域社會之歷史發展。

——原刊於《中央研究院第二屆國際漢學會議論文集》

第四篇　北朝東西政權之河東爭奪戰

一、魏分東西時河東地區之形勢——黃河西岸爭奪戰

北魏出帝脩（《西魏書》、《周書》稱孝武帝）永熙三年(534)，魏帝與高歡關係惡化。初，高歡的勢力在今河北省境，及滅尒朱兆，平幷州，「神武（高歡）以晉陽西塞，乃建大丞相府而定居焉」[1]。晉陽是高歡的軍事中心[2]，魏帝居洛陽，其實際控制地區，北不踰黃河，西至潼關，東至虎牢，南不及荆。例如永熙三年六月間，「魏帝時以任祥爲兼尚書左僕射，加開府，祥棄官走至河北，據郡待神武」[3]。按其文意應指河北郡。魏河北郡領縣四：北安邑、南安邑、河北、太陽[4]，即中條山一帶。又同年七月，魏帝與高歡已兵戎相見，「帝親總六軍十餘萬衆次於河橋，以斛斯椿爲前軍大都督，尋詔椿鎮虎牢，又詔荆州刺史賀拔勝赴於行所。勝率所部次於汝水」[5]。《北齊書》亦載：「七月，魏帝躬率大衆屯河橋。神武至河北十餘里，再遣口申誠欵，魏帝不報，神武乃引軍渡河。……魏帝遜於長安。己酉，神武入洛陽」[6]。魏分東西。

1　《北齊書》卷一〈神武紀上〉，魏普泰元年七月。

2　參見拙文〈北魏東魏北齊之核心集團與核心區〉，《中央研究院歷史語言研究所集刊》第57本第2分。

3　《北齊書》卷一〈神武紀下〉，永熙三年六月。

4　《魏書》卷一百六下〈地形志下・陝州條〉。

5　《魏書》卷十一〈廢出三帝紀・出帝平陽王紀〉，永熙三年秋七月己丑。

6　《北齊書》卷二〈神武紀下〉，天平元年七月。

當高歡勢力與魏帝勢力以黃河爲界時，高歡與宇文泰在河曲一帶約亦以黃河爲界。「齊神武聞秦隴克捷（宇文泰平定秦隴），乃遣使於太祖（宇文泰），甘言厚禮，深相倚結。太祖拒而不納。時齊神武已有異志，故魏帝深仗太祖。乃徵二千騎鎮東雍州，助爲聲援，仍令太祖稍引軍而東。太祖乃遣大都督梁禦率步騎五千鎮河、渭合口，爲圖河東之計。太祖之討（侯莫陳）悅也，悅遣使請援於齊神武，神武使其都督韓軌將兵一萬據蒲坂，而雍州刺史賈顯[7]送船與軌，請軌兵入關。太祖因梁禦之東，乃逼召顯赴軍。禦遂入雍州」[8]。當時「雍州刺史賈顯持兩端，通使於齊神武」[9]。宇文泰與梁禦處理得當，才穩住關中基業。按北魏有東雍州，「世祖置，太和中罷，（東魏）天平初復」[10]。即正平郡，上述引文東雍州係指北魏末永熙時賀拔岳所督關西二十州之一，宇文泰繼承，憑藉以成其霸業[11]，應在黃河略西之地。

永熙三年（天平元年，534）八月，「神武尋至弘農，遂西剋潼關，執毛洪賓[12]。進軍長城，龍門都督薛崇禮降。神武退舍河東，命行臺尚書長史薛瑜守潼關，大都督厙狄溫守封陵。於蒲津西岸築城，守華州，以薛紹宗爲刺史」[13]。長城（有五郊城）在北華州中部郡[14]，高歡據潼關，於蒲津西岸築城，守華州，當時其勢力已達黃河潼關之西岸。

在汾水黃河交會處，也是當時雙方必爭之地，這一帶河東薛氏的勢力很強，其歸屬何方影響政局甚大。當時有薛脩義者，河東汾陰人，其房支不詳，應不屬於地方勢力最強的西眷瀵上五門薛氏大房，

---

7 《周書》卷一〈文帝紀上〉，標點本校勘記〔十八〕賈顯係賈顯度。

8 《周書》卷一〈文帝紀上〉，永熙三年四月。

9 《周書》卷十七〈梁禦傳〉。

10 《魏書》卷一百六上〈地形志上·東雍州條〉。

11 見王仲犖，《北周地理志》（北京：中華書局）卷一，頁 1-2，《通鑑》胡三省注遺之。

12 《魏書》卷十一〈廢出三帝紀·出帝平陽王紀〉永熙三年載此事在九月，疑有誤，見標點本校勘記〔十六〕。

13 《北齊書》卷二〈神武紀下〉，天平元年八月。

14 《魏書》卷一百六下〈地形志下·北華州條〉。

脩義「祖壽仁，河東河北二郡守、秦州刺史、汾陰公。父寶集，定陽太守。」（同下條引文）按河東郡、河北郡是在河曲之內，而定陽地近汾北，且薛脩義亦繼承祖、父傳統，其任職亦在此一地區，《北齊書》卷二十〈薛脩義傳〉（《北史》卷五十三略同）載：

> 脩義少而姦俠，輕財重氣，招召豪猾，時有急難相奔投者，多能容匿之。……正光末，天下兵起，顥為征西將軍，都督華、豳、東秦諸軍事，兼左僕射、西道行臺，以脩義為統軍。時有詔，能募得三千人者用為別將。於是脩義還河東，仍歷平陽、弘農諸郡，合得七千餘人，即假安北將軍、西道別將。……絳蜀賊陳雙熾等聚汾曲，詔脩義為大都督，與行臺長孫稚共討之。脩義以雙熾是其鄉人，遂輕詣壘下，曉以利害，熾等遂降，拜脩義龍門鎮將。後脩義宗人鳳賢等作亂，圍鎮城，脩義亦以天下紛擾，規自縱擅，遂與鳳賢聚衆為逆，自號黃鉞大將軍……詔曉喻，脩義降。……鳳賢降，拜鳳賢龍驤將軍、假節、稷山鎮將、夏陽縣子，邑三百戶。封脩義汾陰縣侯，邑八百戶。……（尒朱）榮死，魏孝莊以脩義為弘農、河北、河東、正平四郡大都督。時高祖（高歡）為晉州刺史，見脩義，待之甚厚。……魏前廢帝初，以脩義為持節、後將軍、南汾州刺史。高祖起義信都，破四胡於韓陵，遣徵脩義，從至晉陽，以脩義行并州事。又從高祖平尒朱兆。武帝之入關也，高祖奉迎臨潼關，以脩義為關右行臺，自龍門濟河。西魏北華州刺史薛崇禮屯楊氏壁[15]，脩義以書招之，崇禮率萬餘人降。……脩義從弟嘉族，性亦豪爽……遷正平太守。屬高祖在信都，嘉族聞而赴義，從平四胡於韓陵，除華州刺史。及賀拔岳拒命，令嘉族置騎河上，

15　《北齊書》卷二十〈薛脩義傳〉校勘記〔十五〕載：「楊氏壁是黃河西岸的險要，屢見《魏書》卷四十一〈源子雍傳〉、《周書》卷二〈文帝紀〉大統三年、卷十五〈于謹傳〉。」

以禦大軍。嘉族遂棄其乘馬，浮河而度，歸於高祖。……脩義從子元穎，父光熾，東雍州刺史（東魏之東雍州在正平郡）、太常卿。……

薛脩義曾都督弘農、河北、河東、正平等郡，曾歷平陽、弘農郡守、龍門鎮將、南汾州刺史等職，其實際勢力主要在汾水北岸一帶，所以脩義能曉諭汾曲的絳蜀賊陳雙熾歸降，又與宗人薛鳳賢爲逆（曾任稷山鎮將）。高歡爲晉州刺史時與脩義相會，待之甚厚，可能有這段淵源而使脩義傾向東魏。脩義從弟嘉族爲正平太守，脩義從父光熾亦曾爲東雍州刺史（即正平），嘉族與光熾亦親東魏，當此之時在汾北澮水一帶，高歡獲得重要之助力。這股勢力且延伸至龍門及龍門之黃河對岸楊氏壁等處，而立即與薛氏西眷瀵上五門薛氏大房勢力衝突。薛氏大房爲薛氏在河東地區最強盛的一房，自薛彊——辯——謹等以降，在五胡至北魏皆有深厚的影響力，魏分東西之際，該房的主要領袖是薛端、薛善，他們傾向於西魏。《周書》卷三十五〈薛端傳〉（《北史》卷三十六〈薛辯傳·附端傳〉略同）：

河東汾陰人也。……魏雍州刺史、汾陰侯辨之六世孫。代為河東著姓。高祖謹，泰州刺史，內都坐大官、涪陵公。曾祖洪隆，河東太守。以隆兄洪阼尚魏文成帝女西河公主，有賜田在馮翊，洪隆子麟駒徙居之，遂家於馮翊之夏陽焉。……司空高乾辟為參軍，賜爵汾陰縣男。端以天下擾亂，遂弃官歸鄉里。

魏孝武西遷，太祖令大都督薛崇禮據龍門，引端同行。崇禮尋失守，遂降東魏。東魏遣行臺薛循義（《北齊書》、《北史》作脩義）、都督乙干貴率衆數千西度，據楊氏壁。端與宗親及家僮等先在壁中，循義乃令其兵逼端等東度。方欲濟河，會日暮，端密與宗室及家僮等叛之。循義遣騎追，端且戰且馳，遂入石城柵，得免。柵中先有百家，端與并力固守。貴等數來慰喻，知端無降意，遂拔還河東。東魏又遣其

> 將賀蘭懿、南汾州刺史薛琰達守楊氏壁。端率其屬，幷招喻村民等，多設奇以臨之。懿等疑有大軍，便卽東遁，爭船溺死者數千人。端收其器械，復還楊氏壁。太祖遣南汾州刺史蘇景恕鎭之。降書勞問，徵端赴闕，以為大丞相府戶曹參軍。

薛氏主房除在汾陰（汾水之南）外，復由於洪阼尚魏文成帝女西河公主，其賜田在馮翊，亦卽汾陰與黃河相隔的西岸，實際上至少薛氏大房五大支之中的洪阼支、洪隆支亦發展至黃河之西。上文所示，宇文泰命薛崇禮守龍門，崇禮之房支不詳，其態度是搖擺於兩者之間，東魏遣薛脩義召之，崇禮降，而薛氏大房薛端則堅持站在孝武帝及宇文泰這一邊，薛端的勢力較大，故東魏在這一條線上的發展並不順利，東魏原不能控制河東地區（尤其汾陰）的全面，僅能控制較大的據點。東魏天平四年（西魏大統三年，537）十月，高歡率衆十萬出壺口，趨蒲坂，自后上濟河[16]，與宇文泰戰於沙苑，高歡敗歸。高歡這次失敗損失甚大，「（宇文泰遣）賀拔勝、李弼渡河圍蒲坂，牙門將高子信開門納勝軍，東魏將薛崇禮棄城走，勝等追獲之。太祖進軍蒲坂，略定汾、絳」[17]。薛氏大房薛善接應西軍，李弼很順利攻下河東。《周書》卷三十五〈薛善傳〉載：

> 河東汾陰人也。祖瑚，魏河東郡守。父和，南青州刺史。善少為司空府參軍事，遷儻城郡守，轉鹽池都將。魏孝武西遷，東魏改河東為泰州，以善為別駕。善家素富，僮僕數百人。兄元信，仗氣豪侈，每食方丈，坐客恆滿，絃歌不絕。而善獨供己率素，愛樂閑靜。大統三年，齊神武敗於沙苑，留善族兄崇禮守河東。太祖遣李弼圍之，崇禮固守不下。善密謂崇禮曰：「高氏戎車犯順，致令主上播越。與兄忝是衣冠緒餘，荷國榮寵。今大軍已臨，而兄尚欲為高氏盡力。若

16　《北齊書》卷二〈神武紀下〉，天平四年十月壬辰，「神武西討，自蒲津濟。」
17　《周書》卷二〈文帝紀下〉，大統三年冬十月。

城陷之日，送首長安，云逆賊某甲之首，死而有靈，豈不歿有餘愧！不如早歸誠款，雖未足以表奇節，庶獲全首領。」而崇禮猶持疑不決。會善從弟馥妹夫高子信為防城都督，守城南面，遣馥來詣善云：「意欲應接西軍，但恐力所不制。」善卽令弟濟將門生數十人，與信、馥等斬關引弼軍入。時預謀者並賞五等爵，善以背逆歸順，臣子常情，豈容闔門大小，俱叨封邑，遂與弟愼並固辭不受。太祖嘉之，以善為汾陰令。善幹用彊明，一郡稱最。太守王羆美之，令善兼督六縣事。……時欲廣置屯田以供軍費，乃除司農少卿，領同州夏陽縣二十屯監。又於夏陽諸山置鐵冶，復令善為冶監，每月役八千人，營造軍器。善親自督課，兼加慰撫，甲兵精利，而皆忘其勞苦焉……除河東郡守。……賜姓宇文氏。

薛善父曾任鹽池都尉，《水經注疏》卷六〈涑水條〉：「注：司鹽都尉治領一千餘人守之。會貞按：《御覽》一百六十三引《太康地志》，安邑有司鹽都尉，別領兵五千人。」所以薛善之父在涑水中游鹽池一帶亦有影響力。西魏獲得河東以後，宇文泰立卽任命薛善爲汾陰令，此舉除了犒賞其功績外，乃承認其在汾陰的實際統治權。薛善很自然地「幹用彊明，一郡稱最」，於是乎「兼督六縣」，又進而「領同州夏陽縣二十屯監」。按馮翊之夏陽卽薛洪阼尙魏文成帝女西河公主之賜田，事見上引〈薛端傳〉。薛善在夏陽月役八千人冶鐵、營造軍器，亦極爲成功，因此又除河東郡守，卽其本郡。薛氏這一主支與宇文泰關係甚好，薛善蒙賜姓宇文氏。

高歡沙苑之敗，在河東地區大撤退，幸賴上述支持者薛脩義勸阻，脩義並爲東魏穩住晉州之形勢，《北史》卷五十三〈薛脩義傳〉載：

及沙苑之敗，徙秦、南汾、東雍三州人於并州，又欲棄晉，以遣家屬向英雄城。脩義諫曰：「若晉州敗，定州亦不可保。」神武怒曰：「爾輩皆負我，前不聽我城并州城，使我

> 無所趣。」脩義曰：「若失守，則請誅。」斛律金曰：「還仰漢小兒守，收家口為質，勿與兵馬。」神武從之，以脩義行晉州事。及西魏儀同長孫子彥圍逼城下，脩義開門伏甲待之，子彥不測虛實，於是遁去。神武嘉之，就拜晉州刺史。

東魏若失晉州、幷州，則其定州亦不可保，其戰略關係在日後北周伐北齊時獲得證明，著者曾撰〈北魏東魏北齊之核心集團與核心區〉一文分析之，此處不予贅述。按高歡、斛律金等乃六鎮人物，原不十分信任河東漢大族，加以薛氏宗族大部分皆投効西魏，故有「收（脩義）家口爲質，勿與兵馬」之語。薛脩義在晉州時爲東魏樹立功績，《北齊書》卷二十本傳記載較詳：

> 沙苑之役，從諸軍退。還，行晉州事。封祖業棄城走，脩義追至洪洞，說祖業還守，而祖業不從。脩義還據晉州，安集固守。西魏儀同長孫子彥圍逼城下，脩義開門伏甲以待之，子彥不測虛實，於是遁去。高祖甚嘉之，就拜晉州刺史、南汾、東雍、陝四州行臺，賞帛千疋。脩義在州，擒西魏所署正平太守段榮顯。

自此以後，東魏、北齊未曾再佔領汾水以南、涑水流域之地，而正平、汾水以北成爲雙方爭奪地區。東西兩政權勢力的推移，原決定於國力大小，但當兩政權國力相當，或所能發動人力物力之能力相當，則爭奪地區地方力量的向背，便決定戰爭之勝負。下節將詳細分析河東地區大族與地方豪族之動向。

二、河東之人物動向

河東的士族，大都參與北魏政權，當北魏分爲東西魏時，因河東地區適位於兩大集團之交界區上，其人物之投効何方，影響甚大，茲列示於下：

（一）河東裴氏

（符號「○」任官西魏、北周；「△」任官東魏、北齊。下同）

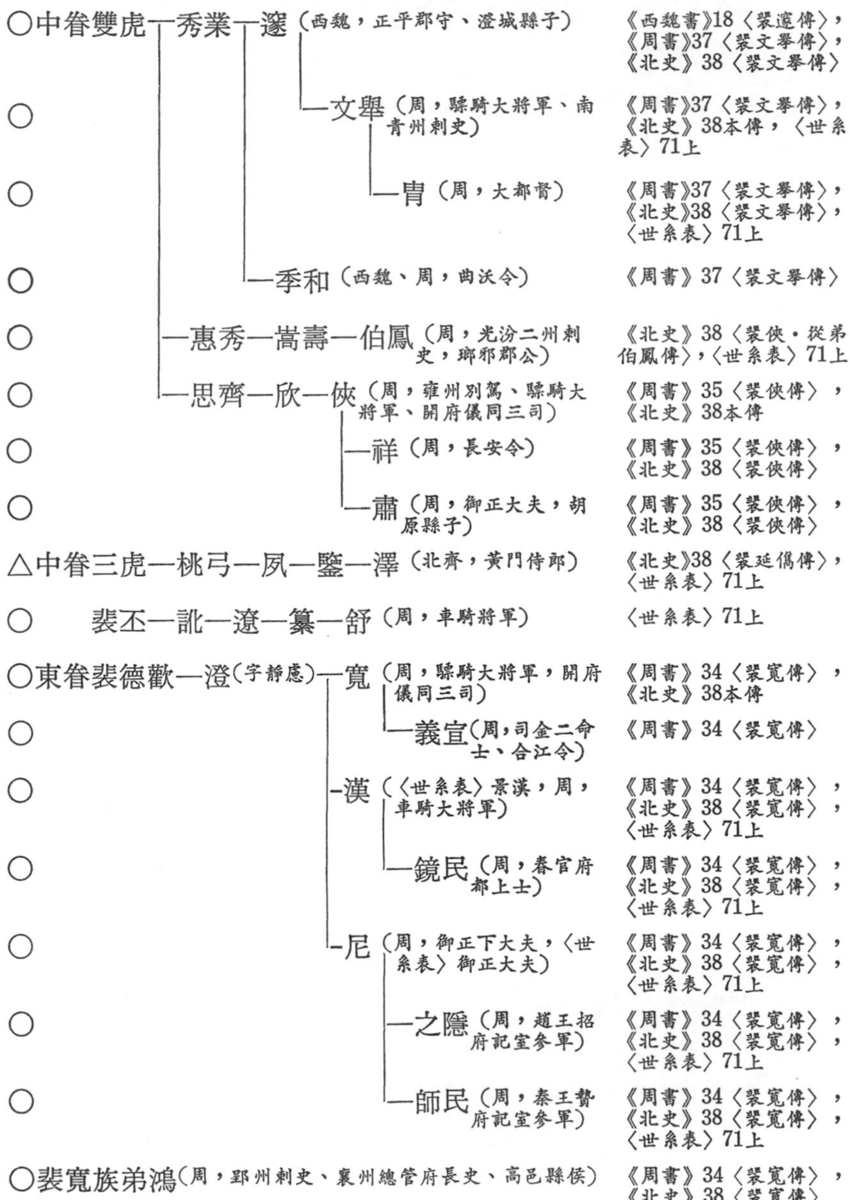

世系	出處
○東眷道護支客兒-文藝-遵-果（周，眉、復二州刺史、冠軍貿公）	《周書》36〈裴果傳〉，《北史》38本傳，〈世系表〉71上
○　-子明（周，大都督、絳州別駕）	《周書》36〈裴果傳〉
○　-孝仁（周，建、譙、亳三州刺史）	《北史》38〈裴果傳〉
○　-子陵（周，帥都督、涼州別駕）	《周書》36〈裴果傳〉
○裴延儁族兄聿—子袖（入關西）	《魏書》69〈裴延儁傳〉，《北史》38〈裴延儁傳〉
△裴延儁族人瑗（東魏，衛將軍、東雍州刺史）	《魏書》69〈裴延儁傳〉，《北史》38〈裴延儁傳〉
△　—夷吾（東魏武定末驃騎府長流參軍）	《魏書》69〈裴延儁傳〉
△裴雙碩—駿—宣—獻伯（東魏武定末廷尉卿）	《魏書》45〈裴駿傳〉
△裴雲—瓚—開—逸（北齊新陽王開府行參軍）	《漢魏南北朝墓誌集釋》圖版452〈裴逸墓誌〉
○西眷景惠—會—韜—融（周，司木大夫）	〈世系表〉71上
△　-他—讓之（北齊，中書舍人）	〈世系表〉71上，《北齊書》35本傳，《北史》38〈裴佗傳〉，《魏書》88〈良吏・裴佗傳〉
△　-謀之（北齊，武成開府掌書記）	《北史》38〈裴佗傳〉
△　-訥之（北齊，中書舍人）—矩（北齊，高平王文學）	〈世系表〉71上，《北史》38〈裴佗傳〉
△　-謁之（北齊，壺關令）	〈世系表〉71上，《北史》38〈裴佗傳〉
△　-讞之（北齊，永昌太守）	《北齊書》35〈裴讓之傳〉《北史》38〈裴佗傳〉
○　-諏之（周，大行臺倉曹郎中）	《魏書》88〈良吏・裴佗傳〉，《北齊書》35〈裴讓之傳〉，《北史》38〈裴佗傳〉
○洗馬房天壽—智深—英—彥（周，驃騎大將軍，吉陽郡公）	〈世系表〉71上
△南來吳叔寶-颺—烱—斌（北齊，廣州長流參軍）	《魏書》71〈裴叔業傳〉
△　-瑜—堪（東魏，尚書郎）	《魏書》71〈裴叔業傳〉
△　-衍—嵩（北齊，河內太守）	《魏書》71〈裴叔業傳〉
○南來吳叔業-蒨之[18]—譚—測（天平中，走於關西，周常侍）	〈世系表〉71，《魏書》71〈裴叔業傳〉，《北史》45〈裴叔業傳〉
△　-芬之—涉—僑尼（北齊，員外羽林監）	《魏書》71〈裴叔業傳〉

18　《新唐書》卷七十一上〈宰相世系表〉謂：蒨之，北齊隋王左常侍。《魏書》卷七十一〈裴叔業傳〉謂：子蒨之，仕蕭鸞為隨郡王左常侍，先卒。按叔業北降，軍未渡淮，病卒。故《魏書》記載為正。（《北史》卷四十五〈裴叔業傳〉亦誤）

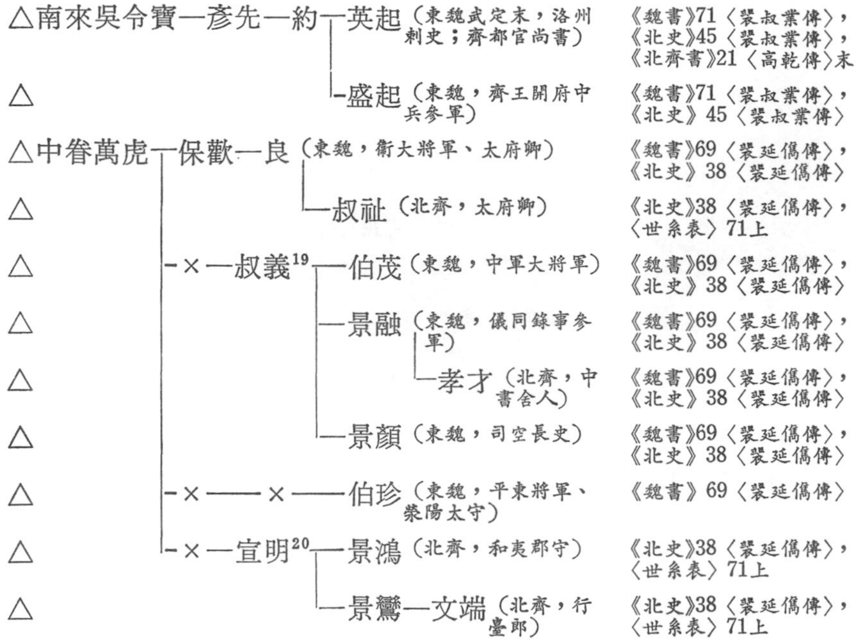

按《新唐書》卷七十一上〈宰相世系表一上·裴氏條〉末載：「裴氏定著五房：一曰西眷裴，二曰洗馬裴，三曰南來吳裴，四曰中眷裴，五曰東眷裴。」實際上南來吳裴又分爲叔寶支、叔業支、令寶支，中眷又分爲萬虎支、雙虎支、三虎支，東眷又有道護支，另外南來吳丕另成一支。裴氏著房著支約有十一，分析於下：

一、西眷二支，其一是「會—韜—融」支，〈世系表〉71上載融任官周司木大夫，事蹟不詳，可能這一支在關中發展。其二是「他」（或作佗）支，這一支中裴讓之兄弟多任官東魏、北齊，其中唯諏之奔關右，故餘兄弟五人立刻被高歡拘繫，幸對答得宜，且老母仍在，卒被釋放[21]。總括言之，西眷一半在東，一半在西。該支似以文職爲

19 《魏書》卷六十九〈裴延儁傳〉、《北史》卷三十八〈裴延儁傳〉皆謂：延儁從祖弟良、延儁從祖弟叔義。故良與叔義宜共祖萬虎，但不知是否兄弟，抑或從兄弟。

20 《北史》卷三十八〈裴延儁傳〉謂：延儁從祖弟良，又謂延儁從父兄宣明。而〈世系表〉七十一上中眷萬虎支有良及宣明，唯世系錯簡，玆擬良與宣明共祖萬虎。

21 參見《北齊書》卷三十五〈裴讓之傳〉。

主，且多任官京邑，已漸官僚化了[22]。

二、洗馬裴有裴彥，爲周驃騎大將軍、吉陽郡公，此職此爵甚可能因軍功而得。按洗馬裴出自粹子暅。暅生憬，自河西歸桑梓，居解縣洗馬川，號洗馬裴[23]。洗馬川之地望據拙文考證[24]在鹽池西南方，今地方志中還有洗馬川、洗馬村之名。裴氏的地方勢力已達解縣，洗馬裴房傾向於西魏、北周，加強了宇文氏在鹽池以南之勢力。

三、南來吳裴氏「（叔業）祖邕，自河東居於襄陽。父順宗、兄叔寶仕蕭道成，並有名位」[25]。叔業於魏景明元年率子芬之，姪植、颺、粲歸魏，姪彥先也於景明二年北遁歸魏。南來吳叔寶支、叔業支、令寶支皆先後北歸，除了叔業支的蒨之之孫測於東西魏分裂時西入關中以外，其他皆仕東魏北齊，南來吳自叔業以還，其地方勢力恐已移至河南一帶[26]。但南來吳丕支，丕孫定宗爲涼州刺史。定宗生訦，後魏冠軍將軍。訦生遼，太原太守。遼生纂，正平太守。纂生舒，周車騎將軍、元氏公[27]。似乎這一支一直在西區發展，且多屬武職。

四、中眷有三支，萬虎支與三虎支皆仕東魏北齊，而雙虎支則悉仕西魏北周。當魏孝武帝西遷之際，匆促就道，能隨扈入關者不多，尤其任職山東地區者，只能繼續仕於東魏北齊政權中。但中眷雙虎支裴俠卻拋妻子從入關，「魏孝莊嘉之，授輕車將軍、東郡太守，帶防城別將。及魏孝武與齊神武有隙，徵河南兵以備之，俠率所部赴洛陽。

22　《北齊書》卷三十五〈裴讓之傳〉：「楊愔每稱歎曰：『河東士族，京官不少，唯此家兄弟，全無鄉音。』」

23　《新唐書》卷七十一上〈宰相世系表一上・洗馬裴條〉。

24　參見拙文〈晉隋之際河東地區與河東大族〉，《中央研究院第二屆國際漢學會議論文集》，見本書頁71-102。

25　《魏書》卷七十一〈裴叔業傳〉。

26　參見矢野主稅，〈裴氏研究〉，《長崎大學社會科學論叢》14，(1965)，頁28。

27　《新唐書》卷七十一上〈宰相世系表一上・裴氏丕支條〉。

授建威將軍、左中郎將。俄而孝武西遷，俠將行而妻子猶在東郡，滎陽鄭偉謂俠曰：『天下方亂，未知烏之所集，何如東就妻子，徐擇木焉。』俠曰：『忠義之道，庸可忽乎！吾既食人之祿，寧以妻子易圖也。』遂從入關。賜爵清河縣伯，除丞相府士曹參軍」[28] 。但如地居兩大勢力邊緣，則有更大的選擇餘地，中眷雙虎支裴邃，是一個好例子。「（裴文舉）父邃，性方嚴，爲州里推挹。解褐散騎常侍、奉車都尉，累遷諫議大夫、司空從事中郎。大統三年，東魏來寇，邃乃糾合鄉人，分據險要以自固……太祖（宇文泰）嘉之，特賞衣物，封澄城縣子……除正平郡守」[29] 。這是在東西魏接觸地帶，對西魏北周助力很大[30] 。

五、東眷裴氏的歸向，裴寬的影響最大。時寬與兄弟們在洛陽，其決心追隨孝武帝亦頗冒險，「寬儀貌瓌偉，博涉羣書，弱冠爲州里所稱。與二弟漢、尼〔是和〕知名。親歿，撫弟以篤友聞……魏孝武末，除廣陵王府直兵參軍，加寧朔將軍、員外散騎常侍。及孝武西遷，寬謂其諸弟曰：『權臣擅命，乘輿播越，戰爭方始，當何所依？』諸弟咸不能對。寬曰：『君臣逆順，大義昭然。今天子西幸，理無東面，以虧臣節。』乃將家屬避難於大石巖。獨孤信鎮洛陽，始出見焉」[31]。東眷另有道護支，該支當時主要人物裴果「永熙中，授河北郡守。及齊神武敗於沙苑，果乃率其宗黨歸闕。太祖（宇文泰）嘉之……。」河北郡在河東南區，與裴氏涑水流域僅中條山之隔，這是東西魏勢力交接區，裴果有較大的選擇。

28　《周書》卷三十五〈裴俠傳〉。

29　《周書》卷三十七〈裴文舉傳〉。《通鑑》卷一百五十七〈梁紀十三〉武帝大同三年（537）八月：「東魏以東雍州刺史司馬恭鎮正平，司空從事中郎聞喜裴邃欲攻之，恭棄城走，泰以楊摽行正平郡事。」

30　參見矢野主稅，〈裴氏研究〉，頁29。

31　《周書》卷三十四〈裴寬傳〉。

六、裴氏自魏晉始已是有名的四海大族，其族人官宦四方[32]，上表之中裴瑗、裴雙碩、裴雲等支，其房支不詳，這些人物之子弟在東西魏分裂時大都任職東魏北齊。

（二）河東柳氏

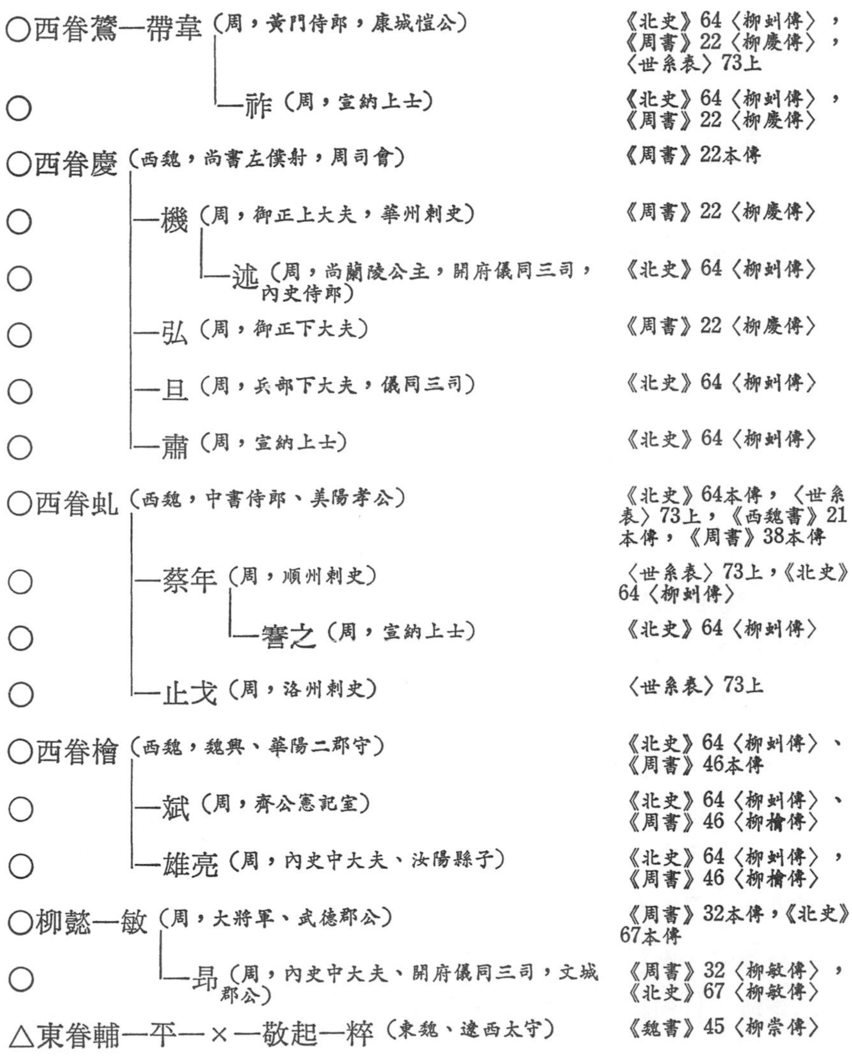

32 參見矢野主稅，〈裴氏研究〉。

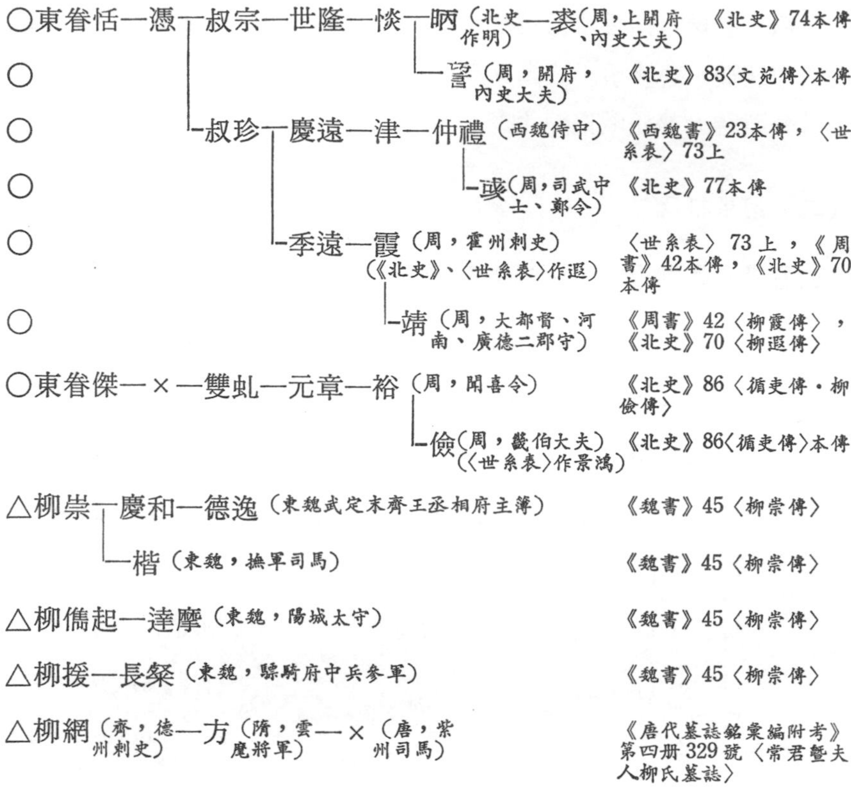

按《新唐書》卷七十三上〈宰相世系表三上・柳氏條〉載，柳氏以西眷與東眷二大房最著名，西眷僧習五子分爲五支：鷟、慶、虬、檜、鷙，其中鷙支資料失載，東眷卓四子四支：輔、恬、傑、奮，奮支無北朝資料。東眷近支有柳懿支。就以上有資料可尋的八支而言，除東眷輔支以外，其他皆任官西魏、北周。

一、柳氏有東眷西眷之分，始於晉侍中景猷，生二子：耆、純。耆號西眷，二子恭、璩，「恭，後魏河東郡守，南徙汝、潁，遂仕江表。曾孫緝，宋州別駕，宋安郡守。生僧習，與豫州刺史裴叔業據州歸於後魏，爲揚州大中正、尚書右丞、方輿公」[33]。西眷居住地在河

---

[33] 《新唐書》卷七十三上〈宰相世系表三上・柳氏條〉。

南地區，其西入關中的關鍵人物是柳慶，「魏孝武將西遷，除慶散騎侍郎，馳傳入關，慶至高平見太祖（宇文泰），共論時事，太祖卽請奉迎輿駕，仍命慶先還復命。……及帝西遷，慶以母老不從，獨孤信之鎭洛陽，乃得入關」[34]。柳慶兄鷟之子帶韋，「後與諸父歸朝，太祖辟爲參軍」[35]。柳慶兄虯，魏末亂時「遂棄官還洛陽。於時舊京荒廢，人物罕極，唯有虯在陽城，裴諏在潁川，信等乃俱徵之，以虯爲行臺郎中……」[36]。而「慶兄檜爲魏興郡守，爲賊黃寶所害，檜子三人，皆幼弱，慶撫養甚篤」[37]。所以這一支亦隨柳慶西遷。

二、東眷乃純之子卓，「晉永嘉中自本郡遷於襄陽，官至汝南太守」[38]。東眷恬支子孫實際上皆仕於南朝，柳裘[39]、䛒[40]、仲禮[41]，彧[42]、霞（或遐）[43]、靖[44]等皆仕後梁，及後梁被北周所滅，歸於關中。東眷傑支之裕與儉在《北史》卷八十五〈循吏列傳〉中載仕於北周，但如何西遷，事蹟不詳。東眷另一柳懿支，其子敏「起家員外散騎侍郎，累遷河東郡丞。朝議以敏之本邑，故有此授。敏雖統御鄉里，而處物平允，甚得時譽。及文帝剋復河東，見而器異之，乃謂之曰：『今日不喜得河東，喜得卿也。』卽拜丞相府參軍事」[45]。

三、柳氏旁支不詳者如楷、達摩、長粲、網等則見仕於東魏北齊。

---

34 《周事》卷二十二〈柳慶傳〉。
35 同上。
36 《周書》卷三十八〈柳虯傳〉。
37 《周書》卷二十二〈柳慶傳〉。
38 《新唐書》卷七十三上〈宰相世系表三上・柳氏條・東眷〉。
39 《北史》卷七十四〈柳裘傳〉。
40 《北史》卷八十三〈文苑列傳・柳䛒傳〉。
41 《西魏書》卷二十三〈柳仲禮傳〉。
42 《北史》卷七十七〈柳彧傳〉。
43 《周書》卷四十二〈柳遐傳〉。
44 同上。
45 《周書》卷三十二〈柳敏傳〉。

（三）河東薛氏

	世系	出處
○	南祖安都─道龍─榮─仲孫─衍（周，御伯中大夫）[46]	〈世系表〉73下
△	└（道）標─保興（北齊，襲爵河東郡開國公，青州樂安郡守）	《漢魏南北朝墓誌集釋》圖版 443〈薛保興墓誌〉
△	（南祖）眞度─懷儁─湛儒（東魏，司空水曹參軍）[47]	《魏書》61〈薛安都傳·附真度傳〉
○	（南祖）弘敞─×─×─憕（西魏，中書侍郎、安東將軍）[48]	《周書》38本傳，《北史》36本傳
○	└舒（禮部下大夫，儀同大將軍，按周制）	《周書》38〈薛憕傳〉，《北史》36〈薛憕傳〉
○	西祖─洪隆─驎駒（《周書》作麟駒、〈世系表〉作驊）─英集─端（周，軍司馬，驃騎大將軍）	《周書》35本傳，《隋書》56〈薛胄傳〉，《北史》36〈薛辯傳〉，〈世系表〉73下
○	└胄（周，合州刺史、開府儀同大將軍）	《周書》35本傳，《隋書》56〈薛胄傳〉，《北史》36〈薛辯傳〉，〈世系表〉73下
○	└驥─亮─琰（周，渭南太守）	《隋書》72〈薛濬傳〉，《北史》36〈薛辯傳·附濬傳〉
○	└濬（周，新豐令）	《隋書》72本傳，《北史》36〈薛辯傳·附濬傳〉
○	─瑚─聰─孝通─溫（周，鄯州刺史）	《北史》36〈薛辯傳·附孝通傳〉，〈世系表〉73下
△	└道衡（北齊，中書侍郎）	《北史》36〈薛辯傳·附孝通傳〉
△	└彧─長瑜（北齊，洛州刺史）[49]	《魏書》42〈薛辯傳〉，《北史》5〈魏孝武帝紀〉，《北齊書》2〈神武紀下〉，天平元年八月
○	└和─善（周，京兆尹、博平公）	《周書》35本傳，《北史》36〈薛辯傳·附善傳〉，〈世系表〉73下
○	└愼（周，湖州刺史）	《周書》35〈薛善傳〉，《北史》36〈薛辯傳·附善傳〉
○	─昂─欽─馥（周，荆州刺史、陽城公）	〈世系表〉73下
○	─慶─隆宗─仲玉（東夏州刺史、時在周境）	〈世系表〉73下

（漢上五門薛氏大房）

46　《漢魏南北朝墓誌集釋》圖版 443〈薛保興誌〉謂：「保興……祖安都……河東康王。父標……。公、……遷平州刺史……魏滅齊興……詔除銀青光祿大夫，襲封河東郡開國公。……春秋六十有三，薨於相業，便殯內黃，數十餘載，以大隋大業歲次庚午年（六年）……卜移雒邑。……」趙萬里釋：「……《唐·（宰相世系）表》載安都子真龍、道龍，與《（魏書·薛安都）傳》之道標及弟道異、道次均不合。又載真龍子顗、道龍子榮，亦不及保興及保興兄達。〈表〉作於呂夏卿，不能無脫誤，

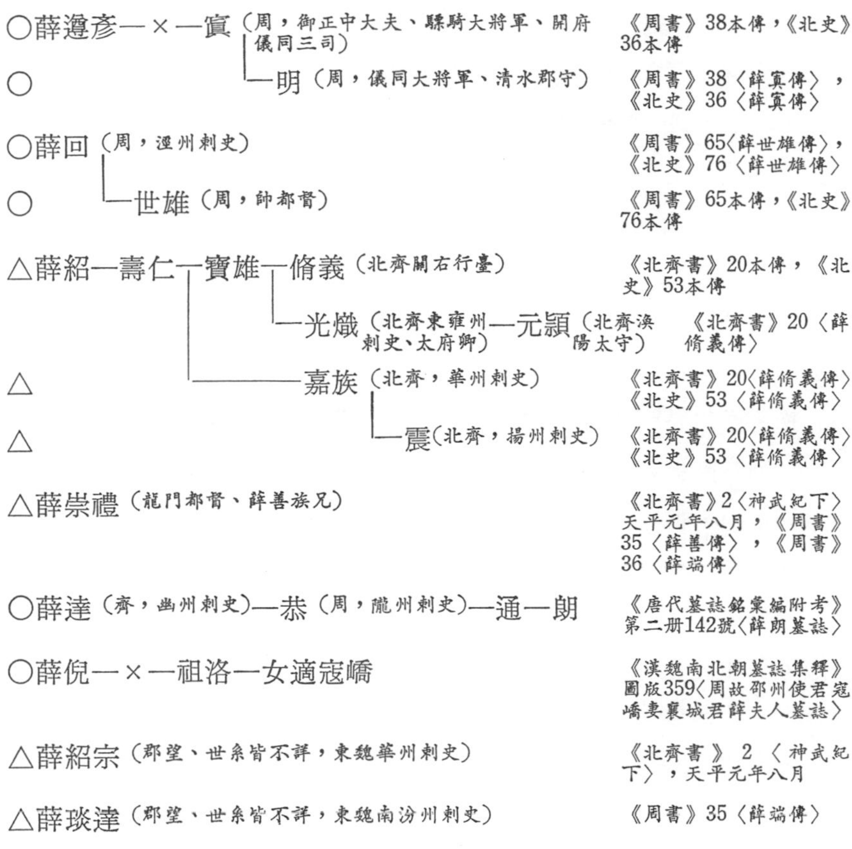

當以傳誌為正。……」本文按：《魏書》卷六十一〈薛安都傳〉謂：安都卒於皇興三年（469），其子道標卒於太和十三年（489）。北齊代東魏在武定八年（550），道標子保興卒於北齊時，年六十三，若如此，則保興當一年而孤，誌未載此，而保興自齊代魏後，仍襲祖爵，似齊立即卒，此其一。又北齊代東魏，保興仍可襲其祖安都河東郡開國公爵，不合理，此其二。薛保興卒後數十年才自內黃移葬邙山，其撰誌人恐有誤。本文又按：《新唐書》卷七十三下〈宰相世系表〉「薛安都——道龍——榮（後魏新野、武關二郡太守、都督、澄城縣公）——仲孫——衍（後周御伯中大夫）——軌（隋襄城郡贊治）——仁貴（松漠道大總管）——訥（相高宗），弟楚玉（左羽林將軍）——嵩（相、衛節度使）、弟嵩（相衛節度使、平陽郡王）。」查《新舊唐書．薛仁貴傳》皆未言其父、祖事蹟，恐有比附之嫌。唯自衍、軌一支，或有其人，或係薛氏南祖之另支。

47 《魏書》卷六十一〈薛安都傳．附真度傳〉謂：安都從祖弟真度。本文按：《新唐書》卷七十三下〈宰相世系表〉：雕號「南祖」，雕生堂、暉、推、煥、渠、黃。堂生廣。廣生安都。故真度仍應屬「南祖」房內。

48 《周書》卷三十八〈薛澄傳〉謂：澄從祖真度，按上注所示，澄應屬「南祖」房內。

49 薛長瑜在各書各傳記有不同名字，參見《周書》卷一〈文帝紀一〉校勘記〔二五〕薛瑾條。

按《新唐書》卷七十三下〈宰相世系表三下·薛氏條〉末載：「薛氏定著二房：一曰南祖，二曰西祖。」實際上西祖自薛彊以下，彊子辯，辯子謹，謹五子：洪阼、洪隆、瑚、昂、積善（慶）號「五房」，亦為瀵上五門薛氏大房，是當時最重要的一房[50]。

一、西祖瀵上五門薛氏大房之長子洪阼雖然在〈世系表〉中未列入表內，但仍是很重要的一支，因為「（洪）隆兄洪阼尚魏文（成）帝女西河公主，有賜田在馮翊，洪隆子麟駒徙居之，遂家於馮翊之夏陽焉」[51]。按河東薛氏主要居住地在汾陰，亦即汾水下游東西流向水道之南，西以黃河為界[52]，瀵上地望應在汾陰城南四十里，西去河三里[53]，而洪阼因西河公主之賜田在馮翊夏陽一帶，其居住地延伸至黃河以西境內，似乎洪阼及洪隆二房子孫皆居住於此。洪隆之曾孫端曾於北魏末受「司空高乾辟為參軍，賜爵汾陰縣男。端以天下擾亂，遂棄官歸鄉里」[54]。其後薛端傾向於西魏，產生很大的助力，前文已有詳論。又如瑚支的善，「少為司空府參軍事，遷儻城郡守，轉鹽池都將。魏孝武西遷，東魏改河東為泰州，以善為別駕，善家素富，僮僕數百人」[55]。「善與族人斬關納魏師，（薛）崇禮出走，追獲之。丞相泰進攻蒲坂，略定汾、絳，凡薛氏預開城之謀者，皆賜五等爵」[56]。善之傾向對西魏產生的助力，亦於前文詳論。瑚有孫孝通，「孝通與賀拔岳同事（尒朱）天光，又與周文帝有舊，二人並先在關右，因並推薦之。乃超授岳岐、華、秦、雍諸軍事、關西大行臺、雍州牧；周文帝為左丞，孝通為右丞，齎詔書馳驛入關授岳等，同鎮長安。岳深

50　參見拙文，〈晉隋之際河東地區與河東大族〉，《中央研究院第二屆國際漢學會議論文集》。

51　《周書》卷三十五〈薛端傳〉。

52　同註50。

53　《水經注疏》卷四〈河水〉：「河水又南，瀵水入焉（會貞按下云：此瀵水歷蒲坂西注河）。水出汾陰縣南四十里，西去河三里，平地開源，濆泉上湧，大幾如輪，深則不測，俗呼之為瀵魁。古人壅其流以為陂水種稻，東西二百步，南北一百餘步。」

54　《周書》卷三十五〈薛端傳〉。

55　《周書》卷三十五〈薛善傳〉。

56　《通鑑》一百五十七〈梁紀十三〉，武帝大同三年（537）沙苑戰後。

相器重，待以師友之禮。與周文帝結爲兄弟，情寄特隆」[57]。孝通因滯留洛陽而無法及時西遷，遂仕東魏，卒於鄴，宇文泰奏贈其官，這是當時東西分裂情況下很特殊的例子，「太昌元年，孝通因使入朝，仍被留京師，重除中書侍郎……及孝武西遷，或稱孝通與周文友密，及樹置賀拔岳鎮關中之計，遂見拘執……卽日原免。然猶致疑忌，不加位秩，但引爲坐客，時訪文典大事而已……興和二年，卒於鄴。魏前二年，周文帝追軫舊好，奏贈車騎將軍、儀同三司、青州刺史。齊武平初，又贈鄭州刺史」（同上註）。孝通子道衡亦滯留東魏北齊，「及齊亡，周武帝引爲御史二命士」（同上註）。

二、南祖之中，薛安都是重要人物，「父廣，司馬德宗上黨太守……安都爲（宋）平北將軍、徐州刺史，鎭彭城」[58]。後因劉宋政爭之故而降北魏，這是南朝、北朝勢力消長的重大事件，時在皇興二年。安都子孫遂仕北朝。這一支遠離本土汾陰日久，以文武官僚身分官宦當代，東、西魏分裂時，南祖子孫似乎在兩個政權中皆有人物。

三、薛氏是很龐大的宗族集團，除了南祖、西祖外，還有許多分支，因記載不詳，已無法將其世系全部列出，這許多分支的政治動向亦十分紛亂而不一致，如果是有地方勢力者，則對當時東西政權爭奪河東地區較有影響。

（四）敬珍、敬祥與楊標

敬珍、敬祥是地方豪強，地望是河東蒲坂，在涑水下游。汾陰的薛氏、聞喜的裴氏、解縣的柳氏雖然影響力亦可達此地區，但並非其主要根據地，敬珍、敬祥卻是以涑水下游爲其基業。然而蒲坂是河東整個地區的大城，常常是該州郡之首府，自五胡以來，外來之政治力雖不能控制河東地區之塢壁小城，卻常佔有這個大據點，因此蒲坂及其鄰近之區，常不屬於同一勢力。當外力極爲強大時，這種地方勢力

57 《北史》卷三十六〈薛辯傳〉。
58 《魏書》卷六十一〈薛安都傳〉。

並不能有所表現，但當局勢動盪時，就顯出其重要影響，《周書》卷三十五〈薛善傳·附敬珍敬祥傳〉載：

> 敬珍字國寶，河東蒲坂人也，漢楊州刺史韶之十世孫。父伯樂，州主簿，安邑令。珍偉容儀，有氣俠，學業騎射，俱為當時所稱。祥即珍從祖兄也，亦慷慨有大志，唯以交結英豪為務。珍與之深相友愛，每同遊處。及齊神武趨沙苑，珍謂祥曰：「高歡迫逐乘輿，播遷關右，有識之士，孰不欲推刃於其腹中？但力未能制耳。今復稱兵內侮，將逞凶逆，此誠志士効命之日，當與兄圖之。」祥聞其言甚悅，曰：「計將安出？」珍曰：「宇文丞相寬仁大度，有霸王之略，挾天子而令諸侯，已數年矣！觀其政刑備舉，將士用命，歡雖有衆，固非其儔。況逆順理殊，將不戰而自潰矣！我若招集義勇，斷其歸路，殲馘凶徒，使隻輪不反，非直雪朝廷之恥，亦壯士封侯之業。」祥深然之，遂與同郡豪右張小白、樊昭賢、王玄略等舉兵，數日之中，衆至萬餘。將襲歡後軍，兵未進而齊神武已敗。珍與祥邀之，多所剋獲。及李弼軍至河東，珍與小白等率猗氏、南解、北解、安邑、溫泉、虞鄉等六縣戶十餘萬歸附。太祖嘉之，即拜珍平陽太守，領永寧防主；祥龍驤將軍、行臺郎中，領相里防主。竝賜鼓吹以寵異之。太祖仍執珍手曰：「國家有河東之地者，卿兄弟之力。還以此地付卿，我無東顧之憂矣！」

正平楊擲，也是地方豪強，他的影響力除了汾曲正平一帶，還包括澮水流域，甚至涑水源頭，這個地區自始至終是宇文氏與高氏勢力的交接區，楊擲倒向宇文氏，使宇文氏爭奪此地區時獲得極大的助力。《周書》卷三十四〈楊擲傳〉載：

> 楊擲字顯進，正平高涼人也。祖貴、父猛，並為縣令。……從魏孝武入關，進爵為侯。……時弘農為東魏守，擲從太祖攻拔之。然自河以北，猶附東魏，擲父猛先為邵郡白水令，

> 擀與其豪右相知，請微行詣邵郡，舉兵以應朝廷。太祖許之。擀遂行，與土豪王覆憐等陰謀舉事，密相應會者三千人，內外俱發，遂拔邵郡。擒郡守程保及令四人，並斬之。衆議推擀行郡事，擀以因覆憐成事，遂表覆憐為邵郡守。以功授大行臺左丞，率義徒更為經略。於是遣諜人誘說東魏城堡，旬月之間，正平、河北、南汾、二絳、建州、大寧等城，並有請為內應者，大軍因攻而拔之。以擀行正平郡事，左丞如故。齊神武敗於沙苑，其將韓軌、潘洛、可朱渾元等為殿，擀分兵要截，殺傷甚衆。東雍州刺史馬恭懼擀威聲，棄城遁走。擀遂移據東雍州。太祖以擀有謀略，堪委邊任，乃表行建州事。時建州遠在敵境三百餘里，然擀威恩夙著，所經之處，多並贏糧附之。比至建州，衆已一萬。東魏刺史車折于洛出兵逆戰，擀擊敗之。又破其行臺斛律俱步騎二萬於州西，大獲甲仗及軍資，以給義士。由是威名大振。東魏遣太保侯景攻陷正平，復遣行臺薛循義率兵與斛律俱相會，於是敵衆漸盛……擀分遣訖，遂於夜中拔還邵郡。朝廷嘉其權以全軍，即授建州刺史。時東魏以正平為東雍州，遣薛榮祖鎮之。擀……遂襲克之。進驃騎將軍。旣而邵郡民以郡東叛，郡守郭武安脫身走免。擀又率兵攻而復之。轉正平郡守。又擊破東魏南絳郡，虜其郡守屈僧珍。……

河東裴氏、柳氏、薛氏是中古時期的大士族，其人物兼具河東地區的地方勢力及任職官僚體系的能力，所以其動向實影響東西政權之實力。以河東地區而論，據上文之分析，汾水之南的汾陰，及黃河西岸之馮翊夏陽等地，堅決支持宇文氏。涑水上游中游的裴氏及涑水中下游的柳氏亦傾向宇文氏，涑水下游蒲坂地方豪強敬珍、敬祥等強烈歸向宇文氏。故自大統三年高歡沙苑之敗後，上述河東地區已與西魏、北周政權牢牢結合，而使得宇文氏能鞏固地擁有此區。正平楊擀在汾曲、澮水流域、涑水源頭之處有很大的地方勢力，這個地區成爲東西政權爭奪交鋒區，此區在東魏北齊大軍進攻時屢失屢得，但亦因而屏障了涑水流域的穩定性。自此以後，東魏、北齊西進路線便以汾水北岸作爲重點了，下節細論汾北之爭奪戰。

三、汾北澮交爭奪戰

（一）高歡之二次進攻玉壁

「(興和）四年（大統八年，542）九月，神武西征。十月己亥，圍西魏儀同三司王思政於玉壁城，欲以致敵，西師不敢出。十一月癸未，神武以大雪，士卒多死，乃班師」[59]。這是東西兩政權在玉壁第一次會戰，主要得力於西魏王思政事先在玉壁堅固的防禦工事，才未被高歡攻陷，《周書》卷十八〈王思政傳〉：

> 王思政字思政，太原祁人……思政以玉壁地在險要，請築城。即自營度，移鎮之。遷并州刺史，仍鎮玉壁。（大統）八年，東魏來寇，思政守禦有備，敵人晝夜攻圍，卒不能克，乃收軍還。以全城功，受驃騎大將軍。

又四年，高歡第二次進攻玉壁，時西魏守將爲韋孝寬，《北齊書》卷二〈神武紀下〉載：

> (武定四年大統十二年，546）九月，神武圍玉壁以挑，西師不敢應。西魏晉州刺史韋孝寬守玉壁，城中出鐵面，神武使元盜射之，每中其目。用李業興孤虛術，萃其北。北，天險也。乃起土山，鑿十道，又於東面鑿二十一道以攻之。城中無水，汲於汾，神武使移汾，一夜而畢。孝寬奪據土山，頓軍五旬，城不拔，死者七萬人，聚為一冢。有星墜於神武

59 《北齊書》卷二〈神武紀下〉，興和四年九月。

營，衆驢並鳴，士皆讋懼。神武有疾。十一月庚子，輿疾班師。……是時西魏言神武中弩，神武聞之，乃勉坐見諸貴，使斛律金勅勒歌，神武自和之，哀感流涕。

《周書》卷三十一〈韋孝寬傳〉記載這次戰役防守方面的措施，內容更為詳細：

韋叔裕字孝寬，京兆杜陵人也。……世為三輔著姓。……（大統）八年，轉晉州刺史，尋移鎮玉壁，兼攝南汾州事。……十二年，齊神武傾山東之衆，志圖西入，以玉壁衝要，先命攻之。連營數十里，至於城下，乃於城南起土山，欲乘之以入。當其山處，城上先有兩高樓。孝寬更縛木接之，命極高峻，多積戰具以禦之。齊神武使謂城中曰：「縱爾縛樓至天，我會穿城取爾。」遂於城南鑿地道。又於城北起土山，攻具，晝夜不息。孝寬復掘長塹，要其地道，仍飭戰士屯塹。城外每穿至塹，戰士卽擒殺之。又於塹外積柴貯火，敵人有伏地道內者，便下柴火，以皮鞴吹之。吹氣一衝，咸卽灼爛。城外又造攻車，車之所及，莫不摧毀。雖有排楯，莫之能抗。孝寬乃縫布為縵，隨其所向則張設之。布旣懸於空中，其車竟不能壞。城外又縛松於竿，灌油加火，規以燒布，并欲焚樓。孝寬復長作鐵鉤，利其鋒刃，火竿來，以鉤遙割之，松麻俱落。外又於城四面穿地，作二十一道，分為四路，於其中各施梁柱，作訖，以油灌柱，放火燒之，柱折，城並崩壞。孝寬又隨崩處竪木柵以扞之，敵不得入。城外盡其攻擊之術，孝寬咸拒破之。……神武苦戰六旬，傷及病死者十四五，智力俱困，因而發疾。其夜遁去。後因此忿恚，遂殂。魏文帝嘉孝寬功，令殿中尚書長孫紹遠、左丞王悅至玉壁勞問，授驃騎大將軍、開府儀同三司，進爵建忠郡公。

按玉壁城在稷山縣西南十二里[60]，是汾河下游之軍事重鎮，可西達龍門，抵黃河岸，自龍門可渡河而入關中，或自龍門南渡汾水，沿黃河東岸而達蒲坂。當高歡第一次圍攻玉壁時，西魏宇文泰出兵援助，即循此路而上，「冬十月，齊神武侵汾、絳，圍玉壁。太祖出軍蒲坂，將擊之。軍至皂莢，齊神武退。太祖渡汾追之，遂遁去」[61]。故實乃河東地區之重要通道，嚴耕望先生敍述最詳，《唐代交通圖考》第一冊，頁91載：

> 此道（長安太原道）大略取渭水北岸東經同州（今大荔），由蒲津渡河至蒲州（今永濟），再東北循涑水河谷而上，至絳州（今新絳）。又由同州有支線東北行至龍門，渡河，循汾水而上亦至絳州。又有支線由蒲州沿河東岸北行至龍門，接龍門、絳州道。絳州又循汾水河谷北上，經晉州（今臨汾），至太原府（今晉源）。此觀地形可略知，殆古今所同者。（按：嚴文有詳考，謹略。）

涑水流域亦是重要交通線，但自沙苑之役，河東地方勢力投効西魏，故自汾河以南及涑水流域一帶，西魏似乎較爲鞏固，汾水北岸至龍門一帶，東魏曾經營此線，所以高歡有生之年兩次大規模主力戰皆以打通此線爲其入關中之目標，玉壁正是通道上的主要關隘。當高歡進攻之時，似有決心作較長期鏖戰，以示必破玉壁之決心，故在玉壁略東築有高歡城以資對峙[62]，不克，以致發病而殂。

玉壁兩次大會戰，雙方皆出動主力。第一次進攻玉壁，東魏除高

60　《稷山縣志》（同治四年沈鳳翔本）卷二〈城池〉：「玉壁關城在縣西南十二里，西魏王思政築，遺址屹然，後為玉壁渡。」《稷山縣志》卷七〈古跡〉略同。《太平寰宇記》卷四十七：「玉壁故城在縣西南十二里，後魏大統四年東道行臺王思政表築玉壁城，而因自鎮之。」《續修稷山縣志》（光緒十一年，馬家鼎纂修）卷一〈城池〉：「縣西南舊有玉壁渡。」

61　《周書》卷二〈文帝紀下〉，大統八年冬十月。

62　《稷山縣志》卷七〈古跡〉：「高歡城縣西五里，東魏高歡攻韋孝寬所築。」

歡親領大軍以外，還有斛律金[63]，金常領東魏雲代地區之精銳，是高歡之重要大將，又有薛孤延[64]等。西魏則有前軍大都督賀拔勝[65]等，其後宇文泰亦親率大軍支援。玉壁第二次攻防戰之戰況更為激烈[66]，東魏高歡悉衆西征，而參加此役之西魏將士除原防禦玉壁者外，還有怡峯，時為「東西北三夏州諸軍事、夏州刺史……從解玉壁圍，平栢谷塢，竝有功」[67]。楊忠，時為「雲州刺史、兼大都督，……幷與怡峯解玉壁圍」[68]。

（二）齊將斛律光段孝先之經營汾北澮交區

大統十六年（天保元年，550），東西魏的界線是「河南自洛陽，河北自平陽以東」[69]。其後東西政權仍然鏖戰於洛陽、平陽這條線上，洛陽地區本文不予贅述；河東地區的戰況如下：在西魏方面，自大統十八年（552）以後，達奚武鎮守玉壁。《周書》卷十九〈達奚武傳〉載：

> （大統十八年，552，西魏廢帝元欽元年）以大將軍出鎮玉壁，武乃量地形勝，立樂昌、胡營、新城三防。齊將高苟子以千騎攻新城，武邀擊之，悉虜其衆。
>
> （武成初，559）齊將斛律敦侵汾、絳，武以萬騎禦之，（斛

---

63 《北齊書》卷十七〈斛律金傳〉：「武定四年，詔金率衆從烏蘇道會高祖於晉州，仍從攻玉壁。」

64 《北齊書》卷十九〈薛孤延傳〉云：「代人。」

65 《周書》卷十四〈賀拔勝傳〉：「齊神武悉衆攻玉壁，勝以前軍大都督從太祖追之汾北。」

66 《周書》卷二〈文帝紀下〉，大統十二年九月：「齊神武圍玉壁，大都督韋孝寬力戰拒守，齊神武攻圍六旬不能下，其士卒死者什二三。會齊神武有疾，燒營而退。」

67 《周書》卷十七〈怡峯傳〉。

68 《周書》卷十九〈楊忠傳〉。

69 《周書》卷二〈文帝紀下〉，大統十六年九月。

律）敦退，武築栢壁城，留開府權嚴、薛羽生守之[70]。

在東魏、北齊方面，則以斛律光為進攻主將，《北齊書》卷十七〈斛律金傳·附光傳〉載：

> 光，字明月，……天保三年（西魏廢帝元年，552）……除晉州刺史。東有周天柱、新安、牛頭三戍，招引亡叛，屢為寇竊。七年（556），光率步騎五千襲破之，又大破周儀同王敬儁等，獲口五百餘人，雜畜千餘頭而還。九年（558），又率衆取周絳川、白馬、澮交、翼城等四戍。除朔州刺史。十年（559）……二月，率騎一萬討周開府曹迴公，斬之。栢谷城主儀同薛禹生棄城奔遁，遂取文侯鎮，立戍置柵而還。乾明元年（560），除并州刺史……河清二年（563）四月，光率步騎二萬築勳掌城於軹關西，仍築長城二百里，置十三戍。三年（564）正月，周遣將達奚成興等來寇平陽，詔光率步騎三萬禦之，興等聞而退走。光逐北，遂入其境，獲二千餘口而還。……（武平元年，570）詔加右丞相，并州刺史。其冬，光又率步騎五萬於玉壁築華谷、龍門二城，與（宇文）

70　《周書》標點本卷十九〈達奚武傳〉校勘記〔三〕謂：「《北齊書》卷一七〈斛律金傳〉『字阿六敦』，《北史》卷五四〈斛律金傳〉云『本名敦』，『敦』是省稱，也即其漢名。但其事不見金傳，唯附子光傳稱齊天保十年（即周武成元年，公元559年）二月『率騎一萬討周開府曹迴公，斬之，栢谷城主儀同薛禹生棄城奔遁』，時間正相合。這裏以為斛律金事，恐是記載有誤。『薛羽生』作『薛禹生』，北齊記載得之耳聞，疑作『羽』是。」本文按：標點本以上考證頗合事理。然標點本同卷同條校勘記繼云：「『栢壁城』《北齊書》作『栢谷城』。按《元和郡縣志》卷一四〈絳州正平縣條〉云：「柏壁在縣西南二十里。」《北齊書》卷一六〈段榮·附子韶傳〉載韶語云：「汾北、河東勢為國家之有，若不去栢谷，事同痼疾。」則柏壁、栢谷城同是汾、絳間的要塞，當是一城。武成元年（559年）守將薛羽生雖然『棄城奔遁』，但齊也未能久據此險，所以齊武平二年（即周天和六年，公元572年）段韶重又攻取此城。」本文按：《北齊書》卷十七栢谷城或是栢壁城之誤，但栢壁、栢谷為二個地名。栢壁據《直隸絳州志》卷之二〈古蹟條〉「栢壁城在州西南二十里……後魏明元帝置栢壁鎮，至太武帝廢鎮東雍州。」是一舊有的軍事要塞。而《北齊書》卷十六〈段韶傳〉謂武平二年（572）斛律金等攻占栢谷城，獲儀同薛敬禮，仍城華谷，置戍而還。按華谷應與栢谷鄰近，華谷據《稷山縣志》卷之二〈城池條〉、及同書卷七〈古跡條〉皆謂在稷山縣西北二十里。按稷山縣在絳州（正平）之西，華谷又在稷山縣西北二十里，其與絳州西南二十里之栢壁當有距離。又段韶等攻克栢谷，然後築華谷等城，其距離及方向不應如此差異。又《周書》卷十七〈怡峯傳〉：「從解玉壁圍，平栢谷塢。」栢谷城似是栢谷塢。

憲、（擒拔）顯敬等相持，憲等不敢動。光乃進圍定陽，仍築南汾城，置州以逼之，夷夏萬餘戶並來內附。二年（571）率衆築平隴、衛壁、統戎等鎮戍十有三所。周柱國枹罕公普屯威、柱國韋孝寬等步騎萬餘，來逼平隴，與光戰於汾水之北，光大破之，俘斬千計。……詔復令率步騎五萬出平陽道，攻姚襄、白亭城戍，皆克之，獲其城主儀同、大都督等九人，捕虜數千人……周將軍韋孝寬忌光英勇，乃作謠言，令間諜漏其文於鄴……盡滅其族。

上文天保九年（558）周失絳川、白馬、澮交、翼城等四城，則澮水流域盡皆入於齊手[71]。又河清二年（563）斛律光築勳掌城於軹關西，仍築長城二百里，置十三戍[72]；按「軹關道即古代河東通河內轉至河南道」[73]。這條道路被北齊軍困守，使周軍東伐失卻一條重要通道。北周爲奪回這條通道，次年（即河清三年、保定四年，564）「（冬十月）甲子，詔大將軍、大冢宰、晉國公護率軍伐齊……少師楊檦出軹關……十二月，楊檦於軹關戰沒」[74]。按楊檦乃正平人，効力於西魏，領導地方勢力歸順，在汾曲、涑水一帶甚有功績，前文已詳述。「保定四年，遷少師。其年，大軍圍洛陽，詔檦率義兵萬餘人出軹關。然檦自鎮東境二十餘年，數與齊人戰，每常克獲，以此遂有輕敵之心。時洛陽未下，而檦深入敵境，又不設備。齊人奄至，大破檦軍。檦以衆敗，遂降於齊」[75]。楊檦輕敵，固乃原因之一，但北齊已於此處設防，是勝負最主要原因。北周損失一員大將，此道仍然未通。

71　《水經注疏》卷六〈澮水條〉：有翼城、澮交、白馬山、白馬川、絳水、絳山等地。

72　又《北齊書》卷七〈武成紀〉河清二年三月乙丑詔：「司空斛律光督五營軍士築戍於軹關。」

73　嚴耕望，《唐代交通圖考》，第一冊，頁168，〈軹關道〉。

74　《周書》卷五〈武帝紀上〉，保定四年冬十月甲子。又《北齊書》卷七〈武成紀〉，河清三年冬十月甲辰，「太尉婁叡大破周軍於軹關，擒楊檦。」

75　《周書》卷三十〈楊檦傳〉。

段韶也是高氏政權中的主要戰將，在河東戰區，與宇文氏鏖戰於汾水下游北岸，周在此設有重兵，齊不能下，在玉壁稍北靠山有一險要之地，名曰栢谷，成爲齊將奪取之目標，《北齊書》卷十六〈段榮傳·附韶傳〉載：

> 韶字孝先……高祖以武明皇后姊子，益器愛之，常置左右，以為心腹……武平二年（571）二月，周師來寇，遣韶與右丞相斛律光、太尉蘭陵王長恭，同往捍禦。以三月暮行達西境，有栢谷城者，乃敵之絕險，石城千仭，諸將莫肯攻圍。韶曰：「汾北，河東，勢為國家之有，若不去栢谷，事同痼疾。計彼援兵，會在南道，今斷其要路，救不能來。且城勢雖高，其中甚狹，火弩射之，一旦可盡。」諸將稱善，遂鳴鼓而攻之，城潰，獲儀同薛敬禮，大斬獲首虜，仍城華谷，置戍而還。封廣平郡公。……六月，徙圍定陽，其城主開府儀同楊範（應作敷）[76] 固守不下……伏兵擊之，大潰，範等面縛，盡獲其衆。

齊將攻陷栢谷，作華谷城，實際上在汾水以北至龍門還作若干城[77]。周派齊國公（宇文）憲「自龍門渡河，斛律明月（光）退保華谷，憲攻拔其新築五城。六月，齊將段孝先（韶）攻陷汾州」[78]。齊將段孝先陷汾州，即上引段氏圍破定陽，擒周開府儀同楊敷事，《周書》卷三十四〈楊敷傳〉載：

> 楊敷字文衍，華山公寬之兄子也。……天和六年（571）出為汾州諸軍事，汾州刺史……齊將段孝先率衆五萬來寇，梯衝地道，晝夜攻城。敷親當矢石，隨事扞禦，拒守累旬。孝先攻之愈急。時城中兵不滿二千，戰死者已十四五，糧儲又

---

[76] 楊範係楊敷之誤，見標點本校勘記〔九〕，並參見《周書》卷三十四〈楊敷傳〉。

[77] 《周書》卷四〈武帝紀上〉，天和五年（570）冬十二月，「齊將斛律明月寇邊，於汾北築城，自華谷至龍門。」

[78] 《周書》卷四〈武帝紀上〉，天和六年（571）春三月乙酉。《北齊書》卷八〈後主紀〉，武平二年六月，段韶攻周汾州，剋之，獲刺史楊敷。

> 盡，公私窮蹙。齊公憲總兵赴救，憚孝先，不敢進軍。敷知必陷沒，……敷乃率見兵夜出，擊殺齊軍數十人，齊軍衆稍卻，俄而孝先率諸軍盡銳圍之，敷殊死戰，矢盡，為孝先所擒。

定陽位於龍門稍北，《魏書・地形志》謂屬南汾州[79]，王仲犖《北周地理志》亦謂屬南汾州[80]。從上引〈段孝先傳〉、〈楊敷傳〉看，似乎此時南汾州治所在定陽郡。其時北齊文宣帝大破山胡不久[81]，齊既不能破玉壁重鎭，無力渡汾水之南，遂全力鞏固汾水以北之地，大築地塞，西阻於黃河，西南與周界交於龍門。北齊新得澮水流域，又於軹關道築城戍防，其攻擊重心置於汾水北岸，而不沿涑水西南行而下蒲坂，固然因涑水源頭有山嶺[82]，最重要的是涑水及汾水以南等河東地方勢力支持北周政權，齊軍如從此路推進，除了面臨北周正規軍之對抗外，還將遭遇地方勢力之掣肘。北周以涑水流域爲其有效控制區，故於「保定二年（562）……於蒲州開河渠，同州開龍首渠，以廣灌溉」[83]。

斛律光是北齊一位有才略的大將，能攻則攻，不能攻則築城以守之，保持既得成果，以待時機。在絳州（即正平）西南二十里之栢壁鎭[84]，係後魏明元帝設置之軍事壁壘，斛律光曾屯兵於此[85]，栢壁在武成初（559）時仍爲西魏達奚武所有，後爲斛律光所奪，並以爲進攻之基地。又在絳州西十里有武平關，乃汾水北岸之軍事關隘，北齊

79　《魏書》卷一百六上〈地形志上〉。

80　王仲犖，《北周地理志》，頁83。

81　《北齊書》卷四〈文宣紀〉，天保五年正月癸巳有詳載。

82　《水經注疏》卷六〈涑水條〉：涑水出河東聞喜縣東山黍葭谷「注：涑水所出俗謂之華谷，而周陽與洮水合。水源東出清野山，世人以為清襄山也，其水東逕大嶺下。守敬按：《一統志》水出絳縣橫嶺山煙莊谷，山在聞喜縣東南九十里，山脊橫亘跨絳及垣曲二縣界。在聞喜者名小橫嶺，在絳縣南者名大橫嶺，在垣曲西北者，名清廉山，《水經注》洮水源出清野山，世以為清襄山。」

83　《周書》卷五〈武帝紀上〉，保定二年春正月壬寅。

84　《元和郡縣志》卷十四〈絳州正平縣條〉：「栢壁在縣西南二十里。」

85　《直隸絳州志》卷之二〈古跡項〉。

亦屯兵此處以防周寇[86]。又華谷城，在稷山縣西北二十里[87]，爲斛律光所築。按玉壁在稷山縣西南十二里，似乎華谷城還在玉壁北方略西處，其用意明顯在抵消玉壁之重要性。又加強高歡城，該城在稷山縣西五里，今爲平隴城[88]。「武平二年（571）斛律光率衆築平隴、衞壁、統戎等鎭戍十有三所」[89]。其時北周在這一帶似乎只剩下玉壁之地，從其將絳州屢次遷徙可知其勢，「後周明帝改東雍州爲絳州（即正平），徙聞喜縣龍頭城，復徙栢壁。建德中（572—578）徙稷山之玉壁，兼治正平郡」[90]。

斛律光在這個地區予北周重大之軍事壓力，但北齊皇帝中離間之計，誅殺斛律光，「周武帝聞光死，大喜，赦其境內，後入鄴，追贈上柱國、崇國公。指詔書曰：『此人在，朕豈能至鄴。』」[91]

四、北周之反攻——從東征洛陽至北伐晉幷

在北朝東西兩政權的軍事衝突之中，宇文泰東征的最主要目標是先克復洛陽，因洛陽乃北魏之首都，頗有號召人心之作用，又自洛陽而東下鄴都，似乎亦具形勢之利。宇文氏大舉東伐洛陽的史實有：

一、大統三年（537）冬，沙苑之戰後，宇文泰乘勝追擊，「遣左僕射、馮翊王元季海爲行臺，與開府獨孤信率步騎二萬向洛陽，……初太祖自弘農入關後，東魏將高敖曹圍弘農，聞其軍敗，退守洛陽。獨孤信至新安，敖曹復走渡河，信遂入洛陽。……（大統）四年七月，東魏遣其將侯景、厙狄干、高敖曹、韓軌、可朱渾元、莫多婁

86　同上。

87　《稷山縣志》卷之二〈城池〉，同書卷七〈華谷城條〉。

88　《稷山縣志》卷之二〈城池．平隴城條〉。

89　《北齊書》卷十七〈斛律金傳．附光傳〉。又《通鑑》一百七十〈陳紀四〉宣帝太建三年（571）正月：「齊斛律光築十三城於西境（胡注：汾北之地，於鄴爲西）馬上以鞭指畫而成，拓地五百里，而未嘗伐功……。」

90　《直隸絳州志》卷之一〈沿革〉（乾隆乙酉〔三十年〕鎸，張成德總修）。

91　《北齊書》卷十七〈斛律金傳．附子光傳〉。

貸文等圍獨孤信於洛陽。齊神武繼其後。先是，魏帝將幸洛陽拜園陵，會信被圍，詔太祖率軍救信，魏帝亦東……戰並不利……由是乃班師，洛陽亦失守。……」[92]

二、「大統九年（543）春，東魏北豫州刺史高仲密舉州來附，太祖帥師迎之，令開府李遠爲前軍，至洛陽……三月，齊神武至河北。太祖還軍瀍上以引之。齊神武果度河，據邙山爲陣，……趙貴等五將軍居左……戰不利。齊神武軍復合，太祖又不利，夜乃引還。既入關，屯渭上」[93]。是爲邙山之敗。

三、「保定四年（564）冬十月甲子，詔大將軍、大冢宰、晉國公護率軍伐齊，帝於太廟庭授以斧鉞。於是護總大軍出潼關，大將軍權景宣率山南諸軍出豫州，少師楊摽出軹關，……十一月甲午，柱國、蜀國公尉遲迥率師圍洛陽，柱國、齊國公憲營於邙山，晉公護次於陝州，……（十二月）壬戌，齊師渡河，晨、至洛陽，諸軍驚散。尉遲迥率麾下數十騎扞敵，得卻，至夜引還，柱國、庸國公王雄力戰，死之。遂班師」[94]。

四、「建德四年（575）七月丙子，召大將軍以上至大德殿，帝曰：『……今欲數道出兵，水陸兼進，北拒太行之路，東扼黎陽之險。若攻拔河陰，兗、豫則馳檄可定……』羣臣咸稱善。……以柱國陳王純爲前一軍總管，滎陽公司馬消難爲前二軍總管，鄭國公達奚震爲前三軍總管，越王盛爲後一軍總管，周昌公侯莫陳瓊爲後二軍總管，趙王招爲後三軍總管，齊王憲率衆二萬趣黎陽，隨國公楊堅、廣寧侯薛迥舟師三萬自渭入河，柱國梁國公侯莫陳芮率衆一萬守太行道，申國公李穆帥衆三萬守河陽道，常山公于翼帥衆二萬出陳、汝。壬午，上親率六軍，衆六萬，直指河陰。……（八月）丁未，上親率諸軍攻河陰大城，拔之。進攻子城，未克。上有疾。九月辛酉夜，班

92　《周書》卷二〈文帝紀下〉大統三年、四年。

93　《周書》卷二〈文帝紀下〉大統九年三月。

94　《周書》卷五〈武帝紀上〉保定四年十月至十二月。

師，水軍焚舟而退。齊王憲及于翼、李穆等所在克捷，降拔三十餘城，皆棄而不守。……」[95]

以上四次大會戰，皆是宇文氏之主力部隊，結果皆鎩羽而歸，原因固多，其中最重要一點恐怕是洛陽乃四戰之地，洛陽受到攻擊，不但其河南地區可立刻支援，鄴都亦可派兵援助，最具威力的乃幷州，幷州是東魏北齊之軍事核心區[96]，高氏又聚結其精銳於此地，高氏在東魏任大丞相，北齊時期是皇帝，平均每年三分之二的時間長駐於幷州。洛陽有變，幷州派軍南下，迅速即達，所以宇文氏雖屢破洛陽，卒不能守，終究屢次退回潼關。這種形勢在周第四次進攻洛陽時已有人指出[97]。建德四年之敗，北周武帝終於發現幷州才是決戰勝負之所。《周書》卷六〈武帝紀下〉建德五年（576）：

> 冬十月，帝謂羣臣曰：「……若復同往年，出軍河外，直為撫背，未扼其喉。然晉州本高歡所起之地，鎮攝要重，今往攻之，彼必來援，吾嚴軍以待，擊之必克。然後乘破竹之勢，鼓行而東，足以窮其窟穴，混同文軌。」諸將多不願行。帝曰：「幾者事之微，不可失矣！若有沮吾軍者，朕當以軍法裁之。」

要進攻幷州，勢必與高氏主力會戰，是以諸將多不願行，但此戰略是宇文氏經過數次失敗教訓而獲取的，當然要堅持執行。自關中進攻幷州，河東地區便成爲重要基地，當年高氏屢次親率大軍或派主將進攻河東地區，其目標當然是關中。宇文氏最終悟出之戰略，實際上與高

---

95 《周書》卷六〈武帝紀下〉，建德四年七月至十月。

96 見拙文〈北魏東魏北齊之核心集團與核心區〉，《中央研究院歷史語言研究所集刊》，第57本第2分。

97 《通鑑》一百七十二〈陳紀六〉宣帝太建七年（575）載：「周主將出河陽，內史上士宇文弼曰：『齊氏建國，於今累世，雖曰無道，藩鎮之任，尚有其人。今之出師，要須擇地。河陽衝要，精兵所聚，盡力攻圍，恐難得志。如臣所見，出於汾曲，戍小山平，攻之易拔，用武之地，莫過於此。』民部中大夫天水趙煚曰：『河南、洛陽，四面受敵，縱得之，不可以守。請從河北直指太原，傾其巢穴，可一舉而定。』遂伯下大夫鮑宏曰：『我彊齊弱，我治齊亂，何憂不克！但先帝往日屢出洛陽，彼既有備，每有不捷，如臣計者，進兵汾、潞，直掩晉陽，出其不虞，似為上策。』周主皆不從。

氏相同，只是攻戰方向相反而已。高氏屢次進攻河東，是其主動出擊，因此當時高氏略強於宇文氏，然自宇文氏得四川，併後梁，其勢已與高氏實力相當。北周武帝判斷北齊人謀不臧，「前入賊境，備見敵情，觀彼行師，殆同兒戲。又聞其朝政昏亂，政由羣小，百姓嗷然，朝不謀夕。天與不取，恐貽後悔」[98]。所以昔日宇文氏在河東地區是防禦戰，如今則以河東爲基地發動進攻戰爭。北周武帝在改變戰略後，曾在河東地區先作軍事預習，《周書》卷六〈武帝紀下〉建德五年春正月辛卯：

> 行幸河東涑川，集關中、河東諸軍校獵。

同年十月，發動大規模東伐，《周書》卷六〈武帝紀下〉建德五年（576）冬十月己酉載：

> 帝總戎東伐，以越王盛為右一軍總管，杞國公亮為右二軍總管，隨國公楊堅為右三軍總管，譙王儉為左一軍總管，大將軍竇恭為左二軍總管，廣化公丘崇為左三軍總管，齊王憲、陳王純為前軍……癸亥，帝至晉州，遣齊王憲率精騎二萬守雀鼠谷，陳王純步騎二萬守千里徑，鄭國公達奚震步騎一萬守統軍川，大將軍韓明步騎五千守齊子嶺，烏氏公尹昇步騎五千守鼓鍾鎮，涼城公辛韶步騎五千守蒲津關，柱國、趙王招步騎一萬自華谷攻齊汾州諸城，柱國宇文盛步騎一萬守汾水關。遣內史王誼監六軍，攻晉州城。帝屯於汾曲。齊王憲攻洪洞、永安二城，並拔之。……帝每日自汾曲赴城下，親督戰，城中惶窘……（壬申）未明，登城鼓噪，齊衆潰，遂克晉州，擒其城主特進、開府、海昌王尉相貴，俘甲士八千人，送關中。甲戌，以上開府梁士彥為晉州刺史，加授大將軍，留精兵一萬以鎮之。又遣諸軍徇齊諸城鎮，並相次降款。十一月己卯，齊主自并州率衆來援……十二月戊申（帝）

98　《周書》卷六〈武帝紀下〉，建德五年冬十月，武帝謂羣臣語。

> 次於晉州……帝帥諸軍八萬人，置陣東西二十餘里……(帝)勒諸軍擊之，齊人便退，齊主與其麾下數十騎走還并州，齊衆大潰，軍資甲仗，數百里間，委棄山積。……己未，軍次并州。庚申，（高）延宗擁兵四萬出城抗拒……至明（帝）率諸軍更戰，大破之，擒延宗，并州平。

高氏自并州淪陷後，未久便亡國。

高歡圖自并州經河東而入關中，受阻於玉壁，壯志未酬身先死。此二戰略方向卻由李淵實現，其間除了戰略路線正確以外，亦需地方勢力的支援。《隋書》卷六十三〈樊子蓋傳〉載：

> （大業十一年）時絳郡賊敬槃陀、柴保昌等阻兵數萬，汾、晉苦之。詔令子蓋進討。于時人物殷阜，子蓋善惡無所分別，汾水之北，村塢盡焚之。百姓大駭，相率為盜。其有歸首者，無少長悉坑之。擁數萬之衆，經年不能破賊，有詔徵還。

《新唐書》卷一〈高祖紀一〉：

> 大業十一年，拜山西河東慰撫大使，擊龍門賊毋端兒……又擊絳州賊柴保昌，降其衆數萬人。

《直隸絳州志》卷二十〈雜志〉頁10—11：

> 大業十一年十二月，以李淵代之，有降者，淵引置左右，由是賊衆多降。

按李淵在大業中楊玄感反隋之時，曾「爲弘化留守以禦玄感，詔關右諸郡兵皆受高祖節度」[99]。所以李淵自太原南下，除在霍邑受阻，斬守將宋老生以外，下臨汾郡及絳郡，旋至龍門，並未受阻擋，至蒲坂，遇隋驍衞大將軍屈突通鎭河東，不得進，因關中響應，避開蒲坂渡河入長安[100]。

99　《新唐書》卷一〈高祖紀一〉。

100　參見《大唐創業起居注》卷二。

五、結　論

一、魏分東西之時，高歡的勢力達黃河西岸，在北中國佔絕對優勢。大統三年（537）沙苑之戰，高歡大敗，東魏因此大撤退。而在河東地方勢力的支持之下，宇文氏遂擁有大部分河東地區，予宇文氏抗衡高氏之機會。

二、河東人物的動向影響宇文氏擁有河東地區之穩固性，也影響西魏北周對抗東魏北齊時之實力。河東裴氏著房在東西政權皆有仕者，洗馬房、中眷雙虎支、東眷、東眷道護支等歸向宇文氏，中眷萬虎支、中眷三虎支則歸向高氏，西眷、南來吳等大部分仕高氏，小部分西走關中；歸向宇文氏之房支其地方勢力較強。河東柳氏著房東眷及西眷絕大多數歸向宇文氏。河東薛氏南祖分仕東西政權，而最強盛並且地方勢力最大的西祖濮上五門薛氏大房絕大多數歸向宇文氏，所以汾水以南成爲西魏、北周的強烈支持區；薛氏有一些旁支在汾北頗有勢力，他們傾向高氏，汾北其後成爲東西政權的爭奪區。蒲坂地方豪強敬珍、敬祥等全力歸向宇文氏。綜合以上分析，汾陰薛氏、聞喜裴氏、解縣柳氏以及蒲坂敬氏等大族在東西政權對峙之時，其著房之在鄉宗族絕大多數傾向宇文氏，使得汾水以南、涑水上游中游下游、鹽池一帶皆成爲西魏北周的鞏固地盤。正平地方豪強楊檦歸向宇文氏，使得汾曲、澮水流域、涑水源頭之地在東西政權爭奪戰中，西方一直佔了上風。

三、河東大士族裴氏、柳氏、薛氏等其主支大部分歸向西魏北周，其人物與關中政權長期結合，所以時人將此三大士族歸類於關中郡姓之中[101]。

四、東魏、北齊的軍事重心在幷州，河東成爲高氏進攻關中的重

101　《新唐書》卷一百九十九〈儒學列傳中·柳沖傳〉載，柳芳云：「關中亦號『郡姓』，韋、裴、柳、薛、楊、杜首之。」

要通道。汾南、涑水流域是宇文氏的鞏固地盤，東西政權遂展開汾北爭奪戰，高歡二次大舉圍攻玉壁，未果而卒；齊將斛律光、段孝先等重兵經營汾北，幾盡得其地；北周因北齊君臣猜忌而得以喘息。

五、宇文氏多次大舉東征皆以洛陽爲目標，因高氏的并、鄴軍援而未果。北周吞併四川、滅後梁，國力驟增，建德四年（575）再次大舉東伐洛陽，仍然鎩羽而歸。次年周武帝乃以河東爲基地，北伐晉、并，摧毀北齊之軍事中心，才得以統一北方。

——原刊於《國立臺灣大學文史哲學報》第三十五期

第五篇　西魏府兵史論

一、前　言

有關府兵制度前期的研究，發軔於陳寅恪〈府兵制前期史料試釋〉一文[1]；岑仲勉《府兵制度研究》對於府兵之起源，《周書》、《北史》、《鄴侯家傳》史料之辨正，東魏北齊府兵等，提出獨到的觀點[2]；唐長孺〈魏周府兵制度辨疑〉提出南北朝軍府皆影響府兵之說，並辨明《鄴侯家傳》郎將主府恐不正確[3]；谷霽光《府兵制度考釋》是頗具功夫之作，對於資料及名詞之詮釋，極爲詳盡[4]。日人濱口重國〈西魏の二十四軍と儀同府〉純於軍制上作有系統地排列[5]；谷川道雄〈武川鎭軍閥の形成〉更將宇文泰集團之源頭、上溯至六鎭之武川[6]；菊池英夫〈北朝軍制に於ける所謂鄉兵について〉指出府

---

1 陳寅恪，〈府兵制前期史料試釋〉刊於《中央研究院歷史語言研究所集刊》第七本第三分（民國26年12月）；該文略增訂後，復收入《隋唐制度淵源略論稿》六〈兵制〉（歷史語言研究所專刊之二十二，民國33年）。

2 岑仲勉，《府兵制度研究》（1957），第一、二、三章，頁1-27。

3 唐長孺，〈魏周府兵制度辨疑〉，載於《魏晉南北朝史論叢》（1955），頁250-288。

4 谷霽光，《府兵制度考釋》（上海人民出版社，1962年7月），第一、二、三章，頁1-95。

5 濱口重國，〈西魏の二十四軍と儀同府〉，刊於《東方學報》8（1938），上，頁347-400；下，頁347-393。

6 谷川道雄，〈武川鎭軍閥の形成〉，《名古屋大學東洋史研究報告》8（1982年12月），頁35-63。

兵制與鄉兵之關係[7]。中國學者自史料之考釋、名詞之界定，進而探索府兵制度之意義；日本學者則自府兵之武川源頭、鄉兵結合、兵制本身系統等角度探索府兵制度之凝成。半個世紀以來，中日前輩學者對於府兵制度之輪廓與內涵已有相當程度之理清。唯近年來嚴耕望《唐代交通圖考》之問世[8]，使中古交通路線，及地理方位獲得較清晰之脈絡；王仲犖《北周地理志》重建西魏北周地理志[9]，其中尤以〈東西魏北齊北周僑置六州考略〉最爲扼要[10]；馬長壽《碑銘所見前秦至隋初的關中部族》是運用石刻資料探討關中居民結構的最佳範本[11]。這幾部著作看起來與府兵制度並無直接關連，但由於對關中地區地理及部族之明瞭，開拓了史學研究領域，作者去年曾撰寫〈晉隋之際河東地區與河東大族〉一文[12]，即嘗試結合地理、人羣而探討地方勢力，今細細拜讀前輩著作，發現可進一步研究關中地區，按關中乃西魏北周朝廷所在地，性質上已非一隅之州郡，因而激起強烈的意志研究府兵制度，所以本文研究府兵制度仍非常重視地緣關係、居民結構、社會勢力等因素；復由於府兵制是西魏北周中央朝廷中的重要制度，各主要軍事集團在此制度中之結合也是重要的關鍵。本文的主旨如下：宇文政權中的軍事集團、西魏社會勢力之分析、六柱國十二大將軍之統屬及其轄區、西魏府兵制度成立之分析等。

本文以研究西魏時期府兵制度及其相關之政治社會爲主，凡歷史事件需上溯至北魏末期或下及北周、隋、唐者，在章節中亦一併討論，本文以研究西魏域內有關府兵制度之人、地、事爲主，但若需要

---

7 菊池英夫，〈北朝軍制に於ける所謂鄉兵について〉刊於《重松先生古稀紀念九州大學東洋史論叢》(1957)，頁91-139；其後谷川道雄亦有〈北朝末期の鄉兵について〉，《東洋史研究》20/4 (1962)，頁 60-91，及〈北朝鄉兵再論〉，《名古屋大學文學部研究論集》(史學19) 1972，頁51-68。

8 嚴耕望，《唐代交通圖考》(中央研究院歷史語言研究所專刊之八十三)，現已出版五册，第一册爲〈京都關內區〉(民國74年5月)。

9 王仲犖，《北周地理志》(中華書局，1980年8月)。

10 王仲犖，〈東西魏北齊北周僑置六州考略〉，《文史》第五輯，頁23-29。

11 馬長壽，《碑銘所見前秦至隋初的關中部族》(中華書局，1985年1月)。

12 毛漢光，〈晉隋之際河東地區與河東大族〉，《中央研究院第二屆國際漢學會議論文集》。

與東魏對應比較時，亦陳述兩者間之異同，以闡明府兵制度之特性。

二、宇文泰政權中的軍事集團

(一) 宇文泰親信

于謹。「河南洛陽人也，小名巨彌。曾祖婆，魏懷荒鎮將。祖安定平涼郡守、高平郡將。父提，隴西郡守，茌平縣伯。」當破六韓拔陵首亂北境之時，謹已從軍平亂，其後征鮮于脩禮，南伐梁境，升爲都督。討葛榮，平邢杲，拜征虜將軍。從尒朱天光破万俟醜奴，又隨天光平宿勤明達，別討夏州賊賀遂有伐等，授大都督。又從天光與高歡戰於韓陵山，天光旣敗，謹遂入關。賀拔岳以爲咸陽郡守。于謹與宇文泰有較深厚的關係，故「太祖臨夏州，以謹爲防城大都督，兼夏州長史」[13]。在衆多資深將領之中，于謹是宇文泰未掌權之前唯一的追隨者。其時賀拔岳爲「都督二雍二華二岐豳四梁三益巴二夏蔚寧涇二十州諸軍事、大都督」[14]。侯莫陳悅爲「開府儀同三司、都督隴右諸軍事，兼秦州刺史」[15]。宇文泰本爲賀拔岳關西大行臺之左丞，領岳府司馬[16]。賀拔岳擴張其勢力，任命宇文泰爲「使持節、武衞將軍、夏州刺史」[17]。夏州卽五胡亂華時西夏國赫連勃勃之統萬城，戰略地位重要，唯四周部落複雜[18]，是一旣危險又富於機會之所，從史書載「太祖至州，（紇豆陵）伊利望風款附」(同上註)而言，夏州之

---

13 《周書》卷十五〈于謹傳〉。于謹本姓万紐于，北魏勳臣八姓之一，見《北朝胡姓考》頁54。

14 《周書》卷十四〈賀拔勝傳・附岳傳〉，魏孝武帝永熙二年（533）時。

15 《周書》卷十四〈賀拔勝傳・附侯莫陳悅傳〉，魏孝武初。

16 《周書》卷一〈文帝上〉太昌元年（532）。《通鑑》卷一百五十五〈梁紀十一〉武帝中大通四年亦載：「岳以泰為行臺左丞，領府司馬，事無巨細，皆委之。」

17 《周書》卷一〈文帝上〉。

18 《周書》卷一〈文帝上〉：「太祖還謂岳曰：『……今費也頭控弦之騎不下一萬，夏州刺史斛拔彌俄突勝兵之士三千餘人，及靈州刺史曹泥，並恃其僻遠，常懷異望，河西流民紇豆陵伊利等戶口富實，未奉朝風。今若移軍近隴，扼其要害，示之以威，服之以德，卽可收其士馬，以實吾軍……。』」

派遣，宇文泰儼然成為當時關內的第三勢力，而于謹是其第一號副手。于謹向宇文泰進言定關中、迎魏帝之策，幾乎與宇文泰向賀拔岳進言定關中、匡魏帝之策雷同[19]。在聯繫魏帝方面，當初賀拔岳曾派遣宇文泰詣闕請事[20]。宇文泰主持關中軍政之後，于謹負起這項聯繫任務，「會有敕追謹為閤內大都督，謹因進都關中之策，魏帝納之，尋而齊神武逼洛陽，謹從魏帝西遷」[21]。按當時魏帝受逼於高歡，其行止有多種選擇[22]，而建議西遷入關者，亦有多人[23]，唯于謹是宇文泰之第一號副手，謹之建議對魏帝而言應該甚具影響。魏帝入關對於宇文泰聲望提高極為重要。魏廷立基關中，宇文泰得以順利地發展中央禁旅——府兵制度。

賀蘭祥。《周書》卷二十本傳載：

> 其先與魏俱起……其後有以良家子鎮武川者，遂家焉。父初真，少知名，為鄉閭所重。尚太祖姊建安長公主。……祥年十一而孤，居喪合禮。長於舅氏，特為太祖所愛。……太祖初入關，祥與晉公護俱在晉陽，後乃遣使迎致之。……尋擢補都督，恒在帳下。從平侯莫陳悅，又迎魏孝武……從擊潼關……又攻回洛城，拔之。還，拜左右直長……。

宇文泰為賀蘭祥之舅[24]，且祥自幼長於泰家，泰視祥為子姪，祥追隨

---

19 《周書》卷一〈文帝上〉，接上注：「西輯氐羌，北撫沙塞，還軍長安，匡輔魏室，此桓文舉也。」同書卷十五〈于謹傳〉：「謹對曰：『關右，秦漢舊都，古稱天府，將士驍勇，厥壤膏腴，西有巴蜀之饒，北有羊馬之利。今若據其要害，招集英雄，養卒勸農，足觀時變。且天子在洛，逼迫羣兇，若陳明公之懇誠，算時事之利害，請都關右，帝必嘉而西遷。然後挾天子而令諸侯，奉王命以討暴亂，桓、文之業，千載一時也。』太祖大悅。」

20 《周書》卷一〈文帝上〉，宇文泰進言賀拔岳之後，「岳大悅，復遣太祖詣闕請事，密陳其狀。魏帝深納之。加太祖武衛將軍，還令報岳。」

21 《周書》卷十五〈于謹傳〉：于謹言宇文泰以後，繼載之文。

22 《通鑑》卷一百五十六〈梁紀十二〉武帝中大通六年(534)七月：「魏主問計於羣臣，或欲奔梁，或云南依賀拔勝，或云西就關中，或云守洛口死戰，計未決。」

23 《通鑑》卷一百五十六〈梁紀十二〉武帝中大通六年(534)六月載，主張西遷入關者有：中軍將軍王思政、散騎侍郎河東柳慶、閤內都督宇文顯和、東郡太守河東裴俠等。

24 參見谷川道雄，〈武川鎮軍閥の形成〉，《名古屋大學東洋史研究報告》8，頁42婚姻關係表。

泰參加大小戰役。

宇文導。《周書》卷十〈邵惠公顥傳・附導傳〉載：

> 導（泰長兄顥之子）字菩薩。少雄豪，有仁惠，太祖愛之。初與諸父在葛榮軍中，榮敗，遷晉陽。及太祖隨賀拔岳入關，導從而西，常從征伐。太祖討侯莫陳悦，以導為都督，鎮原州。及悦敗，北走出故塞，導率騎追之，至牽屯山及悦，斬之，傳首京師。……(大統) 三年 (537)，太祖東征，導入宿衛，拜領軍將軍、大都督。齊神武渡河侵馮翊，太祖自弘農引軍入關，導督左右禁旅會於沙苑，與齊神武戰，大破之，進位儀同三司。明年，魏文帝東征，留導為華州刺史。及趙青雀、于伏德、慕容思慶等作亂，導自華州率所部兵擊之，擒伏德，斬思慶。進屯渭橋，會太祖軍。事平，進爵章武郡公……尋加侍中、開府、驃騎大將軍、太子少保。高仲密以北豫降，太祖率諸將輔魏皇太子東征，復以導為大都督，華、東雍二州諸軍事，行華州刺史。導治兵訓卒，得守捍之方，及大軍不利，東魏軍追至稠桑，知關中有備，乃退。

宇文導是宇文泰鍾愛之姪，按宇文泰大部分時間長駐於華州一帶，宇文導則在雍州一帶，大統之初曾經宿衞，東魏兵至沙苑，導亦曾領禁旅參戰。宇文泰出關東征，則將導調至華州。本傳末評曰：「導性寬明，善於撫御，凡所引接，人皆盡誠。臨事敬慎，常若弗及。太祖每出征伐，導恒居守，深爲吏民所附，朝廷亦以此重之。」按宇文泰長子毓，永熙三年（534）生，母曰姚夫人[25]，毓即北周第二任皇帝明帝，唯宇文泰屬意於第三子覺，覺生於大統八年（542），母曰元皇后[26]，覺即北周第一任皇帝孝閔帝。由於宇文覺年幼，宇文泰培養兄顥之子導、護扶助幼君。顥有三子，即什肥、導、護。什肥留晉陽爲

---

25 《周書》卷四〈明帝紀〉。

26 《周書》卷三〈孝閔帝紀〉。

高歡所殺[27]。無論就年齡、聲望、才能各方面而言，宇文導是泰最信任者，泰出征或巡防時，皆令導領重兵居守。導卒於魏恭帝元年（554）十二月，年四十四，乃弟護遂替代導之角色。

宇文護。《周書》卷十一〈晉蕩公護傳〉載：

> 太祖之兄邵惠公顥之少子也。……普泰初（531）自晉陽至平涼，時年十七，太祖諸子並幼，遂委護以家務，……從征侯莫陳悅，破之……從太祖擒竇泰、復弘農、破沙苑、戰河橋，並有功。遷鎮東將軍、大都督。八年（542），進車騎大將軍、儀同三司……十二年（546）加驃騎大將軍、開府儀同三司……十五年，出鎮河東，遷大將軍。與于謹征江陵。……太祖西巡至牽屯山，遇疾，馳驛召護，護至涇州，而太祖疾已綿篤，謂護曰：「吾形容若此，必是不濟。諸子幼小，寇賊未寧，天下之事，屬之於汝，宜勉力以成吾志。」護涕泣奉命，行至雲陽而太祖崩，護秘之，至長安乃發喪。時嗣子沖弱，強寇在近，人情不安，護綱紀內外，撫循文武，於是衆心乃定。

宇文護於大統十二年（546）爲開府，十五年（549）至征江陵間升爲大將軍，征江陵在魏恭帝元年（555）[28]，是年乃兄導卒，按大統十六年時未見護爲大將軍，所以護任大將軍應在大統十七年（551）至恭帝元年（555）之間。無論如何，護在十六年雖未列名大將軍，但其權力迅速上升，恭帝三年（557）十月乙亥，宇文泰卒，「護尋拜柱國」[29]，其年十二月庚子，宇文護即扶助覺簒魏立周，並誅柱國大將軍趙貴及其黨羽，逼死獨孤信等[30]，宇文護是北周初期眞正掌權者。

王盟。《周書》卷二十本傳載：

> 明德皇后之兄也……父羆，伏波將軍，以良家子鎮武川，因

27　《周書》卷十〈邵惠公顥傳·附什肥傳〉。

28　《周書》卷四十八〈蕭詧傳〉。

29　《周書》卷十一〈晉蕩公護傳〉。

30　參見《周書》卷十六〈趙貴傳〉及〈獨孤信傳〉。

家焉……及尒朱天光入關，盟出從之。隨賀拔岳為前鋒，擒万俟醜奴，平秦隴，……太祖將討侯莫陳悅，徵盟赴原州以為留後大都督，鎮高平。悅平，除原州刺史。魏孝武至長安，封魏昌縣公，邑一千戶。大統初（元年，535），復加車騎大將軍、儀同三司。三年（537），徵拜司空，尋轉司徒。……遷太尉。魏文帝東征，以留後大都督行雍州事，節度關中諸軍。趙青雀之亂，盟與開府李虎輔魏太子出頓渭北，……賜姓拓拔氏……遷太保。九年（543），進位太傅，加開府儀同三司。

王盟亦屬武川軍系，且是宇文泰之舅[31]。他在魏廷遷轉於列公之間，但其軍階比李虎爲低，大統四年（538）時虎爲開府，盟是儀同，盟至九年（543）才加開府銜。盟甚受魏帝之敬重，本傳又載：

盟姿度弘雅，仁而汎愛，雖位居師傅，禮冠羣后，而謙恭自處，未嘗以勢位驕人。魏文帝甚尊重之，及有疾，數幸其第，親問所欲。其見禮如此。大統十一年（545），薨。

王盟是魏主與宇文泰雙方所信賴之人。盟之子勱曾領禁兵，「沙苑之役，勱以都督領禁兵從太祖」[32]。傷重而亡。盟另子懋，官至「……開府儀同三司、侍中、左衞將軍、領軍將軍。懋性溫和，小心敬愼。宿衞宮禁，十有餘年，勤恪當官，未嘗有過。魏文帝甚嘉之。廢帝二年（553），除南岐州刺史……」[33]。這樣安排，維持了魏帝與宇文泰間十八年和睦。

尉遲綱。《周書》卷二十本傳載：

蜀國公迥之弟也。（按《周書》卷二十一〈尉遲迥傳〉載：代人也，其先，魏之別種，號尉遲部，因而姓焉。父俟兜，……尚太祖姊昌樂大長公主，生迥及綱。）少孤，與兄迥依託舅氏。太祖西討關隴，迥、綱與母昌樂大長公主留于晉

31　參見谷川道雄，〈武川鎮軍閥の形成〉，頁42婚姻關係表。
32　《周書》卷二十〈王盟傳・附子勱傳〉。
33　《周書》卷二十〈王盟傳・附子懋傳〉。

> 陽，後方入關。從太祖征伐，常陪侍帷幄，出入臥內。……大統元年(535)，授帳內都督，從儀同李虎討曹泥，破之。又從破竇泰。……仍從復弘農，克河北郡，戰沙苑，皆有功。……太祖甚寵之，委以心膂。河橋之戰，太祖馬中流矢，因而驚奔。綱與李穆等左右力戰，衆皆披靡，太祖方得乘馬……八年（542），加……太子武衛率、前將軍，轉帥都督。東魏圍玉壁，綱從太祖救之。九年（543）春，太祖復與東魏戰於邙山，大軍不利，人心離解，綱勵將士，盡心翊衛。遷大都督。十四年（548），拜車騎大將軍、儀同三司……。俄遷驃騎大將軍、開府儀同三司……。十七年（551），出為華州刺史。魏廢帝二年（553），拜大將軍，兼領軍將軍。及帝有異謀，言頗漏泄，太祖以綱職典禁旅，使密為之備。俄而帝廢，立齊王，仍以綱為中領軍，總宿衛。

尉遲綱兄弟是宇文泰家中養育長大的外甥[34]，及長，常隨泰出征，亦曾任華州刺史，這是泰常居之地。大統十七年（551），李虎卒，義陽王元子孝繼虎任柱國[35]。廢帝二年（553）十一月，魏室有一次政變，元氏失敗，起因於「安定公宇文泰殺尚書元烈」[36]，是年王盟之子王懋解領軍將軍，宇文泰更親信、且視爲子姪的尉遲綱受命新職「拜大將軍、兼領軍將軍」，他的任務還刺探魏帝之言行，「及帝有異謀，言頗漏泄，太祖以綱職典禁旅，使密爲之備」。因此導致廢帝，而綱自此總領宿衞，即所謂「俄而帝廢，立齊王，仍以綱爲中領軍，總宿衞」[37]。經過這次事件，綱必撤換禁衞軍，元室剩餘的一點力量也可能自此退出京闈，未三年而周代西魏。

尉遲綱之兄迥，其母爲宇文泰姊昌樂大長公主，迥本人則「尚魏文帝女金明公主，拜駙馬都尉。從太祖復弘農，破沙苑，皆有功。累

---

34 參見谷川道雄，〈武川鎮軍閥の形成〉，頁42婚姻關係表。

35 據陳寅恪考證，見《隋唐制度淵源略論稿》六〈兵制〉，頁95。

36 《北史》卷五〈西魏廢帝〉二年（553）十一月。

37 《周書》卷二十〈尉遲綱傳〉，廢帝二年（553）事。

遷尚書左僕射，兼領軍將軍。迥通敏有幹能，雖任兼文武，頗允時望，太祖以此深委仗焉。後拜大將軍」[38]。迥任領軍將軍之時間未詳，按行文而推測，應在魏文帝大統年間。迥與王盟，盟子勵、懋等相同，是宇文泰與魏文帝雙方共信之人物。廢帝二年以後，顯然是乃弟尉遲綱任領軍將軍。迥在西魏之末，拜大將軍之職，宇文泰付予伐蜀之大任，「令迥督開府元珍、乙弗亞、俟呂陵始、叱奴興、綦連雄、宇文昇等六軍，甲士一萬二千，騎萬疋，伐蜀。以魏廢帝二年春，自散關由固道出白馬。……」（同上註）平蜀是宇文政權之重大勝利，於是「詔迥為大都督、益潼等十八州諸軍事、益州刺史。以平蜀功，封一子為公。自劍閣以南，得承制封拜及黜陟。……孝閔踐阼，進位柱國大將軍」（同上註）。

宇文泰之親信還有叱列伏龜。《周書》卷二十本傳載：

代郡西部人，世為部落大人。魏初入附，遂世為第一領民酋長。……嗣父業，復為領民酋長。……遂為齊神武所寵任，加授大都督。沙苑之敗，隨例來降。太祖以其豪門，解縛禮之，仍以邵惠公女妻之。大統四年（538），封長樂縣公，邑一千戶。自此常從太祖征討，亟有戰功。八年（542），出為北雍州刺史，加大都督。尋進位車騎大將軍、儀同三司、散騎常侍。十四年（548），徵拜侍中，加驃騎大將軍、開府儀同三司，除恒州刺史……十七年（551）卒。

又有閻慶。《周書》卷二十本傳載：

河南河陰人也。曾祖善，仕魏，歷龍驤將軍、雲州鎮將，因家于雲州之盛樂郡。祖提，使持節、車騎大將軍、燉煌鎮都大將。父進，……正光中拜龍驤將軍……以功拜盛樂郡守。……（慶）以大統三年（537），自宜陽歸闕……邙山之戰……拜撫軍將軍、大都督。……累遷使持節、車騎大將軍、儀

38 《周書》卷二十一〈尉遲迥傳〉。

> 同三司、散騎常侍、驃騎大將軍、開府儀同三司、雲州大中正，加侍中，賜姓大野氏……孝閔踐阼，出為河州刺史……拜大將軍……除雲州刺史，轉寧州刺史。……晉公護母，慶之姑也。……慶第十二子毗尚帝（高祖）女清都公主。

叱列伏龜、閻慶[39]皆聯姻宇文氏，叱列伏龜在大統十七年（551）以前曾任恒州刺史，而閻慶在西魏末任雲州大中正，在北周初任雲州刺史，按恒州、雲州是西魏北周六僑州之一，安置北族部人，是禁旅之所出，很受宇文泰之重視，于謹在大統九年（543）以前亦曾任「恒、幷、燕、肆、雲五州諸軍事、大將軍、恒州刺史」[40]之職。

宇文貴。《周書》卷十九本傳載：

> 其先昌黎大棘人也。徙居夏州……正光末（524），破六汗拔陵圍夏州，刺史源子雍嬰城固守，以貴為統軍救之，前後數十戰，軍中咸服其勇。……元顥入洛，貴率鄉兵從尒朱榮焚河橋，力戰有功……除郢州刺史，入為武衛將軍、閤內大都督。從魏孝武西遷，進爵化政郡公。大統初，遷右衛將軍。貴善騎射，有將率才，太祖又以宗室，甚親委之，……十六年，遷中外府左長史，進位大將軍……

按夏州應有宇文族，宇文貴能救夏州刺史源子雍，應與宇文貴在該地鄉兵有關，其後貴又率鄉兵轉河洛，與魏室接近，在魏孝武西遷以前任右衞將軍、閤內大都督，大統初爲魏帝之右衞將軍。宇文泰在夏州時或與該地宇文鮮卑人同種，故宇文泰以宇文貴爲宗室，甚親委之。宇文貴亦是魏帝與宇文泰雙方信任之人，故任禁衞軍之右衞將軍。

綜上所述，宇文泰親信有于謹、賀蘭祥、宇文導、宇文護、王盟、尉遲綱、尉遲迥、叱列伏龜、閻慶、宇文貴等，以宇文泰爲中心，包括宇文泰之宗室、姻親及最親信之部將。

39　參見谷川道雄，〈武川鎮軍閥の形成〉，頁42婚姻關係表；叱列伏龜妻邵惠公顥女，即宇文導、宇文護之姊妹，谷川表中未列。

40　《周書》卷十五〈于謹傳〉。

（二）賀拔勝集團

賀拔勝是武川軍人系統之中的重要人物，《周書》卷十四本傳載：

> 神武尖山人也。其先與魏氏同出陰山。有如回者，魏初為大莫弗。祖爾頭，驍勇絕倫，以良家子鎮武川……父度拔，性果毅，為武川軍主。……後（勝）隨度拔與德皇帝（宇文泰之父，名肱）合謀，率州里豪傑輿珍、念賢、乙弗庫根、尉遲真檀等，招集義勇，襲殺（賊偽署王衛）可孤。朝廷嘉之。

其後追隨尔朱榮，破葛榮軍，尔朱榮死後，勝與尔朱氏同謀，立節閔帝，拜右衞將軍、車騎大將軍、儀同三司、左光祿大夫。本傳繼載：

> 太昌初（532），以勝為領軍將軍，尋除侍中。孝武帝將圖齊神武，以勝弟擁衆關西，欲廣其勢援，乃拜勝為都督三荊、二郢、南襄、南雍七州諸軍事，進位驃騎大將軍、開府儀同三司、荊州刺史，加授南道大行臺尚書左僕射。

勝弟岳死後，魏孝武入關，勝本欲西赴關中，見阻於高歡，復敗於東魏侯景，南奔蕭梁，居南朝三年始得回長安[41]。時在大統二年(536)，隨賀拔勝自梁歸國之人馬不多[42]，故勝親領軍馬甚少，但勝乃當時名將，成名甚早，本傳載：

> 初，勝至關中，自以年位素重，見太祖不拜，尋而自悔，太祖亦有望焉。後從太祖宴于昆明池，時有雙鳧游於池上，太

---

41 《通鑑》卷一五六〈梁紀十二〉武帝中大通六年（534、卽魏永熙三年）九月，記賀拔勝兵敗來奔。《通鑑》卷一五七〈梁紀十三〉武帝大同二年（536、卽大統二年），記勝於七月離梁。前後三年，實計二年。

42 《通鑑》卷一五六〈梁紀十二〉武帝中大通六年（534、卽魏永熙三年）九月，「勝兵敗，帥數百騎來奔。」又《通鑑》卷一五七〈梁紀十三〉武帝大同二年（536、卽大統二年）七月：「上（梁武帝）許勝、（史）寧及盧柔皆北還，親餞之於南苑……行至襄城，東魏丞相高歡遣侯景以輕騎邀之，勝等棄舟自山路逃歸（胡注：勝等舟行，蓋自淮入潁，自潁入汝，泝流而西，入山路，自三鵶取武關也）。從者凍餒，道死者大半。」

祖乃授弓矢於勝曰：「不見公射久矣！請以為歡。」勝射之，一發俱中，因拜太祖曰：「使勝得奉神武，以討不庭，皆如此也。」太祖大悅。自是恩禮日重，勝亦盡誠推奉焉。

本傳中雖云恩禮日重，從種種事實觀察，勝之地位雖然崇高，但並無實權，從太祖擒竇泰時，加授中軍大都督，救玉壁時，勝以前軍大都督從太祖追之於汾北，戰邙山時，宇文泰乃募敢勇三千人配勝軍，勝雖然參加大小戰役，如弘農、沙苑之戰，又與李弼別攻河東，又參與河橋之役等，似乎皆非獨當一面。在西魏廟堂之上，賀拔勝自大統三年（537）五月以迄十年（544）卒，皆位居太師[43]。其時大丞相是宇文泰，太宰是元欣，地位崇高。宇文泰之所以優渥勝，一方面勝乃武川軍系中之資深長者，一方面因為宇文泰陣營中有許多出身荆州之軍人，賀拔勝居梁三年，且追隨北返之人甚少，但當初在勝荆州刺史任內之軍士，或直接進入關中，或先赴魏孝武帝再入關中，其數甚多。在賀拔勝返入關中以後，這個軍系的名義領袖是勝，實際領導者是獨孤信[44]、楊忠等人。

獨孤信。《周書》卷十六本傳載：

雲中人也……。祖俟尼，和平（460—465）中，以良家子自雲中鎮武川，因家焉。父庫者，為領民酋長，少雄豪，有節義，北州咸敬服之。……賀拔勝出鎮荆州，乃表信為大都督……遷武衛將軍。及勝弟岳為侯莫陳悅所害，勝乃令信入關，撫岳餘衆。屬太祖已統岳兵，信與太祖鄉里，少相友善，相見甚歡。因令信入洛請事，至雍州，大使元毗又遣信還荆州。尋徵信入朝，魏孝武雅相委任，……時荆州雖陷東魏，民心猶戀本朝。乃以信為衛大將軍、都督三荆州諸軍事，兼尚書右僕射、東南道行臺、大都督、荆州刺史以招懷

43　《北史》卷五〈西魏文帝〉大統三年（537）五月及大統十年（544）五月。

44　《通鑑》卷一五六〈梁紀十二〉武帝中大通六年（534、即魏永熙三年）閏十二月，「魏賀拔勝之在荆州也，表武衛將軍獨孤信為大都督。」

> 之……東魏又遣其將高敖曹、侯景等率衆奄至，信以衆寡不敵，遂率麾下奔梁，居三載，梁武帝方始許信還北。……尋拜領軍，仍從太祖復弘農，破沙苑……（戰）洛陽……（大統六年，540）尋除隴右十州大都督、秦州刺史……

當賀拔岳被害時，勝命獨孤信入關，撫岳餘衆，然宇文泰已安定關中局勢，信與泰乃同鄉里，少相友善。泰命信入洛陽請事，魏孝武帝甚爲欣賞。及荊州淪陷，賀拔勝南奔梁，魏帝以「荊州雖陷東魏，民心猶戀本朝，乃以信爲衞大將軍、都督三荊州諸軍事，兼尚書右僕射、東南道行臺、大都督、荊州刺史以招懷之，……士庶既懷信遺惠，信臨陣喻之，莫不解體。因而縱兵擊之，（東魏刺史辛）纂大敗，奔城趨門，未及闔，信都督楊忠等前驅斬纂，語在〈忠傳〉，於是三荊遂定」[45]。獨孤信在荊州所拜之官職，相當於稍前賀拔勝在荊州所拜之官職，信雖恢復荊州之控制權，不久，「東魏又遣其將高敖曹、侯景等率衆奄至。信以衆寡不敵，遂率麾下奔梁。居三載，梁武方始許信還北」（同上註）。獨孤信在關東仍然有些影響力。大統三年（537），信「率衆與馮翊王元季海入洛陽。潁、豫、襄、廣、陳留之地並相繼款附」（同上註）。如《周書》卷三十六〈鄭偉傳〉載：

> 滎陽開封人也。……詔先護（偉父）以本官假驃騎將軍、大都督，率所部與行臺楊昱及都督賀拔勝同討之（尒朱仲遠）……大統三年（537），河內公獨孤信既復洛陽，偉乃謂其親族曰：「今嗣主中興鼎業，據有崤、函。河內公親董衆軍，克復瀍、洛，率土之內，孰不延首望風。況吾等世荷朝恩，家傳忠義。誠宜以此時效臣子之節，成富貴之資。豈可碌碌為懦夫之事也！」於是與宗人榮業，糾合州里，建義於陳留。信宿間，衆有萬餘人。遂攻拔梁州，擒東魏刺史鹿永吉及鎮城令狐德，並獲陳留郡守趙季和。乃率衆來附，因是梁

45　《周書》卷十六〈獨孤信傳〉。

陳之間相次降款。

又《周書》卷三十六〈劉志傳〉：

弘農華陰人……大統三年（537），太祖遣領軍將軍獨孤信復洛陽，志糺合義徒，舉廣州歸國。

《周書》卷三十七〈趙肅傳〉：

河南洛陽人也。……大統三年（537），獨孤信東討，肅率宗人為鄉導。授司州治中，轉別駕。監督糧儲，軍用不匱。太祖聞之，謂人曰：「趙肅可謂洛陽主人也。」

《周書》卷三十八〈柳虯傳〉：

大統三年（537），馮翊王元季海、領軍獨孤信鎮洛陽。于時舊京荒廢，人物罕極，唯有虯在陽城，裴諏在潁川，信等乃俱徵之，以虯為行臺郎中，諏為都督府屬，並掌文翰。時人為之語曰：「北府裴諏，南省柳虯。」時軍旅務殷，虯勵精從事，或通夜不寢，季海嘗曰：「柳郎中判事，我不復重看。」

《周書》卷四十三〈韓雄傳〉：

河南東垣人也。……雄還鄉里，更圖進取。雄乃招集義衆，進逼洛州。東魏洛州刺史元湛委州奔河陽，其長史孟彥舉城款附。俄而領軍獨孤信大軍繼至，雄遂從信入洛陽。

《周書》卷四十三〈陳忻傳〉：

宜陽人也。……及獨孤信入洛，忻舉李延孫為前鋒，仍從信守金墉城。

按李延孫伊川人，是當地地方豪族，「每以剋清伊、洛爲己任」[46]。朝士受其助得以西入者甚多。

《周書》卷四十三〈魏玄傳〉：

任城人也。……及獨孤信入洛陽，隸行臺楊琚防馬渚，復與

[46] 《周書》卷四十三〈李延孫傳〉。

高敖曹接戰。自是每率鄉兵，抗拒東魏。

大統四年（538），在東魏的大軍壓力之下，信等退出洛陽，但「大統六年（540），侯景寇荊州，太祖令信與李弼出武關。景退，以信為大使，慰撫三荊」[47]。所以在大統三年（537）至大統六年（540）之間，獨孤信領導賀拔勝之餘部，在關東與東魏鏖戰於河南及荊州一帶，至大統六年（540）宇文泰有一次重大的軍事調動，即任命獨孤信為「隴右十州大都督、秦州刺史」[48]。

楊忠。《周書》卷十九本傳載：

> 弘農華陰人也。……高祖元壽，魏初，為武川鎮司馬，因家於神武樹頹焉。祖烈，龍驤將軍、太原郡守。父禎，以軍功除建遠將軍。……（忠）從獨孤信破梁下溠戍，平南陽，並有功。及齊神武舉兵內侮，忠時隨信在洛，遂從魏孝武西遷，進爵為侯。仍從平潼關，破回洛城……以東魏之逼，與信奔梁……大統三年（537），與信俱歸闕，太祖召居帳下。……從擒竇泰，破沙苑……河橋之役，……力戰守橋，敵人遂不敢進。

楊忠屬於賀拔勝獨孤信系統，荊州原是他們之地盤，其後與魏帝有某些關係。荊州受逼於高歡，信與忠曾南奔梁，居三年，回關中，忠自此與宇文泰日密，除了皆出身於武川以外，忠亦參加泰之大小戰役，在河南及荊州一帶功績最多，可能因為忠對荊州熟悉之故，曾派遣為洛州刺史及都督三荊……十五州諸軍事。

賀拔勝、獨孤信部屬之中有史寧者，《周書》卷二十八本傳載：

> 建康袁(表)氏人也……寧少以軍功，拜別將。遷直閣將軍、都督，宿衛禁中，……賀拔勝為荊州刺史，寧以本官為勝軍司……及勝為大行臺，表寧為大都督……寧隨勝奔梁……大統二年（536），寧自梁歸闕……

47　《周書》卷十六〈獨孤信傳〉。

48　《周書》卷十六〈獨孤信傳〉。

賀拔勝、獨孤信、楊忠、史寧等這一系軍人自始與荊州地區有密切關係。賀拔勝於大統二年（536）自梁入關以後，位高而無實權，至大統十年卒[49]。獨孤信自大統六年（540）調至隴右以後，長期駐此西疆，宇文泰與其關係是敬而遠之。信是府兵制度完成時之八大柱國大將軍之一，史寧乃其手下之開府，宇文泰在世時尚能控制，及泰卒，宇文護當政，發生一次極大的政潮，「（柱國）趙貴誅後，信以同謀坐免。居無幾，晉公護又欲殺之，以其名望素重，不欲顯其罪，逼令自盡於家，時年五十五」[50]。

賀拔勝集團有賀拔勝、獨孤信、楊忠、史寧等，由於賀拔勝位高權輕，實際領袖是獨孤信，統領原荊州部隊。

（三）侯莫陳悅集團餘部

李弼。《周書》卷十五本傳載：

> 遼東襄平人也。六世祖根，慕容垂黃門侍郎。……(尒朱)天光赴洛，弼因隸侯莫陳悅，為大都督，……太昌初（532），授清水郡守，恒州大中正。尋除南秦州刺史。隨悅征討，屢有剋捷，及悅害賀拔岳，軍停隴上，太祖自平涼進軍討悅，……弼知悅必敗，乃謂所親曰：「宇文夏州才略冠世，德義可宗，侯莫陳公智小謀大，豈能自保，吾等若不為計，恐與之同至族滅。」會太祖軍至，悅乃棄秦州南出，據險以自固。翌日，弼密通使太祖，許背悅來降。夜，弼乃勒所部云：「侯莫陳公欲還秦州，汝等何不束裝？」弼妻，悅之姨也，特為悅所親委，衆咸信之，人情驚擾，不可復定，皆散走，爭趣秦州。弼乃先馳據城門以慰輯之，遂擁衆以歸太祖，悅由此遂敗。

李弼是侯莫陳悅之部將，與悅有姻親關係，「特爲悅所親委，衆咸信

49　《周書》卷十四〈賀拔勝傳〉。
50　《周書》卷十六〈獨孤信傳〉。

之。」由於弼之歸向宇文泰，使泰順利擊敗悅，「時南秦州刺史李弼亦在悅軍，乃間道遣使，請爲內應。其夜，悅出軍，軍中自驚潰，將卒或相率來降。太祖縱兵奮擊，大破之，虜獲萬餘人，馬八千匹。悅與其弟子及麾下數十騎遁走」[51]。「太祖討侯莫陳悅，以（宇文）導爲都督，鎮原州，及悅敗，北走出故塞，導率騎追之，至牽屯山及悅，斬之，傳首京師」[52]。宇文泰與侯莫陳悅之戰，實際上雙方死傷軍士不多，悅部眾大部分皆降於泰，按當時關中主要軍力，以賀拔岳最多，侯莫陳悅次之[53]，宇文泰又次之。岳卒後，其部眾支持泰以伐悅，及泰併吞悅之大部分部隊，使關中部隊得以保持元氣。李弼成爲侯莫陳悅部隊之領導人，所以宇文泰在平定悅之後，「太祖謂弼曰：『公與吾同心，天下不足平也。』」[54]關中兵馬在宇文泰之統領下，已形成一股比賀拔岳時代更爲統一的強大力量，而「齊神武（高歡）聞秦隴克捷，乃遣使於太祖，甘言厚禮，深相倚結。太祖拒而不納。時齊神武已有異志，故魏帝深仗太祖」[55]。

豆盧寧。《周書》卷十九本傳載：

> 昌黎徒何人。其先本姓慕容氏，前燕之支庶也。高祖勝，以燕皇始初，歸魏，授長樂郡守，賜姓豆盧氏，或云避難改焉。父長，柔玄鎮將，有威重，見稱於時。……太祖討悅，寧與李弼率眾歸太祖。……大統元年（535）……，遷顯州刺史、顯州大中正……從太祖擒竇泰，復弘農，破沙苑，除武衛大將軍，兼大都督……拜北華州刺史。……七年（541），

51　《周書》卷一〈文帝上〉魏永熙三年（534）四月。《通鑑》卷一五六〈梁紀十二〉武帝中大通六年（534）略同。

52　《周書》卷十〈邵惠王顥傳・附子導傳〉、《通鑑》卷一五六〈梁紀十二〉武帝中大通六年（534）載：「宇文泰使原州都督賀拔穎追之，悅望見追騎，縊死於野。」《周書》卷一〈文帝上〉：「魏永熙三年（534）四月，太祖乃令原州都督導邀其前，都督賀拔穎等追其後。導至牽屯山追及悅，斬之。」

53　朱大渭估計賀拔岳有五萬之衆（包括宇文泰），侯莫陳悅有三萬之衆，見〈北魏末年人民大起義若干史實的辨析〉，頁23-25。

54　《周書》卷十五〈李弼傳〉。

55　《周書》卷一〈文帝上〉魏永熙三年（534）四月。

> 從于謹破稽胡帥劉平伏於上郡。及梁公定反，以寧為軍司，監隴右諸軍事，賊平……開府儀同三司。九年（543）……戰於邙山。……十六年（550），拜大將軍。

李弼與豆盧寧之五、六世祖與慕容政權有密切關係，更重要的是，當賀拔岳與侯莫陳悅在關中時，弼與寧皆隸屬於悅，且爲悅之重要部將，而當「太祖討悅，寧與李弼率衆歸太祖」。

侯莫陳悅集團餘部有李弼、豆盧寧，領有原侯莫陳悅剩餘之部隊。李弼是其首領。

（四）魏帝禁衞軍

魏孝武帝入關，帶來了一些禁衞軍，而當府兵制度完成的前後，元氏宗室任柱國大將軍者有元欣、元子孝；任大將軍者有元廓、元贊、元育。入關的禁衞軍很可能由這些人統領。然元欣其人「從容宮闈而已」，元子孝在大統十七年（551）繼李虎爲柱國大將軍，亦「深自貶晦，日夜縱酒」。元廓、元贊、元育可能是眞正統領者。

元廓。有關元廓之記載很少，《西魏書》卷一載（《北史》卷五同）：

> 恭皇帝諱廓，文皇帝之第四子也，大統十四年（548）封齊王。廢帝三年（554）正月，即皇帝位，改元。

在「齊氏稱帝（550），太祖發關中兵討之，魏文帝遣齊王廓鎭隴右，徵（宇文）導還朝」[56]。所以元廓應是實際領兵者。

元贊。元贊的記載僅得自《西魏書》卷一〈帝紀〉中爬梳一些：

> 永熙元年（530）十有二月丁亥，以侍中廣平王贊為驃騎大將軍、開府儀同三司，……大統三年（537）六月，以司徒廣平王贊為太尉，……大統九年（543）七月，以太尉廣平王贊為司空。

元育。《西魏書》卷十二〈長湖公定傳・附育傳〉僅載一句：

56　《周書》卷十〈邵惠公顥傳・附子導傳〉。

育，大將軍、淮南王。

元贊與元育應當是隨魏帝自洛陽入關中之宗室，魏帝入關時極爲狼狽，且損失很多軍士，至關中後「遂入長安，以雍州公廨爲宮」[57]。軍士隨魏帝入關者之人數，據《隋書》卷二十四〈食貨志〉謂：「是時六坊之衆，從武帝入關者，不能萬人。」坊是指軍士居住之所，六坊是洛陽附近禁衞軍居住之所。不滿萬人之數或可相信，因爲當魏帝入關之次月，「九月己酉，（高）歡東還洛陽，帝親督衆攻潼關，斬其行臺薛長瑜。又剋華州」[58]。按魏帝對高歡大軍自不可抗衡，不滿萬人之禁旅或可斬其潼關守將，及恢復華州，其中或許有宇文泰部隊參加，史書既載魏帝有此項軍事行動，自以魏帝之禁衞軍爲主，其後魏帝長居長安城宮內，這些軍士自應亦在長安城內，或長安附近。八大柱國之中的元欣既然「從容宮闈而已」，並不領軍士，這些禁衞軍極可能分屬十二大將軍之「使持節、大將軍、大都督、少保、廣平王元贊；使持節、大將軍、大都督淮安王元育；使持節、大將軍、大都督、齊王元廓」。

（五）魏帝追隨部隊

王思政。王思政與其他關隴人物有許多地方不相同，他自始與魏皇室有關係，《周書》卷十八本傳載：

> 太原祁人……屬万俟醜奴、宿勤明達等擾亂關右，北海王顥率兵討之，啓思政隨軍。軍事所有謀議，並與之參詳。時魏孝武在藩，素聞其名。顥軍還，乃引為賓客，遇之甚厚。

王思政與魏孝武帝關係尤爲密切，《北史》卷五〈孝武皇帝傳〉：

> 中興二年（532）……諸王皆逃匿，帝在田舍……高歡使斛斯椿求帝。椿從帝所親王思政見帝……歡再拜，帝亦拜……帝

57 《北史》卷五〈魏孝武帝〉永熙三年（534）八月。

58 《北史》卷五〈魏孝武帝〉永熙三年（534）九月己酉。又《通鑑考異》、《北齊書》、《太平御覽》引《後魏書》等對於薛長瑜有不同說法。

令思政取表，曰：「視，便不得不稱朕矣。」於是假廢帝安定王詔策而禪位焉。

及元脩即位，甚受重用，帝與高歡爭執之中，思政忠心魏帝，《周書》卷十八本傳：

及登大位，委以心膂，遷安東將軍，預定策功，封祁縣侯。俄而齊神武潛有異圖，帝以思政可任大事，拜中軍大將軍、大都督，總宿衛兵。

《北史》卷五〈孝武皇帝〉：

永熙三年（534）五月，……帝內圖高歡，乃以斛斯椿為領軍，使與王思政等統之，以為心膂。

元脩西入關中，王思政也是建議人之一。入關不及半年，因與宇文泰有隙，遇酖而殂[59]。王思政既是元脩之支持者，此事自當影響王思政與宇文泰之關係，《周書》卷十八本傳載：

大統之後，思政雖被委任，自以非相府之舊，每不自安，太祖曾在同州，與羣公宴集，出錦罽及雜綾絹數段，令諸將樗蒱取之，物既盡，太祖又解所服金帶，令諸人遍擲，曰：「先得盧者，即與之。」羣公將遍，莫有得者，次至思政，乃斂容跪坐而自誓曰：「王思政羈旅歸朝，蒙宰相國士之遇，方願盡心效命，上報知己。若此誠有實，令宰相賜知者，願擲即為盧；若內懷不盡，神靈亦當明之，使不作也。便當殺身以謝所奉。」辭氣慷慨，一坐盡驚。即拔所佩刀，橫於膝上，攬樗蒱，拊髀擲之。比太祖止之，已擲為盧矣！徐乃拜而受。自此之後，太祖期寄更深。

本傳中云王思政出身「非相府之舊，每不自安」，這當然也是一項重要因素，但在大統之後，亦即魏孝武帝遇酖之次年後，思政之「不自安」極可能與元脩事有關，不然不必爲了樗蒱而以生死賭之，以博取

59 《北史》卷五〈孝武皇帝〉及《通鑑》卷一五六〈梁紀十二〉武帝中大通六年（534）皆載元脩與宇文泰有隙之原委。

宇文泰之信任，宇文泰雖然「自此之後，太祖期寄更深」，而從其後種種事實而論，王思政奉命守河東地區之玉壁，「（大統）八年（542），東魏來寇，思政守禦有備，敵人晝夜攻圍，卒不能克，乃收軍還。以全城功，受驃騎大將軍」（本傳）。玉壁是東魏西魏交戰點，東魏屢以大軍相壓[60]，思政亦以此功拜驃騎大將軍，此職通常加「開府儀同三司」，亦即「開府」之意，僅次於「大將軍」銜，「（大統）十二年（546）加特進、荊州刺史」（本傳），而大統十三年（547）發生一件重大事情，即侯景叛東魏，王思政接應侯景妥當，「思政分布諸軍，據景七州十二鎮，太祖乃以所授景使持節、太傅、大將軍、兼中書令、河南大行臺、河南諸軍事，回授思政，思政竝讓不受，頻使敦喻，唯受河南諸軍事」（本傳）。按「河南諸軍事」即都督河南諸軍事之意[61]，應是責任之加重，並非地位之驟升。不過著者以為王思政在此時還接受「大將軍」銜[62]，或時已有「大將軍」銜，亦未可知。王思政督河南諸軍事，使其戍守地潁川更接近東西魏之前線。果然，在東魏一波一波主力的進攻之下，而「思政初入潁川，士卒八千人，城既無外援，亦無叛者」（本傳），終於被俘。按東魏大舉圍攻潁川時在大統十四年（548）四月甲戌[63]。至大統十五年（549）春，宇文泰「遣大將軍趙貴帥軍至穰，兼督東南諸州兵以援思政。（東魏將）高岳起堰，引洧水以灌城，自潁川以北皆為陂澤，救兵不得至」[64]。是年六月，潁川陷。這是東西魏之爭的一件大事，緣由「侯景之南叛也，丞相泰恐東魏復取景所部地，使諸將分守諸城，及潁川陷，泰以諸城道路阻絕，皆令拔軍還」[65]。王思政雖降，極獲東魏之敬

---

60 參見拙文，〈北朝東西政權之河東爭奪戰〉。

61 《通鑑》卷一六〇〈梁紀十六〉武帝太清元年（547）載：「都督河南諸軍事」。

62 清萬斯同，〈西魏將相大臣年表〉大統十三年（547）大將軍項下載：王思政鎮潁川。按王思政在侯景來歸時才鎮潁川。

63 《通鑑》卷一六一〈梁紀十七〉武帝太清二年（548、即大統十四年）四月甲戌。《周書》卷二〈文帝下〉，祇載年，無月。

64 《周書》卷二〈文帝下〉大統十五年春。《通鑑》卷一六二〈梁紀十八〉武帝太清三年（549）繫於四月。

65 《通鑑》卷一六二〈梁紀十八〉武帝太清三年（549、即大統十五年）。

重[66]，史家評曰：「作鎮潁川，設縈帶之險，修守禦之術，以一城之衆，抗傾國之師，率疲乏之兵，當勁勇之卒，猶能亟摧大敵，屢建奇功」[67]。綜觀王思政在西魏政權中之拜職，皆在關隴地區之外，如玉壁、荊州、潁川等地，而其軍旅，乃「令募精兵」[68]，所以王思政所領之兵極可能是荊州、河南等地所募之兵及州郡兵，並非關隴集團軍府之兵，《北史》卷六十末載：「……每一團，儀同二人。自相都率，不編戶貫。都十二大將軍，十五日上，則門欄陛戟，警晝巡夜，十五日下，則教旗習戰，無他賦役。每兵唯辦弓刀一具，月簡閱之，甲槊戈弩，並資官給。自大統十六年（550）以前，十二大將軍外，念賢及王思政亦拜大將軍。然賢作牧隴右，思政出鎮河南，並不在領兵之限。……」按大統十六年（550）公布之十二大將軍之一賀蘭祥之官銜是「使持節、大將軍、大都督、荊州諸軍事、荊州刺史」，顯然王思政出鎮河南並未列入之最大原因乃是：王思政所領之兵不是上述軍府之兵。若如此，則王思政在關隴地區亦未轄有軍府，又府兵系統大備於大統十六年（550），王思政於十五年（549）六月降東魏，原可不作解釋，史書之所以有此解釋，正因為王思政大將軍不屬於府兵系統之中也。

念賢。念賢出身於武川，可能是宇文泰之長輩，至少亦較泰年長，《周書》卷十四〈賀拔勝傳〉載：

> （勝）後隨度拔（勝父）與德皇帝（宇文泰父肱）合謀，率州里豪傑輿珍、念賢、乙弗庫根、尉遲真檀等招集義勇，襲殺（衛）可孤。

所以《周書》卷十四本傳云：

> 賢於諸公皆為父黨，自太祖以下，咸拜敬之。

但念賢一直在關東發展，先後「招慰雲州高車、鮮卑」、「鎮井陘」，

66　《通鑑》卷一六二〈梁紀十八〉武帝太清三年（549、即大統十五年）六月。

67　《周書》卷十八〈王思政傳〉史臣曰。

68　《周書》卷十八〈王思政傳〉中語。

爲「黎陽郡守」，「及尔朱榮入洛，拜車騎將軍、右光祿大夫、太僕卿，兼尚書右僕射、東道行臺」，其後又爲「瀛州刺史」，「第一領民酋長，加散騎常侍，行南兗州事，尋進號驃騎大將軍，入爲殿中尚書，加儀同三司」（皆本傳）。按北魏之殿中尚書頗有參與調動軍隊之權[69]，所以念賢似乎與魏朝廷相當密切，而當魏孝武帝與高歡鬧翻時，念賢是元脩之擁護者，「魏孝武帝欲討齊神武，以賢爲中軍北面大都督，進爵安定郡公，增邑一千戶，加侍中、開府儀同三司。」（本傳）所以念賢與其他關隴集團諸將不同，其他諸將乃是跟隨爾朱天光、賀拔岳、侯莫陳悅等入關者，而念賢跟隨爾朱榮，其後與魏孝武帝甚爲密切，所謂「中軍北面大都督」復因高歡軍自北方晉陽而來，此職應甚受魏帝重視。及魏孝武帝入關，不及半載卽遭酖殺，念賢心中之尷尬應該一如王思政，但念賢到底是武川集團的長者，在元脩死後七個月，賢被任命爲太尉[70]，「出爲秦州刺史，加太傅、給後部鼓吹。」（本傳）任秦州刺史之時間未詳，但應在太傅之前，或與其同時，念賢自太尉轉太傅在大統元年（535）十二月[71]，「（大統）三年（537），轉太師，都督河涼瓜鄯渭洮沙七州諸軍事、大將軍、河州刺史。久之還朝，兼錄尚書事。河橋之役，賢不力戰，乃先還，自是名譽頗減。」（本傳）念賢轉太師之月日不詳，唯梁景叡於大統三年（537）六月自太尉轉太傅，故萬斯同將念賢自太傅轉太師繫月於大統三年（537）五月[72]，萬斯同也將念賢被任命爲大將軍、都督河……七州諸軍事、河州刺史等亦繫月於同時，頗爲合理。又按河橋之役在大統四年（538）八月，念賢此時已經還朝。河橋之役時，「開府李虎、念賢等爲後軍，遇信等退，卽與俱還，由是乃班師，洛陽亦失守」[73]。虎與賢引軍還，可能與洛陽失守有重要關係，《周書・念賢

69　嚴耕望，〈北魏尚書制度考〉，《史語所集刊》第十八本。

70　《通鑑》卷一五七〈梁紀十三〉武帝大同元年（535、卽大統元年）秋七月甲戌。

71　《通鑑》卷一五七〈梁紀十三〉武帝大同元年（535、卽大統元年）十二月：「魏以念賢爲太傅，河州刺史梁景叡爲太尉。」

72　萬斯同，〈西魏將相大臣年表〉，大統三年（537），太傅項下：五月遷大將軍。

73　《周書》卷二〈文帝下〉大統四年（538）八月。

傳》形容爲「賢不力戰，乃先還，自是名譽頗減」。李虎與念賢同爲後軍，同引軍還，李虎亦應被形容爲「虎不力戰，乃先還，自是名譽頗減」。唯唐人對李虎記載甚爲簡略，後人謝氏撰錄《西魏書·李虎傳》未載河橋之役事，虎提早引軍還長安，亦未能平趙青雀之亂。念賢於「（大統）五年（539），除都督秦渭原涇四州諸軍事、秦州刺史，薨於州」（本傳）。該職不知起於大統五年（539）何月，然賢卒於大統六年（540）十一月[74]，繼任秦州刺史者卽獨孤信。

《北史》卷六十，卷末謂：「……念賢及王思政亦拜大將軍。然賢作牧隴右，思政出鎭河南，並不在領兵之限……。」按獨孤信自大統六年（540）繼賢之後出牧隴右，一直至大統十六年（550）府兵制度完成之時，皆坐鎭於隴右，並不因此有損於柱國大將軍之位，況念賢出鎭隴右在大統五年（539）至六年（540），時値府兵制度發展時期，所以出鎭隴右並非眞正原因，眞正原因與王思政一樣，念賢所領之兵非府兵之兵。按念賢自始在關東發展之時，與賀拔岳等早先入關中者關係日遠，賢入關前最後任魏孝武帝之中軍北面大都督，很可能是追隨魏帝之關東人馬。入關以後念賢戍守地區是河州、秦州一帶，這比王思政防守玉壁、弘農、荆州、潁川居於關東較具重要性，但仍不是宇文泰之核心區——雍州至華州一帶。大統六年（540）以前隴右一帶仍未穩定，借重念賢以鎭壓之，但念賢兵力可能並不雄厚，及賢卒後，獨孤信繼任，信所領是軍府之兵，可能此時已將隴右納入軍府轄區之內，這個柱國轄區還包括雍州一帶的宇文導及元廓，隴右的兵力自然雄厚多了。這種安排也表示宇文泰對隴右地區控制力之加強。

侯莫陳順。《周書》卷十九〈本傳〉載：

> 從魏孝武入關，順與太祖同里閈，素相友善，且其弟崇先在關中，太祖見之甚歡。……大統元年（535）……與趙貴討破之（梁仚定），卽行河州事。後從太祖破沙苑……四年

74　《通鑑》卷一五八〈梁紀十四〉武帝大同六年（540、卽大統六年），「冬，十一月，魏太師念賢卒。」

(538)，魏文帝東討，與太尉王盟、僕射周惠達等留鎮長安。時趙青雀反，盟及惠達奉魏太子出次渭北，順於渭橋與賊戰，頻破之，賊不敢出。

侯莫陳順並非尒朱天光、賀拔岳、侯莫陳悅等之部屬，他「初事尒朱榮爲統軍，後從賀拔勝鎮井陘。武泰初，討葛榮，平邢杲，征韓婁，皆有功。拜輕車將軍、羽林監。又從破元顥……閤內大都督」(本傳)。隨魏孝武入關後，因與宇文泰同鄉，乃弟崇是泰之支持者，所以與宇文泰日益親善，他在大統之初曾征隴右羌人，並曾行河州事，這與賀拔勝集團之獨孤信、史寧等人相似，當大統四年(538)長安趙青雀反亂，危及魏太子時，順於渭橋奮戰破敵，這也是其與魏室有密切關係之故。

魏帝禁衞軍將領有元欣、元廓、元育、元贊、元子孝等。魏帝追隨部隊之將領有王思政、念賢、侯莫陳順等，前者統領洛陽西遷之禁衞軍；後者統領關東効忠西魏之部隊，魏帝是他們的領袖。

(六)賀拔岳餘部

趙貴。《周書》卷十六本傳載：

天水南安人也。曾祖達，魏庫部尚書、臨晉子。祖仁，以良家子鎮武川，因家焉。……從賀拔岳平關中……及岳為侯莫陳悅所害，將吏奔散，莫有守者。貴謂其黨曰：「吾聞仁義豈有常哉！行之則為君子，違之則為小人。朱伯厚、王叔治感意氣微恩，尚能蹈履名節，況吾等荷賀拔公國士之遇，寧可自同衆人乎？」涕泣歔欷。於是從之者五十人。乃詣悅詐降，悅信之。因請收葬岳，言辭慷慨，悅壯而許之。貴乃收岳屍還，與寇洛等糾合其衆，奔平涼，共圖拒悅。貴首議迎太祖，語在〈太祖紀〉。

趙貴是賀拔岳之追隨者，並隨其討曹泥，岳被侯莫陳悅所殺，貴在岳部將之中首唱擁護宇文泰。

侯莫陳崇。《周書》卷十六本傳載：

代郡武川人。其先，魏之別部，……其後，世為渠帥。祖允，以良家子鎮武川，因家焉。父興，殿中將軍、羽林監。……（崇）年十五，隨賀拔岳與爾朱榮征葛榮……別從岳破元顥於洛陽……後從岳入關，破赤水蜀……崇從岳力戰破之（尉遲菩薩）……破賊帥侯伏侯元進……擒（万俟）醜奴。……及岳為侯莫陳悅所害，崇與諸將同謀迎太祖……

李虎。《魏書》、《周書》、《北史》等皆無專傳，《通鑑》卷一百五十六〈梁紀十二〉武帝中大通六年（534）載：

初，（賀拔）岳以東雍州刺史李虎為左廂大都督，岳死，虎奔荊州，說賀拔勝使收岳衆，勝不從。虎聞宇文泰代岳統衆，乃自荊州還赴之，至閿鄉，為丞相（高）歡別將所獲，送洛陽。魏主方謀取關中，得虎甚喜，拜衛將軍，厚賜之，使就泰。虎，歆之玄孫也。

《新・舊唐書》本紀皆謂李虎乃李暠後裔，陳寅恪對此說法存疑，其癥結在虎祖熙與李暠之世系銜接是否恰當，但熙屬於武川集團應無疑問。李虎與賀拔岳之關係遠在入關以前，入關後爲岳之左廂大都督。這個職位實際職掌不詳，應該是衆將之中較爲重要的督將，岳被侯莫陳悅所殺，李虎第一個反應是至荊州請賀拔勝「收岳衆復讎」，未成。虎在洛陽爲魏帝所賞識，拜衛將軍，此職在北魏末葉乃從一品，魏帝「使就泰」。

達奚武。《周書》卷十九本傳載：

代人也。祖眷，魏懷荒鎮將。父長，汧城鎮將。……（賀拔）岳征關右，引為別將，武遂委心事之。以戰功拜羽林監、子都督。及岳為侯莫陳悅所害，武與趙貴收岳屍歸平涼，同翊戴太祖。

王雄。《周書》卷十九本傳載：

太原人也。……永安末（530）從賀拔岳入關。

寇洛。《周書》卷十五本傳：

上谷昌平人也。累世為將吏，父延壽，和平中(460—465)，以良家子鎮武川，因家焉。洛性明辨，不拘小節，正光末，以北邊賊起，遂率鄉親避地於并、肆，因從尒朱榮征討。及賀拔岳西征，洛與之鄉里，乃募從入關。破赤水蜀，以功拜中堅將軍、屯騎校尉、別將，封臨邑縣男，邑二百戶。又從岳獲賊帥尉遲菩薩於渭水，破侯伏侯元進於百里細川，擒万俟醜奴於長坑。洛每力戰，並有功。加龍驤將軍、都督，進爵安鄉縣子，累遷征北將軍、衛將軍。於平涼，以洛為右都督。侯莫陳悅既害岳，欲并其衆。時初喪元帥，軍中惶擾，洛於諸將之中，最為舊齒，素為衆所信，乃收集將士，志在復讎，共相糾合。遂全衆而反。既至原州，衆咸推洛為盟主，統岳之衆。洛復自以非才，乃固辭，與趙貴等議迎太祖。

梁禦。《周書》卷十七本傳：

其先安定人也。後因官北邊，遂家於武川，改姓紇豆陵氏。高祖俟力提，從魏太祖征討，位至揚武將軍、定陽侯。……爾朱天光西討，知禦有志略，引為左右，授宣威將軍、都將。共平關右，除鎮西將軍、東益州刺史……後從賀拔岳鎮長安。及岳被害，禦與諸將同謀翊戴太祖。

若干惠。《周書》卷十七本傳載：

代郡武川人也。其先與魏氏俱起，以國為姓。父樹利周，從魏廣陽王深征葛榮，戰沒，贈冀州刺史。惠年弱冠，從尒朱榮征伐，定河北，破元顥，以功拜中堅將軍。復以別將從賀拔岳西征，解岐州圍，擒万俟醜奴，平水洛，定隴右……及岳為侯莫陳悅所害，惠與寇洛、趙貴等同謀翊戴太祖。

怡峯。《周書》卷十七本傳載：

遼西人也……高祖寬，燕遼西郡守，魏道武時，率戶歸朝，拜羽真，賜爵長虵公。曾祖文，冀州刺史。峯……從賀拔岳討万俟醜奴……及岳被害，峯與趙貴等同謀翊戴太祖。

劉亮。《周書》卷十七本傳載：

中山人也……祖佑連，魏蔚州刺史。父持真，鎮遠將軍、領民酋長。……亮……普泰初（531）以都督從賀拔岳西征，解岐州圍，擊侯伏侯元進、万俟道洛、万俟醜奴、宿勤明達及諸賊，亮常先鋒陷陣，以功拜大都督……侯莫陳悅害岳，亮與諸將謀迎太祖。

王德。《周書》卷十七本傳載：

代郡武川人也……魏永安二年（529），從爾朱榮討元顥，攻河內，……又從賀拔岳討万俟醜奴，平之……加龍驤將軍……及侯莫陳悅害岳，德與寇洛等定議翊戴太祖。

賀拔岳餘部有趙貴、侯莫陳崇、李虎、達奚武、王雄、寇洛、梁禦、若干惠、怡峯、劉亮、王德等。在賀拔岳生前，事實上宇文泰本人也屬於賀拔岳集團，岳卒後，衆部將擁泰爲首領，上述賀拔岳餘部皆是泰之擁護者，其支持程度視人而異，所以賀拔岳卒後之餘部並未產生新的小集團，這些部將漸爲宇文泰吸收，編入府兵體系之中，本文第四章、第五章另有討論。

三、西魏社會勢力之分析

（一）西魏前期大戰役參戰者之分析

西魏府兵制度之形成與其兵源擴充有密切關係，「大統十六年（550）籍民之材力者爲府兵」[75]，徵兵之出現當然使其軍士人數較爲增多，這是府兵制度完成之時。在此之前，西魏亦募兵，谷霽光認

[75] 《玉海》卷一三七〈兵制〉引《後魏書》。

爲：「西魏大統八年（542）初置六軍，大統九年（543）廣募關隴豪右以增軍旅，是府兵制度形成中的重大事件，也是研究府兵制初期階段一個關鍵問題」[76]。按大統八年（542）「初置六軍」是府兵制度形式演進的重要階段，而「廣募關隴豪右以增軍旅」卻是府兵制度形成過程中實質成長的重要階段。召募豪右加入軍旅是府兵制度演進的重要因素，但召募豪右加入軍旅在大統初期已經進行[77]。大統九年（543）或許加速推動罷了。茲從大統九年（543）以前西魏幾次大會戰參加者觀察之。

在大統三年（537）至大統九年（543）邙山之戰，東西魏有六次較大規模戰爭，卽大統三年（537）正月斬東魏大將竇泰之戰、大統三年（537）八月宇文泰領十二將東征、大統三年（537）十一月沙苑之戰、大統四年（538）七月洛陽之戰、大統八年（542）十月玉壁之戰、大統九年（543）三月邙山之戰。從史書中找出在參與宇文泰方面之戰將凡九十二人（見表一），除二人身分不詳外，其中四十九人系出北鎮人士，而四十一人非北鎮人物。另外在大統九年以前已加入宇文政權，雖未參加上述六大戰役，但亦涉及軍事者，又得二十六人，其中北鎮人士五人，非北鎮人士二十一人。如果將上述參與者相加，則出於北鎮人士有五十三人，非北鎮人士有六十三人，非北鎮人士大都是漢人豪族、及少部分方隅豪強。系出北鎮者其軍階地位顯然比較高，一般而論，絕大多數的儀同三司及開府儀同三司之階皆屬北鎮人士，而非北鎮人士軍階較低，絕大多數是都督或其他將軍號。這些北鎮人士及非北鎮人士在其後西魏北周政權中是重要人物。北鎮人士是宇文政權之骨幹，茲分析非北鎮人士於下：

王羆。《周書》卷十八本傳：

京兆霸城人……世為州郡著姓。……太祖徵兵為勤王之舉，

---

76 谷霽光，《府兵制度考釋》（上海：人民出版社），頁27-28。

77 《周書》卷一〈文帝上〉魏永熙三年（宇文泰迎魏帝時）：「太祖乃傳檄方鎮曰：『……其州鎮郡縣，率土人黎，或州鄉冠冕，或勳庸世濟，並宜捨逆歸順，立効軍門。封賞之科，已有別格。凡百君子，可不勉歟！』」

請前驅効命，遂為大都督，鎮華州。魏孝武西遷，拜驃騎大將軍，加侍中、開府。嘗修州城未畢，梯在外。齊神武遣韓軌、司馬子如從河東宵濟襲羆……（羆）合戰破之，軌衆遂投城遁走。時關中大饑，徵稅民間穀食，以供軍費。……唯羆信著於人，莫有隱者，得粟不少諸州，而無怨讟。沙苑之役，齊神武士馬甚盛，太祖以華州衝要，遣使勞羆，令加守備。羆語使人曰：「老羆當道臥，貆子安得過。」太祖聞而壯之。及齊神武至城下，謂羆曰：「何不早降！」羆乃大呼曰：「此城是王羆冢，生死在此，欲死者來。」齊神武遂不敢攻。時茹茹渡河南寇，候騎已至豳州……羆曰：「若茹茹至渭北者，王羆率鄉里自破之，不煩國家兵馬……」

韋孝寬。《周書》卷三十一本傳：

京兆杜陵人……世為三輔著姓……從擒竇泰，兼左丞，節度宜陽兵馬事，仍與獨孤信入洛陽城守。復與宇文貴、怡峯應接潁州義徒，破東魏將任祥、堯雄於潁川……又從戰於河橋……八年轉晉州刺史，尋移鎮玉壁。

韋瑱。《周書》卷三十九本傳：

京兆杜陵人……世為三輔著姓。……從復弘農、戰沙苑，加衛大將軍……又從戰河橋……以望族，兼領鄉兵，加帥都督。

王子直。《周書》卷三十九本傳：

京兆杜陵人。世為郡右族。父琳，州主簿、東雍州長史。……大統初，漢熾屠各阻兵於南山，與隴東屠各共為唇齒。太祖令子直率涇州步騎五千討破之，南山平。……四年，從太祖解洛陽圍，經河橋戰……。

王悅。《周書》卷三十三本傳：

京兆藍田人也。少有氣幹，為州里所稱……太祖初定關隴，悅率募鄉里從軍，屢有戰功……四年，東魏將侯景攻圍洛陽，太祖赴援。悅又率鄉里千餘人，從軍至洛陽。將戰之夕，悅罄其行資，市牛饗戰士，及戰，悅所部盡力，斬獲居多。

梁昕。《周書》卷三十九本傳：

安定烏氏人也。世為關中著姓。其先因官，徙居京兆盩厔焉。……太祖迎魏孝武，軍次雍州。昕以三輔望族上謁。太祖見昕容貌瓌偉，深賞異之，……從復弘農、戰沙苑，皆有功。

楊寬。《周書》卷二十二本傳：

弘農華陰人也。祖恩，魏鎮遠將軍、河間內史。父鈞……累遷，歷洛陽令、左中郎將、華州大中正、河南尹、廷尉卿、安北將軍、七兵尚書、北道大行臺、恒州刺史、懷朔鎮將，卒於鎮。……寬……屬鈞出鎮恒州，請從展効，乃改授將軍、高闕戍主。……魏孝莊時為侍中，與寬有舊……孝武與齊神武有隙，遂召募騎勇，廣增宿衛，以寬為閤內都督，專總禁旅。……大統初，遷車騎大將軍……五年，除驃騎大將軍、開府儀同三司、都督東雍州諸軍事、東雍州刺史，即本州也。……

按弘農楊氏與尔朱氏、高歡等處於敵對狀態[78]，楊寬及寬兄儉乃魏帝、宇文泰之支持者。〈楊寬傳〉中未載參加戰役，但楊儉卻參加沙苑之戰，《周書》卷二十二〈楊寬傳·附儉傳〉：

孝武西遷，除侍中、驃騎將軍。大統初，以本官行東秦州事，加使持節、當州大都督。從破齊神武於沙苑，封夏陽縣侯，邑八百戶。七年，領大丞相府諮議參軍，出為都督東雍、華二州諸軍事、驃騎大將軍、開府儀同三司、華州刺史。八年，卒於家。

78　參見竹田龍兒，〈門閥としての弘農楊氏についての一考察〉，《史學》31，頁634-635。

華州、東雍州即楊氏之本州。這一支為越公房，與楊忠房支不同。

李遠。《周書》卷二十五〈李賢傳〉載：

其先隴西成紀人也。曾祖富，魏太武時以子都督討兩山屠各歿於陣……祖斌，襲領父兵，鎮於高平，因家焉。父文保，早卒。

李賢、李遠兄弟，在原州一帶頗具地方勢力，同書同卷附〈李遠傳〉：

魏正光末（524），天下鼎沸，敕勒賊胡琮侵逼原州，其徒甚盛，遠昆季率勵鄉人，欲圖拒守……

因賊勢太盛，乃潛至洛陽，〈李遠傳〉繼載：

魏朝嘉之，授武騎常侍。俄轉別將，賜帛千匹，並弓刀衣馬等。及爾朱天光西伐，乃配遠精兵，使為鄉導。天光欽遠才望，特相引接，除伏波將軍、長城郡守、原州大中正。

在平亂過程之中，「（李）賢間道赴雍州，詣天光請援，天光許之，賢乃返。」（〈李賢傳〉）所以李賢兄弟是爾朱天光入關平亂的東道主，天光也曾以精兵配之。

李遠、李賢兄弟與宇文泰交往密切，始於賀拔岳死後，「太祖見遠，與語悅之，令居麾下甚見親遇……」（〈李遠傳〉）。另一弟李穆，「太祖入關，便給事左右，深被親遇。」（《周書》卷三十〈于翼傳・附李穆傳〉）

《周書》卷二十五〈李賢傳・附弟遠傳〉載：

其先隴西成紀人也……祖斌，襲領父兵，鎮於高平，因家焉。……從征竇泰，復弘農，並有殊勳。授都督、原州刺史。太祖謂遠曰：「孤之有卿，若身體之有手臂之用，豈可暫輟於身。本州之榮，乃私事耳。卿若述職，則孤無所寄懷。」於是遂令遠兄賢代行州事。沙苑之役，遠功居最，除車騎大將軍、儀同三司……尋從獨孤信東略，遂入洛陽……及河橋之戰，遠與獨孤信為右軍……從太祖戰於邙山。

田弘。《周書》卷二十七本傳：

高平人……及太祖初統衆，弘求謁見，乃論世事，深被引納，即處以爪牙之任……大統三年，轉帥都督……從太祖復弘農，戰沙苑，解洛陽圍，破河橋陣，弘功居多。

辛威。《周書》卷二十七本傳：

隴西人也。祖大汗，魏渭州刺史。父生，河州四面大都督。……威……初從賀拔岳征討有功，假輔國將軍、都督。及太祖統岳之衆，見威奇之，引為帳內……從擒竇泰、復弘農，戰沙苑，並先鋒陷敵，勇冠一時……從于謹破襄城。又從獨孤信入洛陽……。

權景宣。《周書》卷二十八本傳：

天水顯親人也。父曇騰，魏隴西郡守，……景宣少聰悟，有氣俠，宗黨皆歎異之……景宣曉兵權，有智略。從太祖拔弘農，破沙苑，皆先登陷陣。從開府于謹援洛陽……。

梁臺。《周書》卷二十七本傳：

長池人也，父去斤，魏獻文時為隴西郡守。……從援玉壁，戰邙山，授帥都督。

王傑。《周書》卷二十九本傳：

金城直城人。……太祖奇其才，擢授揚烈將軍、羽林監，尋加都督。……復潼關，破沙苑，爭河橋，戰邙山，皆以勇敢聞。

以上所舉關隴人物曾參加大統元年至九年戰役，參與戰役表示對宇文政權積極支持。此外，還有許多關隴人物雖然未直接參戰，但在大統九年以前已加入宇文政權者，如：

蘇綽、蘇椿。《周書》卷二十三本傳：

武功人……累世二千石。父協，武功郡守。

蘇綽是文人，爲宇文泰制定政典，但有時亦參與軍機，如擒竇泰之事。而綽弟椿「大統初，拜鎮東將軍……四年，出爲武都郡守，改授西夏州長史，除帥都督，行弘農郡事」（同上註）。

皇甫璠。《周書》卷三十九本傳：

安定三水人也。世為西州著姓，後徙居京兆焉。父和，本州治中。……璠……永安中，辟州都督。太祖為牧，補主簿……大統四年，引為丞相府行參軍。

韋祐（法保）。《周書》卷四十三本傳：

京兆山北人也……世為州郡著姓……及魏孝武西遷，法保從山南赴行在所。除右將軍……配兵數百人，以援（李）延孫……未幾，太祖追法保與延孫率衆還朝，賞勞甚厚。乃授法保大都督。四年，除河南尹。及延孫被害，法保乃率所部，據延孫舊柵……九年，拜車騎大將軍、儀同三司，鎮九曲城。

令狐整（延保）。《周書》卷三十六本傳：

燉煌人……世為西土冠冕。曾祖嗣、祖詔安，並官至郡守，咸為良二千石。父虬，早以名德著聞，仕歷瓜州司馬、燉煌郡守、郢州刺史……整……魏孝武西遷，河右擾亂，（刺史元）榮仗整防扞，州境獲寧。……太祖嘉其忠節，表為都督……整以國難未寧，常願舉宗効力。遂率鄉親二千餘人入朝，隨軍征討。

辛慶之。《周書》卷三十九本傳：

隴西狄道人也。世為隴右著姓……大統初，加車騎將軍，俄遷衛大將軍……後太祖東討，為行臺左丞，時初復河東，以本官兼鹽池都將……

李和。《周書》卷二十九本傳：

其先隴西狄道人也。後徙居朔方。父僧養，以累世雄豪，善於統御，為夏州酋長。和……為州里所推……大統初，加車騎將軍……都督，累遷使持節、……驃騎大將軍、開府儀同三司、夏州刺史……

其他如天水西人趙文表（《周書》卷三十三）、臨洮子城劉雄（《周書》

卷二十九）等皆參與宇文泰軍旅，唯未能確定在大統九年之前或之後。

河東地區之人士參加大統九年以前大戰役者有薛端、裴俠、楊㯳、裴果等，而實際上參與宇文政權者甚多，這個地區人士之政治取向大多倒向西魏，著者另有專文〈北朝東西政權之河東爭奪戰〉[79]詳細分析。其中尤其值得注意的是西祖瀵上五門薛氏大房之長子洪阼，《周書》卷三十五〈薛端傳〉載：

> （洪）隆兄洪阼尚魏文（成）帝女西河公主，有賜田馮翊，洪隆子驎駒徙居之，遂家於馮翊之夏陽焉。

另外有太原郭氏徙居馮翊者，《周書》卷三十七〈郭彥傳〉載：

> 太原陽曲人也。其先從宦關右，遂居馮翊。

河南地區人士參加大統九年以前之大戰役者有陽雄、陳忻、趙剛、司馬裔、馮遷、楊儉、王雅、泉元禮、泉仲遵、鄭偉、韓雄等，其他參與宇文泰政權者有李延孫[80]、楊紹[81]、韓盛[82]、韓褒[83]、趙肅[84]等。其中有兩例代表兩種型態，其一是司馬裔，《周書》卷三十六本傳：

> 河內溫人也，晉宣帝弟太常馗之後。……大統三年，大軍復弘農，乃於溫城起義，遣使送款。與東魏將高永洛、王陵等晝夜交戰，衆寡不敵，義徒死傷過半。及大軍東征，裔率所部從戰河橋……六年，授河內郡守……八年，率其義衆入朝。太祖嘉之，特蒙賞勞。頃之，河內有四千餘家歸附，並裔之鄉舊，乃授前將軍……領河內郡守，令安集流民……

這是河南地區歸附之典型，另有一種地方豪強，其歸向何方影響東西勢力之進退，如泉氏。《周書》卷四十四〈泉企傳〉載：

---

79 〈北朝東西政權之河東爭奪戰〉，刊於《臺灣大學文史哲學報》第35期（1987）。
80 《周書》卷四十三〈李延孫傳〉。
81 《周書》卷二十九〈楊紹傳〉。
82 《周書》卷三十四〈韓盛傳〉。
83 《周書》卷三十七〈韓褒傳〉。
84 《周書》卷三十七〈趙肅傳〉。

> 泉企……，上洛豐陽人也，世雄商洛……世襲本縣令……（企）服闋襲爵。年十二，鄉人皇平、陳合等三百餘人詣州請企為縣令，州為申上……令企代之……（孝昌初）及蕭寶夤反，遣其黨郭子恢襲據潼關。企率鄉兵三千人拒之，連戰數日，子弟死者二十許人，遂大破子恢。……及齊神武專政，魏帝有西顧之心，欲委企以山南之事，乃除洛州刺史、當州都督。未幾，帝西遷，齊神武率衆至潼關，企遣其子元禮督鄉里五千人，北出大谷以禦之。齊神武不敢進。……元禮……遂率鄉人襲州城，斬（東魏刺史杜）窋，傳首長安，朝廷嘉之，拜衞將軍、車騎大將軍，世襲洛州刺史。從太祖戰於沙苑，為流矢所中，遂卒。……（企子）仲遵……十四，為本縣令，……及元禮於沙苑戰沒，復以仲遵為洛州刺史。仲遵宿稱幹略，為鄉里所歸。及為本州，頗得嘉譽。東魏北豫州刺史高仲密舉成皐入附，太祖率軍應之，別遣仲遵隨于謹攻栢谷塢。仲遵力戰先登，擒其將王顯明，栢谷旣拔，復會大軍戰於邙山……

在河南西部一帶地方豪族還有李延孫、韓雄、陳忻等，他們傾向宇文氏，增強西魏與東魏爭奪洛陽地區的力量，又影響宇文氏攫取荊州、漢中之地。李延孫由於地理環境之故，成為西魏初期接濟關東人士入關之重要角色。《周書》卷四十三本傳：

> 伊川人……自魏孝武西遷之後，朝士流亡。廣陵王欣、錄尚書長孫稚、潁川王斌之、安昌王子均及建寧、江夏、隴東諸王幷百官等攜持妻子來投延孫者，延孫卽率衆衞送，幷贈以珍玩，咸達關中。齊神武深患之，遣行臺慕容紹宗等數道攻之。延孫獎勵所部出戰，遂大破之，臨陣斬其揚州刺史薛喜。於是義軍更振。乃授延孫京南行臺、節度河南諸軍事、廣州刺史。尋進車騎大將軍、儀同三司、大都督，賜爵華山郡公。延孫旣荷重委，每以剋清伊、洛為己任。頻以少擊

眾，威振敵境。

山東大士族依附宇文政權者不多，立軍功者有崔悅、崔猷、崔謙，皆博陵安平崔氏第二房。崔悅、崔謙乃賀拔勝之追隨者，而崔猷之父孝芬為吏部尚書，被高歡所殺，子孫奔西魏[85]。崔彥穆是清河東武城崔氏，屬鄭州房[86]。而王思政史書載太原人，房支不詳，思政軍功甚巨，前節已有分析。

上文所示，在大統九年邙山之戰以前，關隴地區參加宇文氏軍旅者有京兆霸城王羆、京兆杜陵韋孝寬、韋瑱、京兆杜陵王子直、京兆藍田王悅、京兆山北韋祐、安定烏氏徙居京兆盩厔梁昕，安定三水徙居京兆皇甫璠、武功蘇綽蘇椿、河東徙馮翊薛氏、太原徙馮翊郭氏、隴西狄道辛慶之辛威、隴西狄道李和、天水顯親權景宣、長池梁臺、金城直城王傑、高平田弘、隴西成紀徙高平李遠、李賢、李穆，燉煌令狐整，弘農華陰楊寬。而天水西人趙文表、臨洮子城劉雄則未詳其參與宇文泰軍旅在大統九年之前或之後。在《隋書》中找到一些官吏可能涉及軍旅，而其參與宇文氏集團記載不詳，有可能在大統後半期加入者，有：京兆杜陵韋世康[87]、京兆杜陵史萬歲[88]、京兆長安劉方[89]、京兆萬年張定和[90]、扶風蘇孝慈[91]、馮翊下邽魚俱羅[92]、馮翊下邽田式[93]、隴西狄道辛靈輔[94]、天水西人趙煚、趙芬[95]、天水權襲慶[96]。

從地望方面觀察，在西魏大統年間以武力支持宇文氏之地方豪族

---

85 參見拙文〈中古山東大族著房之研究〉，《中央研究院歷史語言研究所集刊》56(4)，頁22-28。

86 《新唐書》卷七十二下〈宰相世系表二下〉清河崔氏鄭州房表。

87 《隋書》卷四十七〈韋世康傳〉，父祖隱居不仕。

88 《隋書》卷五十三〈史萬歲傳〉：「父靜，周滄州刺史。」

89 《隋書》卷五十三〈劉方傳〉。

90 《隋書》卷六十四〈張定和傳〉。

91 《隋書》卷四十六〈蘇孝慈傳〉，父武周，周兗州刺史。

92 《隋書》卷六十四〈魚俱羅傳〉。

93 《隋書》卷七十四〈田式傳〉。

94 《隋書》卷七十五〈辛彥之傳〉：「父靈輔，周渭州刺史。」

95 《隋書》卷四十六〈趙煚傳〉、〈趙芬傳〉：「煚父仲懿，尚書左丞。」「芬父演，周秦州刺史。」

96 《隋書》卷六十五〈權武傳〉：「父襲慶，周開府，從武元皇帝與齊師戰于幷州。……」

及豪傑大多數是雍州人士，按京兆霸城，魏周皆屬京兆郡霸城縣[97]。京兆杜陵，魏屬京兆杜縣，周建德二年省[98]。京兆山北，魏屬京兆郡山北縣，周天和三年省[99]。京兆藍田，魏周屬京兆郡[100]。京兆長安，魏周屬京兆郡[101]。京兆萬年，周明帝二年分長安爲萬年縣[102]。京兆盩厔，魏屬扶風郡，周京兆郡[103]。武功，魏屬岐州武功郡，太和十一年分扶風置，周扶風郡有武功縣[104]。馮翊下邽，魏屬馮翊郡蓮芍縣下封城，周屬華州延壽郡夏封縣[105]。高平，魏屬原州高平郡，周屬原州平高郡[106]。天水顯親，魏屬秦州天水郡顯新縣，周秦州天水郡顯親縣[107]。隴西成紀，周屬秦州略陽縣[108]，金城，魏周屬河州金城郡[109]。狄道，魏周屬河州武始郡[110]。臨洮子城，魏河州臨洮郡，周河州金城

97 《魏書》卷一百六下〈地形志下〉雍州京兆郡。《北周地理志》，卷一，關中雍州京兆郡藍田縣，頁21。

98 《魏書》卷一百六下〈地形志下〉雍州京兆郡杜縣。《北周地理志》，卷一，關中雍州京兆郡萬年縣，頁 7 。

99 《魏書》卷一百六下〈地形志下〉雍州京兆郡山北縣。《北周地理志》，卷一，關中雍州京兆郡萬年縣，頁 6 。

100 《魏書》卷一百六下〈地形志下〉雍州京兆郡藍田縣。《北周地理志》，卷一，關中雍州京兆郡藍田縣，頁21。

101 《魏書》卷一百六下〈地形志下〉雍州京兆郡長安縣。《北周地理志》，卷一，關中雍州京兆郡長安縣，頁 5 。

102 《北周地理志》，卷一，關中雍州京兆郡萬年縣引《周書·昭帝紀》二年六月，分長安為萬年縣，並治京城。頁5-6。

103 《魏書》卷一百六下〈地形志下〉雍州扶風郡盩厔縣。《北周地理志》，卷一，關中雍州京兆郡盩厔縣，頁19。

104 《魏書》卷一百六下〈地形志下〉岐州武功郡：太和十一年扶風置。《北周地理志》，卷一，關中雍州扶風郡武功縣，頁34。

105 《魏書》卷一百六上〈地形志下〉雍州馮翊郡蓮芍縣。《北周地理志》，卷一，關中華州延壽郡夏封縣：「《元和郡縣志》：下邽縣本秦舊縣，後魏避道武帝諱，改為夏封。隋大業二年復舊。《寰宇記》：下邽縣，本秦舊縣地。後魏改邽為封，以下為夏，諱道武帝諱也。……」

106 《魏書》卷一百六下〈地形志下〉原州高平郡。《北周地理志》，卷一，關中原州平高郡，頁88。《隋書·地理志》：平高，後隴置高平郡，後改為平高，開皇初郡廢。

107 《魏書》卷一百六下〈地形志下〉秦州天水郡顯新縣。《北周地理志》，卷二，隴右秦州天水郡顯親縣，頁141。

108 《北周地理志》，卷二，隴右秦州略陽郡成紀縣，頁146。

109 《魏書》卷一百六下〈地形志下〉河州金城郡。《北周地理志》，卷二，隴右河州金城郡，頁200。

110 《魏書》卷一百六下〈地理志下〉河州武始郡。《北周地理志》，卷二，隴右河州武始郡，頁199。

郡子城縣[111]。燉煌，周瓜州敦煌郡[112]。

（二）「廣募關隴豪右以增軍旅」之分析

從以上分析，大統九年邙山之戰以前，構成西魏政權軍事主體之人物大多已出現，在大統九年以後再出現於史書之軍事人物甚少。然則邙山敗後，「廣募關隴豪右以增軍旅」這段記載之意義爲何？主要應是在府兵制度發展過程中，對於中、下級軍士之擴充。從表中所示，北鎮軍士大都在軍事系統中居於上層階級，非北鎮人士居於中上等階級，中下級軍士在戰爭中死傷甚多，廣募以補充之，其重要性一如大統十六年「籍民爲兵」，將兵源再擴充到府兵，府兵系統才得以完成。廣募豪傑的內容在府兵制度形成中仍居非常重要之地位。

若將上述地望印證於地圖上，則渭河自武功盩厔以迄於黃河，其南岸之地的地方豪強是宇文氏最有力的支持者。其他包括雍州京兆郡之全部、扶風郡之東部、馮翊郡渭水北岸之上邽至夏陽、東雍州華山郡（華陰）之全部。然而，在關中地區之中，渭水中下游以北、涇水、洛水流域一帶，除涇水上游之高平以外，在這一大片土地上未見史書上記載有地方豪族，豪傑以武力支持宇文氏者，這是值得推敲的現象。按西魏政權以北鎮人士爲骨幹，初以雍州至黃河之地區爲基地，並獲得此地區地方豪族、豪傑之支持，此從大統九年以前六次大戰役之參加者可以證明。大統九年有邙山大敗，於是廣募關隴豪傑以充軍旅，其內容除犒賞並擴大本已支持宇文泰之地方豪族之子弟及部曲，如《隋書》卷三十七〈李穆傳〉載：

> 初，芒山之敗，穆以驄馬授太祖，太祖於是廐內驄馬盡以賜之，封穆姊妹皆為郡縣君，宗從舅氏，頒賜各有差。……穆以二兄賢、遠並為佐命功臣，而子弟布列清顯，……

---

111 《魏書》卷一百六下〈地理志下〉河州臨洮郡。《北周地理志》，卷二，隴右河州金城郡子城縣，頁200。

112 《北周地理志》，卷二，隴右瓜州敦煌郡，頁223。

此外，應有新的含義，由於無法從史書中找出很多新加入的地方豪族、豪傑的例子，所以這含義應該從關隴地區居民結構角度去觀察。

西晉江統在五胡亂華前十年左右，作〈徙戎論〉，有關關中者如下：

> 徙馮翊、北地、新平、安定界內諸羌，著先零、罕并、析支之地；徙扶風、始平、京兆之氐，出還隴右，著陰平、武都之界。……且關中之人百餘萬口，率其多少，戎狄居半。……

在關中[113]之北、黃河之西，有匈奴之別種稽胡（一曰步落稽）[114]，在鮮卑族沒有大舉侵入以前，黃河潼關以西的關隴地區，除漢族以外，以羌、氐、匈奴三族人數最多，當然，其間也雜有許多少數部族，但基本型態在中古沒有太大改變。這個地區經過五胡亂華，種族國家興替無常，又經百餘年來鮮卑拓拔氏之統治，關隴地區居民結構雖沒有大的改變，但小幅度的改變仍有。降至西魏北周之際，稽胡之居住地，如《周書》卷四十九〈異域上·稽胡〉載：

> 自離石以西，安定以東，方七八百里，居山谷間，種落繁熾。

嚴耕望考引〈隋李和墓誌〉：

> 天和二年……（稍後）除大將軍……出為延、綏、丹、銀四州，大寧、安民、姚襄、招遠、平獨、朔方、武安、金明、洛陽原（衍陽字）、啓淪十防諸軍事、延州刺史。總管之內遍雜稽胡……建德六年，羣稽復動，……公……率衆三萬，所至皆平之[115]。

嚴耕望考其地望如下：

113　狹義的關中範圍指函谷關、武關、散關、蕭關四關之中。

114　《周書》卷四十九〈異域上·稽胡〉：「稽胡一曰步落稽，蓋匈奴別種，劉元海五部之苗裔也。」

115　該墓誌原刊於《文物》1966年第1期，〈三原雙盛村隋李和墓清理簡報〉。本文引自嚴耕望〈佛藏所見之稽胡地理分佈區〉，《大陸雜誌》，72/4。

> 按此延綏丹銀，與前引《法苑珠林》同[116]。其十防亦有可考者：大寧，《元和志》一二隰州有大寧縣，在州西南八十六里，周武帝置。安民，《元和志》三延州延水縣，後魏置安人縣、安人鎮。姚襄，同書一二慈州有姚襄城，在州西五十二里，西臨黃河，爲姚襄所築。朔方，按夏州自北朝至唐皆有朔方之名……。金明，同書延州金明縣在州西北四十八里。洛陽原，蓋衍陽字，卽洛源。《元和志》三慶州洛原縣，「東南至州二百七十里，本歸德縣，大業元年更名。」「因洛水所出爲名」。《寰宇記》三三作洛源，云在州東北二百七十里是也，檢洛水源頭可知。其餘四防地望無考，則就可考者而言，大抵在慈隰延諸州境，皆可與《法苑珠林》此條互證，且可窺知稽胡分佈亦擴及洛水上源。

延綏丹銀四州以丹州居南，丹州及其南鄰地區之種族情況如何。〈前秦鄧太尉祠碑〉載：

> 大秦苻氏建元三年，歲在丁卯，馮翊護軍、建威將軍、奉車都尉、城安縣侯、華山鄭能進……統和、寧戎[117]、鄜城、洛川、定陽五部，領屠各、上郡夫施黑羌、白羌、高涼西羌、盧水、白虜、支胡、粟特、吿（苦）水[118]雜戶七千，夷類十二種。兼統夏陽治。……

據馬長壽研究，其一屠各與其二上郡夫施之黑羌、白羌情況如下[119]：

116　嚴先生引《法苑珠林》卷四一〈潛遁篇·感應緣〉「西晉慈州郭下安仁寺西劉薩何師廟」條：「……稽胡專直，信用其語……故黃河左右，磁（卽慈）、隰、嵐、石、丹、延、綏、銀八州之地，無不奉敬。……」刊於〈佛藏所見之稽胡地理分佈區〉，《大陸雜誌》72（4）。此條謂稽胡居於黃河以西者有丹、延、綏、銀，時在西晉。

117　「和寧戎」，馬長壽考作「和戎、寧戎」，見《碑銘所見前秦至隋初的關中部族》，二、〈前秦「鄧太尉祠碑」和「廣武將軍□產碑」所記的關中部族〉，頁14。

118　「吿」，馬長壽考作「苦」。本段引種族馬長壽亦有考證，見上注所引書名篇名，頁15-22。

119　有關〈鄧太尉祠碑〉之研究，以前有陸增祥《八瓊室金石補正》；沈曾植《寐叟題跋》二集上；瞿中溶《古泉山館金石文編》卷一；吳士鑑《九鐘精舍金石跋尾》甲編；唐長孺〈魏晉雜胡考〉，《魏晉南北朝史論叢》；閻宥〈記有關羌族歷史的石刻〉，《考古與文物》1980（2）等；馬長壽綜其成（1985），但馬氏（頁16）似未讀閻文，或已讀閻文（頁113-114），而對於閻文中黑白羌解釋從略。

> 〈苻生載記〉云，羌帥姚襄到關中不久，便「招動鄜城、定陽、北地、芹川諸羌胡，皆應之，有衆二萬七千，進據黃洛」。以此知洛水以東的鄜城、定陽皆有屠各匈奴。前文敍述，苻堅把匈奴分置於貳城的東西，各二萬多落，鄜城和定陽皆在貳城以東，這一帶的匈奴在〈姚泓載記〉內稱之為「定陽貳城胡」，可知定陽等地的屠各匈奴是很多的。貳城以東的匈奴共二萬多落，卽十萬口以上，合鄜城、定陽、洛川三部的屠各言之，其戶口數目，估計當有貳城以東匈奴總戶口的一半，卽一萬多落或五萬口以上。「上郡夫施黑、白羌」，「夫施」卽古膚施縣，在今陝北綏德縣東南五十里。此縣漢時屬上郡，前後秦時屬長城郡，不屬馮翊郡。以馮翊護軍而統領上郡夫施之黑白羌者，乃指從上郡膚施縣徙入馮翊之黑白羌而言。上郡之有羌始於東漢……然在十六國以前，當西晉中葉以後，上郡的黑白羌已經擴展到馮翊、北地二郡北部之馬蘭山，史稱之為「馮翊、北地馬蘭羌」……直到後趙石勒末年，這些羌族仍盤據馬蘭山而南攻北地、馮翊二郡。〈石勒載記〉下紀其事云：「延熙元年（334），長安陳良夫奔於黑羌，招誘北羌四角王薄句大等擾北地、馮翊，與石斌相持。石韜等率騎掎句大之後，與斌夾擊，敗之。句大奔於馬蘭山，郭敖等懸軍追北，為羌所敗，死者十七八。」……這些羌姓與西羌大姓顯然是有區別的[120]。

屠各乃匈奴種，唐長孺已有考證，中古時期分佈甚廣，曾在太行山東麓、涼州、秦隴區域、陝北之地[121]。在渭北也有，但聞宥認爲「羌人雖然只是渭北十二族之一，但在人口比例上超過了它族。這一點是肯定的」[122]。碑文中黑羌、白羌之後再繼列西羌，聞宥認爲「黑羌、白

120　馬長壽，〈前秦「鄧太尉祠碑」和「廣武將軍□產碑」所記的關中部族〉，頁15-16。見《碑銘所見前秦至隋初的關中部族》。

121　唐長孺，〈魏晉雜胡考〉，《魏晉南北朝史論叢》，頁382-396。

122　聞宥，〈記有關羌族歷史的石刻〉，《考古與文物》1980（2），頁114。

羌，應是東羌」[123]。

羌人勢力在馮翊很盛，李潤鎭是羌人在馮翊郡之重要中心，北魏拓拔燾太平眞君六年（426）時，羌人參加盧水胡蓋吳反魏，太平眞君七年「二月……北道諸軍乙拔等大破蓋吳於杏城……三月……車駕幸洛水，分軍誅李閏叛羌」[124]。羌人勢力稍阻，至北魏世宗宣武帝恪景明初（500），華州刺史、安定王元燮敍述其治所李潤堡時，將「羌魏兩民」並稱[125]，李潤堡之地望，馬長壽認爲唐賈耽《郡國縣道記》之說最合理，在奉先縣東北五十里[126]。應離洛水不遠。

在北魏末永熙二年（533）北雍州宜君郡黃堡縣的〈邑主儁蒙□娥合邑子卅一人等造像記〉，據馬長壽研究，「以上皆爲羌族的姓氏，共三十八人，佔題名者全數的66%，此外郭、朱、田、于、劉、成、楊等各一人，可能都是漢姓。另外還有姓氏被磨滅不清的八人，這八人大多數應系羌姓。總之，黃堡縣的上述造像是由多數的羌姓婦女和少部分的漢姓婦女建立的。因此，可以推測黃堡縣的這一村邑是以羌族爲主，而又與少數漢族雜居的一個地區」[127]。

馬長壽研究西魏北周時期碑銘上姓氏，玆歸納於下：

一、〈合方邑子百數十人造像記〉：碑在渭北下邽鎭的正南二十餘里、信義鎭的正西二里之泰莊村，立於武成二年（560）。姓氏出於：第一、祖源係出匈奴而向北方鮮卑轉化，第二、屬於北方鮮卑者，第三、西方鮮卑，第四、屬於高車部，第五、屬於白部鮮卑，第六、屬於東夷，第七、屬於西域胡等[128]。

---

123 閻宥，〈記有關羌族歷史的石刻〉，《考古與文物》1980（2），頁113。

124 《魏書》卷四下〈世祖紀〉太平真君七年。

125 《魏書》卷十九下〈景穆十二王列傳·安定王休傳·附子燮傳〉：「世宗初，……華州刺史。燮表曰：『謹惟州治李潤堡，雖是少梁舊地，晉芮錫壤，然胡夷內附，遂成戎落。城非舊邑先代之名，爰自國初，護羌小戍。及改鎮立郡，依岳立州，因籍倉府，未刊名實，竊見馮翊古城，羌魏兩民之交，許洛水陸之際，……』」

126 馬長壽，《碑銘所見前秦至隋初的關中部族》，三、〈北朝前期的李潤羌和北魏造像題名的四種方式〉，頁45。

127 馬長壽，《碑銘所見前秦至隋初的關中部族》，三、〈北朝前期的李潤羌和北魏造像題名的四種方式〉，頁49-50。

128 馬長壽，《碑銘所見前秦至隋初的關中部族》，四、〈北朝後期鮮卑雜胡入關後的聚居與散居〉，頁55-65。

本文按下邽東鄉沙苑，即大統三年（537）高歡與宇文泰大戰之戰場，據《水經注》稱：「懷德縣在渭水之北，沙苑之南（守敬按：《周書文帝紀》，魏大統三年至沙苑，與齊神武戰，大破之。《元和志》：沙苑，一名沙阜，在馮翊縣南十二里，今以其處宜六畜，置沙苑監。《寰宇記》：沙苑監在同州馮翊朝邑兩縣界。唐末廢，周顯德二年於苑內牧馬。舊《同州志》：沙苑在州南洛、渭之間。）」[129]自馮翊、沙苑，乃至下邽一帶，似乎適宜牧馬，除了該地區在洛、渭之間，具戰略地位以外，宜乎北族人士麕集於此。

二、〈邑主同琋龍歡合邑子一百人等造像記〉：在渭北，確實位置不詳。立於保定二年（562），邑子中最多的姓氏爲同琋氏，共六十七人，佔造像人全部題名67%。荔非氏一人。以上二氏皆爲羌姓。其次，公孫氏八人，陳、田、劉、吳、趙、張六姓各一人，似皆爲漢姓。再次，呂、姜、楊、梁、齊五姓各一人，皆爲氐姓。郝姓一人，可能是盧水胡的姓氏。最後還有一些特殊的姓，如吐盧姓一人，普六茹姓二人，大致都是鮮卑的姓氏[130]。

三、〈聖母寺四面造像碑〉：在蒲城縣東北二十里雷村，立於保定四年（564）。表內羌人姓氏共八十二人，佔題名全數的67%以上。它如羌姓姚氏二人，氐姓姜、蒲氏各一人，皆未計算在內[131]。

四、〈同琋氏造像記〉：在渭河以北。立於保定四年（564）。可省識者約一百六十多人，其中同琋氏八十一人，佔總題名人數之一半，可知碑銘所在地是一同琋氏羌人的集居之區[132]。

五、〈昨和拔祖等一百二十八人造像記〉：在蒲城縣堯山鄉，左同州而右白水。立於天和元年（566）。實際只有八十七人，羌姓佔85%以上。另外姓賀蘭者二人，爲北族大姓；呂姓者二人，似一

129　《水經注疏》卷十九〈渭水下〉，頁85-86。

130　馬長壽，《碑銘所見前秦至隋初的關中部族》，五、〈渭河以北各州縣的羌民和他們的漢化過程〉，頁70。

131　同上，頁70-72。

132　同上，頁72-73。

氐姓，其餘皆爲漢姓[133]。

六、〈邑子甞（甞即黨之碑體字）仲茂八十人等造像記〉：在銅川、白水之間。立於建德元年（572）。可省識者只九人，其中甞姓八人，餘一人爲郭姓，甞乃羌姓[134]。

七、〈荔非明達等四面造像題名〉：北周，確實時間不詳，或在武成年間（559—561）。立處不詳。十二人可省識者皆以荔非爲姓，羌姓[135]。

八、〈邑主雷惠祖合邑子彌姐顯明等造像記〉：似應在渭北。立於開皇二年（582）。題名六十三人內，姓彌姐者三十五人，佔題名數的一半以上，姓雷者十六人，爲次多數。姓鉗耳者一人；以上三姓共五十二人，都是羌姓。其次，姓張者四人，姓楊者三人，姓劉、秦者皆一人，可能都是漢人[136]。

九、〈邑主彌姐後德合邑子卅人等造像記〉：似應在渭北。立於開皇六年（586）。在二十七個造像人中，姓彌姐的最多，共二十二人，佔絕對多數。其次姓雷的二人，爲次多數，此外張劉和辨不清姓氏各一人[137]。

十、〈雷明香爲亡夫同琋乾熾造像記〉：或在建忠郡的三原，或在宜州的州治之耀州。立於天和元年（566）。是家族碑，主要包括了雷明香母家和其亡夫同琋乾熾的兩個家族。還提及聯婚夫蒙氏。同琋、雷、夫蒙三姓皆羌族[138]。

十一、〈郭羌四面造像銘〉：可能在建忠郡和宜州之中。立碑時間上限不能早於西魏廢帝三年（554），下限不能遲於隋開皇二年（582），是家族碑，包括漢姓、羌姓、氐姓及可能爲龜茲胡之白

[133] 同上，頁73。
[134] 同上，頁74。
[135] 同上，頁74。
[136] 同上，頁75。
[137] 同上，頁75-75。
[138] 同上，頁76。

氏[139]。

十二、〈鉗耳神猛造像記〉：應在渭北。立於開皇四年（584），是家族碑，有鉗耳、雷、党、夫蒙氏，皆羌姓[140]。

馬長壽的結論謂：「在渭河以北同州、華州東部雖成爲北族麕集之區，而蒲城、白水、宜君、同官（銅川縣）、宜州（耀縣）等地則仍爲西羌諸姓的集中分佈所在。但這些州縣自古以來就有漢族分佈其間，故當羌族徙入之時，漢羌二族分別居住，形成漢村和羌村的犬牙相錯的狀態」[141]。

在這些碑銘的題名之中，有都督、帥都督、大都督、柱國等官銜，在西魏北周系統之中，這些名稱皆府兵系統中的官職。如（編號如前）：

一、〈合方邑子百數人造像記〉碑中載：都督乙弗阿師、東面邑主都督揄拔慶、西面邑主師（當作帥）都督郃陽縣開國子庫汗宗、港化主高陵縣開國子大都督宇文永、先都督俟奴俟尼、都像主都督白停男普屯置、像檀越主師（帥）都督六、洋二州刺史永寧子賀蘭婁、都邑主師（帥）都督三原縣令華陰男屋引洛、都化主都督范縣伯揄拔怡，立於北周武成二年（560）。

七、〈荔非明達等四面造像題名〉碑中載：天宮主柱國參軍□□□□、邑長大都督司鎧□□□□，立於武成年間（559—561），該碑皆爲羌族荔非姓氏。

八、〈邑主雷惠祖合邑子彌姐顯明等造像記〉碑中載：佛堂主都督彌姐珍、典錄都督雷元儁，立於開皇二年（582）。

九、〈邑主彌姐後德合邑子卅人等造像記〉碑中載：都督彌姐顯祭。立於開皇二年（582）。

十、〈雷明香爲亡夫同琋乾熾造像記〉碑中載：開府外兵嘗治都督雷

139　同上，頁77-78。
140　同上，頁78-79。
141　同上，頁79-80。

顯慶。立於天和元年（566）。

這表示在這個地區的人士亦參加西魏北周之府兵體系。立於武成二年的〈合方邑子百數人造像記〉，其題名人有都督、帥都帥、大都督者，這些人皆北族姓氏，如乙弗阿師、擒拔慶、庫汗宗、宇文永、俟奴俟尼、普屯罝、賀蘭婁、屋引洛、擒拔洛等，按武成二年爲560年，大統九年爲543年，這些人在正常情況下，似應在大統九年以前加入軍旅。北族很早加入宇文政權，極易明瞭。然而在〈荔非明達等四面造像題名〉碑中，立碑亦在武成年間，羌族荔非氏官位爲柱國參軍、大都督司鎧等，似應在大統九年後加入軍旅較合理。另外，立於天和元年（566）之〈雷明香爲亡夫同琋乾熾造像記〉、立於開皇六年（586）之〈邑主彌姐後德合邑子卅人等造像記〉、及立於開皇二年（582）之〈邑主雷惠祖合邑子彌姐顯明等造像記〉，其中羌姓彌姐珍、雷元儁、彌姐顯祭、雷顯慶等，皆爲都督銜，故而假設這些人在大統九年（543）以後進入宇文氏之軍旅，似應較爲合理。

在大統九年以前，宇文泰與這個地區的地方豪強已漸獲協調，下面這一段資料或可作爲協調過程的蛛絲馬跡，《周書》卷三十七〈韓褒傳〉：

> 出為北雍州刺史，加衛大將軍。州帶北山，多有盜賊。褒密訪之，並豪右所為也，而陽不之知，厚加禮遇，謂之曰：「刺史起自書生，安知督盜，所賴卿等共分其憂耳。」乃悉詔桀黠少年素為鄉里患者，署為主帥，分其地界，有盜發而不獲者，以故縱論。於是諸被署者，莫不惶懼。皆伏首曰：「前盜發者，並某等為之。」所有徒侶，皆列其姓名。或亡命隱匿者，亦悉言其所在。褒乃取盜名簿藏之，因大牓州門曰：「自知行盜者，可急來首，即除其罪。盡今月不首者，顯戮其身，籍沒妻子，以賞前首者。」旬日之間，諸盜咸首盡。褒取名簿勘之，一無差異。並原其罪，許以自新，由是羣盜屏息。入為給事黃門侍郎。（大統）九年（543），遷侍中。

北雍州即宜州；宜州轄通川郡，有泥陽、土門，宜君郡有宜君、同官，雲陽郡有雲陽[142]。大致上即本文所述地區。豪右之族屬不詳，唯這個地區有漢羌等族，又將其首領們「署爲主帥」，似應包括這些種族。這些主帥在大統九年以前已編入名簿，這是廣募這地區豪右的準備工作。

所以，宇文泰在大統九年廣募關隴豪傑，除了原本在大統初年已加入之地方豪強（大多數是漢人），其宗親部曲擴大參與之外，主要內容應指羌氐部落之加入。在關中部分，主要是指渭水以北地區（除下邽外）之羌族。

在西魏北周政權之中，北鎮軍士是其最原始的支柱，所以在府兵體系之中，最上層的柱國大將軍、大將軍等職，大部分都是他們擔任。至府兵制度完成時，約在西魏、北周交替之際，是北鎮軍士權勢最強之時，而將府兵體系內之部屬大批改爲胡姓，是其權勢高峯之指標。當大統之初漢人地方豪強亦紛紛加入宇文政權，在府兵制度完成時，他們擔任中等、及中上層之職；但由於參與的人數漸多，至北周時已漸漸抬頭，隋楊政權成立時，他們已略佔上風，楊堅詔令改胡姓者恢復漢姓，也是漢人勢力抬頭之指標，其間演變蛛絲馬跡，可由另文細論。假設大統九年以後，關隴地區羌氐亦加入宇文政權，由於他們加入稍遲，在西魏末葉府兵制度完成之時，應僅下層職位，如柱國參軍、大都督參軍等，而在北周時，有人可達都督銜。

在涇水中下游一帶，除了漢羌以外，氐人已漸漸增多，《北史》卷四十九〈毛遐傳〉載：

> 北地三原人也。世為酋帥……正光中，蕭寶夤為大都督，討關中諸賊，咸陽太守韋邃時為都督，以遐為都督府長史，寶夤敗還長安，三輔騷擾。遐因辭邃還北地，與弟鴻賓聚鄉曲豪傑，遂東西略地，氐羌多赴之，共推鴻賓為盟主，既而賊

[142] 《北周地理志》，卷一，關中宜州，頁65-70。

> 帥宿勤買奴自號京兆王於北地，遐許降之，而與鴻賓攻其壁，賊自相斫射，縱兵追擊，七柵皆平……鴻賓大鼻眼，多鬚鬚，黑而且肥，狀貌頗異，氐羌見者皆畏之。加膽略騎射……及賊起，鄉里推為盟主，常與遐一守一戰。

時在北魏末葉。涇水上游的高平是山胡的勢力範圍（同上註），正光五年四月「高平酋長胡琛反，自稱高平王，攻鎭以應拔陵」[143]。正光五年十月「胡琛遣其將宿勤明達寇豳、夏、北華三州」[144]。孝昌元年四月宿勤明達與万俟醜奴聯軍與北魏中央軍崔延伯、蕭寶夤聯軍大戰於涇川安定，延伯等有「甲卒十萬，鐵馬八千匹，軍威甚盛」[145]。延伯戰死。這股勢力最盛時，達到涇水下游。涇水中游與汧水之間亦有胡人，《周書》卷二十七〈梁臺傳〉：「大統初，復除趙平郡守，又與太僕石猛破兩山屠各。」又《周書》卷三十九〈王子直傳〉：「大統初，漢熾屠各阻兵於南山，與隴東屠各共爲脣齒。太祖令子直率涇州步騎五千討破之。」趙平、隴東皆在涇水、汧水之間，安定之南。涇水的山胡與北魏居於對抗立場，但高平區之李遠李賢兄弟是在中央這方面，其後助尒朱天光等安定該地區，宇文泰引以爲穩定該區之重要支柱，前文已有詳述。

十六國時期，略陽臨渭氐人苻氏，建立前秦王朝[146]。苻堅時「仇池氐楊世以地降於堅」[147]。當時氐人勢力擴張及涇水下游、渭水上游、中游一帶，但苻堅帝國膨脹以後，大批分遣氐人於關東各要地。《晉書》卷一一三〈前秦載記・苻堅上〉：

> 洛既平，堅以關東地廣人殷，思所以鎮靜之，引其羣臣於東堂議曰：「凡我族類，支胤彌繁，今欲分三原，九嵕、武都、汧、雍十五萬戶於諸方要鎮，不忘舊德，為磐石之宗，

143　《魏書》卷九〈肅宗紀〉正光五年四月。

144　《魏書》卷九〈肅宗紀〉正光五年十月。

145　繫年出自《魏書》卷九〈肅宗紀〉孝昌元年四月，事蹟見《魏書》卷七十三〈崔延伯傳〉。

146　《晉書》卷一一二至一一五，〈前秦載記〉。

147　《晉書》卷一一三〈前秦載記・苻堅上〉。

於諸君之意如何？」皆曰：「此有周所以祚隆八百，社稷之利也。」於是分四帥子弟三千戶，以配苻丕鎮鄴，如世封諸侯，為新券主。堅逆丕於灞上，流涕而別。諸戎子弟離其父兄者，皆悲號哀慟，酸感行人，識者以為喪亂流離之象……

論者以爲這是苻堅兵敗淝水以後，退未能保有關中，而爲姚氏所乘的最大原因。其後氐人勢力在雍州大減，而三原、九嵕、幷、略陽一帶雖然仍有氐人居住，但羌人已與其分庭抗禮。

其後氐人以仇池爲大本營，此在《宋書》[148]、《魏書》[149]、《南齊書》[150]、《梁書》[151]、《南史》[152]、《周書》[153]、《北史》[154]等書皆有記載。而氐人的主導權大致上常握在楊氏家族之手[155]。楊氏子孫又甚爲分歧，在南北兩大政權之間，或附北、或附南、或獨立，變換多起，對於北魏而言，楊氏大致以仇池（武都）爲大本營，亦兼有武興、上邽、駱谷、葭蘆（武都縣東南）、陰平（今文縣西北）之地[156]。當北魏之末期（世宗時），「建武將軍傅豎眼攻武興，克之，執（氐王武興王楊）紹先送於京師，遂滅其國，以爲武興鎮，復改鎮爲東益州」[157]。這是北魏侵入該區最深之時，其後氐人又反，「紹先奔還武興，後自立爲王」（同上註）。縱觀這一段史實，氐的勢力一直未達岐州，更不論雍州矣！所以自苻堅遷移氐人至關東以後，岐州、扶風、雍州一帶的居民結構，氐人爲數甚少。《周書》卷三十五〈鄭孝穆傳〉：

大統五年（539），行武功郡事，遷使持節、本將軍，行岐州

---

148 《宋書》卷九十八〈氐傳〉。
149 《魏書》卷一〇一〈氐傳〉。
150 《南齊書》卷五十九〈氐傳〉。
151 《梁書》卷五十四〈諸夷·武興國〉。
152 《南史》卷七十九〈西戎·武興國〉。
153 《周書》卷四十九〈異域上·氐〉。
154 《北史》卷九十六〈氐〉。
155 參見谷口房男，〈晉代の氐族楊氏について〉，《東洋大學文學部紀要》30及《魏書》卷一〇一〈氐傳〉。
156 《魏書》卷一〇一〈氐傳〉。
157 《魏書》卷一〇一〈氐傳〉。《魏書》卷七十〈傅豎眼傳〉略同。

> 刺史，當州都督……先是，所部百姓，久遭離亂，饑饉相仍，逃散殆盡。孝穆下車之日，戶止三千。留情綏撫，遠近咸至，數年之內，有四萬家，每歲考績，為天下最。太祖嘉之。賜書曰：「知卿莅職近畿，留心治術。凋弊之俗，禮教興行，厭亂之民，襁負而至。昔郭伋政成幷部，賈琮譽重冀方，以古方今，彼有慙德。」於是徵拜京兆尹。

在大統五年時，岐州、武功一帶竟然只有三千戶，鄭孝穆在數年之內增為四萬戶，新增之戶來源失載，但若是氐人，一則氐人對西魏政權居於敵對立場，二則若是遷自武興氐族，史書必有所載。按鄭孝穆係滎陽開封鄭氏大族，隨孝武帝西遷，數年之內增四萬戶，很可能是隨魏帝入關之關東之民，這樣才能應上「厭亂之民，襁負而至」之言。

《水經注疏》卷十九〈渭水下〉，頁54—55：

> 渭水又東會成國故渠，渠魏尚書左僕射衛臻征蜀所開也，號成國渠，引以澆田。（趙云：《漢・志》郿縣成國渠，北至上林，入蒙蘢渠，蓋西京已有是渠，衛公振更修治之。會貞按：《漢・志》系成國渠於郿，而〈溝洫志〉注如淳曰：「成國渠名在陳倉」蓋就衛臻所開言也，《漢・宣帝紀》：青龍元年穿成國渠，自陳倉至槐里。〈食貨志〉同，即臻事，《魏志》本傳失載。唐李石記成國渠見《漢・志》，衛臻征蜀復開，以溉田。後魏大統十三年始築堰，置六斗門以節水。貞觀以後屢經修治，其渠溉武功、興平、咸陽、高陵等縣田二萬餘頃，《長安志》：今涸。）其瀆上承汧水於陳倉東，東逕郿及武功槐里縣北。
>
> 渭水又東逕槐里縣故城南……北背通渠。縣北有蒙蘢渠，上承渭水於郿縣，東逕武功縣為成林（國）渠，東逕縣北，亦曰靈軹渠。

按成國渠自岐州陳倉至雍州咸陽，在渭水北岸，大統十三年（547）築堰節水灌溉，似應安揷徙來之農業居民，而這一段渭水之南岸空地，在稍後北周時安挿徙來之僑民，此點下文另有討論（附圖）。

尒朱天光、賀拔岳、侯莫陳悅、宇文泰等軍團入關之主要任務是平定涇水流域、渭水上游秦隴地區、及岐州西南地區之叛亂。這個地區除漢人以外，雜胡、羌、氐是很重要的居民成分，從反叛情形觀察，涇水上游、中游以雜胡、羌爲主，秦隴以雜胡、羌、氐爲主[158]、岐州西南地區以氐族爲主[159]，叛亂的原因甚爲複雜[160]，漢人亦有參加者[161]，但魏末此區反叛者之主要人物及主要成分仍以胡、羌、氐爲多。在魏末此區的高平李遠家族、安定梁氏[162]、隴西辛氏[163]、安定皇甫氏[164]是支持北魏西魏政權的。所以這個地區的雜胡、羌、氐人與西魏政權關係是敵對與羈縻，可能在戰敗時編入西魏政權部隊[165]，甚少見部隊投靠者。大統九年宇文泰廣募關隴豪傑，這個地區恐怕是原來支持西魏政權之漢人大族繼續擴充參與，秦隴一帶的羌胡影響不會太多。但汧水西側及岐州西南地區氐族之收編，確是一個成功的型態。《周書》卷三十三〈趙昶傳〉：

> 天水南安人。曾祖襄，仕魏至中山郡守，因家於代……（昶）孝昌中起家拜都督……太祖平弘農，擢為相府典籤。大統九年，大軍失律於邙山，清水氐酋李鼠仁自軍逃還，憑險作亂。隴右大都督獨孤信頻遣軍擊之，不克。太祖將討之，欲先遣觀其勢，顧問誰可為，左右莫對。昶曰：「此小豎爾，

158 參見唐長孺、黃惠賢，〈二秦城民暴動的性質〉，《武漢大學學報》1979 (4)。

159 參見張建昌，〈氐族的興衰及其活動範圍〉及李紹明、冉光榮，〈論氐族的族源與民族融合〉，《四川省史學會史學論文集》二、氐族的融合，頁176-184。

160 唐長孺、黃惠賢，〈二秦城民暴動的性質〉認為：「種族間的差別逐漸削弱，階級矛盾成為當地的主要矛盾。」頁64。似乎不能涵蓋所有因素。

161 《魏書》卷五十一〈封敕文傳〉載：「金城邊冏，天水梁會謀反，扇動秦益二州雜戶萬餘戶，據上邽東城，攻逼西城。……」按邊冏，金城人，涼州著姓；梁會，天水人，乃安定大姓。時在世祖太平真君七年，北魏占領上邽不久。在北魏末反叛的主要人物大多是胡、羌、氐人。

162 《周書》卷二十七〈梁臺傳·梁椿傳〉，卷三十九〈梁昕傳〉。

163 杜斗城，〈漢唐世族隴西辛氏試探〉，《蘭州大學學報》1985 (1)。

164 《周書》卷三十九〈皇甫璠傳〉。

165 《魏書》卷七十五〈爾朱天光傳〉：「天光遂入關擊破之，簡取壯健以充軍士，悉收其馬。」

以公威，孰不聽命。」太祖壯之，遂令昶使焉。昶見鼠仁，喻以福禍。羣凶聚議，或從或否。其逆命者，復將加刃於昶，而昶神色自若，志氣彌厲。鼠仁感悟，遂相率降。氐梁道顯叛，攻南由。太祖復遣昶慰諭之，道顯等皆卽款附。東秦州刺史魏光因徙其豪帥四十餘人幷部落於華州，太祖卽以昶為都督領之。……十五年，拜安夷郡守，帶長虵鎮將。氐族荒獷，世號難治，昶威懷以禮，莫不悅服。期歲之後，樂從軍者千餘人。加授帥都督。時屬軍機，科發切急，氐情難之，復相率謀叛。昶又潛遣誘說，離間其情，因其攜貳，遂輕往臨之。羣氐不知所為，咸來見昶，乃收其首逆者二十餘人斬之，餘衆遂定。朝廷嘉之，除大都督，行南秦州事。時氐帥蓋鬧等反，昶復討擒之。……昶自以被拔擢居將帥之任，傾心下士，虜獲氐、羌，撫而使之，皆為昶盡力。太祖常曰：「不煩國家士馬而能威服氐、羌者，趙昶有之矣。」

《水經注疏》卷十七〈渭水上〉，頁26—27：

渭水又東南出石門，度小隴山，逕南田縣南，東與楚水合，世所謂長蛇水也，水出渭縣之數歷山，南流逕長蛇戍東，魏和平三年築（守敬按：《魏書・陸真傳》高宗時初置長蛇鎮，真率衆築城未訖而氐豪仇傉檀等叛，氐民咸應真，擊平之，卒城長蛇而還，……《周書・趙昶傳》大統十五年拜安夷郡守，帶長蛇鎮將，則魏始終以長蛇為重鎮矣！）徙諸氐以遏隴寇。

按長蛇鎮在渭水與大震關之間，其地是氐羌勢力與宇文勢力之重要界線。又趙昶是關鍵人物，昶祖乃天水人，其族屬不詳，但可確定者乃昶必然閑熟氐族之事，是一個「氐通」，因爲他的才能，將許多氐部落編入府兵系統之中，氐人雖然反順不定，大體上對宇文政權不構成威脅。

晉江統〈徙戎論〉（五胡亂華前十年左右）謂：「徙馮翊（《晉

書》卷十四〈地理志上〉載：郡領臨晉、下邽、重泉、頻陽、粟邑、蓮芍、郃陽、夏陽。資料出處下同。）、北地（領泥陽、富平）、新平（領漆、汾邑）、安定（領臨涇、朝那、烏氏、都盧、鶉觚、陰密、西川）界內諸羌，著先零、罕开、析支之地；徙扶風（領池陽、郿、雍、汧、陳倉、美陽）、始平（槐里、始平、武功、鄠、蒯城）、京兆（領長安、杜陵、霸城、藍田、高陸、萬年、新豐、陰般、鄭）之氐，出還隴右，著陰平、武都之界。」及至西魏大統年間，關中居民結構已有改變，按本文上文分析，渭水下游以上、洛水以東，以及渭北下邽等地，北族已取代羌人，但洛水至涇水之間羌人仍爲主要的少數民族。涇水上游雜胡甚多，中下游羌氐勢大，而渭水秦隴一帶上游，羌、氐甚多，還有部分雜胡，汧水流域羌、氐甚多，而氐人已退出扶風、始平、京兆一帶，武都、仇池是其主要地區。渭水自武功以下，渭南絕大多數是漢人，少數民族則以北族爲主，上述各氐羌雜胡勢大之地區，亦有漢人居住，各地區中漢人與少數民族之比例已不可知。

（三）關中僑州之分析

在西魏府兵制度發展過程中，有兩個重要地區，其一是心臟地帶，其二是北族之僑州。按北族六州僑民在大統之初安置在何處，史書失載，自大統六年以後，陸陸續續在寧州西北地郡、趙興郡、豳州新平郡界設立六僑州，其地理方位在涇水支流泥水流域，居於涇水上游與洛水上游之間，此區極可能是涇水上游雜胡與洛水上游稽胡之間的空閒之地，也成爲勢力空隙之區，例如：「（大統六年）夏，茹茹度河至夏州，太祖召諸軍至沙苑以備之」[166]。而在長安方面，「時茹茹渡河南寇，候騎已至豳州。朝廷慮其深入，乃徵發士馬，屯守京城，塹諸街巷，以備侵軼。左僕射周惠達召（王）羆議之。羆不應命，謂其

166　《周書》卷二〈文帝下〉大統六年夏。

使曰：『若茹茹至渭北者，王羆率鄉里自破之，不煩國家兵馬。何為天子城中，遂作如此驚動。由周家小兒恇怯致此。』羆輕侮權勢，守正不回，皆此類也」[167]。茹茹自夏州、豳州南下，也就是泥水路線，竟然威脅長安地區，可見沿途阻礙甚少；王羆乃京兆豪族，聲言率鄉里自破之，亦可見至京兆地區才有強大勢力，時在大統六年。按西魏六僑州設立的時間與地點為[168]：

蔚州：大統六年，北地郡彭原洛蟠城。

朔州：大統十一年，弘化郡。

燕州：大統十六年，北地郡襄樂。

恒州：西魏時，設年失載，北地郡三水。

雲州：西魏時，設年失載，北地郡彭原豐城。

顯州：西魏時，設年失載，北地郡羅川。

就已知資料而言，設立最早的是大統六年，這應該與大統六年夏茹茹南侵有關，何況恒州此後自北地郡三水遷至弘化郡歸德，在更北的泥水與洛水之源，地近夏州，其防茹茹之意更明矣！

六僑州在北周時遷至岐州扶風一帶，如下[169]：

燕州：北周天和元年，武功城。

雲州：北周天和元年，郿縣。

恒州：北周天和二年，盩厔。

顯州：北周天和三年，扶風郡陳倉縣。

朔州：北周天和中，扶風虢縣。

蔚州：《隋書・地理志》僅載後周廢，遷地失載。

北周天和時，將西魏之六僑州自寧州、豳州一帶遷至岐州扶風一帶，是由於國際情勢之改變，以及北周發展重點之轉移，但先決條件是岐州扶風一帶有空間。上文曾提及自從氐人勢力退出岐州、扶風、雍州

167　《周書》卷十八〈王羆傳〉。

168　參見王仲犖，〈東西魏北齊北周僑置六州考略〉，《文史》5，頁27-28。

169　參見王仲犖，〈東西魏北齊北周僑置六州考略〉，頁28-29。

以後，該地區人口不多，雍州是北魏重鎮，西魏首府，人口必然很快就補上。大統五年鄭孝穆任武功郡事及岐州刺史時，該地區初僅三千戶，經數年招納人民，衆至四萬戶，實際上這一帶亦是關中奧區之一，仍然未達到飽和，應有空地可資六僑州遷入。又按西魏時北方強敵是茹茹，茹茹與宇文氏處於敵對立場，其後北方突厥興起，「恃其彊盛，乃求婚於茹茹。茹茹主阿那瓌大怒，使人罵辱之曰：『爾是我鍛奴，何敢發是言也？』（突厥主）土門亦怒，殺其使者。遂與之絕，而求婚於我（西魏）。太祖許之。（大統）十七年六月，以魏長樂公主妻之。是歲，魏文帝崩，土門遣使來弔，贈馬二百匹。魏廢帝元年正月，土門發兵擊茹茹，大破之於懷荒北，阿那瓌自殺，其子菴羅辰奔齊……」[170]。北周保定三年（563）詔楊忠爲元帥，兩次率衆繞道武川陘嶺攻打北齊晉陽，突厥主以十萬衆來會[171]，兩者邦交友善達到巔峯。另一方面，西魏廢帝二年（553）尉遲迥領兵佔領蜀地[172]，使宇文政權領地大增，爲了控制經營蜀地，自必有所安置，及北境局勢和緩，遂於天和年間（566—571）將六僑州南遷，按六僑州遷至岐州、扶風一帶，正當自陝入川的主要通道口[173]，尉遲迥行軍路線「自散關由固道出白馬」[174]，即嚴耕望先生《唐代交通圖考》中「通典所記梁秦驛道」[175]自陳倉沿故道川（後魏變文爲固）南下。陳倉即北周僑州顯州所在地；事實上，北周僑州雲州所在地郿縣，即嚴圖之「褒斜舊道」入口；燕州所在地武功縣及恒州所在地盩厔，皆在嚴圖之「駱谷道」入口；朔州所在地虢縣在嚴圖中可南接「褒斜舊道」。

170　《周書》卷五十〈異域下·突厥〉。

171　參見《周書》卷五十〈異域下·突厥〉及《周書》卷十九〈楊忠傳〉。

172　參見《周書》卷二〈文帝下〉，魏廢帝二年三月，及《周書》卷二十一〈尉遲迥傳〉。

173　《水經注疏》卷十七〈渭水上〉：「渭水東入散關。（會貞按：《元和志》、《寰宇記》並云，在陳倉縣西南五十二里，《方輿紀要》在寶雞縣西南五十二里大散嶺上，亦曰大散關，爲秦蜀之喋喉。）」

174　《周書》卷二十一〈尉遲迥傳〉。

175　嚴耕望《唐代交通圖考》第三册，頁 764-776，及圖十二「唐代秦嶺山脈西段諸谷道圖」。

六僑州是禁旅之所出，天和元年（556）「築武功、郿、斜谷、武都、留谷、津坑諸城以置軍人」[176]。北周皇帝對六僑州非常重視，天和元年「十一月丙戌，行幸武功等新城，十二月庚申，還宮」[177]。天和三年「二月丁卯，幸武功。丁亥，還宮」[178]。天和三年「十二月丁丑，至自岐陽」[179]。天和六年「十一月丁巳，行幸散關。十二月己丑，還宮」[180]。建德元年「十二月壬申，行幸斜谷，集京城以西諸軍都督已上，頒賜有差。丙戌，還宮」[181]。建德三年，廢六僑州[182]，按北周武帝於建德四年大舉伐齊，攻向洛陽地區；建德五年又大舉伐齊，攻向幷州，皆「帝總戎東伐」，建德五年這一次終於擊潰幷州齊軍主力，以破竹之勢下鄴都，統一北方。所以建德三年廢六僑州之舉，因六僑州乃禁旅之所出，因伐齊而大量抽調僑州部人，卒至僑州被廢。這些抽調部人與先前已從軍征戰者，就是開皇十年所謂「南征北伐，居處無定」，而詔令「凡是軍人，可悉屬州縣」者。

四、六柱國十二大將軍之統屬及其轄區

《周書》卷十六末（《資治通鑑》卷一百六十三〈梁紀十九〉簡文帝大寶元年，550年）：

---

176 《周書》卷五〈武帝上〉天和元年（566）秋七月戊寅。王仲犖考證其地望為：「築武功（卽燕州寄治之武功城）、郿、斜谷（卽雲州寄治之郿縣斜谷城）、武都（卽朔州寄治之洛邑縣武都城）、留谷（今陝西寶雞市）、津坑諸城（津坑今地未詳，當與留谷相近。蔚州寄治之所，當于此二城中之一城求之），以置軍人。此所築城，蓋卽六州僑置之州城也。（恒州寄治盩厔，顯州寄治陳倉，皆有古城可居，故不別築新城。）」〈東西魏北齊北周僑置六州考略〉，頁29。

177 《周書》卷五〈武帝上〉天和元年十一月丙戌。

178 《周書》卷五〈武帝上〉天和三年二月丁卯。

179 《周書》卷五〈武帝上〉天和三年十二月丁丑。

180 《周書》卷五〈武帝上〉天和六年十一月丁巳。

181 《周書》卷五〈武帝上〉建德元年十二月壬申。

182 雲州、顯州，據《寰宇記》，建德三年廢。恒州，《隋書》卷二十九〈地理上〉京兆郡盩厔：「後周置周南郡及恒州，又有倉城、溫湯二縣，尋並廢」。朔州，《隋書》卷二十九〈地理上〉扶風郡虢縣：「後周置朔州，州尋廢。」又王仲犖謂「建德中，六州幷廢」，〈東西魏北齊北周僑置六州考略〉，頁29。

初，魏孝莊帝以尒朱榮有翊戴之功，拜榮柱國大將軍，位丞相上。榮敗後，此官遂廢。大統三年，魏文帝復以太祖建中興之業，始命為之。其後功參佐命，望實俱重者，亦居此職。自大統十六年以前，任者凡八人。太祖位總百揆，督中外軍。魏廣陵王欣，元氏懿戚，從容禁闈而已。此外六人，各督二大將軍，分掌禁旅，當爪牙禦侮之寄，當時榮盛，莫與為比。故今之稱門閥者，咸推八柱國家云。今并十二大將軍錄之於左：

使持節、太尉、柱國大將軍、大都督、尚書左僕射、隴右行臺、少師、隴西郡開國公李虎，（按《通鑑》李虎列於李弼之後。）

使持節、太傅、柱國大將軍、大宗伯、大司徒、廣陵王元欣，（標點本校勘記〔二九〕謂《北史》卷六十傳末「大宗伯」作「大宗師」。又謂元欣是宗室，疑作「大宗師」是。）

使持節、太保、柱國大將軍、大都督、大宗伯、趙郡開國公李弼，

使持節、柱國大將軍、大都督、大司馬、河內郡開國公獨孤信，

使持節、柱國大將軍、大都督、大司寇、南陽郡開國公趙貴，

使持節、柱國大將軍、大都督、大司空、常山郡開國公于謹，

使持節、柱國大將軍、大都督、少傅、彭城郡開國公侯莫陳崇，右與太祖為八柱國。（原註：後並改封，此並太祖時爵。）

使持節、大將軍、大都督、少保、廣平王元贊，

使持節、大將軍、大都督、淮〔安〕王元育，

使持節、大將軍、大都督、齊王元廓，

使持節、大將軍、大都督、秦七州諸軍事秦州刺史、章武郡

開國公宇文導，（標點本校勘記〔三一〕謂《北史》殿本卷六十傳末作「北州諸軍事」。《周書》卷一十〈邵惠公顥・附子導傳〉作「秦南等十五州諸軍事」。）

使持節、大將軍、大都督、平原郡開國公侯莫陳順，

使持節、大將軍、大都督、雍七州諸軍事、雍州刺史、高陽郡開國公達奚武，

使持節、大將軍、大都督、陽平公李遠，

使持節、大將軍、大都督、范陽郡開國公豆盧寧，

使持節、大將軍、大都督、化政郡開國公宇文貴，

使持節、大將軍、大都督、荆州諸軍事、荆州刺史、博陵郡開國公賀蘭祥，

使持節、大將軍、大都督、陳留郡開國公楊忠，

使持節、大將軍、大都督、岐州諸軍事、岐州刺史、武威郡開國公王雄。

右十二大將軍，又各統開府二人。每一開府領一軍兵，是為二十四軍。（《通鑑》：泰始籍民之才力者為府兵，身租庸調，一切蠲之，以農隙講閱戰陳，馬畜糧備，六家供之，合為百府，每府一郎將主之，分屬二十四軍。泰任總百揆，督中外諸軍；欣以宗室宿望，從容禁闥而已。餘六人各督二大將軍，凡十二大將軍，每大將軍各統開府二人，開府各領一軍。）自大統十六年以前，十二大將軍外，念賢及王思政亦作大將軍。然賢作牧隴右，思政出鎮河南，並不在領兵之限。此後功臣，位至柱國及大將軍者衆矣，咸是散秩，無所統御。六柱國、十二大將軍之後，有以位次嗣掌其事者，而德望素在諸公之下，不得預於此列。

自魏永熙三年七月（534）魏孝武帝入關，宇文泰「乃奉帝都長安。披草萊，立朝廷，軍國之政，咸取太祖決焉。仍加授大將軍、雍州刺史，兼尚書令，進封略陽郡公，別置二尚書，隨機處分」[183]。其

183　《周書》卷一〈文帝上〉永熙三年（534）七月丁未。

年閏十二月，魏孝武崩，文皇帝元寶炬立。宇文泰之職權更爲高漲。大統元年（535）春正月，「進太祖（宇文泰）督中外諸軍、錄尚書事、大行臺，改封安定郡王，太祖固讓王及錄尙書事，魏帝許之，乃改封安定郡公」[184]。大統元年（535）五月，加「宇文泰位柱國」[185]。大統三年（537）十月，沙苑大捷之後，「進太祖柱國大將軍」[186]。這是西魏第一個柱國大將軍，且都督中外諸軍，在諸軍之上，並不特別親領某軍。

魏廣陵王元欣拜柱國大將軍完全是安撫魏宗室之意，《北史》載元欣爲「性粗率，好鷹犬……好營產業，多所樹藝，京師名果，皆出其園，所汲引及僚佐，咸非長者，爲世所鄙」[187]。《魏書》雖亦謂其「性粗率，好鷹犬」。但在肅宗初（516左右）爲北中郎將，此職乃戍守大洛陽地區之北大門，需實際統領部隊，又曾任荊州刺史、齊州刺史，「欣在二州，頗得人和」[188]，且當魏孝武帝與高歡決裂時，任洛陽地區包圍戰之「左軍大都督」[189]。元欣在長安期間修葺林園，僚佐不才，正是歷史上憂讒畏譏、明哲保身的一貫作法，連宇文泰也調侃他說：「『王三爲太傅，再爲太師，自古人臣未聞此例。』欣遜謝而已」[190]。元欣「從容禁闈」，沒有實際軍權，或許可以從官職中看出，在《周書》卷十六卷末的記載之中，其他六個柱國大將軍、十二個大將軍的官職之中，都有「大都督」之銜，唯獨元欣沒有，按大都督是府兵前期的重要督將，實際統軍者都有各種「都督」之銜，《周

---

184 《周書》卷二〈文帝下〉大統元年（535）春正月己酉。又同書同卷〈校勘記〉引張森楷云：「『督』上當有『都』字。按《冊府》卷六，頁70、卷七二，頁818，《通鑑》卷一五七，頁4861，『督』上並有『都』字，張所疑有據，但諸本皆同，今不補。」

185 《北史》卷五〈西魏文帝〉大統元年（535）五月。《通鑑》一五七〈梁紀十三〉武帝大同元年（535）「五月，魏加丞相泰柱國（胡注：即柱國大將軍之官）」。

186 《周書》卷二〈文帝下〉，大統三年（537）冬十月，《北史》卷五大統三年（537）冬十月，同。

187 《北史》卷十九〈獻文六王·廣陵王羽·子欣〉。

188 《魏書》卷二十一上〈獻文六王列傳·廣陵王〉。

189 《魏書》卷十一〈出帝〉永熙三年（534）五月丙申。

190 《北史》卷十九〈獻文六王·廣陵王羽·子欣〉。

書》列傳中極爲常見。元欣無「大都督」之銜似不應是《周書》之忽略記載。

八個柱國大將軍之中，除宇文泰與元欣以外，其餘六個柱國大將軍，《周書》、《通鑑》皆謂「各督二大將軍」。唯那一個柱國大將軍督那兩個大將軍，史書並無直接記載，學者亦未見有這方面之研究。又至大統十六年（550）時，府兵制度已成立百府，分布於宇文泰之控制地區，這百府層層上屬，最後隸於十二大將軍與六個柱國大將軍，究竟六大柱國與百府之地緣關係如何，史書並無直接記載，學者亦未見有這方面之研究。本文試著從史書中零散的資料，理出蛛絲馬跡，對上述兩個問題作初步的擬測。在資料缺乏的情況之下，本文仍從事此項艱難的研究，乃是因爲這兩個問題在中古史上有其重要性，即令是初步架構的建立，對於西魏北周歷史、府兵制度的實際運作、關隴集團的眞正內涵，都極有幫助。

（一）于謹柱國大將軍

《周書》卷十九〈達奚武傳〉載：

> 從平悅，除中散大夫、都督，封須昌縣伯，邑三百戶。魏孝武入關，授直寢，轉大丞相府中兵參軍。大統初，出為東秦州刺史，加散騎常侍，進爵為公。……太祖欲并兵擊竇泰，諸將多異議，唯武及蘇綽與太祖意同，遂擒之。……（沙苑戰後）除大都督，進爵高陽郡公，拜車騎大將軍、儀同三司。……進至河橋，武又力戰，斬其司徒高敖曹，遷侍中、驃騎大將軍、開府儀同三司，出為北雍州刺史。復戰邙山……久之，進位大將軍。

賀拔岳被害以後，達奚武可能是宇文泰的積極支持者，達奚武也和其他將領一樣，參加擊竇泰、沙苑、河橋、邙山等戰役，其能擊殺東魏司徒高敖曹（昂）功績甚大，顯然是當時宇文泰之主力之一，其後出任北雍州刺史，不知起訖年月。本傳中對其進位大將軍時之都督軍事區不詳。唯《周書》卷十六卷末詳細寫明府兵體系完成時（大統十六年），達奚武爲「使持節、大將軍、大都督、雍七州諸軍事、雍州刺史、高陽郡開國公」[191]，都督雍七州之其他六州名稱不詳，應當在雍州附近。

《周書》卷二十〈賀蘭祥傳〉載：

> 沙苑之役，詔祥留衛京師……四年，祥領軍從戰河橋……九年從太祖與東魏戰於邙山，……十四年（548），除都督三荊南襄南雍平信江隨二郢淅十二州諸軍事、荊州刺史，進爵博陵郡公。先是，祥嘗行荊州事，雖未朞月，頗有惠政……尋被徵還。十六年（550），拜大將軍。太祖以涇渭溉灌之處，渠堰廢毀，乃命祥修造富平堰，開渠引水，東注於洛，功用旣畢，民獲其利，魏廢帝二年，行華州事。後改華州為同州，仍以祥為刺史……

賀蘭祥任「都督三荊南襄南雍平信江隨二郢淅十二州諸軍事、荊州刺史」在大統十四年（548），任期「朞月」即被徵還。其後楊忠亦曾任「都督三荊二襄二廣南雍平信隨江二郢淅十五州諸軍事」[192]時在大統十五年（549）冬十一月[193]。大統十六年府兵制度完成時，賀蘭祥拜大將軍，其時祥已徵還一年有餘，所以大統十六年（550）十二大將軍項下賀蘭祥官銜「使持節、大將軍、大都督、荊州諸軍事、荊州刺史」之中「荊州諸軍事、荊州刺史」銜是大統十四年（548）事。祥被徵還後修造富平堰，富平堰在今陝西富平縣南[194]，其地在西魏時屬雍州，在渭河北岸。又據「在渭南縣渭河北岸所發現的北周武成二年

191　王仲犖《北周地理志》謂「雍」字之前可能漏一「北」字，按《周書》卷十六卷末此條有二個「雍」字，不太可能兩個「雍」字同時皆漏「北」字。達奚武本傳載拜北雍州刺史之時間可能較早，而大統十六年（550）時官職應如《周書》卷十六卷末所載。

192　《周書》卷十九〈楊忠傳〉。

193　《周書》卷二〈文帝下〉：「大統十五年（549）冬十一月，遣開府楊忠率兵與行臺僕射長孫儉討之，攻克隨郡。」

194　《北周地理志》，卷一，關中雍州馮翊郡富平。

（560）九月之〈合方邑子百數十人造像記〉……此碑在渭北下邽鎮的正南二十餘里、信義鎮的正西二里之秦莊村……下封（邽）屬於同州延壽郡，地當沙苑之西偏，正是宇文泰與高歡的鏖戰所在，許多北方鮮卑和雜胡聚居於此」[195]。該碑有「北面像主統軍賀蘭寧」及其他賀蘭氏共八人。賀蘭部落可能在這一帶。碑立於武成二年（560），距大統十六年（550）僅十年。賀蘭祥稍後在「魏廢帝二年（553）行華州事，後改華州爲同州，仍以祥爲刺史」。其任職亦在這一地區，祥卒後（保定二年 562）贈「使持節、太師、同岐等十二州諸軍事、同州刺史」。

于謹曾追隨宇文泰參加潼關、廻洛城、弘農、沙苑、河橋、邙山等戰役，這是其他將領也共同參與的重要戰役，並無特別之處。唯于謹當魏帝西遷之初拜命爲北雍州刺史，其後又拜大丞相府長史，兼大行臺尚書[196]，北雍州稍後改爲宜州，在雍州略北，而大丞相府長史是宇文泰之第一號副手。于謹「除大都督、恒、并、燕、肆、雲五州諸軍事、大將軍、恒州刺史。」（同上註）該地居住著北魏末北疆諸州人士入關者之部人，西魏統治階層大部分皆包括在內[197]，其地約在夏州至豳州之間，是一個很具影響的職位，也必然是宇文泰極爲重視的職位，于謹拜命此職的確實時間不詳，〈于謹傳〉記於大統九年之前。在大統十二年至十五年間，于謹復兼大行臺尚書、丞相府長史，率兵鎮潼關，又加授華州刺史。此華州在西魏廢帝三年改爲同州[198]，即馮翊(大荔)之地。按西魏皇帝居長安，而大丞相宇文泰長期在華州[199]。

---

195 《碑銘所見前秦至隋初的關中部族》，四、〈北朝後期鮮卑雜胡入關後的聚居和散居〉，頁55-56。

196 《周書》卷十五〈于謹傳〉。

197 并肆不是西魏控制區，可能是僑州。恒燕雲是僑州。

198 《周書》卷二〈文帝下〉廢帝三年（556）春正月，改華州為同州。

199 如《周書》卷二〈文帝下〉：大統四年（538）春三月，太祖率諸將入朝。禮畢，還華州。大統四年（538），（太祖平趙青雀之亂於長安）關中於是乃定。魏帝還長安，太祖復屯華州。大統九年（543）冬十月，大閱於櫟陽，還屯華州。大統十四年（548）夏五月，太祖奉魏太子巡撫西境……聞魏帝不豫，遂還。既至，帝疾已愈，於是還華州。

《通鑑》胡三省注認爲：「以其地扼關、河之要，齊人或來侵軼，便於應接，故爾居之也。」[200]按西魏時期，長安至華州一帶是其政權最重要的地區，華州更是軍事大本營，宇文泰控制力最強的地方。拜命爲華州刺史者，不是宇文泰之直屬人物，便是其最親密者，于謹長期擔任宇文泰之第一號副手，政策又雷同，在大統八年（542）建立六軍前後，任都督恒、并、燕、肆、雲等僑州及任命爲恒州刺史，尤其在府兵制度即將完成之時，約大統十二年（546）之後率兵鎮潼關，加授華州刺史。魏恭帝元年（554），除雍州刺史，于謹卒（天和三年，568）後，其贈官爲「加使持節、太師、雍恒等二十州諸軍事、雍州刺史」凡此種種，顯示于謹在六個柱國大將軍之中與宇文泰關係最爲親密，也可能是宇文泰主力軍團的統轄者，其所轄之軍府，似應在雍州至華州一帶，並對於恒州等僑州有影響力。

大統十六年（550）府兵制度完成之時，于謹這個柱國大將軍統屬之二個大將軍可能是賀蘭祥、達奚武，賀蘭祥之軍府轄區在渭河下游北岸一帶，上文已有述及。達奚武居雍州，似應在渭河南岸，「大統十七年（551）冬十月，太祖遣大將軍王雄出子午，伐上津魏興；大將軍達奚武出散關，伐南鄭」[201]，與其轄區頗近，達奚武似是主力，武克南鄭，「劍以北悉平」[202]，按「南鄭是川陝交通跟軍事地理上唯一可以休養停息之地 。歷史地理上九條著名的入川通道除『故道』外，其餘如褒斜、子午、黨駱都必須先集中南鄭」[203]，奠定了以後伐蜀基礎，武以此功朝議升爲柱國。

賀蘭祥與于謹同屬宇文泰親信，「及賀蘭祥討吐谷渾也，謹遙統其軍，授以方略」[204]。按西魏派軍遠征，常以聯合軍團出征，像于謹

200　《通鑑》卷一百六十六〈梁紀二十二〉敬帝太平元年（556、西魏恭帝二年）十月丙子，世子覺嗣位，為太師、柱國、大冢宰，出鎮同州（胡注：宇文泰輔政多居同州，以其地扼關、河之要，齊人或來侵軼，便於應接也。）

201　《周書》卷二〈文帝下〉大統十七年（551）冬十月。

202　《周書》卷十九〈達奚武傳〉。

203　黃盛璋，〈陽平關及其演變〉，頁257。

204　《周書》卷十五〈賀蘭祥傳〉。

遙領賀蘭祥，只有在同屬一個軍事集團，同一柱國才可能如此調配。達奚武則屬賀拔岳之餘部，但可能是宇文泰之忠實支持者，當邙山之戰「時大軍不利，齊神武乘勝進至陝，武率兵禦之，乃退，久之，進位大將軍」[205]，且「不持威儀」[206]，天和五年（570）十月卒，贈「太傅、十五州諸軍事、同州刺史」[207]。于謹柱國大將軍統屬二大將軍及其軍府轄區如下：

于謹—〈達奚武、賀蘭祥〉渭河下游，雍華一帶。

（二）獨孤信柱國大將軍

《周書》卷十六〈獨孤信傳〉載：

> 大統六年（540）……尋除隴右十州大都督、秦州刺史……邙山之戰……十三年（547），大軍東討，時以茹茹為寇，令信移鎮河陽。十四年（548），進位柱國大將軍，……信在隴右歲久，啓求還朝，太祖不許。……十六年（550），大軍東討，信率隴右數萬人從軍，至崤坂而還。

獨孤信原隨賀拔勝在荊州，後入朝，魏孝武帝甚爲賞識，魏帝西遷之初，又派往荊州，荊州淪陷後，奔梁三載，才得歸關中，其後亦參加幾次大戰役，而自大統六年（540）始，奉命爲隴右十州大都督、秦州刺史，一直到大統十六年（550）皆居此職。「西魏初年，秦州都督兼統隴坂左右，秦、渭（今鞏昌縣）、原（今固原縣）、涇（今涇縣）四州。自大統六年以後，至周末皆以隴右爲限，而督區向西擴大甚多，多則十州十二州或十五州，少亦六州。大約自隴以西、黃河以南，秦、渭、河（今臨夏縣）、岷（今岷縣）、洮（今臨潭縣西南七十里）諸州及其以西以南地區，且或逾河統涼（今武威）、甘（今張掖

205 《周書》卷十九〈達奚武傳〉。
206 《周書》卷十九〈達奚武傳〉。
207 《周書》卷十九〈達奚武傳〉。

縣)、瓜(今敦煌縣)等州。以其轄地皆在隴右故或以隴右稱之」[208]。按宇文泰的主要力量在關中，秦隴一帶非其主力所在，而秦隴一帶自正光五年(524)六鎮大亂之同時，就是一個屢起變亂之區，尒朱天光、賀拔岳、侯莫陳悅等將就是奉命入關平定這地區之變亂，其後侯莫陳悅管轄此區，宇文泰雖然平定悅，但這個地區民族複雜，並不穩固，宇文泰派獨孤信長期鎮守秦隴，用其才華守看西門，獨孤信似乎不辱使命，但亦由此而形成特殊勢力，《周書》本傳之末評曰：「信風度弘雅，有奇謀大略。太祖初啓霸業，唯有關中之地，以隴右形勝，故委信鎮之。既爲百姓所懷，聲振鄰國。東魏將侯景之南奔梁也，魏收爲檄梁文，矯稱信據隴右，不從宇文氏，仍云無關西之憂，欲以威梁人也。又信在秦州，嘗因獵日暮，馳馬入城，其帽微側。詰旦，而吏民有戴帽者，咸慕信而側帽焉。其爲鄰境及士庶所重如此。」大統年間，尤其是大統後半期，任大將軍而與秦隴有密切關係者尚有宇文導，《周書》卷十〈邵惠公顥傳・附導傳〉：

> 會侯景舉河南來附，遣使請援，朝議將應之，乃徵為隴右大都督、秦南等十五州諸軍事、秦州刺史。及齊氏稱帝，太祖發關中兵討之，魏文帝遣齊王廓鎮隴右，徵導還朝。拜大將軍、大都督、三雍二華等二十三州諸軍事，屯咸陽，大軍還，乃旋舊鎮。

宇文導於大統後半期爲隴右大都督、秦南十五州諸軍事、秦州刺史，十五州名稱已不可考，應屬隴右地區及其附近。可見是獨孤信的管轄區，時在府兵系統即將完成的階段，獨孤信這個柱國大將軍的轄區是以隴右爲主，但其府兵來源除隴右以外，大部分應包含雍州略西地區之若干軍府，按府兵之軍府絕大部分集中在雍州至華州一帶[209]，于謹李虎柱國大將軍其軍府全數皆出於雍州至華州地區，其他柱國大

208　嚴耕望《中國地方行政制度史》，上編——卷中，《魏晉南北朝地方行政制度》，頁451，〈秦州總管府〉條。

209　本文第五章將有分析。

將軍轄下之軍府皆包有部分雍州至華州地區軍府在內，再配以其特定轄區之軍府，後文將有詳論，宇文導可能掌握雍州咸陽一帶部分軍府及隴右秦州一帶軍府，導雖然是大將軍銜，其軍力比柱國大將軍銜之獨孤信為強，因信只擁有隴右一帶軍府；宇文導實力之強，可從另一例子看出，當趙青雀等在長安一帶作亂，另一個柱國大將軍李虎只能擁魏皇太子北避[210]，而導則「自華州率所部分擊之，擒伏德，斬思慶」[211]。獨孤信這個柱國大將軍的主要任務似乎是看守宇文泰之大後方——隴右一帶，當宇文泰調動主力，或其主力配合其他柱國出征之時，則將宇文導調來看守其華州根據地，故《周書》〈導傳〉末載：「太祖每出征討，導恒居守，深為吏民所附，朝廷亦以此重之。」宇文泰回到華州，則導亦回隴右，導英年早卒，其傳末載：「魏恭帝元年(554)十二月，薨於上邽，年四十四，……贈本官，加尚書令，秦州刺史，謚曰孝。朝議以導撫和西戎，威恩顯著，欲令世鎮隴右，以彰厥德，乃葬於上邽城西無疆原。」另外，見於上述〈宇文導傳〉，「及齊氏稱帝，太祖發關中兵討之，魏文帝遣齊王廓鎮隴右，徵導還朝。」故元廓可能與宇文導同屬獨孤信柱國大將軍隸區，兼具咸陽及隴右一帶，當宇文導調回京師時，則元廓派遣至隴右。獨孤信與元廓除了軍府之府兵以外，可能還帶有部分隨魏帝入關之部隊，獨孤信、宇文導、元廓三人之府兵軍府可能部分在咸陽長安一帶，部分在隴右一帶。

獨孤信與宇文導皆為秦州刺史，按獨孤信在大統六年(540)任秦州刺史，至「侯景來附，詔徵隴右大都督獨孤信東下，令導代信為秦州刺史、大都督、十五州諸軍事。及齊氏稱帝，文帝討之，魏文帝遣齊王廓鎮隴右，徵導拜大將軍、大都督、二十三州諸軍事，屯咸陽，大軍還，乃旋舊鎮」[212]。《周書・文帝紀》載侯景來附繫年於大

210　參見《周書》卷二十〈王盟傳〉。
211　《周書》卷十〈邵惠公顥傳・附導傳〉。
212　《北史》卷五十七〈周宗室・章武公導傳〉。

統十三年（547）春正月[213]；齊文宣廢其主元善見繫年於大統十六年（550）夏五月，徵導在是年七月，大軍還，在大統十六年（550）九月[214]始出，所以除了其間三個月由元廓代鎮隴右之外，宇文導皆鎮守隴右，並爲秦州刺史，獨孤信在大統十三年（547）移鎮河陽，不知何時還隴，至少在十六年（550）時，信傳載：「大軍東討，信率隴右數萬人從軍，至崤坂而還。」獨孤信與宇文導在大統末都在隴右，信的都督區爲「隴右十州大都督」，導的都督區是「秦南等十五州諸軍事」，州名皆失載，唯獨孤信是賀拔勝軍團之主要人物，同集團另一位大將史寧，「(大統）十二年（546)，轉涼州刺史，(寧之先世出於這地區）[215]，寧未至而前刺史宇文仲和據州作亂。詔遣獨孤信率兵與寧討之，……尋亦克之，加車騎大將軍、儀同三司、大都督、涼西涼二州諸軍事、散騎常侍、涼州刺史。十五年(549) 遷驃騎大將軍、開府儀同三司，加侍中，進爵爲公」[216]。所以信之軍事區可能在隴右地區略西之地。宇文導都督「秦南等十五州諸軍事」「南」不應作南州解，或是秦州及其南部等十五州之意，若如此，則導的軍事區在隴右略東之地。宇文導爲秦州刺史，卒於上邽，死後「贈本官，加尚書令、秦州刺史，諡曰孝。朝議以導撫和西戎，威恩顯著，欲令世鎮隴右，以彰厥德，乃葬於上邽城西無疆原」[217]。上邽在大震關略西，正是宇文泰之西門，其地氐、羌、休官、屠各等種族甚多[218]。又宇文導子廣，〈宇文廣墓誌銘〉載：「邵惠公之元孫，豳孝公（卽導）之長子。……大周建國，宗子維城，設壝封人，分司典命，開國天水郡公食邑二千戶。元年（557）授使持節驃騎大將軍、開府儀同三司，其

213 《周書》卷二〈文帝下〉大統十三年（547）春正月。

214 《周書》卷二〈文帝下〉大統十六年（550）夏五月。

215 《周書》卷二十八〈史寧傳〉：「建康袁氏人，曾祖豫，仕沮渠氏為臨松令。魏平涼州，祖灌隨例遷於撫寧鎮。」

216 《周書》卷二十八〈史寧傳〉。

217 《周書》卷十〈邵惠公顥傳·附導傳〉。

218 唐長孺、黃惠賢，〈二秦城民暴動的性質——北魏末期人民大起義研究之三〉，頁59-62。

年四月，授都督秦州刺史。孝公久牧汧龍（隴），遺愛在人，今見撫我君之子……。春秋二十有九……(卒）。（天和）六年（571）六月歸葬于秦州之某原。……」[219]

如果從上文宇文導久牧汧隴，及獨孤信集團史寧督涼州觀看，似乎宇文導在隴右地區之東部，獨孤信在隴右地區之西部。

獨孤信柱國大將軍包括賀拔勝軍團、宇文泰親信、魏帝禁衞部隊等，其統屬二大將軍及府兵軍府轄地為：

獨孤信—宇文導、元廓—渭河上游，雍州一帶。

（三）李虎柱國大將軍

李虎據《周書》卷一〈文帝上〉載：「(永熙三年 534）十一月，（宇文泰）遣儀同李虎與李弼、趙貴等討曹泥於靈州，虎引河灌之。明年，泥降，遷其豪帥於咸陽。」《通鑑》卷一百五十六〈梁紀十二〉武帝中大通六年（534）亦載：「十二月，魏丞相泰遣儀同李虎、李弼、趙貴擊曹泥於靈州。」同書次年「正月，魏驃騎大將軍、儀同三司李虎等招諭費也頭之衆，與之共攻靈州，凡四旬，曹泥請降」。這是西魏初期鞏固北疆很大功績，且史書提及李虎、李弼、趙貴時，皆將李虎名列於前 。大統四年，魏帝與宇文泰親征洛陽，有河橋之役，《周書》卷二〈文帝下〉載 ：「大統四年（538）八月……開府李虎、念賢等為後軍，遇（獨孤）信等退，即與俱還。……及李虎等至長安，計無所出，乃與公卿輔魏太子出次渭北。」（《通鑑》卷一百五十八〈梁紀十四〉武帝大同四年同）《舊唐書》本紀第一謂 ：「虎，後魏（指西魏）左僕射，封隴西郡公。」《新唐書》本紀第一謂：「虎，西魏時，賜姓大野氏，官至太尉。」

219　〈宇文廣墓誌銘〉刊於《隴右金石錄》，在天水縣境，今佚，張維按「此誌亦庾信所作。《周書》廣傳……惟無周初即為都督秦州刺史事，可補志乘闕文。……」本書按宇文導、導子廣皆葬天水，其家族可能徙居於此。

大統之初，東、西魏有許多次重要戰役，正史中僅見李虎參加河橋之戰，如果清人謝啓昆《西魏書・李虎傳》「從破沙苑」屬實，仍未見虎參加潼關、弘農、邙山等役，或言史家有意遺漏[220]，但戰功是一件好事，唐朝史書作者提及唐室祖先時，似不應在這方面有意遺漏。《西魏書》又載李虎曾討梁仚定於河州，擊楊盆生於南岐州，降莫折後熾於秦州，又曾擊叛胡等，如果記載屬實，是皆大統初期之事，自河橋之役之前，李虎主要轄區應在雍州，且與長安魏帝在一起，《周書》卷二十〈王盟傳〉載：

> 魏文帝東征，（王盟）以留後大都督行雍州事，節度關中諸軍，趙青雀之亂，盟與開府李虎輔魏太子出頓渭北。

在六個柱國大將軍之中，李虎與魏室似乎比較接近，從上文所示，李虎不但轄區在雍州，且可能轄長安皇城的禁旅。《周書》卷十六卷末所列七大柱國，以李虎爲首，其頭銜爲「使持節、太尉、柱國大將軍、大都督、尚書左僕射、隴右行臺、少師、隴西郡開國公」。按李虎爲隴西行臺應在大統初年平梁仚定時事，大統後半期府兵系統日趨完備時，隴右已不屬李虎，而是獨孤信轄區，所以「隴右行臺」云云，可能是《周書》撰者將前任官職加入。又《周書》將李虎列爲七柱國之首，亦不甚合理。按《周書》卷十六卷末之行文，除宇文泰以外，元欣應列爲七柱國之首。《通鑑》卷一六三〈梁紀十九〉簡文帝大寶元年（550）載八柱國次序爲：「安定公宇文泰、廣陵王欣、趙郡公李弼、隴西公李虎、河內公獨孤信、南陽公趙貴、常山公于謹、彭城公侯莫陳崇。」按《周書》撰者令狐德棻奉旨修史，其對於唐皇室之先世自必崇揚。司馬光的記載必有所本，且較爲合理。

從上述李虎之分析，在六個柱國大將軍之中，元贊與元育兩個大將軍極可能隸屬於李虎這個柱國大將軍，這三人轄區極可能是長安城

---

220 唐長孺謂：「上列十二將中李遠年位較低，可能不是一軍主將，為了填李虎空隙而補上的。」〈魏周府兵制度辨疑〉，《魏晉南北朝史論叢》，頁 262。按李遠乃高平軍隊統帥，帶領一支軍隊，在十二大將軍之列，不應是填李虎空隙。

內之禁衞軍及雍州之若干軍府。元贊與元育二大將軍統領長安禁衞軍之另一證據，乃是二人皆接近魏帝 。《北史》卷五廢帝三年（554）春正月：

安定公宇文泰廢帝而立齊王廓。帝自元烈之誅，有怨言，淮安王育、廣平王贊等並垂泣諫，帝不聽，故及於辱。

元烈之事，《周書》卷二〈文帝下〉載：「（廢帝二年）冬十一月，尚書元烈謀作亂，事發，伏誅。」可能是廢帝元欽與尚書元烈共謀殺宇文泰之政變，詳情未載。元贊、元育可能是宗室中較溫和者，二人諫帝，顯示二人轄區在長安一帶。

李虎柱國大將軍統元贊、元育二大將軍之另一證據，乃是出現於李虎死後的繼任柱國事件上。李虎於大統十七年（551）[221]卒。萬斯同〈西魏將相大臣年表〉恭帝元年（554）甲戌條載：

少師（柱國大將軍）（李）虎卒。

義陽王子孝，柱國大將軍。

《周書》卷十九〈達奚武傳〉載（《北史》卷六十〈達奚武傳〉略同）：

（大統）十七年（551）（《北史》脫七字）詔武率兵三萬經略漢川……自劍以北悉平 。明年（廢帝元年）武振旅還京師，朝議初欲以武為柱國，武謂人曰：「我作柱國不應在元子孝前。」固辭不受。

陳寅恪先生指出：「（達奚）武之讓柱國於子孝，非僅以謙德自鳴，殆窺見宇文泰之野心，欲併取李虎所領之一部軍士，以隸屬於已，元子孝與元欣同爲魏朝宗室，從容禁闥，無將兵之實，若以之繼柱國之任，徒擁虛位，黑獺遂得增加一已之實力以制其餘之五柱國矣！」[222]

221　《通鑑》一六四梁簡文帝大寶二年（551），即西魏大統十七年：「五月，魏隴西襄公李虎卒。」陳寅恪先生指出萬斯同〈西魏將相大臣年表〉及謝啓昆《西魏書》載李虎卒於廢帝元年（552）為誤，甚是，見《隋唐制度淵源略論稿》六〈兵制〉，頁95。

222　《隋唐制度淵源略論稿》六〈兵制〉，頁95-96。

宇文泰有擴充勢力的野心，及元子孝之深自貶晦[223]，誠是。但上述兩條資料如果從柱國與大將軍之關係、及其轄區方面觀察，可以獲得另一種解釋。按李虎隨魏文帝東征時，王盟留在長安保護魏太子，時沙苑之降卒趙青雀等在長安城作亂，李虎即刻領兵趕回，竟然不能平亂，只能輔魏太子出頓渭北，其兵力非常單薄，可想而知，這也許可以解釋爲東征時抽調禁衞軍過多所致。但戍守華州之宇文導卻能引兵破趙青雀等，顯然李虎軍團不甚受宇文泰重視，其配備軍士不會太多。而自大統中葉以後，史書未載李虎再行出征，元贊、元育則從未見其參與任何戰役，降至府兵系統完成時期，即大統十六年（550）左右，如果說李虎、元贊、元育這個軍團是六個柱國之中兵力最弱的一個，恐不爲過。再者，前文論及達奚武大將軍屬於于謹柱國，是宇文泰的主力部隊，如果這個分析不差，則達奚武自主力軍團大將軍銜，調至最弱的軍團擔任柱國大將軍，其轄下是元贊、元育二大將軍，顯然是明升暗降，以後將不易建功。退一步而論，即令達奚武是否屬於于謹主力軍團存疑，不可否認地，達奚武多次領兵出征，必然配有重兵，甚受宇文泰之重視，其繼任李虎職位亦將不利於其前途，所以達奚武謙讓元子孝柱國之位，應從主力軍團與弱勢軍團的形勢分析，才能獲得較爲合理的解釋。另一方面，以元宗室之中地位較高的尚書令元子孝繼任李虎柱國之位，其轄下是元贊、元育，這個柱國及二大將軍，仍然是六柱國之中最弱的一個，何況元子孝的性格是「美容儀，善笑謔，好酒愛士，縉紳歸之，賓客常滿，終日無倦。性又寬慈，敦睦親族，乃置學館於私第，集羣從子弟，晝夜講讀。並給衣食，與諸子同」[224]。爲官作風「深自貶晦，日夜縱酒」。這正是宇文泰所要求的最佳人選。如果大統十七年（550）元子孝柱國配搭元贊、元育二大將軍合理，則大統十六年（549）李虎柱國配搭元贊、元育

223　《北史》卷十七〈景穆十三王上·陽平王子孫·欽子子孝〉：「……後歷尚書令、柱國大將軍。子孝以國運漸移，深自貶晦，日夜縱酒。後例降為公。復姓拓拔氏，未幾，卒。」

224　《北史》卷十七〈景穆十三王上·陽平王子孫·欽子子孝〉。

二大將軍的可能性亦大大增加了。

李虎、元贊、元育等人的資料太少了，茲根據以上一鱗片爪推論，擬測李虎柱國大將軍之統屬二大將軍及其軍府轄區為：

李虎一＜元贊、元育＞京城及長安附近

（四）侯莫陳崇柱國大將軍

在高平的李遠「……從征竇泰，復弘農，並有殊勳，授都督、原州刺史。太祖謂遠曰：『孤之有卿，若身體之有手臂之用，豈可暫輟於身。本州之榮，乃私事耳。卿若述職，則孤無所寄懷。』於是遂令遠兄賢代行州事。沙苑之役，遠功居最，……從……入洛陽，……及河橋之戰，……授河東郡守……從太祖戰邙山……拜大將軍。」（〈李遠傳〉）李賢曾屢次鎮原州，一次在魏孝武西遷之時，「授左都督、安東將軍，還鎮原州」「大統二年（536）……遷原州長史，尋行原州事」。「（大統）八年（542），授原州刺史」。「大統十六年（550），遷驃騎大將軍、開府儀同三司，太祖之奉魏太子西巡也，至原州，遂幸賢第，讓齒而坐，行鄉飲酒禮焉。其後，太祖又至原州，令賢乘輅，備儀服，以諸侯會遇禮相見，然後幸賢第，歡宴終日。凡是親族，頒賜有差。」「高祖及齊王憲之在襁褓也，以避忌，不利居宮中。太祖令於賢家處之，六載乃還宮，因賜賢妻吳姓宇文氏，養為姪女，賜與甚厚。」（〈李賢傳〉）大統十六年（550）府兵制度完成之時，李遠為大將軍，李賢為驃騎大將軍、開府儀同三司，遠為十二大將軍之一，賢為二十四開府之一，李氏兄弟以鄉兵參加府兵，或許還有一部分爾朱天光餘衆。遠與賢相代為原州刺史，另一人跟隨宇文泰或駐雍州，這正是府兵調動之常態，因為府兵原是禁旅，這種調動常常實行在同一個柱國系統之內，後文綜合分析時再予細論，而李氏兄弟之調動是府兵調動之典型。

李賢兄弟與侯莫陳崇交往密切，始於賀拔岳死後，「賀拔岳為侯莫陳悅所害，太祖西征，賢與其弟遠、穆等密應侯莫陳崇，以功授都督，仍守原州」（〈李賢傳〉）。李遠亦「以應侯莫陳崇功，遷高平郡守」（〈李遠傳〉）。

《周書》卷十六〈侯莫陳崇傳〉：

> 時李遠兄弟在城內，先知崇來，於是中外鼓譟，伏兵悉起，遂擒（悅原州刺史史）歸，斬之。以崇行原州事，仍從平悅……又遣崇撫慰秦州。大統元年（535），除涇州刺史，加散騎常侍、大都督，進爵為公，累遷車騎大將軍、儀同三司，驃騎大將軍、開府儀同三司……。三年（537）從擒竇泰，復弘農，破沙苑，……四年（538）從戰河橋，……七年（541），稽胡反，崇率衆討平之，尋除雍州刺史……十五年（549），進位柱國大將軍，轉少傅。魏恭帝元年（554），出為寧州刺史，遷尚書令……。

侯莫陳崇早年追隨賀拔岳，亦是擁立宇文泰之將領之一，在平定侯莫陳悅時，崇與李遠兄弟建立良好關係。悅平後，崇亦曾行原州事，在大統元年（535）以後，崇亦參加許多重要戰役，其任職地區有涇州刺史、雍州刺史、寧州刺史等。「保定三年（563），崇從高祖幸原州。」（本傳）所以自雍州始，沿涇水流域一帶，可能是其柱國大將軍所轄軍府之地區。

從拜命州郡官職觀察，侯莫陳崇與李賢、李遠兄弟有若干重疊面，即原州、涇州、雍州、寧州等地，亦即是涇水流域一帶直至雍州。崇又與賢、遠早年困苦作戰中相交，故侯莫陳崇這個柱國大將軍極可能轄有李遠大將軍。

《周書》卷十九〈侯莫陳順傳〉載：

> ……加驃騎大將軍、開府儀同三司，行西夏州事，安平郡公。十六年（550），拜大將軍。

西夏州確實地點不詳，應在關中之西北方，與侯莫陳崇等轄區方位相同。

侯莫陳崇這個柱國大將軍其統屬之二大將軍可能是李遠、侯莫陳順，其軍府轄區可能在涇水流域至雍州一帶。

侯莫陳崇—〈李　遠／侯莫陳順〉涇水流域原、涇、寧、雍。

（五）趙貴柱國大將軍

《周書》卷十六末載府兵制度完成時之十二大將軍，其中王雄官銜爲「使持節、大將軍、大都督、岐州諸軍事、岐州刺史、武威郡開國公。」

王雄，《周書》卷十九本傳載：

> 太原人也。永安末從賀拔岳入關，……（大統年間），出為岐州刺史，進爵武威郡公，進位大將軍，行同州事。十七年（551），雄率軍出子午谷，圍梁上津、魏興。明年，克之，以其地為東梁州，尋而復叛，又令雄討之。

雄「行同州事」似亦是軍府區與雍州、同州上番調動的型態之一。雄二度臨東梁州，按岐州經子午谷入東梁州最便捷。

趙貴當侯莫陳悅害賀拔岳後，是宇文泰之支持者。《周書》卷十六〈趙貴傳〉載：

> 太祖至，以貴為大都督，領府司馬。悅平，以本將軍、持節，行秦州事，當州大都督，……尋授岐州刺史。時以軍國多務，藉貴力用，遂不之部，仍領大丞相府左長史……梁公定稱亂河右，以貴為隴西行臺，率衆討破之。從太祖復弘農，戰沙苑……除雍州刺史。從戰河橋……援玉壁。……戰於邙山……（東魏）圍王思政於潁川，貴率軍援之，東南諸州兵亦受貴節度……尋拜柱國大將軍。

趙貴當魏帝未入關前，曾任「行秦州事、當州大都督」，蓋因貴是天水人也。其後秦州屬獨孤信柱國之轄區，前文已有分析。魏帝入關以後，貴被任命爲岐州刺史，實際上並未至部，而「仍領大丞相府左長史」，按府兵制度之下，有轄區亦需上番，不至部而仍有岐州之拜，則岐州乃貴之轄區，趙貴參加許多次重要戰役，除雍州刺史，雍州與岐州皆在渭水中游線上，仍屬府兵制度轄區與京畿之間調動之型態，貴之轄區延伸至雍州，亦因此常出援關中以外地區，如玉壁、邙山、潁川等地。

趙貴與王雄皆爲賀拔岳之部將，其所領軍士極可能是賀拔岳之餘部，另一位與岐州有關之大將軍是宇文貴。

宇文貴，《周書》卷十九本傳：

> 其先昌黎大棘人也，徙居夏州，……（貴）從（尒朱）榮擒葛榮於滏口，加別將，又從元天穆平邢杲，轉都督。元顥入洛，貴率鄉兵從爾朱榮焚河橋，力戰有功……除郢州刺史，入為武衛將軍、閤內大都督。從魏孝武入關……太祖又以宗室，甚親委之。

宇文貴在魏帝入關以前卽已是頗爲重要的將領，魏帝入關後仍然派遣至河南地區作戰。在大統年間（〈宇文貴傳〉），

> 歷夏岐二州刺史。十六年（550），遷中外府左長史，進位大將軍。……魏廢帝初（552），出為岐州刺史。

在岷縣有〈宇文貴紀功碑〉[225]，應是大統十六年（550）平渠株川梁企定事[226]。

如果趙貴這個柱國大將軍轄下的二個大將軍是王雄及宇文貴，則其軍府轄區可能是岐雍至秦嶺一帶，亦卽渭水中游以南之地。

趙貴—〈王雄、宇文貴〉渭河中游岐、雍至秦嶺

（六）李弼柱國大將軍

楊忠，《周書》卷十九〈楊忠傳〉載：

---

[225] 《隴右金石錄》有〈宇文貴紀功碑〉，在岷縣，今佚。《周書》卷十九〈宇文貴傳〉載：「遂於栗坂立碑，以紀其績。」

[226] 《周書》卷四十九〈宕昌羌〉繫是事於大統十六年（550）。《通鑑》卷一六三〈梁紀十九〉簡文帝大寶元年（550）繫月於二月。

……以功除……雲州刺史，兼大都督。又與李遠破黑水稽胡，並與怡峯解玉壁圍，轉洛州刺史，邙山之戰，先登陷陳，除大都督……尋除都督朔燕顯蔚四州諸軍事、朔州刺史……開府儀同三司。及東魏圍潁川，蠻帥田柱清據險為亂，忠率兵討平之，……授忠都督三荊二襄二廣南雍平信隨江二郢淅十五州諸軍事，鎮穰城。……旋師……。魏恭帝初，賜姓普六如氏，行同州事。

在關內地區，忠曾任雲州刺史，又曾都督朔燕顯蔚四州諸軍事、朔州刺史，此皆西魏僑州[227]，設在寧州一帶，與洛水上游極近，此職之任命在邙山之戰以後（大統九年，543）、平田柱清之亂以前（大統十一年，545）[228]，及派遣爲都督三荊等十五州，時在大統十五年（549）十一月[229]，似是繼賀蘭祥而出任荊州。魏恭帝初（554）行同州事，此同州卽華州，魏廢帝三年（554）正月，改華州爲同州[230]，在洛水下游。至北周時，楊忠曾兩次北出沃野雲代，與突厥聯合，再南攻晉陽[231]，第一次出擊後「高祖遣使迎勞忠於夏州，及至京師，厚加宴賜。高祖將以忠爲太傅，晉公護以其不附己，難之，乃拜總管涇豳靈雲鹽顯六州諸軍事、涇州刺史」[232]。

從上述楊忠出任雲州、朔州二僑州刺史、行同州事，又總管涇豳靈雲鹽顯等州軍事、涇州刺史，後自北繞道沃野武川再南攻高氏等活動範圍觀之，楊忠之府兵軍府區應在涇水、洛水之間地區，再者，

227　《隋書》卷二十四〈地理志上〉：「羅川（舊曰陽周，開皇中改焉。西魏置顯州，後周廢）。」又參考王仲犖《北周地理志》（1980年），卷一，關中寧州陽周。及同書附錄〈東西魏北齊北周僑置六州考略〉，此文1978年早刊於《文史》第五期。朔蔚燕州亦參考王仲犖文。

228　《周書》卷四十九〈異域上・蠻〉。

229　《通鑑》繫此事於卷一六二〈梁紀十八〉武帝太清三年（549），卽大統十五年十一月，《周書》卷二略同。

230　《周書》卷二〈文帝下〉魏廢帝三年（554）春正月。

231　《周書》卷十九〈楊忠傳〉：「保定三年（563），乃以忠為元帥，……忠出武川……突厥木汗可汗、地頭可汗、步離可汗等以十萬騎來會……四年正月朔，攻晉陽。……是歲（保定四年564），大軍又東伐，晉公護出洛陽，令忠出沃野以應接突厥。……」

232　《周書》卷十九〈楊忠傳〉。

天和三年（568）忠卒，「贈太保、同、朔等十三州諸軍事，同州刺史」（本傳）。

豆盧寧在大統初曾「遷顯州刺史、顯州大中正」[233]，按此處顯州乃僑州，在北地郡羅川[234]，寧亦參加宇文泰之大小戰役，沙苑戰後「拜北華州刺史」，在洛水中游，顯州與北華州甚近而居西，「大統七年（541）從于謹破稽胡帥劉平伏於上郡」，「大統十六年（550）拜大將軍」。北周初「孝閔帝踐阼，授柱國大將軍，武成初，出爲同州刺史。復督諸軍討稽胡郝阿保、劉桑德等，破之」。「保定五年（565）薨於同州，時年六十六，贈太保，同鄜等十州諸軍事、同州刺史。」鄜州卽敷州、卽北華州（同上註）。豆盧寧任職之地區以洛水流域爲主。

李弼歸於宇文泰以後，「仍令弼以本官鎭原州，尋拜秦州刺史」[235]。其後卽領軍參加泰之大小戰役，如「攻潼關及廻洛城」、「從平竇泰」、「從平弘農」、「戰於沙苑」、「攻剋河東」、「四年（538）從太祖東討洛陽」、「戰於河橋」、「六年（540）……與獨孤信禦之（侯景於荆州）」、「九年（543）從戰邙山」、「十三年（547）率軍援（侯）景（來附）」，在大統初曾任雍州刺史，訖於何年則不詳。〈李弼傳〉中大都記載其參加之戰役，拜命刺史之職甚少，在府兵制度完成前後，李弼於「十四年（548），北稽胡反，弼討平之。遷太保，加柱國大將軍。魏廢帝元年，賜姓徒何氏。太祖西巡，令弼居守，後事皆諮稟焉」。所謂居守卽守同州也。

李弼與豆盧寧所統之軍士應出於侯莫陳悅之餘部，楊忠則屬賀拔勝集團，上文第二章曾述宇文泰與李弼、楊忠關係甚佳。如果李弼這個柱國大將軍統屬二大將軍爲豆盧寧、楊忠，則其軍府轄區爲洛水上、中、下游，雲、朔、北華州及部分雍州一帶，這個地區之重要性

233　《周書》卷十九〈豆盧寧傳〉，本段以下括號中資料出處同。

234　《北周地理志》，卷一，關中敷州，頁71。

235　《周書》卷十五〈李弼傳〉，本段以下括號中資料出處同。

幾與于謹柱國大將軍轄區相同。

李弼—豆盧寧、楊　忠 } 洛水上中下游僑州、北華、雍州

五、西魏府兵制度成立之分析

有關府兵制度之成立，有大統三年（537）說、大統八年（542）說、大統十六年（550）說，唐長孺否定大統三年（537）說與大統八年（542）說，而肯定大統十六年（550）說[236]（1955文），岑仲勉「以爲府兵制既上承北魏，則鮮卑族宇文泰轄下的軍隊早已按這種組織而建置，依此來看，放在三年或八年都沒有什麼問題，只六柱國之擴充一點，須待至十五六年，卻是事實。」[237]（1957文）谷霽光認爲「從西魏大統八年（542）到北周大象二年（580），一共三十八年的時間，府兵制度已經形成，屬於府兵制發展的初期」[238]（1962文）。何玆全「同意唐長孺先生的意見，……就整個組織系統之建立而言，卻只有在（大統）十六年（550）。……招募豪右、接納鄉兵參加六柱國系統，是府兵制度形成時期的情況，這兩種兵士來源是六柱國領兵初期的重要兵源，但府兵制之成爲府兵制，應仍在設府取兵。二者是有密切關係的，又是有區別的。沒有設府取兵，只有廣招豪右，接納鄉兵，就只能產生兵府，而不能產生府兵制」[239]（1962文）。按「府兵之制起於西魏大統，廢於唐之天寶，前後凡二百年，其間變易增損者頗亦多矣！」[240]而最主要精神乃是徵兵制度，即所謂「籍民爲兵」也，這個制度之成立，應以大統十六年（550）爲最合理。但這個制度之成立，並非一張白紙黑字公告即可以出現，在此之前有一段醞釀期，

---

236 唐長孺，〈魏周府兵制度辨疑〉，《魏晉南北朝史論叢》頁258-266。
237 岑仲勉，《府兵制度研究》（上海：人民出版社）。
238 谷霽光，《府兵制度考釋》（上海：人民出版社）。
239 何玆全，〈讀《府兵制度考釋》書後〉，《歷史研究》1962（6），頁164。
240 陳寅恪，《隋唐制度淵源略論稿》六〈兵制〉卷首語。

所以大統三年（537）、六年（540）、八年（542）、九年（543），甚至於西魏小朝廷甫成立時之大統元年（535），都是府兵制度步步走向成立的重要階段。本章則從府兵制度成立過程之中，討論與府兵制度成立有密切關係的若干政治社會現象，卽：關隴軍事集團之權力分配與府兵地區、府兵軍府之社會基礎、府兵從職業軍人至徵兵、府兵制度之中央輻射設計等。

（一）關隴軍事集團之權力分配與府兵地區

1. 關中——宇文泰主力之層次安排

大統年間關隴地區的軍事集團正如上述分析，宇文泰漸次發展府兵制度之中，是如何組合人羣？自武功以下至潼關，包括全部渭南及部分渭北，發展出于謹柱國大將軍；于謹是宇文泰六個掌實權柱國之中最親近者，此地區主要居民是漢人及北鎮人士，是宇文泰政權的堅強支持者。自雍州以下渭北三原、富平、下邽、華州（大荔）以北，包括全部洛水流域，發展出李弼柱國大將軍；李弼是六柱國之中宇文泰第二號親信者，此地區主要居民，在洛水下游以東及下邽，以漢人[241]、北鎮人士[242]爲主，涇水、洛水之間是以漢人與羌人爲主，洛水上游是稽胡。洛水以東的漢人與北鎮人士是宇文政權的堅強支持者，而蒲城、白水、宜君、同官、宜州等地的羌人則可能在大統九年以後大量接受宇文泰召募加入府兵，宇文泰常居華州，一方面該地是渭水、洛水交會處，是抵抗或進攻東魏之前線總部，一方面是居于謹，李弼二大主力柱國之中線上，便於調動大軍。整條涇水流域發展成侯莫陳崇柱國大將軍，侯莫陳崇是六柱國之中宇文泰第三號親信者，此地區在涇水上游以漢人、雜胡爲主，中、下游以漢人、氐、羌爲主。原州的李遠家族是宇文泰之堅強支持者，李遠也是十二大將軍之一。

241　如河東薛氏發展至夏陽一帶的西祖濮上五門薛氏大房長子洪阼支、及二房洪隆支。

242　參見馬長壽，《碑銘所見前秦至隋初的關中部族》，三、〈北朝前期的李潤羌和北魏造像題名的四種方式〉，頁39-51。

判別對宇文泰之親信程度，除了本文前節分析柱國大將軍、大將軍時，指出各將與宇文泰之關係以外，還有一個具體的指標，此即當宇文泰死後，各柱國與宇文護之關係。按宇文泰生前必能善於安撫、控制各柱國大將軍，泰雖傳位於其子覺，覺時僅十四歲，（生於大統八年，542；即位於魏恭帝三年，556）[243]事實上權力交給泰兄子護[244]，「孝閔帝（覺）踐阼，拜（護）大司馬，封晉國公，邑一萬戶。趙貴、獨孤信等謀襲護，護因貴入朝，遂執之，黨羽皆伏誅，拜大冢宰。」[245]〈趙貴傳〉載：「初，貴與獨孤信等皆與太祖等夷，及孝閔帝即位，晉公護攝政，貴自以元勳佐命，每懷快快，有不平之色，乃與信謀殺護。及期，貴欲發，信止之。尋爲開府宇文盛所告，被誅。」[246]〈獨孤信傳〉載：「趙貴誅後，信以同謀坐免。居無幾，晉公護又欲殺之，以其名望素重，不欲顯其罪，逼令自盡於家。」[247]而〈于謹傳〉載：「及太祖崩，孝閔帝尚幼，中山公護雖受顧命，而名位素下，羣公各圖執政，莫相率服。護深憂之，密訪於謹。謹曰：『夙蒙丞相殊睠，情深骨肉。今日之事，必以死爭之。若對衆定策，公必不得辭讓。』明日，羣公會議。謹曰：『昔帝室傾危，人圖問鼎。丞相志在匡救，投袂荷戈，故得國祚中興，羣生遂性。今上天降禍，奄棄庶寮。嗣子雖幼，而中山公親則猶子，兼受顧託，軍國之事，理須歸之。』辭色抗厲，衆皆悚動。護曰：『此是家事，素雖庸昧，何敢有辭。』謹既太祖等夷，護每申禮敬。至是，謹乃趨而言曰：『公若統理軍國，謹等便有所依。』遂再拜。羣公迫於謹，亦再拜，因是衆議始定」[248]。〈李弼傳〉載：「及晉公護執政，朝之大

243 《周書》卷三〈孝閔帝紀〉。

244 《周書》卷十一〈晉蕩公護傳〉：「太祖之兄邵惠公顥之少子也……。太祖西巡牽屯山，遇疾，馳驛召護。護至涇州見太祖，而太祖疾已綿篤。謂護曰：『吾形容若此，必是不濟。諸子幼小，寇賊未寧，天下之事，屬之於汝，宜勉力以成吾志。』護涕泣奉命。」

245 《周書》卷十一〈晉蕩公護傳〉。

246 《周書》卷十六〈趙貴傳〉。

247 《周書》卷十六〈獨孤信傳〉。

248 《周書》卷十五〈于謹傳〉。

事，皆與于謹及弼等參議」[249]。于謹與李弼皆「以功名終」，「孝閔帝踐阼……（于謹）與李弼、侯莫陳崇等參議朝政」[250]。但至保定三年（563），崇仍因出言不慎，而被「（宇文）護遣使將兵就崇宅，逼令自殺」[251]。李虎卒於宇文泰卒之前。渭河上游的秦隴一帶，發展出獨孤信柱國大將軍，前節已有詳論，然實權恐在大將軍宇文導之手，秦隴一帶居民除了漢人以外，少數民族以羌氐雜胡爲多，此地區之羌與渭北、洛水以西、涇水以東之羌已長期相隔[252]，秦隴之羌一直給宇文政權帶來沉重負擔。岐州之南及西南發展出趙貴柱國大將軍，此地區居民結構除漢人以外，氐人勢力最大，與宇文政權處於叛順之間，上文趙昶事蹟已有分析。

2. 長安——魏帝禁衞軍與追隨者之隔離

王思政與念賢皆與魏孝武帝關係甚密，在入關以前已是中原名將，元脩入居長安以後，王思政派遣至關東地區發展，而念賢派遣至隴右地區發展，前者所領之兵爲關東召募及州郡之兵，後者所領之兵，可能是關東追隨魏帝之兵。總之，皆非軍府之兵，即史書所謂「並不在領兵之限」之意也。然而，魏帝亦有禁衞軍，此即《魏書·地形志》所謂「自恒州已下州，永安以後，禁旅所出。」按府兵亦稱禁旅，唐長孺將府兵之禁旅與魏帝之禁衞混作一談[253]，谷霽光已指出其非[254]，這兩種軍種同時存在，但是這兩軍種之軍士出身卻相同，西魏府兵軍府中的軍士，大部分皆六僑州（恒、燕、雲、蔚、顯、朔）之部人，屬於恒州以下諸州。魏帝之禁衞人數不多，從十二大將軍名單觀察，其後有的編入府兵之中，有的由王盟或盟子勵率領，即領軍

249 《周書》卷十五〈李弼傳〉。

250 《周書》卷十五〈于謹傳〉。

251 《周書》卷十六〈侯莫陳崇傳〉。

252 馬長壽《碑銘所見前秦至隋初的關中部族》，二、〈前秦「鄧太尉祠碑」和「廣武將軍□產碑」所記的關中部族〉，頁35：「羌入關中雖為時甚早，但一入關中便與湟中、南安的西羌隔絕。」

253 唐長孺，〈魏周府兵制度辨疑〉，頁263，280。

254 谷霽光，《府兵制度考釋》，頁19-20。

將軍轄下。編入府兵者應屬於元贊、元育、元廓三個大將軍統領，他們衞戍之主要區域應該是長安城及長安附近。從宇文導、元廓自雍州至隴右換防關係來看，導與廓皆可能屬於獨孤信柱國大將軍之下，前文已有分析。李虎領有元贊、元育二軍，此處可進一步說明。

「大統四年（538）七月，東魏遣其將侯景、庫狄干、高敖曹、韓軌、可朱渾元、莫多婁貸文等圍獨孤信於洛陽，齊神武繼其後。先是魏帝將幸洛陽拜園陵，會信被圍，詔太祖率軍救信，魏帝亦東」[255]。這次是東、西魏大會戰之一，雙方主要大將都投入戰場，宇文泰這一方面是獨孤信、李遠居右，趙貴、怡峯居左，李虎、念賢爲後軍，李弼、達奚武爲前驅，賀拔勝爲中軍大都督[256]。這次戰役非常激烈，東魏方面損失大將莫多婁貸文、高敖曹，西魏方面宇文泰墜馬，東魏兵差一點追及，幸賴李穆救出。按常理論，天子出征，應居於中軍，但這次是宇文泰領軍指揮，泰必然居中軍，《周書》記載戰前「是夕，魏帝幸太祖營」[257]，可見魏帝不與泰同營，最大可能是魏帝在後軍。統領後軍的李虎、念賢，「遇信等退，即與俱還。由是乃班師，洛陽亦失守」[258]，其間必與魏帝有關，不然，後軍這樣調度，不僅僅如〈念賢傳〉所謂「自是名譽頗減」，而虎與賢毫不受懲罰。當大軍東征之時，長安城內沙苑之戰東魏降卒反叛，李虎是最早趕至長安的大將，「李虎等至長安，計無所出，與太尉王盟、僕射周惠達等奉太子欽出屯渭北」[259]。此亂由鎮守華州之宇文導率所部平之[260]，李虎亟亟趕回長安，顯示李虎與長安有密切關連，而李虎無力平定降卒，充分表露出虎之本軍不多、或不強。

雍州至華州一帶是宇文泰最重要地區，華州是其長駐之地，魏帝居於長安，泰對長安自必有所安排，這種安排最好能符合魏帝與宇文

255 《周書》卷二〈文帝下〉大統四年（538）七月。
256 見本文附表。
257 《周書》卷二〈文帝下〉大統四年（538）八月庚寅。
258 《周書》卷二〈文帝下〉大統四年（538）八月。
259 《通鑑》一五八〈梁紀十四〉武帝大同四年（538、即大統四年）八月。
260 《周書》卷十〈邵惠公顥傳・附子導傳〉。

泰雙方要求。王思政與念賢皆魏帝舊臣，宇文泰對王思政之關係最遠，故王思政一直戍守關東地區，念賢乃武川人，但亦是當年魏帝之中軍北面大都督，泰將其安排在隴右一帶。長安城內宇文泰如安排李虎，則虎原本賀拔岳之大將，泰之同僚，武川出身，另一方面虎自岳卒後，曾東奔賀拔勝，滯留於洛陽，魏帝甚爲賞識，故虎能被西魏帝接受。

3. 隴右——大將輪番鎮壓與獨孤信之坐鎮

按隴右一帶，原爲侯莫陳悅之勢力，悅敗後，宇文泰命「李弼鎮原州，夏州刺史拔也惡蚝鎮南秦州，渭州刺史可朱渾元鎮渭州，衞將軍趙貴行秦州事」[261]。其中可朱渾元乃忠於悅者，泰之任命元爲渭州刺史，是妥協之道，「侯莫陳悅之殺賀拔岳也，周文帝（宇文泰）率岳所部還共圖悅，元時助悅，悅走，元收其衆，入據秦州，爲周攻圍，苦戰，結盟而罷」[262]。所以《通鑑》胡注云：「爲可朱渾道元（元之字）奔高歡張本。」元奔東魏之事，《通鑑》繫年於梁武帝大同元年（535），卽大統元年（535）春正月。明年，又發生「魏秦州刺史万俟普與其子太宰洛、豳州刺史叱干寶樂、右衞將軍破六韓常及督將三百人奔東魏」[263]。宇文泰對於隴右一帶未能穩固控制，所以大統三年（537）高歡西伐時，宇文泰回軍擊高歡、竇泰時，「乃聲言欲保隴右」[264]，除了侯莫陳悅的殘餘勢力以外還有氐人勢力，魏永熙三年（534）八月乙未「武興王楊紹先爲秦、南秦二州刺史」[265]。此時氐人與宇文泰僅羈縻關係，「太祖定秦、隴，紹先稱藩，送妻子爲質。大統元年（535），紹先請其妻女，太祖奏魏帝還之」[266]。在大統二年（536）以後，曾任命「魏文帝子宜都王式爲秦州刺史，以（蘇）

---

261 《通鑑》一五六〈梁紀十二〉武帝中大通六年（534、卽魏永熙三年）四月。

262 《北齊書》卷二十七〈可朱渾元傳〉。

263 《通鑑》一五七〈梁紀十三〉武帝大同二年（536、卽大統二年）五月。《北齊書》卷二十七〈万俟普傳·附子洛傳〉、〈破六韓常傳〉皆載此事，但無確切年月。

264 《通鑑》一五七〈梁紀十三〉武帝大同三年（537、卽大統三年）春正月。

265 《通鑑》一五六〈梁紀十二〉武帝中大通六年（534、卽魏永熙三年）。

266 《周書》卷四十九〈異域上·氐〉。

亮爲司馬……七年（541），復爲黃門郎」[267]。「在大統初，（梁仚定）又率其種人入寇，詔行臺趙貴督儀同侯莫陳順等擊敗之」[268]。《周書》本傳署「貴爲隴西行臺」[269]，《西魏書》載李虎亦有同樣經歷「爲隴右行臺，討（賊帥梁仚定）」[270]，此事謝啓昆繫年於沙苑之役之後（大統三年十一月，537），似乎是西魏初諸將輪征隴右。李虎何時調離隴右，不詳，然應在獨孤信大統六年（540）入隴以前。隴右地區一直處於不穩情況，直到大統六年（540）宇文泰調獨孤信鎮守，才得以安定，史書載：「先是，守宰闇弱，政令乖方，民有冤訟，歷年不能斷決，及信在州，事無壅滯。示以禮教，勸以耕桑，數年之中，公私富實，流民願附者數萬家，太祖以其信著遐邇，故賜名爲信」[271]。信在隴右十餘年。與獨孤信同一集團的史寧曾任行涇州事、東義州刺史。至大統十二年（546），又調入獨孤信轄區，本傳載：

> 十二年轉涼州刺史。寧未至而前刺史宇文仲和據州作亂，詔遣獨孤信率兵與寧討之……克之，加車騎大將軍、儀同三司、大都督、涼西涼二州諸軍事、散騎常侍、涼州刺史。十五年（549），遷驃騎大將軍、開府儀同三司，加侍中，進爵為公。十六年（550），宕昌叛羌獠甘作亂……詔寧率軍與宇文貴、豆盧寧等討之，……大破之……並執羣廉玉送闕……

宇文貴、豆盧寧二人時均爲大將軍銜，而史寧是開府銜，且屬獨孤信派遣軍，由幾個柱國，各派將領出征，這種形態在西魏北周極爲常見。師還後，「詔寧率所部鎭河陽」，而至「魏廢帝元年（552），復除涼甘瓜三州諸軍事、涼州刺史」。茹茹「抄掠河右，寧率兵邀擊，獲（阿那）瓌子孫二人，幷其種落酋長。」「（廢帝）三年（554），吐

267　《周書》卷三十八〈蘇亮傳〉。

268　《周書》卷四十九〈異域上・宕昌羌〉。

269　《周書》卷十六〈趙貴傳〉，《周書》卷十九〈侯莫陳順傳〉：「及梁仚定圍河州，以順為大都督，與趙貴討破之，即行河州事。」

270　《西魏書》卷十八〈李虎傳〉。

271　《周書》卷十六〈獨孤信傳〉。

谷渾通使於齊，寧擊獲之」，就「拜大將軍」（本傳），史寧雖然被調遣他處，但河右需要之時，又調入此區，而與獨孤信有密切關係。按西魏北周柱國大將軍、大將軍、開府將軍等擁有本軍，例如：「（趙貴）拜侍中、驃騎大將軍、開府儀同三司……與東魏人戰於邙山，（趙）貴爲左軍，失律，諸軍因此並潰。坐免官，以驃騎、大都督領本軍。尋復官爵，拜御史中丞，加大將軍。」時尚未有柱國大將軍，趙貴之領本軍可能是剝奪其左軍之指揮權，而僅領其開府之兵，開府可能是軍之單位，谷霽光有二十四軍之說[272]，但此時府兵體系仍未完備，開府之次儀同將軍亦甚重要，如上列史寧之例，爲車騎大將軍、儀同三司、大都督亦是調動單位，此銜再拜涼州刺史，亦獨當一面。府兵制度完備之時，一個柱國大將軍在其轄區內也不太可能編制齊全，如史書所指，擁有二個大將軍、四個開府……。其部屬也會被派遣到軍情需要之處作戰或短期戍守，即令沒有戰爭，宇文泰亦常會諸軍於華州一帶，此事史書屢見不鮮。史寧是這種調動的最佳例子，別處需要時也曾調走，河右有事時又回河右，而以居河右時爲多，獨孤信這個柱國大將軍轄下之二大將軍，據上文之分析，爲宇文導及元廓，其轄區是隴右及京師附近，柱國必帶有京師或同華一帶之軍府，此與府兵原爲禁旅性質有關。按一個柱國轄二個大將軍、四個開府，宇文導是宇文泰之姪，這個大將軍兵力完整，即擁有二個開府；獨孤信柱國另二個開府，一個是史寧，一個就可能是獨孤信之本軍了，這是柱國本軍之推測。元廓似乎平素無實權，有一次宇文導調至華州時，元廓代宇文導鎭隴右。

大統六年（540）自獨孤信調至隴右，長期戍鎭西疆以後，賀拔勝、獨孤信系統中參與關東經營者首推楊忠，如「大統十一年(545)，東魏圍潁川，蠻帥田柱清據險爲亂，忠率兵討之」[273]。「大統十五年(549)，時侯景渡江，梁武喪敗，其西義陽郡守馬伯符以下溠城降，

272 谷霽光，《府兵制度考釋》。
273 時間據《周書》卷四十九〈異域上·蠻〉。事跡錄自《周書》卷十九〈楊忠傳〉。

朝廷因之，將經略漢、沔，乃授忠都督三荊二襄二廣南雍平信隨江二郢淅十五州諸軍事，鎮穰城。以伯符爲鄉導，攻梁齊興郡及昌州，皆克之。梁雍州刺史、岳陽王蕭詧雖稱藩附，而尚有貳心。忠自樊城觀兵漢濱……懼而服焉」[274]。「大統十五年（549）冬十一月，遣開府楊忠率兵與行臺僕射長孫儉討之（梁柳仲禮），攻克隨郡。忠進圍仲禮長史馬岫於安陸」[275]。「大統十六年（550）春正月，柳仲禮率衆來援安陸，楊忠逆擊於漴頭，大破之，擒仲禮，悉虜其衆，馬岫以城降」[276]。「大統十七年（551）春三月，梁邵陵王蕭綸侵安陸，大將軍楊忠討擒之」[277]。「魏恭帝元年（554）冬十月壬戌，……及于謹伐江陵，忠爲前軍，屯江津，遏其走路。……及江陵平，朝廷立蕭詧爲梁主，令忠鎮穰城以爲掎角之勢，別討沔曲諸蠻，皆克之」[278]。西魏晚期對於荊州地區的經營成果甚爲輝煌，後梁政權實際上是西魏之「附庸」[279]，使宇文泰勢力大大地增加。當然，這並非楊忠一人之功，在經營荊州過程之中，先後有達奚武、于謹、宇文護、韋孝寬等參與，規模稍大的戰役，宇文泰常自二個以上柱國中抽調軍旅共同參加。無論如何，楊忠在荊州經營上是主要人物。北周初「孝閔帝（宇文覺）踐阼，（史寧）拜小司徒，出爲荊襄淅郢等五十二州及江陵鎮防諸軍事、荊州刺史」[280]。

4. 小結——從十二將至六柱國十二大將軍

西魏府兵制度發展過程之中，對於軍將之安排有三個指標，其一是大統三年（537）宇文泰率十二將東征，其二是大統八年（542）之

274　時間據《通鑑》一六二〈梁紀十八〉武帝太清三年（549、即大統十五年）。

275　《周書》卷二〈文帝下〉大統十五年（549）冬十一月。同書〈楊忠傳〉事蹟同。

276　《周書》卷二〈文帝下〉大統十六年（550）春正月。

277　《周書》卷二〈文帝下〉大統十七年（551）春三月。

278　《周書》卷十九〈楊忠傳〉。時間據《周書》卷二〈文帝下〉魏恭帝元年（554）冬十月。

279　《周書》卷二〈文帝下〉魏恭帝元年（554）十一月，「擒梁元帝，殺之，并虜其百官及士民以歸，沒為奴婢者十餘萬，其免者二百餘家，立蕭詧為梁主，居江陵，為魏附庸。」

280　《周書》卷二十八〈史寧傳〉。

初置六軍，其三是大統十六年（550）之成立六柱國十二大將軍。「初置六軍」今已不詳。十二將爲李弼、獨孤信、梁禦、趙貴、于謹、若干惠、怡峯、劉亮、王德、侯莫陳崇、李遠、達奚武。如以本文第二章宇文泰政權中的軍事集團對照觀察，出於宇文泰親信者有于謹，出於賀拔勝集團者有獨孤信，出於侯莫陳悅集團餘部者有李弼，出於賀拔岳餘部者有梁禦、趙貴、若干惠、怡峯、劉亮、王德、侯莫陳崇、達奚武等八人，另有李遠。魏帝禁衞軍並沒有出動，魏帝追隨部隊亦未見參加。由於賀拔岳餘部有八將之多，所以大統三年（537）時，宇文泰仍未脫離賀拔岳的軍將架構。唐長孺以軍階高低判斷不應有李遠，或係史書對李虎之失載[281]，如以軍階考慮，當然輪不到李遠，但十二將東征應與各部隊領袖爲考慮，尤其是在大統三年之時，按李遠兄弟是高平地區部隊之首領，《周書》卷二十五〈李賢傳〉載：

> 魏孝武西遷（534），太祖令賢率騎兵迎衞。時山東之衆，多欲逃歸。帝乃令賢以精騎三百爲殿，衆皆憚之，莫敢亡叛。

李氏兄弟是一支獨立部隊，與北鎮軍士並不重疊，其軍力當然不止三百騎，李氏先前曾支援尔朱天光馬匹千餘，又在宇文泰拉攏與培養之下，是宇文政權之另一支柱，所以在大統十六年時能獲得大將軍銜，這是北鎮人士之外的唯一大將軍。按本文上文分析，李虎或許與魏帝部隊戍守長安。

大統十六年府兵制度成立之時，賀拔岳集團之梁禦、若干惠、怡峯、劉亮、王德、寇洛，及魏帝追隨部隊之王思政、念賢等皆已不在。如果再以六柱國十二大將軍與各軍事集團對照看，則出於宇文泰親信者有于謹、賀蘭祥、宇文導、宇文貴等四人，出於賀拔勝集團者有獨孤信、楊忠二人，出於侯莫陳悅集團餘部者有李弼、豆盧寧二人，出於魏帝禁衞軍者有元廓、元育、元贊三人（不計元欣），出於魏帝追隨部隊者有侯莫陳順，另有李遠，顯然有很大變化。

在六柱國之中，于謹與李弼是宇文泰較信任者，「丞相泰愛楊忠

281　唐長孺，〈魏周府兵制度辨疑〉，頁262。

之勇，留置帳下」[282]。楊忠似編入李弼柱國，大統十五年（549）前後，忠曾任「都督朔、燕、顯、蔚四州諸軍事、朔州刺史」，這是六鎮軍士之僑州，這個職位很重要，因爲西魏集團朝貴多其部人；《周書》卷三十六〈段永傳〉：

> 魏廢帝元年（552），授恒州刺史，于時朝貴多其部人，謁永之日，冠蓋盈路，當時榮之。

楊忠獲授此職，可見賀拔勝集團中的楊忠已是宇文泰之忠實支持者，同時這對於楊忠在關隴集團中的地位上升很有影響。

在涇水流域的侯莫陳崇柱國，其轄下李遠是宇文泰之忠實支持者；而隴右之獨孤信柱國，轄下有宇文導大將軍，導具有很大軍力，是眞正看守西門者；在岐州一帶的趙貴柱國，其轄下有宇文貴，貴被泰視爲宗室，從宇文貴紀功碑看，貴亦甚有軍力，李虎柱國在長安附近，終李虎有生之年，泰得以與魏帝維持穩定關係，虎死後才發生元烈事件。

如果六柱國十二大將軍之統屬及其轄區不誤，再對照各軍事集團看，宇文泰對關隴軍事集團之權力分配與府兵地區安置，是極爲妥當的。

（二）府兵軍府之社會背景

宇文泰將其境內各種不同的社會勢力，安排在其府兵制度架構之中。

府兵制度以軍府爲基石，陳寅恪指出：「府兵之制其初起時實摹擬鮮卑部落舊制，而部落酋長對於部內有直轄之權，對於部外具獨立之勢」[283]。其後岑仲勉[284]完全承襲陳寅恪之說，唐長孺認爲南北朝軍制對府兵制度有影響，但亦非完全是南北朝軍制之沿襲，所以他也承

282 《通鑑》一五七〈梁紀十三〉武帝大同三年（537）七月，獨孤信與楊忠自梁奔長安時。

283 陳寅恪，《隋唐制度淵源略論稿》六〈兵制〉，頁96。

284 岑仲勉，《府兵制度研究》，頁1。

認「這個組織系統（指府兵制度）正如陳寅恪所指出的乃是軍事單位之部落化」[285]。谷霽光認爲「封建兵制應該是府兵制的主要淵源和內容，鮮卑部落兵制只是某些遺留因素和影響，二者結合後形成爲具有新的特點的府兵制」[286]。何兹全在評論谷霽光《府兵制度考釋》時，同意谷霽光意見[287]，幾乎所有學者都承認鮮卑部落制對府兵制度有影響，所不同的是有些學者認爲魏晉發展之兵制亦是府兵制度的重要淵源之一，以及影響程度不同而已。

自破六韓拔陵起於沃野鎮，沒有多少時間，六鎮紛紛淪陷，六鎮軍士南下，大都託庇於爾朱氏，於是爾朱氏遂擁有九州之軍士，此九州即原本并、肆、汾三州，加恒、燕、雲、朔、蔚、顯六僑州，復得元氏宗室元天穆之結合，當時權傾朝野，這些人是當時統治階級，其後魏分東西，東魏西魏政權中的主要人物也源出於此一大集團[288]。北鎮六僑州設在并、肆、汾三州境內者稱爲九州[289]，是數量最多、力量最大之地區[290]，僑設於其他州者，有「定州六州大都督、冀州六州大都督、滄州六州大都督、英雄城六州大都督，以統領駐防州鎮之六州鮮卑」[291]。除此以外「北齊分割六州鮮卑更于陘北別立之六州……」[292]。即北朔州、北燕州、北蔚州、北恒州、北顯州、北靈州等。西魏恒州、燕州、雲州、朔州、蔚州、顯州等六僑州在「大統中僑置于寧州西北地郡、趙興郡、豳州新平郡內」[293]。在北周時遷至渭水上游一帶。由於西魏北周所獲得之六鎮僑民較少，故只有一組六州僑

---

285 唐長孺，〈魏周府兵制度辨疑〉，頁258。

286 谷霽光，《府兵制度考釋》，頁94。

287 何玆全，〈讀《府兵制度考釋》書後〉，《歷史研究》1962/6，頁159。

288 見拙文〈北魏東魏北齊之核心集團與核心區〉，第七節。

289 《魏書・楊播傳・附弟津傳》：「尒朱榮之死也，以津為都督幷肆燕恒雲朔顯蔚汾九州諸軍事、驃騎大將軍兼尚書令、北道大行臺、幷州刺史。」《魏書・尒朱天光傳》：「詔天光以本官為兼尚書僕射，為幷肆雲恒朔燕蔚顯汾九州行臺，仍行幷州，以安靜之。」

290 見拙文〈北魏東魏北齊之核心集團與核心區〉第八節。

291 王仲犖，〈東西魏北齊北周僑置六州考略〉，頁24。

292 王仲犖，〈東西魏北齊北周僑置六州考略〉，頁26-27。

293 王仲犖，〈東西魏北齊北周僑置六州考略〉，頁27-29。

州，東魏北齊所獲得之六鎮僑民較多，除在幷、肆、汾內有一組六州僑州以外，還有陘北至桑乾河未淪陷之地之六州僑州。更有定州、冀州、英雄城、滄州之地合六州爲都督府之軍士，據資料所示，還在河陽、懷州、永橋、義寧、烏籍等地徙有六州軍人并家。《魏書・地形志上》謂，「自恒州已下十州，永安已後，禁旅所出。」以東魏北齊而論，高歡大丞相府設在晉州，幷、肆、汾及六僑州皆其直接控制之下，而各州六州大都督及京畿大都督也是大丞相府控制之下，兵員充沛，這些六州軍人成爲高氏政權之骨幹。西魏北周只有一組六州僑州，但據上節分析，宇文氏尚吸收部分魏孝武帝禁衞、隨魏帝入關之關東部隊、荆州部隊等，這些人大部分亦皆屬六州軍人，西魏軍士總數就遠不及東魏了。無論如何，自六鎮亂起至東西魏成立，主宰北中國政局者乃是這批六鎮及幷、肆、汾豪傑，這些人不論其血統是否鮮卑人，或其他胡人，或漢人，其生活方式顯然是北疆草原民族習慣，部落是其社會之單位。這些軍士南遷以後，立有僑州，或居城[294]，或居坊[295]，仍然有變相部落而居之意義。

在西魏的前半期，北鎮人士取得絕對優勢，爲恢復並承襲北魏初三十六國、九十九部落，在府兵制度發展過程之中，漢人編入其兵制者，賜予胡姓[296]，賜姓是北鎮人士優勢之指標。在西魏後半期，不僅北鎮人士仍維持優勢，宇文泰之權勢進一步高漲，在西魏後半期的賜姓之中，賜宇文氏者最多[297]，值得注意的是賜予宇文氏的漢人有京兆杜陵韋瑱、韋孝寬，河東解人柳敏、柳慶，河東汾陰薛善、薛端（居

[294] 谷霽光，《府兵制度考釋》，頁58謂「軍人城居是當時一種通例」，詳見其文，頁57-61。

[295] 魏末禁衛軍居所有「六坊之衆」之說，見《隋書》卷二十四〈食貨志〉。

[296] 《周書》卷二魏恭帝元年末載：「魏氏之初，統國三十六，大姓九十九，後多絕滅，至是，以諸將功高者為三十六國後，次功者為九十九姓後，所統軍人，亦改從其姓。」按賜姓雖記於恭帝元年（554），賜姓之舉在西魏初即開始。

[297] 參見 Albert E. Diev, "The Bestowal of Surnames Under the Western Wei-Northern Chou," *T'oung Pao*, Vol. LXIII/2-3, 162；及大川富士夫，〈西魏における宇文泰の漢化政策について〉，《立正大學文學部論叢》下（1957），頁78。

馮翊），河東聞喜裴鴻，博陵安平崔訦、崔謙、崔猷，滎陽開封鄭孝穆，頓丘臨黃李昶，敦煌令狐整，梁郡下邑李彥，魏郡申徽，金城直城王傑，臨洮子城劉雄，隴西狄道李和（徙朔方）等[298]，更顯示宇文政權與漢士族、豪右之結合。而支持宇文政權的漢族，其社會型態自魏晉以降至於北魏已發展成以士族、地方豪族爲社會領袖之結構，論者多矣！於此不多贅述。每個豪族擁有宗親、部曲，或聚族而居、或守壁堡而防，是當時常見之情況，宇文氏將這些勢力納入府兵體系，依其勢力大小、功績建樹等命爲都督、帥都督、大都督等職[299]，不僅使這些社會勢力有加入中央政府之感[300]，抑且完全符合當時社會結構，在不打碎其社會建制之情況下尚有飛黃騰達之機會。所以府兵制度在大統年間漸次發展的過程之中，未見有受阻之記載。

大統九年宇文泰廣募關隴豪傑，據本文上文分析，最成功的應該是將渭水以北、涇水以東、洛水以西的羌族納入府兵體系，這一帶羌人大多是以部落型態定居，如前秦建元四年（368）〈廣武將軍□產碑〉中記載少數民族領袖（尤其是羌族）稱呼爲大人、部大、酋大等[301]，馬長壽將其總括在部落系統的官[302]。所以這一帶的社會結構仍

298　以上諸人參考《周書》列傳，並參考濱口重國，〈西魏に於ける虜姓再行の事情〉，《東洋學報》25/3（1938，1939），頁400-410。

299　見《周書》卷二十三〈蘇綽傳·附椿傳〉，卷三十九〈韋瑱傳〉，卷三十三〈王悅傳〉，卷十八〈王羆傳〉，卷二十五〈李賢傳〉、〈李遠傳〉，卷三十一〈韋孝寬傳〉，卷三十六〈令狐整傳〉，卷三十二〈柳敏傳〉，卷三十六〈司馬裔傳〉，卷三十七〈郭彥傳〉等。

300　大統以來發展而成的府兵制度，都督、帥都督、大都督是其基層單位，皆為中央禁旅。

301　據《宋書》卷九十八〈氐胡·大且渠蒙遜〉「羌之酋豪曰大」；《北史》卷九十三〈僭偽附庸·大沮渠蒙遜〉：「羌之酋豪曰大，故以官為氏，以大冠之。」瞿中溶首考其說，見《古泉山館金石文編》卷一跋。

302　馬長壽，《碑銘所見前秦至隋初的關中部族》，〈前秦「鄧太尉祠碑」和「廣武將軍□產碑」所記的關中部族〉，頁27，云：「部落系統的官，大人原是匈奴的官號，後來被北方、東北、西北各族沿用。碑銘中只有一人，卽白平君為大人銜，白姓為龜茲人。酋大和部大之名前後凡六十餘見，其中稱酋大者，西羌的酋帥佔絕對多數，前後約二十五人，另外另有一個龜茲人稱酋大。稱部大者多係氐酋和雜胡的酋帥，前後近三十人。《後漢書·西羌傳》云：『強則分為酋豪』。《宋書·沮渠蒙遜傳》云：『羌之酋豪曰大。』，西羌酋帥之稱酋大者以此。《晉書·石勒載記》稱部大者二人，卽羯胡張㔨督與莫突，此為雜胡稱部大的先例。」

是部落型態，這種型態也很容易納入以軍府爲單位的府兵制度之中。及至西魏北周出現的碑銘之中，已不再稱大人、部大、酋大，而稱爲都督、帥都督、大都督等稱呼，上文已有分析。

趙昶在武都秦隴收編的氐羌，以及主動効忠宇文政權的上洛豐陽泉企[303]、安康李遷哲[304]、黨城興勢楊乾運[305]、上甲黃土扶猛[306]、上洛邑陽陽雄[307]、襄陽席固[308]、南安任果等[309]，皆方隅豪族，很容易納入府兵之軍府之中。

所以，宇文泰之設計府兵制度是與其社會背景相扣合的。

然而，東魏北齊的主要統治者亦是北族軍士，而關東社會亦林立著士族、地方豪強，也建立塢堡等單位，爲何沒有發展出府兵制度呢？除了兵源的衆寡原因以外，關東之社會情況與關中乃貌似而實不同。關中居民結構是否仍如江統所說「關中之人百餘萬口，率其少多，戎狄居半」[310]。至西魏時卽令漢人居多數，其多數亦不會超過太多[311]。而東魏統治區內，除幷、肆、汾外，相當於今日河北省、山東省、河南省之地，當時居民結構漢人顯然佔絕大多數，而居於上層統治階層卻是人口中佔少數的北族，這種懸殊比較形成高氏之心結，而終東魏北齊之時，胡漢間緊張關係困擾著統治者[312]，在這個漢人居絕對多數的社會中，自魏晉以迄北魏，數百年來已發展成熟階層性的士族社會，縣有縣姓，郡有郡姓，崔盧李鄭王則是全國級的大

303 《周書》卷四十四〈泉企傳〉。
304 《周書》卷四十四〈李遷哲傳〉。
305 《周書》卷四十四〈楊乾運傳〉。
306 《周書》卷四十四〈扶猛傳〉。
307 《周書》卷四十四〈陽雄傳〉。
308 《周書》卷四十四〈席固傳〉。
309 《周書》卷四十四〈任果傳〉。
310 《晉書》卷五十六〈江統傳·徙戎論〉，時在五胡亂華前十年左右。
311 自江統〈徙戎論〉之後十年以後，有長期的五胡亂華，關中大部分在非漢人政權統治之下，其後北魏擁有關中，亦屬鮮卑族政權。關中各少數民族容或有人數上之變動，就與漢人比例而言，漢人在這種政治形勢之下而有大幅度增加，似乎不太可能。
312 蕭璠，〈東魏北齊內部的胡漢問題及其背景〉，《食貨月刊》復刊6/8 (1976)。

姓[313]，五姓七望：清河崔氏、博陵崔氏、范陽盧氏、趙郡李氏、隴西李氏、滎陽鄭氏、太原王氏[314]，皆在東魏北齊區域之內[315]。除此以外，還有僅次於五姓的渤海高氏兄弟高乾、高昂，昂曾「統七十六都督」[316]。在宇文泰府兵體系之中，八個柱國大將軍皆是北族或與北族相同出身之漢人，十二個大將軍之中，除了李遠一人以外，亦皆是北族或與北族相同出身之漢人。京兆韋氏、杜氏，河東薛氏、柳氏、裴氏，弘農楊氏等僅屬郡姓，其中韋孝寬最受重視，在玉壁保衛戰中立首功，玉壁解圍後「授驃騎大將軍、開府儀同三司」[317]，至大統十六年（550）府兵制度完成時仍未達大將軍級，宇文泰在府兵體系之中保持其北鎮人士在權力分配中的優勢地位，高歡如果也實施府兵制度，在柱國大將軍、大將軍級要讓出多少名額以滿足這些全國級漢大姓，而又如何不損及其北族之權力地位？

（三）府兵從職業軍人至徵兵

自來學者對於府兵性質有二大看法，這二大看法皆根據史料，如下：《北史》卷六十卷末載：（《通典》卷二十八〈職官十・將軍總敍條〉，卷三十四〈職官十六・勳官條〉，略同）

> 每大將軍督二開府，凡為二十四員，分團統領，是二十四

313　《通鑑》卷一百四十〈齊紀六〉明帝建武三年（496）春正月：「魏主（孝文帝）雅重門族，以范陽盧敏、清河崔宗伯、滎陽鄭羲、太原王瓊四姓，衣冠所推，咸納其女以充後宮。隴西李沖以才識見任，當朝貴重，所結姻婣，莫非清望……。時趙郡諸李，人物尤多，各盛家風，故世之言高華者，以五姓為首（胡注：盧、崔、鄭、王并李為五姓。）」

314　參見拙文〈中古山東大族著房之研究〉及〈中古大族著房婚姻之研究〉。

315　隴西李氏地望在隴右，但主支大部分已遷至關東，見拙文〈從士族籍貫遷移看唐代士族之中央化〉，頁 453-456。清河崔氏、太原王氏有一部分遷至青齊一帶，仍在高氏控制區內，見唐長孺《魏晉南北朝史論拾遺》，〈北魏的青齊土民〉，頁 92-122。

316　《北齊書》卷二十一〈高乾傳・附昂傳〉。

317　《周書》卷三十一〈韋孝寬傳〉：「神武（高歡）苦戰六旬，傷及病死者十四五，智力俱困，因而發疾。其夜遁去，後因此忿恚，遂殂。魏文帝嘉孝寬功，令殿中尚書長孫紹遠、左丞王悅至玉壁勞問，授驃騎大將軍、開府儀同三司，進爵建忠郡公。」

軍。每一團，儀同二人，自相督率，不編戶貫，都十二大將軍。十五日上，則門欄陛戟，警晝巡夜；十五日下，則教旗習戰。無他賦役。每兵唯辦弓刀一具，月簡閱之。甲槊戈弩，並資官給。

《玉海》一三八〈兵制三〉引《鄴侯家傳》載：

初置府不滿百，每府有郎將主之[318]，而分屬二十四軍，每府一人將焉，每開府屬一大將軍，二大將軍屬一柱國大將軍，仍加號持節大都督以統之。時皇家太祖景皇帝（李虎）為少師隴右行臺僕射隴西公，與臣（李繁）五代祖弼太保大司徒趙郡公、及大宗伯趙貴、大司馬獨孤信、大司寇于謹、大司空侯莫陳崇等六家主之，是為六柱國，其有衆不滿五萬。……初置府兵，皆於六戶中等以上家有三丁者，選材力一人，免其身租庸調，郡守農隙教試閱，兵仗衣馱牛驢及粮糧六家共備，撫養訓導，有如子弟，故能以寡克衆……，自初屬六柱國家，及分隸十二衛，皆選勳德信臣為將軍。

《通鑑》卷一百六十三〈梁紀十九〉簡文帝大寶元年（550）末：

泰始籍民之才力者為府兵，身租庸調，一切蠲之，以農隙講閱戰陣，馬畜糧備，六家供之；合為百府，每府一郎將主之，分屬二十四軍。……」

採信《鄴侯家傳》、《通鑑》者，認爲府兵乃兵農合一制度，如《新唐書》卷五十〈兵志〉：「至於府兵，始一寓之於農。」司馬光《通鑑》認爲開元十年（590）以前乃兵農合一之制[319]，受《北史》影響者，易於認爲府兵乃兵農分離之制，如葉適〈習學記〉：「宇文蘇綽患其然也，始令兵農各籍，不相牽綴。」以上諸人之觀點，陳寅恪曾

318　唐長孺認為「每府有郎將主之」是用隋代官制附會，是不正確的，見〈魏周府兵制度辨疑〉，《魏晉南北朝史論叢》，頁 266-274。但《鄴侯家傳》其他資料仍值得研究，事實上前輩學者研究府兵制度的重心是推敲《北史》、《鄴侯家傳》、《通鑑》等所引資料的準確性及其實際內涵。

319　《通鑑》二一二唐玄宗開元十年（722），張說建議召募壯士充宿衛事，以為「兵農之分從此始」，此條陳寅恪首先指示。

首作分析，見於《隋唐制度淵源略論稿》六〈兵制〉，陳氏對這個問題的看法，曾有綜合性說明，同書同篇末載：

> 府兵制之前期為鮮卑兵制，為大體兵農分離制，為部酋分屬制，為特殊貴族制；其後期為華夏兵制，為大體兵農合一制，為君主直轄制，為比較平民制，其前後兩期分畫之界限，則在隋代，周文帝蘇綽則府兵制創建之人，周武帝隋文帝其變革之人，唐玄宗張說其廢止之人，而唐之高祖太宗在此制創建變更廢止之三階段中，恐俱無特殊地位者也。

唐長孺大體上同意陳寅恪這方面的觀點[320]。谷霽光認爲：「隋文帝於開皇十年（590）頒佈了關於軍人編入戶貫的詔令，這是府兵制度中一項重大改革。……前此府兵，一般是家屬隨營，列於軍戶、兵戶而不見民戶，……軍戶存在的時候，府兵由軍戶世襲和從民戶中簡選而來，軍戶取銷了，府兵的簡補便在一般民戶中進行」[321]。谷氏的研究心得實際上是陳寅恪說法的進一步發揮，這種說法的優點是：行之二百年之久的府兵制度，其間不是不變的。自陳氏從兵制方面透視隋唐制度淵源，以迄谷氏功夫力作《府兵制度考釋》，學界大部分都接受這個看法，這個看法一方面符合制度會因時因地演變的現象，一方面部分解決了《北史》與《鄴侯家傳》、《通鑑》之矛盾，即《北史》所述是西魏北周時府兵制度，而《鄴侯家傳》、《通鑑》所述是隋唐時府兵制度，然而《鄴侯家傳》、《通鑑》確是自府兵初建時即行描述，陳氏的辯解爲「《鄴侯家傳》作者李繁依唐代府兵之制，以爲西魏初創府兵時亦應如是，其誤明矣！李延壽生值唐初，所紀史事猶爲近真，溫公作《通鑑》，其敍府兵最初之制，不采《北史》之文，而襲《家傳》之誤，殊爲可惜也」[322]。

320　《魏晉南北朝史論叢》，〈魏周府兵制度辨疑〉，頁 287 云：「這樣一個發展過程最後是取消了軍府統領，軍民分治的舊傳統，同時也取消了自相督攝的組織系統與部落及部曲化，取消了以胡制漢的壁壘，簡單地說變成與初建立時恰好相反的東西。這個發展在周武帝時開始而完成於隋唐，陳寅恪先生業已指出。」

321　《府兵制度考釋》，頁101，102，107。

322　《隋唐制度淵源略論稿》六〈兵制〉，頁98。

按《北史》所謂「每一團，儀同二人，自相督率，不編戶貫，都十二大將軍。十五日上，則門欄陛戟，警晝巡夜；十五日下，則教旗習戰。無他賦役，每兵唯辦弓刀一具，月簡閱之，甲槊戈弩，並資官給」。是指職業軍人，這些人自尒朱天光以來一批一批入關，尚無另一更好名詞總括之，陳寅恪亦有一串字表示之，「鮮卑及六鎮之胡漢混合種類及山東漢族武人之從入關者」[323]。《鄴侯家傳》所載：「是為六柱國，其有衆不滿五萬」亦是指職業軍人，而繼載：「初置府兵，皆於六戶中等以上家有三丁者，選材力一人，免其身租庸調，郡守農隙教試閱，兵仗衣馱牛驢及糗糧六家共備，撫養訓導，有如子弟，故能以寡克衆。」是指府兵制度中兵農合一制，乃是隋唐時期府兵制度的主要內容，實則至少可溯及西魏大統「十六年（550）籍民之材力者為府兵」，兵源因此大為擴充，當此之時，職業軍人與兵農合一之府兵同時存在。在軍事裝備方面，職業軍人自備弓刀一具，甲槊戈弩並資官給；而兵農合一之府兵則兵仗衣馱牛驢及糗糧，六家共備。甚為合理。又訓練方面，職業軍人是十五日上，則門欄陛戟，警晝巡夜；十五日下，則教旗習戰，無他賦役。而兵農合一之府兵乃郡守農隙教試閱，撫養訓導，有如子弟，更為合理[324]。

有關於職業軍人部分，本文前文已有論及，可包括恒、燕、雲、朔、蔚、顯六州出身之軍士，及并、肆、汾三州出身之軍士，以上有時合稱為九州，此在東魏北齊政權中屢見，在西魏北周政權中以六州為主，僅尒朱天光少數餘部可能出身於并、肆、汾三州，在西魏北周史書中亦未見九州字樣；職業軍人又包括追隨魏孝武帝入關之山東軍士及荊楚健兒，又包括關隴地區自動投効或召募而來之地方豪右等，在時機上是正光末年（524）間天下大亂後所產生。

323 《隋唐制度淵源略論稿》六〈兵制〉，頁97。

324 陳寅恪謂：「……蓋農隙必不能限於每隔十五日之定期，且當日兵士之數甚少，而戰守之役甚繁，欲以一人兼兵農二業，亦極不易也。又《北史》謂軍人『自相督率，不編戶貫』則更與郡守無關。」是由於未分職業軍人與兵農合一之府兵之故，見《隋唐制度淵源略論稿》六〈兵制〉，頁98。

出身於六州之軍士是西魏北周政權中軍官及士兵之骨幹，他們隨著部隊駐紮各地，由於宇文泰集軍權於華州，所以大部分皆駐於華州至雍州一帶；也隨著部隊出征，他們之部人則居於六僑州。追隨魏孝武帝入關之禁旅，如果出身於六州，則皆與上述相同。關隴地區自動投効或召募而來之地方豪右，自大統九年（543）以後，由於擴大增募漢羌豪右，而在數量上逐漸加大，而影響西魏北周至隋唐統治階層成分演變至大，當另文分析。至少在西魏北周時期六州出身之軍士是其政權中之主要人物。六僑州在大統年間設立於豳寧一帶，至北周天和時遷至岐州一帶。建德年間六州並廢。至隋開皇十年（590），有將軍士編入戶貫之詔令（《北史》卷十一〈隋本紀上〉）：

> 「魏末喪亂，宇縣瓜分，役車歲動，未遑休息，兵士軍人，權置坊府，南征北伐，居處無定，家無完堵，地罕苞桑，恒為流寓之人，竟無鄉里之號。朕甚愍之。凡是軍人，可悉屬州縣，墾田籍帳，一同編戶。軍府統領，宜依舊式。」罷山東河南及北方緣邊之地新置軍府。

這裏所提及之軍人是指職業軍人，因爲他們從魏末喪亂開始征戰，又提及權置坊府之事，形容成沒有鄉里之流寓之人。除了已配在軍府之軍士外，六僑州部人亦不斷調入，至武帝顯德四、五年大舉伐北齊以前，將岐州一帶僑州撤廢，可能軍士已抽調一空，這些都不是三丁取一，農隙訓練之府兵，而山東、河南及北方緣邊之地新置軍府，除上述北周軍士以外，還可能有北齊政權中新編之職業軍人。如果這個說法合理，則開皇十年（590）是府兵制度中職業軍人之整個結束。

綜上所述，西魏大統十六年（550）以前府兵制度發展時期所建立的軍府，其成員是職業軍人；大統十六年（550）府兵制度成立，《玉海》卷一三七〈兵制〉引《後魏書》「（大統）十六年（550）籍民之材力者爲府兵。」是按簿册徵召之意，自此有「兵農合一」者加入府兵；至隋開皇十年（590）將職業軍人部分悉數編入戶貫。所以大統十六年（550）至開皇十年（590）是府兵制度中既有職業軍人，又有「兵農合一」者的時代；而開皇十年（590）至唐代廢除府兵制度為止，是府兵制度「兵農合一」時代。

東魏亦以北鎮職業軍人為其軍旅之主幹，但高氏政權之兵源似乎沒有宇文氏那樣短缺[325]，又關東地區居民結構漢人為絕大多數，又有全國級士族，所以其兵制演變也與西魏不同，茲敍述於下：

《魏書》卷一百六上〈地形志上〉載：「自恒州已下十州，永安已後，禁旅所出。」除永安三年時爾朱氏當政以外，其餘皆高歡當政時期，《魏書・地形志》中僑州僑郡之設立，大都注明東魏年號，所以幷、肆、汾及六僑州是其兵源所在，幷、肆、汾是實州，也是東魏北齊軍事核心區[326]，而所謂六僑州除在幷、肆、汾中之六僑州外，還有定州六州、冀州六州、滄州六州等僑居職業軍人。高歡亦努力與其控制區內之人民與豪傑結合[327]，其對於人民而言，希望百姓致力耕織，軍士為其卻敵作戰，維持分工互依之關係[328]，並不像西魏大統十

325 《隋書》卷二十四〈食貨志〉：「六鎮擾亂，相率內徙，寓食于齊晉之郊，齊神武因之成大業。」又《北史》卷六十四論曰：「高氏藉四胡之勢，跨有山東，周文承二將之餘，創基關右，似商、周之不敵，若漢、楚之爭雄。……齊謂兼幷有餘，周則自守不足……。」

326 參見拙文〈北魏東魏北齊之核心集團與核心區〉。

327 谷霽光謂：「東魏、北齊軍隊的來源有五：一是高歡從北鎮帶來的軍隊以及收編爾朱榮的一些軍隊，這些都以北鎮鮮卑人和漢人為主，估計達十萬人。二是北魏遺留下來的軍隊，數目不少，原係京畿附近的羽林、虎賁及其他軍隊，以鮮卑為主體，也有漢族和其他各族人。在東、西魏分裂前夕，集中于河橋的便有十多萬人。《隋書・食貨志》稱，『是時六坊之衆，從武帝而西者不能萬人，餘皆北徙』，說明這十多萬人大都跟高歡徙鄴，西入關中的不到萬人。三是繼續招致為兵的北鎮內徙人戶，《隋書・食貨志》所謂『六鎮擾亂，相率內徙，寓食于齊晉之郊，齊神武因之成大業』。這部分人戶以鮮卑為主，其中也包括曾徙居北鎮的中原強宗子弟和其他各族人。四是河北、河南各道『差選勇士』，或『簡發勇士』或『括民為兵』，即《隋書・食貨志》所謂『簡華人之勇力絕倫者謂之勇夫，以備邊要』。這部分人當然以漢人為主，不過一般勇士不免包括內徙的山胡、奚、契丹以及茹茹等人戶在內。五是各地豪宗強族私家武裝即其『義衆』，私兵或部曲之歸附高歡的，也稱『鄉閭』、『鄉曲』，有的豪強因而得到『立義大都督』、『靜境大都督』等名號，其情況和西魏相似，只是不像西魏那樣衆多和普遍，這些亦以『華人』為主，鮮卑和其他部族內徙者也不少。」《府兵制度考釋》，頁249-250。本人對高氏軍隊來源大致從谷氏研究，但對於軍隊人數及軍士種族二方面存疑。

328 《資治通鑑》卷一五七〈梁紀十三〉武帝大同三年（即東魏天平四年，537）載：「（高）歡號令軍士，常令丞相屬代郡張華原宣旨，其語鮮卑則曰：『漢民是汝奴，夫為汝耕，婦為汝織，輸汝粟帛，令汝溫飽，汝何為陵之？』其語華人則曰：『鮮卑是汝作客，得汝一斛粟、一匹絹，為汝擊賊，令汝安寧，汝何為疾之？』」

六年「籍民爲軍」。高氏偶爾也「差簡勇士」[329]，但基本上維持軍民分離政策。高氏對於各地豪家強族，亦有吸收成爲軍隊者，但並不普遍，亦未見任何大規模召募之詔令。對於高氏兵制，谷霽光先生的結語頗爲合理，其《府兵制度考釋》頁 251 云：

> 東魏、北齊的軍將，主要有開府將軍、儀同將軍、大都督、正都督、子都督或副都督。軍將名號繼承北魏末年舊制，這與西魏大體相同；但始終沒有把京畿兵和地方兵以及所謂義衆、部曲等統一於一個軍事組織系統之下，所以沒有像西魏、北周那樣的軍、府組織形式。

高氏政權之兵制，其發展之極致是從職業軍人中再予精選，構成一支強大的軍旅。《隋書》卷二十四〈食貨志〉齊制：

> 及文宣受禪，多所創革。六坊之內徙者，更加簡練，每一人必當百人，任其臨陣必死，然後取之，謂之百保鮮卑。又簡華人之勇力絕倫者，謂之勇士，以備邊要。

如果這種辦法創設於北齊文宣帝受禪之年，即天保元年，亦即公元 550 年。而這一年正是西魏大統十六年，即府兵制度大備之年。東西政權原本同源之兵制，至此全然不同矣！

（四）府兵制度之中央輻射設計

府兵制度之中央輻射設計有兩種內涵，其一在制度層次方面是自中央呈輻射狀向地方伸張，將地方勢力按其大小編入府兵體系之中。關於府兵是中央禁軍，此點史書已有明文記載，學者也一致公認，本文不必贅述。唯在此中央軍大框框之內，尚有可澄清者，茲敍述於下。

---

329 谷霽光，《府兵制度考釋》，頁 249 注 3 引《魏書》卷十二〈孝靜帝紀〉：興和元年，命司馬子如和奚思業分別于山東、河南「差選勇士」、「簡發勇士」，其例合理。但該注引《北齊書》卷二十四〈孫搴傳〉「大括燕恒雲朔顯蔚二夏州高平平涼之民，以為軍士。」顯然應該屬於《魏書・地形志上》所謂：「自恒州以下十州，永安已後，禁旅所出。」

府兵制度是建立在都督制之上，魏末都督有：子都督、副都督、都督、大都督等職稱，西魏府兵制則採用都督、帥都督[330]、大都督等級。按府兵制度之等級自上而下爲：六柱國→十二大將軍→二十四開府儀同三司，按濱口重國說法，其下爲四十八團→九十六儀同三司[331]，谷霽光最後同意濱口重國之說法[332]。然而，若細查《周書》記載，整個大統年間諸將的升遷爲：大都督→儀同三司→開府儀同三司→大將軍→柱國大將軍[333]途徑，無一例外，在儀同三司與開府儀同三司之間沒有職級，所以濱口四十八團之「團」說沒有史實證明。本文擬訂西魏府兵體系爲：六柱國→十二大將軍→二十四開府儀同三司→四十八儀同三司→九十六大都督，在大都督之下有帥都督→都督，各級都有其重要性，但「大都督」這一級最爲重要[334]，因爲它是府兵制度軍府之單位，隋唐府兵制中軍府之校尉，相當於大都督[335]。以大都督爲軍府之單位，可與府兵制度成立時不滿百府之說相合，因爲自六柱國層層擴充至大都督時，其大都督數爲九十六。但最重要的證據乃是拜命儀同三司、開府儀同三司、大將軍甚至柱國大將軍等高級層次

---

330 西魏時皆有「帥都督」官，北周自天和五年（570）四月至建德二年（573）正月之間曾省「帥都督」官，見《周書》卷五〈武帝上〉。

331 濱口重國，〈西魏の二十四軍と儀同府〉，頁52。

332 谷霽光，《府兵制度考釋》，頁52：「日人濱口重國認為一個軍（漢光按：即二十四軍之軍）轄二個團，每一團儀同二人，就成為四十八團和九十六個儀同府，而有儀同將軍九十六人，濱口這個解釋，過去曾辯論其不確，經過反復考訂，知道從前自己對整個府兵統領系統的演變研究不够，濱口之說，基本上是正確的，只是一軍二團的分析，有待進一步研究。」谷氏在此頁注7稱「但《北史》並不明言一軍二團，其依據仍嫌不足。」云云。

333 如《周書》卷十五〈李弼傳〉、〈于謹傳〉，卷十六〈趙貴傳〉、〈獨孤信傳〉、卷十九〈達奚武傳〉、〈侯莫陳順傳〉、〈豆盧寧傳〉、〈宇文貴傳〉、〈楊忠傳〉、〈王雄傳〉，卷二十〈賀蘭祥傳〉，卷二十五〈李賢傳・附弟遠傳〉中為：都督→儀同三司→開府儀同三司……可能漏一「大都督」。卷十〈邵惠公顥傳・附子導傳〉。

334 谷川道雄亦認為府兵指揮系統為柱國大將軍——大將軍——開府儀同三司——儀同三司，而無軍團一級，唯谷川氏並未認定「大都督」是開府之最重要單位，而其上各級之府乃是大都督之加官。見谷川道雄，〈府兵制國家と府兵制〉，頁431-432。

335 谷霽光認為「大都督仍應為團一級，隋唐府兵制中，團有校尉，相當于大都督。團之上有軍，後來連稱為『軍團』」，見《府兵制度考釋》，頁53注1。谷氏亦察覺到隋唐府兵制度中軍府之校尉，相當於大都督，但仍然將『團』、『軍團』名稱混在一起。

職位，仍保留其「大都督」銜，在《周書》卷十六卷末，大統十六年府兵制度完成時，所列柱國大將軍、大將軍全銜中可以發現，在這榜文中僅元欣無大都督銜，其官銜爲「使持節、太傅、柱國大將軍、大宗伯、大司徒、廣陵王元欣」。本文懷疑元欣當時「從容禁闈而已」，未領有任何軍府，故獨無「大都督」銜。

《周書》卷二十四〈盧辯傳〉末載：「周制：授柱國、大將軍、開府、儀同者，並加使持節、大都督。……其授總管刺史，則加使持節、諸軍事。以此爲常。」兵制是辯之六官之一，同書同卷謂：「辯所述六官，太祖以魏恭帝三年（556）始命行之。」即大統十六年（550）府兵制度成立後之第六年，亦即北周代替之前一年。按「大都督」一職在西魏北周府兵體系之中不是加官，而是實職，此在《周書》各柱國、大將軍等列傳中皆可查得。盧辯所謂「加使持節、大都督」，其義是仍帶大都督之意，周制似將此條寫成定制。又總管、刺史並不加「大都督」，這是因爲總管、刺史雖然領兵，但並不一定領軍府，故僅帶「諸軍事」而不帶「大都督」。

府兵制度之中央輻射設計的第二種內涵是地緣關係之內外之分。按渭水自武功以下直至流入黃河，其南北兩岸河谷之地是宇文政權的精華地區，北岸包括古白渠、鄭國渠，長期灌溉沖洗，使涇洛之間的一大片鹽鹹地成爲良田[336]，武功一帶渭北有成國渠、靈軹渠[337]，南岸有汾、澧、渦、滈、滻、澇、灞等水，源於秦嶺而注入渭水，此皆可資灌溉之區。又按北鎮軍士自尒朱天光、賀拔岳以迄宇文泰，乃至於入關之魏帝等，皆以此區爲其大本營，從西魏前期大戰役參戰者之分析，此區之漢族豪強是宇文政權之堅強支持者，在西魏後期，渭北漢羌豪右亦成爲宇文政權之支持者，所以渭水自武功以下以迄黃河的廣闊河谷，成爲宇文政權之心臟地區，在西魏時也是宇文泰統治地區之

336 史念海，〈古代的關中〉，《中國史地論稿》（河山集）（民國75年，臺灣弘文館版），頁26-70文及地圖。

337 《水經注疏》卷十九〈渭水下〉。

中人口最多的。《鄴侯家傳》謂「初置府兵不滿百」，其軍府分佈情形已經失載，若參考唐代情況，合關中、隴右、陝北地區，共有軍府約 274 個[338]，而唐代京兆府有軍府 131，華州、華陰郡 20，同州馮翊郡26，此三者約略是武功以下之渭河南北兩岸廣闊之河谷地區，在唐代共有軍府 177 個，佔關、隴、河西總數之65%，如果唐代軍府分配比例承襲西魏，或與西魏比例相去不遠，有三分之二軍府集中在此心臟地區。如果西魏府兵制度成立時有九十六個軍府[339]，則可能有六十四個軍府安置在此心臟地帶。九十六個軍府由六柱國均分，每柱國擁有十六個軍府。按本文第四章分析，于謹、李虎兩個柱國之軍府皆在此心臟地區，共計三十二個軍府[340]。其他四柱國爲：李弼柱國之軍府一半（八個）在心臟地區、一半在華州（同州）、北雍州以北；侯莫陳崇柱國之軍府一半在涇水流域、一半在心臟地區；獨孤信柱國之軍府一半在心臟地區、一半在隴右；趙貴柱國之軍府一半在心臟地區、一半在南岐、武興、南秦一帶；如此則軍府數目可以符合。而李遠李賢兄弟一在高平 、 一在相府 ； 以及宇文導元廓調動於雍州與秦隴之間， 正是府兵內外相繫的例子 。 調回心臟地區時， 或如李弼之「居守」[341]，或如于謹「兼大行臺尚書、丞相府長史」[342]，或如趙貴「授岐州刺史……不之部，仍領大丞相府左長史」[343]，或如宇文貴「遷中

338　據《新唐書》卷三十六〈地理志一・關內道〉及卷四十〈地理志四・隴右道〉載：軍府數，如下：京兆府京兆郡131，華州華陰郡 20，同州馮翊郡 26，鳳翔府扶風郡13，邠州新平郡 10，隴州汧陽郡 4 ，涇州保定郡 6 ，原州平涼郡 2 ，寧州彭原郡11，慶州順化郡 8 ，鄜州洛交郡 11， 坊州中部郡 5 ，丹州咸寧郡 5 ，延州延安郡 7 ，靈州靈武郡 5 ，渭州隴西郡 4 ，秦州天水郡 6 ，以上共 274 個軍府。

339　濱口重國主張之府兵系統表為：（〈西魏の二十四軍と儀同府〉，頁 398）：

六柱國大將軍——十二大將軍——二十四開府儀同三司……九十六儀同三司

二十四軍——四十八團……九十六儀同

谷霽光認為「濱口之說，基本上是正確的」（《府兵制度考釋》，頁52），唯一軍二團之說，尚未有具體證據，持保留態度，見同書，頁52注 7 。

340　《新唐書》卷五十〈兵志〉：「凡府三等：兵千二百人為上，千人為中，八百人為下。」西魏不詳，然隋唐承襲西魏北周，似應有等級為合理，是以如果李虎柱國雖與于謹柱國軍府數相同，其軍力不一定相同。

341　《周書》卷十五〈李弼傳〉。

342　《周書》卷十五〈于謹傳〉。

343　《周書》卷十六〈趙貴傳〉。

外府左長史」[344]，或如楊忠「行同州事」[345]，或如王雄「行同州事」[346]，只有獨孤信「在隴右歲久，啓求還朝，太祖不許」[347]。此事被東魏謠傳「信據隴右不從宇文氏」（同上註）。

宇文泰府兵制度柱國轄區之輻射設計，亦符合當時交通路線。李弼柱國之軍府轄區延至在洛水流域及涇水北支泥水之間，洛水流域有一條大道[348]，泥水可走涇水道；侯莫陳崇柱國之軍府轄區延至涇水流域，有「A·邠、寧、慶、青剛川道；B·涇、原、蕭關道」[349]；獨孤信柱國之軍府轄區延至隴右，有南北兩道皆可與長安相通[350]；趙貴柱國之軍府轄區延至秦嶺仇池區[351]。

西魏以心臟地區爲重心，軍府之設計以此向外作輻射狀，這正是隋唐府兵軍府以關中爲重心[352]的雛型。

日人曾我部靜雄認爲宇文泰仿《周禮》皇畿爲中心，有內重外輕之觀念[353]。按宇文泰之政制深受《周禮》影響[354]，兵制也不例外[355]，但一種制度之能夠孕育成功，必須與其政治社會條件配合。宇文泰很巧妙地將各種人安排在地理環境之中，府兵制度即是這種安排的最佳例子。

在心臟地區之內，也有兩個中心，其一是長安、其二是華州（同

344 《周書》卷十九〈宇文貴傳〉。
345 《周書》卷十九〈楊忠傳〉。
346 《周書》卷十九〈王雄傳〉。
347 《周書》卷十六〈獨孤信傳〉。
348 嚴耕望，《唐代交通圖考》第一册，柒、〈長安北通豐州天德軍驛道〉，捌、〈長安東北通勝州振武軍驛道〉，頁229-276及圖六。
349 嚴耕望，《唐代交通圖考》第一册，陸、〈長安西北通靈州驛道及靈州四達交通線〉，頁181-206及圖六。
350 嚴耕望，《唐代交通圖考》第二册，河隴磧西區，拾壹、〈長安西通安西驛道上——長安西通涼州兩驛道——〉，頁341-419及圖八。
351 嚴耕望，《唐代交通圖考》第三册，秦嶺仇池區，拾捌、〈駱谷驛道〉，頁687-700及圖十二。
352 參見谷霽光，《府兵制度考釋》，頁153-157文、表、地圖。
353 曾我部靜雄，〈西魏の府兵制度〉，頁89。
354 參見王仲犖，《北周六典》（1979）。
355 參見《周書》卷二十四〈盧辯傳〉。

州），雙都或兩個中心的現象在中古例子甚多[356]，西魏時由於大丞相宇文泰掌實際權力，泰長期居於華州，所以諸柱國在華州有住所，《大唐創業起居注》載李弼與李虎在華州之住所甚近[357]。

六鎮亂後，出現許多行臺、都督府，在這些行臺、都督府之中已有獨立「都督」之稱號，其脈絡可另外研究，據古賀昭岑之研究，行臺之設立，在六鎮叛亂之前甚少，正光五年(524)至孝昌三年(527)年大量增加，有五十五個；自永安元年(528)至永熙三年(534)，數量達到八十六個，此即尒朱氏當政時代；其後東魏(534—548)有三十二個，北齊(549—578)有三十五個；西魏(535—556)有二十六個，北周(557—581)僅二個[358]。西魏所設立之行臺，除宇文泰本身大行臺以外，皆設在隴右、荆州、河南北道等，距離其心臟地區較遠之地[359]，按都督制在六鎮叛亂後與行臺同時盛行，行臺原爲行尚書臺，除軍旅之節度、監察外，還包括守宰之黜陟、軍人之考課、徵兵、催軍、賑恤慰撫等權職[360]，而都督僅掌禁旅之事，但每個柱國大將軍體系內之軍府需要維持連繫、訓練、給養等，所以柱國、大將

---

356 作者曾與谷川道雄討論這個問題，都認為北魏之平城、洛陽，東魏北齊之晉陽、鄴都（谷川稱為霸府與王都），西魏北周之長安、同州，隋唐之東都西都等，是雙都、兩個中心的現象，其原因是由於政治、軍事、經濟、文化等不一。

357 《大唐創業起居注》卷中，頁11。

358 古賀昭岑，〈北朝の行臺について〉三，頁52。

359 荆州、河南地區設行臺，古賀昭岑，〈北朝の行臺について〉二，頁106-109，其引用資料有：
《周書》卷三十四〈趙善傳〉：「魏孝武西遷，除都官尚書……頃之為北道行臺，與儀同三司李虎等討曹泥，克之。」
《周書》卷二十六〈長孫儉傳〉：「時荆襄初附，太祖表儉功績尤美，宜委東南之任，授荆州刺史、東南道行臺僕射。」又據中華書局本之《周書補注拓拔儉碑》：「大統『六年，以公為使持節都督三荆、二襄、南雍、平、信、江、隨、郢、淅十二州諸軍事、荆州刺史、東南道行臺僕射』又云『十二年、除大行臺尚書，仍為大丞相司馬』」。
《周書》卷十八〈王思政傳〉：「大統十三年……太祖乃以所授景使持節、太傅、大將軍、兼中書令、河南大行臺、河南諸軍事回授思政……唯受河南諸軍事。」
《北史》卷六十二〈王思政傳〉載：「（大統）十二年，加特進、兼尚書左僕射行臺、都督、荆州刺史。」
《魏書》卷十二〈孝靜帝紀〉興和二年(540)五月己酉：「西魏行臺宮延和、陝西刺史宮元慶率戶內屬。」疑此行臺在陝州一帶。

360 古賀昭岑，〈北朝の行臺について〉三，頁41-51。

軍、開府、儀同等各級督將必須有人兼領刺史才能使制度運用靈活，但大將軍級以下督將之統屬與轄區已不可查，本文無法作進一步推敲。

西魏府兵是中央軍，大丞相之下有柱國、大將軍、開府、儀同、大都督、帥都督、都督等，官制系統自上而下、自內而外，層層節制，如輻射網。在地緣因素方面，心臟地區是其核心，亦是重兵所在，各柱國軍府自心臟地區向外發展，亦呈輻射狀。將域內各種武力結合在輻射網中，由於督將內外調動，軍府又以軍事爲主，雖有柱國轄區，而無藩鎭割據之虞。

六、結　語

（一）西魏時期宇文泰親信有于謹、賀蘭祥、宇文導、宇文護、王盟、尉遲綱、尉遲迥、叱列伏龜、閻慶、宇文貴等，以宇文泰爲中心，包括宇文泰之宗室、姻親及最親信之部將。

賀拔勝集團有賀拔勝、獨孤信、楊忠、史寧等，由於賀拔勝位高權輕，實際領袖是獨孤信，統領原荆州部隊。

侯莫陳悅集團餘部有李弼、豆盧寧，領有原侯莫陳悅剩餘之部隊，李弼是其首領。

魏帝禁衞軍有元欣、元廓、元育、元贊、元子孝等。魏帝追隨部隊之將領有王思政、念賢、侯莫陳順等，前者統領洛陽西遷之禁衞軍；後者統領關東効忠西魏之部隊，魏帝是他們的領袖。

賀拔岳餘部有趙貴、侯莫陳崇、李虎、達奚武、王雄、寇洛、梁禦、若干惠、怡峯、劉亮、王德等。在賀拔岳生前，事實上宇文泰本人也屬於賀拔岳集團，岳卒後，衆部將擁泰爲首領，上述賀拔岳餘部皆是泰之擁護者，其支持程度視人而異，所以賀拔岳卒後之餘部並未產生新的小集團，這些部將漸爲宇文泰吸收，編入府兵體系之中。

（二）大統九年以前，西魏與東魏有六次大戰役，在宇文泰陣營之中，史書記載參與將領凡九十四人，除四人不詳外，其中五十一人系出北鎮人士，三十九人非北鎮人士，非北鎮人士大都是漢人豪族。另外在大統九年以前已加入宇文政權，雖未參加上述六大戰役，但亦涉及軍事者，又得二十六人，其中北鎮人士五人，非北鎮人士二十一人，非北鎮人士亦漢人豪族居多。如果將上述參與者相加，則出於北鎮人士有五十五人，非北鎮人士有六十一人，未詳者四人，總共一百二十人。

大統九年「廣募關隴豪右以增軍旅」，除了擴大吸收上述豪傑之子弟、部曲以外，最重要的是獲得居住在渭水以北、涇洛之間羌族之支持，編入府兵系統，除了兵源擴充以外，有助於穩固雍州至華州之心臟地區。同時又收編汧岐一帶之降氐人，遷入華州一帶以實軍旅。

六僑州是禁旅之所出，亦是北鎮部人居住之所，自西魏六僑州設在涇水、洛水上游之間，具有攻守之作用，而北周將六僑州遷至岐州武功一帶，以表示北疆穩固，及宇文氏南圖之意向。

（三）柱國大將軍統領二大將軍、及柱國大將軍府兵軍府轄區擬定如下：

柱國大將軍（次序據《通鑑》）	大將軍	軍府轄區
宇文泰	督中外軍	長駐華州
元　欣	從容宮闈	長安宮廷
李　弼	豆盧寧 楊　忠	洛水上中下游 僑州、北華、雍
李　虎	元　育 元　贊	京城及 長安附近
獨孤信	宇文導 元　廓	渭水上游 雍州一帶

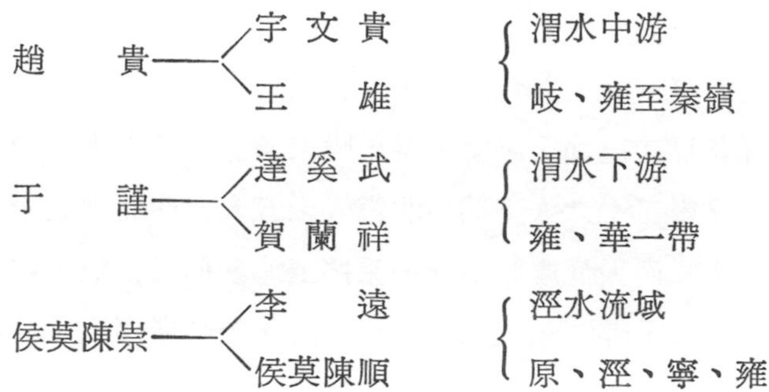

（四）于謹、李弼二柱國是宇文泰政權之主力，也就是說宇文泰親信與侯莫陳悅集團餘部已充分結合，此二柱國鞏固了雍州至華州之心臟地區，其區內北鎮人士、漢人、羌人等是宇文政權積極支持者。

魏帝長年居長安，統禁衞軍者可能是元贊、元育及元廓，李虎是宇文泰與魏帝共同信任者，李虎可能是這個地區之柱國，領軍將軍安排宇文泰之舅王盟等人，如此維持十八年和諧關係，至元烈事件才改變。魏帝追隨部隊王思政派至河東、河南戍守，念賢派至隴右等地，其所領之軍士皆非府兵。隴右在大統六年以後由獨孤信柱國鎮守，賀拔勝集團除楊忠調入李弼柱國以外，大都應仍在獨孤信麾下，眞正掌有重兵的是獨孤信之大將軍宇文導，導乃宇文泰之姪，鎮守關中隴右之間之西門，當泰東征時，導又內調至雍州華州一帶鎮守。另外侯莫陳崇柱國中有李遠大將軍，是宇文泰之忠實支持者；趙貴柱國中有宇文貴是宇文泰之親信。大統三年有十二將東征，八年初置六軍，十六年有六柱國十二大將軍，其中六軍不詳，十二將中賀拔岳餘部佔八人，宇文泰親信有于謹，侯莫陳悅集團餘部有李弼，賀拔勝集團有獨孤信，另一位是高平軍李遠；至六柱國十二大將軍時，出於宇文泰親信者有于謹、賀蘭祥、宇文導、宇文貴四人，出於侯莫陳悅集團餘部者有李弼、豆盧寧二人，出於賀拔勝集團者有獨孤信、楊忠二人，出於魏帝禁衞軍者有元廓、元贊、元育三人，出於魏帝追隨部隊者有侯莫陳順一人，而賀拔岳餘部則減爲李虎、趙貴、侯莫陳崇、達奚武、王雄等五人，另一位是李遠，其間變化及調動甚大，也顯示宇文泰權力之加強。

（五）不論是北鎮軍士、抑或是漢人豪族、抑或是羌氐豪右、抑或荆洛一帶之方隅豪傑，其社會組織大體上以城坊、塢壁、部落等爲單位，所以便於建立軍府，而且在宇文泰統治區內，無全國性大族，使宇文泰安排柱國、大將軍等高階層內，不會失去北鎮人士之優勢，此乃府兵制度成立之社會背景。

（六）西魏大統十六年（550）以前府兵制度發展時期所建立的軍府，其成員是職業軍人；大統十六年「籍民之材力者爲府兵」，自此有「兵農合一」者加入府兵，至隋開皇十年（590）將職業軍人部分悉數編入戶貫，所以大統十六年以前是職業軍人時代，十六年至開皇十年是職業軍人與「兵農合一」者同時存在時代；而開皇十年至唐代廢除府兵制度爲止，是「兵農合一」者時代。《北史》與《玉海》之《鄴侯家傳》（《通鑑》採《家傳》）皆屬正確，唯《北史》是敍述職業軍人之權利義務，而《家傳》則描敍「兵農合一」者之權利義務。北齊高氏於同一年（550）則精簡北鎮軍士爲「百保鮮卑」，華人爲「勇士」，東西政權兵制自此完全分道揚鑣。

（七）西魏府兵制度之中央輻射設計有兩種內涵，第一種是制度層次方面自中央呈輻射狀向地方伸張，將地方勢力按其大小編入中央軍之中。其等級爲：六柱國→十二大將軍→二十四開府儀同三司→四十八儀同三司→九十六大都督，在大都督之下有帥都督、都督等，大都督是軍府之重要單位。第二種是地緣關係之由內而外呈輻射設計，其心臟地區東西自渭水武功以下直至黃河，渭北包括富平堰、白渠、鄭國渠，渭南至秦嶺，府兵軍府在成立時約不滿百府，其中三分之二約在此區內，于謹與李虎二柱國之軍府完全在心臟地區，宇文泰柱國軍府轄區之輻射設計，符合當時交通連絡，李弼柱國軍府自心臟地區外延至洛水流域及涇水北支泥水一帶；侯莫陳崇柱國軍府自心臟地區延至涇水流域；獨孤信柱國軍府自心臟地區延至渭水上流之隴右；趙貴柱國軍府自心臟地區延至秦嶺仇池。這一種內重外輕之設計或許是受到《周禮》皇畿爲中心之影響，是隋唐府兵軍府以關中爲重心之雛型。柱國、大將軍等常常內外調動，部分督將在督區負責連繫、訓練、給養等事，而內調則柱國無藩鎮割據之虞。

*　　　*　　　*

宇文泰以廣闊的胸懷將先後入關之北鎮軍士、魏帝禁旅等編入府兵之上層；大統前半期將支持其政權之漢人豪族編入府兵之中上層；大統後半期除繼續吸收漢人豪族宗人，部曲以外，復召募渭北羌人豪強、及收編隴岐氐人豪右，加入府兵之中下層，大統十六年府兵完成時更擴及徵召府兵。府兵制度發展過程之中，又與其統治區內之政治社會條件配合[361]，所以府兵制度初期之設計甚具匠心，亦因此發揮出甚高的功效。

——原刊於《中央研究院歷史語言研究所集刊》第五十八本第三分

361 府兵制度亦與經濟條件配合，自陳寅恪提出《鄴侯家傳》「六家共之」指六柱國家供備之意（《隋唐制度淵源略論稿》六〈兵制〉，頁 95-96），谷霽光亦肯定陳說（《府兵制度考釋》頁 45-46），何玆全也認為此說對初期府兵的給養問題，得到解決（〈讀《府兵制度考釋》書後〉，《歷史研究》1962-6），故本文不再從經濟條件方面再予分析。

表　一

類別	戰役／官階／姓名	大統三年正月潼關之役	大統三年八月十二將東征	大統三年十一月沙苑之戰	大統四年七月河橋之役	大統八年十月解玉壁圍	大統九年三月邙山之役	資料未標書名者為《周書》	備考
*	于謹		開府	開府	開府		大將軍	15	洛陽人
*	李弼	開府	開府	開府	開府		開府	15	遼東襄平
*	獨孤信		開府	開府	開府			16	家武川
*	侯莫陳崇	開府	開府	開府	開府			16	武川人
△	王羆			開府				18	京兆霸城
*	李虎			儀同	開府			《西魏書》卷18	家武川
*	趙貴		儀同	儀同	開府		開府	16	家武川
*	若干惠	儀同	儀同	儀同	開府		開府	17	武川人
*	怡峯	大都督	儀同	儀同	開府	開府		17	遼西人
*	念賢				開府			14	家武川
*	寇洛				開府			15	家武川
*	梁禦		儀同	儀同				17	家武川
*	劉亮	儀同	儀同	儀同				17	中山人，父領民酋長
*	王德		儀同	儀同				17	武川人
*	達奚武	都督	都督		儀同		開府	19	代人，祖懷荒鎮將
*	李遠	征東大將軍	征東大將軍	都督	儀同		開府	19	家高平[362]
*	侯莫陳順			儀同				25	武川人
*	梁椿		都督	都督	儀同			27	代人
*	宇文貴				儀同			19	居夏州
*	賀拔勝		中軍大都督	中軍大都督	中軍大都督		前軍大都督	14	神武人
*	宇文導			大都督				10	泰之姪
△	王思政				大都督	大都督		18	太原祁人
*	楊纂				大都督		大都督	36	廣寧人
△	田弘		帥都督	帥都督	帥都督			27	高平人
*	厙狄昌	征西	車騎	車騎	帥都督			27	神武人

362　李遠兄弟是鮮卑拓跋氏的後裔，參見〈寧夏固原北周李賢夫婦墓發掘簡報〉，刊於《文物》1985-11，頁16。

*	宇文護	都　督	都　督	都　督	都　督			11	泰之姪
*	豆盧寧	都　督	都　督	都　督			開　府	19	昌黎徒何，父柔玄鎮將
*	楊　忠	都　督		都　督	都　督	大都督		19	家神武樹頹
*	赫連達		都　督	都　督				27	盛樂人
△	辛　威	都　督	都　督	都　督	都　督			27	隴西人
*	宇文虬	都　督	都　督	都　督	都　督			29	武川人
*	李　穆	都　督	都　督	都　督	都　督	開　府		30	家高平[362]
△	韋孝寬	都　督			都　督	大都督		31	京兆杜陵
*	賀蘭祥				都　督		儀　同	20	家武川
△	王　傑	都　督		都　督	都　督		都　督	29	金城人
△	韋　瑱		都　督	都　督	都　督	都　督		39	京兆杜陵
△	陽　雄		都　督	都　督	都　督	都　督	都　督	44	上洛邑陽
△	侯　植			都　督	都　督			29	上谷人，家北地
△	馮　遷	√	√	√	都　督			11	弘農
△	楊　儉			大都督				22	弘農華陰
*	王　勵			都　督				20	樂浪人，父盟
△	泉元禮			都　督				44	上洛豐陽
*	達奚寔	都　督		都　督				29	洛陽人
△	王　雅	都　督		都　督			都　督	29	闡熙新固
*	宇文盛		都　督					29	代人
△	崔　悅		都　督	都　督				35	博陵安平
*	尉遲綱		帳內都督	帳內都督	帳內都督	帥都督	帥都督	30	代人
*	尉遲迥	帳內都督	帳內都督	帳內都督				21	代人
*	王　勇	帳內都督	帳內都督	帳內都督			帥都督	29	武川人
△	陸　通	帳內督	帳內都督	帳內督	帳內督	大都督	儀　同	32	吳郡居關中
△	趙　剛		帳內都督					33	河南洛陽
*	韓　果	虞候都督	虞候都督	虞候都督	虞候都督			27	武川人
△	陳　忻		立義大都督				立義大都督	43	宜陽人
*	李　擲		帳內都督	帳內都督			帳內都督	15	遼東襄平
*	宇文測	子都督	子都督	子都督	子都督			27	泰之族子

△	常善	平東	平東	平都	衞將軍			27	高陽
*	竇熾	衞將軍	衞將軍	衞將軍			車騎	30	家於代
△	蔡祐	寧朔	寧朔	寧朔	平東			27	陳留圉人，居高平
△	權景宣		平西	平西				28	天水人
△	耿豪	征虜	征虜	前將軍			鎮北	29	鉅鹿
*	元定	前將軍	前將軍	前將軍	前將軍		帥都督	34	洛陽
△	王子直				車騎			39	京兆杜陵
△	崔猷	中軍	中軍	中軍				35	博陵安平
*	段永	平東	平東	平東	平東			36	家高陸河陽
*	長孫澄					征東	征東	26	洛陽人
△	司馬裔		中軍					36	河內溫人
△	郭賢					都督		28	趙興陽州
△	梁臺					都督	都督	27	長池人
△	梁昕		鎮南	鎮南				39	安定烏氏遷京兆盩厔
*	高琳			平西	衞將軍		衞將軍	29	高句麗
△	崔謙	征西		征西	車騎大將軍			35	博陵安平
△	裴俠			左中郎將		左中郎將		35	河東解人
△	王悅				平東			33	京兆藍田
*	閻慶				奉車都尉		前將軍	20	家盛樂
△	韓雄				√		北中郎將	43	河南東垣
△	鄭偉				龍驤	龍驤		36	滎陽開封
*	趙善						儀同	34	趙貴之從祖兄
△	裴果				√	√	√	36	河東聞喜
*	于寔		√	√	主衣都統		都督	15	洛陽人
*	竇毅	√	√	√				30	家於代
△	王慶		√					33	太原祁人
*	侯莫陳凱	√		√				16	武川人
△	唐瑾			√	√			32	父永
	尉興慶						都督	通鑑 158	
△	楊摽						都督	34	正平高涼

△	泉仲遵						征　東	44	上洛豐陽
	王胡仁						左　子 左衞率	通鑑 158	
*	伊婁穆						√	29	代人
△	薛　端	√	√	√				35	河東汾陰
*	叱羅協				√			11	
*	賀若敦				√			28	代人
△	呂思禮	安　東						38	東平壽張

附　記：「開府」即開府儀同三司；「儀同」即儀同三司；「寧朔」即寧朔將軍，其他將軍同；「√」符號乃低品軍；「＊」符號代表出於北鎮者（不是以種族作標準）；「△」符號代表非北鎮人士；不作類別符號者代表未詳。

據上表統計，大統九年以前參戰者出於北鎮有五十一人，非北鎮人士有三十九人，未詳者二人，共九十二人。另外在大統九年以前雖未參加上述六大戰役，但已加入宇文政權且亦涉及軍事者有北鎮人士：王雄（《周書》卷19，下同）、王盟（20）、史寧（28，居撫寧鎮）、李和（29，居朔方）、叱列伏龜（20）五人；非北鎮人士：周惠達（22，章武文安）、楊寬（22，弘農華陰）、柳慶（22，解人）、蘇椿（23，武功）、崔彥穆（36，清河東武城）、令狐整（36，燉煌）、郭彥（37，太原陽曲）、裴文舉（37，河東）、韓褒（37，潁川潁陽）、趙肅（37，洛陽）、辛慶之（39，隴西）、楊紹（29，弘農）、劉雄（29，臨洮）、韓盛（34，南陽渚陽）、裴寬（34，河東）、皇甫璠（39，安定遷京兆）、李延孫（43，伊川）、韋祐（43，京兆山北）、柳敏（32，河東）、趙文表（33，天水西人）、魏玄（43，任城）二十一人。如果將以上大統九年以前涉及軍旅者相加，則北鎮人士計五十五人，非北鎮人士計有六十一人，未詳者二人，總共一百二十八人。

第六篇　五朝軍權轉移及其對政局之影響

一、緒　論

（一）前　言

所謂「五朝」，係指東晉、宋、齊、梁、陳而言，始見於章炳麟先生的《五朝學》、《五朝法律索隱》，繼用於王伊同先生的《五朝門第》。緣因自東漢末年已還，下及唐初，政局變化萬端，中國處於混亂之中，凡四百載。其間西晉永嘉亂作，懷愍二帝被擄，東晉元帝乘時而起，在建業立下了基業。東晉雖屢次北伐，但版圖所及，大概在秦嶺淮水以南的半壁江山；宋武帝劉裕曾收復長安，可惜忙於篡位，疆土僅略大於東晉。自此以後，南北對峙之勢已定。及至侯景之亂，南朝漸弱，陳霸先克定時局，其疆土略遜於前朝，亦能粗具規模。此五朝地理環境相同，兼以五朝改朝換代，皆出於禪讓，前朝之貴戚，可能是後朝之功臣，法制人物，陳陳相襲，更增加其共同性。凡此種種，皆說明五朝適合於作一個研究單元。本文欲以軍權轉移與政局變化爲重心，觀察時間推進過程中所呈現的事實，從大同中尋其小異，追溯共同點，比較相異點，不奢於求得當時社會動態的一般法則，而祈望對於當時若干點現象，有更清晰的瞭解。

在家天下時代，軍隊是皇位的支柱，它的最大功能有二：其一是防禦外敵；其二是鎭壓內部；所謂攘外安內者也。以五朝形勢而言，對外始終有強敵壓境，東晉時的苻秦，南朝時的北魏，時刻都成爲威脅五朝存亡的勁敵。對內而言，篡弒頻起，換朝者四，處於這種局面之下的君主，軍隊對其重要性尤大。然而最遺憾者，厥爲五朝所有的領土，其精華之區，在於長江流域，卽上游的益州、中游的荆州及江州、下游的揚州。其形勢如帶，胡騎南下，頗有顧此失彼之感。隋薛道衡曾論江東形勢說：「西至巫峽，東至滄海，分之則勢懸而力弱，聚之則守此而失彼。」（《隋書》卷五十七本傳）帶狀形勢，任何一點被突破，皆影響全局，因此五朝州刺史大都帶有將軍號。州刺史帶將軍號者類皆置府而有軍權，其目的卽在賦予州刺史禦敵之力，不致發生遠水不及近火的困窘；不獨此也，因一州之力有限，爲更有力防禦強敵計，五朝沿用曹魏以來的都督制，將數州置於一個都督的統轄之下，原則上都督是純粹軍事機構。爲了面對強敵而增加地方州牧軍權，地方軍權的增加引起地方割據，地理形勢使得五朝有同一的苦痛。在外重內輕的形勢之下，都督刺史軍權的轉移，直接影響五朝政局與士族及其他階層力量的增減。

（二）都督刺史與軍權

探討五朝軍權問題，不能以將軍作爲研究之標準。蓋自魏晉以降，尤其是五朝，喜用將軍號作爲加官，用以增加其地位及品級，實際上並未領兵，此在朝廷文官中更爲普遍，故領兵者固有將軍號，而有將軍號者未必盡皆領兵，加小號將軍者可能領兵少，加大號將軍者未必領兵多，其制度混亂如此。若以有無將軍號及將軍號之大小論其軍權之有無及強弱，與事實將有很大的出入。然而，五朝時最能表明軍力所在者究爲何職？曰都督、曰刺史。都督的設立，原是爲軍事上之目的，其擁有實際軍權，殆無可疑。都督常統轄一州以上的兵力，五朝時常把全國劃分爲若干都督區，相當於若干軍區，所以除中央而外，都督是第一級的擁兵者。都督區的劃分，關係軍事力量之分配。嚴師耕望在其《中國地方行政制度史》上編（三）書中，對都督的討論特詳，根據此書研究結果，東晉有都督區九：㈠揚州都督區、㈡荆州都督區、㈢江州都督區、㈣徐州都督區、㈤豫州都督區、㈥會稽都督區、㈦沔中都督區、㈧益州都督區、㈨廣州都督區。宋齊都督區有十五：㈠揚州都督區、㈡南徐都督區、㈢南兗都督區、㈣徐兗都督區、㈤青冀都督區、㈥會稽都督區、㈦南豫・豫州都督區、㈧荆州都督區、㈨湘州都督區、㈩雍州都督區、⑪梁秦都督區、⑫益州都督區、⑬江州都督區、⑭郢州都督區、⑮廣州都督區。梁陳都督區有十五：㈠揚州都督區、㈡南徐都督區、㈢南兗都督區、㈣徐兗都督區、㈤豫州都督區與司州都督區、㈥會稽東揚州都督區、㈦荆州都督區、㈧湘州都督區、㈨雍州都督區、㈩梁秦都督區、⑪益州都督區、⑫江州都督區、⑬郢州都督區、⑭廣州都督區、⑮新都督區。又據嚴師同書論及東晉南朝州府僚佐時說：「自東晉以下逮於梁陳，州刺史多加將軍之號，州之佐吏除別駕治中之一系統外，又有將軍府佐。故此一時代，單車刺史，僅置州吏，一如漢制。而刺史之加將軍者，其佐吏則有州佐、府佐兩系統。」（姑略其引證文），故州刺史可列爲當時之第二級擁兵者。有若干重要郡守和縣令，有時亦冠以將軍之號，領有一些軍旅，但這種現象不甚普遍，且一郡之力究竟有限，其與大局影響較微，兼以資料更加斷闕，所以這一類第三級擁兵者缺而不論。

然而，本文雖不依據將軍號爲研究標準，仍然包羅實際帶兵的將軍在內，因爲，第一：都督全部都帶有將軍號；第二：東晉南朝刺史大都帶將軍號，單車刺史甚少，大州刺史尤然。而這些極少數的單車刺史雖不能開府，至少亦有相當力量的部曲。著者將東晉南朝有將軍號之人物找出，共計 629 人（東晉 203 人；宋 144 人；齊 88 人；梁 117人；陳 77 人），其中 571 位將軍連同帶領都督、刺史或太守縣令，比例佔十分之九；僅有將軍號而不帶任何地方長官者有58位，佔十分之一。所以大部分的將軍與都督刺史合而爲一，故依都督刺史爲研究軍權有無與強弱，有相當充分的代表性；而若純以將軍號作爲標準，反不如都督刺史之接近事實。爲證明此點，玆分析該58位僅有將軍號而不帶任何地方長官者，是否領兵？如下：

東晉：王愷拜龍驤將軍、驍騎將軍、射聲校尉。王爽拜寧朔將軍。王士文拜右衞將軍。羊琇拜左衞將軍。伏滔拜游擊將軍著作郎。杜濳拜右衞將軍。徐邈拜太子前衞率。胡奕拜平東將軍。殷顗拜南蠻校尉。顧淳拜左衞將軍。朱伺拜綏夷校尉加威遠將軍。桓不才拜冠軍將軍。謝石拜中軍將軍、尚書令。謝混拜中領軍。陸曄加衞將軍。陸玩加奮武將軍。范泰拜護軍將軍。王彪之拜護軍將軍。王席世拜驍騎將軍。庾叔宣拜右衞將軍。卞壼拜吏部尚書加中軍將軍、領軍將軍。王鑒拜駙馬都尉。王恢拜右衞將軍。陶輿拜武威將軍。

宋：桓閎拜右衞將軍。臧澄之拜太子左積弩將軍。謝弘微拜右衞將軍。殷淡拜步兵校尉。王宣侯拜左衞將軍。王曇首拜右衞將軍。沈演之拜右衞將軍。杜叔文拜長水校尉。

齊：劉景遠拜前軍將軍。佼長生拜寧朔將軍、寧蠻校尉。卜伯宗拜殿中將軍。

梁：周捨拜太子右衞率。徐勉拜太子左、右衞率。傅映拜太子翊軍校尉。裴子野領步兵校尉。顧協拜步兵校尉。朱异拜右衞將軍。楊華拜太子右衞率。韋粲拜步兵校尉、太子左衞率。江子一拜戎昭將軍、南津校尉。何澄之加驍騎將軍。賀季加步兵校尉。孔子袪加步兵校尉。劉杳加步兵校尉。劉勰加步兵校尉。

陳：沈炯加明威將軍。到仲舉加貞毅將軍金紫光祿大夫。張種拜貞威將軍治中從事史。蕭引加戎昭將軍。周弘正授太傅長史加明威將軍。周確拜太子左衞率、中書舍人、散騎常侍加貞威將軍。蔡徵加寧遠將軍。殷不佞拜戎昭將軍武陵王諮議參軍。鄭灼拜威戎將軍兼中書通事舍人。

上列將軍可分爲三類：其一是京師宿衞，如射聲、步兵、長水、越騎校尉，虎賁中郎將，左右衞將軍，太子左右衞率，太子左右積弩將軍，太子翊軍校尉，中軍、護軍、領軍、前軍將軍。其二是加官，如陸曄加衞將軍，陸玩加奮武將軍，沈炯加明威將軍；從列傳事蹟中得知文士如梁季的何澄之、賀季、孔子袪、劉杳、劉勰等所拜領的戎昭、驍騎將軍及步兵校尉，亦顯然是加官。其三是眞正領兵者，如佼長生、卜伯宗、江子一等。京師宿衞及加官甚多，眞正領兵者較少。加官者全不領兵，京師宿衞領兵極爲有限，《晉書》卷六十三〈郭默傳〉中有云：

> 徵（郭默）為右軍將軍，默樂為邊將，不願宿衛，及赴召，謂平南將軍劉胤曰：我能禦胡，而不見用。右軍主禁兵，若疆埸有虞，被使出征，方始配給，將卒無素，恩信不著，以此臨敵，少有不敗矣！

由上所論，研究五朝軍權問題，毋寧以都督刺史爲對象。

（三）估計軍權之方法

吳廷燮撰《歷代方鎭年表》，其中有關五朝者有〈東晉方鎭年表〉及〈宋齊梁陳方鎭年表〉。嚴耕望撰《中國地方行政制度史》，有關都督部分特詳，許多都督區皆連年比列。兩書是本文用以估計軍事力量強弱的基本資料，其方法與原則如下：

甲、單位：本文以吳《表》及嚴《史》中所列之主要刺史和都督任年爲研究單位。每人任刺史一年，或任都督一州一年者，定爲一任年，作爲計算軍事力量強弱的單位。這種辦法，是假定各州力量相差不多的情況下才適用，故東晉時荊、揚二州特大，倍計之。梁、陳時小州林立，不予計。大體上臚列在吳《表》者，各州實力相差不遠。本文不以都督刺史人數爲單位而以各個都督刺史任年爲單位，其理由有二：其一若以都督刺史人數爲單位，則一位任期十年之刺史與任期數月之刺史，對軍事力量影響毫無區別，而事實上都督刺史任期之久暫，不但在時間上有不同之影響力，且因五朝兵制以擁有部曲多寡而定其強弱，任期愈久，其門生、故吏、部曲之數量及効忠程度，可成比例上升。東晉時桓氏世任荊州刺史，及桓氏滅後，荊州仍有効忠於桓氏的力量。其二若以都督刺史人數爲單位，則大州小州刺史無從甄別，實州僑州刺史極易淆混。由此可知，尋覓兵力所在，雖捨將軍而就都督刺史，但對於都督刺史亦需觀其是否確有軍旅。以任年爲單位而不以人數爲單位，此乃研究軍事實力與純研究都督刺史之社會成分間的最大區別。

乙、刺史軍權的估計：依據吳《表》，分州列表，計算各州刺史每人所任州年數。其中毫無實土的僑州不予計算。州刺史過於缺漏不全者該州亦不列予計算。梁、陳以後新立的小州不予計算。依這幾項原則，其列入計算的州，東晉得十二州，即：揚州、荊州、徐州、豫州、江州、兗州、梁州、雍州、益州、寧州、交州、廣州。宋得二十州，即：揚州、南徐州、徐州、南兗州、兗州、南豫州、豫州、江州、青州、冀州、荊州、郢州、湘州、雍州、梁州、秦州、益州、廣州、交州、東揚州。南齊得二十一州，即：揚州、南徐州、徐州、南兗州、兗州、南豫州、江州、青州、冀州、司州、荊州、郢州、湘州、雍州、梁州、秦州、益州、廣州、交州、越州、寧州。梁得十九州，即：揚州、東揚州、南徐州、南兗州、江州、荊州、郢州、湘州、雍州、益州、梁州、秦州、廣州、豫州、司州、徐州、兗州、青州、冀州。陳得八州，即：揚州、東揚州、南徐州、南豫州、江州、郢州、湘州、廣州。

丙、都督軍權的估計：據嚴《史》，都督區有的督區數州，但有的爲了特殊目的，所設立的都督區只有數郡而已。本文既以州級爲最低單位，所以小都督區不及一州者概不計算。其詳細計算方法如次：東晉有九個都督區，會稽都督區及沔中都督區屬小都督區，豫州都督區所督皆揚州之郡，故該三都督區不予計算。揚州及荊州都督區皆可參照嚴《史》及吳《表》，得其每年都督者的姓氏及所督的州郡，其計算方法一如前述，唯一人都督七州或八州時，計算時乘以七倍或八倍。餘江州都督區大體皆督本州軍事，且領江州刺史，故與刺史表同。徐州都督區其督區爲徐、青、兗三州，緣因青州毫無實土，故實際上只有二州，而徐州都督大體上由徐州刺史領之，因此計算該都督區軍權時，只需將徐州刺史各人的軍權單位乘二。益州都督區大體上由益州刺史領之，其督區有梁、益、寧三州，故計算時只需將益州刺史乘三。廣州都督以廣州刺史領之，常督廣、交兩州，故計算時將廣州刺史乘二。宋、齊、梁、陳都督軍權的計算，比照東晉的方法。

丁、刺史社會成分之分類：本文所謂軍權轉移也者，係指各階級擁有軍權的改變與興替。五朝是一個門第社會，當時社會上門第高下的意識非常濃厚，作者爲了研究方便起見，曾將當時社會分爲三級，卽士族、小姓、寒素是也。其間標準的劃分，詳見〈兩晉南北朝主要文官士族成分之統計分析與比較〉[1]。本文除了這三種階級以外，還有一種較爲特殊的階級，此卽宗室。

戊、分期：爲研究各階級軍權變動的痕跡，本文分期以代（generation）爲單位，每代通常是二十五年至三十年，但研究中國歷史，需配合當時皇帝的更換與朝代的變動，因爲每個皇帝的更換與朝代的變動常引起內外大臣的更易，故略微依據朝代與建元要比硬性規定以一定的年數斷代爲實際。

從東晉元帝建武元年至陳後主禎明三年（317—589），共計273年，分爲十期，每期的斷年如次：

期別	公　　元	年數	朝代	年　　號
1	317—344	28	東晉	元帝建武、大興、永昌。明帝太寧。成帝咸和、咸康。康帝建元。
2	345—370	26	東晉	穆帝永和、升平。哀帝隆和、興寧。廢帝太和。
3	371—396	26	東晉	簡文帝咸安。孝武帝寧康、太元。
4	397—419	23	東晉	安帝隆安、元興、義熙。恭帝元熙。
5	420—453	34	宋	武帝永初。少帝景平。文帝元嘉。

1　刊於《中央研究院歷史語言研究所集刊》第三十六本。

6	454—478	25	宋	孝武帝孝建、大明。廢帝永光、景和。明帝泰始、泰豫。廢帝元徽。順帝昇明。
7	479—501	23	南齊	高帝建元。武帝永明。明帝建武、永泰。東昏侯永元。和帝中興。
8	502—531	30	梁	武帝天監、普通、大通、中大通(三年)。
9	532—556	25	梁	武帝中大通、大同、中大同、太清。簡文帝大寶。元帝承聖。敬帝紹泰、太平。
10	557—589	33	陳	武帝永定。文帝天嘉、天康。臨海王光大。宣帝太建。後主至德、禎明。

二、五朝軍權之轉移

(一)統　計

依上述方法，根據吳《表》及嚴《史》，由刺史都督任年之統計，表示出各統治階層軍事實力之消長。

五朝各統治階級軍權變遷表(一)——刺史任年統計表

(單位一任年)

期別＼階級	宗室		士族		小姓及酋豪		寒素及其他		總計
年數／百分比	年數	百分比	年數	百分比	年數	百分比	年數	百分比	
1	0	0.0	216	72.7	22.5	7.6	58.5	19.7	297
2	0	0.0	230	92.0	0	0.0	20.0	8.0	250
3	23	9.3	171	68.9	16	6.5	38	15.3	248
4	15.5	5.8	205.5	76.4	14(10)	5.2	34	12.6	269
5	252.5	51.4	157	32	9.5	1.9	72	14.7	491
6	190	46.9	152	37.5	8	2.0	55	13.6	405
7	196	48.6	131	32.5	10	2.5	66	16.4	403
8	227	53.8	82	19.4	48	11.4	65	15.4	422
9	199	67.5	50	16.9	11(3)	3.7	35	11.9	295
10	107	47.6	32	14.2	50(35)	22.2	36	16.0	225

五朝各統治階級軍權變遷表（二）——都督任年統計表

期別＼階級＼年數百分比	宗室		士族		小姓及酋豪		寒素及其他		總計
	年數	百分比	年數	百分比	年數	百分比	年數	百分比	
1	0	0.0	307.5	70.2	91.5	20.9	39	8.9	438
2	0	0.0	357	94.9	0	0.0	19	5.1	376
3	31	8.9	256	73.1	33	9.4	30	8.6	350
4	43	9.6	363.5	81.3	23	5.2	17.5	3.9	447
5	697	65.7	305	28.7	18	1.7	41	3.9	1,061
6	385	47.6	340	42.0	16	2.0	68	8.4	809
7	426	61.7	206	29.9	1	0.1	57	8.3	690
8	570	60.4	243	25.8	57	6.1	73	7.7	943
9	434	63.1	188	27.3	20(7)	2.9	46	6.7	688
10	183	46.6	66	16.8	90(63)	22.9	54	13.7	393

附　註：㈠本表根據吳《表》及嚴《史》。
㈡括弧內係「酋豪」的任年數。

兩表頗相類似，而都督雖有時督區多達七州八州，通常只兼領一個最大或最重要州的刺史，所以都督的軍事指揮權雖可達七州八州，但其基本兵力，仍以其直轄州爲基幹，因此刺史表的意義較爲重大，換言之，本文以下討論，以刺史表爲主，以都督表爲輔。

（二）分　析

甲、士族：五朝期間，士族軍權強弱是變動的，從上列兩表所示，第一期至第四期（卽東晉），士族任都督刺史之任年占三分之二以上；第五、六、七期（卽宋齊）占三分之一以上；第八、九期（卽梁）占五分之一；第十期（卽陳）占七分之一。這一列比例，顯示出東晉爲士族在軍事力量上占絕對優勢期間，自此以後，士族的軍事力量漸漸衰退。宋、齊兩朝，士族雖未占絕對的力量，仍有其影響力。梁朝士族已甚少涉及軍旅。至陳朝士族幾與軍旅無緣了。

就士族整體而言，軍權是遞減的；就各士族而言，此消彼起，層層相繼，呈現著動態現象，從無一個士族能從第一期至第十期掌握重兵。這點與文官有很大區別，士族任文官者每常有延綿整個兩晉南北朝時代。且選擇34個主要士族爲例，以說明這項事實。

期別／姓氏	第1期	第2期	第3期	第4期	第5期	第6期	第7期	第8期	第9期	第10期
潁川潁陰荀氏		15								
陳留尉氏阮氏	2.5	2								
太原祁縣溫氏	3	16								
汝南安城周氏	16.5	34	9.5							
廬江灊縣何氏	2	1.5		4.5						
渤海饒安刁氏	2		2	4						
滎陽陽武毛氏	2	6	12.5	19						
高平金鄉郗氏	34	9	4.5	1.5						
譙國龍亢桓氏	14	67.5	62	24.5						
河南陽翟褚氏	3	9		3	2					
陳郡陽夏謝氏	4	16.5	28	2	2					
潁川鄢陵庾氏	37	16.5	9	3	6					
陳郡陽夏袁氏		9				3				
陳郡長平殷氏		6.5	4	3		7				
義　　陽朱氏	1.5		12.5	7.5		8				
東海郯縣徐氏		2			16.5		3			
恒農華陰楊氏		2	8.5	4.5			1	2.5		
太　　原王氏		11	13	3	1	14	3	6		
陳留圉城蔡氏	8	3				5		3		
彭　　城劉氏	6	2		77.5	65*	51*	18	5		
瑯琊臨沂王氏	43.5	2	6	9.5	14.5	19.5	17	7		
京兆杜陵杜氏				21	17	5				
吳郡吳縣張氏				1	12	11.5	8.5	3	5	
吳興武康沈氏				3.5	1	22	11	2	1	8
蘭　　陵蕭氏					21.5	18	45*	39*	63*	7
河東聞喜裴氏					1		2	8	2	
會稽山陰孔氏					5	2		4		
瑯琊臨沂顏氏					1	2	1			
東莞莒縣臧氏					9	1	6			
吳郡吳縣陸氏					12.5					
濟陽考城江氏					4					
河東解縣柳氏						2	11	10	2	
吳郡吳縣顧氏						2				
京兆杜陵韋氏								11	3	

附　記：㈠本表資料根據吳廷燮《歷代方鎮年表》。
㈡本表單位為任年。
㈢符號* 表示同時亦具有宗室身分之士族。

從上表中我們又可得到士族參與和退出軍事舞臺之頻率。

期　間	士　族 總數變遷	退出士族		加入士族		變遷頻率
		數　量	百分比	數　量	百分比	百分比
1—2	15—19	2	9.5	6	28.5	38
2—3	19—12	9	42	2	10	52
3—4	12—17	1	6	6	33	39
4—5	17—17	8	29	8	29	58
5—6	17—16	7	30	6	26	56
6—7	16—12	7	36	3	16	52
7—8	12—12	3	20	3	20	40
8—9	12— 6	6	50	0	0	50
9—10	6— 2	4	67	0	0	67

變遷頻率介於40%—60%之間，平均約50%的變動。其變動率已不算小了。士族退出的比例逐期增加，加入的比例逐期減少，正表示該34個大士族漸漸退出軍事舞臺之痕跡。

且從這34個主要士族個別參與及退出軍事舞臺的時間久暫而論：

歷八期者有：瑯琊王氏。一族。

歷七期者有：劉氏、沈氏、太原王氏。共三族。

歷六期者有：蕭氏、張氏。共二族。

歷五期者有：謝氏、庾氏、楊氏。共三族。

歷四期者有：桓氏、褚氏、郄氏、毛氏、殷氏、朱氏、蔡氏、裴氏、柳氏。共九族。

歷三期者有：周氏、何氏、刁氏、徐氏、孔氏、顏氏、臧氏、杜氏。共八族。

歷二期者有：阮氏、袁氏、韋氏、溫氏。共四族。

歷一期者有：荀氏、顧氏、陸氏、江氏。共四族。

其中歷四期以下者共有二十五族，占四分之三。卽絕大部分的士族，皆歷四期之內而退出，能經五期以上者蓋鮮矣！以上所舉係主要士族，若門望較低的士族，則其所歷期間恐更短暫了。依本文分期年數標準，四期約百年左右，因此本節有兩點值得注意的現象。卽，第一：大部分士族在軍事上活動不超過百年。第二：沒有一個士族在軍事舞臺上連續活動超過二百年者。

再從地區研究，北方僑居士族與南方土居士族的消長，亦有一種趨向。如表：

期　　別	士族總數	北僑士族	南土士族	兩者比例（北：南）	附　　記
1	15	13	2	100：1.5	不計及宗室
2	19	18	1	100：5	
3	12	11	1	100：9	
4	12	11	1	100：9	
5	17	13	4	100：30	
6	16	11	5	100：45	
7	11	9	2	100：22	
8	11	8	3	100：37	
9	5	3	2	100：66	
10	2	1	1	100：100	

似乎隨著時間的推進，南方土居士族之比例日漸升高。但以整個士族而論，前四期是士族在軍權地位上占絕對之優勢，自第五期始，士族軍權漸漸沒落，至第九期尤其第十期時已形同退出。所以南方土居士族雖在後幾期之比例升高，從整體局勢看，已不見重要性矣！

乙、小姓與酋豪：小姓與酋豪任都督刺史之任年，除第十期陳朝而外，第一期至第九期的比例甚低，平均只占 4.5%。這項事實，不但表示此階級在軍事力量上影響輕微，且因爲小姓是寒素晉升士族身分之橋樑，所以亦表示寒素至士族之通道甚狹。至第十期時才有所改變，從未居重要地位的小姓與酋豪，一躍而佔23.5%，僅亞於宗室，而士族卻落至13%。這個變化，由侯景之亂引起。侯景叛亂，胡騎南下，飲水長江，自東晉元帝以來，外患之烈，莫此爲甚。據《梁書》卷五十六〈侯景傳〉載，當時擁有兵權的都督刺史（大部分皆宗室及士族），均被侯景所敗，梁武被囚，充分顯示出京師及附近大州郡牧守都督軍事上的澈底失敗，侯景之勢，被各地（尤其遠州邊郡）勤王英雄所遏，終於被王僧辯及陳霸先的聯合勢力所擊潰，陳氏是最後成功者，而陳氏的力量是基於小姓、酋豪及小士族之流，其中以酋豪尤見重要，茲分析參與平定侯景之亂並支持建立陳朝之主要人物的身分如下：

侯安都，始興曲江人也，世爲郡著姓。父文捍，少仕州郡，以忠謹稱。（安都）兼善騎射，爲邑里雄豪。侯景之亂，招集兵甲至三千人，高祖（陳霸先）入援京邑，安都引兵從高祖（《陳書》卷八本傳）。

周文育，義興陽羨人，少孤貧，本居新安壽昌縣，姓項氏，名猛奴，義興人周薈養爲己子（《陳書》卷八本傳）。

周慶寶，文育之子。

余孝頃，新吳洞主（《陳書》卷八〈周文育傳〉中）。

侯　瑱，巴西充國人也，父弘遠，世爲西蜀酋豪……事梁益州刺史蕭範，範委以將帥之任（《陳書》卷九本傳）。

歐陽頠，長沙臨湘人也，爲郡豪族。祖景達，梁代爲本州治中；父僧寶，屯騎校尉。頠少質直，有思理，以言行篤信聞於嶺表。父喪毀瘠甚至。家產累積，悉讓諸兄，州郡頻辟不應，乃廬於麓山寺傍，專精習業，博通經史，年三十，其兄逼令從宦，起家信武將軍府中兵參軍（《陳書》卷九〈歐陽頠傳〉）。

歐陽紇，頠之子。

吳明徹，秦郡人也，祖景安，齊南譙太守；父樹，梁右軍將軍（《陳書》卷九本傳）。

吳　起，明徹兄子。

程靈洗，新安海寧人也，少以勇力聞，步行日二百餘里，侯景之亂，靈洗聚徒據黟、歙以拒景（《陳書》卷十本傳）。

程文季，靈洗之子。

黃法𣰰，巴山新建人也。少勁捷有膽力，步行日三百里，距躍三丈，頗便書疏，閑明簿領，出入郡中，爲鄉閭所憚，侯景之亂，於鄉里合徒衆（《陳書》卷十一本傳）。

淳于量，其先濟北人也，世居京師。父文成，仕梁爲將帥，官至光烈將軍、梁州刺史。量少善自居處，偉姿容，有幹略，便弓馬，梁元帝爲荆州刺史。文成分量人馬，令往事焉，起家湘東王國常侍（《陳書》卷十一本傳）。

章昭達，吳興武康人也。祖道蓋，齊廣平太守；父法尚，梁揚州議曹。侯景之亂，昭達卒募鄉人援京師（《陳書》卷十一本傳）。

徐　度，安陸人也，世居京師，少倜儻不拘小節，及長，姿貌瓌偉、嗜酒好博，恒使僮僕屠酤爲事。梁始興內史蕭介之郡，度從之，將領士卒，征諸山洞，以驍勇聞（《陳書》卷十二本傳）。

徐敬成，度之子。

杜　稜，吳郡錢塘人也，世爲縣大姓（《陳書》卷十二本傳）。

沈　恪，吳興武康人（《陳書》卷十二本傳）。

徐世譜，巴東魚復人也，世居荆州，爲主帥，征伐蠻、蜒，至世譜尤勇敢，有膂力，善水戰，梁元帝之爲荆州刺史，世譜將領鄉人事焉。侯景之亂因預征討，累遷至員外散常（《陳書》卷十三本傳）。

魯悉達，扶風郿人也。祖斐，齊通直散騎常侍安遠將軍衡州刺史陽塘侯；父益之，梁雲麾將軍新蔡、義陽二郡太守。侯景之亂，悉達糾合鄉人，保新蔡，力田蓄穀。時兵荒饑饉，京師及上川餓死者十八九，有得存者，皆攜老幼以歸焉。悉達分給糧廩，其所濟活者甚衆，仍於新蔡置頓以居之，招集晉熙等五郡，盡有其地，使其弟廣達領兵隨王僧辯討侯景……悉達撫綏五郡，甚得民和，士卒皆樂爲之用，悉達勒麾下數千人，濟江而歸高祖（《陳書》卷十三本傳）。

周　敷，臨川人也，爲郡豪族。敷形貌眇小，如不勝衣，而膽力勁果，超出時輩。侯景之亂，鄉人周續合徒衆以討賊爲名，梁內史始興藩王蕭毅以郡讓續，而續部下將帥爭權，復反殺續以降周廸。廸素無簿閥，恐失衆心，倚敷族望，深求結交（《陳書》卷十三本傳）。

荀　朗，潁川潁陰人也。祖延祖，梁潁川太守；父伯道，衞尉卿。朗少慷慨，有將帥大略。侯景之亂，朗招率徒旅據巢湖間，無所屬。臺城陷後，簡文帝密詔授朗雲麾將軍豫州刺史，令與外藩討景，朗據山立砦自守，時京師大饑，百姓皆於江外就食，朗更招致部曲，解衣推食，以相賑贍，衆至數萬人……承聖二年，率部曲萬餘家濟江入宣城郡界立頓（《陳書》卷十三本傳）。

荀法尙，朗之子。

周　炅，汝南安成人也，祖疆，齊太子舍人、梁州刺史。父靈起，梁通直散常廬桂二州刺史。炅少豪俠任氣，有將帥才……（《陳書》卷十三本傳）。

華　皎，晉陵曁陽人，世爲小吏，皎梁代爲尙書比部令史。侯景之亂，文帝爲景所囚，皎遇文帝甚厚，文帝平杜龕仍配以人馬甲仗（《陳書》卷二十本傳）。

熊曇朗，豫章南昌人，世爲郡著姓……曇朗以南川豪帥，隨例除游擊將軍，尋爲持節飈猛將軍桂州刺史（《陳書》卷三十五本傳）。

周　廸，臨川南城人，少居山谷，有膂力，能挽彊弩，以弋獵爲事。侯景之亂，廸宗人周續起兵於臨川，梁始興王蕭毅以郡讓續，廸召募鄉人從之，勇冠衆軍，續所部渠帥皆郡中豪族，稍驕橫，續頗禁之，渠帥等並怨望，乃相率殺續，推廸爲主，廸乃據有臨川之地，築城于工塘，梁元帝授廸持節通直散騎常侍壯武將軍高州刺史（《陳書》卷三十五本傳）。

留　異，東陽長山人也，世爲郡著姓。異善自居處，言語醞藉，爲鄉里雄豪。侯景之亂，還鄉里召募士卒……侯景平後，王僧辯使異慰東陽，仍糾合鄉閭，保據巖阻，其徒甚盛，州郡憚焉。世祖長女豐安公主配異第三子貞臣……世祖卽位改授都督縉州諸軍事安南將軍縉州刺史（《陳書》卷三十五本傳）。

陳寶應，晉安侯官人也，世爲閩中四姓。父羽有才幹，爲郡雄豪。寶應性反覆多變詐，梁代晉安數反，累殺郡將，羽初並扇惑合成其事，後復爲官軍鄉導破之，由是一郡兵權皆自己出。侯景之亂，晉安太守賓化侯蕭雲以郡讓羽，羽年老，但治郡事，令寶應典兵。高祖受禪，授持節散騎常侍信武將軍閩州刺史（《陳書》卷三十五本傳）。

任　忠，汝陰人也，少孤微。侯景之亂，忠率鄉黨數百人隨晉熙太守梅伯龍討景（《陳書》卷三十一本傳）。

樊　毅，南陽湖陽人，祖方興，梁散騎常侍仁威將軍司州刺史；父文熾，梁散騎常侍信武將軍益州刺史。毅累葉將門，少習武善射。侯景之亂，率部曲隨叔父文皎援臺，文皎於青溪戰歿，毅將宗族子弟赴江陵，仍隸王僧辯（《陳書》卷三十一本傳）。

樊　猛，毅之弟。

孫　瑒，吳郡吳人。祖文惠，齊越騎校尉淸遠太守；父循道，梁中散大夫，以雅素知名。瑒少倜儻，好謀略，博涉經史，尤便書翰，起家梁輕車臨川嗣王行參軍（《陳書》卷二十五本傳）。

錢道戢，吳興長城人也。父景深，梁漢壽令；道戢少以孝行著聞，及長頗有幹略，高祖微時以從妹妻焉（《陳書》卷二十二本傳）。

駱　牙，吳興臨安人也。祖秘道，梁安成王田曹參軍；父裕，鄱陽嗣王中兵參軍事（《陳書》卷二十二本傳）。

以上三十五人之中。士族約占七分之二；小姓約占七分之一；酋豪約占七分之三；寒素約占七分之一。所謂酋豪卽郡著姓、郡豪族、洞主、縣大姓等，含有濃厚的地方色彩。地方勢力乃是當中央力量薄弱時才表現出來，西漢末年天下大亂，東漢光武帝得地方豪族之擁護而得以延續漢祚[2]；西晉永嘉之亂時北方地方上塢壁顯示出極大的力量[3]；兩晉南北朝有許多大士族是由地方豪族強化而成（如河東薛氏），只是當這些地方豪族長期任官中央以後，漸漸失去地方色彩與地方勢力，所以當另一個新的大動亂爆發時，地方上就有新的勢力出現，如《陳書》卷三十五史臣曰：

> 梁末之災沴，羣凶競起，郡邑巖穴之長，村屯鄔壁之豪，資剽掠以致彊，恣陵侮而為大。

我們可以在上述例子中找到許多酋豪因參與平定侯景之亂，率領部曲和宗人，或三千或五千，最後成爲重要的軍事力量。相反的現象，成名於魏晉南北朝時的大士族卻極少在軍事上有出色表現。參與的士族其族望甚低，如長沙歐陽頠，秦郡吳明徹、吳興章昭達、扶風魯悉達、南陽樊毅等。由於侯景之亂的原因，第十期（陳朝）的軍權顯然是變動的，其動態趨向是舊士族下降，酋豪上升。

丙、寒素：有三項理由可以說明寒素在五朝軍事舞臺上從未扮演過主角。第一，依上表所示，寒素任都督年數比例最高者在第十期，占13.5％；最低是第二期占6％；各期平均是7％。寒素任刺史任年比例最高者在第一期，占19.5％；最低是第二期，占8％；各期平均是15％。無論都督或刺史，其任年比例無過20％者。比例可謂甚低。第二，寒素任刺史之平均任期暫短，五朝找出146個寒素刺史，共得479個任年。平均每人任期只有三年四個月，任期短則威望難立，不

2　詳見楊聯陞〈東漢的豪族〉，刊於《清華學報》第十一卷第四期；余英時〈東漢政權之建立與士族大姓之關係〉，刊於《新亞學報》一卷二期。

3　詳見金發根《永嘉亂後的北方豪族》。

足以構成巨大實力。由於寒素大部皆及身而止，子孫很少亦能達到父祖的地位，似乎寒素是在總比例20％幅度中流通著。整個寒素階級未曾有重要性，寒素個人亦未見執當時軍權之牛耳者。第三，五朝寒素任都督任年之比例遠低於刺史之比例，而檢閱吳《表》，更可以發現重要州郡甚少以寒素充任，寒素率牧邊州及小州。若從正史列傳中研究，則不難發覺此輩皆屬某士族或宗室之爪牙，才得拜命刺史之任，其本身似無獨立的武力。

丁、宗室：晉朝司馬氏、宋朝劉氏、齊梁蕭氏、陳朝陳氏，就其社會成分而言，可列為士族。因為宗室在士族羣中地位頗為特殊，所以與士族分別討論。皇帝對同族子弟之任命，常有親疏之分，其兄弟及諸子常居重要州郡（晉以後的現象），遠親之地位較次。無論如何，這並非封建方式，而是君主謀求掌握全國主要軍隊之手段，在下節有詳細的討論。

三、五朝政局

從上列刺史任年統計表而言，五朝軍權各統治階級所占的比例，有一項很明顯的界線，即東晉朝四期中士族的比例在三分之二以上，而宋、齊、梁、陳四朝共六期則以宗室比例居半。都督任年統計表的趨向亦大致相同。這個現象，對五朝政局產生不同的影響。細論於下。

（一）東晉——軍權之制衡時期

東晉一朝，自始至終，都是士族握有實際軍權，這應從東晉立國時著手研究。瑯琊王司馬睿之所以能在南方立定基業，並非他有過人之才華，在衆王之中，他並沒有顯得特殊，立國以後，他個人亦無新猷，《晉書》中說司馬睿「時人未之識焉」，只是當他成功以後的恭維語而已，亦並非他分封時擁有甚大的兵權，在諸司馬氏中，他不如八王中任何一王的實力。在亂世的時候，爵位不是護身符，軍權才是救命圈，司馬睿散居京師的時候，徒有瑯琊王的封號，卻毫無實權，爲了避禍，其出奔京師，狼狽至極，《晉書》卷六〈元帝紀〉中記載說：

> 帝懼禍及，將出奔，其夜月正明，而禁衛嚴警，帝無由得去，甚窘迫。有頃，雲霧晦冥，雷雨暴至，徼者皆弛，因得潛出。穎先令諸關無得出貴人，帝既至河陽，為津吏所止，從者宋典後來，以策鞭帝馬而笑曰：「舍長！官禁貴人，汝亦被拘邪？」吏乃聽過。

及至下邳，東海王越假司馬睿爲輔國將軍，尋加平東將軍監徐州諸軍事，俄遷安東將軍都督揚州諸軍事，當時實際兵力，仍極有限。《晉書斠注》卷六〈元帝紀〉引《文選・勸進表・注〉王隱《魏書・司馬叡傳》曰：

> 當鎮壽陽，且留下邳，及越西迎惠帝，留叡鎮後，平東府事當遷鎮江東，屬陳敏作亂，叡以兵少，因留下邳，永嘉元年春，敏死，秋，叡始到建業。

司馬睿雖無超人才華，亦無強大兵力，但他終於在建業生根立基，最主要的原因，是士族的支持，當時有才華有兵力的大族子弟支持他，開創了東晉一百多年的天下。若論述政治才華，自然首推王導，在王導的導演下，司馬睿由配角一躍而爲主角。《晉書》卷六十五〈王導傳〉中說：

> 導知天下已亂，遂傾心推奉，潛有興復之志，帝亦雅相器重，契同友執。帝之在洛陽也，導每勸令之國，會帝出鎮下邳，請導為安東司馬，軍謀密策，知無不為。及（瑯琊王）徙鎮建康，吳人不附，居月餘，士庶莫有至者，導患之，會敦來朝，導謂之曰：「瑯琊王仁德雖厚，而名論猶輕，兄威風已振，宜有以匡濟者。」會三月上巳，帝親觀禊，乘肩轝，具威儀，敦、導及諸名勝皆騎從。吳人紀瞻、顧榮皆江

> 南之望，竊覘之，見其如此，咸驚懼，乃相率拜於道左。導因進計曰：「古之王者，莫不賓禮故老，存問風俗，虛己傾心，以招俊乂。況天下喪亂，九州分裂，大業草創，急於得人者乎？顧榮、賀循，此土之望，未若引之以結人心，二子既至，則無不來矣！」帝乃使導躬造循、榮，二人皆應命而至，由是吳會風靡，百姓歸心焉。自此以後，漸相崇奉，君臣之禮始定。

初建王朝，必須有軍力作爲後盾，元帝得王導爲相，而有賴於王敦爲將，王敦時「爲揚州刺史，加廣武將軍，尋進左將軍，都督征討諸軍事，假節」。揚州戶口殷實，而又最少波及戰亂，加以王敦善於駕御部下，是擁有實力的人物，元帝王導王敦等三人之炫耀威儀，原是一個不太傷感情的立威方式，於是乎才有部分人士「驚懼」，粗略建立以建業爲政治中心的規模。

就當時形勢而言，自懷愍被擄以後，南方地方官皆承奉元帝，但亦有幾人爲權勢之爭，不奉元帝令，如周馥、華軼等：

> （愍）帝還宮，出（周馥）為平東將軍都督揚州諸軍事，代劉準為鎮東將軍，與周玘等討陳敏，滅之，以功封永寧伯。馥自經世故，每欲維正朝廷，忠情懇至……（後建議愍帝遷都壽春）（東海王）越大怒，先是越召馥及淮南太守裴碩，馥不肯行，而令碩率兵先進，碩貳於馥，乃舉兵稱馥擅命，已奉越密旨圖馥，遂襲之，為馥所敗，碩退保東城，求救於元帝，帝遣揚威將軍甘卓，建威將軍郭逸攻馥于壽春，安豐太守孫惠帥衆應之，……旬日而馥衆潰，奔于項，為新蔡王確所拘，憂憤發病卒（《晉書》卷六十一〈周馥傳〉）。

> 永嘉中（華軼）歷振威將軍江州刺史，雖逢喪亂，每崇典禮，置儒林祭酒，以弘道訓，乃下教曰：「今大義積替，禮典無宗，朝廷滯議，莫能攸正，常以慨然，宜特立此官，以弘其事……。」俄被越檄，使助討諸賊，軼遣前江夏太守陶

侃為揚武將軍，率兵三千屯夏口，以為聲援，軼在州甚有威惠，州之豪士接之以友道，得江表之歡心，流亡之士，赴之如歸。時天子孤危，四方瓦解，軼有匡天下之志，每遣貢獻入洛，不失臣節，謂使者曰：「若洛都道斷，可輸之琅邪王，以明吾之為司馬氏也。」軼自以受洛京所遣，而為壽春所督，時洛京尚存，不能祗承元帝教命，郡縣多諫之，軼不納曰：吾欲見詔書耳。時帝遣揚烈將軍周訪率衆屯彭澤以備軼，訪過姑孰，著作郎干寶見而問之，訪曰：「大府受分令屯彭澤，彭澤、江州西門也，華彥夏有憂天下之誠，而不欲碌碌受人控御，頃來紛紜，粗有嫌隙，今又無故以兵守其門，將成其釁，吾當屯尋陽故縣，既在江西，可以扞禦北方，又無嫌於相逼也。」尋洛都不守，司空荀藩移檄，而以帝為盟主，既而帝承制，改易長吏，軼又不從命，於是遣左將軍王敦都督甘卓周訪宋典趙誘等討之，軼遣別駕陳雄屯彭澤以拒敦，自為舟軍以為外援，武昌太守馮逸次于湓口，訪擊逸破之。前江州刺史衛展不為軼所禮，心常怏怏，至是與豫章太守周廣為內應，潛軍襲軼，軼衆潰；奔于安城，追斬之，及其五子，傳首建業（《晉書》卷六十一〈華軼傳〉）。

觀此二例，元帝平定他們，並沒有費力，耗時僅數旬而已，當然得力於王敦等大族力量。大族之所以如此擁護元帝，及其所以如此順利而得有江北及江州之地，乃因爲當時大部分地方長官，皆希望有一個政治中心，及安定的局面。周馥的安豐太守孫惠帥衆應（元帝）及華軼屬部屬縣的諫議，皆表現出這種意向的普遍。這種擁護元帝的意向，是出於自保的心理，有一個安定的政治中心在亂世之中作維繫的力量，才是較佳的自保途徑，這種心理在劉琨等上書勸進表中更流露無遺。《晉書》卷六〈元帝紀〉：

司空并州刺史廣武侯劉琨、幽州刺史左賢王渤海公段匹磾、領護烏丸校尉鎮北將軍劉翰、單于廣益公段辰、遼西公段

> 脅、冀州刺史祝阿子邵續、青州刺史廣饒侯曹嶷、兗州刺史定襄侯劉演、東夷校尉崔毖、鮮卑大都督慕容廆等一百八十人上書勸進曰：……永嘉之際，氛厲彌昬，宸極失御，登遐醜裔，國家之危有若綴旒，……願陛下……以社稷為務，不以小行為先，以黔首為憂，不以克讓為事……方今踵百王之季，當陽九之會，狄寇窺窬，伺國瑕隙，黎元波蕩，無所繫心，安可廢而不恤哉？

大族的自保運動，在不同的環境下表現出不同的方式，在北方胡騎縱橫的土地上，司馬氏的力量衰微到極點，豪族結塢堡以自固；南渡的北方大族及原居住三吳的江南大族共同建立一個政權，此即東晉是也。若分析元帝建武初年，南方州刺史的身分，可得下列現象：揚州刺史王導、荆州刺史王廙王敦、徐州刺史蔡豹、豫州刺史祖逖、江州刺史王敦、兗州刺史郗鑒、梁州刺史周訪、雍州刺史魏該、益州刺史應詹、寧州刺史王遜、湘州刺史甘卓、會稽內史諸葛恢、廣州刺史陶侃，其中除王遜係寒素出身，魏該及陶侃屬小姓，其他十人皆爲大族，且此十個大族刺史所居皆當時最重要的州郡。從平亂至立基都是基於這些力量的支持，表明了司馬睿自己無實力，而以大族的實力作基礎，也就是說，君主對軍權的控制是薄弱的，大族間軍權的均衡與興替直接影響到政局，這種現象垂東晉朝而不變。玆從士族軍權之制衡觀政局的發展。

甲：東晉期軍權第一次平衡——東晉政權建立之初

從上列所述瑯琊王氏雖然擁有武力，但被擁上帝位者是司馬氏而非王氏，此即表示出當時有其他力量牽制也。此力量爲何？觀東晉初的刺史，除王導、王敦、王廙等據有揚州、江州、荆州三大州，其他的士族仍有相當的力量，與王氏相制衡，如祖逖居豫州，甚有威勢，王敦雖擁有荆江之地，但祖逖未死之前，王敦不敢舉兵清君側，因豫州祖逖撫其背也。《晉書》卷六十二〈祖逖傳〉云：

> （祖逖卒），王敦久懷逆亂，畏逖不敢發，至是始得肆意焉。

高平金鄉郄鑒之居兗州也，即因防王敦之故。《晉書》卷六十七〈郄鑒傳〉云：

> 時明帝初即位，王敦專制，內外危逼，謀杖鑒為外援，由是拜安西將軍、兗州刺史、都督揚州江西諸軍、假節，鎮合肥。敦忌之……

汝南安城周訪，爲當時大族，且善武事，參與平定華軼、杜弢、杜曾，爲中興名將，亦爲東晉初期制衡王敦之力量。《晉書》卷五十八〈周訪傳〉云：

> 初，王敦懼杜曾之難，謂訪曰：「擒曾，當相論為荊州刺史。」及是（平曾），而敦不用，至王廙去職，詔以訪為荊州，敦以訪名將，勳業隆重，有疑色，其從事中郎郭舒說敦曰：「鄙州雖遇寇難荒弊，實為用武之國，若以假人，將有尾大之患，公宜自領，訪為梁州足矣！」敦從之。訪大怒。敦手書譬釋，並遺玉環玉椀以申厚意，訪投椀于地曰：「吾豈賈豎可以寶悅乎？」陰欲圖之。既在襄陽，務農訓卒，勤于採納，守宰有缺輒補，然後言上，敦患之，而憚其強，不敢有異。訪威風既著，遠近悅服，智勇過人，為中興名將，性謙虛未嘗論功伐，或問訪曰：「人有小善，鮮不自稱。卿功勳如此，初無一言何也？」訪曰：「朝廷威靈，將士用命，訪何功之有？」士以此重之。訪練兵簡卒，欲宣力中原，與李矩、郭默相結，慨然有平河洛之志，善於撫納，士衆皆為致死，聞敦有不臣之心，訪恒切齒，敦雖懷逆謀，故終訪之世，未敢為非。

其他如徐州刺史蔡豹、益州刺史應詹、湘州刺史甘卓、會稽內史瑯琊諸葛恢等，皆當時大族，與王敦相均衡。

乙：第一次平衡的破壞——王敦之反

瑯琊王氏在東晉初居揚、荊、江三州刺史，此三州爲南方最大的實州，戶口殷實，故實力強大，唯居揚州的王導採緩和態度，而王敦的軍力在長江中游，所以在元帝時，各州大族尚可平衡，及豫州刺史祖逖死，繼任的祖納、祖約皆才華不及祖逖，豫州又被胡人蠶食，力量大減。而周訪早卒，乃子周撫繼之，撫與王敦友善，「王敦命爲從事中郎，與鄧嶽俱爲敦爪牙。甘卓遇害，敦以撫爲沔北諸軍事南中郎將，鎮沔中」。至時王敦已無後顧之憂矣！兼以王敦加都督江、揚、荆、湘、交、廣六州諸軍事。《晉書·王敦傳》云：「敦始自選置兼統州郡焉。」王敦的力量，似遍及南方之半，軍權能增進個人野心，《晉書》卷九十八〈王敦傳〉云：

> 初，（王）敦務自矯厲，雅尚清談，口不言財色。旣素有重名，又立大功於江左，專任閫外，手控強兵，羣從貴顯，威權莫貳，遂欲專制朝廷，有問鼎之心。

於是藉口清君側，發兵東下，勢如破竹，降石頭城，威逼宮省。敦首次破壞東晉朝士族間的軍權平衡，使軍權集中在一姓，皇帝成爲傀儡。王敦把持中央政治。《晉書》卷九十八〈王敦傳〉：

> (帝)以敦為丞相江州牧，進爵武昌郡公，邑萬戶。……(敦)還屯武昌，多害忠良，寵樹親戚，以兄含為衞將軍都督沔南軍事領南蠻校尉荆州刺史，以義陽太守任愔督河北諸軍事南中郎將，敦又自督寧益二州。及帝崩，太寧元年，敦諷朝廷徵己，明帝乃手詔徵之，語在〈明帝紀〉。又使兼太常應詹拜授加黃鉞班劍武賁二十人，奏事不名，入朝不趨，劍履上殿。敦移鎮姑孰，帝使侍中阮孚齎牛酒犒勞，敦稱疾不見，使主簿受詔。以王導為司徒，敦自為揚州牧。敦旣得志，暴慢愈甚，四方貢獻，多入己府，將相嶽牧，悉出其門，徙含為征東將軍都督揚州江西諸軍事，從弟舒為荆州，彬為江州，邃為徐州。

王敦安排自己的勢力之後，有見於當時其他士族力量並未完全消滅，若有不時之變，此輩士族仍爲其主要的牽制。其謀臣錢鳳建議以王應爲繼承人時，王敦說：

> 非常之事，豈常人所能，且應年少，安可當大事，我死之後，莫若解衆放兵，歸身朝廷，保全門戶，此計之上也；退還武昌，收兵自守，貢獻不廢，亦中計也；及吾尚存，悉衆而下，萬一僥倖，計之下也（《晉書》卷九十八〈王敦傳〉）。

然而，權力既得，勢如騎虎，欲就此放棄，非大智大賢者不能，是以王敦仍繼續消滅其牽制力，最明顯的例子厥爲族滅義興周氏。揚土豪右以武事而言，首推義興周氏，最爲王敦所忌，敦打擊周氏經過如下：

> 王敦舉兵攻石頭，（周）札開門應敦，故王師敗績。敦轉札為光祿勳，尋補尚書，頃之遷右將軍、會稽內史。時札兄靖子懋晉陵太守、清流亭侯，懋弟莚征虜將軍、吳興內史，莚弟贊大將軍從事中郎、武康縣侯，贊弟縉太子文學、都鄉侯，次兄子勰臨淮太守烏程公。札一門五侯，並居列位，吳士貴盛，莫與為比，王敦深忌之。後莚喪母，送者千數，敦益憚焉。及敦疾，錢鳳以周氏宗強，與沈充權勢相侔，欲自託於充，謀滅周氏，使充得專威揚土，乃說敦曰：「夫有國者，患於強逼，自古釁難，恒必由之。今江東之豪，莫強周、沈，公萬世之後，二族必不靜矣！周強而多俊才，宜先為之所，後嗣可安，國家可保耳。」敦納之，時有道士李脫者，妖術惑衆，自言八百歲，故號李八百，自中州至建鄴，以鬼道療病，又署人官位，時人多信事之，弟子李弘養徒灊山，云，應讖當王。故敦使廬江太守李恒告札及其諸兄子與脫謀圖不軌。時莚為敦諮議參軍，卽營中殺莚及脫、弘，又遣參軍賀鸞就沈充盡掩殺札兄弟子，旣而進軍會稽，襲札。札先不知，卒聞兵至，率麾下數百人出距之，兵散見殺（《晉書》卷五十八〈周處傳·附子札〉）。

此時軍權集中在王敦一身，唯敦未及篡弒，疾篤，天子討伐，敦不能起，而兄弟才兼文武者，如世將處季輩皆早死，敦死，王氏旋敗。

丙：東晉朝第二次平衡——王敦敗後

東晉朝第一次士族間軍權平衡爲時極短，僅得六年而已，這顯然因爲瑯琊王氏在當時勢力過大；時人有語「王與馬共天下」。東晉立國，在軍事方面，王敦要論首功，其後王敦一直掌兵權。所以王敦迅速地打破了平衡，但王敦雖能暫時打破這種平衡，並未能消滅各士族的力量，亦就是說這種平衡的局面，自王敦死後，又建立了起來。此即東晉朝軍權第二次的平衡。此次士族間軍權平衡維持最久，自明帝太寧二年王敦之死（公元 324 年）至哀帝太和三年（公元 368 年）桓溫加殊禮止，先後有四十五年。這期內，在軍事舞臺上角逐的士族有十一，卽太原晉陽王氏、陳郡長平殷氏、河南陽翟褚氏、陳郡陽夏袁氏、潁川鄢陵庾氏、陳郡陽夏謝氏、譙國龍亢桓氏、高平金鄉郗氏、汝南安城周氏、太原祁人溫氏、潁川潁陰荀氏，外加小姓陶氏。由於各士族間互相興替，這四十餘年可分四段討論。

第一段。公元 324—334，明帝太寧二年至成帝咸和九年，共十年。各族軍權平衡的形勢如下：瑯琊臨沂王導任揚州刺史。陶侃都督荊、雍、梁、交、廣、益、寧七州諸軍事荊州刺史，後加督江州並領刺史。郗鑒領徐州刺史都督揚州八郡軍事，都督徐、兗、青三州諸軍事兗州刺史。庾亮都督揚州之宣城江西諸軍事假節豫州刺史。溫嶠都督江州諸軍事江州刺史。桓宣爲雍州刺史。咸和初，祖約、蘇峻反，郗鑒爲徐州刺史，聞難便欲率所領東赴，詔以北寇不許，於是遣司馬劉矩領三千人宿衞京師，尋而王師敗績，矩遂退還。可見當時實力在於各州刺史，其後蘇峻之亂的平定，亦賴於庾亮、陶侃、郗鑒、溫嶠等的合力。似乎是各族共同維持域內的秩序。

第二段。公元335—344年，成帝咸康元年至康帝建元二年，共十年。各族間的平衡形勢如下：庾冰繼王導爲揚州刺史都督揚、豫、兗三州諸軍事征虜將軍假節。庾亮爲征西將軍假節都督江、荊、豫、益、梁、雍六州諸軍事領江、豫、荊三州刺史。郗鑒仍爲徐州刺史。蔡謨繼郗鑒爲征北將軍都督徐、兗、青三州揚州之晉陵豫州之沛郡諸軍事領徐州刺史。庾亮、庾翼相繼爲豫州刺史。郗鑒爲兗州刺史。庾懌爲監梁、雍二州軍事轉輔國將軍梁州刺史。桓宣爲雍州刺史。周撫監巴東諸軍事益州刺史假節振威將軍加督寧州諸軍事。謝恕爲撫夷中郎將寧州刺史冠軍將軍。本期庾氏勢力較大，擁有江豫荊三州及揚州。王導曾云：「元規塵污人。」[4] 唯庾亮旋卒。士族間均勢亦未被破壞。

第三段。公元345—354年，穆帝永和元年至十年，共十年。各族間軍權平衡形勢如下：殷浩爲中軍將軍都督揚、豫、徐、兗、青五州諸軍事揚州刺史。桓溫爲安西將軍持節都督荊、司、雍、益、梁、寧六州諸軍事領護南蠻校尉荊州刺史。褚裒爲都督徐、兗、青、揚州之晉陵諸軍事衞將軍徐、兗二州刺史，裒卒，荀羨繼之。謝尚爲安西將軍督揚州之六郡軍事豫州刺史假節。謝永、王羲之相繼爲江州刺史。司馬勳爲梁州刺史征虜將軍領西戎校尉。桓沖爲雍州刺史寧朔將軍。周撫爲平西將軍益州刺史督梁州之漢中、巴西、梓潼、陰平四郡。此段各士族間的力量最平衡，似乎沒有一族實力較特殊者。

第四段。公元355—364年，穆帝永和十一年至哀帝興寧二年，共十年。各士族間的均勢形態如下：太原王述代殷浩爲揚州刺史，加征虜將軍，進都督揚州、徐州之瑯琊諸軍事衞將軍。桓溫爲安西將軍持節都督荊、司、雍、益、梁、寧六州諸軍事領護南蠻校尉荊州刺史，興寧元年加侍中大司馬都督中外諸軍事。荀羨、郗曇相繼爲北中郎將持節都督徐、兗、青、冀、幽五州諸軍事徐、兗二州刺史。謝尚、謝奕、謝萬、袁眞相繼爲西中郎將都督司、冀、并、豫，豫州刺史。桓雲、桓沖相繼爲南中郎將都督江州、江州刺史。司馬勳爲征虜將軍梁州刺史領西戎校尉。桓沖、桓豁相繼爲督荊州之南陽襄陽新野義陽順陽、雍州之京兆、揚州之義成七郡軍事寧朔將軍。周撫爲平西將軍益州刺史督梁州之漢中、巴西、梓潼、陰平四郡。在這段時期，桓氏已日漸強盛。桓溫居荊州、桓雲居江州、桓沖居雍州。已有不平衡的局面呈現。

---

[4] 《晉書》卷六十五〈王導傳〉中語。

丁：第二次平衡的破壞——桓溫加殊禮及其廢帝

軍事上的成功，是軍權集中的直接原因。桓溫初繼庾翼爲都督荆、梁四州諸軍事安西將軍荆州刺史時，其地位不過是一個重要的刺史而已，及溫平定李勢，立勳西蜀，進位征西大將軍開府，實力大增，於是便想打破當時的均勢，而造成其掌握局面的野心，迫廢殷浩。《晉書》卷九十八〈桓溫傳〉云：

（溫平定西蜀）振旅還江陵，進位征西大將軍開府，封臨賀郡公。及石季龍死，溫欲率衆北征，先上疏求朝廷議水陸之宜，久不報。時知朝廷仗殷浩等以抗己，溫甚忿之，然素知浩，弗之憚也，以國無他釁，遂得相持彌年，雖有君臣之跡，亦相羈縻而已。八州士衆資調，殆不為國家用，聲言北伐，拜表便行，順流而下，行達武昌，衆四五萬，殷浩慮為溫所廢，將謀避之，又欲以騶虞幡住溫軍，內外噂沓，人情震駭，簡文帝時為撫軍，與溫書明社稷大計，疑惑所由，溫卽迴軍還鎮。……

時殷浩至洛陽，修復園陵，經涉數年，屢戰屢敗，器械都盡，溫復進督司州，因朝野之怨，乃奏廢浩，自此內外大權一歸溫矣。

桓溫北伐，初破苻健之子苻生，帝進溫征討大都督督司、冀二州諸軍事，委以專征之任。溫第一次北伐歸來，又加溫爲侍中大司馬都督中外諸軍事。初，朝廷以桓溫遙領揚州刺史，但溫並未實際到州，至興寧三年，溫以弟豁督揚州，時荆揚江雍等州皆爲桓氏，溫又都督中外諸軍事，軍權均勢之破壞，已甚明顯。永和四年，桓溫又上疏北伐，時平北將軍郄愔以疾解職，又以溫領平北將軍徐兗二州刺史，率弟南中郎將沖（雍州刺史）及西中郎將袁眞（豫州刺史）步騎五萬北伐，溫兵敗枋頭，歸罪袁眞，表廢爲庶人。

軍權平衡既已破壞，政局隨卽發生變化，《晉書·桓溫傳》云：

溫既負其才力，久懷異志，欲先立功河朔，還受九錫，既逢覆敗，名實頓減，於是參軍郗超進廢立之計，溫乃廢帝而立簡文帝，詔溫依諸葛亮故事，甲仗百人入殿。

時溫聲勢翕赫，多所廢徙，誅庾倩、殷涓、曹秀等。侍中謝安爲之遙拜，及溫入朝欲陳廢立本意，帝爲之泣下數十行。溫突破軍權均衡局面之後，其野心一如王敦，並不以人臣極位爲滿足。溫本傳云：

（簡文）遺詔，家國事一稟之於公（桓溫），如諸葛武侯、王丞相故事。溫初望簡文臨終禪位於己，不爾便為周公居攝，事既不副所望，故甚憤怨……諷朝廷加己九錫，累相催促，謝安、王坦之聞其病篤，密緩其事，錫文未及成而薨。

桓溫破壞士族間軍權均勢，是在哀帝、廢帝、簡文帝時期，前後有十年，從都督中外諸軍事大司馬始，至廢除皇帝，進而欲加九錫，圖謀篡位之途。以實力而言，時無人可抗，幸年祚不永，人亡事息。桓溫死後，桓氏雖仍擁有強大軍權，但已非獨強。換言之，即東晉再次步入士族間軍權均勢的局面。

戊：東晉朝軍權第三次平衡——桓溫死後

《晉書·桓溫傳》有云：

初，（桓）冲問溫以謝安、王坦之所任，溫曰：伊等不為汝所處分。溫知己存彼不敢異，害之無益於冲，更失時望，所以息謀。

桓氏不敢加害王氏及謝氏，可見王、謝當時有潛在的實力。及溫死後，在孝武帝居位二十四年期間，桓、王、謝、朱、王（太原）、楊、庾、周、毛諸氏及宗室是該期軍權的主要平衡力量。這期可分爲三小段，每段的制衡局面分述於下：

第一段：公元373—380年，孝武寧康元年至太元五年，共八年。各族實力分佈如下：謝安爲揚州刺史督揚、豫諸軍事。桓豁、桓冲相繼爲荆州刺史都督荆、江、梁、益、寧、交、廣七州諸軍事將軍。王坦之、桓冲相繼爲徐州刺史都督徐、兗、青等州諸軍事。桓冲、桓伊相繼爲豫州刺史。桓石秀、桓嗣相繼爲江州刺史都督江州諸軍事。朱序、謝玄相繼爲兗州刺史。毛穆之、朱序相繼爲梁州刺史。毛穆之爲雍州刺史監沔北沔南軍事及益州刺史。

第二段：公元381—387年，孝武太元六年至十二年，共七年。各族實力分佈如下：謝安爲衞將軍大都督揚、江、荆、司、豫、徐、兗、青、冀、幽、幷、梁、益、雍、凉十五州諸軍事揚州刺史。桓冲、桓石民相繼爲荆州刺史都督荆、江、梁、寧、益、交、廣七州諸軍事（石民僅督荆、益、寧三州）。謝玄爲徐、兗二州刺史都督徐、兗、青、司、冀、幽、幷七州諸軍事。桓伊、朱序相繼爲豫州刺史監豫州、揚州五郡諸軍事。桓冲、桓伊相繼爲江州刺史都督江州諸軍事。楊亮、周瓊爲梁州刺史。楊亮爲西戎校尉雍州刺史。

第三段：公元388—396年，孝武太元十三年至二十一年，共九年。各族實力分佈爲：司馬道子爲揚州刺史。王忱（太原王氏）、殷仲堪相繼爲荆州刺史都督荆、益、寧三州諸軍事。司馬道子爲徐州刺史。庾凖、庾楷相繼爲西中郎將豫州刺史假節。王凝之（瑯琊王氏）爲江州刺史左將軍都督江州諸軍事。王恭（太原王氏）爲都督青、兗、幽、幷、冀五州諸軍事平北將軍兗、青二州刺史。周瓊爲梁州刺史建武將軍。朱序爲都督雍、梁、沔中九郡諸軍事雍州刺史征虜將軍。

這一期士族間的軍權實力頗爲平衡。其中桓氏及謝氏稍強。然桓溫世子熙才弱，使冲領其衆，及溫病，熙與叔秘謀殺冲，冲知之，徙于長沙，溫次子濟與熙同謀，俱徙長沙。溫四子褘最愚，不辨菽麥，五子偉平厚篤實，居藩爲士庶所懷，直至溫幼子玄出，桓氏力量並不足以破壞平衡。陳郡陽夏謝氏在這一期表現的最突出，主要的是淝水之戰立了大功。謝安因此封爲太保大都督揚、江、荆、司、豫、徐、兗、青、冀、幽、幷、梁、益、雍、凉十五州諸軍事。但謝安於次年卒。而謝氏的另一人傑謝玄亦在三年以後卒。自此以後謝氏在軍事實力上僅占次要地位。

己：第三次平衡的破壞——桓玄自立爲帝

第三次平衡的破壞，不是立大功的謝氏，仍是譙國桓氏。因溫死後，桓氏一時無特出人才，但桓氏部曲遍天下，尤以荊州爲最。觀乎桓玄之勃起，與這點甚有關連。初，玄在兄弟輩中較有才幹，胸有大志，且溫曾有不臣之心，朝廷對玄亦頗有疑慮，不予重用，《晉書》卷九十九〈桓玄傳〉云：

> （玄）常負其才地，以雄豪自處，衆咸憚之，朝廷亦疑而未用，年二十三始拜太子洗馬，時議謂溫有不臣之跡，故折玄兄弟而為素官。太元末出補義興太守，鬱鬱不得志，嘗登高望震澤歎曰：「父為九州伯，兒為五湖長。」棄官歸國。

桓玄散居荊州，終因桓氏門生故吏多，乘時局動亂而擁有長江中游的盟主地位。玄本傳云：

> 玄在荊楚積年，優游無事，荊州刺史殷仲堪甚敬憚之，及中書令王國寶用事，謀削弱方鎮，內外騷動。……（王恭、殷仲堪兵起，）……（王）國寶既死，於是兵罷。隆安初……其年，王恭又與庾楷起兵討江州刺史王愉及譙王尚之兄弟，玄、仲堪謂恭事必克捷，一時響應。……（事定）詔以玄為江州，仲堪等皆被換易，乃各迴舟西還，屯於尋陽，共相結約，推玄為盟主，玄始得志。
>
> 初，玄在荊州，豪縱，士庶憚之，甚於州牧，仲堪親黨勸殺之，仲堪不聽，及還尋陽，資其聲地，故推為盟主。

經過幾番傾軋後，楊佺期兄弟及殷仲堪失敗，玄本傳云：

> 於是遂平荊、雍，乃表求領江、荊二州，詔以玄都督荊、司、雍、秦、梁、益、寧七州後將軍假節，以桓脩為江州刺史，玄上疏固爭江州，於是進督八州及楊、豫八郡，復領江州刺史，玄又輒以偉為冠軍將軍雍州刺史。時寇賊未平，朝廷難違其意，許之。玄於是樹用腹心，兵馬日盛，……自謂三分有二，知勢運所歸。

當時自謝安、謝玄卒後，各族並無實力足以對抗桓氏者，所以桓玄雖無王敦及桓溫赫赫之功，但仍甚易掌握最強的軍權，安帝元興元年，桓玄終於起兵反，司馬元顯被任爲大都督討玄，並不能抗玄，次年玄自立爲帝。劉裕兵起，平定桓玄，然士族間軍權平衡自此結束。宋、齊、梁、陳的軍權形態，又有一番不同的現象。

（二）宋、齊、梁、陳——軍權集中時期

不論刺史或都督，至宋、齊、梁、陳，士族的比例大減，宗室被任命爲刺史或都督的卻佔百分之五十左右。這種改變表示，在軍事實力上，士族已不再像東晉那樣佔有舉足輕重之地位，因此上述所謂制衡的現象亦不復出現。變化有自然演進的原因，但如此劇烈地改變，人爲的因素值得特別注意。南朝皇帝大量任命宗室子弟爲州牧，有異於分封同姓諸侯，而是表示皇帝欲藉此掌握軍權。東晉皇帝並非不想用這些方法集中軍權在自己手裏，但由於東晉自立國以來，士族分掌軍隊，降至東晉滅亡，皇帝對於軍隊始終無力直接駕御。然而劉裕平定桓玄之後，以北府兵爲其基幹，在軍事上並不依賴士族。於是實行其大量任用劉氏掌握實際兵權之計劃，且看自晉安帝義熙元年（平定桓玄之年）至恭帝元熙元年（劉裕篡位之年）十五年中都督刺史之任命：

揚州，劉裕爲刺史。

荊州，劉道規、劉道憐、劉義隆相繼爲刺史並都督荆、湘、益、秦、寧、梁、雍七州諸軍事。

徐州，劉裕、劉義符、劉道憐相繼爲刺史並都督徐、兗、青等州諸軍事。

豫州，劉毅、劉裕、劉義慶相繼爲刺史並都督豫州諸軍事。

兗州，劉裕、劉藩、劉道憐、劉義符相繼爲刺史並都督青、兗二州諸軍事。

北徐州，劉道憐、劉懷愼、劉裕相繼爲刺史並都督北徐、兗、青、淮北諸軍事。

司州，劉裕、劉義眞相繼爲刺史並都督司、雍、秦、幷、涼五州諸軍事。

東晉末期時劉裕顯然已完成其軍權之集中，篡位以後，諸劉皆封王，雄居重要州郡，只是這種政策的制度化而已。

軍權集中時期的政局，其最大特色厥爲皇帝能否控制軍隊與政局演變有密切關係。略述於下。

宋武帝劉裕平定桓玄後，集權於一身，篡位正是其實力表現的最高峯。他是結束士族軍權時代及開創軍權集中者，因此也是最瞭解皇帝能否掌握軍權之重要性，唯恐後來子孫不能駕御軍人與軍隊，臨終時召太子誡之曰：「檀道濟雖有幹略而無遠志，非如兄韶有難御之氣也。徐羨之、傅亮當無異圖。謝晦數從征伐，頗識機變，若有同異，必此人也。小卻，可以會稽、江州處之。」又爲手詔曰：「朝廷不須復有別府，宰相帶揚州可置甲士千人，若大臣中任要宜有爪牙以備不祥人者，可以臺見隊給之，有征討悉配以臺見軍隊，行還復舊」[5]。

對於都督刺史，由於客觀環境不許可完全剝奪軍權，故對都督刺史的控制，成爲南朝皇帝最棘手的問題，也因爲如此，南朝皇帝對都督刺史的控制辦法，似較東晉時更爲嚴密與直接。例如《宋書》卷六〈孝武帝本紀〉稱：

> （大明七年五月）丙子詔曰：自今刺史守宰，動民興軍，皆須手詔施行，唯邊隅外警及姦釁內發，變起倉卒者，不從此例。

一般而論，南朝皇帝皆採用下列幾項政策：

第一，大量任命宗室子弟充任重要州郡的牧守。因爲宗室似乎在心理上較易獲得皇帝之信任。但這並非封建，任期與繼任者皆決於皇帝，其作用僅寄以爪牙之任。

第二，宗室亦非絕對可靠，又衆建州郡以分其力。東晉有實州十

5　《宋書》卷三〈武帝紀下〉。

一，領實郡九十六；自宋以後，不斷增加，至梁武帝中大同元年達到最高峯，有州一〇四，郡五八六[6]。但由於北方強敵壓境，都督區域仍然與東晉相仿[7]，故帶領大州的都督，其軍權仍然甚重。

第三，實行典籤制度，據嚴《史》云：「宋以下又有典籤帥，爲府主左右之小吏，職本類於閤內；然實爲皇帝所遣派以監視府主（卽都督）者，位微而勢隆，州府上下無不側目……南朝諸君，無論賢否，皆威福自己，而以微臣執其機。宋齊之世尤然。此班品低微之中書舍人所以權重宰相也。其在地方，亦循此規，方鎭之重，不任大臣，而以皇子領其名，置上佐以行事，蓋上佐位望未崇，易於遙制耳。宋末及齊，並上佐亦不任，而不登流品之典籤實掌一州之政令」[8]。

皇帝謀集中軍權於一身，不斷的防犯和控制都督刺史，對於有威脅的都督刺史，屢行誅殺，而有軍權的都督刺史，亦常常因爲自保或野心之故，舉兵反叛。南朝皇帝與地方長官之間的關係，顯然比東晉緊張的多。且看歷史的記載：

> 宋少帝義符景平二年，廢南豫刺史廬陵王義真並誅之。
>
> 宋少帝景平二年，中書監揚州刺史徐羡之、尚書僕射傅亮、南兗州刺史檀道濟、領軍將軍謝晦等入宮廢帝。
>
> 宋文帝元嘉三年，誅揚州刺史徐羡之及尚書令護軍將軍傅亮。
>
> 宋文帝元嘉三年，荆州刺史謝晦反，帝親率中領軍將軍到彥之及征北將軍檀道濟討誅之。
>
> 宋文帝元嘉十三年，誅江州刺史檀道濟。
>
> 宋文帝元嘉三十年，皇太子劭及始興王濬弒帝。江州刺史駿（孝武帝）、荆州刺史南譙王義宣、雍州刺史臧質、會稽太守隨王誕並舉義兵。宋孝武帝孝建元年，豫州刺史魯爽、車

6 徐文范《東晉南北朝輿地表》。嚴耕望《中國地方行政制度史》上編（三）卷中，頁13。

7 參見嚴耕望《中國地方行政制度史》上編（三）卷中，頁72-85。

8 嚴耕望《中國地方行政制度史》上編（三）卷中，頁211，215語。

騎將軍江州刺史臧質、丞相荊州刺史南郡王義宣、兗州刺史徐遺寶舉兵反，討平之。

宋孝武帝孝建二年，雍州刺史武昌王渾有罪廢為庶人，自殺。

宋孝武帝大明三年，司空南兗州刺史竟陵王誕有罪貶爵，誕不受命，據廣陵城反，殺兗州刺史垣閬，以始興公沈慶之為車騎大將軍開府儀同三司南兗州刺史討誕，甲子武帝親御六軍，車駕出頓宣武堂。

宋孝武帝大明三年，司州刺史寧朔將軍劉季之反叛，徐州刺史劉道隆討斬之。

宋孝武帝大明五年，雍州刺史海陵王休茂殺司馬庾深之，舉兵反，義成太守薛繼考討斬之。

宋廢帝子業景和元年八月癸酉，帝自率宿衛兵誅太宰江夏王義恭、尚書令驃騎大將軍柳元景、尚書左僕射顏師伯、廷尉劉德願。

宋廢帝子業景和元年九月辛丑，撫軍將軍南徐刺史新安王子鸞免為庶人，賜死。

宋廢帝子業景和元年九月己酉，車駕討征北將軍徐州刺史義陽王昶，內外戒嚴，昶奔於索虜。

宋廢帝子業景和元年十一月戊午，南平王敬猷、廬陵王敬先、安南侯敬淵並賜死。時帝凶悖日甚，誅殺相繼，內外百司，不保首領，先是訛言云，湘中出天子，帝將南巡荊、湘二州以厭之，先欲誅諸叔，然後發引，（明帝）太宗與左右阮佃夫、王道隆、李道兒密結帝左右壽寂之、姜產之等十一人共誅廢帝。

宋明帝泰始元年，鎮軍將軍江州刺史晉安王子勛舉兵反，鎮軍長史鄧琬為其謀主，雍州刺史袁顗率衆赴之。

宋明帝泰始元年，後將軍郢州刺史安陸王子綏進號征南將軍，右將軍會稽太守尋陽王子房進號安東將軍，前將軍荆州刺史臨海王子頊進號平西將軍，子綏、子房、子頊並不受命，舉兵同逆。

宋明帝泰始二年正月，以平北將軍徐州刺史薛安都進號安北將軍，安都不受命，甲午，中外戒嚴。

宋明帝泰始二年正月丙申，以征虜司馬申令孫為徐州刺史、義陽內史龐孟虯為司州刺史、申令孫、龐孟虯及豫州刺史殷琰、青州刺史沈文秀、冀州刺史崔道固、湘州行事何慧文、廣州刺史袁曇遠、益州刺史蕭惠開、梁州刺史柳元怙並同叛逆。丙午車駕親御六師，出頓中興堂。

宋後廢帝元徽二年，太尉江州刺史桂陽王休範舉兵反，中外戒嚴。

宋後廢帝元徽三年，征北將軍南徐州刺史建平王景素據京城反。

宋後廢帝元徽四年，豫州刺史阮佃夫、步兵校尉申伯宗、朱幼謀廢帝，佃夫、幼下獄死，伯宗伏誅。

宋順帝昇明元年，車騎大將軍荆州刺史沈攸之舉兵反。

宋順帝昇明二年，鎮北將軍南兗刺史黃回有罪賜死。

齊武帝永明八年，荆州刺史巴東王子響有罪伏誅。

齊武帝永明十一年，大將軍揚州刺史鸞廢立鬱林王及海陵王，蕭鸞篡位，是為明帝。

齊東昏侯永元元年，揚州刺史始安王遙光據東府反，平之。

齊東昏侯永元元年十一月，太尉江州刺史陳顯達舉兵於尋陽，平之。

齊東昏侯永元二年，詔伐豫州刺史裴叔業。

齊東昏侯永元二年，都督平西將軍崔慧景於廣陵舉兵襲京師，南徐刺史江夏王寶玄以京城納慧景，為豫州刺史蕭懿所平。

齊東昏侯永元三年，雍州刺史梁王起義兵於襄陽，詔遣羽林兵征雍州，中外戒嚴。

梁武帝天監元年，江州刺史陳伯之舉兵反，奔魏。

陳文帝天嘉二年，縉州刺史留異、王琳等反。

陳文帝天嘉三年，江州刺史周廸舉兵應留異。

陳廢帝光大元年，南豫州刺宣毅將軍史余孝頃謀反伏誅。

陳廢帝光大元年，湘州刺史安南將軍華皎謀反。

陳宣帝太建元年，廣州刺史左衛將軍歐陽紇反。

陳宣帝太建十四年，揚州刺史始興王叔陵反。

陳後主至德三年，豐州刺史章大寶舉兵反。

在南朝一百六十九年中，皇帝與都督刺史的衝突有四十起，除含有外患意義的侯景之亂以外，這四十起衝突是南朝政局動亂的主要現象。依皇帝對刺史控制力之大小，可將南朝皇帝分爲三類：第一類是強有力的皇帝，如宋武帝、宋文帝、宋孝武帝、宋明帝、齊高祖、齊武帝、齊明帝、梁武帝、陳武帝、陳文帝、陳宣帝等十一君。其中宋武帝、齊高祖、梁武帝、陳武帝四個開國之君在位時，很少有都督刺史反叛，這是因爲他們在篡位以前，已將異己去除，篡位正代表其權力之最高峯。其他七位非開國之君，雖能控制全局，但都有都督刺史反叛事件發生，有的是宗室兄弟任刺史者舉兵爭奪皇位，有的是皇帝繼位以後爲集中軍權而清除具有威脅力的都督刺史；前者如宋明帝繼位時有鎭軍將軍江州刺史晉安王子勛、後將軍郢州刺史安陸王子綏、右將軍會稽太守尋陽王子房、前將軍荆州刺史臨海王子頊等先後舉兵反。後者如宋文帝卽位後，逐漸鏟平揚州刺史徐羨之、尙書令護軍將軍傅亮、荆州刺史謝晦、江州刺史檀道濟。宋文帝自元嘉十三年除去檀道濟之後，實際上已完全能駕御軍權，故至元嘉三十年無都督刺史反叛者。第二類是不能控制軍權的皇帝，有宋少帝、宋廢帝子業、宋廢帝昱、齊東昏侯等。這些皇帝亦並非泛泛之輩，只因不幸失敗而被犧牲。如宋少帝爲謀集中軍權，曾在皇宮暗中訓練軍旅，但終敵不過徐羨之、謝晦、檀道濟等聯合勢力。宋廢帝子業為圖掌握軍權，亦曾自率宿衞兵誅太宰江夏王義恭、驃騎大將軍柳元景、尚書僕射顏師伯、廷尉劉德願，征討徐州刺史義陽王昶，大誅諸王，並謀南巡荆湘，殺戮諸叔，遂引起羣臣恐懼，被明帝等廢除。齊東昏侯亦曾一連串討伐勝利，但最後敗於雍州刺史蕭衍。第三類是傀儡皇帝如宋順帝、梁簡文帝、梁元帝、梁敬帝、陳臨海王伯宗等。這類皇帝在位極短，只是暫時的名義元首，在軍權轉移方面並無特殊重要性。

（三）東晉與南朝之比較

第一。東晉時期，都督刺史多數都是士族子弟，軍權有許多大士族分掌，皇帝對都督刺史的控制權極為薄弱，兩者之間維持鬆懈的關係。大士族間的力量並非完全相等，但互相間有一股很大的牽制力。南朝時期，皇帝為謀求軍權集中，任命宗室子弟為都督刺史，寄以爪牙之任，並發展種種控制都督刺史的辦法，加強統轄力，所以皇帝與都督刺史之間的關係比較緊張。

第二。東晉時政局安定與否，決定於大士族間軍力是否平衡，士族間軍力平衡則政局安定，士族間軍力不平衡，則影響政局不穩定。南朝時政局安定與否，決定於皇帝統轄駕御都督刺史之能力。

第三。南朝時皇帝需直接控制軍權，對於任何有力量的人物，不論其為士族、小姓、寒素，甚至宗室身分，都必須予以清除，所以常常殺戮功臣，兄弟相殘。例如宋廢帝子業、齊東昏侯。東晉時皇帝既無力澈底消滅士族的勢力，最忌一族一姓力量過強，故常培養較弱士族以與強族對抗，達到制衡目的，例如桓溫平定西蜀李勢之後，勢力極盛，與中央政府之關係，名為君臣，實際上不受節制，朝廷培養素來以文事著名的殷浩，使其成為桓溫的對抗力量。《晉書》卷七十七〈殷浩傳〉：

> 建元初，庾冰兄弟及何充等相繼卒，簡文帝時在藩，始綜萬幾，衞將軍褚裒薦浩，徵為建武將軍揚州刺史。……時桓溫

> 既滅蜀，威勢轉振，朝廷憚之，簡文以浩有盛名，朝野推伏，故引為心膂，以抗於溫，於是與溫頗相疑貳……（浩）遂參綜朝權。潁川荀羡，少有令聞，浩擢為義興吳郡，以為羽翼，王羲之密說浩、羡，令與桓溫和同，不宜內構嫌隙，浩不從。

第四。在東晉一〇二年中，制衡局面破壞有三次，其中兩次發生廢立案。南朝共一百六十九年，皇帝與都督刺史間衝突共四十起。以政局變動次數而論，南朝五倍於東晉。

東晉與南朝之差異，不是在性質上的不同，而是在程度上的比較。嚴格地說，皇帝在東晉時並非全然不能影響到士族所控制的軍事力量，只是與南朝皇帝相比較時，其影響力的程度便有大小之分了。士族在南朝時亦並非完全失去軍權，宋齊以來的吳興武康沈氏，許多位都是當時軍事上的強人，但與東晉時大士族在軍事舞臺上之叱咤風雲，有天壤之別。至於制衡是士族掌軍權時代的主要現象，然而南朝握有軍隊的宗室子弟、小姓、酋豪、寒素等都督刺史之間，亦有制衡力存在。因爲任何分州統治，州與州之間皆有制衡，但南朝州都督間制衡力遠不如東晉，這一點正說明了地理的均衡不如人物均衡有維繫力。然而何以東晉士族間的制衡力遠大於南朝宗室間的制衡力？此爲必須解答之中心問題。緣自魏晉以還，社會上已凝結了許多士族，士族子弟對本族的精神向心力極大，孝與弟成爲當時道德的最高準繩，此時期表彰孝弟事蹟者不絕於書，正是同族感濃厚的注腳。社會上亦以家族爲單位去評價一個人，無論「婚」與「宦」，往往只求望族，不計個人。有權利者必有義務，士族子弟之義務爲何？曰連帶責任。北朝崔浩之死，甚至殃及姻族，清河崔氏所負的連帶責任不言可知。故愈是族大的士族，其子弟每每謹愼恭敬，深恐獲罪而延及同族。在私天下時代最忌諱者莫過於造反，犯這項罪名者自來都遭族滅，一個在政治社會上已得若干地位與權益的士族，設非有絕對把握，雖握有強大兵力，亦不敢輕易嘗試，成功固可喜，失敗則整個家族玉石俱焚。例如譙國龍亢桓溫挾西征北伐之餘威，軍權極重，行廢立，謀加九錫篡位未果而身先卒，其罪未彰，故桓氏受損極微。桓玄繼乃父野心，居外藩，自謂三分天下有其二，興兵內向，而行篡位，一時成功，終被劉裕所破。《晉書》云：「桓氏遂滅。」又瑯琊臨沂王敦之反，王氏在京師者幾乎全部因此見害，幸賴王導忠謹得免。《晉書》卷六十五〈王導傳〉云：

> 王敦之反也，劉隗勸帝悉誅王氏，論者為之危心。導率羣從昆弟子姪二十餘人，每旦詣臺謝罪，帝以導忠節有素，特還朝服，召見之。

再舉一例，事雖發生在北齊，但表示士族子弟連帶負責之義意則同。《北齊書》卷四十三〈羊烈傳〉中有言：

> （羊烈）從兄侃為太守，據郡起兵外叛，烈潛知其謀，深懼家禍，與從兄廣平太守敦馳赴洛陽告難，朝廷將加厚賞，烈告人云：譬如斬手全軀，所存者大爾。（按泰山羊城羊氏係北朝大士族）

士族子弟爲京官者較多，尤以大士族爲然。對於該同族居外藩掌兵權者而言，不啻是一種變相的人質。這一層心理上的顧慮，緩和並減少了許多動亂，促使各族間易於制衡。小姓、酋豪、寒素輩，在政治社會上既無現存的權益，一旦有機可乘，無不蜂擁而起，只是五朝期間，此輩掌兵權者比例較少，其能得到的機會似乎只有侯景之亂而已。宗室子弟有崇高的政治地位，卻無因作亂而族滅的連帶責任，其心理上不但無顧忌，且其生而具有的崇高地位，益增其問鼎神器之心，心理上制衡之力極微，地理上或實力上的制衡成爲政局動亂的最後防線，故南朝軍權集中時間，一旦皇帝控制力衰弱，擁有強兵的方鎮宗室子弟，無不躍躍欲動，此所以綜南朝各期，宗室掌兵之州牧都藩常爲動亂政局之主角也。且舉蕭衍爲例，以說明其理。據《梁書》卷一〈高祖紀〉載：

> 齊明帝永泰元年（公元 498）七月仍授（蕭衍）持節、都督

> 雍、梁南、北秦四州、郢州之竟陵、司州之隨郡諸軍事、輔國將軍、雍州刺史。其月，明帝崩，東昏卽位，揚州刺史始安王遙光、尚書令徐孝嗣、尚書右僕射江祏、右將軍蕭坦之、侍中江祀、衛尉劉暄更直內省，分日帖敕，高祖（衍）聞之，謂從舅張弘策曰：「政出多門，亂其階矣！《詩》云：『一國三公，吾誰適從？』況今有六而可得乎，嫌隙若成，方相誅滅，當今避禍，惟有此地，勤行仁義，可坐作西伯，但諸弟在都，恐罹世患，須與益州圖之耳。」時高祖長兄懿罷益州還，仍行郢州事，乃使弘策詣郢，陳計於懿曰：「昔晉惠庸主，諸王爭權，遂內難九興，外寇三作，今六貴爭權，人握王憲，制主畫敕，各欲專威，睚眦成憾，理相屠滅……若隙開釁起，必中外土崩，今得守外藩，幸圖身計，智者見機，不俟終日，及今猜防未生，宜召諸弟以時聚集，後相防疑，拔足無路，郢州控帶荆、湘，西注漢、沔，雍州士馬，呼吸數萬，虎眎其間，以觀天下，世治則竭誠本朝，時亂則為國翦暴，可得與時進退，此蓋萬全之策，如不早圖，悔無及也。」懿聞之變色，心弗之許。弘策還，高祖乃啓迎弟偉及憺，是歲至襄陽，於是潛造器械，多伐竹木，沉於檀溪，密為舟裝之備。……永元二年冬，懿被害，信至，高祖密召長史王茂、中兵呂僧珍、別駕柳慶遠……等謀之，旣定。

這個例子，在客觀情勢方面及主觀心理方面都可作爲宗室子弟作亂的範例。當時的客觀情勢是東昏侯無力控制政權與軍權，中央政治由六人分掌。這種現象在東晉時常常出現，都能平安無事地維持下去，但在軍權集中時期，皇帝闇弱卽刻使人有山雨欲來風滿樓的感覺。在蕭衍的主觀心理方面而言，他是齊的同族，心理上顧慮只有在京師的幾位兄弟（若係皇帝近親，則波及更少），這種微小的顧忌，使得都督四州諸軍事雍州刺史蕭衍生逐鹿之心。這一類的動亂甚多，蕭衍只是成功的例子之一。

四、結　論

（一）五朝是一個階級社會，士族在政治社會上享有較崇高的地位，是否在軍事上亦如此呢？依本文分析，東晉時士族擁有絕對優勢的軍權，宋、齊時士族掌握運用約三分之一的兵力，梁朝降至五分之一，侯景亂後，大部分士族似乎與軍旅絕緣。宗室自宋朝始替代士族軍事上的地位，但其力量並未佔絕對優勢，除士族在衰退的趨向中仍有部分實力外，小姓與酋豪的力量漸漸成長，梁末以後，州姓郡豪在軍事地位上的重要性僅次於宗室而凌駕於士族與寒素之上。從任何一期看，寒素居都督刺史的年數皆低於五分之一的比例，這一階級的人物在軍事上似乎未扮演左右局勢之主角。

（二）軍事階級的變動較爲敏感，雖在幾乎靜態（immobile）的五朝社會裏，軍權仍然時常轉移，五朝時涉及軍旅最長久而不斷的家族，是瑯琊臨沂王氏，有二百年，一般士族是一百年左右。宗室、小姓與酋豪通常只延綿二代。至於寒素大都及身而止，其變動率最大。

（三）軍權之轉移對於政局之變化有密切關係，此不待證明之事實。然而，不同階級擁有軍權便有不同之特點，東晉時士族在軍事上佔盡優勢，君主、宗室、小姓、酋豪、寒素等相形之下，黯然失色。士族不是一個，各族間爲爭權奪利，難免有明爭暗鬥、勾心鬥角之爭，且士族子弟在京師位居大官的至親甚多，形同人質，在這種種心理牽制之下，使得居外藩而擁強兵的士族都督刺史，不敢輕舉妄動，易收平衡之效。軍權平衡，政局寧靜；均勢破壞，政局波動。三平三亂，這是東晉一百年的政局。南朝士族、小姓、酋豪、寒素在軍事上雖仍有其重要性，大體以宗室居執牛耳地位。宗室是皇帝喜歡任命爲爪牙的人物，實際上權力在皇帝，故這段時期的特點在於皇帝能否控制各州郡軍隊，擁強兵的州牧都督（尤其是一位宗室州牧都督）虎視眈眈，於是乎皇帝個人控制力的強弱，決定了政局、皇位及其生命。

——原刊於《清華學報》新八卷第一、二期合刊

第七篇　魏博二百年史論

一、緒　論

（一）前　言

嬴秦發跡於西方；西漢得天下以三秦，其初皆聚集其戰力於三輔[1]，居關中而臨關東。東漢政權之建立與河南世家大姓有密切關係[2]，故以河南爲中心。曹魏政權以譙沛集團與潁泗集團爲骨幹[3]，其重心在河南之東。西晉河內司馬氏亦以關東爲主體，士族自此興焉[4]。元魏起於代北，結合胡姓與漢姓而獲有北中國，遷都洛陽，關東士族更盛極一時[5]。魏分東西，西方地貧人寡，而卒能滅北齊、平南朝，一統中國，實因「關中本位政策」[6]之下，結合其社會勢力所致。所以西魏、北周，垂楊隋及李唐之初，其統治階層皆以關中人物爲先。唐「太宗列置府兵，分隸禁衞，大凡諸府八百餘所，而在關中者殆五百焉，舉天下不敵關中，則居重馭輕之意明矣」[7]！唐玄宗時，

---

1 參見許倬雲〈西漢政權與社會勢力的交互作用〉，《中央研究院歷史語言研究所集刊》35。
2 參見余英時〈東漢政權之建立與世家大姓之關係〉，《新亞學報》1 (2)。
3 參見拙文〈三國政權的社會基礎〉，《中國中古社會史論》1988。
4 參見拙著《兩晉南北朝士族政治之研究》。
5 參見拙著《中國中古社會史論》。
6 參見陳寅恪《唐代政治史述論稿》。
7 《通鑑》卷二二八〈唐紀〉四十四，建中四年八月陸贄奏文。《唐會要》卷七十二〈府兵〉條。

府兵廢弛，安史亂起，唐室賴東南之賦[8]以苟延殘局，當是時，由於中央控制力之衰退，中國各地區依其地理位置、自然資源、人物結合等條件，相互競爭，及黃巢輩起，大唐帝國走向名實皆亡之路，舊有的政治社會勢力失去駕御政治社會秩序的功能，在權力重心失調之際，各地區的藩鎮與各階層的社會人物，皆惶惶恐恐地覓求新的組合，本文的主旨乃分析政治社會之新發展。由中古而觀之，是問其何去何從；由近古而觀之，在探索新組合的源流。本文研究之時間範圍凡二百年，始自安史之亂而迄於趙宋之建國，實際上較偏重於紊亂的五代。為使行文便利觀察與分析，舉魏博地區為個案研究之單位。

（二）魏博地區地理沿革

《元和郡縣圖志》卷十六〈河北道一・魏州條〉載：

> 今為魏博節度使理所，管州六：魏州、相州、博州、衛州、貝州、澶州。縣四十三。……
>
> 後漢封曹操為魏王，理鄴。前燕慕容暐都鄴，其魏郡並理於鄴中也。後魏於今州理置貴鄉郡，尋省。周宣帝大象二年（580）又於貴鄉郡東界置魏州。隋煬帝大業三年（607）罷州為武陽郡。……武德四年（621）討平竇建德，改置魏州，……五年（622）平劉黑闥，置總管府，七年（624）改為都督府，貞觀六年（632）罷都督復為州。
>
> 相州：……魏文侯使西門豹守鄴是也。……建安十七年(212)册命操為魏公，居鄴。黃初二年（221）以廣平、陽平、魏三郡為三魏，長安、譙、許、鄴、洛陽為五都。……後魏孝文帝於鄴立相州。……至東魏孝靜帝又都鄴城，高齊受禪乃都於鄴……周武帝平齊復改為相州，大象二年（580）自故鄴城移相州於安陽城。……大業三年（607）改相州為魏郡。武德元年（618）復為相州。後或為總管或為都督。

[8] 參見全漢昇《唐宋帝國與運河》（中央研究院歷史語言研究所專刊24）。

魏州與相州是本區的兩大支柱，兩者的理所、名稱等屢有變更，且常相互統屬。至唐代六州間轄縣之分析與合併仍甚頻繁。如下：（按六州轄縣總數，參見新舊《唐書・地理志》及史念海《兩唐書地理志互勘》，此處不贅述）。

《唐會要》卷七十一〈州縣改置下・河北道・貝州〉：

> 宗城縣，武德四年（621）廢宗州來屬。

《唐會要》卷七十一〈州縣改置下・河北道・宗州〉：

> 置在徑城縣，天祐三年（906）八月割隸魏州。
>
> 永濟縣，大歷七年（772）正月以張橋行市為縣，天祐三年（906）八月割隸魏州。

《唐會要》卷七十一〈州縣改置下・河北道・魏州〉：

> 龍朔二年（662）十二月二十六日改為冀州，仍置大都督府，咸亨三年（672）九月二十五日仍舊。　元城縣，貞觀十七年（643）六月十七日廢，聖歷二年（699）三月二十一日又置，開元十三年（725）十二月二日移於郭下也。　昌樂縣，武德五年（622）八月置。　朝城縣，貞觀十七年（643）廢，永昌元年（689）又置，改名聖武，開元七年（719）又改為朝城縣。莘縣，貞觀元年（627）廢莘州，以縣來屬。頓邱縣，貞觀元年（627）廢澶州來屬，大歷（772）七年又置澶州。

《唐會要》卷七十一〈州縣改置下・河北道・澶州〉：

> 觀城縣，大歷七年（772）正月析魏州頓邱縣之觀城店置觀城縣。　清豐縣，大歷七年（772）以清豐店置清豐縣，并割魏州臨黃縣并隸。

《唐會要》卷七十一〈州縣改置下・河北道・相州〉：

> 湯陰縣，武德四年（621）置。　林慮縣，武德元年（618）置，五年廢，貞觀十七年（643）六月又置。　臨河縣；內黃縣；　洹水縣；並天祐三年（906）八月割隸鄆州。

《唐會要》卷七十一〈州縣改置下・河北道・衞州〉：

> 黎陽縣，貞觀十七年（643）六月十七日廢黎州來屬，同日廢清淇縣，至長安四年（704）十二月二十三日於淇門置淇門縣。

《唐會要》卷七十一〈州縣改置下・河北道・博州〉：

> 清平縣，武德四年（621）置。　博平縣，貞觀十七年（643）廢入聊城，天授二年（691）更置，天祐三年（906）四月割隸鄆州。聊城縣；　武陽縣；　武水縣；　高唐縣；天祐三年（906）四月並割隸鄆州。

魏博地區視爲一個軍事單位，唐代在初葉太宗時代已有痕跡，時稱相州都督府，徐堅《初學記・州郡部》載魏王泰〈括地志序略〉，凡都督府四十三，州三百五十八，據嚴耕望先生研究，相州都督府[9]：

> 《舊・志》二〈相州〉條：「武德元年（618），置相州總管府。……四年（621），廢總管府。……六年（623），復置總管府，管慈、洺、黎、衛、邢六州。九年（626），廢都督府。貞觀……十年（636），復置都督，管相、衛、黎、魏、洺、邢、貝七州。十六年（642），罷都督府。」《寰宇記》五五同。按《通鑑》一九四，貞觀十年（636）二月乙丑，出諸皇子為都督，泰為相州都督。檢太宗〈册越王泰改封魏王文〉（《全唐文》九）云：「命爾為使特節、都督相、衛、黎、魏、洺、邢、貝七州諸軍事，相州刺史。」時間管區均與〈志〉同。十三年（639）管州蓋同。

貞觀時「置府分佈，邊疆地區一概置府，且大底兩層環繞，內地軍事重地亦置之。所不置者，惟京畿地區，黄河以南至淮、漢南北，河東西南部，河北中部，劍南東部及蘇杭地區，共約近九十州而已」[10]。從地圖上看，設立都督府似有屏障外患之意，但其中洛州都督府與相

9　參見嚴耕望，《唐史研究叢稿》第四篇，〈括地志序略都督府管州考略〉，頁246。

10　《唐史研究叢稿》，第四篇〈括地志序略都督府管州考略〉，頁270並圖。

州都督府頗爲奇特，洛州乃唐之東都，應屬京畿之地，天子直隸，故在貞觀十八年廢都督府[11]。相州都督府在河北之南，而居於河北中部之鎭、趙、深、冀、德、景、滄等州竟然不設都督府，似爲設立都督府之特殊現象。

就北中國而言，貞觀時的都督府與一百二十年後安史亂後的藩鎭地理區分，頗有部分相似之處；而貞觀時相州都督在屏障外患觀點上無法圓滿解釋，但在安史亂後，魏博節度使對內部政局之影響，卻表露出其特殊的重要性。

睿宗景雲二年（711），除畿內以外，將全國重要地區的一百七十六州分爲二十四個區，各區設都督府，糾察管內州縣，魏州都督府亦爲其一。

《唐會要》卷六十八〈都督府〉亦云：

> 景雲二年（711）六月二十八日，制勅天下分置都督府二十四，令都督糾察所管州刺史以下官人善惡。
>
> 魏州，管衞、相、洺、德、貝、博、豫等七州。

《舊唐書》卷三十八〈地理志〉謂：「景雲二年分天下郡縣置二十四都督府以統之，旣而以其權重不便，罷之。」按景雲都督府以糾察管內州刺史爲主，貞觀都督府則具有軍管意義；景雲都督府之廢止理由是「權重不便」，則貞觀都督府廢止理由更應「權重不便」無疑。

唐州郡數有三百餘，若在州郡之上設立二三十個大行政區，則懼地方權重，若中央直隸三百餘單位，又恐疏漏，其折衷辦法乃成立純監察區。按唐太宗時已將天下分爲十道，然十道僅爲地理名稱，中宗神龍二年，分十道巡察使，二周年一替，以廉察州郡，道自此始有監察區之性質，其後在景雲、開元年間，漸析增至十六道[12]，道設采訪處置使，或以所在州刺史兼之，時河北道采訪處置使治地爲魏州，偶

11　《舊唐書》卷三十八〈地理志一・河南府〉條。

12　參見嚴耕望，〈景雲十三道與開元十六道〉，《中央研究院歷史語言研究所集刊》36（上）。

而亦在相州、幽州者，道監察區將河北視爲一個大單位，魏、相是其重點也。

（三）魏博地區產業與人口

從古書記載看，本區經戰國時西門豹與西漢時史起整頓灌溉系統，農業生產倍增，人民有致富而歌頌者。當時工業以紡織最爲重要，嚴耕望先生謂：「南北朝末期及隋世紡織工業……大約言之，以河北之博陵、魏郡、清河最爲發達，河南北其他諸郡及蜀郡次之。江南豫章諸郡絕非其比也。」[13]

《鄴中記》描述石虎時代本區紡織情況如下：

> 織錦署在中尚方，錦有大登高、小登高、大明光、小明光、大博山、小博山、大茱萸、小茱萸、大交龍、小交龍、蒲桃文錦、斑文錦、鳳皇朱雀錦、韜文錦、桃核文錦、或青綈、或白綈、或黃綈、或綠綈、或紫綈、或蜀綈，工巧百數，不可盡名也。
>
> 石虎中尚方御府中巧工作錦織成署皆數百人。

《元和郡縣圖志》卷十六〈河北道一〉載開元貢賦爲：

> 魏州貢賦：貢，緜紬、平紬。賦，絲、緜、絁、紬。
>
> 相州：貢，紗，……。賦，緜、絹、絲。
>
> 博州：貢，平紬。賦，緜、絹。
>
> 衛州：貢，絹。賦，緜、絹。
>
> 貝州：貢，白氈。賦，緜、絹。
>
> 澶州：貢，平紬、絹。賦，絁、緜、絹……。

《舊五代史》卷六〈梁書・太祖紀〉六開平四年(910)十月己卯載：

> 以新修天驥院開宴落成，內外並獻馬，而魏博進絹四萬匹為馹價。

13　《唐史研究叢稿》，第三篇〈唐代方鎮使府僚佐考〉，頁228等語。

按《舊五代史》卷三十八（後唐）〈明宗紀四〉天成二年（927）三月丙辰（《五代會要》略同）謂：

> 宰臣判三司任圜奏：諸道藩府請依（唐昭宗）天復三年(903)已前，許貢綾絹金銀隨其土產折進馬之直。……並從之。

時南方紡織漸盛，唯魏博在五代時仍是重要的紡織工業地區。北運河經過本區，亦給魏博增加經濟繁榮。如《唐會要》卷八十七〈漕運〉條：

> 開元二十八年（740）九月，魏州刺史盧暉開通濟渠，自石灰窠引流至州城西都注魏橋，夾州製樓百餘間，以貯江淮之貨。

但通濟渠魏州段在安史亂後德宗之世被阻塞，這是戰爭所致。《舊唐書》卷一百三十四〈馬燧傳〉：

> （田）悅遣符璘、李瑤將五百騎，送淄、青兵還鎮，璘、瑤因來降燧，魏州先引御河入南流，燧令塞其領口，河流絕。

運河之阻塞當然影響到河北地區與江淮一帶以通有無。然陸路交通仍居通往河北之咽喉，隋、唐征伐高句麗時的路線皆走安陽、鄴、平棘、定州、幽州路線，中晚唐以迄五代之時魏博地位更形重要，此即下文論述之重點所在。

茲按《新唐書》卷三十七及三十九〈地理志〉所載開元二十八年戶數，比較關內道與河北道的戶口總數如下（按《元和郡縣圖志》各道各州戶口不甚齊全，無法用以比較）：

	州數	戶數
關內道	21	796,701
河北道	25	1,526,623

河北道在開元末的戶數幾乎是關內道的一倍。如再以河北道之魏、相、博、衛、貝五州（開元時無澶州），與關內道的雍、華、同三州（即所謂京兆府）作一比較：

魏州	151,596	453,440戶	雍州	362,921	457,036戶
相州	101,142		華州	33,187	
博州	52,631		同州	60,928	
衞州	48,056				
貝州	100,015				

開元之末，京兆府繁富一時，其戶數亦僅與魏博地區相當。

二、安史亂後魏博田氏半獨立時期

（一）安史亂時之魏博

當唐中央強大之時，各地區無形之中實力的演變與增減，並未能顯露出特殊性，安史亂起，唐中央對地方的駕御力一落千丈，論者多矣！雖然南中國幸未波及，然整個北中國陷於烽火之中，長安、洛陽淪入賊手，勤王軍與安史部衆鏖戰多年，自劣勢而優勢，然終未能取得完全勝利，徹底控制北中國局勢，亦未能再見亂前的太平盛世。按唐中央軍收復兩京，於乾元元年(758)九月「庚寅，大舉討安慶緒於相州，命朔方節度使郭子儀、河東節度使李光弼、關內潞州節度使王思禮、淮西襄陽節度使魯炅、興平節度使李奐、滑濮節度使許叔冀、平盧兵馬使董秦、北庭行營節度使李嗣業、鄭蔡節度使季廣琛等九節度之師，步騎二十萬，以開府魚朝恩爲觀軍容使……十月，郭子儀奏破賊十萬於衞州，獲安慶緒弟慶和，進收衞州……十一月壬申，王思禮破賊二萬於相州。丁丑，郭子儀收魏州。」[14] 是唐政府軍最輝煌的時刻，也是安氏式微之時，就在當年十二月，安慶緒求助史思明，思明復陷魏州，叛軍轉入史氏時代，乾元「二年(759)春，正月己巳朔……是日，史思明自稱燕王於魏州，僭立年號。三月……壬申，相州行營郭子儀等與賊史思明戰，王師不利，九節度兵潰，子儀斷河陽橋

14　《唐書合鈔》卷十〈肅宗紀〉乾元元年。

以餘衆保東京。……九月庚寅，逆賊史思明陷洛陽。……上元二年（701）二月戊寅，李光弼率河陽之軍五萬與史思明之衆戰於北邙，官軍敗績，光弼、僕固懷恩走保聞喜，魚朝恩、衞伯玉走保陝州，河陽、懷州共陷賊，京師戒嚴。」[15] 及至代宗寶應元年（762）十月辛酉，詔天下兵馬元帥雍王統河東、朔方及諸道行營回紇等兵十餘萬，討史朝義，「會軍於陝州，加朔方行營節度使大寧郡王僕固懷恩同中書門下平章事。……甲戌戰於橫水，賊大敗，俘斬六萬計，史朝義奔冀州。乙亥，雍王奏收東京、河陽、汴、鄭、滑、相、魏等州」[16]。唐大將郭子儀、李光弼在河朔之役先後失敗，僕固懷恩引回紇軍才獲成功，然僕固之勝利並不徹底，史家或云是僕固懷恩「陰圖不軌，慮賊平寵衰，欲留賊將爲援」(前引文)，竊以爲以當時唐室的軍力財力，若不接受賊降將之條件，是否可順利平定河北，恐無必勝之把握，僕固懷恩之私心容或有之（僕固氏亦屬胡人），形勢迫人亦爲重要原因。

無論如何，田承嗣、李懷仙、張忠志、薛嵩等四人分帥河北，其中尤其田承嗣節度魏博地區，直接影響公元八世紀半至十世紀半這二百年間中國之政局。

司馬光除了同意僕固懷恩有私心的說法以外，亦認爲唐中央業已厭兵，《通鑑》卷二百二十二〈唐紀三十八〉廣德元年春閏月癸亥：「……懷恩亦恐賊平寵衰，故奏留（薛）嵩等及李寶臣分帥河北，自爲黨援，朝廷亦厭苦兵革，苟冀無事，因而授之。」

《資治通鑑》卷二百二十三〈唐紀三十九〉廣德元年八月（《舊唐書》卷一百二十一本傳略同）載：

> 懷恩自以兵興以來，所在力戰，一門死王事者四十六人，女嫁絕域，說諭回紇，再收兩京，平定河南北，功無與比，而為人搆陷，憤怨殊深，上書自訟……「河北新附節度使，皆握彊兵，臣撫綏以安反側，五也（《舊唐書》有『州縣既

15　《唐書合鈔》卷十〈肅宗紀〉乾元二年。

16　《唐書合鈔》卷十一〈代宗紀〉寶應元年。《舊唐書》卷一百二十一〈僕固懷恩傳〉。

定，賦稅以時。』之語）。」

（二）田承嗣與河北淄青諸鎮

《舊唐書》卷一百四十一〈田承嗣傳〉云：

平州人，世事盧龍軍為裨校。祖璟、父守義，以豪俠聞於遼碣。承嗣開元末為軍使安祿山前鋒兵馬使……史朝義再陷洛陽，承嗣為前導，偽授魏州刺史。……（代宗）赦宥凡為安史詿誤者一切不問，時（僕固）懷恩陰圖不軌，慮賊平寵衰，欲留賊將為援，乃奏承嗣及李懷仙、張忠志、薛嵩等四人分帥河北諸郡，乃以承嗣檢校戶部尚書鄭州刺史，俄遷魏州刺史，貝、博、滄、瀛等州防禦使，居無何，授魏博節度使。承嗣不習教義，沉猜好勇，雖外受朝旨而陰圖自固，重加稅率，修繕兵甲，計戶口之衆寡，而老弱事耕稼，丁壯從征役，故數年之間，其衆十萬，仍選其魁偉強力者萬人以自衛，謂之衙兵，郡邑官吏皆自署置，戶版不籍於天府，稅賦不入於朝廷。……大曆十二年（777）……承嗣有貝、博、魏、衛、相、磁、洺等七州，復為七州節度使。……悅勇冠軍中，承嗣愛其才，及將卒，命悅知軍事，而諸子佐之，悅初為魏博中軍兵馬使……魏府左司馬。大曆十三年（778）承嗣卒，朝廷用悅為節度留後。……尋拜……充魏博七州節度使[17]。

17　《通鑑》卷二百二十二〈唐紀三十八〉廣德元年閏月癸亥，「以史朝義降將薛嵩為相、衛、邢、洺、貝、磁六州節度使，田承嗣為魏、博、德、滄、瀛五州都防禦使……」。

《新唐書》卷六十六〈方鎮表・魏博〉條，廣德元年則謂：「置魏博等州防禦使，領魏、博、貝、瀛、滄五州，治魏州，是年升為節度使，增領德州，以瀛、滄二州隸淄青、平盧節度，貝州隸洺相節度，未幾，復領瀛、滄二州。」

按魏博節度使之轄州初未固定，然廣德元年時田承嗣領魏博時則《舊唐書》本傳、《新唐書》〈方鎮表〉、《通鑑》等皆謂魏、博、德、滄、瀛五州。是年相、衛、貝（該三州其後大部分時間皆屬魏博）則屬薛嵩所轄。

《通鑑》卷二百二十五〈唐紀四十一〉大曆十年，田承嗣襲取相、衛、洺、磁四州。自大曆十年至十二年，藩鎮間互有爭奪，至大曆十二年十二月，田承嗣據魏、博、相、衛、洺、貝、澶七州。

安史降將田承嗣初授命爲鄭州刺史，俄遷魏州刺史、貝、博、滄、瀛等州防禦使，田承嗣是一位有野心的軍人，在其內部招募軍士之後，乘機擴大勢力範圍，先後凡得相州、衞州、洺州、磁州，唐中央初則派使宣慰，令各守封疆，不奉詔；唐室無力直接命將用兵，旋利用其天子地位，運用藩鎮相互制衡的策略，令「委河東節度使薛兼訓、成德軍節度使李寶臣、幽州節度留後朱滔、昭義節度李承昭、淄青節度李正己、淮西節度李忠臣、永平軍節度使李勉、汴宋節度田神玉等，掎角進軍」[18]。這才使田承嗣安守境界，時承嗣實際控制有貝、博、魏、衞、相、磁、洺等七州，約與以後的魏博節度使相當（魏博大部分時間擁有貝、博、魏、衞、相、澶），時在代宗大曆十二年（777）。自此以還，河北地區的節度使似乎有固定的疆域，狀如半獨立王國。當大曆末至德宗建中時期，是河北淄青地區老藩帥謝世新藩帥繼承之秋，如：

大曆十三年（778）	魏博節度使田承嗣卒，朝廷用其從子悅爲節度留後。
建中二年（781）	鎮州李寶臣卒，子惟岳求襲節鉞。
建中二年（781）	淄青李正己卒，子納亦求節鉞。

其中魏博與鎮州固爲河北名鎮，淄青節度使雄據今山東省之地，氣候良好，戶口殷實，物產豐富，乃東方強藩[19]，其節度使李正己「爲政嚴酷，所在不敢偶語，初有淄青、齊、海、登、萊、沂、密、德、棣等州之地……復得曹、濮、徐、兗、鄆共十有五州……市渤海名馬，歲歲不絕，法令齊一，賦稅均輕，最稱強大」[20]。

大曆末，田悅尚恭順；待李惟岳、李納在建中初要求留後時，唐中央不允，惟岳與納同謀叛，此時田悅成爲抗命中央的主力，在一連串中央軍與藩鎮軍對抗之中，李惟岳被殺，田悅屢敗日蹙，由於唐獎

18　《舊唐書》卷一百四十一〈田承嗣傳〉。
19　參見築山治三郎《唐代政治制度の研究》，第四章第二節。
20　《舊唐書》卷一百二十四〈李正己傳〉。

賞未能滿足將領，結果田悅說服唐將反叛，然後大敗中央軍，其動人心弦的說詞是：「如馬燧（李）抱眞等破魏博後，朝廷必以儒德大臣以鎭之，則燕趙之危可翹足而待也。若魏博全，則燕趙無患，田尙書（悅）必以死報恩義，合從連衡，救災卹患，春秋之義也。」[21] 於是燕趙之唐將朱滔、王武俊與田悅聯合，大破唐將李懷光與馬燧等，建中初戰後的結果，河北淄青地區的分配如下：

朱滔稱冀王，以幽州爲范陽府。

田悅稱魏王，以魏州爲大名府。

王武俊稱趙王，以恒州爲眞定府。

李納稱齊王，以鄆州爲東平府。

時淮西節度使李希烈擁有蔡、光、申、隨等州勁旅，地居中州腹心之區[22]，「遣使交通河北諸賊帥等，是歲長至日，朱滔、田悅、王武俊、李納各僭稱王，滔使至希烈，希烈亦僭稱建興王天下都元帥」[23]，將汴州夾在中間，威脅東都[24]。

時在建中二年（781）十一月一日，築壇於魏縣中，推朱滔爲盟主，因田悅感朱滔救助也。自此以後，河北淄青地區雖然偶有不協，但在對抗唐中央壓力之時，大致維持現狀，相互攀緣，而魏博在安史亂後以迄唐末這一百三十年的形勢之中，是抗拒中央的首當其衝的支柱。

（三）田氏與魏博職業軍人

討論藩鎭者，其傳統說法皆歸罪於藩帥的野心。實際上除了藩帥野心以外，職業軍人實占重要因素。其中又以魏博地區尤爲典型例子。

田承嗣任魏博節度使，自思是安史餘孽，其藩帥之職，亦因唐中

21　《舊唐書》卷一百四十一〈田承嗣傳·附悅傳〉。

22　參見築山治三郎《唐代政治史の研究》，第四章第二節，頁360。

23　《舊唐書》卷一百四十五〈李希烈傳〉。

24　參見日野開三郎《支那中世の軍閥》，頁120。

央間之矛盾與唐中央與地方之妥協而得之，魏博在河北四藩之中，居於首抗中央的形勢，故田承嗣在節度使任內，採取有似軍國主義的辦法，正如前述引文，「陰圖自固，重加稅率，修繕兵甲，計戶口之衆寡，而老弱事耕稼，丁壯從征役，故數年之間，其衆十萬，仍選其魁偉強力者萬人以自衞，謂之衙兵。」魏博乃四戰之地，生產事業極易被破壞，農工商民生命亦不安全，社會上不乏游民，再加上田氏以農民之中丁壯從役，遂建立一支強大軍隊，從其後發展觀之，這支軍隊演變成職業軍，因此農民與軍人之間發展出一種職業變遷的通道。這種辦法在經濟上並非最爲有利，因爲丁壯從軍，老弱務農，生產力要略受影響；但在戰亂的時代，居於戰亂的地區，做職業軍人遠比任人宰割爲強，何況職業軍人還屢有財物報賞也。田氏又在此職業軍人之中，選取魁偉強力者萬人爲衙兵，這是魏博軍的核心與精銳。

藩帥	籍貫	在任時期	（公元）	任年	
田承嗣	平州	廣德元年至大曆13年	763—778	16	62
田　悅	平州	大曆14年至興元元年	778—784	7	
田　緒	平州	興元元年至貞元12年	784—796	13	
田季安	平州	貞元12年至元和7年	796—812	17	
田弘正（興）	平州	元和7年至元和15年	812—820	9	

卽在田氏魏博節度使任內，很明顯的看出藩帥如何駕馭這羣職業軍人，事關其權力、地位與生命，一個成功的藩帥在這方面的作法，有時充滿了高度的藝術。如《舊唐書》卷一百四十一〈田承嗣傳・附悅傳〉：

> 建中初(780—783)，黜陟使洪經綸至河北，方聞悅軍七萬，經綸素昧時機，先以符停其兵四萬，令歸農畝，悅僞亦順命，卽依符罷之，旣而大集所罷將士，激怒之曰：爾等久在軍戎，各有父母妻子，旣為黜陟使所罷，如何得衣食自資。衆遂大哭，悅乃盡出其家財帛衣服以給之，各令還其部伍，自此魏博感悅而怨朝廷。

《舊唐書》卷一百四十一〈田承嗣傳·附悅傳〉：

> （兵敗）悅持佩刀立於軍門，謂軍士百姓曰：悅藉伯父餘業，久與卿等同事，今既敗喪相繼，不敢圖全，然悅所以堅拒天誅者，特以淄青、恒冀二大人在日為悅保薦於先朝，方獲承襲，今二帥云亡，子弟求襲，悅既不能報効，以至興師，今軍旅敗亡，士民塗炭，此皆悅之罪也。以母親之故，不能自剄，公等當斬悅首，以取功勳，無為俱死也。乃自馬投地，衆皆憐之，或前撫持悅曰：久蒙公恩，不忍聞此，今士民之衆，猶可一戰，生死以之。悅收涕言曰：諸公不以悅喪敗，猶願同心，悅縱身死，寧忘厚意於地下乎？悅乃自割一髻以為要誓，於是將士自斷其髻結為兄弟，誓同生死。

田弘正（興）是田氏之中既受衙兵擁戴，又傾心於唐中央的藩帥。《舊唐書》卷一百四十一〈田弘正傳〉：

> 少習儒書，頗通兵法，善騎射，勇而有禮，伯父承嗣愛重之。當季安之世為衙內兵馬使。季安惟務侈靡，不卹軍務，屢行殺罰，弘正每從容規諷，軍中甚賴之。……季安卒，（子）懷諫……改易軍政，人情不悅，咸曰：「都知兵馬使田興（弘正）可為吾帥也。衙兵數千詣興私第陳請。……」

當田弘正爲魏博節度使時，傾心中央，當時憲宗宰相李絳看出職業軍校的心意，力主鉅額賞賜，《通鑑》卷二百三十九元和七年（812）十月條：

> 李絳又言魏博五十餘年不霑皇化，一旦舉六州之地來歸，剜河朔之腹心，傾叛亂之巢穴，不有重賞過其所望，則無以慰士卒之心，使四鄰勸慕，請發內庫錢百五十萬緡以賜之。……十一月辛酉，遣知制誥裴度至魏博宣慰，以錢帛百五十萬緡賞軍士。

《李相國論事集》卷五謂：

> 及詔書到魏博，錢帛隨路而至，軍中踴躍，向闕拜泣。時田興（弘正）初受節旌，諸道專使數十人在魏州，成德兗鄆使各十餘輩，見制書錢帛到，皆垂手失色，驚歎曰：「自艱難以來，未曾聞此處置，恩澤如此之厚，反叛有何益？」

「自弘正歸國，幽、恒、鄆、蔡有齒寒之懼，屢遣客間說，多方誘阻，而弘正終始不移其操」[25]。抗中央的支柱既然動搖，故憲宗時期唐室復振，有中興之勢，但田弘正歸附中央的代價很大，連年奉命征戰。

> 1. 元和十年（815），朝廷用兵討吳元濟，弘正遣子布率兵三千進討，屢戰有功。
> 2. 俄而王承宗叛，詔弘正以全師壓境，承宗懼，遣使求救於弘正，遂表其事，承宗遂納二子，獻德、棣二州以自解。
> 3. 元和十三年（818），王師加兵於鄆，詔弘正與宣武、義成、武寧、橫海等五鎮之師，會軍齊進。十一月弘正自帥全師自楊劉渡河，築壘距鄆四十里，師道遣大將劉悟率重兵以抗弘正，結壘相望，前後合戰，魏軍大捷……十四年（819）三月，劉悟以河上之衆倒戈，入鄆斬師道首，詣弘正請降，淄青十二州平。

其對唐中央之輸誠，在本傳中記載甚詳。元和十五年（820）十月，鎮州王承宗卒，新任皇帝穆宗作了一次後果不甚好的調動，「以弘正檢校司徒兼中書令、鎮州大都督府長史，充成德軍節度，鎮、冀、深、趙觀察等使。弘正以新與鎮人戰伐，有父兄之怨，乃以魏兵二千爲衞從」[26]。田氏是魏博的地頭蛇，不料田弘正卻因此喪生於鄰鎮之中。《舊唐書》卷一百四十二〈王廷湊傳〉云：

> 為王承元衙內兵馬使。初，承元上稟朝旨，田弘正帥成德軍，國家賞錢一百萬貫，度支輦運不時至，軍情不悅，廷湊

25　《舊唐書》卷一百四十一〈田弘正傳〉。

26　同上。

每抉其細故，激怒衆心，會弘正以魏兵二千為衙隊，左右有備不能間。長慶元年（821）六月，魏軍還鎮，七月二十八日夜，廷湊乃結衙兵譟於府署，遲明盡誅弘正與將吏家族三百餘人，廷湊自稱留後知兵馬使。

除田弘正被害事件外，其他諸役皆勞動軍士，中央的賞賜已抵不過連年征伐，這一羣職業軍人遂無鬥志，繼其後的田布雖挾國恨家仇，仍然不能令他們作戰，最後軍權爲牙（衙）將史憲誠所奪，史氏以軍士利益代表人自居，下文細論。

三、晚唐魏博職業衙校專政時期

（一）魏博職業軍人與藩帥

初，藩鎮之間相互勾結乃造成其跋扈與叛逆的重要因素[27]，淮西節度使及淄青節度使與河北三鎮之間互通消息，相互支援，使唐室大傷腦筋。及至憲宗元和十二年乘淮西吳元濟繼任不穩，命將攻克蔡州，「三十餘年王師加討，未嘗及其城下……光、蔡等州平，始復爲王土矣！」[28] 元和十四年，唐又攻克淄青節度使，誅李師道，「分其十二州爲三節度，俾馬總、薛平、王遂分鎮焉」[29]。時魏博節度使田弘正又一心向唐，這是中央大好機會，及田弘正移鎮而死，大唐中興已呈曇花一現之勢。中央勢力回縮，河北地區回復抗唐形勢，這次事件之後，顯示出藩鎮內職業軍人的重要性，田弘正之死不僅表示五十八年田氏魏博節度使時代已近尾聲，更表示魏博職業衙校主持軍政大權之來臨。按藩鎮軍的權力結構如下：

---

27 參見王壽南，《唐代藩鎮與中央關係之研究》，頁232。
28 《舊唐書》卷一百四十五〈吳少誠傳・附元濟傳〉。
29 《舊唐書》卷一百二十四〈李正己傳・附李師道傳〉。

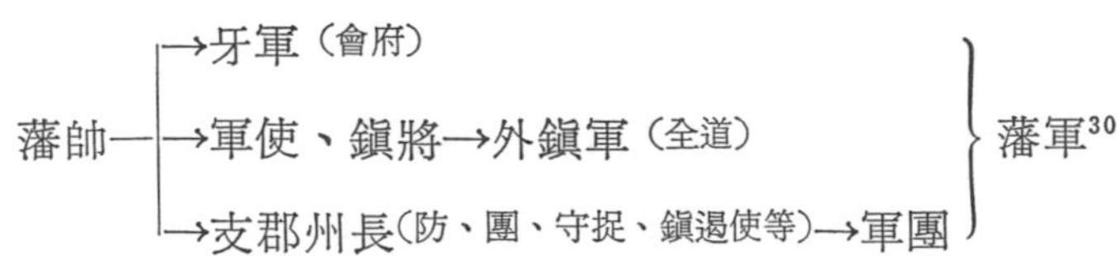

其後憲宗時雖略作修改爲：

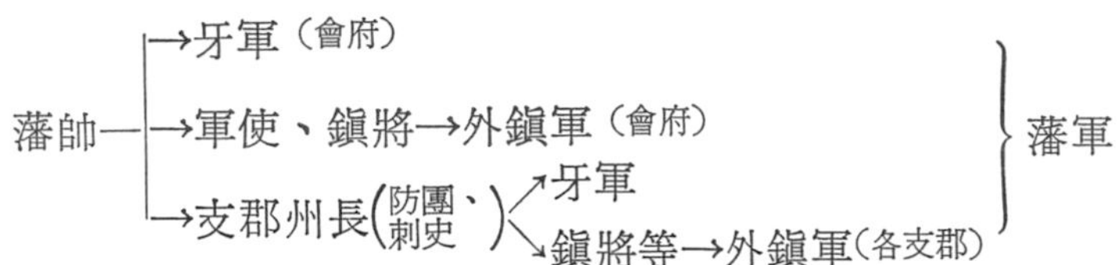

但河北三鎭非唐中央能力所及，恐仍是修改前之權力結構。是以在藩鎭軍之中，牙軍乃是藩鎭之中央軍，而鎭將等乃是藩鎭之地方軍[31]。關於會府牙軍部分，嚴耕望先生〈唐代方鎭使府僚佐考〉曾作細述[32]，主要牙校有：都知兵馬使，左右廂後院等兵馬使，虞候、都虞候，押衙、都押衙，教練使、都教練使等。這些軍校乃是藩帥以下最有權力的人物。魏博自田承嗣以「丁壯從征役，故數年之間，其衆十萬，仍選其魁偉強力者萬人以自衞，謂之衙兵」（見前引文）起，牙軍便成爲田氏王朝之腹心[33]，也因此屢屢影響田氏王朝之軍政大事，一如歷代禁軍影響朝廷情況。自田弘正卒後，魏博大權實際上落在牙校之手，藩帥之繼承也以最有力量之軍校代之。而在位之藩帥亦不敢違逆衆牙軍之意。藩帥之更替如下：

藩帥	籍貫	在任時期		任年
李　愬	隴右	元和15年至長慶元年	820—821	2
田　布	平州	長慶元年至長慶2年	821—822	數月
史憲誠	奚	長慶2年至大和3年	822—829	8

30　本表引自日野開三郎，《支那中世の軍閥》，頁191。

31　參照周藤吉之，〈五代節度使の支配體制〉，《史學雜誌》第61卷第4、6號。
日野開三郎，〈唐代藩鎮の跋扈と鎮將〉，《東洋學報》第26卷第4號，27卷第1、2號。
日野開三郎，〈五代鎮將考〉，《東洋學報》第25卷第2號。

32　嚴耕望，《唐史研究叢稿》，第三篇，頁211-236。

33　參照掘敏一，〈藩鎮親衛軍の權力構造〉，《東洋文化研究所紀要》第20册。

何進滔	靈武	大和3年至開成5年	829—840	12	44
何弘敬	靈武	開成5年末至咸通7年	840—866	27	
何全皞	靈武	咸通7年至咸通11年	866—870	5	
韓允中（君雄）	魏州	咸通11年至乾符元年	870—874	5	15
韓　簡	魏州	乾符元年末至中和3年	874—883	10	
樂彥禎	魏州	中和3年至文德元年	883—888	6	
羅弘信	魏州	文德元年至光化元年	888—898	11	21
羅紹威	魏州	光化元年至天祐4年	898—907	10	

一、李愬接替田弘正爲魏博節度使，是田弘正「懼有一旦之憂」（本傳），刻意移讓，在河朔一百多年之中，罕有其例。按李愬是大將李晟之子，「愬平淮蔡……六遷大鎮」，當田弘正在鎮州被害時，李愬亦激勵魏博之士復仇，但愬「疾作不能治軍人違紀律，功遂無成」[34]，李愬獲病誠屬事實，因不久病卒也；然愬僅居魏博數月，是否能有效控制衙兵軍校，亦屬疑問。

二、田布生長於魏博，其父弘正節制魏博時，布掌親兵，討淮蔡，破郾城，敗賊將董重質，弘正調至鎮州時，布亦調任河陽三城節度使，父子雖皆居藩，但失其根本，兼以「弘正孝友慈惠，骨肉之恩甚厚，兄弟子姪在兩都者數十人，競爲崇飾，日費約二十萬，魏、鎮州之財，皆輦屬於道，河北將卒心不平之」[35]。及弘正被害於鎮州，李愬病卒，唐中央「以魏軍田氏舊旅，乃急詔布至，起復爲魏博節度使」[36]，田布上任，亦極力拉攏軍士，「布乘傳之鎮，布喪服居堊室，去旌節道從之飾，及入魏州，居喪御事動皆得禮，其祿俸月入百萬，一無所取，又籍魏中舊產無巨細，計錢十餘萬貫，皆出之以頒軍士」[37]，然已無法挽回其對魏博軍校

34　《舊唐書》卷一百三十三〈李晟傳·附李愬傳〉。
35　《舊唐書》卷一百四十一〈田弘正傳〉末。
36　《舊唐書》卷一百四十一〈田弘正傳·附布傳〉。
37　同上。

之脫節。其中最大的原因是田弘正父子（布）對唐中央過度忠勤，唐室常令其四出征戰，這與那羣職業軍校的利益不合，田承嗣發展而來的職業軍人，其目的是保持河北現狀，軍旅是其安身立命發財致富的行業，並不是眞正希望作戰立功，在沙場上爲國家立功，爲家族門望增光，故對於離藩出征，意態闌珊，而田布啣君命家仇出征鎭州，實非魏州軍士所喜，《舊唐書》卷一百四十一〈田弘正傳・附布傳〉載：

（長慶元年，821）十月，布以魏軍三萬七千討之，結壘於南宮縣之南。十二月進軍，下賊二柵，時朱克融囚張弘靖據幽州，與（王）廷湊掎角拒命，河朔三鎮素相連衡，（史）憲誠陰有異志，而魏軍驕侈怯於格戰，又屬雪寒，糧餉不給，以此愈無鬥志，憲誠從而間之，俄有詔分布軍與李光顏合勢，東救深州，其衆自潰，多為憲誠所有，布得其衆八千。是月十日還魏州，十一日會諸將復議興師，而將卒益倨，咸曰：尚書（田布）能行河朔舊事，則死生以之，若使復戰，皆不能也。布以憲誠離間，度衆終不為用，嘆曰：功無成矣！即日，密表陳軍情，且稱遺表……乃入啓父靈，抽刀自刺……而絕。

三、史憲誠，其先出於奚虜，後爲靈武建康人，父周洛爲魏博軍校，事田季安至兵馬大使，憲誠始以材勇隨父歷軍中右職。田布爲魏博節度使，領兵討伐，俾復父寃時，〈田布傳〉謂憲誠爲牙將，《舊唐書》卷一百八十一〈史憲誠傳〉稱：「憲誠爲中軍都知兵馬使，乘亂以河朔舊事動其人心，諸軍即擁而歸魏，共立爲帥。」

四、何進滔，靈武人。曾祖孝物、祖俊，並本州軍校；父默，夏州衙前兵馬使。進滔客寄於魏，委質軍門，田弘正時已爲衙內都知兵馬使。《舊唐書》卷一百八十一〈何進滔傳〉載：

大和三年（829），軍衆害史憲誠，連聲而呼曰：得衙內都知兵馬使何端公知留後，即三軍安矣！推而立之，朝廷因授進

> 滔左散騎常侍魏博等州節度觀察處置等使。為魏帥十餘年，大得民情。累官至司徒平章事，卒。子弘敬襲其位……咸通初卒（860—）。子全皥嗣之。……十一年（870）為軍人所害，子孫相繼四十餘年。

五、韓允忠，魏州人也，舊名君雄。父國昌，歷本州右職。據：〈韓國昌神道碑〉（《山左金石志》卷十三）云：

> 曾祖□，魏博節度押衙。祖朝，魏博節度押衙兼臨清鎮遏都知兵馬使。烈考□，魏博節度使押衙□□□□都知兵馬使。有子三人，長曰君雄，魏博節度使。仲曰清，魏博節度押衙兼步從□。季曰楚，魏博節度押衙兼刀斧將。

所以韓允忠與魏博軍士關係頗深。《舊唐書》卷一百八十一〈韓允忠傳〉載：

> 少仕軍門，繼升裨校……咸通十一年（870），何全皥為軍衆所殺，推允忠為帥。……乾符元年（874）十一月卒。子簡……即起復為節度觀察留後，……卒時中和元年（881）十一月也。

六、樂彥禎，魏州人也。父少寂，歷澶、博、貝三州刺史。彥禎少爲本州軍校。《舊唐書》卷一百八十一〈樂彥禎傳〉載：

> 為馬步軍都虞候……有功遷澶州刺史，（韓）簡再討河陽之敗也，彥禎以一軍先歸，魏人遂共立。……彥禎志滿驕大，動多不法，一旦徵六州之衆，板築羅城約河門舊堤，周八十里，月餘而畢，人用怨咨……（子）從訓又召亡命之徒五百餘輩，出入臥內，號為子將，委以腹心，軍人籍籍，各有異議……又兼相州刺史，到任之後，般輦軍器，取索錢帛，使人來往，交午塗路，軍府疑貳，彥禎危憒而卒。衆推都將趙文玠知留後事。從訓自相州領兵三萬餘人至城下，文玠按兵不出，衆懷疑懼，復害文玠，推羅弘信為帥，弘信以兵出戰，敗之……梟從訓首於軍門。

七、羅弘信，魏州貴鄉人。曾祖秀、祖珍、父讓，皆本州軍校。弘信少從戎役，歷事節度使韓簡、樂彥禎。光啓末，彥禎子從訓忌牙軍，出居於外，軍衆廢彥禎推趙文玠權主軍州事，衆復以爲不便，因推弘信爲帥。……光化元年（898）九月卒。……子威……襲父位爲留後，朝廷從而命之[38]。

藩鎭軍在當時極爲驕縱，許多藩帥被其逐殺，日野開三郎自《資治通鑑》中臚列自開成元年至乾符二年四十年間驕兵逐殺藩帥事例，即獲十九例之多，地區遍及全國[39]，故當時職業軍人之囂張，已蔚然成爲風氣，而魏博是其典型例子。

（二）魏博職業軍人之性格

何進滔、何弘敬、何全皥、韓允中等人爲藩帥時（即歷文宗、武宗、宣宗、懿宗諸帝），中央無力，魏博的政局如同半獨立王國狀態。僖宗乾符元年，韓允中卒，子韓簡爲留後，時盜賊羣起，唐室愈衰，魏博在諸藩之中雄豪，簡亦頗有野心。如《舊唐書》卷一百八十一〈韓允忠傳・附簡傳〉載：

> 賊巢之亂，諸葛爽受其僞命河陽節度使，時僖宗在蜀，寇盜蜂起，簡據有六州，甲兵強盛，竊懷僭亂之志，且欲啓其封疆，乃舉兵攻河陽，爽棄城而走，簡遂留兵保守，因北掠邢洺而歸，遂移軍攻鄆，鄆帥曹全晸出戰，為簡所敗，死之。鄆將崔君裕收合殘衆保鄆州，簡進攻其城，半年不下，河陽復為諸葛爽所襲，簡因欲先討君裕，次及河陽，乃舉兵至鄆，君裕請降，尋移軍復攻河陽，行及新鄉，為爽軍逆擊，敗之，簡單騎奔迴，憂憤疽發背而卒，時中和元年（881）十一月也。

當中央力圖中興，欲收復藩鎭之時，魏博是河北淄靑的頭關；當中央

38　《舊唐書》卷一百八十一〈羅弘信傳〉。

39　參見日野開三郎，〈唐末混亂史稿〉，《東洋史學》，第10輯，頁24。

無力之時，魏博與諸藩長保邊境；當中央極爲衰微時，魏博強藩自然有擴張之意，這是自安史亂後以迄唐末河北淄青地區政局的演變趨向。魏博雖是強藩，當其圖謀擴張之時，當然會遭受四周的抗拒，而最大的阻礙，厥爲魏博職業軍人對於其主帥所發動的境外作戰並不熱心，故當韓簡節節勝利之時，仍不免因魏牙軍之奔回魏州而兵潰。《舊唐書》卷一百八十二〈諸葛爽傳〉載：

> 時魏博韓簡軍勢方盛。中和元年(881)四月，魏人攻河陽，大敗爽軍於修武，爽棄城遁走，簡令大將守河陽，乃出師討曹全晸於鄆州。十月，孟州人復誘爽，爽自金商率兵千人復入河陽，乃犒勞魏人，令趙文玠率之而去。十一月，爽攻新鄉，簡自鄆來逆戰，軍於獲嘉西北，時簡將引魏人入趨關輔，誅除巢孽，自有圖王之志，三軍屢諫不從，偏將樂彥禎因衆心搖說激之，牙軍奔歸魏州，爽軍乘之，簡鄉兵八萬大敗，奔騰亂死，清水為之不流。明年正月，簡為牙軍所殺。

從以上藩帥興亡事跡觀察，魏博職業軍人已實際控制魏博節度使內的軍政，藩帥之擁立，藩帥之保位等，都要與職業軍校相處和諧，藩帥似乎僅是他們的代理人而已，如若與職業軍校的利益有違，藩帥便不能隨心所欲。田氏是主帥魏博最長久的家族，承襲之間並不順利，而皆與職業軍校擁戴有密切關連，這個家族自田承嗣至田興凡五十八年。自史憲誠以降，何氏次長，凡統治四十一年；韓氏十五年；羅氏訖唐末有十九年。似乎愈發展到唐末，職業軍校權力愈大；被擁上帥位者無不驚心動魄，有的及身遭殺，有的子孫時被殺，其結局大都非常悲慘。

這羣職業軍人並非具有志於爲國獻身之士，而僅是亂世中的產物，視軍旅爲寄身之處，發財之所，戰爭以利爲主，所以與其他各藩鎮中的職業軍人具有同等性格，亦具有同樣的利害觀念，他們之間祇希望互不侵犯，故所以主帥或唐中央等任何政策有違他們的利益，他們便廢立藩帥，反抗中央。這羣人都是由社會上強壯之士所組成，自從大士族在唐代漸漸走向官僚化和中央化[40]，原本擁有社會勢力的大士族漸漸退出地方上的勢力，而以軍鎮爲單位的職業軍人成爲強有力的社會勢力。由士族構成的地方社會勢力，具有濃厚的血緣因素，它的發展是走向文化型；新的社會勢力有濃厚的地緣因素，它的發展是走向職業軍人型，凶悍的游民，強壯的農民等，不斷地被吸收進去，成爲赤裸裸權力的擁有者。因爲他們並無大家族的尊卑關係，亦不像士族具有文化因素，因此他們的上下關係一直不很穩固，而對抽象的國家觀念、民族意識、君臣之義等，並不強烈。在同一職業軍人集團之中包含有不同的種族成員，似乎看不出有排斥現象。安史亂後出現這羣社會勢力一直未被學者重視，傳統的說法都認爲藩帥違抗朝命、自署僚佐、自立留後，這是表面看法，藩帥亦有苦衷，即就自命其子爲留後，亦必須軍校牙將擁戴，有的藩帥想効忠中央而與牙軍利益衝突時，其結果並不太好，田弘正客死鎮州，田布衆叛自殺，史憲誠晚年謀忠於唐，不旋踵亦爲部下所殺，凡此種種都顯示出藩鎮節度使即令有心唐室，亦不得不顧及這羣職業軍人；當然，有的藩帥本身與其牙軍臭氣相投，則更構成唐室之威脅；對於後者，固可以傳統說法責其藩帥；對於前者，似應研究其根本原因之所在，方能得歷史之眞象也。

（三）魏博衙軍第一次遭受打擊

中唐以後，這羣職業軍人之動向，不但直接影響其藩帥，同時也是影響政局的重要社會力量。故當唐末魏博職業軍人對其主帥一連串廢立以後，羅威襲父位而爲留後，演變出一場罕有奇特的衝突。《舊唐書》卷一百八十一〈羅弘信傳・附威傳〉載：

> 魏之牙中軍者，自至德中田承嗣盜據相、魏、澶、博、衛、貝等六州，召募軍中子弟置之部下，遂以為號，皆豐給厚

[40] 參見拙著《中國中古社會史論》。

> 賜，不勝驕寵，年代寖遠，父子相襲，親黨膠固，其兇戾者，強買豪奪，踰法犯令，長吏不能禁，變易主帥，有同兒戲，如史憲誠、何進滔、韓君雄、樂彥禎，皆為其所立，優獎小不如意，則舉族被害。威懲其往弊，雖以貨賂姑息而心銜之。……天祐二年(905)七月十三日夜，牙軍裨校李公佺作亂，威僅以身免，公佺出奔滄州，自是愈懼，遣使求援於（朱）全忠，密謀破之，全忠遣李思安會魏博軍再攻滄州。全忠女妻威子廷規，先是卒，全忠遣長直軍校馬嗣勳選兵千人，密於輿中，實兵甲入魏，言助女葬事。三年(906)正月五日，嗣勳至，全忠親率大軍濟河，言視行營於滄景，威欲因而出迎，至期卽假全忠帳下銳卒入而夾攻之。牙軍頗疑，堅請不出，威恐洩其事，慰納之。是月十四日夜，率廝養百十輩與嗣勳合攻之，時宿於牙城者千人，遲明殺之殆盡，凡八千家，皆破其族。

據《舊五代史》載，對付牙軍之舉，魏博節度使樂彥禎之子從訓曾作此圖謀，唯未成功，父子反受其害，《舊五代史・梁書》卷十四〈羅紹威傳〉（《舊唐書》卷一百八十一〈羅弘信傳・附威傳〉，《新唐書》卷二百一十〈羅紹威傳〉）載：

> 光啓末彥貞子從訓驕盈太橫，招聚兵甲，欲誅牙軍，牙軍怒，聚譟攻之，從訓出據相州，牙軍廢彥貞，囚於龍興寺，逼令為僧，尋殺之。

《新唐書》卷二百一十〈羅紹威傳〉載：

> 魏牙軍起田承嗣募軍中子弟為之，父子世襲，姻黨盤互，悍驕不顧法令，憲誠等皆所立，有不慊，輒害之無噍類，厚給稟，姑息不能制，時語曰：長安天子，魏府牙軍。謂其勢彊也。紹威懲曩禍，雖外示優假而內不堪，俄而小校李公佺作亂，不克，奔滄州，紹威乃決策屠翦，遣楊利言與（朱）全忠謀，全忠乃遣苻道昭將兵，合魏軍二萬攻滄州求公佺，又

> 遣李思安助戰，魏軍不之疑。紹威子，全忠婿也，會女卒，使馬嗣勳來助葬，選長直千人納盟器，實甲以入，全忠自滑濟河，聲言督滄景行營，紹威欲出迎，假銳兵以入，軍中勸毋出而止，紹威遣人潛入庫，斷絃解甲，注夜將奴客數百與嗣勳攻之，軍趨庫得兵不可戰，因夷滅凡八千族，闉市為空。平明，全忠亦至，聞事定，馳入軍，魏兵在行者聞變，於是史仁遇保高唐，李重霸屯宗縣，分據貝、澶、衛等六州，仁遇自稱魏博留後，全忠解滄州兵以攻高唐，仁遇引衆走，為游騎所獲，支解之，進拔博、澶二州，李重霸走，俄斬其首，相、衛皆降。紹威雖除其偪，然勢弱為全忠牽制，比州刺史矣！

《舊五代史・梁書》卷十四〈羅紹威傳〉所載事跡與《舊唐書》略同[41]。

四、朱梁魏博強鎮時期

（一）大唐末葉北中國之形勢與羅氏之動向

唐文德元年（888）四月，魏博牙軍殺節度使樂彥禎父子後，推羅弘信爲留後，次年，即唐昭宗龍紀元年（889），黃巢徒衆中最大的一股力量——秦宗權，被反正降將朱全忠擊潰，在關中的唐室自大順二年（891）起屢受李茂貞之箝掣[42]，已無力顧及關東之事，更重要

41　《五代史纂誤》卷中〈雜傳〉羅紹威二事：《五代史記》卷三十九〈羅紹威傳〉載：「魏博自田承嗣始有牙軍，歲久益驕，至紹威時已二百年，父子世相婚姻，以自固結……紹威乃閒遣使告梁乞兵，欲盡誅牙軍，梁太祖許之。」今按〈梁本紀〉紹威與太祖謀誅牙軍時天祐三年丙寅歲也，又按〈唐本紀〉代宗廣德元年史朝義將田承嗣以魏州降，自後田氏據有魏博者累世，廣德元年歲在癸卯，至天祐三年實一百四十四年，爾謂之二百年，則誤也。

按李茂貞在大順元年功封鳳翔隴右節度使、隴西郡王，二年即開始不甚恭順。及至天復年間朱溫西近昭宗，亦因唐室不堪李茂貞之壓迫，李茂貞最興盛時擁有岐、隴、涇、原、渭、武、秦、成、階、鳳、邠、寧、衍、鄜、坊、丹、延、梁、洋二十州，至梁末僅餘七州而已，並自始至終未能越河東、河中之地，偪促一隅，未能與羣雄逐鹿中原，詳見《五代史記》卷四十〈李茂貞傳〉。

的是長安關中之區已不如隋唐之際那樣重要，北中國出現四大軍事力量，以今日省區觀之，即山西、河北、山東、河南皖北等四分，以當時的形勢而觀之，唐昭宗大順元年（公元 890 年）時，其勢力範圍如下：

一、最強盛的首推朱全忠的河南皖北軍事集團，其勢力發展過程如下：

中和三年（883）三月，僖宗制授朱全忠宣武節度使，候收復京闕赴鎮。

中和三年（883）四月，收復長安，七月丁卯入于梁苑，略有汴、宋之地。

中和三年（883）十二月，破黃巢衆於鹿邑，引兵入亳，因是兼有譙郡之地（潁州）。

中和四年（884）四月，破賊將黃鄴，遂入陳州。俄而與李克用合擊賊於中牟，東至寃句。

光啓二年（886）十一月，襲取滑州，遂有滑臺之地。

光啓三年（887）五月，合淄州朱珍、鄆州朱瑄、兗州朱瑾，大破秦宗權主力，獲鄭。

文德元年（888）四月，破河南尹張全義與李克用聯軍，以大將丁會爲河陽留後。

文德元年（888）五月，兼有孟、洛之地。

文德元年（888）十月，大敗時溥於徐州吳康鎮，連收豐、蕭二邑，又陷宿州。

龍紀元年（889）二月，秦宗權爲部下所執，降，蔡州平。

擁有唐末宣武節度使、武寧軍節度使、忠武節度使、淮西（蔡州）節度使、義成軍節度使、東畿都防禦使、河陽三城節度使等轄區[43]。

---

43 參見《舊五代史》卷一〈梁書·太祖紀一〉。

二、河東地區的李克用軍事集團，其勢力發展過程如下：

中和三年（883）四月，收復長安，五月制以雁門以北行營節度，忻、代、蔚、朔等州觀察處置等使、代州刺史、兼太原尹北京留守充河東節度管內觀察處置使[44]。

中和三年（883）十一月，平潞州。

光啓三年（887）七月，復澤州。

龍紀元年（889），下磁州。

大順元年（890）元月，降邢、洺二州。

李克用於大順年間擁有河東（太原）節度使、昭義軍節度使等地區，而河中節度使王重榮及繼任的王重盈是李克用的忠實盟友。

三、平盧淄青地區在李正己至李師道統治六十年間，擁有鄆、曹十二州，是最盛的時期[45]。然至唐僖宗時，力量已經分散，如下：

朱瑄：光啓初（885—887），魏博節度使韓允忠攻鄆，鄆帥曹全晸爲其所害，朱瑄據城自固，三軍推爲留後，允忠敗，唐以瑄爲天平軍節度使，擁有鄆、濮、曹諸州[46]。

朱瑾：瑄之從父弟，光啓中竊虜兗州節度使齊克讓，自稱留後，授兗州節度使，擁有兗、沂、海、密州[47]。

王師範：父敬武，初爲平盧牙將，廣明元年（880）逐節度使安師儒，自爲留後，龍紀（889）中敬武卒，三軍推師範爲帥，擁有淄、青、棣、萊、登諸州[48]。

四、盧龍幽州地區擁有幽、涿、莫、瀛、嬀、檀、薊、平、營等州，是河北三鎭中幅員最廣者。

（光啓元年春〔885〕，牙將李）全忠率其餘衆掩攻幽州，（節度使李）可舉死，三軍推全忠爲留後。……全忠卒，子匡威自襲父位，稱留後。匡威素稱豪爽，屬遇亂離，繕甲燕

44　《舊唐書》卷十九下〈僖宗紀〉。

45　參見築山治三郎，《唐代政治制度の研究》，第四章，頁367-375。

46　《舊五代史》卷十三〈梁書・朱瑄傳〉及〈朱瑾傳〉。

47　同上。

48　《舊五代史》卷十三〈梁書・王師範傳〉。

薊，有吞四海之志 。赫連鐸據雲中，屢引匡威與河東爭雲代，交兵積年」[49] 。

以上是唐昭宗龍紀、大順（889—891）時，北中國的形勢。魏博六州地居這四大勢力之中心，有舉足輕重的重要性，尤其是河南的朱全忠及太原的李克用這二股最大的軍事集團，都要極力爭取魏博，魏博鎮內復由於職業軍人的態度不喜出鎮作戰，以保持其特殊情況下之既得利益爲首務，對於有野心的藩帥（如前述韓允忠）乘機擴張地盤並不支持，使得魏博並不像朱全忠、李克用輩具有對外侵略性，但魏博態度之定向 ，卻影響各集團勢力的消長 ；及整個北中國政局之演變。當文德元年（888）（即龍紀的前一年），「魏軍推小校羅弘信爲帥，弘信既立，遣使送款于汴，帝（朱全忠）優而納之」[50] 。魏博的態度較接近汴梁，但這種關係僅屬羈縻而已， 並非統轄部屬 。例如《舊五代史·梁書·太祖紀一》載，大順元年（890）十月乙酉：

帝（朱全忠）自河陽赴滑臺，時奉詔將討太原，先遣使假道於魏，魏人不從。先是，帝遣行人雷鄴告糴於魏，旣而為牙軍所殺，羅弘信懼，故不敢從命，遂通好於太原。……二年（891）春正月，魏軍屯於內黃。丙辰， 帝與之接戰， 自內黃至永定橋，魏軍五敗，斬首萬餘級，羅弘信懼，遣使持厚幣請和， 帝命止其焚掠， 而歸其俘 ， 弘信繇是感悅而聽命焉，乃收軍屯於河上。

三五年後，昭宗乾寧（894—897）期間，太原、汴梁、鄆兗等三大勢力有了衝突，立刻將居中的魏博牽引進去。初，朱全忠伐徐州時，鄆帥朱瑄出師援徐州，「太祖（朱全忠）深銜之，徐既平，太祖併兵以攻鄆，自景福元年（892）冬遣朱友裕領軍渡濟，至乾寧三年（896）宿軍齊、鄆間，大小凡數十戰」[51] ，朱瑄愈來愈承受不起朱全忠的軍

49　《舊唐書》卷一百八十〈李全忠傳·附匡威傳〉。

50　《舊五代史·梁書·太祖紀一》。

51　《舊五代史》卷十三〈梁書·朱瑄傳〉語。《舊五代史》卷一〈梁書·太祖紀一〉末略同。

事壓力，求救於李克用。《舊五代史·梁書》卷十四〈羅紹威傳〉中，詳盡地記載其後多角關係的發展經過：

> 乾寧(894—897)中，太祖(朱全忠)急攻兗、鄆，朱瑄求援於太原，時李克用遣大將李存信率師赴之，假道於魏，屯於莘縣，存信御軍無法，稍侵魏之芻牧，弘信不平之，太祖因遣使謂弘信曰：「太原志吞河朔，迴戈之日，貴道堪憂。」弘信懼，乃歸款於太祖，仍出師三萬攻李存信，敗之。未幾，李克用領兵攻魏，營於觀音門外，屬邑多拔，太祖遣葛從周援之，戰於洹水，擒克用男落落以獻，太祖令送於弘信，斬之，晉軍乃退。是時太祖方圖兗、鄆，慮弘信離貳，每歲時賂遺必卑辭厚禮，弘信每有答貺，太祖必對魏使北面拜而受之，曰：六兄比予有倍年之長，兄弟之國安得以常鄰遇之，故弘信以為厚己。……光化元年(898)八月，薨於位。紹威襲父位為留後。

(二)羅氏親朱與梁朝之建國

魏博藩帥與魏博職業軍人之間，對於處於多角關係中的態度並不完全一致，羅弘信自出任藩帥始，便略傾向於朱全忠，而職業軍人似乎想要站在中立立場，故朱全忠想索糧於魏時，使者反被魏博牙軍所殺，使羅弘信極爲尷尬，幾乎被迫倒向於太原李克用，朱全忠威恩並下，處理得當，魏博藩帥與軍士似乎又回復中間立場。及李克用軍援朱瑄，假道於魏，軍紀不佳，侵犯魏人，魏博藩帥與軍士不滿，遂有魏博與汴梁聯軍之舉，這是鎮內保衞戰，戰況甚烈，李有洹水之敗，長子落落被朱全忠軍所擒，朱全忠將其送於羅弘信，斬之。至此魏博的態度已趨明朗。復由於魏博立場明確傾向於汴梁，朱全忠得以全力對付鄆、兗諸州。《舊五代史·梁書》卷一〈太祖紀一〉載：

> (乾寧)四年(897)正月，帝以洹水之師大舉伐鄆，辛卯，營於濟水之次，龐師古令諸將撤木為橋。乙未夜，師古以中

軍先濟，聲振於鄆，朱瑄聞之，棄壁夜走，葛從周逐之，至中都北，擒瑄並其妻男以獻，尋斬汴橋下，鄆州平。己亥，帝入於鄆，以朱友裕為鄆州兵馬留後。時帝聞朱瑾與史儼兒在豐沛間搜索糧饋，惟留康懷英以守兗州，帝因乘勝遣葛從周以大軍襲兗，懷英聞鄆失守，俄又我軍大至，乃出降。朱瑾、史儼兒遂奔淮南，兗、海、沂、密等州平。

魏博阻擋河東軍援鄆、兗，卒致朱瑄、朱瑾敗亡。不僅如此，魏博也阻擋了另一股勢力的南下，幽州自劉仁恭主帥，亦謀擴大勢力，首當其衝者爲成德地區，繼則魏博[52]。

光化元年（898）四月，滄州節度使盧延彥為燕軍所攻，棄城奔於魏，魏人送於汴。……

光化二年（899）正月，幽州節度使劉仁恭大舉蕃漢兵號十萬以伐魏，遂攻陷貝州，州民萬餘戶無少長悉屠之。進攻魏州，魏人來乞師，帝遣朱友倫、張存敬、李思安等先屯於內黃，帝遂親征。三月，與燕軍戰於內黃北，燕軍大敗，殺二萬餘衆，奪馬二千餘匹，擒都將單無敵已下七十餘人。是月，葛從周自山東領其部衆，馳以救魏，翼日乘勝，諸將張存敬以下連破八寨，遂逐燕軍，北至臨清，擁其殘寇於御河，溺死者甚衆，仁恭奔於滄州。……

光化三年（900）四月，遣葛從周以兗、鄆、滑、魏之師伐滄州。五月庚寅攻德州，拔之，梟刺史傅公和於城上。己亥進攻浮陽。六月燕帥劉仁恭大舉來援，從周與諸將逆戰於乾寧軍老鵶隄，大破之，殺萬餘衆，俘其將佐馬慎交已下百餘人。……九月，帝以仁恭、進通之入寇也，皆繇鎮定為其囊橐，即以葛從周為上將以伐鎮州，遂攻下臨城，渡滹沱以環其城，帝領親軍繼至，鎮帥王鎔懼，納質請盟，仍獻文繒二

52 《舊五代史》卷二〈梁書·太祖紀二〉。

十萬以犒戎士，帝許之。……

光化三年(900)十一月，以張存敬為上將，自甘陵發軍北侵幽、薊，連拔瀛、莫二郡，遂移軍以攻中山，定帥王郜以精甲二萬戰於懷德亭，盡殪之，郜懼，奔於太原，遲明，大軍集於城下，郜季父處直持印鑰乞降，亦以繒帛三十萬為獻，帝即以處直代郜，領其鎮焉。是月，燕人劉守光赴援中山，寨於易水之上，繼為康懷英、張存敬等所敗，斬獲甚衆。由是河朔知懼，皆弭伏焉。

魏博與汴梁間的親密關係，促使朱全忠在河北順利發展。另一方面河東與河南集團鏖戰于昭義軍，互有勝負。天復元年(901)平河中節度使。天復二年(902)取鳳、隴、成、鄜州。天復三年降王師範，得青、登、萊、淄、棣州。河中落入朱全忠之手，對李克用是很大的打擊，《舊五代史》卷二十六〈唐書·武皇紀〉下謂「武皇自是不復能援京師，覇業由是中否」云云。而唐帝昭宗復入朱全忠之手，形勢猶如曹操之挾漢獻帝。

前文曾論及魏博主帥與魏博職業軍人對汴梁的態度並不十分一致，魏帥羅氏與朱全忠關係較密，且有婚姻關係(《梁書·太祖紀二》謂「帝之愛女適羅氏(弘信之子)」，然魏博職業軍人與朱全忠並不如此親密，且曾殺朱全忠使者。故有羅氏援引外力朱全忠消滅魏博牙軍之舉。時在天祐三年(906)正月，前文曾有論述，「魏之大軍方與帝軍同伐滄州，聞牙軍之死，即時奔還，帝之軍追及歷亭，殺賊幾千，餘衆乃擁大將史仁遇保於高唐，帝遣兵圍之。……四月癸未，攻下高唐，軍民無少長，皆殺之，生擒逆首史仁遇以獻，帝命支解之。未幾又攻下澶、博、貝、衞等州，皆爲魏軍殘黨所據故也。……(七月)收復相州，自是魏境悉平」[53]。在安史至五代的二百年歷史之中，戰伐頻仍，主帥屢易，但藩帥與外力合作以消滅境內部屬，尙屬罕見，由此亦可見職業軍人在魏博之特殊勢力。鎭內職業軍人蒙受重大打擊，當

53　《舊五代史》卷二〈梁書·太祖紀二〉末。

然影響到主帥的實力，所以「羅紹威雖除其逼，然尋有自弱之悔」[54]。對朱全忠而言，打擊魏境牙軍的反對勢力，與魏博節度使的關係，由羈縻而達到更有效的控制，而魏博的財力亦予朱全忠重要的支援。《舊五代史·梁書》卷十四〈羅紹威傳〉：

> 不數月，復有浮陽之役，紹威飛輓饋運，自鄴至長蘆五百里，疊跡重軌不絕於路。又於魏州建元帥府署，沿道置亭候供牲牢酒備軍幕什器，上下數十萬人，一無闕者。

凡此皆增加朱全忠篡代唐祚的資本。天祐四年（907）「正月丁亥，帝迴自長蘆，次于魏州，節度羅紹威以帝迴軍，慮有不測之患，由是供億甚至，因密以天人之望切陳之，帝雖拒而不納，然心德之」[55]。其年四月，朱全忠建國大梁，改天祐四年爲開平元年（907）。

梁國之建立，魏博已沒有中晚唐時期那樣獨立性，在實力上的消長已如上文分析，在形式上亦見端倪。「先是，河朔三鎮司管鑰、備灑掃，皆有閹人，紹威曰：此類皆宮禁指使，豈人臣家所宜畜也。因搜獲三十餘輩，盡以來獻，太祖嘉之」[56]。但魏博的重要性仍然未減，其重要性仍由於其特殊的職業軍人集團、地緣因素、及財富條件所構成。前兩項在後文陳述。梁開平年間，魏博對朱氏經濟上的貢獻非常重要，緣因朱梁兵多將廣，最需要的是糧秣。

《舊五代史·梁書》卷十四〈羅紹威傳〉：

> 開平中，加守太師兼中書令，邑萬戶。紹威嘗以臨淄、海岱罷兵歲久，儲庾山積，惟京師軍民多而食益寡，願於太行伐木，下安陽、淇門，斲船三百艘，置水運，自大河入洛口，歲漕百萬石以給宿衛，太祖深然之。會紹威遘疾革，遣使上章乞骸骨，太祖撫案動容，顧使者曰：亟行，語而主為我強飯，如有不可諱，當世世貴爾子孫以相報也。仍命其子周翰

54 《舊五代史》卷十四〈梁書·羅紹威傳〉語。

55 《舊五代史》卷三〈梁書·太祖紀三〉首。《通鑑》卷二百六十六〈後梁紀一〉開平元年，略同。

56 《舊五代史》卷十四〈梁書·羅紹威傳〉。

監總軍府。

紹威卒於開平四年（910）五月，年三十四歲。次子周翰繼之[57]，時年不詳，但至多十餘歲而已。在開平四年至乾化二年（910—912）這三年之中，以一個十幾歲的小孩與梁朱全忠相比，顯然在這二年時間內是梁中央權力最盛，而魏博力量最小的時刻。

《舊五代史・梁書》卷五〈太祖紀五〉，開平四年（910）九月（即羅紹威卒後的四月）：

辛丑，勑，魏博管內刺史比來州務並委督郵，遂使曹官擅其威權，州牧同于閒冗，俾循通制，宜塞異端。並依河南諸州例，刺史得以專達。

按嚴耕望先生之研究，謂「蓋方鎮擅權，不欲刺史預事，故特委此職，以便直接控制耳」[58]。是府院侵犯州府權力的跡象。緣因唐末之秋，中央無力控制河北三鎮，府權甚高視爲當然，此條用語當指朱全忠篡代後的開平年間事，最爲適切。引文謂敕魏博依河南諸州例，按河南諸州乃朱氏最早的根據地，亦是最有效控制的地區，有此一敕，可見梁中央權力增強。梁中央是否眞正做到將魏博依河南諸州例，不得而知。但二年以後，乾化二年（912）朱全忠卒，楊師厚又取代了羅周翰，顯然又出現了新的氣象。

（三）楊師厚（魏博節度使）與朱梁政局

楊師厚是朱全忠的重要將領，羅紹威卒後，晉軍曾大舉南侵，梁軍人馬輜重損失慘重，河朔大震，自此復以楊師厚爲北面招討使，屯兵魏博附近，收集散兵[59]。時晉軍甚盛，曾攻魏州、貝州，拔夏津、

57　《舊五代史》卷五〈梁書・太祖紀五〉，開平三年十一月己亥，「以羅周翰為天雄節度副使知府事，從鄴王紹威請也」。《通鑑考異》引〈梁功臣傳〉云：「周翰起復雲麾將軍充天雄軍節度留後，尋檢校司徒，正授魏博節度使。」

58　嚴耕望《唐史研究叢稿》，第二篇〈唐代府州僚佐考〉，頁134。

59　《通鑑》卷二百六十七〈後梁紀〉二，乾化元年正月「丁亥……梁之龍驤、神捷精兵殆盡，自野河至柏鄉，僵尸蔽地，王景仁、韓勍、李思安以數十騎走。晉兵夜至柏鄉，梁兵已去，棄糧食、資財、器械不可勝計，凡斬首二萬級。李嗣源等追奔至邢州，河朔大震，……癸巳，復以楊師厚為北面都招討使，將兵屯河陽，收集散兵，旬餘，得萬餘人。」

高唐，攻博州，拔東武、朝城，攻澶州，刺史棄城，又攻黎陽，拔臨河、淇門，逼衞州，掠新鄉、共城；會楊師厚自磁、相引兵救邢、魏，晉兵解去，邢州圍亦解，師厚留屯魏州[60]。

《舊五代史·梁書》卷六〈太祖紀六〉，乾化元年（911）六月：

> 乙卯，命北面都招討使、鎮國軍節度使楊師厚出屯邢、洺。

同書同卷乾化元年（911）十月間，梁帝朱全忠至魏縣及相州，閱校大軍：

> 丙子，帝御城東教場閱兵，諸軍都指揮、北面招討使、太尉楊師厚，總領鐵馬步甲十萬，廣亘十數里陳焉，士卒之雄銳，部隊之嚴肅，旌旗之雜遝，戈甲之照耀，屹若山岳，勢動天地，帝甚悅焉。

朱全忠並非易與之輩，當其巡居魏、相時，曾因細故而屢誅將領[61]，在魏博地區部署重兵，自有其用意。緣因自唐昭宗之時，北中國出現四大軍事集團，朱全忠妥予結合魏博羅氏，在其東併鄆、兗、淄、青，北逐河東幽燕等役，得以順利進行，梁國雖建，北方二大勢力仍在，幽燕雖未必與河東結為一體，但對抗朱、梁時則極為一致，此唇亡齒寒之勢，其理甚明。然朱全忠最怕的還是太原李氏，臨死尚不放心，據載：「帝疾增甚，謂近臣曰：我經營天下三十年，不意太原餘孽更昌熾如此，吾觀其志不小，天復奪我年，我死，諸兒非彼敵也，吾無葬地矣！因哽咽，絕而復蘇。」[62]初則安撫羅紹威，繼則安置楊師厚，在對外方面朱全忠的策略頗有功效。然而以魏博強盛的人力財力，亦時時影響梁中央的政局。

乾化二年（912）六月二日，朱全忠卒[63]，友珪即位於西京洛陽。

---

60 參見《通鑑》卷二百六十七〈後梁紀二〉乾化元年二月乙丑。

61 《舊五代史》卷六〈梁書·太祖紀六〉，乾化元年十月癸丑「閱武於州闉之南樓，左龍驤都教練使鄧季筠、魏博馬軍都指揮使何令稠、右廂馬軍都指揮使陳令勳，以部下馬瘦並腰斬於軍門。……丙辰至魏縣，先鋒將黃文靖伏誅」。

62 《通鑑》卷二百六十八〈後梁紀三〉，乾化二年五月，閏月壬戌。

63 《舊五代史》卷八〈梁書·末帝紀上〉，謂朱全忠為子友珪所弒。《通鑑》前段謂病甚，後段亦謂為友珪所弒。

另一子友貞爲東京留守行開封尹檢校司徒。東京集團謀發動政變，擁立友貞爲帝。楊師厚成爲舉足輕重的人物。初，朱全忠在世之時，楊師厚雖屯兵於魏博地區，尚不敢襲取魏州，朱全忠卒後的一個月內，楊師厚卽取代天雄節度使羅周翰。司馬光道破楊氏之心意。《通鑑》卷二百六十八〈後梁紀〉三乾化二年（912）七月[64]：

> 天雄節度使羅周翰幼弱，軍府事皆決於牙內都指揮使潘晏。北面都招討使宣義節度使楊師厚軍於魏州，久欲圖之，憚太祖威嚴，不敢發。至是師厚館於銅臺驛，潘晏入謁，執而殺之，引兵入牙城，據位視事。壬子，制以師厚為天雄節度使。

楊師厚清除了魏博不服從自己的牙軍，建立自己的職業軍人集團。《舊五代史》卷二十二〈楊師厚傳〉：

> （太祖）車駕還，師厚屯魏州，及庶人友珪篡位，魏州衙內都指揮使潘晏與大將臧延範、趙訓謀變，有密告者，師厚布兵擒捕斬之。越二日，又有指揮使趙賓夜率部軍擐甲俟旦為亂，師厚以衙兵圍捕，賓不能起，乃越城而遁，師厚遣騎追至肥鄉，擒其黨百餘人，歸斬于府門。友珪卽以師厚為魏博節度使。……師厚純謹敏幹，深為太祖知遇，委以重兵劇鎮，他莫能及，然而末年矜功恃衆，驟萌不軌之意，於是專割財賦，置銀槍効節軍，凡數千人，皆選摘驍銳，縱恣豢養，復故時牙軍之態，時人病之。

擁護朱友貞的東京開封集團，說服了楊師厚，政變乃得成功。《舊五代史》卷八〈梁書·末帝紀上〉：

> 會趙巖至東京，從（末）帝私讌，因言及社稷事，帝以誠款謀之，巖曰：「此事易如反掌，成敗在招討楊令公之手，但得一言諭禁軍，其事立辦。」巖時典禁軍，洎還洛，以謀告侍衛親軍袁象先，帝令腹心馬慎交之魏州見師厚，且言成事

64　《考異》〈梁功臣列傳〉、〈楊師厚傳〉略同。

之日賜勞軍錢五十萬緡，仍許兼鎮。愼交燕人也，素有膽辨，乃說師厚曰……師厚驚曰：「幾悞計耳！」乃令小校王舜賢至洛，密與趙巖、袁象先圖議。

《舊五代史》卷二十二〈梁書·楊師厚傳〉（《通鑑》卷二百六十八〈後梁紀〉三乾化三年〔913〕二月略同）：

末帝將圖友珪，遣使謀於師厚，深陳款効，且馳書于侍衛軍使袁象先，及主軍大將，又遣都指揮使朱漢賓率兵至滑州，以應禁旅。友珪既誅，末帝卽位於東京，首封師厚為鄴王，加檢校太師中書令，每下詔不名，以官呼之，事無巨細，必先謀於師厚，師厚頗亦驕誕。

（四）魏博銀槍効節軍之叛梁

乾化五年（卽末帝貞明元年，915）三月，楊師厚卒於鎭。由於百餘年來魏博皆很強盛，朱全忠時尚能駕御安撫，朱友珪[65] 時期及末帝朱友貞在位時，極有震主之感，汴梁君臣以爲楊師厚之死，乃天授良機，計議分魏博勢力，遂有割相、魏爲兩鎭之議。《舊五代史·梁書》卷八〈末帝紀上〉：

初，師厚握強兵據重鎮，每邀朝廷姑息，及薨，輟視朝三日，或者以為天意，租庸使趙巖、租庸判官邵贊，獻議於帝曰：「魏博六州精兵數萬，蠹害唐室百有餘年，羅紹威前恭後倨，太祖每深含怒，太祖尸未屬纊，師厚卽肆陰謀，蓋以地廣兵強，得肆其志，不如分削，使如身使臂，卽無不從

65 《舊五代史》卷二十二〈梁書·楊師厚傳〉載：「時師厚握河朔兵，威望震主，友珪患之，詔師厚赴闕，師厚乃率精甲萬人至洛陽，嚴兵于都外，自以十餘人入謁，友珪懼，禮而遣之。」

《通鑑》卷二百六十八〈後梁紀〉三乾化二年十月：「楊師厚既得魏博之衆，又兼都招討使，宿衛勁兵，多在麾下，諸鎮兵皆得調發，威勢甚重，心輕郢王友珪，遇事往往專行不顧，友珪患之，發詔召之，云有北邊軍機，欲與卿面議。師厚將行，其腹心皆諫曰：往必不測。師厚曰：吾知其為人，雖往，如我何？乃帥精兵萬餘人渡河趣洛陽，友珪大懼。丁亥，至都門，留兵於外，與十餘人入見。友珪喜，甘言遜詞以悅之，賜與巨萬。癸巳，遣還。」

也，陛下不以此時制之，寧知後之人不為楊師厚耶？若分割相、魏為兩鎮，則朝廷無北顧之患矣！」帝曰：「善」。即以平盧軍節度使賀德倫為天雄軍節度使，遣劉鄩率兵六萬屯河朔。詔曰：分疆裂土，雖賞勳勞，建節屯師，亦從機便，比者魏博一鎮，巡屬六州，為河朔之大藩，實國家之巨鎮，所分憂寄，允謂重難，將叶事機，須期通濟，但緣鎮、定賊境，最為魏、博親鄰；其次相、衛兩州，皆控澤、潞山口，兩道並連於晉土，分頭常寇於魏封，旣須日有戰爭，未若俱分節制；免勞兵力，因奔命於兩途，稍泰人心，俾安居於終日；其相州宜建節度為昭德軍，以澶、衛兩州為屬郡，以張筠為相州節度使。

汴梁君臣純以藩帥的態度與戰略地位分析，完全沒有顧及魏博職業軍人的態度與動向，職業軍人是唐末五代的重要社會勢力，分鎮事件再一次表露出此股社會勢力影響政局至大且巨。同書同卷對魏博職業軍人的動亂，有詳細的記載：

己丑，魏博軍亂，囚節度使賀德倫。是時朝廷旣分魏博六州為兩鎮，命劉鄩統大軍屯于南樂，以討王鎔為名，遣澶州刺史行營先鋒步軍都指揮使王彥章領龍驤五百騎先入於魏州，屯於金波亭。詔以魏州軍兵之半隸于相州，幷徙其家焉。又遣主者檢察魏之帑廪，旣而德倫促諸軍上路，姻族辭決，哭聲盈巷，其徒乃相聚而謀曰：「朝廷以我軍府強盛，故設法殘破，況我六州，歷代藩府，軍門父子姻族相連，未嘗遠出河門，離親去族，一旦遷於外郡，生不如死。」三月二十九日夜，魏軍乃作亂，放火大掠，首攻龍驤軍，王彥章斬關而遁，遲明，殺德倫親軍五百餘人於牙城，執德倫，置之樓上。有効節軍校張彥者，最為粗暴，膽氣伏人，乃率無賴輩數百，止其剽掠。是日，魏之士庶被屠戮者不可勝紀。帝聞之，遣使齎詔安撫，仍許張彥除郡，厚賜，將士優賞，彥等不遜，投詔於地，侮罵詔使，因迫德倫飛奏，請卻復相、衛，抽退劉鄩軍。帝復遣諭曰：「制置已定，不可改易。」如是者三，彥等奮臂南向而罵曰：「傭保兒敢如是也。」復迫德倫列其事，時有文吏司空頲者，甚有筆才，彥召見謂曰：「為我更草一狀，詞宜抵突，如更敢違，則渡河擒之。」乃奏曰：「臣累拜封章，上聞天聽，在軍衆無非共切，何朝廷皆以為閑，半月三軍切切，而戈矛未息；一城生聚皇皇，而控告無門。惟希俯鑒丹衷，苟從衆欲，須垂聖允，斷在不疑，如或四向取謀，但慮六州俱失，言非意外，事在目前。」張彥又以楊師厚先兼招討使，請朝廷依例授之，故復逼德倫奏曰：「臣當道兵甲素精，貔貅極銳，下視并、汾之敵，平吞鎮、定之人，特乞委臣招討之權，試臣湯火之節，苟無顯効，任賜明誅。」詔報曰：「魏、博寇敵接連，封疆懸遠，凡於應赴，須在師徒，是以別建節旄，各令捍禦，并、鎮則委魏、博控制，澤、潞則遣相、衛枝梧，咸逐便安，貴均勞逸，已定不移之制，宜從畫一之規，至於征伐事權，亦無定例，且臨清王領鎮之日，羅紹威守藩以來，所領事銜本無招討，祇自楊師厚先除陝、滑二帥，皆以招討兼權，因茲帶過鄴中，原本不曾落下，苟循事體，寧吝施行。況今劉鄩指鎮、定出征，康懷英往邠、岐進討，祇令統帥師旅，亦無招討使銜，切宜徧諭羣情，勿興浮議，倚注之意，卿宜體之。」詔至，張彥壞裂抵之于地，謂德倫曰：「梁主不達時機，聽人穿鼻，城中擾攘，未有所依，我甲兵雖多，須資勢援，河東晉王統兵十萬，匡復唐朝，世與大梁仇讎，若與我同力，事無不濟，請相公改圖，以求多福。」德倫不得已而從之，乃遣牙將曹廷隱奉書求援於太原。彥使德倫告諭軍城曰：「可依河東稱天祐十二年（915），此後如有人將文字於河南往來，便仰所在處置。」

引文中「効節軍校」者，即楊師厚所新編「銀槍効節軍的軍校」，觀其與「我六州歷代藩府，軍門父子，姻族相連，未嘗遠出河門，離親去族」等前後連用，可知魏博之職業軍人前後是一脈相承的，橫切面關係則姻族相連，其特性之一是不喜遠離本地。亦不願被拆散的集團。効節軍校張彥爲魏軍首領，與梁末帝多次談判不成，轉而要脅藩帥賀德倫舉魏博以附太原，這是一個很大的變局，從此梁唐形勢改變。

五、後唐鄴都六州時期

（一）李存勗（莊宗）得魏博與其得中原

在梁末時代，當楊師厚雄居魏博之時，其在南北交兵扮演極重要極有成效的角色，下面有三段較大戰役的記載。

> 乾化二年（912）十一月，趙將王德明將兵三萬掠武城，至于臨清，攻宗城，下之。癸丑，楊師厚伏兵唐店邀擊，大破之，斬首五千餘級[66]。
>
> 乾化三年（913）五月乙巳，天雄軍節度使楊師厚及劉守奇率魏、博、邢、洺、徐、兗、鄆、滑之衆十萬，討鎮州。……
> ……滄州降[67]。
>
> 乾化四年（914）七月，晉王率師自黃澤嶺東下寇邢、洺，魏博節度使楊師厚軍于漳水之東，晉將曹進金來奔，晉軍遂退[68]。

第三個戰役是與晉王李存勗作戰，時晉王於前一年〔即乾化三年（913），或天祐十年〕十二月破執燕王劉仁恭父子，鎮州王鎔、定州王處直請降，李存勗「選日受册，開霸府建行臺，如武德故事」[69]，聲

66　《通鑑》卷二百六十八〈後梁紀三〉乾化二年十一月。
67　《舊五代史・梁書》卷八〈末帝紀上〉。
68　同上。
69　《舊五代史》卷二十八《唐書四》〈莊宗紀二〉，天祐十一年。

勢甚爲強盛。亦是北中國由三大勢力併爲二大勢力之始，晉王就在這一年〔乾化四年（914），或天祐十一年〕七月舉兵南下，爲楊師厚逐退，亦可見魏博在二大勢力交戰時的重要性。

貞明元年（915）（卽天祐十二年）三月楊師厚卒，是月二十九日魏軍作亂，魏博六州降晉，《舊五代史》卷二十八《唐書四》〈莊宗紀二〉載當時受降經過：

> （魏軍）迫德倫歸於帝（莊宗），且乞師為援。帝命馬步副總管李存審自趙州帥師屯臨清，帝自晉陽東下與存審會。賀德倫遣從事司空頲至軍，密啓張彥狂勃之狀，且曰：「若不翦此亂階，恐貽後悔。」帝默然，遂進軍永濟，張彥謁見，以銀槍効節五百人從，皆被甲持兵以自衛，帝登樓諭之曰：汝等在城濫殺平人，奪其妻女，數日以來迎訴者甚衆，當斬汝等以謝鄴人，遽令斬彥及同惡者七人，軍士股慄，帝親加慰撫而退。翌日，帝輕裘緩策而進，令張彥部下軍士被甲持兵環馬而從，命為帳前銀槍，衆心大服，梁將劉鄩聞帝至，以精兵萬人自洹水趣魏縣，帝命李存審帥師禦之，帝率親軍於魏縣西北夾河為柵。六月庚寅朔，帝入魏州，賀德倫上符印，請帝兼領魏州，帝從之[70]。

李存勗不但得到魏博，且收服了魏博職業軍團的主力銀槍効節軍，以爲己用。朱梁的頹勢，可從末帝賜其大將劉鄩詔書得知。《舊五代史》卷二十三《梁書》〈劉鄩傳〉載：

> 詔曰：閫外之事，全付將軍，河朔諸州，一旦淪沒，勞師弊旅，患難日滋，退保河壖，久無鬬志。……

繼之出現一幕梁唐兩大勢力魏博爭奪戰，《舊五代史》卷二十八《唐書四》〈莊宗紀二〉：

70　《通鑑》卷二百六十九〈後梁紀四〉貞明元年六月，「庚寅朔，賀德倫帥將吏請晉王入府城慰勞。既入，德倫上印、節，請王兼領天雄軍，王固辭……德倫再拜……王乃受之。」

天祐十二年（915）六月庚寅，李存勗入魏州。

七月，梁澶州刺史王彥章棄城而遁。李存勗中梁劉鄩之伏，脫走於魏縣郊。

七月，劉鄩潛趣晉陽，退還邢州，再駐貝州。梁唐大軍對壘莘縣。

八月，梁將賀瓌襲取澶州。

天祐十三年（916）二月，梁唐決戰于莘縣，梁步兵七萬被殲亡殆盡。

三月，唐攻衛州，刺史米昭以城降。

四月，唐攻洺州，下之。

八月，唐進攻邢州，相州節度使張筠棄城遁去，邢州亦降。

九月，梁滄州節度使戴思遠棄城遁去。

九月，唐平貝州。

至是河朔悉爲唐所有，梁末帝聞劉鄩兵敗於莘縣，王檀攻晉陽不克，即曰：吾事去矣！事實上當時朱梁所統治的幅員仍比李唐爲廣[71]，且李氏北鄰之契丹方興未艾，是年（天祐八年）（911）八月契丹入侵蔚州，唐大將振武節度使李嗣本陷於契丹。然而李存勗得魏博正如當年朱全忠之得魏博，朱全忠以此北脅幽、鎮、河東，李存勗如今亦以此南侵鄆、兗、汴、洛。很明顯的跡象是當李存勗兼領魏博天雄軍節度使之後，大部分時間駐軍於魏州，而當其至魏州時，亦正是遊刄河南之秋。

71　《通鑑》卷二百七十二〈後唐紀一〉同光元年四月，莊宗稱帝時，「時唐國所有，凡十三節度，五十州」。今註「十三節度，蒲州河中、同州忠武、魏州天雄、邢州安國、鎮州成德、定州義武、滄州橫海、幽州盧龍、朔州振武、雲州大同、代州雁門、幷州河東、潞州安義，而安義附梁，但十二節度，莊宗又以符習爲天平節度使，天平治鄆州，時屬梁，唐未能有也。五十州，蒲、同、魏、博、貝、澶、相、邢、洺、磁、鎮、冀、深、趙、易、祁、定、滄、景、德、瀛、莫、幽、涿、檀、薊、順、營、平、蔚、朔、雲、應、媯、儒、武、忻、代、嵐、石、憲、麟、府、幷、汾、慈、隰、澤、沁、遼，新州時陷契丹，潞州附梁，故不在五十州之中。」按《五代史記》卷六十〈職方考〉，減去魏博等十六州，梁實際控制州尚有五十四。

《舊五代史·唐書》卷二十八〈莊宗紀二〉：

天祐十三年(916)七月，帝自晉陽至魏州。八月大閱師徒，進攻邢州、相州，皆下之。

十三年(916)九月，帝還晉陽，北禦契丹。

十三年(916)九月，帝自晉陽復至于魏州，與梁劉鄩殘兵相拒於黎陽。

十四年(917)十月，帝自魏州還晉陽。

十四年(917)十一月，復至魏州，十二月渡河破梁楊劉城。十五年(918)正月，徇地鄆、濮。

十五年(918)六月，自魏州復至楊劉城，大破梁軍於河。

十五年(918)八月，辛丑朔，大閱于魏郊，河東、魏博、幽、滄、鎮、定、邢、洺、麟、勝、雲、朔十鎮之師，及奚、契丹、室韋、吐渾之衆十餘萬，部陣嚴肅，旌甲照曜，師旅之盛，近代爲最。

十五年(918)十二月，令軍中老幼歸魏州，悉兵以趣汴。……帝與李存審總河東、魏博之衆居其中，周德威以幽、薊之師當其西，鎮、定之師當其東。梁將賀瓌、王彥章全軍接戰，帝以銀槍軍突入梁軍陣中，斬擊十餘里，……帝率軍先登，銀槍步兵繼進，遂奪其山，梁軍紛紜而下。……銀槍都將王建及呼士衆曰：今日所失淄重並在山下。乃大呼以奮擊，諸軍繼之，梁將大敗。……遂拔濮陽。

十六年(919)正月還魏州，四月帝以重賄召募能破賊艦者……王建及……選効節軍勇士三百人立功。

十六年(919)七月，帝歸晉陽。十月，帝自晉陽至魏州，與梁軍接戰。

十六年(919)十二月，帝軍於河南，破梁王瓚。

十八年(921)十月，帝大破梁將戴思遠於德勝北城。十一月帝至鎮州。

> 十九年(922)正月，帝至新城禦契丹。聞德勝北城遭梁軍攻，危急，自幽州倍道兼行以赴，梁人聞帝至，燒營而遁。
>
> 二十年(923)三月，築即位壇于魏州牙城之南。四月即皇帝位。改天祐二十年為同光元年。
>
> 二十年(923)四月，升魏州為東京興唐府。襲取鄆州。

初，朱梁政變，居汴州的朱友貞（即其後末帝）勝居洛州的朱友珪，朱友貞即位後自此長駐汴州。另一方面李存勗自得魏博以後大部分時間長駐魏州。自天祐十二年(915)至天祐二十年(923)這九年之中，這兩個敵對政權重心的地理距離甚近。居兩者之間的滑州一直在朱梁之手，相、澶、衞三州則成拉鋸狀態，得而復失，失而復得，雙方重兵相疊，進益甚爲困難，李存勗獲鄆州後，自東方向西南進行一次大規模的奇襲，避過梁滑州的軍旅，下曹州，速破汴州，梁亡。

魏博及其職業軍人在梁後唐之爭時的重要性，已如上文所述。（後）唐得霸主以後，莊宗似乎一度亦有魏博分鎭的想法。《五代史記》卷二十六〈符習傳〉（《舊史》卷五十九〈唐書・符習傳〉略同）：

> （莊宗）乃以相、衛二州為義寧軍，以習為節度使。習辭曰：魏博六州，霸王之府也，不宜分割，以示弱。願授臣河內一鎮。……

這僅是莊宗曇花一現的念頭，同時當時客觀條件仍需要如此強府，故並未眞正實行分鎭。所以從其後歷史發展而觀之，魏博對後唐中央的影響力及重要性，並不亞於楊師厚帥魏博時對於朱梁之影響。

在天祐二十年(923)四月李存勗即皇帝位於魏州之時，興唐府（即東京魏州）成爲另一個朝廷，李存勗在名義上自不便再稱天雄節度使，故唐莊宗同光元年(923，即天祐二十年)四月己巳，「以魏博節度判官王正言爲禮部尚書行興唐尹」[72]，然王正言恐僅爲文職的

72　《舊五代史》卷二十九〈唐書・莊宗紀三〉。《通鑑》卷二百七十二〈後唐紀〉一同光元年四月己巳（二十五日）。

府尹，天雄節度使的軍政當仍屬長駐興唐府的莊宗直隸，同光元年（923）十月己卯[73]初九，梁亡，是月戊戌，卽二十八日，「以開府儀同三司檢校太傅北都留守興聖宮使判六軍諸衞事李繼岌爲檢校太尉同平章事充東京留守」[74]。按唐莊宗諸子之中，皇子繼岌最受重視，當李存勗駐魏博與朱梁鏖戰之末期，契丹大舉入侵幽、定，卽以繼岌充北都留守，北都卽鎭州。及李存勗入汴之初，又調繼岌爲東京留守，從其官銜可知其與王正言行興唐尹不同，繼岌掌有軍民政大權，是鎭帥之任。次月（十一月）丁巳（十七日），命張憲爲東京副留守、知留守事[75]，次年（同光二年，924）三月庚申（二十二日），「皇子繼岌代張全義判六軍諸衞事」[76]。

（二）李嗣源（明宗）與銀槍効節軍

魏博地區自李繼岌西調入京以後，並無統一事權的大臣或大將居鎭，其情況爲：以王正言代張憲爲興唐尹充鄴都副留守知留守事[77]，以武德使史彥瓊居鄴，以魏博指揮使楊仁晸駐貝州，澶州刺史則爲朱建徽，實際上事權亦不統一，如《舊五代史・唐書》卷三十四〈莊宗紀八〉，同光四年（926）載：

> （二月）以樂人景進為銀青光祿大夫檢校右散騎常侍守御史大夫，進以俳優嬖幸，善采訪閭巷鄙細事以啓奏，復密求妓媵以進，恩寵特厚。魏州錢穀諸務及招兵市馬，悉委進監臨。……
>
> （王）正言年耄風病，事多忽忘，比無經治之才。武德使史

---

73 《舊五代史》卷三十〈唐書・莊宗紀四〉。《通鑑》卷二百七十二〈後唐紀〉一同光元年四月己卯（初九）。

74 《舊五代史》卷三十〈唐書・莊宗紀四〉。《通鑑》卷二百七十二〈後唐紀〉一同光元年十月戊戌（二十八日）。
按吳廷燮〈五季方鎮年表下・天雄節度〉條，謂「同光元年十一月戊戌，北京留守繼岌為東京留守同平章事」，誤，應作十月。

75 《通鑑》卷二百七十二〈後唐紀一〉同光元年十一月丁巳。

76 《通鑑》卷二百七十三〈後唐紀二〉同光二年三月庚申。

77 《舊五代史》卷六十九〈唐書・王正言傳〉，同光三年冬代張憲為興唐尹留守。

> 彥瓊者以伶官得幸，帝待以腹心之任，都府之中威福自我，正言已下皆脅肩低首，曲事不暇，由是政無統攝，姦人得以窺圖。

魏博的職業軍人就在這種情況下，漸漸掀起動亂。同書同卷載：

> 上歲（同光三年，925）天下大水，十月鄴地大震，自是居人或有亡去他郡者，每日族談巷語云：「城將亂矣！」人人恐悚，皆不自安。……
>
> 洎郭崇韜伏誅，人未測其禍始，皆云崇韜已殺繼岌，自王西川，故盡誅郭氏。先是，有密詔，令史彥瓊殺朱友謙之子澶州刺史建徽，史彥瓊夜半出城，不言所往，詰旦閽報正言曰：「史武德夜半馳馬而去，不知何往。」是日，人情震駭，訛言云：「劉皇后以繼岌死於蜀，已行弒逆，帝已晏駕，故急徵彥瓊。」其言播於鄴市，貝州軍士有私寧親於（鄴）都下者，掠此言傳於貝州，軍士皇甫暉等因夜聚蒲博不勝，遂作亂，刼都將楊仁晸，曰：「我輩十有餘年為國家効命，甲不離體，已至吞併天下，主上未垂恩澤，翻有猜嫌，防戍邊遠，經年離阻鄉國，及得代歸，去家咫尺，不令與家屬相見，今聞皇后弒逆，京邑已亂，將士各欲歸府寧親，請公同行。」仁晸曰：「汝等何謀之過耶！今英主在上，天下一家，從駕精兵不下百萬，西平巴蜀，威振華夷，公等各有家族，何事如此。」軍人乃抽戈露刃……仁晸曰：「吾非不知此，但丈夫舉事，須計萬全。」軍人即斬仁晸。裨將趙在禮聞軍亂，衣不及帶，將踰垣而遁，亂兵追及，白刃環之，曰：「公能為帥否，否則頭隨刃落」。在禮懼，即曰：「吾能為之。」衆遂呼譟，中夜燔刼貝郡，詰旦，擁在禮趨臨清，剽永濟館陶。五日晚，有自貝州來者，言亂兵將犯都城，都巡檢使孫鐸等急趨史彥瓊之第，告曰：「賊將至矣！請給鎧仗登陴拒守。」彥瓊曰：「今日賊至臨清，計程

> 六日方至，為備未晚。」孫鐸曰：「賊來寇我必倍道兼行，一朝失機，悔將何及，請僕射率衆登陴，鐸以勁兵千人伏於王莽河逆擊之，賊既挫勢，須至離潰，然後可以剪除，如俟其凶徒薄於城下，必慮奸人內應，則事未可測也。」彥瓊曰：「但訓士守城，何須即戰。」時彥瓊疑孫鐸等有他志，故拒之。是夜三更，賊果攻北門，彥瓊時以部衆在北門樓，聞賊呼譟，卽時驚潰，彥瓊單騎奔京師。遲明，亂軍入城，孫鐸與之巷戰，不勝，携其母自水門而出，獲免。晡晚，趙在禮引諸軍據宮城，署皇甫暉、趙進等為都虞候斬斫使，諸軍大掠。興唐尹王正言謁在禮，望塵再拜，是日，衆推在禮為兵馬留後。……辛丑，元行欽至鄴都，進攻南門，以詔書招諭城中，趙在禮獻羊酒勞軍，登城遙拜行欽曰：「將士經年離隔父母，不取勅旨歸寧，上貽聖憂，追悔何及。……」庚戌，諸軍大集於鄴都，進攻其城，不克。

除魏博以外，「趙太據邢州，王景戡據滄州，自爲留後，河朔郡邑多殺長吏」（同書同卷），時李繼岌大軍阻兵於西，無法調回，後唐莊宗不得已，卽派大將李嗣源赴魏博平反，李嗣源至鄴都，爲親軍、叛軍及各路兵馬所擁，成爲一個新的領導中心，與洛陽後唐中央對抗，《舊五代史》卷三十五〈唐書・明宗紀一〉詳載當時魏博諸軍擁立之情形如下[78]：

> （同光四年）(926) 三月六日，帝（李嗣源）至鄴都，趙在禮等登城謝罪，出牲餼以勞師，帝亦慰納之，營於鄴城之西南，下令以九日攻城。八日夜，軍亂，從馬直軍士有張破敗者，號令諸軍各殺都將，縱火焚營，讙譟雷動，至五鼓，亂兵逼帝營，親軍搏戰，傷痍者殆半，亂兵益盛。帝叱之，責其狂逆之狀，亂兵對曰：「昨貝州戍兵，主上不垂厚宥，又聞鄴城平定之後，欲盡坑全軍。某等初無叛志，直畏死耳，

78　《通鑑》卷二百七十四〈後唐紀三〉同光四年三月壬戌（六日），略同。

已共諸軍商量，與城中合勢，擊退諸道之師，欲主上帝河南，請令公帝河北。」帝泣而拒之，亂兵呼曰：「令公欲何之？不帝河北則為他人所有，苟不見幾，事當不測！」抽戈露刃，環帝左右，安重誨、霍彥威躡帝足，請詭隨之，因為亂兵迫入鄴城。懸橋已發，共扶帝越濠而入，趙在禮等歡泣奉迎。是日饗將士於行宮，在禮等不納外兵，軍衆流散無所歸向，帝登南樓謂在禮曰：「欲建大計，非兵不能集事，吾自於城外招撫諸軍。」帝乃得出，夜至魏縣，部下不滿百人，時霍彥威所將鎮州兵五千人獨不亂，聞帝旣出，相率歸帝。詰朝，帝登城掩泣曰：「國家患難一至于此！來日歸藩上章，徐圖再舉。」安重誨、霍彥威等曰：「此言非便也，國家付以閫外之事，不幸師徒逗撓，為賊驚奔，元行欽狂妄小人，彼在城南，未聞戰聲，無故棄甲，如朝天之日，信其奏陳，何所不至。若歸藩聽命，便是強據要君，正墮讒慝之口也。正當星行歸闕，面叩玉階，讒間沮謀，庶全功業，無便於此者也。」帝從之。

待李嗣源師次汴州，後唐莊宗亦引兵東向，然莊宗軍士漸漸離散，卒被亂軍所殺。李嗣源入洛即帝位，是爲後唐明宗。

（三）魏博職業軍人主力第二次遭受打擊

後唐明宗雖因魏博而得帝位，但對於魏博職業軍人的勢力，實不容忽視，故即位後將魏博職業軍人的主力銀槍効節軍北調盧臺，一則可以防契丹，二則離其巢穴，然後又設計屠殺，《舊五代史》卷三十八〈唐書·明宗紀四〉，天成二年（927）四月[79]。

辛巳朔，房知溫奏：「前月二十一日，盧臺戍軍亂，害副招

---

79 司馬光記載此一事件的緣因，亦帶有職業軍人經濟索求之故。《通鑑》卷二百七十四〈後唐紀三〉同光三年十二月：「初，帝（莊宗）得魏州銀槍效節都近八千人以為親軍，皆勇悍無敵。夾河之戰，實賴其用，屢立殊功，常許以滅梁之日，大加賞賚。旣而河南平，雖賞賚非一，而士卒恃功，驕恣無厭，更成怨望。是歲大饑，民多流亡，租賦不充，道路塗潦，漕輦艱澀，東都倉廩空竭，無以給軍士。……」

討寧國軍節度使烏震，尋與安審通斬殺亂兵訖。」帝聞之，廢朝一日。……

詔：「盧臺亂軍龍晊所部鄴都奉節等九指揮三千五百人，在營家口骨肉並可全家處斬。」龍晊所部之衆，卽梁故魏博節度使楊師厚之所招置也，皆天下雄勇之士，目其都爲銀槍効節，僅八千人，師厚卒，賀德倫不能制，西迎莊宗入魏，從征河上，所向有功。莊宗一統之後，雖數頒賚而驕縱無厭。同光末，自貝州劫趙在禮，據有魏博。及帝纘位，在禮冀脫其禍，潛奏願赴朝覲，遂除皇子從榮爲帥，乃令北禦契丹，是行也，不支甲冑，惟幟於長竿表隊伍而已，故俛首遄征。在途聞李嚴爲孟知祥所害，以爲劍南阻絕，互相煽動，及屯於盧臺，會烏震代房知溫爲帥，轉增浮說，震與房知溫博于東寨，日亭午，大譟於營外，知溫上馬出門，爲甲士所擁，且曰：「不與兒郎爲主，更何處去？」知溫紿之曰：「馬軍皆在河西，步卒獨何爲也！」遂得躍馬登舟，濟於西岸，安審通戢騎軍不動，知溫與審通謀，伺便攻之，令亂兵卷甲南行，騎軍徐進，部伍嚴整，叛者相顧失色，例炬宵行，疲於荒澤，遲明，潛令外州軍別行，知溫等遂擊亂軍，橫尸於野，餘衆復趨舊寨，至則已焚之矣！翌日，盡戮之，脫於叢草溝塍者，十無二三，迨夜竄於山谷，稍奔於定州，及王都之敗，乃無噍類矣！

整個事件的緣起、發展、與結果都與天祐時羅紹威殺其魏博牙軍極爲類似，銀槍効節軍雖然覆滅，但職業軍人並未消滅，因爲職業軍人在安史至五代末成爲一種社會層面，且是社會上最有勢力的層面，各府各鎮皆有此現象存在，就以魏博而言，牙軍或銀槍軍僅是魏博職業軍人中最囂張的那一羣而已，他們勢力的表露影響到政局的發展，同時亦引起政治力的猜忌，尤其魏博地區的戰略地位及在北中國地區的經濟比重，更引起政治中心的重視。

(四)權臣輪鎮鄴都與後唐之政局

自明宗即位以後至後唐亡這段時期，後唐中央任命坐鎮魏博的人選如下：

1. 明宗天成元年(926)初，次子榮明授鄴都留守天雄軍節度使(長子從審已死)。天成二年(927)十二月末，從榮移鎮太原。天成三年(928)正月十七日，帝幸鄴都。
2. 明宗天成三年(928)四月，以石敬瑭爲鄴都留守充天雄軍節度使加同平章事。天成四年(929)六月，鄴都仍爲魏府。長興元年(930)二月，天雄節度使石敬瑭兼御營使。長興二年(931)四月，天雄軍節度使石敬瑭兼六軍諸衞副使。
3. 明宗長興二年(931)六月，以鎭州節度使宋王從厚(明宗第三子)爲興唐尹，鎭鄴。石敬瑭移鎭河陽。長興三年(932)五月，以天雄軍節度使宋王從厚兼中書令。長興四年(933)十二月迎從厚爲帝，是爲後唐閔帝。
4. 閔帝應順元年(934)二月，以范延光權知鄴都留守事。三月范延光爲檢校太師兼侍中行興唐尹充天雄軍節度使北面水陸轉運制置使。

以上四位都是後唐、後晉之際政壇上重要人物。李從榮在明宗之末長興四年(933)任河南尹天下兵馬大元帥，儼然如皇位繼承者，唯最後在政變中敗死[80]。石敬瑭爲明宗之婿，後爲晉高祖。李從厚是乃兄從榮之外的重要勢力，明宗末居魏博，從榮敗死，從厚自鄴入京，是爲閔帝。范延光事蹟下文再論。

後唐閔帝不是征戰而得天下，是由大臣迎奉而登帝位，兼以年事尚輕，甚難駕御部屬，職業軍人的性格表露於中央的禁衞軍，他們爲財富而作戰，見於與潞王之戰時。《舊五代史》卷四十五〈唐書・閔帝紀〉應順元年(934)三月：

80　《舊五代史》卷五十一〈唐書・宗室列傳・秦王從榮〉。

> 帝召侍衛都將以下宣曰：「……今據府庫，悉以頒賜，卿等勉之。」乃出銀絹錢厚賜於諸軍，是時方事山陵，復有此賜，府藏為之一空。軍士猶負賞物揚言于路曰：「到鳳翔更請一分。」其驕誕無畏如是。辛酉，幸左藏庫，視給將士金帛。……乙亥宣諭西面行營將士，俟平鳳翔日人賞二百千，府庫不足，以宮闈服翫增給。

在另一端的鳳翔節度使潞王從珂，亦以財物給賞職業軍人，從珂卒勝，是爲末帝。《舊五代史》卷四十六〈唐書·末帝紀〉載[81]：

> 率居民家財以賞軍士，是日，帝（從珂）整衆而東，二十日，次長安，副留守劉遂雍以城降，率京兆居民家財犒軍。……（四月）丙子，詔河南府率京城居民之財以助賞軍。丁丑，又詔預借居民五個月房課，不問士庶，一概施行。帝素輕財好施，自岐下為諸軍推戴，告軍士曰：「候入洛人賞百千。」至是以府藏空匱，於是有配率之令，京城庶士自絕者相繼。……癸未，太后太妃出宮中衣服器用以助賞軍。……壬辰，詔賜禁軍及鳳翔城下歸命將校錢帛各有差。初，帝離岐下，諸軍皆望以不次之賞，及從至京師，不滿所望，相與謠曰：「去卻生菩薩（閔帝小字菩薩奴），扶起一條鐵。」其無厭如此。

閔帝將士不力戰，輕騎出京，西北行至衞州，被石敬瑭截獲，被殺。

81　《通鑑》卷二百七十九〈後唐紀八〉清泰元年四月庚寅：「有司百方斂民財（為軍士賞錢），僅得六萬，帝（潞王）怒，下軍巡使獄，晝夜督責，囚繫滿獄，至自經赴井，而軍士遊市肆，皆有驕色。市人聚詬之曰：『汝曹為主力戰，立功良苦，反使我輩鞭胸杖背，出財為賞，汝曹猶揚揚自得，獨不愧天地乎？』是時竭左藏舊物及諸道貢獻，乃至太后、太妃器服、簪珥，皆出之，纔及二十萬緡，帝患之。李專美夜直，帝讓之曰：『卿名有才，不能為我謀此，留才安所施乎？』專美謝曰：『臣駑劣，陛下擢任過分，然軍賞不給，非臣之責也。竊思自長興之季，賞賚亟行，卒以是驕，繼以山陵，及出師，帑藏遂涸，雖有無窮之財，終不能滿驕卒之心，故陛下拱手於危困之中，而得天下。夫國之存亡，不專繫於厚賞，亦在脩法度、立紀綱，陛下苟不改覆車之轍，臣恐徒困百姓，存亡未可知也！今財力盡於此矣！宜據所有均給之，何必踐初言乎？』帝以為然。壬辰，詔禁軍在鳳翔歸命者自楊思權、尹暉等各賜二馬一駝、錢七十緡，下至軍人，錢二十緡，其在京者各十緡。軍士無厭，猶怨望，為謠言曰：『除去菩薩，扶立生鐵。』」

范延光是鄴郡臨漳人，少隸于郡牙，後唐明宗早年牧相州時收爲親校，明宗爲帝時爲樞密使加同平章事，明宗長興（930—933）中，皇子從榮勢盛，儼若太子，然日益趨向文質的從榮與唐末五代行伍出身大臣間有巨大的心理障礙[82]，洛陽政情不穩，朝廷大臣紛紛求居外職[83]，范延光亦請藩帥[84]，長興四年（933）十月爲鎭州節度使。閔帝自鄴入洛，應順元年（934）二月以范延光權知鄴都留後事，三月延光行興唐尹充天雄軍節度使北面水陸轉運制置使[85]。明年（末帝清泰二年）（935），二月延光移鎭汴州，末帝加皇子重美——原鎭州節度使兼河南尹判六軍諸衞事左右街坊使——檢校太尉同平章事充天雄軍節度使[86]，不久，重美內調，帝命劉后之弟劉延皓爲鄴都留守[87]，「延皓御軍失政，爲屯將張令昭所逐」。按「延皓始以后戚自藩邸出入左右，甚以溫厚見稱，故末帝嗣位之後，委居近密，及出鎭大名，而所執一變，掠人財賄，納人園宅，聚歌僮爲長夜之飲，而三軍所給不時，內外怨之，因爲令昭所逐」[88]，這個外戚顯然不能駕御魏博的職業軍人，次月（末帝清泰二年〔935〕六月），復以范延光爲天雄軍四面招討使知行府事，又次月（七月），延光收復鄴都，壬子「詔范延光誅張令昭部下五指揮及忠銳忠肅兩指揮，繼范延光奏追兵遣襲張令

82 參見《五代史補》：「秦王（從榮），明宗之愛子，好爲詩詞，判河南府辟高輦爲推官，輦尤能詩，賓主相遇甚歡，自是出入門下者，當時名士有若張杭、高文蔚、何仲舉之徒，莫不分庭抗禮，更唱迭和。時干戈之後，武夫用事，睹從榮所爲皆不悅，于是康知訓等竊議曰：秦王好文，交遊者多詞客，此子若一旦南面，則我等轉死溝壑，不如早圖之。……」《舊五代史·唐書》卷五十一〈宗室列傳·秦王從榮〉，亦有類似記載。

83 《舊五代史·唐書》卷四十四〈明宗紀十〉：「（長興四年八月）辛未，秦王從榮以本官充天下兵馬大元帥。……九月戊戌，以樞密使趙延壽爲汴州節度使，以襄州節度使朱宏昭爲檢校太尉同平章事充樞密使。時范延光、趙延壽相繼辭退樞密務，及朱宏昭有樞密之命，又面辭訴，帝叱之曰：爾輩皆欲離朕左右，怕在眼前，素養爾輩將何用也。宏昭退謝不復敢言。」

84 《舊五代史》卷九十七《晉書·范延光傳》：「……爲樞密使加同平章事，旣而以秦王從榮不軌，恐及其禍，屢請外任，明宗久之方許，遂出鎭常山。」

85 《舊五代史》卷四十五〈唐書·閔帝紀〉，應順元年。

86 《舊五代史》卷四十七〈唐書·末帝紀中〉，清泰二年。

87 《舊五代史》卷四十七〈唐書·末帝紀中〉，清泰二年五月。

88 《舊五代史》卷六十九〈唐書·劉延皓傳〉，《通鑑》卷二百八十〈後晉紀一〉天福元年五月。

昭部下敗兵至邢州沙河，斬首三百級，并獻張令昭、邢立、李貴等首級，又奏獲張令昭同惡捧聖指揮使米全以下諸指揮使都頭凡十三人，并磔於府門。……洺州奏擒獲魏府作亂捧聖指揮使馬彥柔以下五十八人，邢、磁州相次擒獲亂兵，並送京師，彰聖指揮使張萬廸以部下五百騎叛入太原。」[89] 就在魏博多變不安的時期，清泰三年（936）五月石敬瑭叛于太原[90]，故有魏博殘兵奔太原之事。

六、晉漢周鄴都分鎮時期

（一）石敬瑭（晉高祖）與范延光（魏博節度使）之爭、與晉初魏博分鎮

時契丹漸漸興起，後唐末帝號令諸軍加兵於石敬瑭，石敬瑭懼，求助契丹，若非雄據幽州十餘年的趙德鈞父子「覦寇要君」[91]，則契丹石敬瑭聯軍未必戰勝唐各藩鎮之合軍[92]，范延光亦未盡力[93]，晉「高祖入洛，尋封臨清王，以寬其（范延光）反側」，在晉天福（936—943）初期，這股勢力積極擴張人力與儲備財力，與晉中央對抗之勢越趨明顯。

《舊五代史》卷九十七〈晉書・范延光傳〉載：

> 後延光擅殺齊州防禦使祕瓊，而聚兵部下，復收部內刺史入

---

89 《舊五代史》卷四十八〈唐書・末帝紀下〉，清泰三年七月。

90 《舊五代史》卷四十八〈唐書・末帝紀下〉，清泰三年五月。

91 《舊五代史》卷九十八〈晉書・趙德鈞傳〉中唐末帝語。《舊五代史》卷四十八〈唐書・末帝紀下〉同。

92 《通鑑》卷二百八十〈後晉紀一〉天福元年閏十一月：「（遼）太后問（趙德鈞）曰：汝近者何為往太原？德鈞曰：奉唐主之命。太后曰：汝從吾兒求為天子，何妄語耶？又自指其心曰：此不可欺也。又曰：吾兒將行，吾戒之云，趙大王若引兵北向渝關，亟須引歸，太原不可救也，汝欲為天子，何不先擊退吾兒，徐圖亦未晚，汝為人臣既負其主，不能擊敵，……何面目復求生乎？德鈞俛首不能對。」

93 《舊五代史》卷四十八〈唐書・末帝紀下〉，清泰三年十一月：「以趙德鈞為諸道行營都統……以范延光為河東道東南面行營招討使。……德鈞曰：既以兵相委，焉敢惜死。德鈞志在併范延光軍，奏請與延光會合，帝以詔諭延光，延光不從。」《舊五代史》卷九十七〈晉書・范延光傳〉：「高祖（石敬瑭）建義於太原，唐末帝遣延光以本部二萬屯遼州，與趙延壽掎角合勢，及延壽兵敗，延光促還，故心不自安。」

> 城，（晉）高祖甚疑之，乃東幸夷門。時延光有牙校孫銳者，與延光有鄉曲之舊（按延光是鄴郡臨漳人），軍機民政，一以委焉，故魏博六州之賦無半錢上供，符奏之間有不如意者，銳即對延光毀之，其凶戾也如此。

天福二年（937）六月，范延光正式叛晉，雙方互有勝負，晉高祖因軍事及漕運之故[94]，命禁軍與藩鎮軍齊進，以期擊潰魏博，解除汴、洛威脅，相持到天福三年（938）八月[95]，范延光以優厚條件投降[96]。

范延光移鎮以後，晉高祖採取幾項步驟以加強控制魏博[97]。

其一，升相州爲彰德軍，置節度觀察使，以澶、衞二州爲屬郡，其澶州仍升爲防禦州，移于德勝口爲治所。升貝州爲永清軍，置節度觀察使，以博、冀二州爲屬郡[98]。分鎮之議在梁末帝時已圖實施，然當時魏博本鎮內職業軍人勢力極盛，引起兵變，魏博倒向太原，卒關鍵梁後唐之興亡。已如前文所述。如今似乎地區性的職業軍人已不如以前強盛，銀槍効節軍瓦解，故晉高祖之措施未遇抗力。晉析魏博尤

94　《通鑑》卷二百八十一〈後晉紀二〉天福二年三月：「……范延光聚卒繕兵，悉召巡內刺史集魏州，將作亂，會帝謀徙都大梁，桑維翰曰：大梁北控燕、趙，南通江淮，水陸都會，資用富饒，今延光反形已露，大梁距魏不過十驛，彼若有變，大軍尋至，所謂疾雷不及掩耳也。」

95　《通鑑》卷二百八十一〈後晉紀二〉天福二年七月，謂「時魏、孟、滑三鎮繼叛，人情大震……。」予晉中央極大威脅。

96　《舊五代史》卷九十七〈晉書·范延光傳〉：「……因賜鐵券，改封高平郡王，移鎮天平。」《舊五代史》卷七十七〈晉書·高祖紀三〉，天福三年九月：「（延光）改授鄆州刺史天平軍節度鄆、齊等州觀察處置等使，賜鐵券，改封高平郡王。仍令擇日備禮册命。以天雄軍節度副使檢校刑部尚書李式檢校尚書右僕射充亳州團練使，以貝州刺史孫漢威為檢校太保隴州防禦使，以天雄軍三城都巡檢使薛霸為檢校司空衛州刺史，以天雄軍馬步軍都指揮使王建為檢校司空虢州刺史，以天雄軍內外馬軍都指揮使藥元福為檢校司空深州刺史，以天雄軍內外步軍都指揮使安元霸為檢校司空隨州刺史，以天雄軍都監前河陽行軍司馬李彥珣為檢校司空坊州刺史；李式，延光之舊僚也，其餘皆延光之將佐也，故有是命。」

97　《通鑑》卷二百八十一〈後晉紀二〉天福三年十一月：「帝患天雄節度使楊光遠跋扈難制，桑維翰請分天雄之衆。加光遠太尉、西京留守兼河陽節度使，光遠由是怨望，密以賂自訴於契丹，養部曲千餘人，常蓄異志。辛亥，建鄴都於廣晉府。置彰德軍於相州，以澶、衛隸之。置永清軍於貝州，以博、冀隸之。」

98　《舊五代史》卷七十七〈晉書·高祖紀三〉，天福三年十一月辛亥。
《五代會要》卷二十四〈諸道節度使軍額條〉：貝州：晉天福三年十二月升為永清軍節度，以博、冀二州隸之。相州：晉天福三年十一月復升為彰德軍節度，以澶、衛二州隸之。

甚於梁之二分法，而分爲三個軍事單位[99]，即鄴都、彰德軍、永清軍（永清軍增補原屬成德節度使之冀州），原本魏博集中六州（魏、博、貝、澶、相、衞）人力物力的局面，頓形改觀。

其二，晉高祖石敬瑭曾於後唐長興時任興唐尹鄴都留守天雄軍節度使，深知「鄴都繁富，爲天下之冠，而土俗獷悍，民多爭訟」[100]，除分鎭以分其力以外，時時調動鄴帥，以避免居鎭過久，晉天福三年（938）八月范延光降後的人事變遷如下：

天福三年（938）九月丙寅，宣徽南院使劉處讓權知魏府事。

天福三年（938）九月辛未，以魏府招討使楊光遠行廣晉尹充天雄軍節度使。

天福三年（938）十一月辛亥，以高行周爲廣晉尹鄴都留守。

天福五年（940）三月辛未，以侍衞親軍馬步軍都指揮使劉知遠爲鄴都留守廣晉尹典軍如故。

天福六年（941）七月己巳，以北京留守李德珫爲廣晉尹充鄴都留守。

天福六年（941）十二月丙戌朔，以開封尹鄭王重貴爲廣晉尹鄴都留守。

天福七年（942）九月己丑（晉少帝時期），以東京留守兼開封尹李德珫爲廣晉尹。

天福八年（943）二月甲戌，以東京留守張從恩爲權鄴都留守，三月爲廣晉尹。

開運元年（944）七月癸酉，以定州節度使馬全節爲鄴都留守。

開運二年（945）六月，以恆州節度使杜重威爲天雄軍節度使充鄴都留守。

其三，石晉的政治重心有向東移的傾向，范延光降後更趨具體。《舊五代史》卷七十七〈晉書·高祖紀三〉，天福三年(938)十月戊寅：

---

99 《舊五代史》卷八十三〈晉書·少帝紀三〉，開運元年八月「癸亥，升澶州為節鎮，以鎮寧為軍額，割濮州為屬郡」。是即魏博地區有四個軍事單位矣！

100 《舊五代史》卷七十五〈晉書·高祖紀一〉，唐明宗長興元年二月。

鄆州范延光奏到任內。庚辰，御札曰：為國之規在於敏政，建都之法務要利民，歷考前經，朗然通論，顧惟涼德，獲啓丕基，當數朝戰伐之餘，是兆庶傷殘之後，車徒旣廣，帑廩咸虛，經年之輓粟飛芻，繼日而勞民動衆，常煩漕運，不給供須，今汴州水陸要衝，山河形勢，乃萬庾千箱之地，是四通八達之郊，爰自按巡，益觀宜便，俾升都邑，以利兵民。汴州宜升為東京，置開封府，仍升開封、浚儀兩縣為赤縣，其餘升為畿縣，應舊置開封府時所管屬縣，並可仍舊割屬收管，亦升為畿縣。其洛京改為西京，其雍京改為晉昌軍，留守改為節度觀察使，依舊為京兆府，列在七府之上。其曹州改為防禦州。其餘制置並委中書門下商量施行。……

十一月辛亥，升廣晉府為鄴都，置留守，升廣晉、元城兩縣為赤縣，屬府諸縣升為畿縣。

長安、洛陽、汴州、魏州等四個橫列巨鎮，長安地位日低，汴州、魏州重要性日增[101]。

101　按京兆府在五代時的地位，可由其名稱之變更觀察之。

《五代會要》卷十九〈京兆府條〉：

梁開平元年四月，改京兆府為大安府。

後唐同光元年十一月，廢永平軍額，復為西京京兆府。

晉天福七年十月，敕改西京為晉昌軍，留守為節度觀察使，仍依舊為京兆府。

漢乾祐元年三月，改晉昌軍為永興軍。

周廣順元年六月，降京兆府同五府。

後唐是最顧戀唐代政制的五代政權，曾復西京之名。但自後梁始，五代皆以河南府為重心，即令後唐亦不例外，如《五代會要》卷二十六〈關條〉：

梁開平年七月敕，建國遷都，俾新其制，況山河之險，表裏為防，今二京俱在關東，為內，仍以潼關隸陝州，復置河潼軍使，命虢州刺史兼領之。其月，敕改武牢關為軍（仍置虎牢軍使）。

《五代會要》卷十九〈河南府條〉：

（後唐）長興三年四月，中書門下奏本朝都長安，以京兆府為上，今都洛陽，應以河南府為上，詔從之。

《五代會要》卷十九〈諸府條〉：

後唐長興三年四月，中書門下奏：案十道圖以關內道為上，遂以鳳翔為首，河中、成都、江陵、興元為次。中興初升魏州為興唐府，鎮州為真定府，皆是創業興王之地，請升二府於五府之上，合為七府，仍以興唐為首，真定、鳳翔、成都、江陵、興元為次。從之。

一般而論，國家重心之東移已成為趨勢，而至石晉則名實皆定。

政治中心東移，石晉時的鄴都猶似劉漢時的三輔，漸次納入中央直隸的範圍之內，上述魏博分鎮與鄴帥輪調等措施，正是整個發展中的相互配合現象。這種種演變乃是中央集權的先驅，亦是二十年後趙宋帝國種種措施的雛型。然而，石晉時代的歷史條件並沒有趙宋那樣成熟，當時藩鎮力量仍然巨大，而來自幽燕方向的契丹勢力（石晉原爲契丹所立）有如泰山壓頂之勢。自安史以後北中國政治軍事重心自關中東移以後，魏博在北中國多次戰爭和政潮中所占的樞紐地位，至今仍未完全消失。晉高祖石敬瑭亦深刻了解這個形勢，所以雖然在范延光降後（天福三年〔938〕末）將魏博分鎮、鄴帥輪調，改變以前魏博方面大藩的態勢，他仍然非常重視魏博，自天福六年（941）八月至七年（942）六月十三日，晉高祖長期駐鄴都，並卒於鄴[102]，以收親自鎮坐北中國戰略樞紐之效[103]。

（二）魏博力弱與契丹破晉

晉少帝卽位於鄴，但長居洛，晉高祖措施之缺點漸次曝露。又加以自天福七年（942）以後，包括魏博地區的黃河流域天災不絕，影響人民生計與石晉的實力[104]。在外交方面，按晉少帝並沒有像高祖石

102　《舊五代史》卷八十〈晉書·高祖紀六〉，天福六年至七年。

103　有關鄴都在當時的重要性，桑維翰之語剖析得明白。《通鑑》卷二百八十二〈後晉紀三〉天福六年六月：「時鄴都留守侍衛馬步都指揮使劉知遠在大梁，泰寧節度使桑維翰知重榮已蓄姦謀，又慮朝廷重違其意，密上疏曰：『……臣竊觀契丹數年以來，士馬精強，吞噬四鄰，戰必勝，攻必取，割中國之土地，收中國之器械，其君智勇過人，其臣上下輯睦，牛羊蕃息，國無天災，此未可與爲敵也。……我出則彼歸，我歸則彼至，臣恐禁衛之士，疲於奔命，鎮、定之地，無復遺民。……臣願陛下訓農習職，養兵息民，俟國無內憂，民有餘力，然後觀釁而動，則動必有成矣！又鄴都富盛，國家藩屏，今主帥赴闕，軍府無人（按指劉知遠入朝），臣竊思慢藏誨盜之言，勇夫重閉之義，乞陛下略加巡幸，以杜姦謀。』帝謂使者曰：『朕比日以來，煩懣不決，今見卿奏，如醉醒矣，卿勿以爲憂。』」

104　《舊五代史》卷八十〈晉書·高祖紀六〉，天福七年「春，鄴都、鳳翔、兗、陝、汝、恒、陳等州旱，鄆、曹、澶、博、相、洺諸州蝗。」
《舊五代史》卷八十一〈晉書·少帝紀一〉，天福八年（少帝沿用天福七年、八年）「(春)河南府上言逃戶凡五千三百八十七，餓死者兼之。」同年六月「河南、河北、關西諸州旱蝗，分命使臣捕之。」同年六月「丙辰，貝州奏逃戶凡三千七百。」同書卷八十二〈少帝紀二〉，天福八年八月「涇、青、磁、鄴都共奏逃戶凡五千八百九十。」同年九月「州郡二十七蝗，餓死者數十萬。」

敬瑭那樣順從契丹，爲契丹所不喜，故有寇邊事件[105]。不久，天福八年(943)十二月底，雄據青、登、萊、沂、密等州的東平王青州節度使楊光遠襲取淄州叛[106]，次月（開運元年〔944〕正月），楊光遠勾結契丹[107]，契丹大軍南下，於是北中國四大地區的勢力關係復現眼前，新局面的特點乃是石晉據有河東、河南及平盧之西南方和魏博之地，楊光遠據淄、青至海，契丹據有幽、燕及其本土，形勢似乎是東方的二區域與西方之二區域對抗；魏博仍然是輻輳中心。魏博雖在石晉之手，但魏博已非以前的六州強藩，何況契丹又有其關外腹地。故契丹大軍立「陷貝州，知州吳巒死之」「鄴都留守張從恩遣人夜縋城間行奏契丹主以鐵騎三四萬建牙帳于元城，（契丹）以趙延壽爲魏博節度使，改封魏王，延壽日率騎軍摩壘而退。」「二月，博州刺史周儒以城降契丹，又與楊光遠潛約引契丹于馬家渡濟河。」[108]元城是鄴都的主要屬縣，契丹派部分軍隊在此與鄴都對峙，鄴都自保不暇，根本無力拯救舊魏博轄區的州郡。契丹與石晉之間的決戰，仍在於契丹跳過鄴都，契丹主親率大軍南下與晉少帝親率禁衞軍及各路藩鎮軍大戰于沿河[109]，

105　《舊五代史》卷八十二〈晉書·少帝紀二〉，天福八年十二月癸丑，「詔河陽節度使符彥卿、宋州節度使高行周、貝州節度使王令溫、同州節度使李承福、陳州梁漢璋、亳州李彗、懷州薛懷讓並赴闕，分命使臣諸州郡巡檢，以契丹入寇故也。」

106　《舊五代史》卷八十二〈晉書·少帝紀二〉，天福八年十二月丁卯。
《五代史補》：「楊光遠滅范延光之後，朝廷以其功高，授青州節度封東平王，奄有登、萊、沂、密數郡，既而自負強盛，舉兵反。」

107　《舊五代史》卷八十二〈晉書·少帝紀二〉，開運元年正月「乙亥，滄、恆、貝、鄴馳告契丹前鋒趙延壽、趙延昭引五萬騎入寇，將及甘陵，青州楊光遠召之也。」

108　《舊五代史》卷八十二〈晉書·少帝紀二〉，開運元年正月二月事。

109　《舊五代史》卷八十二〈晉書·少帝紀二〉，開運元年三月癸酉朔：「契丹主領兵十餘萬來戰，時契丹偽棄元城寨已旬日矣！伏精騎於頓丘故城以待王師，設伏累日，人馬饑頓，趙延壽謀曰：晉軍悉在河上，畏我鋒銳不敢前進，不如徑造城下，四面而進，攻奪其橋梁，天下定矣！契丹主然之。是日，前軍高行周在戚城之南，賊將趙延壽、趙延昭以數萬騎出王師之西，契丹主自擁精騎出王師之東，兩軍接戰，交相勝負，至晡時，契丹主自以勁兵中央出而來。帝御親軍列為後陣，東西濟河為偃月之勢，旗幟鮮盛，士馬嚴整，契丹主望之，謂左右曰：楊光遠言晉朝兵馬半已餓死，今日觀之，何其壯耶！敵騎往來馳突，王師植立不動，萬弩齊發，飛矢蔽空，賊軍稍卻。會有亡者告契丹主曰：南軍東面人少，沿河城柵不固，可以攻之。契丹乃率精騎以攻東邊，王師敗走，敵騎追之。時有夾馬軍士千餘人在堤間治水寨，旗幟之末出於堰埭，敵望見之，以為伏兵所起，追騎乃止。久之復戰，王師又退，李守超以數百騎短兵直進，擊之，敵稍卻，戰場之地人馬死者無算，斷箭殘鏃橫厚數寸。遇夜，賊擊鉦抽軍而退，夜行三十里而舍焉。護聖指揮使協霸亡入賊中，夷其族，護聖第二軍都指揮使安重懷、指揮使烏韓七、監軍何彥超等，臨陣畏怯，手失兵仗，悉斬之。」

雙方死傷纍纍，然契丹亦不能再越雷池，不久，契丹北去，晉少帝險勝。魏博分鎮，鄴都力弱，契丹軍南下，少帝直接迎敵，事後，「車駕還京，令高行周、王周留鎮澶淵，近地兵馬，委便宜制置」[110]，以稍補河北防衞。楊光遠於開運元年十二月降。自開運元年至三年契丹與石晉鏖戰於河朔，互有勝負。

開運三年（946）多，晉軍與契丹又激戰於河北，王師不利於中渡橋。杜重威尚石敬瑭妹，初鎮恒州，繼帥魏州，素擁強兵，乃少帝極爲信任者也[111]，晉室賴以抗敵，奉旨伐契丹，不料軍旅開拔不遠，即與李守貞舉衆投降契丹[112]。相州節度使張彥澤亦相繼投降，河東及各鎮兵馬救援不及，京師門戶大開[113]，少帝亦非馬上皇帝[114]，契丹遂

110　《舊五代史》卷八十二〈晉書·少帝紀二〉，開運元年四月己酉。

111　《通鑑》卷二百八十四〈後晉紀五〉開運二年五月：「桑維翰言於帝曰：威固違朝命，擅離邊鎮，居常憑恃勳舊，邀求姑息，及疆埸多事，曾無守禦之意；宜因此時廢之，庶無後患。帝不悅。維翰曰：陛下不忍廢之，宜授以近京小鎮，勿復委以雄藩。帝曰：威，朕之密親，必無異志，但宋國長公主切欲相見耳！公勿以爲疑。維翰自是不敢言國事，以足疾辭位。」

《通鑑》卷二百八十五〈後晉紀六〉開運三年十月：「杜威、李守貞會兵於廣晉而北行，威屢使公主入奏，請益兵，曰：今深入虜境，必資衆力。由是禁軍皆在其麾下，而宿衛空虛。」

112　《舊五代史》卷一百零九〈漢書·杜重威傳〉：「（開運）三年冬，晉少帝詔重威（開運二年六月任鄴都留守）與李守貞等率師經略瀛、鄚，師至瀛州城下，晉騎將梁漢璋與契丹接戰，漢璋死焉，重威即時命迴軍，次武強，聞契丹主南下，乃西趨鎮州，至中渡橋，與契丹夾滹水而營。十二月八日宋彥筠、王清等率數千人渡滹沱陣於北岸，為敵所破，時契丹游軍已至欒城，道路隔絕，人情危蹙。重威密遣人詣敵帳，潛布腹心，契丹主大悅，許以中原帝之，重威庸暗，深以為信，一日，伏甲於內，召諸將會告以降敵之意，諸將愕然，以上將既變乃俛首聽命，遂連署降表，令中門使高勳齎送敵帳，軍士解甲舉聲慟哭。……告契丹主曰：臣等以十萬漢軍降於皇帝。……」《遼史》卷四〈太宗紀〉下略同。

113　《舊五代史》卷八十五〈晉書·少帝紀五〉，開運三年十二月：「壬申，聞杜威李守貞等以此月十日率諸軍降於契丹。是夜，相州節度使張彥澤受契丹命率先鋒二千人自封丘門斬關而入。癸酉旦，張彥澤頓兵於明德門外，京城大擾，前曹州節度使石贇死，帝之堂叔也，時自中渡寨隔絕之後，帝與大臣端坐憂危，國之衛兵悉在北面，計無所出，十六日聞滹水之降，是夜偵知張彥澤已至滑州，召李崧、馮玉、李彥韜入內計事，方議詔河東劉知遠起兵赴難，至五鼓初，張彥澤引蕃騎入京。」

114　《五代史補》卷三〈（晉）少帝不召桑維翰〉條：「少帝之嗣位也，契丹以不從命而擅立，又景延廣辱其使，契丹怒，舉國南侵，以駙馬都尉杜重威等領駕下精兵甲禦之於中流渡橋，既而契丹之衆已深入，而重威等奏報未到朝廷，時桑維翰罷相為開封尹，謂僚佐曰：事急矣！非大臣鉗口之時，叩內閤求見，欲請車駕親征以固將士之志，而少主方在後苑調鷹，至暮竟不召，維翰退而歎曰：國家阽危如此，草澤通客亦宜下問，況大臣求見而不召耶！事亦可知矣！未幾杜重威之徒降於契丹，少主遂北遷。」

輕易入京，晉少帝與大臣被擄，時爲開運三年十二月十七日。

（三）劉知遠（漢高祖）與杜重威（魏博節度使）之爭、與契丹再犯

次年（947）是一個紊亂時期，在契丹方面，「二月丁巳朔，契丹主具漢法服，御崇元殿受朝，制改晉國爲大遼國」(947)[115]，然契丹在中國境內除河朔及兩京(西京洛陽、東京汴州)附近以外，勢力未及，故仍有開運四年(947)之年號。而在同年二月辛未，劉知遠「于太原宮受册，卽皇帝位，制改晉開運四年爲天福十二年」(947)[116]。一二個月之內，各州郡紛紛擊殺或驅逐契丹所命的官員，形勢極爲紊亂，於是有放棄直接統治的意念。

《舊五代史》卷九十九〈漢書・高祖紀上〉，天福十二年（947）二月載：

> 契丹主初聞其（澶州事變）變也，懼甚，由是大河之南無久留之意，尋遣天雄軍節度使杜重威歸鎮。

四月丙子，契丹主耶律德光卒於鎭州欒城。五月，契丹軍退出河南地。六月，劉知遠入兩京，是卽漢高祖也。劉知遠曾於天福五年（940）三月至天福六年（941）七月爲鄴都留守廣晉尹，深知鄴都對其王朝之重要性，必須置於直接有效的控制之下。在入京後的次月（七月）「丙申，以鄴都留守天雄軍節度使檢校太師守太傅兼中書令衞國公杜重威爲宋州節度使加守太尉」，「（庚午）新授宋州節度使杜重威據鄴都叛，詔削奪重威官爵，貶爲庶人，以高行周爲行營都部署，率兵進討」[117]，杜重威果然拒絕移鎭，其形勢猶如晉太祖之與范延光。是年(947)十月，漢高祖決定親率大軍征伐，戰況甚爲激烈。《舊五代史》卷一百零九〈漢書・杜重威傳〉載：

---

115 《舊五代史》卷九十九〈漢書・高祖紀上〉。又《遼史》卷四〈太宗紀下〉，是年為會同十年，至二月丁巳朔，建國號大遼，卽改元為大同。

116 《舊五代史》卷九十九〈漢書・高祖紀上〉。又《通鑑》卷二百八十六〈後漢紀一〉開運四年二月：「辛未，劉知遠卽皇帝位，自言未忍改晉，又惡開運之名，乃更稱天福十二年。」《契丹國志》亦云，漢主仍稱天福年號曰：予未忍忘晉也。

117 《舊五代史》卷一百〈漢書・高祖紀下〉，天福十二年七月事。

> （漢）高祖車駕至闕，以重威為宋州節度使加守太尉，重威懼，閉城拒命，詔高行周率兵攻討，重威遣其子宏遂等告急於鎮州滿達勒，乞師救援，且以宏遂為質，滿達勒遣蕃將楊袞赴之，未幾，鎮州軍逐滿達勒，楊袞至洺州而迴。十月，高祖親征，車駕至鄴城之下，遣給事中陳觀等齎詔入城，許其歸命，重威不納。數日，高祖親率諸軍攻其壘，不克，王師傷夷者萬餘人。高祖駐軍數旬，城中糧盡，屑麴餅以給軍士，吏民踰壘而出者甚衆，皆無人色，至是重威牙將詣行宮請降，復遣節度判官王敏奉表請罪，賜優詔敦勉，許其如初，重威卽遣其子弘遂妻石氏出候高祖，重威繼踵出降，素服俟罪，復其衣冠，賜見，卽日制授檢校太師守太傅兼中書令。鄴城士庶殍殕者十之六七。……高祖遣三司使王章樞密副使郭威錄重威部下將吏，盡誅之，籍其財產與重威私帑分給將士。

漢高祖平定鄴都杜重威以後，任命老臣大將高行周爲鄴都留守。不二月，乾祐元年（948）正月，高祖卒，漢隱帝卽位，時契丹勢力仍威脅河朔，鄴都與魏博他州分鎮，漢隱帝所面臨的困擾與晉少帝類似。《舊五代史》卷一百零二〈漢書・隱帝紀中〉，乾祐二年（949）十月（《通鑑》卷二百八十八〈後漢紀〉略同）：

> 庚午朔，契丹入寇。……契丹陷貝州高老鎮，南至鄴都北境，又西北至南宮堂陽，殺掠吏民，數州之地大被其苦，藩郡守將閉關自固。遣樞密使郭威率師巡邊，仍令宣徽使王峻參預軍事。

（四）魏博力弱與中央軍之北戍

藩郡守將閉關自固實因分鎮力弱之故也，否則鄴都留守高行周亦非泛泛之輩，不致不敢出師救援鄰郡。漢中央派樞密使郭威率軍巡邊，穩定了魏博地區危機。漢中央君臣可能有見於晉之前車之鑑，深覺魏博地區需要強大的軍事實體，以對抗北面契丹的威脅，不然，待中央軍撤退，河朔又要告急。故於乾祐三年（950）二月班師後，其年三月十七日制授郭威爲鄴都留守，且打破當時藩臣不兼樞密使的慣例，其實權可統一調度河北諸州事，樞密使仍皇帝親信大臣，其用意至明矣！《舊五代史》卷一百一十〈周書·太祖紀一〉載，乾祐二年（949）：

> 十月，契丹入寇，前鋒至邢、洺、貝、魏，河北告急，帝（郭威）受詔率師赴北邊，以宣徽南院使王峻為監軍。其月十九日，帝至邢州，遣王峻前軍趨鎮、定，時契丹已退，帝大閱，欲臨寇境，詔止之。（乾祐）三年（950）二月，班師。三月十七日制授鄴都留守，樞密使如故，時漢帝以北戎為患，委帝以河朔之任，宰相蘇逢吉等議藩臣無兼樞密使例，史宏肇以帝受任之重，苟不兼密務，則難以便宜從事，竟從宏肇之議。詔河北諸州凡事一稟帝節度。

《舊五代史》卷一百零三〈漢書·隱帝紀下〉亦載：

> 以樞密使郭威鄴都留守依前樞密使，詔河北諸州應兵甲錢帛糧草一稟郭威處分。

至此郭威在河北的實權媲於舊魏博節度使，是年十一月，洛陽政變，郭威亦因此而能登上帝位。

（五）魏博職業軍人作風之升級——郭威（周太祖）之黃袍加身

按漢中央使相之爭由來已久，其詳情應另文細論。乾祐三年（950）十一月丙子，演變成白熱化，郭威之同黨樞密使楊邠、侍衛都指揮使史宏肇、三司使王章等，凡在京師者，一旦悉數遇害[118]，並密

118　《舊五代史》卷一百三〈漢書·隱帝紀下〉，乾祐三年十一月丙子，「誅樞密使楊邠、侍衛都指揮使史宏肇、三司使王章，夷其族。是日平旦，甲士數十人由廣政殿出至東廡下，害邠等於閣內，死於亂刃之下。又誅宏肇弟小底軍都虞候宏朗、如京使甄彥奇、內常侍辛從審、楊邠子比部員外郎廷侃、右衛將軍廷偉、右贊善大夫廷倚、王章姪右領衛將軍旻、子婿戶部員外郎張貽肅、樞密院副承宣郭顒、控鶴都虞候高進、侍衛都承局荊南金、三司都勾官柴訓等，分兵收捕邠等家屬及部曲傔從，盡戮之。

詔謀誅鄴都留守郭威及澶州王殷[119]，郭威等得知，遂率鄴都之師進軍京師，沿途河北諸軍紛紛追隨。《舊五代史》卷一百一十〈周書・太祖紀一〉，（《舊五代史》卷一百三〈漢書・隱帝紀下〉略同）：

> （乾祐）三年（950）十一月十四日，澶州節度使李洪義、侍衛步軍都指揮使王殷，遣澶州副使陳光穗至鄴都，報京師有變，是月十三日旦，羣小等害史宏肇等，前一夕李業等遣心腹齎密詔至澶州，令李洪義殺王殷，又令護聖左廂都指揮使郭崇等害帝（郭威）于鄴城。十三日洪義受得密詔，恐事不濟，乃以密詔示王殷，殷與洪義卽遣陳光穗馳報於帝。十四日帝方與宣徽使王峻坐議邊事，忽得洪義文字，遽歸牙署，峻亦未知其事。帝初知楊、史諸公被誅，神情惘然，又見移禍及己，伸訴無所，卽集三軍將校，諭之曰：「予從微至著，輔佐國家，先皇登遐，親受顧託，與楊、史諸公，彈壓經謀，忘寢與食，一旦無狀，盡已誅夷，今有詔來取予首級，爾等宜奉行詔旨，斷予首以報天子，各圖功業，且不累諸君也。」崇等與諸將校泣于前，言曰：「此事必非聖意，卽是左右小人誣罔竊發，假令此輩握重柄，國得安乎？宜得投論，以判忠佞，何事信單車之使而自棄，千載之下，空受惡名，崇等願從明公入朝，面自洗雪，除君側之惡，共安天下。」衆然之，遂請帝南行。帝卽嚴駕首途，十六日至澶州，王殷迎謁慟哭，時隱帝遣小豎鸞脫偵鄴軍所在，為游騎所執，帝卽遣迴，令附奏隱帝赴闕之由，仍以密奏置鸞脫衣領中，奏曰：……。十七日帝至滑州，節度使宋延渥開門迎納，帝將發滑臺，召將士謂之曰：「主上為讒邪所惑，誅殺

---

119 《舊五代史》卷一百三〈漢書・隱帝紀下〉，乾祐三年十一月丙子，「是日，帝（隱帝）遣腹心齎密詔往澶州鄴都，令澶州節度使李洪義誅侍衛步軍都指揮使王殷，令鄴都屯駐護聖左廂都指揮使郭崇、奉國左廂都指揮使曹英害樞密使郭威及宣徽使王峻。……丁丑，澶州節度使李洪義受得密詔，知事不克，乃引使人見王殷，殷與洪義遣本州副使陳光穗齎所受密詔馳至鄴都，郭威得之……。」

勳臣，吾之此來，事不獲已，然以臣拒君，寧論曲直，汝等家在京師，不如奉行前詔，我以一死謝天子，實無所恨。」將校前啓曰：「國家負公，公不負國，請公速行，無遲久，安邦雪怨，正在此時。」

主帥說服將校及發揮軍士的鬥志，是勝負的重要因素，唐末五代之秋的職業軍人集團的重要性格之一，是作戰利于財貨。時漢廷與鄴都皆以財幣引誘軍士作戰。《舊五代史》卷一百三〈漢書・隱帝紀下〉（《通鑑》卷二百八十九〈後漢紀〉四乾祐三年〔950〕十二月略同）：

初議車駕幸澶州，及聞鄴兵已至河上，乃止，帝（隱帝）大懼，私謂宰臣竇貞固等曰：「昨來之事太草草耳！」李業等請帝傾府庫以給諸軍，宰相蘇禹珪以為未可。業拜禹珪於帝前曰：「相公且為官家，莫惜府庫。」遂下令侍衛軍人給二十緡，下軍各給十緡，其北來將士亦準此，仍遣北來將士在營子弟各齎家問，向北諭之。

另一方面郭威在大戰之前亦誘之以利，其結果是郭威軍勝。《舊五代史》卷一百一十〈周書・太祖紀一〉（《五代史記》卷十一〈周本紀・太祖紀〉）：

既王峻諭軍曰：我得公（郭威）處分，俟平定京城，許爾等旬日剽掠。衆皆踊躍。……二十日隱帝整陣於劉子陂。二十一日兩陣俱列，慕容彥超率軍奮擊，帝(郭威)遣何福進、王彥超、李筠等大合騎以乘之，慕容彥超退卻，死者百餘人，於是南軍奪氣，稍稍奔於北軍。慕容彥超與數十騎東奔兗州，吳虔裕、張彥超等相繼來見帝，是夜侯益、焦繼勳潛至帝營，帝慰勞遣還。二十二日旦，郭允明弒漢隱帝於北郊。

不及一個月，軍校演出一齣黃袍加身，把郭威推上帝座，這是唐末魏博及若干藩鎮職業軍人集團擁立藩帥留後的中央化，亦是九年以後趙宋的先例。《舊五代史》卷一百一十〈周書・太祖紀一〉：

〔漢隱帝乾祐三年（950）十一月〕二十七日（隱帝於二十

二日卒），帝（郭威）以嗣君未至，請太后臨朝，會鎮、定州馳奏，契丹入寇，河北諸州告急，太后命帝北征。十二月一日，帝發離京師，四日至滑州，駐馬數日，會湘陰公（嗣君）遣使慰勞諸將，受宣之際，相顧不拜，皆竊言曰：「我輩陷京師，各各負罪，若劉氏復立，則無種矣！」或有以其言告帝者，帝愕然，即時進途。十六日至澶州，是日旭旦，日邊有紫氣來，當帝之馬首。十九日下令諸軍進發。二十日諸軍將士大譟趨驛，如牆而進，帝閉門拒之，軍士登牆越屋而入，請帝為天子，亂軍山積，登階匝陛，扶抱擁迫，或有裂黃旗以被帝體以代赭袍，山呼震地，帝在萬衆之中，聲氣沮喪，悶絕數四，左右親衛，星散竄匿，帝即登城樓，稍得安息，諸軍遂擁帝南行。……於是馬步諸軍擁至京闕，……時文武百官內外將帥藩臣郡守等，相繼上表勸進。……廣順元年（951）春正月丁卯……即皇帝位。

當乾祐「三年（950）冬太祖（郭威）入平內難，留帝（柴榮）守鄴都」[120]，待周太祖即位，其廣順元年（951）正月，以「侍衞親軍馬步軍都指揮使檢校太傅王殷加同平章事充鄴都留守典軍如故」[121]，王殷是郭威得帝位的重要功臣，故周太祖有不得不給予重鎮的苦衷，王殷充鄴都留守的權限略遜於郭威鎮鄴之時，但較晉漢其他藩帥任內權力爲大，郭威起於鄴都，當知權重震主的利害。《舊五代史》卷一百二十四〈周書·王殷傳〉（《五代史記》卷五十略同）：

〔（漢）乾祐末（948—950）〕，殷領兵屯澶州，及李業等作亂，漢隱帝密詔澶帥李洪義遣圖殷，洪義懼不克，反以變告殷，殷與洪義同遣人至鄴，請太祖（郭威）赴內難，殷從平京師，授侍衛親軍都指揮使。太祖即位，授天雄軍節度使加同平章事典軍如故。殷赴鎮以侍衛司局從，凡河北征鎮有戍

120 《舊五代史》卷一百十四〈周書·世宗紀一〉。
121 《舊五代史》卷一百一十〈周書·太祖紀一〉，廣順元年正月。

> 兵處，咸稟殷節制。又於民間多方聚斂，太祖聞而惡之，因使宣諭曰：「朕離鄴時帑廪所儲不少，卿與國家同體，隨要取給，何患無財。」……何福進在鎮州，素惡殷之太橫，福進入朝摭其陰事以奏之，太祖遂疑之。……(廣順三年，953)冬，以郊禋有日，殷自鎮入覲，太祖令依舊內外巡警，殷出入部從不下數百人，又以儀形魁偉，觀者無不聳然。一日，遽入奏曰：「郊禮在近，兵民大集，臣城外防警，請量給甲仗，以備非常。」太祖難之，時中外以太祖嬰疾，步履稍難，多不視朝，俯逼郊禋，殷有震主之勢，頗憂之。太祖乃力疾坐于滋德殿，殷入起居，卽命執之。……殺之，衆情乃安。

周太祖在病危之前誅王殷，與漢高祖臨終之前殺杜重威的心理可能相似，恐懼這位曾據鄴都巨鎮的大將之殘餘勢力，而新卽位之皇帝難以駕御也[122]。

周太祖改廣順四年（954）爲顯德元年（954），正月戊寅廢鄴都依舊爲天雄軍，並以符彥卿進封衞王，移鎮天雄軍[123]。是月壬辰，太祖卒，柴榮繼位爲周世宗。

符彥卿與周世宗時已是翁婿關係[124]，宣懿皇后符氏卒後，世宗並又娶符彥卿女，宋稱符太后也[125]，故終世宗之世，符彥卿長鎮天雄軍。顯德六年（959）六月，周世宗病卒，幼君宗訓繼位，是爲周恭

122　《舊五代史》一百九〈漢書・杜重威傳〉末：「（漢）高祖不豫，旣而大漸，顧命之際，謂近臣將佐曰：善防重威。帝崩，遂收重威，重威子宏璋、宏璉、宏璨，誅之，詔曰：杜重威猶貯禍心，未悛逆節，梟音不改，虺性難馴，昨朕小有不安，罷朝數日，而重威父子潛肆凶言，怨謗大朝，扇惑小輩，今則顯有陳告，備驗姦期，旣負深恩，須置極法。其杜重威父子並處斬。」

123　《舊五代史》卷一百十三〈周書・太祖紀四〉，顯德元年正月。

124　《舊五代史》卷一百二十一〈周書・后妃列傳〉，宣懿皇后符氏：「父彥卿，天雄軍節度使，封魏王。后初適李守貞之子崇訓。漢乾祐中，守貞叛於河中，太祖（郭威）以兵攻之，及城陷，崇訓自刃其弟妹，次將及后，后時匿於屏處，以帷箔自蔽，崇訓倉皇求后不及，遂自刎，后因獲免。太祖入河中，令人訪而得之，卽遣女使送于其父，自是后常感太祖大惠，拜太祖為養父。世宗鎮澶淵日，太祖為世宗聘之。」

125　《五代史記》卷二十〈宣懿皇后符氏條〉文末：後立皇后符氏，后妹也。國（宋朝）初遷西宮，號周太后。

帝，按恭帝乃世宗後宮所生，不知其母爲誰[126]，並非符后所出。但在另一方面符彥卿的另一女嫁給趙匡義，即宋之太宗懿德皇后也[127]，趙匡胤兄弟與符彥卿的關係可能勝過石守信等人，因爲待宋太祖杯酒釋兵權以後，尙欲委符彥卿兵權，卒因趙普苦諫而止[128]。由此推測，當周恭帝顯德七年二月陳橋兵變之時，符彥卿亦是支持趙氏者之一。

經過周世宗及趙匡胤兄弟的南征北伐，中國漸漸統一，魏博的地位與前二世紀不盡相同。而宋之重文士而抑武士，亦顯示政治階層揚棄某一種社會勢力而與另一種社會勢力相結合。這種種改變的由來，要從二百年的歷史發展中去尋找出其蛛絲馬跡；摘取這種改變的果實，則端視客觀的政治社會條件是否已經成熟。

七、結　論

1. 陳寅恪謂：「武周統治時期不久，旋復爲唐，然其開始改變『關中本位政策』之趨勢，仍繼續進行，迄至唐玄宗之世，遂完全破壞無遺，而天寶安史亂後又別產生一新世局，與此迥異矣！」[129]陳寅恪已察知安史之亂的前後形勢截然不同，而將其聞名的「關中本位政策」設下了下限，甚是。在此變遷的現象之中，陳氏強調新興階級中的士大夫，而對於國家重心部分則僅指出「中央政府與一部分之地方藩鎮，已截然劃爲二不同之區域」[130]，實則縱觀我國歷史，關東地區

---

126 《五代史記》卷二十文末：恭皇帝……皆不知其母為誰也。

127 《宋史》卷二百五十一〈符彥卿傳〉。又《宋史》卷二百四十二〈后妃列傳〉上，懿德符皇后：「魏王彥卿第六女也，周顯德中歸太宗。……后姊周世宗后也。」

128 《宋史》卷二百五十〈石守信傳〉：「乾德初，帝因晚朝與守信等飲酒，酒酣，帝曰：……明日，皆稱病乞解兵權，帝從之，皆以散官就第，賞賚甚厚。已而太祖欲使符彥卿管軍，趙普屢諫，以為彥卿名位已盛，不可復委以兵權。太祖不從，宣已出，普復懷之，太祖迎謂之曰：豈非符彥卿事耶？對曰：非也。因奏他事，既罷，乃出彥卿宣進之。太祖曰：果然，宣何以復在卿所。普曰：臣託以處分之語有侏僑者復留之，惟陛下深思利害，勿復悔。太祖曰：卿苦疑彥卿何也？朕待彥卿厚，彥卿豈負朕耶？普對曰：陛下何以能負周世宗？太祖默然。事遂中止。」

129 《唐代政治史述論稿》上篇〈統治階級之氏族及其升降〉，頁14。

130 同上。

自春秋戰國以還，在經濟文化諸方面皆凌駕於關中之上，秦與西漢居關中而臨天下，實含有濃厚的政治人爲力量因素，自孫吳開發南方，南方與關東接近，愈增關東的重要性，西魏、北周以地貧人寡而統一中國，證明人物的有效發揮，產生了巨大的力量，隋與唐初承繼關中本位政策，其形勢與秦、西漢酷似，但第七世紀關中與關東的比重，實更劣於秦漢之間關中與關東的比重，所以唐初以關中制關東的形勢實更顯然是人爲作法。安史亂後，唐長安中央政府結合東南財賦，尙不能澈底擊潰河北藩鎭，已顯示出關中作爲國家重心的形勢已經改變，黃巢之起，進一步破壞中央與東南的連繫，自此以往，在自然平衡的狀態下，關東成爲中國的重心。

2. 唐末僖、昭之季，帝國衰微，名存實亡，亦正是關東羣雄爭奪霸權的好時機，時關東有四大勢力，即河東、河南、河北、淄青，魏博地屬河北，實居四大勢力的樞紐地位。及朱溫以河南之地併呑淄青，復拉攏魏博節度使羅紹威，以北中國而論，天下已得十之六七，於是取唐而代之，是爲（後）梁。

河東的李克用、李存勗父子，慘淡經營，以河北的幽州成德爲羽翼，與朱梁相抗，魏博又成爲此一南北對抗中的關鍵地區，羅紹威卒後，梁以楊師厚節度魏博，置重兵以爲北面招討使，及楊師厚卒，梁圖將魏博分鎭，激起兵變，魏博投向河東，是爲（後）唐滅梁之直接原因。

契丹起於晚唐，五代時轉強，予（後）唐極大壓力，石晉是依契丹而成立的政權，割燕雲十六州以酬謝之，自此胡騎動輒縱橫河北，其後歷晉漢周各朝，魏博成爲新的南北對抗局勢中的重鎭。

自從國家重心移至關東，契丹成爲中國最具威脅的外患，河北成爲國防重心，魏博地區乃是汴、梁、洛陽一帶的安全屏障。此與隋唐之際首號外患來自正北，以長安爲政治中心者以關中爲國防重心的形勢，已不復相同。

3. 晚唐時，政治中心在關中，經濟中心在東南，軍事中心漸移河朔，三者距離甚遠，唐帝國失去穩定的重心；而以長安與江南的軸心，又與河朔長期對抗不下，魏博在這種對抗局勢中，首當其衝，地位顯著，魏博順逆的程度是唐帝國聲威的測量器。五代時，國家重心東移，魏博更形重要，不得不置重兵以鎮之，若主帥擁此強兵，又屢屢對洛陽、汴、梁政權構成威脅，帥魏博者常影響中央政潮，本文予此點分析甚多；如若將魏博分鎮，又懼其力弱而不足以屛障中原，這是五代各朝遭遇到最困惑之事，於是乎各朝君主倡議分鎮者有之，設多都制者有之，長駐鄴都者有之，頻頻調動其主帥者有之，將魏博納入禁軍防衞者有之，凡此種種皆影響趙宋之政策。

4. 安史亂後，史家常論及藩鎭主帥跋扈，不常注意職業軍人的性格，晚唐魏博牙軍及五代魏博銀槍効節軍常常自擁藩帥，影響政局，其威勢常凌駕藩帥之上。唐末藩鎭間相互戰伐與五代間的併吞，中央軍常是當年一鎭或數鎭之地方軍，故五代中央軍實帶有藩鎭職業軍人之性格。從魏博軍士擁立主帥，發展到郭威、趙匡胤黃袍加身，似乎是同一型態之擴大。

5. 趙宋開國君臣皆生長在五代時的人物，且屬北中國統治集團的主流人物，他們承繼了許多自晚唐五代發展出的政治傳統，同時也矯正了若干他們認爲缺陷之處，無論如何，關中本位已不再出現，以汴梁爲核心的局勢從紊亂的晚唐五代中漸漸凝成。

——原刊於《中央研究院歷史語言研究所集刊》第五十本第二分

第八篇　五代之政治延續與政權轉移

一、前　言

有很多學者將五代視爲唐宋變革期，本文在社會史部分亦將五代認定爲中古型與近古型的轉變期[1]，但在政治史部分有新的看法，即：將五代視爲獨立的單元。我們若將太平盛世認爲常態，而將動亂時刻視爲過渡，乃是含著濃厚政治理想或政治倫理的觀念，緣因中國歷史上動亂局面時常出現，理應將承平與亂世同樣視爲歷史事實，賦予同等獨立單元之地位研究之，才能不偏不倚，兼顧全貌。如果能將動亂時期作各種角度個案研究，理出獨特的型態，一方面固然可便利於各個動亂時期作綜合比較；另一方面又由於某些變動型態或許是某些承平時期小動亂之放大，對承平時期的現象亦能由此獲得較清晰的了解。譬如歷史上政治軍事重心之轉移問題，太平盛世難察其演變，往往在中央勢力瓦解時才能尋找蛛絲馬跡；又如官僚體系與政治延續問題，承平時視爲當然，在政權交替頻仍的時代才能襯托得出其歷史意義。五代乃中國歷史上最紊亂的時代之一，本文擧此爲題，旨在探討下列兩個重點：㈠在政權不穩的局面下，文職官吏與政治延續關係爲何？㈡在紊亂的五代中，職業軍人所形成的集團爲何？其與朝代轉移的關係爲何？至於五代時期的社會架構，以及人物的地理分佈等問

1 日本學者在這方面致力者頗多，如加藤繁、仁井田陞、宮崎市定、堀敏一等；南洋王賡武（Wang Gungwu）亦持轉變型之觀點。

題，孫國棟與西川正夫曾撰文陳述，故本文不列專章討論，然對於社會變動與「關中本位政策」諸方面，若有不同看法或補充見解，則隨行文所需，在恰當的章節之中予以進一步論述。本文量化與分析並重，由於動亂時代較承平時期不易捉摸，呈現多姿多彩，故在量化時許多脈絡不像承平時那樣規律；使分析時顯得枝節稍多，有千頭萬緒之感；此乃主流暗潮激盪之故，也是本文困難之處。

二、五代職業文官與政治延續

研究中國歷史的中外學者[2] 最喜歡討論的課題之一，就是中國的官僚政治。這的確是一個重要的題目，然而由於中國的歷史發展較一般國家爲悠久，幾經重大的動亂，因此其政治經濟社會等諸方面不可將數千年視爲一個模式；又由於國家非常廣大，各地區有其特殊的生態環境，雖然其整個發展的方向可能相同的，但亦不能忽略殊途同歸中「殊途」的歷史意義，因此任何新的支流都可能改變或修正主流文化的實質內容。白樂日（E. Balazs）將中國官僚政治數千年的歷史發展視爲不變之體，引爲中國政治社會之重要特點；艾森斯塔（S.N. Eisenstadt）在比較歷史上各大帝國政治制度時亦將數千年視爲一個模式；我們研究國史時不可如此籠統，我們要透過各個時代的個案研究，理出那些因素不變，那些因素改變，甚或增加了那些因素，這中間是錯綜複雜的，也許正因增加或改變某些部分才使得整個架構更適合新的政治社會之需要，而不被淘汰，制度與人物一樣，江山代出英豪，不斷的更新才能長青。

本文選擇五代時期作個案研究，這是一個政治上動盪的時代，短短六十年之中，北中國經歷大唐、梁、（後）唐、晉、漢、周、北宋

[2] 中國學者如薩孟武、陶希聖、勞榦、嚴耕望等；日本學者如宮崎市定、矢野主稅、越智重明、宮川尚志等；歐美學者如S.N. Eisenstadt, E.A. Kracke, E. Balazs, D.C. Twitchett, K.A. Wittfogel。

等幾個朝代，在變亂中求其延續性與研究安定時求其一貫性同樣重要，甚或更加重要；這個時代在社會史上介於中古與近古之間，我們要觀察當時揚棄了那些包袱，新增了那些因素，才使得政治社會的活力復甦，而增長並延續政治發展及社會進展的氣勢。

文職官吏與武職官吏有若干重要的差異，仍需分別討論，本章專研究文職部分，本節先觀察人物在朝代之間的延續現象。

一般而論，一個從中央權臣經由篡弒而改朝換代者，其人事變更較少；一個由地方興起或憑戰爭推翻前朝的政權，其人事變更較多；下列的因素也具有巨大的影響，如：前朝與後朝統治階層的社會階級是否相同、種族是否相同、地區差異是否甚遠、前後期仇視之深度、統治階層文化上之差異、甚或宗教因素、學派因素、及政策因素、主義因素之差別程度。大唐與朱梁之間的關係如何呢？

（一）唐梁間文職之禪代

朱全忠（溫）出身於一介平民，「昆仲三人俱未冠而孤，母攜養寄於蕭縣人劉崇之家」[3]。既非官宦之家，甚至連自耕的產業都沒有，他們可能是農村中游離出來的人力，在太平盛世，他們可能過著幫閒生活，在災難的歲月，他們最先承受饑寒的壓迫，也是動亂的火苗，故「唐僖宗乾符中，關東薦饑，羣賊嘯聚，黃巢因之起於曹濮，饑民願附者凡數萬，帝（朱溫）乃辭崇家，與仲兄存俱入巢軍，力戰屢捷得補爲隊長」[4]。從這些記載觀察，朱溫的家庭與大唐的統治階級屬於兩類極端不同的背景，而其在青少年階段對於大唐政府不會具有好感。當時參加農民運動的徒衆乃迫於饑饉所致，大部分並沒有崇高的

[3] 引文錄自《舊五代史》卷一〈梁書•太祖紀一〉。又《五代史記》卷一〈梁本紀第一〉云：「其父誠，以五經教授鄉里……誠卒，三子貧不能為生，與其母傭食蕭縣人劉崇家……。」同書卷十三〈梁家人傳第一〉：「太祖啓曰：朱五經平生讀書，不登一第，有子為節度使，無忝於先人矣！……。」又《北夢瑣言》卷十七：「祖信，父誠，皆以教授為業……，語及家事，謂母曰：朱氏辛苦業儒，不登一命，今有子為節度使，無忝先人矣！」

[4] 《舊五代史》卷一〈梁書•太祖紀一〉。

政治理想，所以內部意見不甚一致，利害關係與投機心理是若干頭目的行事準則，尤其當外力誘惑之時。所以當黃巢軍露出敗跡時，朱溫接受大唐之招安，賜名全忠。他乃從河中行營副招討使晉升為宣武軍節度使，並由一個節度使發展成兼領四個節度使後繼續擴張。從種種跡象看，朱全忠並不是一位對大唐中央恭順的藩鎮，但畢竟他還打著大唐的旗號，與大唐維持某些程度上的關係，與在黃巢軍時代截然與大唐對立的態勢有極大差異。朱全忠與唐中央這一層關係使其在發展過程中招攬文職官吏時有若干方便，因為擔任朱全忠之文職官吏並不會全然被指控為叛逆。天祐元年閏四月，朱全忠迫昭宗遷都洛陽，而河南之地乃朱氏直隸勢力的大本營，故與朱全忠對抗的李克用「泣謂其下曰：乘輿不復西矣」[5]。這項行動的成功，使朱全忠從強藩一躍而兼俱中央權臣的身分，他走的是曹操挾天子以令諸侯的老路，雖然唐經安史亂後中央不振幾達一百五十餘年，唐帝的利用價值已顯然不及漢帝。然而朱全忠在另一方面的收穫不小：由於朱氏出身寒微，雖然武力節節擴充，對於建立帝國所需的官僚體系，尤其文職官吏的任免與運作，尚極生疏，遷唐帝於洛陽正是給其學習安排的機會。我們若從政權轉移觀點而論，因為有這種種微妙的關係存在，在朱梁暴戾性格（對於大唐統治階級而言）之中，仍有和平繼承的部分。所謂暴戾性格充分表現在天祐元年（904）八月壬寅弒昭宗[6]於椒殿，及天祐二年（905）六月戊子殺許多士族於白馬驛[7]；至於和平繼承部分，形式上大唐與梁政權之轉移透過禪讓方式，而梁太祖即位之制，其中有曰：「……凡曰軌儀，並遵故實，姬庭多士，比是殷臣，楚國羣材，終為晉用，歷觀前載，自有通規，但遵故事之文，勿替在公之效，應是唐朝中外文武舊臣見任前資官爵，一切仍舊，凡百有位，無易厥章，陳力濟時，盡瘁在我[8]。」這些話可能是官樣文章，且唐舊臣在天

---

5 《新唐書》卷二百十八〈沙陀列傳〉。
6 《舊唐書》卷二十上〈昭宗本紀〉天祐元年八月。
7 《舊唐書》卷二十下〈哀宗本紀〉天祐二年六月。
8 《舊五代史》卷三〈梁書·太祖紀三〉，開平元年正月。

祐年間亦被朱全忠更替不少，然而這總比整個推翻爲好，朱梁在官僚體系方面仍需依賴唐室舊臣，我們應從實際統計數字中探尋。（大）唐臣仕梁統計表（文職）[9]：

	數量（人）	百分比
唐臣仕梁	35	53.0
梁新仕者	31	47.0
梁文職總數	66	100.0

上項統計顯示：唐臣仕梁與梁新仕者呈53與47之比，並沒有梁太祖制誥「唐朝中外文武舊臣見任前資官爵，一切仍舊」，因爲朱全忠並非在大唐舊臣之外大量任命忠於他的大臣，而是先降敍、斥退、或殺戮一些唐舊臣而後代之以忠梁者，所以53與47之比可代表更換率。若從朱全忠遷昭宗於洛陽那時開始，觀察其人事變動，如下：

朱全忠先擊殺朝廷中掌有實權而可能不利己者：

> 天復三年十二月。丙申，汴州扈駕指揮使朱友諒殺胤（崔胤時為唐室執事宰相，並負責東遷事）及元規（鄭元規是太子賓客守刑部尚書兼京兆尹六軍諸衛副使，時掌諸衛軍）、皇城使王建勳、飛龍使陳班、閤門使王建襲、客省使王建乂、前左僕射上柱國河間郡公張濬，全忠將逼車駕幸洛陽，懼胤、濬立異也。[10]

而代之以無實權但在唐廷稍具人望者、或投其所好者（柳璨曾草制勅胤死）：

> 天復三年十二月。辛巳，制：以禮部尚書獨孤損為兵部侍郎、同平章事。……

[9] 人物取自《舊五代史記》《宋史》。

[10] 《舊唐書》卷二十上〈昭宗本紀〉。

天祐元年（卽天復四年）春正月丁酉朔，以翰林學士柳璨為右諫議大夫同平章事。……己亥制：以兵部尚書崔遠為中書侍郎同平章事集賢殿大學士。

將入洛之前，朱全忠先坑殺昭宗之內官及侍衞：

天祐元年閏四月……從上東遷者，唯諸王、小黃門十數，打毬供奉內園小兒共二百餘人。全忠在陝仍慮此輩為變，欲盡去之，以汴卒為侍衛……因會設幄，酒食次並坑之，乃以謀逆聞，由是帝左右前後侍衛職掌皆汴人也。

至此內廷已完全掌握在朱全忠之手，同年八月十二日，令親信左龍武統軍朱友恭、右龍武統軍氏叔琮及投機大臣樞密使蔣玄暉等弒昭宗，翌日，蔣玄暉矯宣遺詔扶李柷（昭宗第九子）卽皇帝位，是為哀帝。[11]按朱全忠自遷帝至洛陽，給予他調整中央官僚體系的機會以及任命親己官吏的時間，他利用投機者與唐室舊臣間之矛盾，先清除唐室中不明顯支持他的大臣，再清除投機者，其次第行動甚為明顯。投機者與唐室舊臣間之矛盾，以柳璨、蔣玄暉、張廷範等人所掀起的白馬驛之禍最為著名。

《舊唐書》卷一百七十九〈柳璨傳〉：

……以諫議大夫平章事，改中書侍郎，任人之速，古無玆例。同列裴樞、獨孤損、崔遠皆宿素名德，遽與璨同列，意微輕之，璨深蓄怨。昭宗遷洛，諸司內使宿衛將佐皆朱全忠腹心也，璨皆將迎，接之以恩，厚相交結，故當時權任皆歸之，……蔣玄暉、張廷範謀殺衣冠宿望難制者，璨卽首疏素所不快者三十餘人，相次誅殺，班行為之一空。

白馬驛之禍遇害者有：「（宰相貶）隴州司戶裴樞、（宰相貶）瓊州司戶獨孤損、（宰相貶）白州司戶崔遠、（前宰相、吏部尚書貶）濮州司戶陸扆、（工部尚書貶）淄州司戶王溥、（特進檢司待守太保貶）

11　《舊唐書》卷二十下〈哀宗本紀〉。

曹州司戶趙崇、（兵部侍郎貶）濮州司戶王贊等，……委御史臺差人所在州縣各賜自盡。時樞等七人已至滑州，皆併命於白馬驛，全忠令投屍於河。」又「勅：密縣令裴練貶登州牟平尉、長水令崔仁略淄州高苑尉、福昌主簿陸珣沂州新泰尉、泥水令獨孤韜范縣尉，並員外置，皆裴樞、崔遠、陸扆宗黨也。」

狡兔死而走狗烹，朱全忠接著清除投機不穩者，「（天祐二年，905）十一月，……全忠怒蔣玄暉、張廷範、柳璨等謀延唐祚……，十二月……乙未，敕：樞密使蔣玄暉宜削在身官爵，送河南府處斬。豐德庫使應頊、尚食使朱建武送河南府決殺。……癸丑，……柳璨責授朝議郎，守登州刺史。又敕：太常卿張廷範、太常少卿裴磵溫鑾、祠部郎中知制誥張茂樞等，蔣玄暉在樞密之時，與柳璨、張廷範共爲朋扇……，柳璨……斬於上東門外。又勅：張廷範……以五車分裂。溫鑾、裴磵、張茂樞並除名，委於御史臺所在賜自盡。柳璨弟瑀、瑊，送河南府決殺」（同上註）。

從以上分析，可知白馬驛之禍雖然是部分人對清流士族的報復行爲，同時這乃是朱全忠清除異己，換代官僚體系的計劃行動之一部分。朱全忠的行爲法則一如歷代其他篡位者，以忠於自己爲標準，並非以出身背景爲標準。玆統計後梁文職官吏身分如下[12]：

12　本文有關五代時期官吏家庭背景之標準劃分，達較魏晉南北朝隋唐時期困難，因為依據作者以及若干日本學者之看法，五代乃中國中古期與近古期的轉變階段，有些人物從舊架構中游離出來，有些已前並不重要的人物已漸漸可立為新類。本文仍以當時社會實情與研究便利二大原則作為五代官吏身分分類之準則。即使如此，五代文武兩大途徑的分類方式亦並非完全一致。以文職官吏而言，本文將當時社會分為三大層次，即士族類、小姓類、平民類，基本上與作者以前幾篇研究中古時期的三大類相似，如此可以前後比較，並觀察士族類之消融情況，但在小姓類方面亦小有差異，主要是因為配合五代政治社會實情而定。說明如下：

士族類：(A)舊族——指魏晉南北朝以來的舊有大士族。
　　　　(B)新族——指隋唐形成的大族，或三世五品官以上的士族。
小姓類：(A)累世低品——三世六品以下之家族，或累世地方豪強。
　　　　(B)一世官宦——父祖之一任官者。
平民類：魏晉時期史籍記載將平民稱為寒素，以與大士族對稱，五代時期大士族已失去絕對優勢，寒素一詞已漸消失，故稱為平民類，包括吏、商、農、僧道、醫、閹、儒等，本文將儒、吏劃出，其他數量過少而合為一項。

本文以後諸統計表其有關於文職官吏出身背景者，沿用上項劃分標準。

士族						小姓						平民										總計 N
舊族		新族		小計		一世官宦		累世低品		小計		儒		吏		其他		不詳		小計		
N	%	N	%	N	%	N	%	N	%	N	%	N	%	N	%	N	%	N	%	N	%	
24	36.4	11	16.7	35	53.1	8	12.1	2	3.0	10	15.1	13	19.7	2	3.0	1	1.5	5	7.6	21	31.8	66

就以文職官吏而言，後梁士族類仍佔百分之五十三點一，這是五代士族類最高比例者，其中舊族佔百分之三十六點四，與拙文「中國中古社會史略論稿」中，大唐末期的趨向相契合。而較其後諸朝比例爲高。平民類比例升高，但亦並未超過三分之一。凡此皆說明後梁文職官吏並未以身分標準替換，士族成分仍高。

經過約三年時間的清理與調整，朱全忠大約保留百分之五十三的唐臣，他獲得的利益則是不太激烈地接收了官僚體系，尤其在文職官吏部分是朱全忠建立帝國時較爲陌生與欠缺者，這些大唐遺臣實際上擔負起政治延續的工作。

（二）後唐文職之膨脹

後唐以河東節度使爲其發軔地，且一直保留一個小獨立單位，當朱梁極盛時，一度僅有太原附近地區，戰無寧歲，且代晉尙武，故文官記載在初期極少，待其勢力伸張至魏博河北之地，始漸漸吸收文士爲其理財治事。

後梁與後唐之間的換朝，遠較大唐與後梁之間爲突然。河南朱氏與河東李氏經數十年鏖戰，後唐莊宗李存勗在一次孤注一擲的軍事突襲中覆梁，雙方仇視較深，其間亦沒有經過一段政權轉移的緩衝時期。史書上雖無大量誅殺文職官吏的記載，然高階層文官的替換以及不甚信任梁臣，乃是極易理解之事。解決其中困難的方法是大量引進新人。

梁（後）唐文職通朝仕宦的人數與比例統計於下：

	梁		(後)唐	
	N	%	N	%
始於大唐	35	53.0	31	20.0
始於梁	31	47.0	29	18.7
始於(後)唐			95	61.3
合計	66	100.0	155	100.0

（後）唐新任文職官吏佔六成餘，與梁不足半數有很大差別。事實上在文職官吏部分，（後）唐滅梁後並未大量免除官吏，而只是大量引用新的文官，此點下文細論。（後）唐雖亦開科舉，但人數甚少，而文官之主要來源爲：薦舉、蔭任、及恩倖特任，此三途新進甚多，已近氾濫。就以銓敍之弊而言；如：

《舊五代史》卷三十二〈唐書・莊宗紀六〉，同光二年(924)九月戊申：

侍中郭崇韜奏：「應三銓注授官員等，內有自無出身入仕，買覓鬼名告敕；今將骨肉文書，揩改姓名；或歷任不足，妄稱失墜；或假人蔭緒，託形勢論屬，安排參選，所司隨例注官。如有人陳告，特議超奬；其所犯人，檢格處分；若同保人內有僞濫者，並當駁放。應有人身死之處，今後並須申報本州，於告身上批書身死月日，分明付子孫。今後銓司公事，至春末並須了畢。」從之。銓綜之司，僞濫日久，及崇韜條奏之後，澄汰甚嚴，放棄者十有七、八，衆情亦怨之。

《舊五代史》卷六十七〈唐書・韋說傳〉：

或有言于（郭）崇韜，銓選踰濫，選人或取他人出身銜，或取父兄資緒，與令史囊橐罔冒，崇韜乃條奏其事。其後郊天，行事官數千人，多有告勅僞濫，因定去留，塗毀告身者甚衆，選人號哭都門之外。議者亦以為積弊累年，一旦澄汰太細，懼失惟新含垢之意。時說與郭崇韜同列，不能執而止之，頗遭物議。

原來李克用父子在朱梁統治中原時期仍舊襲用大唐昭宗天祐年號，天祐二十年（923）李存勗奄有中原，即帝位，國號仍稱唐，改元同光，視大唐為「王室」「國朝」，是故後唐以「中興」自許（參見下段引文），文物亦以繼大唐為準則，但大唐末葉中央已極紊亂，復經朱梁一朝，襲蔭之事眞假莫辨，前資眞僞亦甚不明，後唐立國後有此類官員大量冒進，郭崇韜稍阻遏其勢，未必能理清，從〈韋說傳〉所載之言，時人阻力甚大，故明宗再次提及同一問題。《舊五代史》卷四十二〈唐書・明宗紀八〉，長興二年（931）五月乙酉：

> 詔：應見任前資守選官等，所有本朝及梁朝出身歷任告身，並仰送納，委所在磨勘，換給公憑，只以中興已來官告，及近受文書敍理。其諸色蔭補子孫，如非虛假，不計庶嫡，並宜敍錄；如實無子孫，別立人繼嗣，已補得身名者，只許敍蔭一人。其不合敍使文書，限百日內焚毀須絕。此後更敢將合焚文書參選求仕，其所犯之人並傳者，並當極法。應合得資蔭出身人，並須依格依令施行。

明宗此次似乎較前嚴格施行，同書同卷長興二年（931）五月載：

> 鴻臚卿柳膺將齋郎文書賣與同姓人柳居則，伏罪，大理寺斷當大辟，緣經赦減死，追奪見任官，終身不齒。

諸道使相推薦人數亦見增加，如長興二年七月乙未詔。

（後）唐莊宗喜任倖佞之人為官，《舊五代史》卷三十二〈唐書・莊宗紀六〉，同光二年（924）夏五月壬寅：

> 以教坊使陳俊為景州刺史，內園使儲德源為憲州刺史，皆梁之伶人也。初，帝平梁，俊與德源皆為寵伶周匝所薦，帝因許除郡，郭崇韜以為不可，伶官言之者衆，帝密召崇韜謂之曰：「予已許除郡，經年未行，我慚見二人，卿當屈意行之。」故有是命。

同書同卷同光二年（924）十二月壬申：

以教坊使王承顏為興州刺史。

同書卷三十四〈莊宗紀八〉，同光四年（926）二月丙申：

武德使史彥瓊者，以伶官得幸，帝待以腹心之任，都府之中，威福自我，（王）正言已下，皆脅肩低首，曲事不暇。由是政無統攝，姦人得以窺圖。

伶官本是宮中人物，今皆走出宮門而入官僚體系，有的甚且掌權，有的更因此左右用人，如《舊五代史》卷三十四〈唐書・莊宗紀八〉，同光四年（926）二月甲午：

以樂人景進為銀青光祿大夫、檢校右散騎常侍、守御史大夫。進以俳優嬖幸，善采訪閭巷鄙細事以啓奏，復密求妓媵以進，恩寵特厚。魏州錢穀諸務，及招兵市馬，悉委進監臨。孔謙附之以希寵，常呼為「八哥」。諸軍左右無不托附，至於士人，亦有因之而求仕進者。

（後）唐新進的文職官吏占百分之六十左右，在行政方面本已可能發生啣接問題，而在短時期內大量引進的新進，有的水準並不很好，吏治可想而知，垂後唐之末，這點是其重要的弊端。《舊五代史》卷四十七〈唐書・末帝紀〉中，清泰二年（935）三月：

太常丞史在德上疏言事，其略曰：「朝廷任人，率多濫進。稱武士者，不閑計策，雖披堅執銳，戰則棄甲，窮則背軍；稱文士者，鮮有藝能，多無士行，問策謀則杜口，作文字則倩人。所謂虛設具員，枉耗國力。逢陛下惟新之運，是文明革弊之秋。臣請應內外所管軍人，凡勝衣甲者，請宣下本部大將，一一考試武藝短長，權謀深淺。居下位有將才者便拔為大將，居上位無將略者，移之下軍。其東班臣僚，請內出策題，下中書令宰臣面試。如下位有大才者便拔居大位，處大位無大才者即移之下僚。」其疏大約如此。……中書覆奏亦駁其（史在德）錯誤。帝召學士馬裔孫謂曰：「史在德語太凶，其實難容。朕初臨天下，須開言路，若朝士以言獲罪，誰敢言者！爾代朕作詔，勿加在德之罪。」

梁與（後）唐間的改朝換代，宰相級人物變更甚多，如：

《舊五代史》卷三十〈唐書・莊宗紀四〉，同光元年(923)冬十月丙戌：

> 僞宰相鄭珏等一十一人，皆本朝簪組，儒苑品流。……而全虧名節，合當大辟。……乃貶梁宰相鄭珏為萊州司戶、蕭頃為登州司戶、翰林學士劉岳為均州司馬、任贊房州司馬、姚顗復州司馬、封翹唐州司馬、李懌懷州司馬、竇夢徵沂州司馬、崇政院學士劉光素密州司戶、陸崇安州司戶、御史中丞王權隨州司戶，並員外置同正員。……
>
> 敬翔、李振，首佐朱溫，共傾唐祚，屠害宗屬，殺戮朝臣……是日，趙巖、張希逸、張漢傑、張漢倫、張漢融、朱珪、敬翔、李振及契丹撒剌阿撥等，並其妻孥，皆斬於汴橋下。……其餘文武將校一切不問……

（後）唐自已建立王朝，有若干官吏是新進，有若干官吏是調升或超升，其官僚體系的運作方面，有時顯得紊亂，同光之初的部分宰相即屬好例：

《舊五代史》卷六十七〈唐書・豆盧革傳〉云：

> 天祐末（即朱梁末），莊宗將即位，講求輔相，盧質以名家子舉之，徵拜行臺左丞相。同光初，拜平章事。及登廊廟，事多錯亂，至於官階擬議，前後倒置，屢為省郎蕭希甫駮正，（豆盧）革改之，無難色。莊宗初定汴、洛，革引薦韋說，冀諳事體，與己同功。說既登庸，復事流品，舉止輕脫，怨歸於革。……革自作相之後，不以進賢勸能為務，唯事修鍊，求長生之術，嘗服丹砂，嘔血數日，垂死而愈……

同書同卷〈盧程傳〉云：

> 莊宗將即位，求四鎮判官可為宰輔者。時盧汝弼、蘇循相次淪沒，當用判官盧質。質性疏放，不願重位，求留太原，乃舉定州判官豆盧革，次舉程，即詔徵之，並命為平章事。程

本非重器，驟歷顯位，舉止不恒。時朝廷草創，庶物未備，班列蕭然，寺署多缺。程、革受命之日，卽乘肩輿，騶導喧沸。莊宗聞呵導之聲，詢於左右，曰：「宰相擔子入門。」莊宗駭異，登樓視之，笑曰：「所謂似是而非者也。」

官僚政治運作未成熟的另一現象是升遷紊亂，如：

《舊五代史》卷三十九〈唐書・明宗紀五〉，天成三年(928)五月辛酉：

近代已來，文臣官階稍高，便授柱國，歲月未深，便轉上柱國；武資初官，便授上柱國。今後凡加勳，先自武騎尉，十二轉方授上柱國，永作成規，不令踰越。

又因官吏任命過多，薪俸虛折。如《舊五代史》卷七十三〈唐書・孔謙傳〉載：

（帝）以謙為租庸使。謙以國用不足，奏：「諸道判官員數過多，請只置節度、觀察、判官、書記、支使、推官各一員，留守置判官各一員，三京府置判官、推官，餘並罷俸錢。」又奏：「百官俸錢雖多，折支非實，請減半數，皆支實錢。」並從之。未幾，半年俸復從虛折。

有關（後）唐文官體系紊亂的現象，在五代各朝之中，其記載顯然是數量最多、程度較爲嚴重，這也符合本文統計所示：（後）唐新任較多也。然而，其中仍有百分之四十強的官吏屬於前朝官宦者（包括大唐及梁），政治延續方面雖有裂痕，並非中斷。如：

《舊五代史》卷三十二〈唐書・莊宗紀六〉，同光二年(924)八月丁亥：

中書門下侍郎奏：「請差左丞崔沂（卷六十八〈唐書〉本傳，仕大唐、梁、唐）、吏部尚書崔貽孫（卷六十九〈唐書〉本傳，仕大唐、唐）、給事中鄭韜光（卷九十二〈晉書〉本傳，仕大唐、梁、唐、晉）、李光序、吏部員外郎盧損（卷一二八〈周書〉本傳，仕梁、唐、晉、漢、周）等，同詳定選司長定格、循資格、十道圖。」從之（《五代會要》同）。

《五代會要》卷二十〈選事上〉：

同光二年八月，中書門下奏：「吏部三銓、門下省、南曹、廢置、甲庫、格式、流外銓等司公事，並繫長定格、循資格、十道圖格式等。前件格文，本朝創立，檢制姦濫，倫敍官資，頗謂精詳，久同遵守。自亂離之後，巧僞滋多，兼同光元年(923)八月，車駕在東京，權判南曹工部員外郎盧重《本司起請》一卷，益以興復之始，務切懷來，凡有條流，多失根本，以至冬集赴選人，並南郊行事官，及陪位宗子共一千三百餘人，銓曹檢勘之時，互有援引，去留之際，不絕爭論，若又依違，必長訛濫，望差權判尚書省銓左丞崔沂、吏部侍郎崔貽孫、給事中鄭韜光、李光序、吏部員外郎盧損等，同詳定舊長定格、循資格、十道圖，務令簡要，可久施行。」從之。

文中「本朝」係指大唐，蓋後唐自認繼承大唐，其國號本名「唐」，史家冠以「後」字，以與大唐分別。按「循資格」這一辦法在大唐以裴光庭最聞名。《唐書合鈔》卷一百三十五〈裴行儉傳·附子光庭傳〉：「初，吏部求人不以資考爲限，所獎拔惟其才，往往得俊乂任之，士亦自奮。其後士人猥衆，專務趨競，銓品枉撓。光庭懲之，因行儉長名榜，乃爲循資格，無賢不肖，一據資考配擬。」每當濫進、冒進、破格任用等大量出現時，就有人建議循資格，使政治不致於過分紊亂，雖不能阻遏後唐大量用人政策，但對於部分冒進稍有限制。後唐文職官之膨脹，使新進人員佔多數比例，新局面下文職官吏之地域分佈狀況，值得予以注意[13]。

---

13 地域之劃分以當時政治地理為標準，將北中國分為若干大地區，以資觀察與比較（本文其後章節中有關地域劃分亦依此標準）。

河東：包括河東（太原）、河中、振武等節度使。

河北：魏博、昭義、河陽、成德、義武軍、盧龍軍節度使。

河南：河南府、義成、宣武、淮西、襄陽、陝虢等節度觀察使。

平盧徐淮：青、淄、齊、鄆、兗、濮、沂、密、登、萊等州。淮南、武寧軍節度使。

關中隴西：關中、隴西之地。

其他：包括江南與未詳者。

	河東		河北		河南		平徐 盧淮		關隴 中西		其他		合計	
	N	%	N	%	N	%	N	%	N	%	N	%	N	%
後　梁	11	16.7	14	21.2	16	24.2	4	6.1	13	19.7	8	12.1	66	100.0
後　唐	20	12.7	52	33.5	22	14.2	16	10.3	26	16.8	19	12.2	155	100.0

後梁乃河南政權，河南文臣佔百分之二十四強，不足爲怪，河北關中皆在百分之二十上下；河東雖偏低，亦有百分之十六點七。大體而言，各地區尚稱均衡，這可能是朱梁繼承許多大唐中央政府文士的結果。然後唐發跡於河東，河東文官反而降爲百分之十二點七，關中降至百分之十六點八，河南驟降至百分之十四點二，獨河北文官升至百分之三十三點五，呈一枝獨秀現象，頗值得重視。這是「關中本位」瓦解以後，河北優勢的濫觴。

以上對大唐與梁、梁與（後）唐換代時之分析，乃基於這兩個時期之特殊點值得特別注意之故。本文的重點在文職官吏與政治延續性之關係，關於這一點需要透過通朝官宦的實際情況，才能獲得全貌。

（三）晉漢周職業文官之延續

五代職業文官的延續現象，從下列統計表中更能看得適切。

五代文職通朝仕宦比例統計表[14]

	梁		唐		晉		漢		周	
	N	%	N	%	N	%	N	%	N	%
始予　大唐	35	53.0	31	20.0	8	6.3	2	2.0	2	1.8
始予　梁	31	47.0	29	18.7	20	15.9	10	10.2	10	9.1
始予　唐	—	—	95	61.3	67	53.2	41	41.8	31	28.2
始予　晉	—	—	—	—	31	24.6	27	27.6	25	22.7
始予　漢	—	—	—	—	—	—	18	18.4	17	15.5
始予　周	—	—	—	—	—	—	—	—	25	22.7
合　計	66	100.0	155	100.0	126	100.0	98	100.0	110	100.0

上表所示，後唐新進文職官吏佔百分之六十一點三，自此以後，這批後唐引進的文官在晉、漢、周諸朝皆佔重要比例，後唐文官雖然在晉、漢、周諸朝以百分之十左右驟降，即令在後周亦佔百分之二十八點二。在另一方面而言，晉新進文官佔百分之二十四點六，其他百分之七十五點四係傳自大唐、梁、後唐者。漢新進文官僅百分之十八點四，其他百分之八十一點六傳自前列諸朝。前朝有大批的文官在新朝繼續任職，構成後唐、晉、漢、周特殊現象。其政治具有高度的承襲力，自不言而喻。魏晉南北朝時的南朝，二臣極爲普遍。五代時由於朝代極短，官宦超過兩個朝代以上者甚多，又較南朝更進一層了。爲

---

14 五代文職官吏共得二百四十六人。本文以《舊五代史》為主體，凡得一百五十六人。《新五代史》（《五代史記》）立傳，《舊五代史》未見立傳者，有：
張源心（新33）、瞿進宗（新33）、孔循（新43）、劉景巖（新47）、王宏贄（新48）、婁繼英（新51）、王景崇（新53）、*皇甫暉（新49）、*石昂（新34）、*王松（新57）、*何瓚（新28）、*何澤（新56）、*崔居儉（新55）、*楊涉（新35）、*裴廸（新43）。以上十五人補入舊《五代史人物》，合併統計。(*符號者為文職)
韋震（新43），卒於朱梁建國以前，不予計入。
敬新磨、景進、史彥瓊、郭從謙，皆新37〈伶官傳〉人物，不予計入。
盧光稠、譚全播，皆羈縻節度使，不予計入。
鄭遨、李自倫，皆新卷34〈一行傳〉人物，未仕，不予計入。
取自《宋史》者凡八十二人。如下：趙普（宋256）、李崇矩（宋257）、潘美（宋258）、吳廷祚（宋257）、張美（宋259）、曹翰（宋260）、范質（宋249）、王溥（宋249）、魏仁浦（宋249）、張錫（宋262）、張鑄（宋262）、劉溫叟（宋262）、昝居潤（宋262）、王易簡（宋262）、竇貞固（宋262）、李濤（宋262）、李穀（宋262）、李濤（宋262）、趙上交（宋262）、邊歸讜（宋262）、劉濤（宋262）、邊光範（宋262）、劉載（宋262）、程羽（宋262）、張昭（宋263）、竇儼（宋263）、竇儀（宋263）、竇偁（宋263）、呂餘慶（宋263）、劉熙古（宋263）、李穆（宋263）、薛居正（宋264）、盧多遜（宋264）、宋琪（宋264）、李昉（宋265）、楊昭儉（宋269）、陶穀、扈蒙（兩人皆宋269）、王著（宋269）、王祐（宋269）、魚崇諒（宋269）、張澹（宋269）、高錫（宋269）、劇可久（宋270）、趙逢（宋270）、邊珝（宋270）、段思恭（宋270）、顏衎（宋270）、蘇曉（宋270）、高防（宋270）、王明（宋270）、許仲宣（宋270）、楊克讓（宋270）、侯陟（宋270）、董樞（宋270）、李謙溥（宋273）、張保續（宋274）、張延通（宋274）、王贊（宋274）、田欽祚（宋274）、梁迥（宋274）、丁德裕（宋274）、趙玭（宋274）、孔承恭（宋276）、劉蟠（宋276）、劉保勳（宋276）、雷德驤（宋278）、趙安仁（宋287）、馮瓚（宋270）、田敏（宋431）、崔頌（宋431）、聶崇義（宋431）、尹拙（宋431）、鄭起（宋439）、趙鄰幾（宋439）、梁周翰（宋439）、和峴（宋439）、馮吉（宋439）、高頔（宋440）、韓溥（宋440）、李度（宋440）、鞠常（宋440）。
其中竇貞固、李濤、顏衎等三人雖列傳於《宋史》，但官於五代，未見仕宋。

了要明確政治之延續與人物之通宦，且觀察下列圖表所示：

五代文職官吏通朝仕宦統計表

大唐	梁	唐	晉	漢	周	宋
15→					大唐、梁	
蜀越2→					(蜀越)梁	
0					梁	
14	14→				大唐、梁、唐	
------	9→				大唐　唐	
9	9→				梁、唐	
	蜀幽3→				(蜀幽)唐	
	25→				唐	
4	4	4→			大唐、梁、唐、晉	
------	2	2→			大唐　唐、晉	
10	10	10→			梁、唐、晉	
	契丹1	1→			(契丹)唐、晉	
	25	25→			唐、晉	
		4→			晉	
	10	10	10→		唐、晉、漢	
		2	2→		晉、漢	
			1→		漢	
2	2	2	2	2→	大唐、梁、唐、晉、漢、周	
10	10	10	10	10→	梁、唐、晉、漢、周	5→宋
	蜀 1	1	1	1→	蜀、唐、晉、漢、周	
	30	30	30	30→	唐、晉、漢、周	15→宋
		25	25	25→	晉、漢、周	22→宋
			17	17→	漢、周	15→宋
				25→	周	22→宋
	66	155	126	98	110	79

〈五代文職官吏通朝仕宦統計表〉中明顯表示出絕大多數皆任職二朝或二朝以上。自公元907年至960年這五十四年期間，縱貫有大唐、梁、唐、晉、漢、周、宋七個朝代，身歷六個朝代者凡得七人。其中二人歷大唐、梁、唐、晉、漢、周，即：

楊凝式，華陰人也。……唐昭宗朝，登進士第，解褐授度支巡官，再遷秘書郎，直史館。梁開平中，為殿中侍御史、禮部員外郎、三川守……留守巡官……集賢殿直學士，改考功員外郎。（後）唐同光初，授比部郎中、知制誥……改給事中、史館修撰，判館事。明宗卽位，拜中書舍人……長興中，歷右常侍、工戶二部侍郎……改秘書監。清泰初，遷兵部侍郎……。晉天福初，改太子賓客，尋以禮部尚書致仕……。晉開運中，奏除太子少保……。漢乾祐中，歷少傅、少師。（周）廣順中……右僕射……顯德初改左僕射，又改太子太保，並懸車。元年（954）冬，卒於洛陽，年八十五（《舊五代史》卷一百二十八，《周書》卷十九本傳）。

裴羽，唐僖宗朝宰相贄之子也。羽少以父任為河南壽安尉。入梁，遷御史臺主簿，改監察御史。（後）唐明宗時，為吏部郎中……晉初，累遷禮部侍郎、太常卿。(周)廣順初，為左散騎常侍。卒（《舊五代史》卷一百二十八，《周書》卷十九本傳）。

歷梁、唐、晉、漢、周、宋六朝者凡五人，皆見於《宋史》。如下[15]：

王易簡……。梁乾化中舉進士……辟觀察支使……著作郎、右拾遺、節度推官。後唐同光中……辟招討使巡官、魏王都督府記室參軍。明宗卽位……辟帥府掌書記……員外郎、郎中、知制誥、中書舍人。晉初，賜金紫，判弘文館史館事……

15 另有一位可能官歷梁、唐、晉、漢、周、宋六朝者：
田敏、淄州鄒平人。少通春秋之學。梁貞明中登科，調補淄州主簿，不令之任，留為國子四門博士。後唐天成初改尚書博士賜緋，滿歲為國子博士、員外郎……兼太常博士……清泰初遷國子司業。晉天福四年（939）授祭酒，仍檢校工部侍郎，俄兼兵部侍郎充弘文館學士，判館事……檢校右僕射復為祭酒。漢乾祐中拜尚書右丞判國子監。周廣順初改左丞……世宗卽位真拜太常卿檢校左僕射加司空……遷工部尚書……改太子少保致仕……恭帝卽位加少傅。開寶四年（971）卒。年九十二（《宋史》卷四百三十一〈儒林列傳一〉，本傳）。

御史中丞、右丞……周廣順初，遷禮部尚書……顯德四年（957），告老，以太子少保致仕……宋初，召加少傅……建隆四年（963）卒。年七十九（《宋史》卷二百六十二本傳）（按後漢朝時間僅四年，時有漏記現象）。

張錫。福州閩縣人。梁末……辟州軍事判官……（後唐）同光末……錫權知州事……後為淄川令……召為監察御史、觀察判官。晉開運二年（945），拜右補闕，歷起居郎、刑部員外郎、開封府判官、浚儀令……郎中……周顯德中，授右諫議大夫……宋初，改給事中……建隆二年（961）卒（《宋史》卷二百六十二本傳）。

張鑄。河南洛陽人……梁貞明三年（917）舉進士，補福昌衛、集賢校理，拜監察御史，遷殿侍御史。仕後唐，歷起居郎、員外郎。明宗初，轉金部郎中，賜金紫……晉……改河南令。開運二年，召為太常少卿……右庶子……周廣順初，入為左諫議大夫、給事中……顯德三年（956），授檢校禮部尚書、光祿卿、秘書監……宋初，加檢校刑部尚書。建隆四年卒。年七十二（《宋史》卷二百六十二本傳）。

張保續。京兆萬年人。父洪，唐左武衛上將軍。保續以蔭補太廟齋郎。梁貞明中，調補臨濟尉，選充四方館通事舍人。後唐天成初，領瓜州，官告國信副使，改右贊善大夫。晉天福中，歷太府、光祿二少卿，職同正，領通事舍人……開運二年……充西上閤門副使……漢乾祐初，出為隴州防禦使。周祖革命，召為東上閤門副使……閤門使……客省使……宋初，遷衛尉卿……歷事六朝……建隆三年卒，年六十四（《宋史》卷二百七十四本傳）。

尹拙。潁州汝陰人。梁貞明五年（919）舉三史，調補下邑主簿，攝本鎮館驛巡官。後唐長興中，召為著作佐郎、直史館，遷左拾遺、加朝散大夫。應順初，出為宣武軍掌書記、檢校虞部員外郎兼殿中侍御史。清泰初，加……兼御史大夫……改檢校郎中、忠武軍掌書記。晉天福四年，入為右補闕。明年，轉侍御史……漢初，召為司馬虞部郎中、弘文館直學士。周廣順初，遷庫部郎中兼太常博士……顯德初，檢校右散騎常侍、國子祭酒……宋初，改檢校工部尚書太子詹事……遷秘書監。開寶四年 (971) 卒，年八十一（《宋史》卷四百三十一〈儒林列傳一〉，本傳）。

連續仕宦五個朝代者凡二十一人，連續四朝者四十一人，連續三朝者五十五人，連續二朝者八十九人。玆計其比例如下：

六朝	7 2.8%	7 2.8%					
五朝		21 8.5%	28 11.3%				
四朝			41 16.7%	69 28.0%			
三朝				55 22.4%	124 50.4%		
二朝					89 36.2%	213 86.6%	
一朝						33 13.3%	246 100.0%

長樂老馮道實際只宦四朝，但品位極高，「三入中書，在相二十餘年」（《舊五代史》一百二十六本傳）所以被視爲代表人物。其他官歷四朝而品位高者尙有：盧文紀、和凝、蘇禹珪、馬裔孫等，皆見於《舊五代史》卷一百二十七。

一個人仕宦若干朝代，並不意味著其子孫必然亦可世代官宦，這就是五代與魏晉南北朝之間最大的差別。魏晉南北朝時不但自己通朝任官，並且按門第之高下，子孫亦任高官，於是乎形成一種以血緣爲基礎的階級，構成獨特的社會階層。五代及身通朝的現象非常普遍，已如上述，是否因此造成累世官宦呢？玆統計如下：

五代文職官吏身分比較統計表[16]

		梁			唐			晉			漢			周			總計		
		N	%		N	%		N	%		N	%		N	%		N	%	
士族	舊族	24	36.4	53.1	36	23.2	34.8	23	18.2	33.3	8	8.2	22.5	7	6.4	20.9	98	17.7	31.8
	新族	11	16.7		18	11.6		19	15.1		14	14.3		16	14.5		78	14.1	
小姓	一世官宦	8	12.1	15.1	23	14.8	22.6	25	19.8	28.5	24	24.5	32.7	30	27.3	33.7	110	19.8	27.0
	累世低品	2	3.0		12	7.8		11	8.7		8	8.2		7	6.4		40	7.2	
平民	儒	13	19.7	31.8	29	18.7	42.6	28	22.2	38.2	30	30.6	44.8	34	30.9	45.4	134	24.1	41.2
	吏	2	3.0		17	11.0		8	6.4		7	7.1		7	6.4		41	7.4	
	其他	1	1.5		7	4.5		5	4.0		3	3.0		5	4.5		21	3.8	
	不詳	5	7.6		13	8.4		7	5.6		4	4.1		4	3.6		33	5.9	
合計		66	100.0		155	100.0		126	100.0		98	100.0		110	100.0		555	100.0	

由〈五代文職官吏身分比較統計表〉觀之，士族類自梁之百分之五十三點一，驟降爲後唐之百分之三十四點八，自此以後屢屢滑落，至周則僅佔百分之二十點九 ， 可謂低矣 ！ 五代的五個王朝共五十四年，只能以兩個代（Generation）計，從其初期與末期比較而觀之，士族沒落的跡象甚爲明顯，士族佔統治階層二分之一的現象，至此全然改變，這是中古型社會架構的下坡面。士族類之中的舊族係指魏晉南北朝已存在的大士族，在梁朝尚有百分之三十六點四，至周僅百分之六點四矣！另一方面新族的比例一直在百分之十五線跳動，沒有跡象顯示新族不斷增加，故五代士族之下降乃整個社會階層的變動，而

16　孫國棟〈唐宋之際社會門第之消融〉，將晚唐、五代、北宋初，分為三大段落，比較其社會門第之消融。西川正夫〈華北五代王朝の文臣官僚〉文中，曾將文臣家世分為三大類統計之，(A)祖先曾任唐朝高級官吏；(B)祖先曾任唐代下級官吏 ， 即縣令、主簿等；(C)祖先未載曾任官唐代者。此與本文標準不同，本文除重視祖先官品以外，還重視官宦世系，且舊族與新族同等臚列，不限於仕唐者也。
又西川正夫合得五代文臣一百七十九人，本文凡得二百四十八人，見註14。

非個別家族之更動。上表所示，小姓類中的一世官宦自梁之百分之十二點一，緩緩上升至周之百分之二十七點三，這表示有一部分家族出現兩代興衰的循環現象，個別的小姓家族變動率加大。整個而言，平民的比例較大唐爲高，尤其漢周時期已達百分之四十五左右。

由上列分析，五代官吏通朝仕宦的現象，與五代政治延續之關係較爲密切。

三、五代軍人集團與政權轉移

（一）黃河以南軍人集團之分類

大唐僖宗中和四年（884）是一個歷史上的重要年代，黃巢在這年敗亡，而破黃巢的兩大軍事集團——河東節度使李克用及宣武節度使朱全忠，亦隨卽決裂。自此以後，李克用集團成爲黃河以北的最大股勢力，而朱全忠集團成爲黃河以南的盟主，這兩大勢力的競爭，形成五代史上的主要景象。朱全忠在五代的初期扮演強勢角色，他雖然在中和三年（883）已制授宣武節度使，實際上要在次年（亦卽中和四年）黃巢軍瓦解以後才坐穩地盤，然後徐徐發展。從《舊五代史·梁書》諸列傳看，許多梁朝的武職核心分子都是在中和三年至四年這段時期依附朱全忠。從另一個角度而言，朱全忠亦非常重視初期根據地時代的班底，例如在大唐昭宗天復三年（903）派將兼併青州時，敵對大將劉鄩受召願降，但需青州本使（王師範）歸降然後才以城池還納。朱全忠義之，對劉鄩頗爲優容。《舊五代史》卷二十三〈梁書·劉鄩傳〉載：「授元從都押牙，太祖牙下諸將，皆四鎭舊人，鄩一旦以羈旅之臣，驟居衆人之右，及與諸將相見，並用階庭之禮，太祖尤奇重之，未幾，表爲鄜州留後。」元從人物成爲其勢力之核心，深受重視，爲提高劉鄩崇敬，將其視爲元從，且居元從輩之首，無怪乎劉鄩其後爲梁室鞠躬盡粹，死而後已。緣因朱全忠於中和二年（882）受召歸大唐以後，其所接受的旗號皆屬大唐，在名義上朱全忠集團上上下下皆爲大唐之臣，要待公元907年禪讓之刻，才全體變爲梁臣，如以此官樣形式爲準，將無法研究政權轉移與人物變遷之關係。故要以當時實情爲準，當時在朱全忠麾下的武職實際上以忠於朱氏爲主，這才構成朱全忠順利篡位的本錢。朱集團是漸漸擴大的，漸次併吞其他地區及吸收人才，如果將公元907視爲梁政權正式掛出招牌，則中和之末乃是梁政權實際成立之始。也就是說，將中和四年以前參加朱全忠者視爲原始梁臣，自此以後，由大唐中央，抑或其他節度使歸依朱氏者，視爲轉朝官宦（初仕卽在梁室者，雖在中和四年之後，當屬梁臣），若比較這兩者人物之轉移，不但可以看出政權轉移的實情，抑且可以便於分析軍人集團結合的情況——亦卽軍事權力核心之形成。計算武職官吏歸屬梁的年代以中和四年爲標準，下距梁之正式受禪有二十四年之久，這段時期梁的實權眞正地存在於黃河以南，且代表著黃河以南職業軍人集團的特質。《舊五代史·梁書》之編撰者薛居正等，似乎也認爲這二十四年（大唐中和四年至天祐三年）中，梁之核心人物已劃歸梁朝人物，因爲在《梁書》中有許多列傳人物實際上在梁開平元年（907）以前已經物故。這一點與文職官吏有很大的差別，文職官吏在列傳大都屬中央政府人物，大唐與梁之間中央級官吏蛻變期在朱全忠遷唐昭宗於洛陽以後，亦卽天祐年間，此在上節已有論及。

茲從《舊五代史·梁書》所載武職人物分析朱全忠軍事集團之特性：

(A)初期追隨者（卽中和四年以前元從班底）

徐懷玉，亳州人，始隨太祖（中和時），與太原戰，卒（卷二十一）。

王彥章，鄆州壽張，少隨朱溫，梁亡被後唐所殺（卷二十一）。

△龐師古，曹州南華，太祖起義，以中涓從（卷二十一）。

△朱珍，徐州豐縣，太祖起義，以中涓從（卷十九）。

△氏叔琮，尉氏，應龐師古募，中和時應募（卷十九）。

△朱友恭，壽春，總角事太祖（卷十九）。

李思安，陳留張享里，中和三年隨太祖（卷十九）。

王重師，潁川長社，中和隨太祖（卷十九）。

△張存敬，譙郡，中和從太祖赴汴（卷二十）。

劉捍，開封，父乃大將，中和隨太祖（卷二十）。

寇彥卿，大梁，祖父宣武牙校，中和鎮汴時隨太祖（卷二十）。

王檀，京兆，士族，中和隨太祖（卷二十二）。

△郭言，太原人也，家於南陽新野，少以力穡養親，鄉里稱之。唐廣明（880 年）中，黃巢擁衆西犯秦雍，言爲巢黨所執，後從太祖赴汴（卷二十一）。

△劉康乂，壽州安豐縣人也。以農桑爲業。唐乾符中關東羣盜並起，江淮間偏罹其苦，因爲巢黨所掠，康乂沉默有膂力，善用矛槊，然不樂爲暴，中和三年（883）從太祖赴鎮，委以心腹（卷二十一）。……以戰功遷元從都將。

胡眞，江陵人也……少爲縣吏，及在巢寇中，寇推爲名將。隨巢涉淮浙，陷許洛，入長安。及太祖以衆歸唐，眞時爲元從都將（《通鑑》云：溫見巢兵勢日蹙，知其將亡，親將胡眞、謝瞳勸溫歸國），從至梁苑（卷十六）。

鄧季筠，宋州下邑人也。少入黃巢軍，隸於太祖麾下，及太祖鎮汴，首署爲牙將主騎軍（卷十九）。

范居實，絳州翼城人。事太祖，初爲隊將，從討巢蔡有功（卷十九）。

△趙犨，其先天水人，代爲忠武牙將。曾祖賓、祖英奇、父叔文皆歷故職。……郡守聞而擢爲牙校……天子下詔以犨守陳州刺史。……中和三年乞師於太祖（卷十四）。

△趙昶（同上）。

△趙珝（同上）。

文中「中涓」原義是指內侍官，不過〈梁書〉所謂中涓顯然是親信軍官，他們對朱全忠的貢獻，可從下列一例窺其一二。《舊五代史》卷十九〈朱珍傳〉：

朱珍，徐州豐縣雍鳳里人也。太祖初起兵，珍與龐師古、許唐、李暉、丁會、氏叔琮、鄧季筠、王武等八十餘人，以中涓從，摧堅陷陳，所向盪決。及太祖鎮汴，兼領招討使，署珍為宣武右職，以總腹心。於是簡練軍伍，裁制綱紀，平巢破蔡，多珍之力也。……

另胡眞、鄧季筠、劉康乂、郭言等雖隸黃巢軍（按朱溫亦原屬黃巢軍），或原居於朱溫麾下，或朱溫歸唐時卽刻追隨，是卽元從是也。

(B)巢將歸附者（中和四年）

△霍存，洺州曲周人，中和四年太祖大破巢軍於王滿渡時，存與葛從周、張歸霸皆自巢軍來降，太祖宥而納之（卷二十一）。

葛從周，濮州鄄城人，自巢軍來降（卷十六）。

張歸霸，淸河人，祖縣令，父亦有宦緒。乾符中寇盜蜂起，歸霸率昆弟三人棄家投黃巢。……昆仲與葛從周、李讜等相率來降，尋補宣武軍劇職（卷十六）。

張歸厚（同上）。

張歸弁（同上）。

△李讜，河中臨晉人。黃巢陷長安，讜遂得仕於其間，……巢軍既敗，讜乃束身歸於太祖，署爲左德勝騎軍都將（卷十九）。

△李唐賓，陝州陝縣人。……太祖破（巢軍於）瓦子寨，唐賓與王虔裕來降（卷二十一）。

△王虔裕，瑯琊臨沂人也，家於楚邱。……依諸葛爽（爽於中和四年曾一度歸巢），及爽歸順，乃以虔裕隸於宣武軍（卷二十一）。

謝彥章，許州人也。幼事（葛）從周爲養父。……（隨從周）事太祖（卷十六）。

黃文靖，金鄉人，少附於黃巢黨中，巢敗，歸於太祖。……

(卷十九)。

張愼思，淸河人，自黃巢軍來歸(卷十五)。

△李重允，宋州下邑人。初在黃巢黨中推爲剛鷙，唐中和四年(884)五月……率衆來降，太祖素識之，拔用不次，署爲先鋒步軍都頭(卷十九)。

(C)發展中之歸附者：

李振，河西人，抱眞之曾孫，祖、父皆至郡守。振仕唐，自金吾將軍改台州刺史，會盜據浙東，不克之任，因西歸過汴，以策略干太祖……辟爲從事(卷十八)。

△高劭，幽州人，從父駢，淮南節度使；父泰，黔中觀察使……年十四，(劭)遙領華州刺史，光啓中……達於汴，太祖以客禮遇之，尋表爲亳州團練副使，知州事(卷二十)。

賀德倫，其先河西部落人。父懷慶，隸滑州軍爲小校，德倫少爲滑之牙將。太祖領四鎭，德倫以本軍從(卷二十一)。

△馬嗣勳，濠州鍾離縣人。世爲軍吏……初爲州客將。……景福元年(892)，刺史張遂俾嗣勳持州印籍戶口以歸於太祖(卷二十)。

王敬蕘，潁州汝陰人。世爲郡武吏。唐乾符初，敬蕘爲本州都知兵馬使……俄眞拜刺史……乾寧二年(895)，(太祖)署爲沿淮上下都指揮使(卷二十)。

孫德昭，鹽州五原縣人，世爲州校。父惟最有功於唐朝，遙領荆南節度使，分判右神策軍事。德昭藉父蔭，累職爲右神策軍都指揮使……檢校太保、靜海節度使、同平章事。……(助太祖遷昭宗於洛)，以本部兵八千人獻於太祖。……(卷十五)。

馮行襲，武當人，歷本郡都校……授均州刺史……戎昭軍節度使……(天復末)歸(卷十五)。

韓建，許州長社人，父叔豐世爲牙校。初，秦宗權之據蔡州，招合亡命，建隸爲軍士……以建爲蜀郡刺史……田令孜密遣人誘建，啗以厚利……乃率所部歸……尋兼同州節度使，册拜太傅……乞降太祖（卷十五）。時在天復元年（901）。

司馬鄴，其先河內溫人（士族），鄴資蔭出身……官至大列。（天復時與韓建）同降太祖（卷二十）。

以上爲大唐中央暨地方武職官吏歸附朱全忠者。

△趙克裕，河陽人，祖、父皆爲軍吏，克裕少爲牙將……擢爲虎牢關使。光啓中蔡寇陷河陽，克裕率所部歸於太祖，隸於宣義軍（卷十五）。

楊師厚，潁州斤溝人。爲李罕之步將……及罕之敗退澤州，師厚與李鐸、何細等來降太祖。……（卷二十二）。

牛存節，青州博昌人……唐乾符末，鄉人諸葛爽爲河陽節度使，存節往從之。爽卒，存節謂同輩曰：「天下洶洶，當擇英主事之，以圖富貴。」遂歸太祖（卷二十二）。

以上爲河陽地區人物，楊師厚、牛存節則屬於河陽節度使諸葛爽軍團部將。

賀瓌，濮陽人……遇世亂入軍。朱瑄爲濮州刺史兼鄆州馬步軍都指揮使，拔爲小將。光啓初，鄆州三軍推瑄爲留後，以瓌爲馬步軍都指揮使……乾寧二年(895)，降太祖（卷二十三）。

胡規，兗州人。初事朱瑾爲中軍都校。兗州平（897），署爲宣武軍都虞候（卷十九）。

康懷英，兗州人……始以驍勇事朱瑾爲列校。唐乾寧四年（897）春，太祖命葛從周攻兗州……乃出降（卷二十三）。

劉鄩，密州安丘縣人。祖綬，密州戶掾，父融，安丘令。……中和中，事青州節度使王敬武爲小校……天復三年（903）……王師範（敬武之子，繼爲青州節度使）降……鄩亦出城降（卷二十三）。

以上乃太平軍節度使朱瑄、兗州節度使朱瑾，青州節度使王敬武削平時所歸附的大將，皆原平盧節度使轄區也。

符道昭，淮西人……秦宗權用爲心膂，使監督諸軍……降太祖（迎昭宗時）（卷二十一）。

王景仁，廬州合淝人……楊行密僞署宣州節度使……附太祖（卷二十三）。

以上乃淮西、淮南地區之歸附者，符道昭出自秦宗權，王景仁出自南唐。

(D)羈縻勢力：

羅紹威，魏州貴鄉人。魏博節度使（卷十四）。

△王珂，河中人。河中節度使（卷十四）。

△成汭，淮西人。荊南節度使（卷十七）。

△杜洪，江夏人。鄂州節度使留後（卷十七）。

△鍾傳，豫章人。鎭南節度使（卷十七）。

△田頵，廬州合肥。宣州節度使（卷十七）。

△趙匡凝，蔡州人。襄州節度使（卷十七）。

△雷滿，武陵洞蠻也。澧朗節度使（卷十七）。

以上乃從《舊五代史・梁書》中錄取梁之武職官吏，帶「△」符號者表示該員在梁開平元年（907）開國以前已卒，又《唐書》、《晉書》、《漢書》、《周書》等朝代中曾任梁武職者亦未計入，是以上述人物是分析梁建國初期以及河南軍事集團形式的好資料，至於純粹朱梁一朝武職軍官（開平元年至龍德二年，卽公元907—922）將在下文分別討論之。

（二）朱梁軍人集團之性質

上節A、B、C、D四類之中，前三類是朱全忠直隸者，D類乃羈縻者。

1. A類初期追隨者凡得二十人，絕大多數屬於黃河以南人士，其中郭言雖云太原人，家於南陽新野；趙犨三兄弟其先天水人，已有四代爲忠武牙將。按陳許節度使於貞元十年(794)賜號忠武軍節度使[17]，似乎只有范居實絳州翼城是眞正河以北人士。巢將歸附者得十二人，

17 《新唐書》卷六十五〈方鎮表二〉（《舊書・本紀》在二十年，疑〈表〉誤）。

黃河南北各佔一半。發展中之歸附者凡十八人——黃河以南十二人，河以北三人，另關隴三人。朱全忠隨著其勢力的擴大，其所吸收的武職官吏地域亦增加，但顯然地仍以河南爲最多。若以黃河以南，潼關以東，海以西，長江以北，作爲一個地區——廣義的河南，則朱氏軍事集團五十個武將（A類＋B＋C恰好五十人）中，河南人士三十七人，非河南人士十三人；亦卽河南人士佔百分之七十四，非河南人士佔百分之二十六。這項比例仍具有重要意義，因爲河南地區人士雖然依其歸附先後，小地域之再分，以及出身背景等因素，以致內部屢有傾軋（下文分析）。但其共同對抗太原李克用軍事集團之時，顯得都很勇敢，雙方自中和四年以至梁亡，鏖戰四十年之久，故相對河東、河北集團而言，河南軍事集團形象至爲分明。

2. 大唐末葉，黃淮地區大饑荒所引發的大動亂，如火如荼，然參加的分子極爲複雜。如以地域觀念，按唐末發展跡象來看，有三大主要勢力：其一是青兗濮以及沿黃河下游北岸的河中、河陽、清河一帶的黃巢集團；其二是黃河以南汴、亳、潁、譙、徐以及鄆、曹、壽春一帶的朱溫集團；其三是淮西蔡州的秦宗權集團。朱溫集團似乎較有妥協性，接受大唐之羈縻，實際上亦是獨立局面；亦正因此，朱溫集團遂得以吸收各種人物。例如當其發展之中，累世大族的李振「因西歸汴，以策略干太祖。太祖奇之，辟爲從事。太祖兼領鄆州，署天平軍節度副使」[18]；另一位節度世家高劭，「達於汴，太祖以客禮遇之。尋表爲亳州團練副使，知州事」[19]。當然，朱溫集團仍以元從平民和職業軍人（所謂世郡武吏）們爲主幹。由於他較具彈性，所以黃巢敗亡以後，有一部分將領歸順其下，卽上列（B）類人物是也。從另一角度而言，朱溫降唐，在羣雄並起之秋，歸順他的英雄們，比在黃巢集團中較有「名正言順」的感覺，這在裹脅農民爲盜的情況下尤爲顯著。如家於南陽新野的郭言，「少以力穡養親，鄉里稱之。唐廣

18 《舊五代史》卷十八〈梁書·李振傳〉。
19 《舊五代史》卷二十〈梁書·高劭傳〉。

明中，黃巢擁衆西犯秦雍，言爲巢黨所執，後從太祖赴汴」[20]；劉康乂「壽州安豐縣人也。以農桑爲業。唐乾符中，關東羣盜並起，江淮間偏罹其苦，因爲巢黨所掠。康乂沉默有膂力，善用矛槊，然不樂爲暴。中和三年，從太祖赴鎭」[21]。朱溫在這方面所獲得的利益，只有其脅持唐中央漸次建立文官體系可以相比。但他面臨的缺點是其軍事集團中的複雜性。

3. 從其出身背景分析：平民及身世不詳者共有三十人，世郡武吏者十六人，士族四人；朱溫集團平民色彩極爲濃厚，殆無疑問。然亦不可忽視世郡武吏這羣人物。緣自安史亂後，許多重要地區都遍設節度使。經一百二三十年發展，各節度使州郡區內形成一羣職業軍校，世代相襲，有的甚至左右節度使之去留與繼承[22]，這是唐後半期形成的一層社會階級或社會力量，其戰鬥力較一般平民爲強。例如：《舊五代史》卷十四〈趙犨傳〉：

> 代為忠武牙將，曾祖賓，祖英奇，父叔文，皆歷故職。犨幼有奇智，齠齔之時，與鄰里小兒戲於道左，恒分布行列為部伍戰陣之狀，自為董帥，指顧有節，如夙習焉……天子下詔，以犨守陳州刺史……乃遣增垣墉、濬溝洫、實倉廪、積薪芻……繕甲兵、利劍矟、弓弩矢石無不畢備。又招召勁勇，寘之麾下。以仲弟昶為防遏都指揮使，以季弟珝為親從都知兵馬使，長子麓、次子霖，皆分領銳兵。……黃巢……遣驍將孟楷擁徒萬人直入項縣，犨引兵擊之，賊衆大潰，斬獲略盡，生擒孟楷。……於時巢黨雖敗，宗權益熾，六七年間，屠膾中原，陷二十餘郡，惟陳去蔡百餘里，兵少力微，日與爭鋒，終不能屈。

按《舊唐書》卷二百下〈黃巢傳〉稱：「巢素寵楷，悲惜之。」這位驍將折損，影響甚大。又《舊五代史》卷二十〈王敬蕘傳〉：

---

20 《舊五代史》卷二十一〈梁書·郭言傳〉。

21 《舊五代史》卷二十一〈梁書·劉康乂傳〉。

22 參見拙文〈晚唐五代政治社會史之研究——魏博二百年史論〉。

> 潁州汝陰人。世為郡武吏。乾符初，敬蕘為本州都知兵馬使……時州境荒饉，大寇繼至，黃巢數十萬衆寨於州南，敬蕘極力抗禦，逾旬而退。俄又宗權之衆，凌暴益甚，合圍攻壁，皆力屈而去……遠近歸附。

朱溫受命爲宣武節度使，得汴州世武吏之支持，《舊五代史》卷二十〈寇彥卿傳〉：

> 大梁人也。祖琯，父裔，皆宣武軍牙校。太祖鎮汴，以彥卿將家子，擢在左右……補元帥府押牙，充四鎮通贊官。……

各州世武吏最大缺點是不熱心於遠出作戰，著者已有另文討論[23]。平民與世武吏爲朱溫集團中兩大支柱，其中平民尤多，這是特色，但並未意味有階級意識的界分，這可能大部分的世郡武吏乃是低級軍官或士校，無法與士族相比，其在士大夫階層的眼中，與平民社會地位高下差距有限。然而，世武吏存在於各節度使、各州郡府衙之中，有濃厚的地區性；而平民從軍者亦大都是世亂所迫，以個人爲單位，其間亦有個人間結義者，如朱溫與韓建「太祖與建素有軍中昆弟之契」[24]，郭言與李罕之「罕之旣與言患難交契，刻臂爲盟，永同休戚，如張耳、陳餘之義也」[25]，規模甚小。論者有謂如黃巢之販鹽私梟及據山夥盜者，亦只能算小股而已。所以朱溫集團中結合著各州郡世武吏以及類似「山東豪傑」[26]人物，他們因利結合，共同對外時頗顯團結力，如上述趙犨、王敬蕘皆因秦宗權之壓力而求於朱溫，對抗太原集團時亦皆涇渭分明，如鄧季筠，「宋州下邑人也，少入黃巢軍，隸於太祖麾下……伐太原……季筠爲晉人所擒。克用見之甚喜，釋縛，待以賓

23 項讀韓國磐〈關於魏博鎮影響唐末五代政權遞嬗的社會經濟分析〉（收入《隋唐五代史論集》），該文亦強調魏博在五代之重要性，但主要論點與拙文〈唐末五代政治社會之研究——魏博二百年史論〉不同。拙文的主旨在檢討陳寅恪先生「關中本位政策」之後，中國政治軍事重心遷移問題。又關於職業軍人方面的解釋，韓文認為牙兵代表着各地方階級的勢力，以及代表着本鎮莊園主的勢力；拙文認為職業軍人以平民出身為主，加以世武吏者，這是中古士族軍權衰退以後，中國文武分途之濫觴。

24 《舊五代史》卷十五〈梁書・韓建傳〉。

25 《舊五代史》卷十五〈梁書・李罕之傳〉。

26 參見陳寅恪〈論隋末唐初所謂山東豪傑〉。

禮，俄典戎事。季筠在幷門凡四稔。景福二年，晉軍攻邢臺，季筠領偏師預其役，將及邢，邢人陣於郊，兩軍酣戰之際，季筠出陣，飛馬來歸」[27]，徐懷玉、王彥章等有戰死、有被俘死。這南北兩大軍事集團大體上界限分明。然而正因爲朱溫妥協性較高，集團中各小股人物傾軋甚烈。例如其重要戰將朱珍與李唐賓之爭，兩死之[28]，而梁末謝彥章與賀瓌不協[29]，成爲梁亡的原因之一。朱溫自始對這一批驕兵悍將並沒有提出一個積極建設性的辦法，其所慣用的消極手法是誅殺，因朱珍殺李唐賓而誅珍，助其弒昭宗的大將氏叔琮、朱友恭亦藉機誅之[30]，又殺李思安、胡規、李讜、李重允、范居實諸將，因閱兵之故，「左龍驤都教練使鄧季筠、魏博馬軍都指揮使何令稠、右廂馬軍都指揮使陳令勳，以部下馬瘦，並腰斬於軍門。……先鋒將黃文靖伏誅。」[31]，「功臣宿將往往以小過被誅，衆心益懼」[32]外，轉使梁之武將減損，而予太原集團以反敗爲勝的機會。

4. 羈縻勢力方面，朱溫對魏博節度使羅紹威之拉攏與運用，極其成功，使魏博雄厚的人力物力以及戰略地位，成爲朱梁有利的資產，此在另文「魏博二百年史論」中已有詳述。然在蔡州方面並不甚成功，蔡州亦爲軍事據點之一，軍府原有「勁兵萬人」，及秦宗權督蔡，又與黃巢餘黨合流，聲勢極大，「西至關內，東極靑齊，南出江淮，北至衞滑，魚爛鳥散，人煙斷絕……關東郡邑，多被攻陷。唯趙犨兄弟守陳州，朱溫保汴州，城門之外，爲賊疆場」[33]。與秦宗權之戰爭，是朱溫霸業的困難之一，事後從秦宗權集團中吸收的將領甚少，僅得符道昭一人，與曹濮間黃巢集團不可比擬。及秦宗權滅亡，其反正部將趙德諲、趙匡凝父子爲襄州節度使兼七州馬步軍都校，介

---

27 《舊五代史》卷十九〈梁書·鄧季筠傳〉。

28 《舊五代史》卷十九〈梁書·朱珍傳〉。

29 《舊五代史》卷十六〈梁書·謝彥章傳〉。及卷二十三〈賀瓌傳〉。

30 《舊五代史》卷十九〈梁書·氏叔琮傳〉。及同書同卷〈朱友恭傳〉。

31 《舊五代史》卷六〈梁書·太祖紀六〉。

32 《資治通鑑》卷二百六十八〈後梁紀三〉乾化元年十一月八日。

33 《舊唐書》卷二百下〈秦宗權傳〉。

於依叛之間，最後朱溫派楊師厚破之，然終未成朱梁之資產[34]。

如將上述（C）類朱溫在發展中歸附的唐臣視作唐臣仕梁者；將（A）類初期追隨朱溫、（B）類巢將附溫者視作梁臣，再加入《舊五代史》、《五代史記》、《宋史》中，其初仕在梁之武職者，兩者比例如下：

（大）唐臣仕梁統計表（武職）

	數量（人）N	百分比%
唐臣仕梁	33	42.3
梁臣	45	57.7
合計	78	100.0

大唐文職官吏仕梁者佔梁文職之百分之五十三；大唐武職官吏仕梁者佔梁武職之百分之四十二點三。梁室依賴大唐之文職官吏之比例較高，依賴大唐武職官吏之比例較低。梁武職新進者幾達六成，大規模的新進當然可能影響到出身成分的比例：

梁武職官吏身分比較統計表[35]

士族						小姓						平民								總計	
文大姓		武大姓		小計		一世官宦		累世低品		小計		兵		其他		不詳		小計			
N	%	N	%	N	%	N	%	N	%	N	%	N	%	N	%	N	%	N	%	N	%
6	7.7	11	14.1	17	21.8	12	15.4	5	6.4	17	21.8	36	46.1	7	9.0	1	1.3	44	56.4	78	100.0

34　《舊五代史》卷十七〈梁書・趙匡凝傳〉。

35　本文五代時期武職官吏社會成分的分類，原則上亦大分為士族、小姓、平民等三類。在細目上依據當時實情略有差異。例如：
士族類：(A)文大姓——包括舊族、新族，以及任何三世高官（五品以上）的家族。
(B)武大姓——包括三世五品以上的武職家族、以及部落酋豪首領級的家族。
小姓類：同上節文職官吏之分類法。
平民類：包括吏、商、富豪、農、教主、獵、屠、皂隸、盜、儒、兵等項。此類較文職為複雜，其中富豪並非一定是行商致富，故獨成一項，皂隸似乎是半自由民；「兵」項本不應視為原始身分，可能由其他職業轉移而來，此在後文尚要深加討論。

梁武職士族類佔百分之二十一點八，遠較梁文職士族類佔百分之五十三點一爲低，士族退出軍旅之形勢已明。另一方面，梁武職平民類佔百分之五十六點四，遠較梁文職平民類佔百分之三十一點八爲高。文武職官吏社會成分幾成倒比例，構成梁政權的一項特色。五代皆以軍權爲權力核心，故梁政權較爲平民化，但其文人系統仍具貴族色彩。梁朝武職官吏地域分佈情況，正如本章文首分析，以河南人士居多，詳細統計如下：

河東		河北		河南		平盧徐淮		關中隴西		其他未詳		合計	
N	%	N	%	N	%	N	%	N	%	N	%	N	%
6	7.7	16	20.5	29	37.2	17	21.8	5	6.4	5	6.4	78	100.0

若以河南、平盧徐淮共視爲廣義河南（卽河之南），則其比例高達百分之五十九。幾達六成。河之南的色彩極爲濃厚。

（三）李克用集團之興起

自安史亂後，藩鎭之中卽以河北三鎭最強，大唐用以對抗之軍旅，則以河東朔方節度使最勇敢善戰，是則中國武勇之士，實以黃河以北具優勢。曾幾何時，河南大饑，流民、私梟、世武吏等結合之流寇集團，波濤洶湧，起自中原，渡淮陷湘入廣，旋又北上犯湖湘江浙，進逼廣陵。最後又渡淮再入中原，把大唐帝國視爲無守軍之地，摧枯拉朽，如秋風之掃落葉，不多時又陷洛陽，直搗關中。神策禁軍不能守長安，唐僖宗夜奔出城，長安陷於黃巢之手。是則河南流民集團之威勢，不讓安史燕趙健將專美於前。由此觀之，河南並非沒有豪傑，百餘年來河以北之軍事優勢，實由於大唐制度欠缺以及人爲不逮故。然而，龐大的流民集團極易分裂，朱溫歸順於大唐，對黃巢是重大打擊，也給予唐喘息機會，時唐中央猶如東周之周天子，本身實無雄厚的軍力，需藉節度使之力以平亂。李克用集團興起，五代更多姿多彩矣！

李克用的先世與大唐本有密切關係，《舊五代史》卷二十五〈唐書・武皇紀上〉載：

> 本姓朱耶氏，其先隴右金城人也。始祖拔野，唐貞觀中為墨離軍使，從太宗討高麗、薛延陁有功，為金方道副都護，因家於瓜州。太宗平薛延陁諸部，於安西、北庭置都護屬之，分同羅、僕骨之人，置沙陁都督府。蓋北庭有磧曰沙陁，故因以為名焉。永徽中，以拔野為都督，其後子孫五世相承。曾祖盡忠，貞元中，繼為沙陁府都督。既而為吐蕃所陷，乃舉其族七千帳徙於甘州。盡忠尋率部衆三萬東奔，俄而吐蕃追兵大至，盡忠戰歿。祖執宜，即盡忠之長子也，收合餘衆，至於靈州，德宗命為陰山府都督。元和初，入為金吾將軍，遷蔚州刺史、代北行營招撫使……烈考國昌，本名赤心，唐朔州刺史。咸通中，討龐勛有功，入為金吾上將軍，賜姓李氏，名國昌，仍係鄭王房。出為振武節度使，尋為吐渾所襲，退保於神武川，及武皇鎮太原，表為代北軍節度使，中和三年薨。

很明顯地李克用先世自隴右而靈州而蔚州，其間曾任金吾將軍，因此對關中亦頗爲熟悉，這股部落軍團最初與河南豪傑的交鋒是在唐懿宗時代，咸通九年（868），龐勛之亂起，先後陷宿州、陷徐州、陷滁州、陷濠州等地，「十二月庚辰朔，將軍戴可師率沙陁吐渾部落二萬人於淮南，與賊轉戰，賊黨屢敗」[36]，這一仗使李克用父子聞名，「獻祖之討龐勛也，武皇年十五，從征，摧鋒陷陣，出諸將之右，軍中目爲飛虎子。賊平，獻祖授振武節度使，武皇爲雲中牙將」（同上引文），李克用是一位有野心的人，亟思發展勢力，「程懷素、王行審、蓋寓、李存璋、薛鐵山、康君立等，即擁武皇入雲州，衆且萬人……諸將列狀以聞，請授武皇旄鉞，朝廷不允」（同上引文），當時唐中央

[36] 《舊唐書》卷十九上〈懿宗本紀〉咸通九年十二月庚辰朔。

詔令赫連鐸、李琢等伐之，李克用頗爲窘迫，幸黃巢亂起，唐注意力完全改變，自此李克用得以進一步發展，〈武皇紀上〉續載：

> 李琢引大軍攻蔚州，獻祖戰不利，乃率其族奔於達靼部……(武皇）曰：「予父子為賊臣讒間，報國無由。今聞黃巢北犯江、淮，必為中原之患。一日天子赦宥，有詔徵兵，僕與公等南向而定天下，是予心也。人生世間，光景幾何，曷能終老沙堆中哉！公等勉之。」達靼知無留意，皆釋然無間。……天子乃以武皇為雁門節度使……武皇即率達靼諸部萬人趨雁門……中和二年十月武皇率忻、代、蔚、朔、達靼之軍三萬五千騎，赴難於京師。……(中和三年)四月，黃巢燔長安，收其餘衆，東走藍關。武皇進收京師。七月，天子授武皇……河東節度使（《舊唐書》卷十九下〈僖宗本紀下〉中和三年略同）。

河東節度使乃北方大鎭，當鄭從讜鎭時，李克用垂涎已久，今如魚得水，從此河東遂成爲李氏勢力的根據地。同時似乎也成爲北疆若干部落之雄長。中和四年春，包括朱溫在內的河南諸雄與李克用連手攻巢，巢敗亡，五月班師過汴，朱溫謀襲殺李克用未成，黃河南北兩大勢力決裂，這是五代史上大事，從此雙方對抗四十年之久，初期河南軍事集團佔優勢，所謂「九分天下，朱氏有六七，趙魏中山在他廡下，賊所憚者惟我與（劉）仁恭」（李存勗語，時天祐末年，《舊五代史》卷二十七〈唐書·莊宗紀一〉），太原集團之所以能由劣勢而優勢，應從其集團內部分析之。

本文上章「梁唐武職官吏身分比較統計表」已顯示出士族（文、武大姓）及小姓（累世低品、一世官宦、假子）之和佔唐武職百分之五十四，較梁之百分之四十五點八爲高，亦卽梁之武職頗具平民色彩，而（後）唐之武職平民成分較低。此項比例將〈晉書〉、〈漢書〉、〈周書〉中曾任梁、唐者合併計入，若僅將《舊五代史·唐書》中武職予以分析，其結果如何？（按〈唐書〉中武職對於開國前後勢力發展有較詳的記載，適宜於分析軍事集團性質之分析與觀察），李克用初期擁立者有：

康君立，蔚州興唐人，世爲邊豪，乾符中爲雲中牙校（卷五十五）。

薛鐵山，蔚州奉誠人，初爲獻祖帳中親信（卷五十五）。

史建瑭，雁門人，父敬思，仕郡至牙校。……建瑭以父蔭少仕軍門（卷五十五）。

李承嗣，雁門人，父佐方，承嗣少仕郡補右職（卷五十五）。

史儼，雁門人，以便騎射給事於武皇（卷五十五）。

蓋寓，蔚州人，祖祚，父慶，世爲州之牙將（卷五十五）。

伊廣，元和中右僕射愼之後，中和末除授忻州刺史（卷五十五）。

史敬鎔，太原人，事武皇爲帳中綱紀（卷五十五）。

周德威，朔州馬邑人，初事武皇爲帳中騎督（卷五十六）。

符彥超，陳州宛邱人，父存審。少事武皇。累歷牙職（卷五十六）。

安金全，代北人，世爲邊將，少驍果，便騎射，武皇時爲騎將（卷六十一）。

安元信，代北人，父順琳，爲降野軍使，元信以家將子，便騎射，幼事武皇（卷六十一）。

安重霸，雲州人，初，自代北與明宗俱事武皇（卷六十一）。

劉訓，隰州永和人，出身行間，初事武皇爲馬軍隊長（卷六十一）。

張敬詢，勝州金河縣人，世爲振武軍牙校。祖仲阮，歷勝州刺史。父漢環，事武皇爲牙將。敬詢當武皇時，專掌甲坊（卷六十一）。

劉彥琮，雲中人，事武皇，累從征役（卷六十一）。

袁建豐，武皇破巢時得於華陰（卷六十一）。

張廷裕，代北人，幼事武皇於雲中（卷六十五）。

康義誠，代北三部落人，少以騎射事武皇（卷六十六）。

張虔釗，遼州榆社人，父簡，唐檢校尚書左僕射。初爲太原牙校，以武勇聞於流輩，武皇、莊宗之世，累補左右突騎軍使（卷七十四，及《九國志》）。

以上凡得二十人，世爲邊將或州郡武吏者有康君立、史建瑭、李承嗣、蓋寓、伊廣、符彥超、安金全、安元信、張敬詢、張虔釗等十人；北國軍民界限本較中原不易有嚴格的差距，尤以遊牧民族及半遊牧部落爲然，由於大唐末葉雖然雲代之間生活環境仍然困苦，但並沒有發生像中原一帶那樣大饑荒，迫使一些諄厚農民加入流民集團，如上文郭言、劉康乂等例，強迫脫離其生產陣線，此在一般河南集團中士兵階層恐怕更爲普遍；雲代一帶參加軍旅者應屬全志願或至少半志願者，其所以作如此推論，可從當地民風觀察之，《舊五代史》卷六十九〈唐書・張憲傳〉云：「晉陽人，世以軍功爲牙校。憲始童丱，喜儒學，勵志横經，不捨晝夜。太原地雄邊服，人多尚武，恥於學業。……」在這種風氣下，父祖輩若從事軍旅爲業，子孫輩便易於走向此路。一般平民若有強壯體格，或習於騎射，很容易被吸收出來，而走入職業軍人之途；合於上述條件的平民即使原本並不十分熱衷於軍旅者，由於身處亂世以及邊區墾耕之困難；軍旅成爲最重要的出路，如史儼以便騎給事於武皇、周德威初事武皇爲帳中騎督、劉訓出身行間，初事武皇爲馬軍隊長、康義誠少以騎射事武皇等例。許多人自幼或自少便加入軍旅，如世武吏的史建瑭以父蔭少仕軍門、李承嗣少仕郡補右職、符彥超少事武皇、安金全少驍果，便騎射，武皇時爲騎將、安元信以家將子，便騎射，幼事武皇等；個人自少入軍旅者如康義誠、張廷裕幼事武皇於雲中等。從上述分析，李克用初期武吏有半數是世武吏，另一半是多多少少出於志願而又習於軍旅的平民；這些由世代及個人所組成的職業軍人集團，復由於社會風氣、生活條件與戰鬥條件較近、以及個人志向等因素，其戰鬥力自然較爲強大。

（四）河東軍人集團之凝結與擴大

邊緣地區以及黃河以北之人較有戰鬥力的現象，並不始於李克用；此在大唐帝國自始便重用胡將，以及安史亂後藩鎮間戰鬥情況中可以證明之。僅僅是出產豪傑之士並不能成爲一個堅強的軍事集團，相互攻伐使統一的力量無法產生，故職業軍人（不論是世武吏及個體職業軍人）在一百餘年的戰鬥局勢下，在各地區普遍存在著，充其量只能說是以軍府爲單位的若干股勢力。李克用家族自振武、雲中而河東節度使，當然也是大唐末葉的重要勢力之一，其初期陣營中絕大部分出身於雲代之間，至爲明顯。所不同的，乃是李克用衝破了地區及種族界限，想出一套結合各地豪傑之士的辦法，吸收各處優秀的青年軍官，組成所謂義兒軍。賜姓義兒之舉當然亦不是始自李克用（按李克用家族本姓朱耶，乃父爲朱耶赤心，賜姓李，名國昌），據栗原益男〈唐五代の假父子的結合の性格——主藩として帥的支配權力との關連について〉文中分析，自隋末以來運用假父假子辦法者，其例斑斑於史籍之中，其中較著名如安祿山八千餘人、淮西節度使李希烈千餘人等，栗原益男又將此種現象大分爲二大型，即集團型假子與個人型假子。按李克用之假子當劃入個人型，其後陸陸續續尚有百餘人。栗原益男另一篇〈唐末五代の假父子的結合における姓名と年齡〉比較李克用與假子之年齡，發現假子僅小李克用本人一至十一歲，大都在四至六歲間，假子皆較實子李存勗（李克用在世長子）年長二十餘歲，時李克用與朱溫軍事競爭甚烈，實子們年幼，李克用以義兒父子關係以鞏固其軍事集團，其意圖甚明。在發展其勢力方面，似乎達成某些效用。《五代史記》卷三十六〈義兒傳・序〉：

> ……（後）唐自號沙陀，起代北，其所與俱皆一時雄傑虣武之士，往往養以為兒，號「義兒軍」，至其有天下，多用以成功業，及其亡也，亦由焉。太祖養子多矣！其可紀者九人，其一是為明宗，其次曰嗣昭、嗣本、嗣恩、存信、存孝、存進、存璋、存賢……。

有傳可稽者尚有符存審（其後又復原姓），故有十人[37]，如下：

37　《資治通鑑》卷二百七十一〈後梁紀六〉龍德二年五月：「晉衛州刺史李存儒，本姓楊，名婆兒，以俳優得幸於晉王。頗有膂力，晉王賜姓名，以為刺史。……」似為養兒，然身世不明。又《舊五代史》卷六十五〈唐書・李建及傳〉：「許州人，本姓王，父質。建及少事李罕之為紀綱，光啓中，罕之謁武皇于晉陽，因選部下驍勇者百人以獻，建及在籍中。後以功署牙職，典義兒軍，及賜姓名。」賜姓名是否屬於義兒，不詳。

李嗣源，即明宗，代北人，父事獻祖，爲愛將（《舊五代史》卷三十五，下同）。

李嗣昭，克柔之假子（本姓韓氏，汾州太谷縣民家子。）（卷五十二、《五代史記》卷三十六）。

李嗣本，雁門人，父張準，銅冶鎭將（卷五十二）。

李嗣恩，（吐谷渾部人），本姓駱，年十五，能騎射，侍武皇（卷五十二，《五代史記》卷三十六）。

李存信，回鶻部人，父張君政。存信初爲獻祖親信，從武皇入關（卷五十三）。

李存孝，（飛狐人），本姓安，名敬思，少於俘囚中得隸紀綱（卷五十三，《五代史記》卷三十六）。

李存進，振武人，本姓孫，名重進（太祖破朔州得之，賜以姓名，養爲子），父佺，世吏單于府，重進初仕嵐州刺史湯羣爲部校，獻祖誅羣，乃事武皇（卷五十三，《五代史記》卷三十六）。

李存璋，雲中人，武皇初起雲中，存璋與康君立、薛志勤等爲奔走交，從入關（卷五十三）。

李存賢，許州人，本姓王，名賢，祖啓忠，父惲。賢少遇亂，入黃巢軍，武皇破賊陳許，存賢來歸（卷五十三）。

李（符）存審，陳州宛邱人。舊名存，父楚，本州牙將……郡人李罕之起自羣盜，授光州刺史，因往依之……罕之部下分散，存審乃歸武皇（卷五十六）。〔按《舊五代史》卷三十八〈明宗紀四〉天成二年九月庚申，北京留守李彥超上言：「先父存審本姓符，蒙武皇賜姓，乞卻還本姓。」從之。〕

從〈武皇本紀〉、〈莊宗本紀〉、〈明宗本紀〉，以及諸有關列傳記載，大將除周德威以外，皆無法與上列諸人相比。有時受大鎭節鉞，有時擔任最艱巨的戰鬥任務，李克用對他們頗爲信任，似乎皆有牙兵，例如《舊五代史》卷五十二〈李嗣昭傳・附子繼韜傳〉云：「嗣昭卒，莊宗詔諸子扶喪歸太原襄事，諸子違詔，以父牙兵數千擁喪歸潞。」同書卷三十二〈唐書·莊宗本紀六〉，同光二年七月戊戌朔：「故宣武軍節度使李（符）存審男彥超進其父牙兵八千七百人。」這種辦法的優點是打破以地域爲單位的藩鎭小股職業軍團，而建立機動的職業軍團。這個機動的職業軍團的首領便是乃子或義兒，每受命出征或鎭大藩，再配以他軍或宿衞兵，如同書卷五十二〈唐書·李嗣昭傳〉載：「天祐三年，汴人攻滄景，劉仁恭遣使求援，十一月，嗣昭合燕軍三萬進攻潞州，降丁會。」又同書卷三十二〈唐書·莊宗本紀六〉，同光二年十二月己巳，「詔汴州節度使李嗣源歸鎭。（《通鑑》卷二七三〈後唐紀二〉，同光二年十二月己巳〔初五日〕，命宣武節度使李嗣源將宿衞兵三萬七千人赴汴州，遂如幽州禦契丹。）」後唐用這種辦法結合職業軍人，並產生較大效果，其缺點乃是諸兒之間互相競爭與排斥，如李存孝與李存信之間不睦，終於迫叛李存孝，故歐陽修謂「至其有天下多用以成功業，及其亡也，亦由焉」。歐陽修所謂「至其有天下多用以成功業」一語甚爲恰切，「及其亡也，亦由焉」，似乎語氣太過，若以李克用血親後裔而論，李存勗（即莊宗）卒後，其子孫已沒有天下，後莊宗之敗亡因素固多，義兒不是主因，莊宗善於軍事而缺於政治恐爲主因。李嗣源因亂而有天下，是爲明宗，其與李克用一脈顯然尚保有香煙之情。

《舊五代史》卷三十五〈唐書·明宗紀一〉，有一段記載：

> （同光四年，天成元年）四月丁亥朔，至甖子谷，聞蕭牆釁作，莊宗晏駕，帝（明宗）慟哭不自勝。詰旦，朱守殷遣人馳報：「京城大亂，燔剽不息，請速至京師。」己丑，帝至洛陽，止於舊宅，分命諸將止其焚掠。百官弊衣旅見，帝謝之，歛衽泣涕。時魏王繼岌（莊宗子，最有希望之王儲）征蜀未還，帝謂朱守殷曰：「公善巡撫，以待魏王。吾當奉大行梓宮山陵禮畢，卽歸藩矣！」是日，羣臣諸將上牋勸進，帝面諭止之。樞密使李紹宏張居翰、宰相豆盧革韋說、六軍馬步都虞候朱守殷、青州節度使符習、徐州節度使霍彥威、

宋州節度使杜晏球、兗州節度使房知溫等頓首曰：「……今日廟社無依，人神乏主……願殿下俯徇樂推，時哉無失，軍國大事，望以教令施行。」帝優答不從。壬辰，文武百僚三拜牋請行監國之儀，以安宗社，答旨從之。旣而有司上監國儀注。甲午，幸大內興聖宮，始受百僚班見之儀。所司議卽位儀注。霍彥威、孔循等言：「唐之運數已衰，不如自創新號。」因請改國號，不從土德。帝問藩邸侍臣，左右奏曰：「先帝以錫姓宗屬，為唐雪冤，以繼唐祚。今梁朝舊人，不願殿下稱唐，請更名號。」帝曰：「予年十三事獻祖，以予宗屬，愛幸不異所生。事武皇三十年，排難解紛，櫛風沐雨，冒刃血戰，體無完膚，何艱險之不歷！武皇功業卽予功業，先帝天下卽予天下也。兄亡弟紹，於義何嫌。且同宗異號，出何典禮？運之衰隆，吾自當之，衆之莠言，吾無取也。」時羣臣集議，依違不定，惟吏部尚書李琪議曰：「殿下宗室勳賢，立大功於三世，一朝雨泣赴難，安定宗社，撫事因心，不失舊物。若別新統制，則先朝便是路人，煢煢梓宮，何所歸往！不惟殿下追感舊君之義，羣臣何安！請以本朝言之，則睿宗、文宗、武宗皆以弟兄相繼，卽位柩前，如儲后之儀可也。」於是羣議始定。

引文前半段謙辭人主，與中古許許多多禪讓前的做作甚爲相似，姑且存此一說，不必盡信；引文後半段拒改唐號，語帶感情，擲地有聲，恐非飾文者僞作，可信度甚高。且以當時李嗣源之權勢，加上一部分梁舊臣之慫慂，如若其本人有心而爲之，像其後石敬瑭、劉知遠、郭威、趙匡胤輩改一個國號，做個太祖高祖，亦非難事。可見李克用重用義兒，賦予事權，其所建立的「擬似血緣」關係，並不能過於低估。然而，義兒制度亦有其基本上的弱點，其一是義兒非只一人，需要專征的大將亦非只一人，故兒輩間的惡性競爭有時會抵消實力，如上述李存孝、李存信例。其二是義兒的子孫輩與其叔伯輩亦有隔閡衝突現象，如李嗣昭之子繼韜與莊宗之敵對，李存進之子漢韶與末帝之隔漠等[38]。大規模實施義兒制度自此以後就不再出現，因爲除了主持人具備公正態度與開朗的心胸以外，大部分義兒是從幼少年培養，需要一段時間，五代人主在位甚短；且又見於對自己嫡親後裔多一股競爭勢力，故其後只有零星的事例。

李存勗卽唐莊宗位的三年多這段時間內，推行賜姓辦法，這乃是大唐的舊招，亦是朱耶氏姓李之源由。當時賜姓者大都是成名的大將，如：霍彥威＝李紹眞（《舊五代史》卷六十四，下同）、房知溫＝李紹英（卷九十一）、王晏球＝李紹虔（卷六十四）、夏魯奇＝李紹奇（卷七十）、米君立＝李紹能（卷六十五）、趙德鈞＝李紹斌（卷九十八）、劉訓＝李紹珙（卷六十一）。明宗卽位以後，沒有多久，這些成名的將領又紛紛改回原姓原名。

聯婚是結合兩個家族的重要方法，較著名的例子如：李克用以女妻河中節度使王珂[39]，李嗣源（唐明宗時爲代州刺史）以愛女妻石敬瑭[40]，石敬瑭以妹妻杜重威[41]，郭威以女妻張永德[42]，柴榮妻天雄軍節度使符彥卿之女（彥卿乃存審之子）[43]，趙匡義妻符彥卿第六女[44]，皆在當時發生一定的作用，然這一種古老的辦法朱梁亦採用，朱溫以愛女妻羅紹威之子[45]，是獲得魏博支持的重要步驟[46]，故聯婚是一種通例現象與方法。

盟誓與結義方式在河東河北集團中亦存在著，如：《宋史》卷二

38 《舊五代史》卷五十三〈唐書・李存進傳・附子漢韶傳〉。
39 《舊五代史》卷十四〈梁書・王珂傳〉。
40 《舊五代史》卷七十五〈晉書・高祖紀一〉。
41 《舊五代史》卷一百九〈漢書・杜重威傳〉。
42 《宋史》卷二百五十五〈張永德傳〉。
43 《舊五代史》卷一百二十一〈周書・宣懿皇后符氏〉。
44 《宋史》卷二百四十二〈懿德符皇后〉及《宋史》卷二百五十一〈符彥卿傳〉。
45 《舊五代史》卷十四〈梁書・羅紹威傳〉及同史卷九十一〈晉書・羅周敬傳〉。
46 參見拙文〈晚唐五代政治社會之研究——魏博二百年史論〉。

百六十一〈李瓊傳〉：

> 會唐莊宗屬募勇士，即應募，與周祖（郭威）等十人約為兄弟。一日，會飲，瓊熟視周祖，知非常人，因舉酒祝曰：「凡我十人龍蛇混合，異日富貴無相忘，茍渝此言，神降之罰。」皆刺臂出血為誓。

（五）河東河北軍人集團之延續

河東集團擴大的方向是吸收河北人士，這一點李存勗似乎比乃父李克用做得成功，許多列傳記載李存勗在河北召募士卒，甚至於有許多宋朝河北籍大臣在此時歸入李氏。即使趙匡胤之父趙弘殷，也曾「事趙王王鎔，爲鎔將五百騎，援唐莊宗於河上，有功。莊宗愛其勇，留典禁軍」（《宋史》卷一）。李存勗的運氣甚好，梁末帝欲將魏博分鎮，激起兵變而倒向太原，厥爲梁衰唐興之重要關鍵，著者已有另文討論。唐用河北之兵破梁，可用一條資料補充說明，《五代史記》卷四十九〈皇甫暉傳〉：「魏州人。（皇甫暉說）：唐能破梁而得天下者，以先得魏而盡有河北之兵也。魏軍甲不去體，馬不解鞍者十餘年。」以叛順無常的北平王趙德鈞祖孫三代而言，後唐亦曲意籠絡。《舊五代史》卷九十八本傳：

> 趙德鈞，幽州人也。少以騎射事滄州連帥劉守文，守文為弟守光所害，遂事守光，署為幽州軍校。及唐莊宗伐幽州，德鈞知其必敗，乃遁歸莊宗。莊宗善待之，賜姓，名曰紹斌，累歷郡守，從平梁，遷滄州節度使。同光三年，移鎮幽州。明宗即位，遂歸本姓，始改名德鈞。其子延壽尚明宗女興平公主，故德鈞尤承倚重。……王都平，加兼侍中，頃之，加東北面招討使……德鈞鎮幽州凡十餘年，甚有善政，累官至檢校太師兼中書令，封北平王。

又《宋史》卷二百五十四〈趙贊傳〉載：

祖德鈞……父延壽……贊幼聰慧，（後唐）明宗甚愛之，與諸孫、外孫石氏並育於六宅。暇日，因遍閱諸孫數十人……。

按石敬瑭亦尚明宗女，引文中石氏指石敬瑭子。趙氏與石氏乃當時同一集團中的並行勢力，各求契丹助，以爲中原主。石氏勝，趙氏入契丹。趙贊先在契丹，後又入蜀，漢朝立，贊來歸，且觀劉知遠之言，「漢祖曰：『贊之父子亦吾人也，事契丹出於不幸，今聞延壽落於陷穽，吾忍不容贊耶？』（李）恕未還，贊已離鎭入朝，卽命爲左驍衞上將軍。」（《宋史》卷二百五十四〈趙贊傳〉語），趙贊其後繼續仕周仕宋，重歸此一集團。

河東集團大量吸收河北人士，可從五代武職官吏地域分佈統計表獲得證明[47]：

<table>
<tr><th rowspan="2"></th><th colspan="3">梁</th><th colspan="3">唐</th><th colspan="3">晉</th><th colspan="3">漢</th><th colspan="3">周</th><th colspan="2">總計</th></tr>
<tr><th>N</th><th colspan="2">%</th><th>N</th><th colspan="2">%</th><th>N</th><th colspan="2">%</th><th>N</th><th colspan="2">%</th><th>N</th><th colspan="2">%</th><th>N</th><th>%</th></tr>
<tr><td>河東（代北部落）</td><td>6</td><td>7.7</td><td rowspan="2">28.2</td><td>85</td><td>41.7</td><td rowspan="2">71.6</td><td>67</td><td>38.7</td><td rowspan="2">74.0</td><td>56</td><td>44.1</td><td rowspan="2">81.9</td><td>55</td><td>33.9</td><td rowspan="2">76.5</td><td>269</td><td>36.2</td></tr>
<tr><td>河北</td><td>16</td><td>20.5</td><td>61</td><td>29.9</td><td>61</td><td>35.3</td><td>48</td><td>37.8</td><td>69</td><td>42.6</td><td>255</td><td>34.2</td></tr>
<tr><td>河南</td><td>29</td><td>37.2</td><td rowspan="2">59.0</td><td>16</td><td>7.8</td><td rowspan="2">16.6</td><td>19</td><td>11.0</td><td rowspan="2">17.9</td><td>9</td><td>7.1</td><td rowspan="2">11.8</td><td>14</td><td>8.6</td><td rowspan="2">16.0</td><td>87</td><td>11.7</td></tr>
<tr><td>平盧徐淮</td><td>17</td><td>21.8</td><td>18</td><td>8.8</td><td>12</td><td>6.9</td><td>6</td><td>4.7</td><td>12</td><td>7.4</td><td>65</td><td>8.7</td></tr>
<tr><td>關中隴西</td><td>5</td><td>6.4</td><td></td><td>5</td><td>2.5</td><td></td><td>6</td><td>3.5</td><td></td><td>5</td><td>3.9</td><td></td><td>8</td><td>5.0</td><td></td><td>29</td><td>3.9</td></tr>
<tr><td>其他</td><td>2</td><td>2.6</td><td></td><td>15</td><td>7.4</td><td></td><td>5</td><td>2.9</td><td></td><td>3</td><td>2.4</td><td></td><td>4</td><td>2.5</td><td></td><td>29</td><td>3.9</td></tr>
<tr><td>未詳</td><td>3</td><td>3.8</td><td></td><td>4</td><td>1.9</td><td></td><td>3</td><td>1.7</td><td></td><td>0</td><td>0.0</td><td></td><td>0</td><td>0.0</td><td></td><td>10</td><td>1.4</td></tr>
<tr><td>合計</td><td>78</td><td colspan="2">100.0</td><td>204</td><td colspan="2">100.0</td><td>173</td><td colspan="2">100.0</td><td>127</td><td colspan="2">100.0</td><td>162</td><td colspan="2">100.0</td><td>744</td><td>100.0</td></tr>
</table>

47　西川正夫，〈華北五代王朝の文臣官僚〉文中亦曾有地域分佈統計，惟該文僅分關內道、河東道、河北道、河南道四大區，其文臣僅得一百七十九人，與本文三百八十二人不同。且河南道指朱全忠勢力基盤，是否包括平盧、徐淮，不得而知。唯該文與北宋初中期作一比較，是其優點。

河東河北職業軍人集團在梁（後）唐鏖戰之際已開始發軔，及後唐立國，河南職業軍人集團瓦解，河東河北職業軍人集團已凝結成熟，若從實際資料分析（後）唐、晉、漢、周、宋初等朝皇帝之出身關係，可進一步了解。

（後）唐開國之君李存勗，是否爲李克用長子，史有異說：一說是李克用之長子（《舊五代史》卷二十七〈莊宗記一〉），一說李克用之長子名落落，落落與汴軍作戰時被擒殺（《舊五代史》卷二十六〈武皇紀下〉），李存勗在諸兄弟及諸義兒兄弟之中才華頗爲特出，十一歲見大唐昭宗時，即有「亞子」之讚[48]，二十四歲繼位，即刻平定季父振武節度使管內蕃漢馬步都知兵馬使李克寧之亂，旋即繼父之志領兵與朱溫血戰[49]，朱溫卒時已察知其子非其敵也[50]，李存勗做皇帝僅三年餘，因政治不修而亂死，李嗣源爲李存勗之義兄，年長十九歲，是最先攻入汴京者，「莊宗至，帝（李嗣源）迎謁路側，莊宗大悅，手引帝衣，以首觸帝曰：吾有天下，由公之血戰也，當與公共之」[51]。長興四年十一月，明宗卒，十二月其第三子從厚即位，即唐閔帝，但武將多附乃兄從珂，次年三月攻破京師，是爲唐末帝，「從珂本姓王氏，鎭州人……景福中，明宗爲武皇騎將，略地至平山……擄之……明宗養爲己子……在太原，嘗與石敬瑭因擊毬同入於趙襄子之廟，見其塑像，屹然起立，帝秘之，私心自負。及從明宗征討，以力戰知名，莊宗嘗曰：阿三不惟與我同齒，敢戰亦相類」[52]。

晉高祖石敬瑭，「太原人……四代祖璟，以唐元和中與沙陁軍都督朱耶氏自靈武入附，憲宗嘉之，隸爲河東陰山府裨將，以邊功累官至朔州刺史……三代祖郴早薨……祖翌，任振武防禦使……皇考紹雍

48　《北夢瑣言》云：昭宗曰此子可亞其父，時人號曰亞子。

49　《舊五代史》卷二十七〈唐書·莊宗紀一〉。

50　《資治通鑑》卷二百六十八〈後梁紀三〉乾化二年閏五月壬戌，帝（朱溫）疾增甚，謂近臣曰：「我經營天下三十年，不意太原餘孽更昌熾如此，吾觀其志不小，天復奪我年，我死，諸兒非彼敵也，吾無葬地矣。」因哽咽，絕而復蘇。
按當時與朱溫對壘者已是李存勗。

51　《舊五代史》卷三十五〈唐書·明宗紀〉。

52　《舊五代史》卷四十六〈唐書·末帝紀上〉。

番字臬捩雞……事後唐武皇及莊宗，累立戰功……帝生於太原……唐明宗爲代州刺史，每深心器之，因妻以愛女。唐莊宗聞其善射，擢居左右，明宗請隸大軍，從之……倚以心腹」[53]。晉少帝石重貴，「高祖之從子也，父敬儒，嘗爲後唐莊宗騎將」[54]。

漢高祖劉知遠「其先本沙陀部人……皇考琠，事後唐武皇帝爲列校……生帝於太原……初事唐明宗，列於麾下……晉高祖爲梁人所襲，馬甲連革斷，帝輟騎以授之，取斷革者自跨之，徐殿其後……」[55]。

周太祖郭威，「邢州堯山人……三歲家徙太原，居無何，皇考爲燕軍所陷，歿於王事。」有云出於李繼韜（李嗣昭子，事見本紀），有云應莊宗召募（事見前引《宋史・李瓊傳》），「天成初，明宗幸浚郊。時朱守殷嬰城拒命，帝從晉高祖一軍率先登城……漢高祖爲侍衞馬步都虞候，召置左右」[56]。

卽就宋太祖趙匡胤而言，自乃父開始亦已納入河東河北職業軍人集團。

《宋史》卷一〈太祖本紀一〉載：

> 涿郡人也。高祖朓，仕唐歷永清文安幽都令。朓生珽，歷藩鎮從事累官兼御史中丞。珽生敬，歷營薊涿三州刺史。敬生弘殷……事趙王王鎔，為鎔將五百騎，援唐莊宗於河上，有功。莊宗愛其勇，留典禁軍。漢乾祐中，討王景於鳳翔……周廣順末，改鐵騎第一軍都指揮使……累官檢校司徒、天水縣男，與太祖分典禁軍，一時榮之。……太祖生於洛陽夾馬營……會周祖以樞密使征李守真，應募居帳下……。

從五代武職官吏通朝仕宦的現象觀察，亦可進一步證明唐晉漢周的共同性：

---

53 《舊五代史》卷七十五〈晉書・高祖紀一〉。

54 《舊五代史》卷八十一〈晉書・少帝紀一〉。

55 《舊五代史》卷九十九〈漢書・高祖紀上〉。

56 《舊五代史》卷一百十〈周書・太祖紀一〉。

五代武職通朝仕宦比例統計表[57]

	梁		唐		晉		漢		周	
	N	%	N	%	N	%	N	%	N	%
始于　大唐	33	42.3	0	0.0	0	0.0	0	0.0	0	0.0
始于　梁	45	57.7	29	14.2	13	7.5	1	0.8	1	0.6
始于　唐	—	—	175	85.8	117	67.6	57	44.9	48	29.6
始于　晉	—	—	—	—	43	24.9	37	29.1	31	19.1
始于　漢	—	—	—	—	—	—	32	25.2	28	17.2
始于　周	—	—	—	—	—	—	—	—	54	33.4
合　計	78	100.0	204	100.0	173	100.0	127	100.0	162	100.0

57　五代武職官吏共得三百八十二人。本文以《舊五代史》為主體，凡得二百六十四人。《新五代史》增補七人，見註14。

取自《宋史》凡一百十八人。如下：趙弘殷（宋1）、高懷德（宋250）、張令鐸（宋250）、王彥昇（宋250）、羅彥瓌（宋250）、韓重贇（宋250）、王審琦（宋250）、石守信（宋250）、符彥卿（宋251）、慕容延釗（宋251）、符昭愿（宋251）、韓令坤（宋251）、韓倫（宋251）、李洪信（宋252）、郭從義（宋252）、王晏（宋252）、王景（宋252）、侯章（宋252）、李洪義（宋252）、楊承信（宋252）、武行德（宋252）、王廷義（宋252）、馮繼業（宋253）、孫行友（宋253）、折德扆（宋253）、折從阮（宋253）、張從恩（宋254）、趙贊（宋254）、扈彥珂（宋254）、侯仁矩（宋254）、李繼勳（宋254）、侯益（宋254）、藥元福（宋254）、薛懷讓（宋254）、趙晁（宋254）、王全斌（宋255）、郭崇（宋255）、王彥超（宋255）、康延沼（宋255）、康延澤（宋255）、王繼濤（宋255）、張永德（宋255）、高彥暉（宋255）、向拱（宋255）、宋偓（宋255）、宋延渥（宋255）、楊廷璋（宋255）、李處耘（宋257）、王仁贍（宋257）、曹彬（宋258）、崔彥進（宋259）、張瓊（宋259）、劉廷讓（宋259）、尹崇珂（宋259）、張廷翰（宋259）、田重進（宋260）、李懷忠（宋260）、劉遇（宋260）、楊信（宋260）、李漢瓊（宋260）、米信（宋260）、黨進（宋260）、劉廷翰（宋260）、崔翰（宋260）、王仁鎬（宋261）、郭瓊（宋261）、李瓊（宋261）、陳思讓（宋261）、張鐸（宋261）、田景咸（宋261）、焦繼勳（宋261）、李萬超（宋261）、劉重進（宋261）、陳承昭（宋261）、李萬全（宋261）、袁彥（宋261）、祁廷訓（宋261）、白重贊（宋261）、杜漢徽（宋271）、周廣（宋271）、解暉（宋271）、李韜（宋271）、陸萬友（宋271）、石曦（宋271）、吳虔裕（宋271）、張廷翰（宋271）、王晉卿（宋271）、張藏英（宋271）、郭廷謂（宋271）、郭廷濬（宋271）、輔超（宋271）、張勳（宋271）、蔡審廷（宋271）、趙延進（宋271）、馬令琮（宋271）、張暉（宋272）、司超（宋272）、荆罕儒（宋272）、楊美（宋273）、李進卿（宋273）、郭進（宋273）、何繼筠（宋273）、姚內斌（宋273）、董遵誨（宋273）、馬仁瑀（宋273）、李漢超（宋273）、翟守素（宋274）、盧懷忠（宋274）、侯贇（宋274）、王繼勳（宋274）、安守忠（宋275）、譚延美（宋275）、劉福（宋275）、劉謙（宋275）、馬全義（宋278）、張思鈞（宋280）、田紹斌（宋280）、范廷召（宋289）、趙暉（宋271）。

（六）圈內競爭與朝代更迭

從以上分析觀之，（後）唐、晉、漢、周、宋初的統治者實皆出於同一個集團，亦即河東、河北職業軍人集團也。然而，該集團之中的領導權之爭，時時刻刻皆在進行著，其皇位之始終與夫朝代之更換，可從下表察之：

帝號姓名	生年—卒、退、立年	公元	卒、退、立年齡	同光元年時年齡 923	血統
唐莊宗李存勗	光啓元年—同光四年	885-926	42	39	×
唐明宗李嗣源	咸通八年—長興四年	867-933	67	57	×
唐閔帝李從厚	天祐十一年 乾化四年—應順元年	914-934	21	9	
唐末帝李從珂	光啓元年—清泰三年	885-936	52	39	×
晉高祖石敬瑭	景福元年—天福六年	892-941	51	32	×
晉少帝石重貴	天祐十一年 乾化四年—開運三年（退）	914-946	27（退）	9	
漢高祖劉知遠	乾寧二年—乾祐元年	895-948	54	29	×
漢隱帝劉承祐	長興二年—乾祐三年	931-950	20	－8	
周太祖郭　威	天祐元年—顯德元年	904-954	51	20	×
周世宗柴　榮	天祐十八年 龍德元年—顯德六年	921-959	39	2	×
周恭帝柴宗訓	廣順三年—顯德七年（退）	953-960	8（退）	－30	
宋太祖趙匡胤	天成二年—顯德七年（立）	927-960	34（立）	－4	×

五代武職官吏通朝仕宦統計表[57]

大唐	梁	唐	晉	漢		周
33→					大唐、梁	
16→					梁	
16	16→				梁、唐	
	57→				唐	
12	12	12→			梁、唐、晉	
	\契丹3	3→			（契丹）唐、晉	
	58	58→			唐、晉	
		6→			晉	
	9	9	9→		唐、晉、漢	
		6	6→		晉、漢	
			\契丹1→		（契丹）漢	
			4→		漢	
1	1	1	1	1→	梁、唐、晉、漢、周	
	47	47	47	47→	唐、晉、漢、周	20→宋
	1	蜀	1	1→	唐（蜀）漢、周	
		31	31	31→	晉、漢、周	24→宋
			27	27→	漢、周	22→宋
				\南唐4→	（南唐）周	3→宋
				\契丹3→	（契丹）周	3→宋
				48→	周	46→宋
78	204	173	127	162		118

同光元年（923）乃後唐開國之年，河東河北集團是經過多年血戰才於此年打敗河南集團，唐、晉、漢、周的開國者以及唐明宗唐末帝等，皆親身參與此艱難的戰爭。年齡最輕的周太祖郭威是年亦已二十歲，並曾參加戰鬥。從另一方面看，河東河北集團內部領導權之爭，顯然是年長者勝過年輕者（石敬瑭引契丹軍打敗李從珂除外），長輩壓倒晚輩。勝利者與失敗者都沒有血統關係，有的勝利者改朝換代，有的仍襲舊朝之名，實際上這都是圈內的領導權之爭，除了極核心的一小部分人受到勝敗影響外，大體上並沒有大開殺戒，大部分武職官

吏仍然留用，從本節〈五代武職官吏通朝仕宦統計表〉所示，一人連續仕宦五個朝代者有二十一人，其中一人任官歷梁、唐、晉、漢、周，孔知濬是也（舊周125）。其他有二十人任官歷唐、晉、漢、周、宋，即：高懷德（宋 250）、張令鐸（宋 250）、王彥昇（宋250）、符彥卿（宋 251）、李洪信（宋 252）、郭從義（宋252）、王晏（宋252）、王景（宋 252）、侯章（宋 252）、藥元福（宋 254）、侯益（宋254）、張從恩（宋254）、薛懷讓（宋254）、王全斌（宋255）、郭崇（宋 255）、王鎬仁（宋 261）、郭瓊（宋 261）、杜漢徽（宋271）、解暉（宋 271）、張暉（宋 272）[58]，還有四人起自後唐而歷晉、漢、周、宋，唯在後唐時可能還未升爲官吏階級，故未予計入，他們是康延治（宋 255）、王彥超（宋 255）、李瓊（宋261）、陳思讓（宋 261）。有二十七個人物歷任唐、晉、漢、周四朝武職，他們是高行周（舊周 123）、安審珂（舊周 123）、安審暉（舊周123）、安審信（舊周 123）、李從敏（舊周 123）、宋彥筠（舊周123）、張彥成（舊周 123）、安叔千（舊周 123）、王殷（舊周124）、何福進（舊周 124）、劉詞（舊周 124）、王進（舊周 124）、史懿（舊周124）、王令溫（舊周124）、周密（舊周124）、李懷忠（舊周124）、白文珂（舊周 124）、趙暉（舊周 125）、王繼宏（舊周125）、馮暉（舊周 125）、折從阮（舊周 125）、張彥超（舊周 129）、王重裔

58　其中王景與侯益二人所涉及的時間甚長，值得提示：
《宋史》卷二百五十二〈王景傳〉：「萊州掖人，家世力田，景少倜儻，善騎射，不事生業，結里中惡少為羣盜。梁大將王檀鎮滑臺，以景隸麾下，與後唐莊宗戰河上，檀有功，景嘗左右之。莊宗入汴，景來降，累遷奉聖都虞候……以所部歸晉祖。（晉）天福初，授相州刺史……漢乾祐初，加同平章事……周祖微時與景善，及即位，加兼侍中……（周）恭帝即位，進封涼國公。宋初，加守太保，封太原郡王。建隆二年春來朝，太祖宴賜加等……四年卒。年七十五。」
《宋史》卷二百五十四〈侯益傳〉：「汾州平遙人。祖父以農為業。（大）唐光化中（公元898～900）李克用據太原，益以拳勇隸麾下……莊宗入汴，為本直副都校……晉初，召為奉國都校……遷武寧軍節度使、同平章事……契丹入汴，益率僚屬歸京師，詣契丹主，自陳不預北伐之謀。契丹授以鳳翔節度。漢祖即位，加兼侍中……益遂與子歸蜀……（歸漢）隱帝乃授以開封尹兼中書令……（周）廣順初，封太子太師，俄又改封齊國公。顯德元年冬，告老，以本官致仕……（宋）太祖即位……詔禮與丞相等。乾德三年卒。年八十。」

（舊周 129）、李建崇（舊周 129）、曹英（舊周129）、翟光鄴（舊周 129）、常恩（舊周 129）。歷任晉、漢、周、宋四朝者有三十一人，不予贅引。

除梁以外，唐、晉、漢、周諸朝之更迭乃圈內競爭，如以家世成分而言，這五個朝代卻有高度的共同性。大致上五代武職官吏之社會成分與其文職官吏之社會成分極爲相似，只是武職官吏平民類略高，且微微超過百分之五十，而武職士族類略低[59]。軍人集團之延續亦呈現個人通朝現象，而無累進成武大姓的痕跡。

河東、河北軍人集團圈內權力競爭的結果，王朝與皇位不斷地更替，然在此一連串地演變之中，有一點值得注意，卽河北優勢漸次形成，河北地區之文職官吏在梁時居於平均線上，自後唐開始歷晉、漢、周各朝，河北籍之文臣皆一倍於其他地區[60]。上節曾討論河東軍人集團擴大吸收河北武人。從五代武職官吏地域分佈統計表所示，

59　五代武職官吏身分比較統計表（分類標準參照註35）

		梁			唐			晉			漢			周			總計		
		N	%		N	%		N	%		N	%		N	%		N	%	
士族	文大姓	6	7.7	21.8	11	5.4	21.6	9	5.2	17.3	8	6.3	16.6	8	4.9	17.2	42	5.6	18.8
	武大姓	11	14.1		33	16.2		21	12.1		13	10.3		20	12.3		98	13.2	
小姓	一世官宦	12	15.4	21.8	58	28.4	30.4	50	28.9	30.1	36	28.4	29.1	45	27.8	28.4	201	27.0	28.7
	累世低品	5	6.4		4	2.0		2	1.2		1	0.7		1	0.6		13	1.7	
平民	兵	36	46.1	56.4	76	37.2	48.0	65	37.6	52.6	44	34.6	54.3	61	37.7	54.4	282	37.9	52.5
	其他	7	9.0		16	7.8		23	13.3		18	14.2		19	11.8		83	11.1	
	不詳	1	1.3		6	3.0		3	1.7		7	5.5		8	4.9		25	3.5	
合計		78	—		204	—		173	—		127	—		162	—		744	—	

60　五代文職官吏地域分佈統計表（分區標準參照註13）

	梁		唐		晉		漢		周		總計	
	N	%	N	%	N	%	N	%	N	%	N	%
河東	11	16.7	20	12.9	15	11.9	11	11.2	12	10.9	69	12.4
河北	14	21.2	52	33.5	47	37.3	41	41.8	42	38.2	196	35.3
河南	16	24.2	22	14.2	21	16.7	18	18.4	22	20.0	99	17.9
平盧徐淮	4	6.1	16	10.3	15	11.9	11	11.2	14	12.7	60	10.8
關中隴西	13	19.7	26	16.8	25	19.8	16	16.4	17	15.5	97	17.5
其他及未詳	8	12.1	19	12.2	3	2.4	1	1.0	3	2.7	34	6.1
合計	66	100.0	155	100.0	126	100.0	98	100.0	110	100.0	555	100.0

唐、晉、漢、周四朝河東和河北之武職約佔四分之三上下，此即本文所謂河北、河東軍人集團，然在此軍人集團之中，有一項明顯的趨向，即河北的比重漸漸上升，且超越河東，後唐與周恰成反比例。後唐、晉、漢的統治者係河東非漢人，而周乃河北籍漢人，從史書記載中我們似乎看不出這一轉移在種族上有何矛盾，但在地域上卻有顯著地增減。在周太祖郭威與世宗柴榮所吸收的有傳武職之中，其地域分佈如下：

河北	28人	58.3%	附記：《周書》得二人
河東	10人	20.8%	《宋史》得四十六人
河南	6人	12.5%	共計四十八人
關中	2人	4.2%	參見[61]
平盧、徐、淮	2人	4.2%	

在周、宋交替之時，河北地區之官吏，其文職武職皆佔全國百分之四十左右。關中早已凋零，關以東則形成河北優勢局面。

四、結　論

官宦通朝的現象在魏、晉、南北朝與五代均極爲普通；在五代時絕大多數官吏皆任職二朝或二朝以上，這並不表示其子孫必然可以世

---

61 河北籍：王环（舊周129）、韓重贇（宋250）、韓令坤（宋251）、趙晁（宋254）、楊廷璋（宋255）、李繼勳（宋254）、高彥暉（宋255）、向拱（宋255）、崔彥進（宋259）、張瓊（宋259）、劉廷讓（宋259）、尹崇珂（宋259）、田重進（宋260）、李懷忠（宋260）、劉遇（宋260）、楊信（宋260）、趙廷進（宋271）、王晉卿（宋271）、張藏英（宋271）、荊罕儒（宋272）、姚內斌（宋273）、董遵海（宋273）、馬仁瑀（宋273）、盧懷忠（宋274）、劉謙（宋275）、譚延美（宋275）、馬全義（宋278）、范廷召（宋289）。共28人
河東籍：張顥（舊周129）、慕容廷劍（宋251）、李萬全（宋261）、袁彥（宋261）、李漢超（宋273）、田紹斌（宋280）、侯贇（宋274）、折德扆（宋253）、米信（宋260）、黨進（宋260）。共10人。
河南籍：王審琦（宋250）、符昭愿（宋251）、石守信（宋250）、祁廷訓（宋261）、王仁贍（宋257）、劉廷翰（宋260）。共6人。
關中籍：崔翰（宋260）、王繼勳（宋274）。共2人。
平盧徐淮籍：王廷義（宋252）、劉福（宋275）。共2人。

世官宦；而在魏、晉、南北朝時士族在統治階層一直佔絕大多數，其通朝官宦現象不但是政治之延續，而且是家族之延續[62]；在五代時，以文職而論，只有梁朝士族仍佔半數以上，自後唐始，士族大幅度地滑入百分之五十以下，其中尤其是源於魏、晉、南北朝時代的舊士族消失最多，另一方面新士族亦不見增加，因此這是社會架構的改變，中古三階層社會將步入近古二階層社會。在政局變化不定，武人權重時代，文職通朝官宦與其個人才能有關，代表著政治延續。自公元907年至960年這五十四年期間，縱貫有大唐、梁、唐、晉、漢、周、宋七個朝代，其身歷官六個朝代者得七人，歷五個朝代者二十一人，歷四個朝代者四十一人，歷三個朝代者五十五人，歷二個朝代者八十九人。很顯然地有一個官僚體系默默地推行政治事務，列朝君主均無意拆散這個體系，大唐禪梁、梁亡於後唐這兩次改朝換代事件中，有許多宰相及高級官吏更換替代，稍爲波折；後唐、晉、漢、周、宋間之禪代，甚至許多宰相大臣皆繼續留用，猶如身歷一個朝代之中的若干政潮。嚴格地說，大唐禪梁，梁亡於後唐，後唐、晉、漢、周、宋等，乃是官僚體系大框框不變的前題之下的三個不同類型，可以與其他朝代間或某個朝代中的政潮作進一步的比較研究。

自安史亂後，藩鎭跋扈，軍府林立，一個半世紀以來培養出一種職業軍人集團[63]，隨著士族軍權之衰退、大唐中央軍之羸弱，愈來愈襯託出這批人可能在歷史上扮演重要角色。大唐末葉中原一帶大量饑民所形成的流民集團，騷動了南中國及中原，流民集團有三大股——黃巢、朱溫、秦宗權，其後朱溫降唐，黃巢敗亡，秦宗權滅於朱溫，朱溫移大唐天子於洛陽，獨霸河南。流民集團所形成的武職官吏，平民出身者居多，世郡武吏次之，且有濃厚的河南平民色彩，也是唯一能與河以北職業軍人相對抗的勢力；朱溫又臣服河北地區，但不能併吞河東，亦如強弩之末；然能在北中國建立梁朝十餘年，亦已難哉！

62　參見拙著《兩晉南北朝士族政治之研究》。

63　參見拙文〈唐末五代政治社會之研究——魏博二百年史論〉。

梁晉（太原）交戰多年，李克用以假子結合河東豪傑，李存勗吸收河北武勇，黃河以北的職業軍人取朱梁而代之，（後）唐、晉、漢、周諸朝實出於同一軍人集團，（後）唐、晉、漢、周的開國之君皆曾親臨討梁之役，武將歷（後）唐、晉、漢、周者比例極高，該軍人集團內部領導權之爭即形成北中國朝代更替現象。

無論朱梁時代的河南集團或（後）唐、晉、漢、周、宋初的河東、河北集團掌權，都證明關中勢力的消逝。在河東、河北集團之中，（後）唐、晉、漢三朝皇室不屬漢族，周朝皇室出於漢族，從正史中看不出有種族歧視存在，這與永嘉亂後北中國的景象大不相同。但在後周之際，大量吸收河北籍軍人，使河北地區的文、武官職皆佔百分之四十以上，遠遠超越其他地區，造成後周北宋初葉之河北優勢，斯亦國史上之一大變局也。

——原刊於《中央研究院歷史語言研究所集刊》第五十一本第二分

後記

本書八篇論文之中，原刊於《中央研究院歷史語言研究所集刊》者有四篇，《清華學報》一篇、《臺大文史哲學報》一篇、宣讀於「中央研究院第二屆國際漢學會議」一篇、宣讀於臺大歷史研究所「民國以來國史研究的回顧與展望」大會一篇。

嚴耕望先生審查本書論文多篇，指正甚多；陳槃師、勞榦師、許倬雲師在本書寫作期間，屢有教導、鼓勵。

本書各篇皆重新排版，耿慧玲女士、郭長城先生、鄭文聰先生、林麗花小姐、顏尚文先生、張繼昊先生、宋德熹先生幫助檢查引用資料、校對等工作。聯經出版公司方清河先生將原各單篇之參考書目初步彙編成本書參考書目，馮慈芳小姐製作本書索引。我近年來研究工作極忙，除了專任研究員每年需撰寫新論文以外，還負責唐代墓誌銘之彙編、考釋、出版等工作，每年約出版二、三冊，又在臺大、文大兼任教席，如果沒有上述許多朋友們在出版過程中大力幫助，本書無法順利出版，我十分感謝。

民國七十八年七月二日

著者謹識於臺北市南港中央研究院歷史語言研究所

參考書目

一、正史類及古籍類

《史記》《漢書補注》《後漢書集解》《三國志集解》《晉書斠注》《宋書》《南齊書》《梁書》《陳書》《魏書》《周書》《北齊書》《南史》《北史》《隋書》《舊唐書》《新唐書》《舊五代史》《五代史記》《宋史》《遼史》

（以上正史部分，本書各篇撰寫時使用藝文印書館影印殿本，修正出版時使用鼎文書局影印點校本。）

《唐書合鈔》　（清）沈炳震編（嘉慶18年刊本）

《胡注資治通鑑・附考異》　（宋）司馬光撰　（元）胡三省注（世界書局印行，1980年）

《五代史補》　（宋）陶岳纂（籑花盦叢書第11—12册）

《五代史闕文》　（宋）王禹偁纂（籑花盦叢書第12册）

《五代春秋》　（宋）尹洙撰（籑花盦叢書第12册）

《五代史纂誤》　（宋）吳縝撰（知不足齋叢書第17集第１册）

《五代史纂誤補》　（清）吳蘭庭撰（吳興叢書第54册）

《五代史補考》　（清）徐炯撰（適園叢書第６集第85—90册）

《九國志》　（宋）路振撰（守山閣叢書第５函第45—46册）

《十國春秋》　（清）吳任臣撰（國光書局據乾隆53年周昂校刊本影印，1962年）

《十六國春秋輯補》　（清）湯球纂（廣雅書局刊本，光緒21年）

《西魏書》　(清)謝啓昆撰(世界書局據樹經堂本影印，光緒9年)
《通典》　(唐)杜佑撰(浙江書局刊本，光緒22年)
《通志》　(宋)鄭樵撰(新興書局據清武英殿刊本影印，1963年)
《文獻通考》　(元)馬端臨撰(浙江書局刊本，光緒22年)
《大唐創業起居注》　(唐)溫大雅撰(學津討原第6集第53册)
《唐大詔令集》　(宋)宋敏求編(華文書局據舊刊本影印，1968年)
《唐六典》　(唐)李林甫等注(《四庫全書珍本六集》第117—119册，1976年)
《唐會要》　(宋)王溥撰(世界書局據武英殿聚珍版影印，1960年)
《五代會要》　(宋)王溥撰　(清)沈鎭、朱福泰校勘(世界書局據武英殿聚珍版影印，1960年)
《册府元龜》　(宋)王欽若等編(中華書局據明崇禎15年李嗣京刊本影印，1972年)
《玉海》　(宋)王應麟撰(浙江書局重刊本，光緒9年)
《華陽國志校注》　(晉)常璩撰　(今人)劉琳校注(巴蜀書社出版，1984年)
《鄴中記》　(晉)陸翽撰　(武英殿聚珍版叢書第213册)
《洛陽伽藍記》　(後魏)楊衒之撰(周祖謨《洛陽伽藍記校釋》，1956年；范祥雍《洛陽伽藍記校注》，1958年；王伊同英譯並注釋 *A Record of Buddhist Monas tevies in Lo-Yang*, 1984年)
《河朔訪古記》　(元)納新撰(武英殿聚珍版叢書第213册)
《裴村記》(載《顧亭林詩文集》卷五)　(清)顧炎武撰(北京：中華書局，1983年)
《唐藩鎭指掌》　(明)張玄羽撰(廣文書局據峭帆樓叢書刊本影

印，1969年）

《西魏將相大臣年表》　（清）萬斯同編（上海：開明書店《二十五史補編》本，1936年）

《歷代方鎮年表》（唐方鎮年表、五季方鎮年表）　（清）吳廷燮編（遼海書社排印本）

《鄴侯家傳》　（唐）李繁撰（載《玉海》卷138，兵制3，浙江書局重刊本，光緒9年）

《世說新語》　（劉宋）劉義慶撰　（梁）劉孝標注（商務印書館影印，四部叢刊初編本，1929年）

《顏氏家訓》　（北齊）顏之推撰（商務印書館影印，四部叢刊初編本，1929年）

《北夢瑣言》　（宋）孫光憲（臺灣商務印書館影印文淵閣《四庫全書》本，1983年）

《庾子山集注》　（北周）庾信撰　（清）倪璠集注（文華出版公司印行，1968年）

《陸宣公集》　（唐）李贄撰（正誼堂全書第52—53册）

《會昌一品集》　（唐）李德裕撰（商務印書館四部叢刊初編影印明刻本，1929年）

《文苑英華》　（宋）彭叔夏編（華聯出版社，1965年）

《全唐文》　（清）董誥等編（滙文書局據嘉慶19年刊本影印，1961年）

中央研究院歷史語言研究所藏石刻拓片

《漢魏南北朝墓誌集釋》　趙萬里編纂（鼎文書局影印民國42年初刊本，1973年）

《金石萃編》　（清）王昶編（新文豐出版公司《石刻史料新編》本，以下諸書均同，1977年）

《金石續編》　（清）陸耀遹編

《關中金石文字存逸考》　（清）毛鳳枝撰

《關中石刻文字新編》　（清）毛鳳枝編
《八瓊室金石補正》　（清）陸增祥撰
《陝西金石志》　武樹善撰
《隴右金石錄》　張維編

二、地理書類

《水經注疏》　（清）楊守敬纂疏、熊會貞參疏（科學出版社影印，1955年）
《水經注校》　王國維校、袁英光、劉寅生整理標點（上海人民出版社，1984年）
《括地志》　（唐）李泰撰　（清）孫星衍等輯（槐廬叢書本，吳縣朱氏重校刊本，光緒12年）
《元和郡縣圖志》　（唐）李吉甫撰（金陵書局校刊，光緒 6 年）
《太平寰宇記》　（宋）樂史撰（乾隆58年重梓本）
《輿地廣記》　（宋）歐陽忞撰（武英殿聚珍版叢書第208—212冊）
《大元一統志》（玄覽堂叢續集，中央圖書館影印，1947年）
《大明一統志》（文海出版社據中央圖書館善本影印，1965年）
《天下郡國利病書》　（清）顧炎武撰（廣雅書局刊本，光緒26年）
《嘉慶重修一統志》　（清）仁宗敕撰（臺灣商務印書館據上海涵芬樓影印清史館藏進呈寫本影印，1966年）
《歷代輿地沿革險要圖》　（清）楊守敬撰（觀海堂重校訂本，光緒32年）
《中國歷史地圖集》　譚其驤主編（地圖出版社，1975年）
《中國史稿地圖集》　郭沫若主編（地圖出版社，1979年起）
《唐代交通圖考》　嚴耕望撰（中央研究院史語所專刊83，第一冊京都關內區，1985年；第二冊河隴磧西區，1985年；第三冊秦嶺仇池區，1985年；第四冊山劍滇黔區，1986年；第五冊河東河北區，1986年）

三、地方志類

《山西通志》　張煦等撰（光緒11年5月）
《山西志輯要》　韓百齡等撰，雅德纂（乾隆45年）
《永濟縣志》　李榮和等續修，胡仰廷等編（光緒12年）
《直隸絳州志》　張成德修，李友洙纂（乾隆30年）
《直隸絳州志》　李煥揚續修，張干鑄纂（光緒5年）
《猗氏縣志》　潘鉞纂輯（康熙56年），宋之樹重修（雍正7年）
《解州平陸縣志》　言如泗等修撰，韓夔典等纂（乾隆29年）
《解州安邑縣志》　言如泗等修撰，呂臨纂（乾隆28年）
《解州全志》　言如泗等纂修（乾隆29年）
《解州夏縣志》　言如泗修撰，李遵唐等纂（乾隆29年5月）
《絳縣志》　胡廷纂修（光緒20年）
《絳縣志》　劉斌續修，張干鑄纂（光緒6年3月）
《虞鄉縣志》　崔鑄善續修，陳鼎隆纂（光緒12年）
《虞鄉縣新志》　周大儒等撰（乾隆30年）
《蒲州府志》　喬光烈、周景柱修纂（乾隆19年，光緒26補刊本）
《聞喜縣志》　李遵唐修撰，王肇書等纂（乾隆31年，據明萬曆2年李汝寬等舊志補充）
《聞喜縣志》　余寶滋修，楊韍田纂（民國8年，據明萬曆2年李汝寬等舊志補充）
《榮河縣志》　馬鑑等修，尋鑾煒等纂（光緒7年）
《稷山縣志》　沈鳳翔重修，鄧嘉坤等纂（同治4年）
《續修稷山縣志》　馬家鼎修，閻廷獻等纂（光緒11年）
《續猗氏縣志》　周之楨、崔曾頤等纂（同治6年）
《續猗氏縣志》　徐浩修、俞汝寅等纂（光緒6年）
《臨晉縣志》（續修）　艾紹濂等纂修（光緒6年）

四、中日文論著

大川富士夫

1957　〈西魏における宇文泰の漢化政策について〉，《立正大學文學部論叢》7。

大澤正昭

1973　〈唐末の藩鎭と中央權力——德宗憲宗朝を中心とこて〉《東洋史研究》32(2)。

山崎宏

1947　〈北魏の大人に就いて〉(上)，《東洋史研究》9(5, 6)。

1950　〈北魏の大人に就いて〉(下)，《東洋史研究》10(1)。

王吉林

1980　〈統一期間北魏與塞外民族的關係〉，《史學彙刊》10。

1981　〈西魏北周統治階層的形成〉，《民族與華僑研究所學報》3。

王伊同

1973　〈魏書崔浩傳箋注〉，《華岡學報》7。

王仲犖

1978　〈東西魏北齊北周僑置六州考略〉，《文史》5。

1979　《北周六典》(北京：中華書局)。

1979　《魏晉南北朝史》(上海：人民出版社)。

1980　《北周地理志》(北京：中華書局)。

王壽南

1969　《唐代藩鎭與中央關係之研究》(嘉新文化基金會)。

日野開三郎

1931　《支那中世の軍閥》(日本東京：三省堂)。

1938　〈五代鎭將考〉，《東洋學報》25(2)。

1939—40　〈藩鎭の跋扈と鎭將〉，《東洋學報》26(4), 27(1, 2, 3)。

1954 〈唐末混亂史稿〉，《東洋史學》10。

內田吟風

1934 〈後漢末期より五胡亂華勃發に至る匈奴五部の狀勢に就て〉，《史林》19(2)。

1936 〈北朝政局中鮮卑及北族系貴族之地位〉，《東洋史研究》2(3)。

1937 〈魏書序紀特に其世系記事に就て——志田不動麿學士「代王世系批判」を讀む〉，《史林》22(3)。

毛漢光

1966 《兩晉南北朝士族政治之研究》（中國學術著作獎助出版委員會）。

1969 《唐代統治階層社會變動》（影印博士論文）。

1970 〈五朝軍權轉移及其對政局之影響〉，《清華學報》新8(1, 2)。

1975 〈從中正評品與官職之關係論魏晉南北朝之社會架構〉，《中央研究院歷史語言研究所集刊》46(4)。

1976 〈中國中古社會史略論稿〉，《中央研究院歷史語言研究所集刊》47(3)。

1979 〈唐末五代政治社會之研究——魏博二百年史論〉，《中央研究院歷史語言研究所集刊》50(2)。

1980 〈五代之政治延續與政權轉移〉，《中央研究院歷史語言研究所集刊》51(2)。

1985 〈中古大族著房婚姻之研究〉，《中央研究院歷史語言研究所集刊》56(4)。

1986 〈北魏東魏北齊之核心集團與核心區〉，《中央研究院歷史語言研究所集刊》57(2)。

1987 〈西魏府兵史論〉，《中央研究院歷史語言研究所集刊》58(3)。

1987　〈北朝東西政權之河東爭奪戰〉,《臺大文史哲學報》35。
1988　《中國中古社會史論》,(聯經出版公司)。
1989　〈晉隋之際河東地區與河東大族〉《中央研究院第二屆國際漢學會議論文集》。

平岡武夫
1954　《唐代の行政地理》(日本京都大學人文科學研究所)。

古賀昭岑
——　〈北朝の行臺について〉一、二。

石田德行
1981　〈北地傅氏考——漢魏晉代を中心に〉,《中嶋先生論文集》。

田村實造
1954　〈北魏開國傳說の背景〉,《東方學論集》 2 。

史念海
1935　〈兩唐書地理志互勘〉,《禹貢》3(3)。
1986　《中國史地論稿(河山集)》(臺北:弘文出版社翻印)。

矢野主稅
1965　〈裴氏研究〉,《長崎大學社會科學論叢》14。

白鳥庫吉
1919　〈東胡民族考〉,《史學雜誌》22(1)。

米文平
1981　〈鮮卑石室的發現與初步研究〉,《文物》1981(2)。
1982　〈鮮卑石室所關諸地理問題〉,《民族研究》1982(4)。

西川正夫
1959　〈吳、南唐兩王朝の國家權力の性格——宋代國制史研究序說のさぬに、其の〉,《法制史研究》 9 。
1963　〈華北五代王朝の文臣官僚〉,《東洋文化研究所紀要》27。

朱大渭

1984　〈北魏末年人民大起義若干史實的辨析〉，《中國農民戰爭史論叢》3　（河南：人民出版社）。

朱大渭、劉精誠

1980　〈論葛榮〉，《中國農民戰爭史論叢》2（河南：人民出版社）。

朱師轍

1944—45　〈北朝六鎮考辨〉，《輔仁學誌》12(1, 2)。

朱堅章

1964　《歷代篡弒之研究》（嘉新文化基金會）。

朱維錚

1963　〈府兵制度化時期西魏北周社會的特殊矛盾及其解決——兼論府兵的淵源和性質〉，《歷史研究》1963(6)。

竹田龍兒

1958　〈北閥とこての弘農楊氏についての一考察〉，《史學》31。

全漢昇

1944　《唐宋帝國與運河》（中央研究院史語所專刊24）。

汪榮祖

1984　《史家陳寅恪傳》（聯經出版公司）。

武守志

1985　〈五涼政權與西州大姓〉，《西北師院學報》1985(4)。

志田不動麿

1937　〈代王世系批判〉，《史學雜誌》48(2)。

1938　〈南北朝時代に於ける敕勒の活動〉（上）（下），《歷史學研究》8(12), 9(2)。

杜斗城

1985　〈漢唐世族隴西辛氏試探〉，《蘭州大學學報》1985(1)。

李紹明、冉光榮

1982 〈論氏族的族源與民族融合〉，《四川省史學會史學論文集》。

李樹桐

1965 《唐史考辨》（臺灣：中華書局）。

呂名中

1965 〈試論漢魏西晉時期北方各族的內遷〉，《歷史研究》1965(6)。

岑仲勉

1957 《隋唐史》（高等教育出版社）。

1957 《府兵制度研究》（上海：人民出版社）。

1960 《唐史餘瀋》（上海：中華書局）。

1962 〈六鎮餘譚〉，《中外史地考證》上册（北京：中華書局）。

谷口房男

1976 〈晉代の氏族楊氏について〉，《東洋大學文學部紀要》30〈史學科篇〉II

谷川道雄

1958 〈北魏末の內亂と城民〉（上、下），《史林》41(3)。

1962 〈北朝末期の鄉兵について〉，《東洋史研究》20(4)。

1971 《隋唐帝國形成史論》，（筑摩書局）。

1972 〈北朝鄉兵再論〉，《名古屋大學文學部研究論文集》（史學）。

1982 〈武川鎮軍閥の形成〉，《名古屋大學東洋史研究報告》8。

1983 〈西魏北周隋唐政權と府兵制〉，《中國律令制の展開とその國家・社會との關係》（唐代史研究會編，刀水書局）。

1986 〈府兵制國家と府兵制〉，《律令制——中國朝鮮の法と國家》 （唐代史研究會編，汲古書院刊）。

谷霽光

1936 〈安史亂前之河北道〉，《燕京學報》19。

1962 《府兵制度考釋》（上海：人民出版社）。

何茲全

1962 〈讀《府兵制度考釋》書後〉，《歷史研究》1962(6)。

1980 〈府兵制前的北朝兵制〉，《中華文史論叢》1980(2)，又收於《讀史集》（上海：人民出版社，1982）。

余英時

1956 〈東漢政權之建立與世家大姓之關係〉，《新亞學報》1(2)。

河地重造

1953 〈北魏王朝の成立とその性格について〉，《東洋史研究》12(4)。

青山定雄

1958 《唐宋時代の交通と地誌地圖の研究》（吉川弘文館刊行）。

林幹

1984 《匈奴歷史年表》（北京：中華書局）。

1984 〈稽胡（山胡）略考〉，《社會科學戰線》1984(1)。

松島才次郎

1970 〈竇氏の家系〉，《信州大學教育學部紀要》24。

直江直子

1978 〈北朝後期政權爲政者グルプの出身について〉，《名古屋大學東洋史研究報告》5。

周一良

1927 〈南齊書丘靈鞠傳試釋兼論南朝文武官位及清濁〉，《清華學報》4(2)。

1938　〈論宇文周之種族〉，《中央研究院史語所集刊》7(4)。

1938　〈南朝境內之各種人及政府對待之政策〉，《中央研究院史語所集刊》7(4)。

1948　〈領民酋長與六州都督〉，《中央研究院史語所集刊》20(上)。

1950　〈北朝的民族問題與民族政策〉，《燕京學報》39。

1963　《魏晉南北朝史論集》

1985　《魏晉南北朝史札記》(北京：中華書局)。

周偉洲

1983　《敕勒與柔然》(上海：人民出版社)。

1983　〈魏晉十六國時期鮮卑族向西北地區的遷徙及其分布〉，《民族研究》1983(5)。

1984　〈賀盧與費也頭〉，《文史》23。

周錚

1985　〈西魏巨始光造像碑考釋〉，《中國歷史博物館館刊》1985(7)。

周藤吉之

1952　〈五代節度使の支配體制〉，《史學雜誌》61(6)。

金發根

1964　《永嘉亂後北方的豪族》(中國學術著作獎助委員會叢書之三)。

1984　〈東漢至西晉時期(西元二五～二八〇)中國境內游牧民族的活動〉，《食貨》3(9, 10)。

前田正名

1972　〈北魏平城時代のオルドス沙漠南緣路〉，《東洋史研究》31(2)。

1979　《平城の歷史地理學的研究》(東京：風間書房)。

俞大綱

1934 〈北魏六鎮考〉，《禹貢》1(12)。

姚薇元

1962 《北朝胡姓考》（北京：中華書局）。

畑地正憲

1972 〈五代地方行政における軍について〉，《東方學》43。

宮川尚志

1943 〈北朝における貴族制度〉（上、下），《東洋史研究》8(4), 8(5, 6)。

宿白

1977 〈東北內蒙古地區的鮮卑遺跡〉，《文物》1977(5)。

1977 〈盛樂、平城一帶的拓跋鮮卑——北魏遺跡〉，《文物》1977(11)。

唐長孺

1955 〈魏晉雜胡考〉，《魏晉南北朝史論叢》（北京：三聯書店）。

1955 〈魏周府兵制度辨疑〉，《魏晉南北朝史論叢》（北京：三聯書店）。

1959 《魏晉南北朝史論叢續編》（北京：三聯書店）。

1979 〈北魏沃野鎮的遷徙〉，《華中師院學報》（哲學社會科學）1979(3)。

1983 《魏晉南北朝史論拾遺》（北京：中華書局）。

唐長孺、黃惠賢

1964 〈試論魏末北鎮鎮民暴動的性質——魏末人民大起義諸問題之一〉，《歷史研究》1964(1)。

1979 〈二秦城民暴動的性質和特點——北魏末期人民大起義研究之三〉，《武漢大學學報》1979(4)。

馬長壽

1962　《烏桓與鮮卑》（上海：人民出版社）。

1985　《碑銘所見前秦至隋初的關中部族》（北京：中華書局）。

栗原益男

1953　〈唐五代の假父子的結合の性格——主として藩帥的支配權力との關連について〉，《史學雜誌》62(6)。

1956　〈唐末五代の假父子的結合における姓名と年齡〉，《東洋學報》38(4)。

章羣

1986　《唐代蕃將研究》（聯經出版公司）。

堀敏一

1957　〈藩鎭親衞兵の權力構造〉，《東洋文化研究所紀要》13。

1957　〈黃巢の叛亂——唐宋變革期の考察〉，《東洋文化研究所紀要》13。

孫同勛

1962　《拓拔氏的漢化》（臺大文史叢刊之1）。

孫國棟

1959　〈唐宋之際社會門第之消融〉，《新亞學報》4(1)。

許倬雲

1964　〈西漢政權與社會勢力的交互作用〉，《中央研究院史語所集刊》35。

1981　〈傳統中國社會經濟史的若干特性〉，《食貨》11(5)。

1982　《求古編》（聯經出版公司）。

郭素新

1977　〈內蒙古呼和浩特北魏墓〉，《文物》1977(5)。

章羣

1986　《唐代蕃將研究》（聯經出版公司）。

張柏忠

1981 〈哲里木盟發現的鮮卑遺存〉，《文物》1981(2)。

張建昌

1982 〈氐族的興衰及其活動範圍〉，《蘭州大學學報》1982(4)。

張郁

1958 〈內蒙古大青山後東漢北魏古城遺址調查記〉，《考古通訊》1958(3)。

張澤咸、朱大渭

1980 《魏晉南北朝農民戰爭史料彙編》（北京：中華書局）。

陳述

1948 《契丹史論證稿》（國立北平研究院史學研究所印行）。

陳寅恪

1937 〈府兵制前期史料之試釋〉，《中央研究院史語所集刊》7(3)。

1943 《唐代政治史述論稿》（中央研究院歷史語言研究所專刊20）。

1943 《隋唐制度淵源略論稿》（中央研究院歷史語言研究所專刊22）。

1952 〈論隋末唐初「所謂山東豪傑」〉，《嶺南學報》12(1)。

1954 〈記唐代之李武韋楊婚姻集團〉，《歷史研究》43年第一期。

1957 〈論唐代之蕃將與府兵〉，《中山大學學報》46年第一期。

陳連開

1982 〈鮮卑史研究的一座豐碑〉，《民族研究》1982(6)。

陳學霖

1962 〈北魏六鎮之叛變及其影響〉，《崇基學報》2(1)。

陶希聖

1944　《中國政治制度史》　（啓業書局）。
陶希聖、鞠清遠
1935　《唐代經濟史》　（上海：商務印書館）。
曾光生
1960　〈「關隴集團」問題——對陳寅恪先生「關中本位政策」的批判〉，《史學》1960(3)。
曾我部靜雄
——　〈西魏の府兵制度〉。
1960　〈西魏北周隋唐の勳官勳級と我が勳位について〉，《文化》24(4)。
勞榦
1960　〈關東與關西的李姓與趙姓〉，《中央研究院史語所集刊》31。
1960　〈北魏後期的重要都邑與北魏政治的關係〉，《中央研究院史語所集刊》外編 4。
1961　〈論北朝的都邑〉，《大陸雜誌》22(3)。
黃烈
1983　〈拓拔鮮卑早期國家的形成〉，《魏晉隋唐史論叢第二輯》
黃盛璋
1982　〈川陝交通的歷史發展〉，《歷史地理論集》（北京：人民出版社）。
1982　〈陽平關及其演變〉，《歷史地理論集》（北京：人民出版社）。
菊池英夫
1954　〈五代禁軍の地方屯駐について〉，《東洋史學》11。
1957　〈北朝軍制に於ける所謂鄉兵について〉，《重松先生古稀紀念九州大學東洋史論叢》。
1968　〈唐折衝府の分布問題に關する——解釋〉，《東洋史研究》27(2)。

賀次君

1935 〈西晉以下北方宦族地望表〉，《禹貢》3(5)。

傅樂成

1952 〈荆州與六朝政局〉，《臺大文史哲學報》 4 。

1972 〈唐型文化與宋型文化〉，《國立編譯館館刊》1(4)。

逯耀東

1965 〈拓拔氏與中原士族的婚姻關係〉，《新亞學報》7(1)。

1968 〈北魏平城對洛陽規建的影響〉，《思與言》5(5)。

1968 〈北魏孝文帝遷都與其家庭悲劇〉，《新亞學報》8(2)。

1979 《從平城到洛陽》（聯經出版公司）。

楊樹藩

1967 《唐代政制史》（臺灣正中書局）。

楊耀坤

1978 〈北魏末年北鎮暴動分析〉，《歷史學報》1978(11)。

萬繩楠

1983 《魏晉南北朝史論稿》（安徽教育出版社）。

1987 《陳寅恪魏晉南北朝史講演錄》（黃山書社）。

窪添慶文

1974 〈魏晉南北朝における地方官の本籍地任用について〉，《史學雜誌》83(2)。

寧夏回族自治區博物館、寧夏固原博物館

1985 〈寧夏固原北周李賢夫婦墓發掘簡報〉，《文物》1985(11)。

蒙思明

1936 〈元魏的階級制度〉，《史學年報》2(3)。

聞宥

1980 〈記有關羌族歷史的石刻〉，《考古與文物》1980(2)。

鄭欽仁

1965 《北魏中書省考》（臺大文史叢刊）。

劉緯毅

1984 〈山西方志考略〉，《中國地方史志論叢》（北京：中華書局）。

蕭文青

1969 〈高歡家世考證〉，《華岡學報》 5 。

蕭啓慶

1972 〈北亞遊牧民族南侵各種原因的檢討〉，《食貨》復刊 1(12)。

蕭璠

1976 〈東魏北齊內部的胡漢問題及其背景〉，《食貨》復刊 6(8)。

盧開萬

1980 〈「代遷戶」初探〉，《武漢大學學報》1980(4)。

築山治三郎

1967 《唐代政治制度の研究》（創元社）。

濱口重國

1935 〈正光四五の交に於ける後魏の兵制に就いて〉，《東洋學報》22(2)。

1936 〈東魏の兵制〉，《東洋學報》24(1)。

1938 〈高齊出自考〉，《史學雜誌》49(78)。

1938 〈西魏の二十四軍と儀同府〉，《東方學報》 8 。

1939 〈西魏に於ける虜姓再行の事情〉，《東洋學報》25(3)。

鞠清遠

1940 《唐代財政史》（上海商務印書館）。

韓國磐

1958 《北朝經濟試探》（上海：人民出版社）。

1977 《隋唐五代史綱》（北京：人民出版社）。

1979 《隋唐五代史論集》（北京：三聯書店）。

1983 《魏晉南北朝史綱》（上海：人民出版社）。

聶崇歧

1948 〈論宋太祖收兵權〉，《燕京學報》34。

薩孟武

1966 《中國社會政治史》（三民書局）。

譚其驤

1934 〈晉永嘉喪亂後之民族遷徙〉，《燕京學報》15。

蘇慶彬

1964 〈元魏北齊北周政權下漢人勢力之推移〉，《新亞學報》6(2)。

1967 《兩漢迄五代入居中國之蕃人氏族研究》（新亞研究所專刊）。

嚴耕望

1948 〈北魏尚書制度考〉，《中央研究院史語所集刊》18。

1950 〈漢代地方官吏之籍貫限制〉，《中央研究院史語所集刊》22。

1950—52 《中國地方行政制度史》（中央研究院史語所專刊45）。

1954 《中國歷史地理》（唐代篇）（《現代國民基本知識叢書》第二輯，中華文化出版事業委員會）。

1962 〈北周東南道四總管區〉，《大陸雜誌》特輯2。

1965 〈景雲十三道與開元十六道〉，《中央研究院史語所集刊》36（上）。

1969 《唐史研究叢稿》（新亞研究所出版）。

1980 〈北朝隋唐滏口壺關道考〉，《中央研究院史語所集刊》51(1)。

1986 〈佛藏所見之稽胡地理分佈區〉，《大陸雜誌》72(4)。

五、西文論著

Dien, Albert E.

1977 "The Bestowal of Surnames under the Western Wei-Northern Chou: A case of Counter-acculturation," *T'oung Pao*, vol. LXIII, No. 2-3.

1974 "The Use of the *Yeh-hou Chia-chuan* as a Historical Source, *Harvard Journal of Asiatic Studies*, vol. 34.

Eberhard, Wolfram

1962 *Social Mobility in Traditional China* (Leiden).

1965 *The Rulers and Conquerors: Social Forces in Medieval China* (Leiden, Second Edition).

Peterson, Charles A.

1973 "The Restoration Completed: Emperor Hsien-tsung and the Provinces," in A.F. Wright and D.C. Twitchett (eds.), *Perspectives on the T'ang* (New Haven).

Pulleyblank E.G.

1955 *The Background of the Rebellion of An Lu-shan,* (Oxford University Press).

1976 "The An Lu-shan Rebellion and the Origins of Chronic Militarism in Late T'ang China," in John Curtis Perry and Bardwell L. Smith (eds.), *Essays on T'ang Society* (Leiden).

Twitchett, D.C.

1962 "Lu Chih (754-805) Imperial Adviser atnd Court Official," in A.F. Wright and D.C. Twitchett (eds.), *Confucian Personalities* (Stanford).

1963 *Financial Administration under the T'ang Dynasty* (Cambridge University Press).

1965 "Provincial Autonomy and Central Finance in Late T'ang," *Asia Major*. n.s. XI(2).

1976 "Varied Patterns of Provincial Autonomy in the T'ang Dynasty," in John Curtis Perry and Bardwell L. Smith (eds.), *Essays on T'ang Society* (Leiden).

Wang, Gungwu

1963 *The Structure of Power in North China during the Five Dynasties* (Kuala Lumpur).

1973 "The Middle Yangtse in T'ang Politics," in A.F. Wright and D.C. Twitchett (eds.), *Perspectives on the T'ang* (New Haven).

Wang, Yi-t'ung

1953 "Slaves and Other Comparable Social Groups during the Northern Dynasties," *Harvard Journal of Asiatic Studies*, XVI, Nos. 3-4.

索引

一 劃

二 劃

三 劃

四　劃

五　劃

六　劃

七　劃

八　劃

九　劃

十　劃

十一劃

十二劃

十三劃

十四劃

十五劃

十六劃

十七劃

十八劃

十九劃

二十劃

二十一劃

二十二劃

二十六劃

中國中古政治史論

2021年7月二版　　定價：新臺幣880元
有著作權・翻印必究
Printed in Taiwan.

著　　者　毛　漢　光

副總編輯　陳　逸　華
總 編 輯　涂　豐　恩
總 經 理　陳　芝　宇
社　　長　羅　國　俊
發 行 人　林　載　爵

出 版 者　聯經出版事業股份有限公司
地　　址　新北市汐止區大同路一段369號1樓
叢書主編電話　(02)86925588轉5305
台北聯經書房　台北市新生南路三段94號
電　　話　(02)23620308
台中分公司　台中市北區崇德路一段198號
暨門市電話　(04)22312023
郵政劃撥帳戶第0100559-3號
郵撥電話　(02)23620308
印 刷 者　世和印製企業有限公司
總 經 銷　聯合發行股份有限公司
發 行 所　新北市新店區寶橋路235巷6弄6號2F
電　　話　(02)29178022

行政院新聞局出版事業登記證局版臺業字第0130號

本書如有缺頁，破損，倒裝請寄回台北聯經書房更換。　ISBN 978-957-08-5927-0 (精裝)
聯經網址 http://www.linkingbooks.com.tw
電子信箱 e-mail:linking@udngroup.com

國家圖書館出版品預行編目資料

中國中古政治史論 / 毛漢光著 . 二版 .
新北市 . 聯經 . 2021.07 . 520面 . 16.5×24公分 .
ISBN 978-957-08-5927-0 (精裝)
[2021年7月二版]

1.政治制度 2.魏晉南北朝史 3.中國

623 110010377